10
18

12, AVENUE D'ITALIE. PARIS XIIIe

Sur l'auteur

Richard Powers est né en 1957 aux États-Unis. *Trois fermiers s'en vont au bal*, son premier roman, a valu à l'auteur d'être cité par le magazine *Esquire* comme l'un des trois plus grands auteurs de la décennie, aux côtés de Martin Amis et de Don DeLillo. Richard Powers a écrit depuis une dizaine d'autres ouvrages, dont *Le temps où nous chantions*, élu meilleur livre de l'année 2003 par le *New York Times* et le *Washington Post*, et *La Chambre aux échos*, couronné par le National Book Award. Il vit aujourd'hui dans l'Illinois. Son dernier roman, *Le dilemme du prisonnier*, a paru aux Éditions du Cherche-Midi.

RICHARD POWERS

GAINS

Traduit de l'anglais (États-Unis)
par Claude et Jean Demanuelli

10/18

LOT 49 / LE CHERCHE MIDI

Du même auteur
aux Éditions 10/18

TROIS FERMIERS S'EN VONT AU BAL, n° 3887
LE TEMPS OÙ NOUS CHANTIONS, n° 4053
LA CHAMBRE AUX ÉCHOS, n° 4269
L'OMBRE EN FUITE, n° 4317
GÉNÉROSITÉ, n° 4577

Titre original : *Gain*
Éditeur original : Farrar, Straus et Giroux

ISBN 978-2-264-05848-5

Le jour avait une façon bien à lui d'éveiller Lacewood. La tapotant délicatement comme on le ferait d'un nouveau-né. Lui frictionnant les poignets pour la ramener à la vie. Lorsque la matinée était tiède, on se rappelait sans difficulté la raison pour laquelle on s'activait. Il fallait battre le fer pendant qu'il était chaud. Travailler, parce que la nuit n'allait pas tarder. Travailler ici et maintenant, précisément parce que là où on allait il n'y avait nulle part où travailler.

Mai donnait l'impression que cette ville n'avait jamais abrité de pêcheurs. Le printemps ouvrait grand les battants des fenêtres. La lumière débarrassait les chênes de leurs derniers doutes hivernaux, faisant naître de nouvelles pousses à partir de rien, vous laissant libre encore une fois de gagner votre pitance. Quand le soleil était de la partie à Lacewood, on pouvait enfin vivre.

La trace de Lacewood, on la retrouvait partout : à Londres, à Boston, aux îles Fidji, dans la baie de la Désillusion. Mais toutes les traces aboutissaient là, dans cette ville consacrée à la production. Certains matins, surtout les matins ensoleillés, l'histoire s'évanouissait. La longue route qui menait jusqu'à aujourd'hui disparaissait, se perdait dans le voyage encore à venir.

La ville avait d'abord subsisté grâce à la terre revue et corrigée. Les prairies aux herbes folles avaient cédé la place au grain, à une seule variété d'herbe comestible, qui, cultivée sur une grande échelle, faisait que même l'herbe pouvait rapporter. Plus tard, Lacewood s'était élevée grâce au génie humain : une série de transformations alchimiques lui avait apporté la prospérité. On l'avait nourrie d'argile schisteuse, engraissée à la cendre d'os et au guano. Les découvertes se succédaient aussi sûrement que mai suit avril.

Il avait dû exister une époque où, quand on parlait de Lacewood, on ne parlait pas forcément de Clare Incorporated. Mais personne ne s'en souvenait. Aucun de ceux qui étaient encore en vie n'était assez vieux pour cela. Impossible de prononcer un des deux noms sans aussitôt évoquer l'autre. C'est par le large canal de cette compagnie que s'écoulait toute la grâce jamais répandue sur Lacewood. Les grandes boîtes noires en bordure de la ville retiraient des pépites de la boue. Et Lacewood était devenue l'emblème des richesses qu'elle fabriquait.

Lacewood avait toujours aimé raconter à quiconque était prêt à écouter son histoire comment, à force de ruses, elle avait réussi à faire fortune. Au moment décisif où il avait fallu choisir entre le passé somnolent et l'énergie inépuisable du dix-neuvième siècle, le choix avait été vite fait. Lacewood s'était lancée dans le subterfuge, comme si c'était là sa seconde nature.

Les gens du coin n'avaient jamais eu beaucoup de scrupules à le reconnaître, ni à l'époque ni depuis. S'ils éprouvaient quoi que ce soit, c'était bien plutôt de l'orgueil. Ils avaient soigneusement disposé leurs filets pour attraper le cinquième Mr Clare, président éponyme d'une compagnie de l'Est qui était devenue trop grosse pour les marchés dont elle disposait. Les savonneries Clare avaient dû partir vers l'ouest, en quête d'une nouvelle terre d'accueil. Le cinquième Mr Clare cherchait le site idéal où implanter la dernière-née des usines de la florissante entreprise.

Douglas Clare, Senior préférait en secret l'arôme de Lacewood au parfum de Peoria. Lacewood sentait le propre et le distillé, à l'inverse de Peoria, un peu trop onctueuse et pommadée. Il aimait cet endroit pour toute une série de raisons. Mais il ne pipa mot, affichant l'indifférence d'un soupirant qui préfère voir venir.

Mr Clare, cinquième du nom, n'aurait su dire au juste ce qu'il recherchait dans son futur site, tout en prétendant qu'il lui suffirait de poser les yeux dessus pour le reconnaître aussitôt. Même l'homme d'affaires plein d'astuce qu'il était n'aurait pu dire de l'endroit qu'il était central. Mais avec le développement du pays, il ne tarderait pas à le devenir. Lacewood faisait partie d'un réseau ferroviaire qui reliait Saint Louis, Indianapolis, et Louisville. Elle était par ailleurs à distance raisonnable de Chicago, la seule métropole de l'Ouest. Et les terrains, dans ce no man's land, on les avait encore pour une bouchée de pain.

Lacewood décida de se pomponner, pour ressembler à l'idée qu'elle se faisait des goûts de Clare. Des semaines avant la visite, la ville commença à masquer ses entrepôts croulants derrière des façades factices. Tous les gamins âgés de plus de dix ans se firent maçons. Le maire alla même jusqu'à décider la construction de deux îlots d'édifices en plâtre pour étoffer un peu la grand-rue jugée trop anémique.

La ville loua une vieille locomotive Consolidation pour la durée de la visite. Elle fit aller et venir cette pièce de musée sur la voie à intervalles réguliers et on modifia le ballast, histoire de faire bonne mesure et de rester dans la note. Un convoi débarqua même un chargement très contesté dans la gare un peu trop neuve pour être vraie. Dix heures plus tard, il revenait en sens inverse pour rembarquer les caisses de gravier.

Clare et ses conseillers ne furent absolument pas dupes. Ils virent au premier coup d'œil que cette pièce de musée n'avait pas servi depuis des lustres. Peoria leur avait joué le même tour, sauf qu'elle avait fait montre d'un peu plus d'originalité dans le truquage de ses façades.

La dure nécessité entraîna cependant Lacewood bien au-delà des plus folles inventions de Peoria. Longtemps avant la visite d'inspection, qui devait avoir lieu en août, Lacewood endigua le cours endormi de la Sawgak, juste en amont de la ville. D'ordinaire, c'est à peine si son pitoyable filet d'eau parvenait à mouiller la poussière accumulée sur les moustaches d'un rat musqué. Mais pendant quatre jours extraordinaires, dans la canicule de cette fin d'été, la ville put s'enorgueillir d'un véritable petit torrent de montagne.

Lacewood plaça en quelques points stratégiques des pêcheurs qui pouvaient passer, en fonction de la lumière, soit pour des chefs d'entreprise soit pour de simples sportifs et qui s'affairaient avec une régularité suspecte pour sortir de l'eau toute une ribambelle de gros brochets : voilà qui s'appelait vivre sur le pays, voilà une nourriture qui ne demandait rien à personne qu'un honnête labeur.

Mr Clare ne put demeurer insensible au fait que l'*Esox lucius*, l'espèce que pêchaient ces hommes avec une régularité d'horloge dans ces rapides parfaitement artificiels, ne s'était jamais aventuré de son plein gré au sud du Minnesota. Il admira le côté tout à la fois industrieux et pathétique du stratagème. Voilà des gens avec qui il allait pouvoir collaborer. Nul doute qu'ils ne verraient aucune objection à travailler pour lui.

Tout au long de sa tournée d'inspection, il garda l'œil noir et ne cessa de secouer la tête. À la dernière minute, juste avant de repartir pour Boston dans son wagon privé – un Pullman dont le constructeur, tout là-haut dans l'Illinois, à Pullman, avait récemment créé une ingénieuse ville-usine capable de pourvoir à tous les besoins de ses employés –, Clare dit oui. C'est en soupirant qu'il accepta les réductions massives d'impôt qu'on lui concéda à perpétuité et le marché fut conclu.

Et c'est ainsi que s'implantèrent à Lacewood les Savonneries Clare.

Des années plus tard, juste à temps pour conjurer les pires horreurs de la Dépression, le plus grand producteur mondial de pelleteuses décida d'installer son siège central à Peoria. Caterpillar fit la fortune de la ville pendant une cinquantaine d'années bénies, au terme desquelles ses ventes annuelles atteignirent le chiffre record de treize milliards de dollars, avant d'amorcer, comme le siècle, son déclin.

Mais jamais Lacewood ne se plaignit. Sans Clare, la ville ne serait jamais sortie de sa léthargie. Elle serait restée à l'écart de tout, attendant d'être découverte par le rétrotourisme. Grâce à Clare, Lacewood devint célèbre, car partie intégrante d'un empire d'une trentaine d'unités de production réparties dans dix pays, « apportant les réponses attendues et répondant aux besoins ».

Lacewood se jeta dans la danse à corps perdu. Décrocha la timbale tant convoitée et même davantage. Pendant plus d'un siècle, Clare allait être la poule occupée à pondre d'innombrables œufs dont seuls les plus tatillons s'abaisseraient à estimer la teneur en or.

BIENVENUE À LACEWOOD. 92 400 HABITANTS. ROTARY, ELANS, LIONS. VILLE NATALE DE CALE TUFTS, CHAMPION OLYMPIQUE. JUMELÉE AVEC ROUEN, FRANCE ET LUDHIANA, INDE.
UNIVERSITÉ DE SAWGAK. SIÈGE POUR L'AMÉRIQUE DU NORD DU DÉPARTEMENT AGRONOMIE DE CLARE INTERNATIONAL.

ATTACHEZ VOS CEINTURES

Mai, juste avant Memorial Day, peu de temps avant la fin du millénaire. Dans le quartier de North Riverside, du bon côté de la rivière, une femme de Lacewood travaille à son jardin. Une femme qui n'a même jamais accordé une pensée à Clare.

Bien sûr, elle connaît la compagnie, comme tout le monde. Les courtiers de la Bourse de Francfort l'ont immédiatement en tête quand on fait allusion à Lacewood, de la même façon qu'ils visent et actionnent un revolver imaginaire quand ils rencontrent quelqu'un de Chicago. Les ados de Bangkok feraient n'importe quoi pour avoir quelque chose portant le logo de la compagnie. Qu'arborent d'innombrables entrepôts à São Paulo. La compagnie a bâti toute la ville et même davantage. La femme sait pertinemment d'où lui vient sa pitance et sur quel côté de sa tranche de pain est étalée la pâte à tartiner.

Elle passe en voiture devant le siège du département agronomie de Clare au moins trois fois par semaine. Pas de fêtes du maïs qui ne soient sponsorisées par la compagnie. C'est elle qui rédige les gros titres, entonne les chants de guerre de l'école. Qui joue de l'orgue à chaque mariage et emballe le riz que l'on fera pleuvoir sur chaque couple de jeunes mariés au moment du départ. Elle encore qui fournit le personnel de l'hôpital et subventionne les explorations échographiques des profondeurs où, fantômes grisâtres endormis dans l'onde utérine, reposent les futurs enfants de Lacewood.

Comme tout un chacun, elle sait ce que fabrique la compagnie. Savons, engrais, cosmétiques, denrées comestibles : autrement dit, la plupart des produits susceptibles de changer la vie au quotidien. Pour autant, elle ne connaît pas la société Clare davantage qu'elle connaît Grace ou Dow. Elle ne travaille pas pour elle ni pour quelqu'un qui en dépendrait directement. Son entourage immédiat, ses amis, ses proches, non plus.

La femme est à genoux dans son jardin, pétrissant la terre à pleines mains. Elle tente d'amadouer les feuilles pour leur faire emmagasiner une partie de ces deux calories par centimètre cube que le soleil, dans sa prodigalité inconsidérée, ne cesse de dispenser à la terre, et ce uniquement parce qu'il avait anticipé notre arrivée.

Un parasite a commencé à grignoter ses courgettes en fleur. Un autre s'est attaqué aux haricots. Elle dispose de tout un arsenal pour contre-attaquer. Bière pour éloigner les limaces. Liquide vaisselle additionné d'eau et parfumé au citron, vaporisé libéralement pour enrayer une insurrection de doryphores. Remèdes de bonne femme. Un traitement plus énergique suivra si le besoin s'en fait sentir.

Elle transplante dehors des fleurs qu'elle a fait pousser sous cloche. Son travail n'est qu'un jeu tant elle y prend plaisir. C'est l'après-midi pour lequel elle se tue à la tâche le restant de la semaine. Le complément thérapeutique à son gagne-pain, lequel consiste à transplanter des familles dans des maisons plus spacieuses que celles d'où elles viennent.

Le printemps la libère. Les pavots précoces se déplient comme le papier crépon qu'utilisent ses enfants pour fêter leur anniversaire. Les ancolies étirent leurs trompettes bicolores, pareilles à un chœur d'angelots. Tout ce qui pousse lui rappelle autre chose. Son esprit bourdonne et butine tandis qu'elle désherbe, avide de trouver pour chaque plante sa juste ressemblance.

Des boules de Noël, dures et compactes, prennent soudain la forme plus douce de pivoines. Des marguerites laissent déjà pendre leurs tutus comme des danseuses de Degas tristes de ne pas connaître les honneurs. Tête basse, des giroflées font pénitence. Aussitôt, elle les exhorte à réaliser leur destin coloré. Aucune activité humaine ne peut se comparer au jardinage. Si elle en avait le loisir, elle y consacrerait toutes ses journées.

Clare, c'est aussi, de près ou de loin : les sponsors de l'école de danse, ceux qui financent une télévision que personne ne regarde, les bourses récompensant chaque année les prouesses au Meccano des gamins du lycée, les procès liés aux pratiques commerciales qu'elle-même n'a jamais la patience de suivre et les annonces du service public qu'elle ne comprend jamais tout à fait. Sans parler de l'actrice, une petite maligne qui ne mâche pas ses mots, qui a une aventure avec son voisin dans cette série de spots publicitaires humoristiques que tout le monde connaît par cœur au bureau. Ou du vieux directeur qui a fait partie du gouvernement pendant la Seconde Guerre mondiale. De temps à autre, elle fredonne l'indicatif de la compagnie, sans s'en rendre compte.

Deux flacons dans l'armoire à pharmacie portent le logo, l'un est à appliquer, l'autre sert à enlever. Ces bouteilles sous l'évier – Éviter tout contact avec les yeux – qui ne sont jamais aussi efficaces que la publicité voudrait bien le faire croire. Shampoing, antiacide, chips basses calories. Les bourrelets pour calfeutrer portes et fenêtres, les joints du carrelage, l'antiadhésif de la poêle qui n'attache pas, la fine pellicule d'insecticide dont elle recouvre son jardin. Autant d'incarnations du génie de Clare qui, pour ainsi dire invisibles, rôdent dans sa maison, en compagnie de beaucoup d'autres.

Cette femme de quarante-deux ans regarde le ciel de mai qui se charge de nuages et plisse le nez. Le *Post-Chronicle* d'hier laissait prévoir un temps superbe. Inutile d'essayer de comprendre hier après coup, quand aujourd'hui donne l'impression qu'il n'y aura pas de lendemain.

Ses plantations sont bien plus avancées qu'on ne saurait raisonnablement l'espérer à cette époque de l'année. Un dollar vingt-neuf, deux pulvérisations de liquide vaisselle au citron, quelques efforts et un peu d'amour lui permettront d'avoir des courgettes tout l'été.

Cette femme s'appelle Laura Rowen Bodey. Elle est le membre le plus récent du Million Dollar Movers Club de l'agence immobilière Next Millennium. Sa fille vient d'avoir dix-sept ans, son fils en a douze et demi. Son ex-mari s'occupe de l'aménagement des sites à l'université du coin. Elle voit de temps à autre et en toute discrétion un homme marié. Aucun problème majeur dans sa vie que ne sauraient résoudre cinq années de plus.

Une femme qui connaît la chanson, mais pas tous les airs. En cette journée de printemps, pas un habitant de Lacewood en dehors des six personnes qui l'aiment ne songe à elle un seul instant.

Les Clare avaient les affaires dans le sang bien avant qu'aucun d'entre eux songe à fabriquer quoi que ce soit.

Dès l'origine, la famille s'était précipitée sur le commerce comme la misère sur le pauvre monde. Hantant systématiquement les confins aquatiques de l'existence : des ports, rien que des ports. Prospérant dans l'eau saumâtre, mi-salée, mi-douce, des zones côtières envahies par les marées. Vivant moins dans les villes que sur les routes maritimes qui les reliaient les unes aux autres.

D'emblée, transnationaux, les Clare. Pendant près d'un siècle, cette famille de marchands commença par faire du commerce en Angleterre, se spécialisant dans des transports de denrées hasardeux qui les ruinaient aussi vite qu'ils les enrichissaient, et ce plusieurs fois dans l'année. Chaque génération s'ingéniait à prendre encore plus de risques que la précédente. Jephthah Clare, par exemple, n'avait de goût que pour l'aventure et jouait comme il respirait.

Jephthah dut quitter la mère patrie en toute hâte, à la suite d'un pari qui avait mal tourné. Il partit en 1802, l'année où l'aristocrate du Pont, après avoir échappé à la tourmente révolutionnaire, installait sa poudrerie au Delaware. Jephthah Clare, lui, fuyait un chaos beaucoup plus prosaïque : pas de délit caractérisé, mais ce qu'on appellerait aujourd'hui un délit d'initié, puisqu'il n'avait pas jugé bon de partager un tuyau concernant l'effondrement des prix de la betterave à sucre avec un associé hautement inflammable auquel il venait tout juste de fourguer une cargaison plus qu'appréciable de ce produit. Après l'incendie de sa maison de Liverpool, Jephthah estima plus sage de ne pas attendre une nouvelle échéance.

Lui, sa femme et ses trois enfants en bas âge s'embarquèrent donc incognito. Comme passagers clandestins sur un des navires marchands de Clare, histoire de rester en terrain connu. Pendant la traversée, la famille dormit sur des caisses de vaisselle égyptienne en grès de Wedgwood. Les souffrances endurées s'évanouirent dès qu'eux-mêmes et les assiettes eurent débarqué en terre américaine, sur l'India Wharf de Boston. Cette cargaison leur avait fait une dure paillasse, mais elle contribua à payer l'accès de la famille à une aisance qui devait rapidement effacer tout souvenir de l'inconfortable voyage.

Rien ne fait progresser le monde comme le Commerce, ce vénal bonimenteur.

Les Travaux et les Jours, EMERSON

Jephthah Clare se moquait bien de savoir où il débarquait, dès l'instant où il pouvait rester en contact avec l'océan, ce grand livreur et délivreur. Il vendit ses assiettes Wedgwood et loua à bail un immeuble de comptables à proximité de Long Wharf. Nanti du seul paquebot sauvé du naufrage et rebaptisé la *Paillasse d'épines*, il s'embarqua dans une des aventures les plus lucratives des longues et glorieuses annales du blanchiment commercial.

La France et la Grande-Bretagne, en guerre une fois de plus, faisaient mutuellement le blocus de leur commerce colonial. Clare expédia la *Paillasse* en Jamaïque après avoir rempli les cales de café et de mélasse. Il rapatria ensuite ces tonneaux jusqu'à Boston où, sous l'effet magique d'un simple jeu d'écritures, ils devinrent respectivement du café américain et de la mélasse américaine. Rien ne s'opposait plus alors à ce qu'ils partent pour Londres, où les combattants épuisés étaient prêts à payer le prix fort pour se les procurer. Histoire de rester fair-play, il faisait aussi parvenir de temps à autre du rhum américain au Havre, grâce aux bons soins de la Guadeloupe.

Ce petit jeu des étiquettes dura quatre bonnes années. Jephthah prenait son bénéfice à l'aller comme au retour. Quand, en 1807, les belligérants finirent par éventer la supercherie, Jephthah maudit l'embargo de Jefferson et se fit contrebandier. Pour chaque navire saisi, deux autres réussissaient à passer, ce qui suffisait à payer pots-de-vin et rançons, tout en laissant un joli bénéfice.

Ce fut cette marge qui lui permit d'acheter une maison à Temple Place. Et ce fut depuis cette base que Jephthah partait tous les jours faire la tournée de ses lieux de prédilection dans Merchants Row. Il concluait des marchés dans les salles de lecture de Topliff, échangeait tuyaux et anecdotes à l'Exchange, se renseignant sur les navires qui étaient rentrés au port et sur ceux qui avaient du retard. Il attendait que les signaux à bras de Nantasket atteignent le factionnaire de garde sur Constitution Wharf, pour avoir des nouvelles de *La Chanceuse, L'Étoile du Nord, La Nouvelle Jérusalem.*

Quand il devint trop risqué de braver l'embargo, Clare se rabattit sur des expéditions plus longues. Il envoya des marchandises de Nouvelle-Angleterre jusqu'au pays d'Oregon, où il les échangeait contre des fourrures. Qu'il expédiait ensuite, au-delà du Pacifique, jusqu'à Canton, où la demande était énorme. Les fourrures servaient à acheter du thé en quantité, lequel rentrait au bercail en rapportant suffisamment pour permettre l'achat de dix autres chargements de marchandises bon marché en Nouvelle-Angleterre. Tant il est vrai que :

La chose que le pays ne peut pas produire
Est précisément celle qu'il faut aller
chercher le plus loin.

Le profit retiré du seul transport suffisait pour enclencher de nouveau ce commerce triangulaire autofinancé.

Il fallait un véritable tour du monde avant que la plus humble des lavandières puisse boire son thé dans sa tasse ébréchée. Les mystères du processus hantaient parfois les pensées nocturnes de Jephthah, le plongeant dans la perplexité, tandis que couché aux côtés de Sarah, sa simplette de femme, il disparaissait sous l'édredon dans leur chambre lambrissée, bien à l'abri des rigueurs de la nuit. Tous trois, lui, le trappeur de l'Oregon et le correspondant chinois, prospéraient, chacun d'eux convaincu qu'il avait tiré la meilleure part du marché. Voilà qui le dépassait. D'où provenaient les bénéfices ? Qui payait pour leur enrichissement mutuel ?

Dans le port de Faial, une île des Açores, l'huile de baleine se transformait en vin. Un voyage aux îles Sandwich suffisait à métamorphoser des fusils à capsule fulminante en bois de santal. Tout le monde, partout, voulait ce que l'on ne pouvait se procurer qu'ailleurs. Jephthah expédiait des harengs hollandais à Charleston et de la morue de Boston à Lisbonne. Pendant un temps, il fit quasiment fortune en vendant aux messieurs de New York des hauts-de-forme blancs en provenance de France, jusqu'à ce que ses concurrents en achètent une cargaison complète et les distribuent gratuitement aux nègres, jetant du même coup le discrédit sur cette mode.

Et pourtant, l'homme qui transportait ces marchandises d'un bout à l'autre du globe ne pouvait pas les vendre dans l'Ohio. Aucun bénéfice à tirer d'une telle entreprise : les neuf dollars qu'il en coûtait pour charrier une tonne de marchandises d'Europe à Boston n'auraient pas permis à celle-ci de couvrir plus de cinquante kilomètres à l'intérieur du pays.

Mais sur mer, Jephthah se lança dans toutes les formes de commerce imaginables. Propriétaire de certains bateaux, il en louait d'autres. Il achetait et vendait pour son propre compte, mais jouait aussi le rôle d'agent pour le compte de tiers, faisait de l'exportation et de l'importation, négociait avec les courtiers et les revendeurs, allant même parfois jusqu'à s'occuper lui-même, sans intermédiaire, de la vente aux détaillants. Il transportait, assurait, finançait, ouvert à toutes les transactions ou à ce qui en tenait lieu.

Une bonne mémoire de ceux à qui on pouvait faire confiance et beaucoup de patience pour s'orienter dans les dédales de la paperasserie lui permirent de surmonter de nombreux revers. Les compétences faisaient rentrer l'argent et l'argent achetait les compétences. Jephthah manipulait le coton, l'indigo et la potasse. Mais, par-dessus tout, il faisait dans le risque. Le profit était égal au produit du risque multiplié par la distance. Plus il était difficile de transporter une marchandise là où elle avait de toute évidence sa place, plus grande était la marge des bénéfices.

Jephthah adorait les entreprises un peu folles. C'est ainsi qu'il participa à un projet pour expédier de la glace en Martinique, où la fièvre jaune venait de faire des ravages. Dans cette affaire, il n'était pas davantage motivé par l'altruisme que par le profit. S'il choisit de s'y associer, ce fut simplement parce que tous ses homologues, les autres marchands, jugeaient la chose aberrante. Il suffisait que l'unanimité se fît contre quelque chose pour qu'il y trouvât aussitôt quelque mérite.

Il donnait sa dîme aux œuvres charitables, spéculation facile en période faste comme en période difficile. Qui ne comportait pratiquement aucun risque de déficit, tandis que le profit potentiel était conséquent. Dix pour cent de mille pouvaient fort bien prouver la rentabilité de l'investissement et rapporter mille fois plus, alors que dix pour cent de rien n'avaient jamais rien coûté à personne.

LES SEIZE COMMANDEMENTS

Seize rectangles couvrent deux pages entières, bordées à la manière d'un abécédaire du XVIIIe.

Chacun d'eux comporte un emballage bien connu avec une injonction en guise de légende.

Brillez dès le réveil
(Viva-cleanse)

Croissez et
(Multi-pli Maxiwipes)

Déridez-vous
(Clarity Pore Purifier)

Adhérez
(Infinistik)

Faites tinter ces casseroles
(Slickote Surface)

Partez du bon pied
(Leather Lifts)

Défendez le pays
(Compleet Daily Supplements)

Prenez-le à la légère
(Fat-Fighter Spreads)

Respirez
(Blue Spruce Vapogard)

Domptez la bête
(Gastrel Caps)

Hit the Road, Jack
(All-Weather Gravel-Grippers)

Tenez bon
(Lok-Toppers)

L'acheter, c'est l'adopter
(Heat 'n' Eat)

Protégez vos arrières
(No-fume Enamel)

Haleine fraîche
(Sterisol)

Faites la fête
(Partifest Non-dari Treats)

Département marketing-com.
CLARE MATERIAL SOLUTIONS

L'incendie finit par gagner le pays. L'embargo ne suffit pas à empêcher le sang de l'Europe de refluer sur les côtes américaines. Mais Jephthah Clare sut deviner jusque dans la guerre de Mr Madison de nouvelles chances d'expansion. Le vieil aventurier sut prendre des risques encore plus grands, tirant ses certitudes de la confusion dans laquelle sombrait le monde.

Quand son trafic maritime commença à n'accumuler que des pertes, il se mit au service des États-Unis et se fit corsaire. Il fit bénéficier le gouvernement d'une partie du butin que ses bateaux prélevaient sur les navires de commerce anglais plus lents. Cette taxe de pirate fut pour son pays une véritable bénédiction et lui fournit ses armes.

À la fin de la guerre, la famille avait des débouchés dans des bourgs qui n'étaient apparus qu'avec le chaos de 1812. Irénée du Pont, dont les poudreries tenaient captif son pays en guerre, fut le seul à s'attrister de la paix qui mit fin au conflit.

L'un après l'autre, Jephthah affûta ses fils pour le dur voyage de la vie, afin qu'ils lui reviennent pesant leur poids d'or. Il envoya l'aîné, Samuel, prendre ses galons en mer. Resolve, le second, finit son instruction dans l'affaire familiale, comme aide-comptable. La première fille de Jephthah, Rachael, partit rejoindre un courtier en coton de Liverpool en échange d'un crédit favorable pour les dix ans à venir.

Le dernier des garçons, Benjamin, né en Amérique, fit des études à Harvard et y obtint même un diplôme. Jephthah, qui ne jurait que par les affaires, le laissa pourtant s'embarquer dans des études avancées de botanique. Qu'un pareil domaine de recherche pût seulement exister remplissait Jephthah d'un orgueil teinté de mépris. Quant aux deux autres Clare également nés aux États-Unis, ils ne réussirent pas à franchir le cap des maladies infantiles.

Clare et Fils n'avaient qu'à lever les mains pour laisser l'écheveau magique du commerce s'enrouler autour de leurs doigts. Mais quelque valeur que les Clare aient pu ajouter à leur patrimoine en transportant des marchandises là où on les réclamait, les événements de 1828 conspirèrent à les en priver. Cette année-là, toutes les liquidités menacèrent en effet de s'évaporer.

Les lois divines expédiaient le coton à Liverpool et le renvoyaient à Boston sous forme de toile. Mais les lois du tout jeune Sénat s'insurgèrent, demandant un réexamen de la question. N'était-il pas possible au gouvernement de fixer lui-même le prix des denrées et, du même coup, d'orienter la valeur dans des directions choisies et déterminées à l'avance ?

Las, le tarif de toutes les abominations (1828) se retourna contre ses concepteurs, effaçant d'un seul coup vingt ans d'industrie domestique. À semer le protectionnisme, on récolta le désastre. Les prix des matières premières et des produits manufacturés explosèrent du jour au lendemain. Le commerce yankee éclata comme une bulle de savon. Les droits de douane absorbaient désormais tous les bénéfices que retirait Clare de ses expéditions savamment programmées. Les parcours aller rapportaient trop peu pour compenser les voyages retour devenus ruineux. Les recettes ne payaient plus les débours. Les gains ne réussissaient même plus à équilibrer les pertes.

Clare l'Ancien grimaça en voyant qu'il avait perdu la dernière manche. Il se prépara à s'en remettre à la terre et au long déficit qui l'attendait, prit les dispositions qu'il put pour mettre sa femme à l'abri du besoin avant d'aller attendre dans les cafés de Long Wharf que le vent tourne. Laissant à ses fils le soin de mettre de l'ordre dans les derniers comptes du grand livre de l'Abomination.

Les enterrements, c'est pour les vivants, se plaisait à dire sa mère. Trop souvent, au gré de Laura. La mort était différente, une génération plus tôt.

Elle se penche vers la glace, en essayant de ne pas se faire de l'ombre. Logiquement, ce devrait être plus facile de se maquiller en pleine lumière. Mais ses paupières ne semblent pas d'accord. Elle en ferme une, qu'elle tapote de l'auriculaire pour appliquer une touche de bleu. Ils allaient à un enterrement au moins une fois tous les quinze jours, quand elle était gamine. On dirait que c'est passé de mode maintenant.

Elle étire les paupières pour atténuer les pattes-d'oie au coin de ses yeux et tenter de faire resurgir de son halo ridé son regard d'adolescente. Elle plonge dans le miroir argenté, à la recherche de ce qu'elle pouvait être à dix ans, et elle entend : *Les enterrements, c'est pour les vivants*. Mais elle pense : *Les enterrements, c'est pour ma mère*.

Elle essaie d'imaginer son père en costume sombre, debout, l'air solennel, en train de serrer des mains. En train de porter un cercueil ou de conduire le cortège. S'occupant de soulever le lourd fardeau, ce strict minimum qui permet aux hommes de s'en tirer dans ces circonstances à moindres frais. Mais elle n'arrive pas à le retrouver, même sous ce jour-là.

C'est sa mère qui a la haute main sur ses souvenirs d'enterrement. Sa mère en train de passer ses éternels épinards au four. De laver les assiettes que les gens ont à peine touchées avant de les abandonner un peu partout dans la maison du défunt. De calmer les cris. D'empêcher les veuves défaillantes de se jeter dans le trou béant de la fosse. De rendre visite aux malheureux conjoints trois fois par mois pendant le reste de sa vie déjà trop brève.

Avec sa brosse à mascara, Laura décrit des arcs minuscules. Elle bat des cils comme un restaurateur de fresques, à l'affût de ce que le temps a fini par cacher. Elle penche la tête pour bloquer la lumière trop vive et soudain, c'est la jeune fille qu'elle était qui la regarde, surprise dans ses pensées d'adolescente. *Les enterrements, c'est pour ma mère. Moi, je ne connaîtrai jamais ça. La polio, la varicelle, les gens n'en meurent plus aujourd'hui. La maladie n'est qu'une survivance éphémère de l'époque où l'on ne savait pas vivre. Quel gâchis ! Mes parents et leurs amis sont la dernière génération qui connaîtra la mort.*

Elle se regarde de nouveau dans la glace, mais la jeune fille n'est plus là. Son visage ressemble trait pour trait à celui de sa mère, en dépit du blush. Elle a les mêmes tics, les mêmes rictus que sa mère. La même voix aussi. Elle l'a remarqué cet après-midi, pendant qu'elle essayait de consoler Ellen, en lui disant que les enterrements, c'était pour les vivants.

Son premier enterrement à elle, Laura, a dû être celui de son oncle Robert, alors qu'elle avait dans les huit ans. Cet ex-marine, en tee-shirt sur les trois photos que l'on conserve de lui, avait au moment de sa mort une bonne dizaine d'années de moins qu'elle-même aujourd'hui.

Est-ce que ça te dirait d'aller à la veillée ? lui avait demandé cette voix dont elle a hérité.

Impossible de répondre à une pareille question.

C'est comme tu voudras, ma chérie. Parfois les gens aiment bien se rappeler les autres de la manière dont ils…

Non, par pitié, l'horreur lui remonte dans la gorge comme des relents de lait qui a tourné. La panique bloque les issues, comme la foule dans un théâtre où le feu s'est déclaré. Une veillée ? On va donc essayer de le *réveiller ?*

Plus tard, cette même année, l'enterrement à l'église d'un homme électrocuté dans un lac du Wisconsin. Suffisamment éloigné pour que sa mort ne cause pas trop de chagrin. Laura et le petit Scotty, qui entraient tout juste à la grande école, en profitent pour apprendre une bonne fois pour toutes qu'il ne faut jamais se baigner en plein orage.

Puis, le dernier de ses grands-parents, la mère de son père. Une délivrance pour tout le monde. Où qu'elle soit allée, elle y était certainement mieux que dans son corps pendant les quatre dernières années de sa vie.

Suivi du pire de tous, celui de la sœur de sa mère. Cercueil fermé, dépouille retirée d'une voiture accidentée. Si la mort elle-même avait été douce, les ravages qu'elle avait causés chez les vivants avaient brisé Laura, témoin horrifié de la douleur de sa mère. La femme qu'elle connaissait le mieux au monde soudain transformée en étrangère. Par comparaison, l'enterrement de sa mère avait quasiment été une bénédiction.

Puis, la mère de Don, qui, même avant que Laura se marie, aimait à lui envoyer pour Noël des noisettes de Virginie bourrées de calories, accompagnées d'un petit mot signé « Affectueusement, maman ». Absurde exploit perpétré par le chirurgien : l'opération avait réussi, mais la patiente était morte en essayant de s'en remettre.

Au moment où elle finit de se maquiller, au moment où elle se fait les lèvres afin de donner l'impression qu'elle n'y a même pas touché, elle se surprend à penser que c'est le premier enterrement d'Ellen, alors qu'elle a deux fois l'âge qu'avait Laura lors de son premier. Mais pour Laura, il ne s'agissait que d'une vague abstraction, pour Ellen, c'est l'enterrement de Nan, sa meilleure amie.

Tout le monde savait la vérité, mais personne ne voulait l'admettre. Nan, dans les derniers temps, devenue presque invisible. Partie le plus souvent, à telle enseigne que Laura avait fini par perdre le compte. Les quatre derniers mois avaient été consacrés à la chasse aux spécialistes, à Minneapolis d'abord, puis à Boston. Par la suite, elle était restée chez elle à dépérir, perdue dans son lit désormais trop grand, son corps réduit à une boucle de cheveux bruns posée sur l'oreiller.

La gamine qui était morte était deux fois plus petite que celle qu'elle était quatre ans plus tôt, celle qu'avait rencontrée Laura quand elle avait vendu aux Lieber cette maison à deux niveaux dans ce lotissement qui donnait encore à l'époque sur des champs de maïs. Ellen était présente lors de la dernière visite qui avait précédé l'achat. La petite fille en nattes de l'agent immobilier, du même âge que celle des futurs acheteurs, avait sans doute contribué à la conclusion de l'affaire.

Les deux enfants avaient commencé par se détester. À la suite d'une dispute au cours de laquelle l'une des deux avait jeté le Ken de l'autre par la fenêtre de l'Aerostar. Un an et demi plus tard, elles étaient inséparables, s'échangeant leurs garde-robes, y compris leurs chaussures et leurs chaussettes préférées. Nan avait toujours besoin de chaussures à l'époque : elle marchait encore.

D'un côté, la tache de naissance d'Ellen, de l'autre, la claudication à peine perceptible de Nan. *Tu fais la moindre remarque sur l'une de nous deux et ça va être ta fête.* Un accord tacite de défense mutuelle qui les liait à la vie à la mort.

Mais la tache de naissance s'était effacée. Quatre séances de laser avaient gommé la honte d'Ellen. Les chirurgiens plasticiens avaient brûlé sa tempe cramoisie pour lui redonner un aspect normal. Nan s'était réjouie de la beauté tardivement épanouie de son amie, alors même que ses muscles s'atrophiaient, rongés par un mal inexorable.

Les derniers mois, Ellen avait été leur émissaire à toutes deux, désignée d'un commun accord. Leur coureur, leur diplomate, leur espion. Lançant des incursions, pour leur compte commun, au royaume des garçons et des produits masculins. Faisant à intervalles réguliers ses terribles rapports. Quémandant encore des conseils alors que Nan avait cessé depuis longtemps de répondre. Nan, pauvre faon paralysé, recroquevillée sous ses draps, levant des yeux désormais incapables de se fixer, exprimant son plaisir par des gargouillis et des sons gutturaux.

Laura devinait le déclin de Nan dans tout ce que sa fille refusait de lui dire. Dans toutes les bribes d'un silence obstiné. Le fiasco des spécialistes. Cette faiblesse grandissante au fur et à mesure des repas qu'elle ne parvenait pas à ingurgiter. Ces muscles qui s'effilochaient comme des lacets de chaussure sur lesquels on s'obstine à tirer alors qu'ils sont à l'évidence trop courts.

Le téléphone arabe avait bien fonctionné, avec toute l'attention méticuleuse qu'il sait prêter aux désastres. Impossible pour qui que ce soit de feindre l'ignorance. Mais personne n'avait suivi l'enfant sur le chemin qui la conduisait au seul endroit où elle pouvait finir. Personne ne s'était entraîné pour la remise d'un diplôme aussi précoce.

Tim refuse d'assister au service religieux. « Je préfère me la rappeler comme elle était. » Ce qu'il préfère, en fait, c'est rester à la maison devant l'ordinateur. Il comptabilise beaucoup trop d'heures devant cet engin ces derniers temps. Il faut absolument que Laura commence à le rationner, l'oblige à sortir, lui achète un vélo ou quelque chose d'aussi archaïque.

Elle choisit un parfum naturel, un peu boisé, qui ne risque pas de détonner au milieu des couronnes mortuaires. Ellen ne ressemble à rien.

« Mon cœur, pas un sweat, quand même. Tu n'as pas envie d'être jolie ?

— Non. »

Elle veut avoir l'air de ce qu'elles avaient l'air. Porter ce qu'elles avaient l'habitude de porter, quand elles échangeaient leurs affaires.

« Laisse-moi au moins t'arranger les cheveux.

— Ne t'avise pas d'y toucher », menace Ellen.

Elles sont un peu en retard quand elles partent pour le dépôt mortuaire. Laura conduit brutalement et en arrivant racle son pare-chocs avant sur le bord du trottoir. Passé le seuil, elles s'emparent de deux chaises pliantes en métal, prévues pour ceux qui ne trouveraient pas place sur les bancs. Ellen déplie la sienne à grand bruit et commence aussitôt à réduire son programme en bouillie, le pliant et le dépliant, s'essayant à un origami désespéré pour faire s'envoler comme des plumes les mots lestés de plomb. Laura lui coule des regards furtifs toutes les trois minutes. Le cou de sa fille est incliné vers l'avant comme un aster en septembre, étouffé sous une profusion de pollen.

Le pasteur – qui, de toute évidence, n'a même jamais rencontré la jeune fille – débite depuis sa chaire improvisée toutes les anecdotes sur Nan Lieber qu'il a pu glaner *in extremis*. Nan l'entêtée qui tenait absolument à utiliser un palan pour la cabane dans l'arbre. Nan l'imaginative qui s'inventait des histoires compliquées sur ses vies antérieures. Nan la studieuse qui, avant de quitter définitivement l'école, avait choisi de faire partie des « objets exposés » lors de la journée Sciences organisée par ses condisciples.

Le service ne semble pas avoir d'autre but que de mettre les survivants à la torture. Laura regarde les parents assis au premier rang ; ils sont comme assommés, vidés de toute énergie dans la béance soudaine de l'urgence. Regarde à côté d'eux les enfants stoïques et encore en vie. L'étranger qui fait l'éloge funèbre les met tous au supplice avec son dithyrambe ampoulé, leur imposant une image de la morte qu'ils ne pourront plus oublier.

On chante les chansons préférées de l'adolescente. On lit des extraits de ses livres favoris, puis de ses lettres. Les enterrements, c'est pour les vivants, pour les punir de tout ce qu'ils n'ont pas fait pour les morts quand il était encore temps.

Ellen refuse d'aller au bord de la tombe. Laura ne demanderait pas mieux que d'en faire autant et de rester dans la voiture. Il suffirait de deux livreurs de pizza encore ados pour porter le cercueil. Même le petit frère n'aurait aucun mal à le hisser dans la fourche d'un arbre pour le mettre à l'abri. Ce paquet ne se vend pas au poids. Risque de tassement du produit au cours du transport.

Les mots proférés au bord de l'abîme se dispersent par bonheur dans l'air printanier. Des impatiens déjà en fleur, en avance d'une semaine sur les siennes, bordent les pierres tombales voisines. Sans doute poussées en serre. La terre tombe sur la jeune fille aussi doucement que cette dernière s'enfonce dans la terre.

Don rôde de son allure empruntée à l'arrière du cercle des proches et des amis. Vêtu d'un costume bleu clair, si déplacé qu'on ne saurait s'en formaliser. Pantalon à pli permanent, permanence des plis. C'est un sentiment d'obligation coupable qui l'a amené ici. Présent pour le chagrin de sa fille, sinon pour ses succès et ses triomphes. Laura fait un geste en direction de la voiture, en essayant de ne pas accrocher son regard. Elle leur donne un quart d'heure. Ils n'en auront que dix.

Ils suivent le gros de la troupe jusqu'à la maison des Lieber. Celle que Laura leur a vendue, il y a combien de temps de cela ? *Idéalement située,* disait l'annonce. L'ironie a voulu que la maison se retrouve aujourd'hui sur la bande médiane d'une importante voie publique. Un magasin de bricolage a poussé comme un champignon sur la terre cultivée qui autrefois s'étendait devant eux. Un navire énorme, publicité de la firme Computer Toys, et un hypermarché de dix mille mètres carrés se sont installés de l'autre côté de l'intersection élargie.

Des feux de circulation ponctuent un Broadway totalement désert qui ne débouche sur rien à l'horizon, dans ce qui restera un gag visuel jusqu'à la prochaine tranche, prévue pour dans quatre mois. Ils annoncent les phases d'extension trois et quatre, transformations futures déjà programmées pour les premières décennies du prochain millénaire. Souhaits de conte de fées qui s'acharnent à devenir réalité.

La commission de l'urbanisme est entièrement aux mains des intérêts privés. Les quatre plus riches promoteurs de la ville, et les plus voraces, jonglent avec les zones à aménager. Les Lieber ne sortiront jamais plus de leur trou maintenant, ne récupéreront jamais l'argent qu'elle leur a fait mettre là-dedans. Coincés à vie dans leur cinq pièces sur deux niveaux. Avec ce sanctuaire désaffecté, barricadé que sera désormais la chambre de Nan.

Laura s'arrête le long du trottoir. En remontant l'allée avec Ellen, elles passent devant la voiture des Lieber et son pare-chocs orné d'un autocollant, « Mon enfant est un des meilleurs élèves de Lacewood West ». Elles pénètrent dans cet endroit de rêve et, d'instinct, gagnent la cuisine, où Laura aide à présenter les gâteaux et les sandwichs, les hors-d'œuvre au fromage et les légumes en branches. Ellen reste debout à contempler les lignes de hautes eaux inscrites au crayon sur le chambranle de la porte à l'intérieur de la pièce et retraçant la croissance des enfants : Greg, à huit ans, à seize ans, Nan, à dix ans, à onze ans. Solde de fin d'année, soigneusement conservé pour composer avec le destin. Comme si les jours s'échelonnaient à saute-mouton.

Des adultes passent cette porte au chambranle gravé, s'arrêtant pour offrir à Ellen quelques banalités gentilles. Laura saisit Ellen par l'épaule, la détourne des marques sur la porte, essaie de l'entraîner vers la pièce où sont rassemblés les invités. Ellen, sans aucun signe de colère, se dégage de son étreinte. Inconsolable, imprenable désormais. Partie pour de bon.

Laura a envie de lui faire part d'une vérité bien plus grande que celle qu'elle vient de découvrir. Elle a envie de dire à sa fille de remercier le destin pour cette première rencontre avec l'invraisemblable et de ne plus y penser. Mais les mots, quels qu'ils soient, seraient pires que les légendes des brochures d'agence immobilière. Finalement, rien ne remplace une visite sur les lieux. Alors, elle fait à Ellen le plus beau cadeau qu'une mère puisse faire, parce que c'est celui qui lui coûte le plus : elle la laisse seule avec sa découverte.

Elles rentrent à la maison en traversant le no man's land du nord de la ville. Laissant derrière elles le nouveau cinéma multiplex où des acteurs célèbres incarnent une kyrielle de jeunes adultes affligés de handicaps qu'ils surmontent à force d'héroïsme. On peut passer toute une vie sans accorder une seule pensée au nationalisme écossais ou aux astronautes ou à ces mineurs prisonniers d'une galerie qui s'est effondrée. Et puis tout d'un coup, une dizaine de films sortent sur le même sujet. Question de mode, sans doute, comme si c'était dans l'air du temps.

Elles longent le nouveau quartier de Herefordshire, puis celui de Clear Stream. Passent devant cette petite butte avec une piste de ski, qu'on est train d'aménager en draguant le lac artificiel. Deux nouveaux motels poussent à côté du Old Farms, sans que Laura sache même pourquoi. La ville est en train d'exploser, sans raison valable, sans plan bien défini.

Elles prennent par l'ouest et passent devant le parc du Centre de recherches Clare. Erreur grossière. Ellen fixe des yeux le palais d'acier brossé et de verre fumé.

« Est-ce que le père de Nan retourne au travail demain ?

— Je ne sais pas, mon cœur. »

Un je ne sais pas qui veut dire oui.

Laura voit le dégoût envahir les yeux de sa fille. Le dégoût de tout. Du « On ne change jamais ses habitudes ».

Ellen émet le grondement perplexe d'un jeune chien qu'on a puni à tort. Elle ne desserre pas les dents pendant tout le trajet. Elle refuse même d'actionner la télécommande du garage, un rituel chez elle depuis la plus tendre enfance.

Tim est sorti, un vrai miracle, et n'a pas laissé de message. Laura se dirige vers l'ordinateur. Elle ferme les fenêtres des jeux de son fils, se met à consulter le dossier clients de la semaine précédente. Ellen s'assied et se met à tripoter le chemin de table en macramé jusqu'à ce qu'il soit complètement froissé. Muette, pétrifiée, donnant sa réponse personnelle à son évaluation de la vie : à quoi bon s'attacher aux gens ?

Au bout d'un moment, Laura lève les yeux. « Ellen ? » patiente, mais sur la défensive.

La gamine hausse les épaules : ça va de soi. Inutile de discuter. Elle monte lentement l'escalier et referme la porte de sa chambre derrière elle.

Elle est si jeune, bien trop jeune pour s'accrocher indéfiniment à sa hargne du jour. Il y a tant de marques au crayon qui l'attendent, chacune passant par-dessus l'épaule de l'autre. Elles grimperont le long du chambranle de la porte, contourneront la moulure pour sortir par la fenêtre et disparaître. Tandis que Nan, petit corps pétrifié, basculera dans le passé. Elle restera en arrière, préservée comme une toute petite momie dans une vitrine de musée, mais se ratatinant d'année en année pour finalement retourner à la poussière.

Les Blair veulent cent trente-deux mille dollars de leur maison style Cape Cod de Windsor Avenue. Nate Webber va sans doute faire une contre-proposition ridicule de l'ordre de cent cinq mille. Le tout sera d'empêcher les Blair de piquer une crise, tout en les amenant à rabaisser un peu leurs prétentions de manière à ce que Mr Webber ait quand même l'impression de faire une affaire.

Laura décrit avec la souris de petits ronds pensifs et serrés sur le tapis. Elle regarde la trace presque invisible du curseur se déplacer à toute vitesse sur l'écran. *Tu verras*, dit-elle en manière d'excuse à son enfant, enfermée dans sa chambre à l'étage, hors de portée de ce silence. *Un jour tu comprendras. Les morts n'attendent rien d'autre de nous que nous vivions*.

Les vents du commerce ne tournèrent jamais pour Jephthah Clare. La vie finit par perdre peu à peu son sens au fur et à mesure que s'étiolait son commerce maritime sous les coups répétés des tarifs douaniers. Une inventivité maniaque, sinon une démence caractérisée, lui envahit l'esprit.

Il élut domicile au café Topliff, essayant d'intéresser financiers et capitaines au long cours à de folles entreprises destinées à échapper aux taxes, à de grandioses projets de visionnaire à côté desquels le créateur du ciel et de la Terre faisait figure de simple tâcheron. Par exemple, expédier du linge sale pour le faire laver de l'autre côté du Pacifique, livrer en France des sucreries à la tortue ou importer des termites africains au Canada pour éclaircir les forêts du Nord. Clare n'avait besoin que de commanditaires.

Il mourut sans les avoir trouvés. C'est à ses fils qu'échut la tâche de concevoir un plan qui leur permît de survivre à l'abomination. Samuel s'irritait de tant d'injustice. L'Amérique, fulminait-il, avait fait sa révolution suite à un impôt qui apparaissait maintenant dérisoire au regard de celui qu'elle avait choisi de prélever sur elle-même. Resolve, son frère, plus flegmatique, faisait remarquer qu'une seconde révolution risquait de s'avérer rédhibitoire tant elle serait dispendieuse.

Le tarif punitif en question visait à protéger la jeune industrie textile de Nouvelle-Angleterre. L'usine modèle de Waltham associait maintenant effilocheuse, tacot, enrouleur, concasseur, dévidoir, carde en fin, banc d'étirage, contrôleur de vitesse, étireur, cardeuse, métier à filer continu, ourdisseur, filassier, métier à tisser, blanchisseur, appareil à imprimer les étoffes, coupeur, couseur et divers autres intermédiaires en une chaîne de production continue. Vapeur, eau, machines assourdissantes et petites mains de jeunes filles prenaient en charge la totalité de la fabrication, depuis la fibre de départ jusqu'au produit fini qu'était le vêtement. Quant aux tarifs douaniers, ils avaient pour but d'escorter ledit vêtement sur le marché.

Mais, d'un autre côté, ils empêchaient tout profit potentiel à l'exportation, décourageant toute tentative pour importer au retour quelque marchandise que ce soit. Comment rentrer dans ses frais si les bateaux naviguaient à vide la moitié du temps ? L'époque du marchand polyvalent touchait à sa fin. Le commerce avait perdu son statut d'enfant préféré. La loi favorisait désormais la fabrique bâtarde aux dépens de l'entreprise marchande patentée. Et pourtant, qu'était la fabrication sans l'appui du commerce ?

À en croire Samuel, il existait forcément une solution. Un Dieu qui aurait créé un esprit capable de concevoir le salut tout en lui refusant cette délivrance se serait lassé depuis longtemps d'un tel arrangement et aurait fermé boutique. Resolve était de cet avis, tout en faisant valoir que le fardeau du salut n'incombait pas au Créateur mais à l'ingéniosité de Ses créatures.

Quel produit pouvait atteindre des prix gonflés jusqu'à vingt fois sa valeur réelle ? Resolve posa la question à Benjamin, dont l'intérêt pour les préoccupations d'ordre pratique de ses frères aînés était quasiment nul. Le plus jeune des frères était précisément allé chercher à Harvard un refuge où il serait à l'abri des affaires de la famille, laquelle trouvait aujourd'hui le moyen de venir le déranger avec ses petits problèmes.

Mais il se trouve que *Vanitas* a toujours été l'élève le plus surmené de *Veritas*. Benjamin emporta jusque dans sa chambre d'étudiant de Brattle Street, à Cambridge, de l'autre côté de la Charles River, le dossier des tarifs douaniers. Quelques jours plus tard, il revint à Temple Place avec sa réponse : les seules importations à l'épreuve du protectionnisme étaient les produits de première nécessité. L'inestimable restait inestimable quel que fût son prix.

Plusieurs expéditions désastreuses infirmèrent le bien-fondé d'une telle conclusion. Pour la bonne raison que rien ne pouvait plus être déclaré produit de première nécessité sur ce nouveau continent. La montée en flèche des prix des produits de base à l'importation entraîna avec elle l'extraordinaire développement d'une économie de type artisanal. Autarcie et système D sonnèrent le glas de la vente par extorsion.

Benjamin s'en retourna à ses phyla tropicaux, plus convaincu que jamais de la futilité de toute entreprise commerciale. Mais, tout en dessinant les feuilles de l'orchidée Vanda, leurs transformations ramifiées à l'infini de l'énergie fournie par la lumière, il eut la révélation soudaine du côté pervers des lois de l'économie. Il s'intéressa au phénomène qui veut que le prix d'un objet soit à l'occasion totalement dissocié de sa valeur, soupçonnant que, dans ce domaine, une technique de polissage appropriée était susceptible de faire ressortir les plus belles veines du bois américain.

Ben revint à Boston avec la trouvaille attendue par ses frères. La réponse était non pas dans les produits de première nécessité, mais bien dans leurs contraires. La frivolité : voilà la seule marchandise dont la vente pouvait survivre à une augmentation frivole des prix.

Cette fois-ci, le marché confirma le bien-fondé de la théorie. La plupart des navires de la famille perdaient de l'argent à chaque voyage avec une régularité obstinée. Seule exception, presque négligeable mais d'autant plus fascinante, l'importation du savon Pech. Les savonnettes ovales Pech satisfaisaient une envie dont les Américains ignoraient jusqu'à l'existence avant de commencer à en sentir les démangeaisons.

Dans son Angleterre natale, le savon Pech était un savon de toilette à l'usage des classes moyennes. Contrairement aux savons verts domestiques, il ne laissait pas de résidu sur la peau. Il avait un parfum d'urbanisme et de compétence, mi-acidulé, mi-douceâtre. Lisse, compact, sophistiqué, il brillait d'un orange pâle qui n'était pas déplaisant. En dehors de cela, c'était du savon, rien de plus. Clare et Fils n'auraient jamais songé à s'intéresser à un tel produit s'ils n'avaient été dans l'obligation de remplir les cales de leurs navires qui rentraient de Londres.

Il fallait être fou pour importer du savon au prix fort. Graisses diverses, potasse et saumure : le premier foyer venu produisait du savon, exactement comme le corps produit des excréments. Importer du savon lourdement taxé, c'était aussi stupide que de vouloir mettre de l'eau de source en bouteille ou de faire payer l'air qu'on respire.

Mais, de ce côté-ci de l'Atlantique, les tarifs de l'abomination contribuèrent brusquement à hisser le banal au royaume du luxe. Le savon Pech se para d'un parfum exotique, sélect, étranger mais pur de tout relent d'immigration.

La stratégie de Samuel et Resolve pour promouvoir le produit ressemblait d'assez près à celle de Jésus quand il faisait jurer le secret à ses disciples sur le dernier miracle en date. L'impertinence du prix témoignait de quelque grandeur cachée : le cadeau parfait de celui qui ne regardait pas à la dépense. Car comment trouver à redire à la prodigalité face à quelque chose d'aussi indispensable que du savon ? Pech laissait sur la peau le cachet d'une faiblesse bien pardonnable, le bouquet d'une enivrante soirée romantique, séché et conservé entre les pages de la bible familiale.

Dans un pays où un tiers de tous les biens se trouvait concentré entre les mains d'à peine un pour cent de la population, le prix même du produit importé, en soi ruineux, représentait une plus-value contre laquelle les savonneries du pays étaient incapables de lutter. Sans compter qu'un tel achat avait quelque chose d'antinomien, s'apparentait à un vote contre la tyrannie de la règle majoritaire. La liberté de choix, c'était aussi la liberté de choisir le déraisonnable en matière d'économie domestique. Disponible aux États-Unis d'Amérique grâce aux bons soins de Jephthah Clare et Fils, Long Wharf, Boston, importateurs exclusifs.

En l'espace de deux voyages, le savon Pech permit aux Clare d'équilibrer à peu près les pertes qu'ils avaient subies. Mais ils ne purent se réjouir longtemps de l'aubaine, imités qu'ils furent bientôt par d'autres importateurs décidés à leur souffler une partie de leur clientèle d'élite et à l'affût de produits, qu'ils finirent par trouver, tout aussi britanniques et tout aussi parfaits. Et l'invasion de ces produits d'imitation ne tarda pas à avoir raison de ce snobisme même qu'avaient flatté un temps les savonnettes Pech.

Comme Tocqueville, le chevalier français, était en train de le découvrir, l'aristocratie de naissance ne pourrait jamais prétendre égaler en brutalité la méritocratie commerçante.

À nos yeux, le savon est une substance d'un ordinaire affligeant. Comme l'air et l'eau, on le trouve pratiquement partout. Il est tellement répandu qu'il est difficile de concevoir la vie sans. Et pourtant, il s'agit probablement de la plus grande découverte médicale de l'histoire…

Ce n'est que quand l'industrie moderne fut capable de prouver les vertus de la production de masse que le savon tomba dans le domaine public.

Procter & Gamble a plus de cent ans, 1944, anonyme

Le débarcadère, à deux pas de la cale où étaient amarrés les paquebots des Clare, était toujours noir de monde. La foule devait y être dense l'après-midi du jour où le *Sea Change* entra au port et où l'Irlandais Ennis et son épouse foulèrent pour la première fois le sol du Nouveau Monde.

La traversée pourtant harassante avait été pour eux une vraie partie de plaisir, à côté des épreuves auxquelles elle leur permettait d'échapper. Mari et femme avaient passé tout le voyage à célébrer la fin de leur servitude. Pendant sept ans, Robert Emmet Ennis avait été le serviteur sous contrat d'un autre homme, tenu « de s'abstenir de boire, de forniquer, de se rendre au théâtre et de tout autre excès… et de satisfaire avec empressement, de jour comme de nuit, à toutes les requêtes de son maître ». En échange, ce même maître anglais avait respecté sa part du contrat en apprenant à Ennis le « bel art de la confection des chandelles ».

Pendant la première moitié de la traversée, rien n'eut prise sur le couple. Ils voguaient vers une terre où leur travail serait le garant de leur progrès. Bientôt, leur destin serait entre leurs mains ; le reste ne serait plus qu'une question de force physique et de courage.

Cette pensée les accompagna jusqu'à Georges Bank. C'est là que Cathleen commença à déféquer et, quand la terre fut enfin en vue, ses déjections n'étaient plus qu'un torrent d'eau boueuse. Mais quand ils pénétrèrent dans le port de Boston, Cathleen, qui délirait sous l'empire de la fièvre, crut entrer dans le royaume de Dieu sur la Terre.

Son corps dévasté résista jusqu'au moment où il toucha la terre ferme. Une fois sur le quai tant espéré et, au milieu d'une foule plus affairée que véritablement indifférente, Cathleen Ennis mourut de l'accomplissement de son rêve et de déshydratation.

Son mari s'installa près du cadavre, veillant sur elle, tout en fumant une pipe d'argile et en examinant le petit morceau d'Amérique qu'il avait sous les yeux. Il ne pouvait pas croire que leur vie ensemble ici, dans ce lieu de toutes les chances, eût été détruite avant même de commencer.

Votre femme est malade, dit, plein d'attention, un marchand, qui ralentit suffisamment le pas pour l'en informer.

Ma femme est morte, dit Ennis à son nouveau compatriote.

Au bout d'un moment, le capitaine du port exigea de lui qu'il enlève le corps.

Pourquoi ? demanda Ennis. Pour en faire quoi ?

Le Secours populaire irlandais aida l'homme à trouver un logement dans le North End, à un jet de pierre du quai où sa femme avait terminé son voyage. Pour une personne recueillie par cette institution, Ennis était royalement loti. Il avait un peu d'argent et qui plus est un métier, haricots magiques de grande valeur dans cet endroit de conte de fées. Tout ce qui lui manquait, c'était une bonne raison pour vouloir continuer à vivre.

Le clapier dans lequel il vivait regorgeait de chômeurs. Certains avaient été victimes des machines et de la mécanisation. D'autres avaient renoncé à se lancer dans la course aux emplois, devancés par les milliers de leurs congénères aux abois qui déferlaient sur le pays par tous les ports d'entrée. Seule la promesse de terres en quantités illimitées – l'espoir d'une autre loterie plus à l'ouest – parvenait à détourner une partie du flot, empêchant ainsi une révolution certaine.

Un mois suffit à Ennis pour découvrir et apprendre toutes les ficelles. Aucune pyramide sociale n'était plus abrupte ni plus pointue que celle de l'Amérique à cette époque. Le pays truquait la course en faveur des plus rapides. Ennis ne se souciait plus guère de gagner cette course. Mais il devait à la mémoire de sa femme, au mythe qu'ils avaient partagé ensemble, de ne pas se laisser dévorer tout cru.

Il consacra tout l'argent qui lui restait à un achat de matériel, tel un homme affamé dépensant son dernier dollar pour mettre en œuvre une nouvelle recette. Dans un bout de terrain abandonné situé derrière l'immeuble où il habitait, il suspendit une cuve en fonte aux bords en bois au-dessus d'un foyer creusé dans la terre. Les cadres, les moules et l'appareil à tresser les mèches remplirent sa pièce meublée, occupant l'espace qui aurait été habité par sa femme.

RELEVONS LE DÉFI D'UNE AMÉRIQUE VIEILLISSANTE

Deux hommes d'un certain âge mais distingués, en tenue de tennisman, raquettes au repos, se serrent la main de chaque côté du filet après un échange animé.

Le moins trempé des deux plaisante : « Prêt pour un autre set ? »

L'autre, hors d'haleine, rétorque courageusement : « J'attendais que vous le proposiez. »

Une voix masculine en off embraye : « Au début du siècle prochain, il y aura plus de retraités que d'actifs en Amérique. »

La scène s'obscurcit.

Services financiers
CLARE MATERIAL SOLUTIONS

Et c'est ainsi que par une nuit froide de 1830, un solide gaillard irlandais se retrouva en train de traverser Temple Place, transportant sur son dos une caisse en bois pleine de chandelles. Il avait découvert dans la ville quelques enclaves privilégiées où plus personne ne faisait bouillir de graisses animales depuis au moins une génération et même davantage. Certains soirs, ces quartiers lui faisaient la faveur d'un achat. Tout le monde – toutes classes sociales confondues – avait besoin d'une lumière claire et durable. Et ceux qui disposaient de quelque loisir plus que les autres.

C'est Resolve Clare qui répondit lorsque Ennis frappa à cette porte discrète, de style colonial. Il s'apprêtait à renvoyer le colporteur sans même lui laisser une chance d'entamer son laïus, quand Samuel, remarquant les chaussures du pauvre homme, intervint. Il acheta le minimum requis par la politesse. Sur quoi, le colporteur remercia les deux hommes et poursuivit son chemin dans l'obscurité glacée.

La porte ne s'était pas plutôt refermée sur la nuit que les fils Clare se disputaient, Resolve rappelant avec véhémence à son frère qu'ils s'étaient mis d'accord pour éviter toute dépense inutile tant que de l'argent frais ne serait pas rentré.

Samuel objecta qu'il n'y avait rien de plus indispensable que des chandelles.

Mais pas des chandelles de ce genre, rétorqua son frère. Nous disposons déjà d'un stock de belle et bonne lumière.

Nous ne sommes pas démunis au point de ne pas pouvoir venir en aide à plus malheureux que nous.

Nous finirons par l'être, s'obstina Resolve, si nous jetons l'argent par les fenêtres en achetant des bougies de suif de mauvaise qualité.

Il s'avéra que telles n'étaient pas les bougies. Sans être fabriquées à partir d'un blanc de baleine haut de gamme, elles n'en émettaient pas moins une lumière dure et froide. Fermes au toucher, elles brûlaient presque aussi lentement et proprement que l'huile de baleine la mieux bouillie.

Plus d'une fois, Resolve demanda à son frère combien ils avaient payé les chandelles. Et plus d'une fois, Samuel, incrédule, secoua la tête en signe d'ignorance.

Pendant toute une semaine, Resolve monta la garde. Il n'arrivait à se rappeler avec précision ni le jour ni l'heure auxquels l'Irlandais était passé. Il n'y avait aucun autre moyen de remettre la main sur l'homme que de rester à l'affût en observant la rue. Les jours passaient et le colporteur, sans doute découragé par leur parcimonie, ne se montrait toujours pas.

C'est tout à fait par hasard que Resolve retrouva son gibier. Il aperçut l'Irlandais de loin, trimbalant sa caisse à chandelles du côté du marché aux poissons. Il le rattrapa et se fit connaître.

Ennis s'offrit aussitôt à rembourser le prix de sa marchandise. Il arrivait qu'une mèche ou une cire défectueuses échappent de temps à autre à son attention.

Et c'est avec la même célérité que Resolve comprit à quoi il avait affaire.

À qui les avez-vous achetées ? demanda-t-il.

Ennis réfléchit un instant. Puis les mots tombèrent un à un, comme des cierges au sortir du moule. Il ne vendait que ses propres marchandises et n'avait de comptes à rendre à personne.

C'est vous qui les fabriquez ?

La question déplut à l'autre. Et alors ? Qu'avait-on à reprocher à ses bougies ? semblait dire sa mâchoire résolue.

Resolve proposa de lui acheter tout le contenu de sa caisse.

Ce qui ne fit qu'éveiller les soupçons d'Ennis, qui finit par accepter le marché sans pourtant rabattre un penny par rapport au prix antérieur.

Quoique dérouté par une telle attitude, Clare y vit la confirmation de ses soupçons. L'homme pourrait-il également fabriquer du savon ? Un bon savon de toilette ? Pour un prix… disons, un prix comparable à celui de ses chandelles ?

Ennis émit un grognement. Quelle question ! Une jument ne pouvait-elle pas faire de mulets ? Savon et chandelles étaient cousins. Pour tout dire, la fabrication de ses chandelles à la stéarine donnait comme sous-produit une huile rougeâtre qui ferait un bien meilleur savon que la plupart des saletés qu'on se permettait de vendre sous ce nom dans les parages.

Ennis se tut, horrifié, sentant qu'il en avait trop dit. Il avait l'air contrit du garçon de la fable, qui, appuyé contre la porte battante de la grange, voit sa jument s'enfuir en caracolant le long du chemin.

Resolve sourit et demanda s'il pouvait voir l'atelier de l'homme. Mais l'autre refusa.

Nouveau sourire de Resolve, qui demanda alors à Ennis s'il voulait prendre un verre. L'autre n'en avait pas envie.

À propos de cette huile rouge, commença Resolve, sans ciller. Ces mots amenèrent son adversaire à reporter toute son attention sur ses chaussures avant de faire mine de s'éloigner.

Resolve inspecta de plus près la caisse d'Ennis, tout en calculant le coût de la graisse fondue, le nombre de chandelles qu'un homme seul pouvait fabriquer, à tant de l'heure et à tant d'heures de travail par jour, ainsi que le temps qu'il fallait pour en disposer. Il fit de tête plusieurs multiplications rapides, obligé d'extrapoler un peu quand il voulut inclure le coût du matériel utilisé par ce diable d'homme. Puis il évalua jusqu'où tomberait le prix de revient de ces chandelles à la stéarine si on multipliait par dix la cadence de fabrication.

Chose inouïe, Resolve Clare proposa à Ennis de lui acheter tout le matériel en sa possession, assortissant son offre d'une somme d'argent suffisamment rondelette pour couvrir tous ses frais pendant un an.

L'Irlandais le dévisagea, ahuri. Vous êtes vraiment prêt à me le donner ? À me donner tout cet argent ?

Oui, mon frère et moi, nous voudrions que vous acceptiez de monter une affaire avec nous. Fabrication de chandelles. Et de savon.

Ennis était sans aucun doute le genre d'homme à savoir qu'une bonne affaire ne se discute pas et, pourtant, il voulut absolument prendre le temps de la réflexion. Il le prit tant et si bien que Resolve, de son côté, entreprit de refaire ses calculs. Finalement, l'autre, résigné, fit savoir qu'il était preneur : achat de son matériel plus le salaire proposé. Il réclama toutefois une troisième somme, beaucoup plus modeste, mais à verser séance tenante et en espèces.

Resolve mit longtemps à se remettre de cette dernière demande. Non pas à cause de l'extra, au demeurant dérisoire, auquel Ennis avait tenu (les frères Clare accédèrent à sa demande sans la moindre hésitation). Mais Resolve ne supportait pas l'idée qu'il avait pu se tromper sur le compte de l'autre. Il aurait été prêt à parier n'importe quoi que cet Ennis ne s'abaisserait jamais à marchander. Et il l'avait pourtant bel et bien fait.

Le temps, qui résout toujours tout, finit par dissoudre le mystère. Resolve devait découvrir la vérité un peu plus tard, une fois l'affaire montée et une fois sorti le premier pain de savon. En posant sa condition, Ennis avait un investissement bien précis en tête. La somme réclamée correspondait très exactement à ce qu'il lui en coûterait pour faire creuser une tombe décente à sa femme.

NOTRE PUNCH A ENCORE FRAPPÉ

Que diriez-vous de :

— Faire marcher votre tondeuse à gazon… avec des ordures ménagères ?

— De faire fonctionner votre ordinateur… à la lumière du jour ?

— D'éclairer votre maison… avec des bactéries ?

— D'aller faire une petite virée en voiture… avec de l'hydrogène en guise de carburant ?

— De vous passer vos tubes préférés… avec la seule chaleur de votre main ?

Un homme étendu sur une plage regarde une femme en maillot de bain une pièce couleur abricot plonger dans les vagues. Il tient un transistor minuscule entre le pouce et l'index. De l'écouteur parvient, métallique mais bien reconnaissable, une version de Getting Better All the Time.

Département de l'énergie et des carburants

CLARE MATERIAL SOLUTIONS

Deux hommes au visage buriné bavardent dans la queue devant Laura à la supérette Bounty Mart. Des fermiers, probablement. Leur peau a un côté sciences de la terre, reconnaissable entre mille. Le bronzage typique du fermier : rouge brique du poignet jusqu'au milieu du bras, ivoire au-delà. Ils viennent de l'arrière-pays, comme ces oiseaux qui tombent par hasard, effarés, sur la mangeoire de son jardin. Ils ne reviennent en ville que pour entrer à l'hôpital ou mourir.

Elle a toujours trouvé bizarre que Lacewood, véritable machine à produire de l'argent, puisse être située au beau milieu de cette tribu préhistorique à l'habitat dispersé. Elle se sent toujours vaguement honteuse à la vue des fermiers. Elle qui a tout du jardinier amateur, du cultivateur du dimanche avec ses lis et ses campanules à clochettes, du bricoleur dont la culture la plus utile reste la ciboulette, comment peut-elle côtoyer les vrais producteurs, les seules personnes au monde dont le travail soit indispensable ?

Comment vivent-ils ? Comme des colons, complètement isolés dans leurs antiques boîtes en bois juchées sur leur petit tertre. Il arrive que ces maisons se retrouvent sur le marché, quand tous les enfants sont morts, ou qu'ils partent s'installer à Chicago, acculés à la vente par l'incontournable industrie de l'agroalimentaire. Laura en a une à placer de temps en temps. Plusieurs tonnes de sapin blanc autour d'une pompe de puisard enfoncée dans un monticule. Unique. Mais peu recherché, si ce n'est par les jeunes universitaires de Sawgak qui veulent revenir à la nature.

Elle ne saurait pas comment s'adresser à ces hommes s'il prenait à l'un d'eux la fantaisie de se retourner et de vouloir bavarder avec elle. Elle ne sait rien faire d'autre que prendre ce qu'ils ont à donner. Les boîtes de céréales, les hot-dogs frits que Tom mange au sortir du sachet sans même les faire réchauffer, les rouleaux de chips sans matières grasses qu'affectionne Ellen, l'huile de maïs polyinsaturée en bombe, le concentré de légumes enrichi en tube, les tortillas à passer au micro-ondes, les crackers en forme d'animaux menacés d'extinction. En fait, le contenu complet de son chariot, quelque complexe et détourné qu'ait été le chemin emprunté par la matière première.

La queue n'avance pas vite. La caissière fait appeler son chef pour la quatrième fois, suppliant toute personne autorisée de venir réparer une fausse manœuvre avec une carte de crédit. Faisant preuve d'une patience infinie, la caisse enregistreuse affiche inlassablement : *Vous êtes prié d'opérer une autre sélection*. Le client n'en finit plus de tapoter nerveusement un écran où une assiette anglaise sous plastique fait des cabrioles dans son espace holographique.

Sur le présentoir des magazines, devant la caisse, juste à côté des brochures gratuites et remises à jour chaque mois de l'agence immobilière Next Millennium, un numéro de *Trends* attire le regard de Laura. En couverture, la nouvelle spiritualité. Étant donné que l'attente menace d'être longue, elle commence à lire. Une ex-idole des jeunes, ex-droguée, déclare qu'il est grand temps pour l'Amérique de réexaminer ses valeurs. L'homme le plus sexy du monde divorce d'un top model pour se faire bouddhiste. Peut-être quelque chose qui plairait à Ellen. Faute de mieux, elle pose le magazine sur le tapis en compagnie de ses autres offrandes.

Le fermier qui est juste devant Laura et qui porte une casquette Deere Moline dit : « Sacré endroit pour ouvrir un supermarché, ici. »

Sans perdre un instant, la casquette Archer Daniels Midland Company de Decatur à côté de lui opine aussitôt : « De l'or en barre, oui. »

Exemple de cette résignation tolérante que les gens qui n'ont qu'eux-mêmes sur qui compter réservent d'ordinaire au temps, à la bêtise collective et à tout ce qui échappe à leur contrôle.

La première casquette demande à la seconde :

« Tu fais du carburol cette année ?

— Oui, j'en ai prévu une douzaine de tonnes, p't-être une quinzaine. Et toi ?

— Ben, j'sais pas trop. Avec tout ce foin qu'y font autour du gluten tout d'un coup…

— Tout ça parce qu'ils veulent pas se mettre les Européens à dos. T'as pas le temps de faire ouf et paf c'est parti. C'est partout la même chose, y font que s'renvoyer l'ascenseur. »

Ils paient leur tabac et leur jus d'orange reconstitué et disparaissent, tout en parlant des prix à la production et de l'opportunité de se procurer un de ces modems cellulaires qui leur permettrait d'avoir des renseignements sur les cours et les marchés des denrées tout en retournant leur terre du côté du quarantième parallèle.

Le tour de Laura arrive enfin. L'un après l'autre, les articles qu'elle a posés sur le tapis glissent devant le laser et livrent le secret de leur code-barres. Le nom de chacun d'eux apparaît sur le panneau d'affichage à cristaux liquides devant elle, comme sur une machine destinée à apprendre à lire aux enfants. Une voix mécanique entonne chaque prix comme s'il s'agissait du numéro d'une hymne pendant l'office.

« Papier ou plastique ? » demande la personne qui met en sac, une femme de cinquante-cinq ans. Qu'est-elle censée répondre ? La liberté ou la mort ? Le vrai ou le faux ? Le bien ou le mal ? Papier ou plastique ? Le premier détruit les arbres mais est cent pour cent naturel et recyclable. Le second dégage des vapeurs toxiques en brûlant mais réclame moins d'énergie pour sa fabrication, peut se transformer en tables de pique-nique et en doublure vinyle, est doté de poignées et ne risque pas de se désagréger si le yaourt glacé se met à fondre.

Elle s'affole. « Le plus facile pour vous », dit-elle à la femme, qui fait une grimace.

En se dirigeant vers sa voiture, elle se surprend à boiter, s'accroche au chariot nettement déporté sur le côté. C'est maladif, chez elle, cette façon qu'elle a d'être affligée des symptômes qu'elle décèle chez les autres. De l'ordre du psychosympathique. Au point d'étouffer devant l'asthme de Don. De se mettre au lit, terrassée par les migraines de ses collègues. Sans parler du cauchemar d'Elm Street : passer des mois à tenter de vendre le blockhaus en parpaing sur deux niveaux de Bill Mason tout en essayant de ne pas reproduire son défaut d'élocution.

Et voilà que maintenant, c'est Nan. Voilà qu'elle penche nettement du côté droit depuis l'enterrement. Mais est-ce que ça a commencé par la jambe droite, ou par la gauche ? Elle ne s'est pas plus tôt posé la question que ses deux jambes se mettent à trembler.

Il y a mille et une choses qui peuvent se déglinguer chez chacun d'entre nous. Et il y en a de plus en plus. Quand elle avait douze ans, la science avait vaincu toutes les maladies. Or, il fallait voir où on en était maintenant. Penser à ce que coûtait le moindre accident : cinq jours d'hôpital – par exemple, ce truc bizarre qu'avait eu Tim aux articulations et qu'on n'avait jamais réussi à diagnostiquer – l'auraient complètement lessivée si elle n'avait pas eu la couverture de l'assurance de groupe de l'agence. Comment font les gens plus ou moins marginaux pour s'en sortir ? Une simple visite chez le dentiste et ils n'ont plus un sou. Elle-même n'a pas encore réglé le dernier contrôle des enfants. Elle ne s'est toujours pas remise d'avoir saisi le lien entre « extraction » et « extorsion ».

Au volant, elle sent le froid lui engourdir les bras, comme c'est arrivé à Nan, une fois le caillot installé. Elle arrive à rentrer chez elle sans incident. Encore une chance qu'elle n'ait pas pris les habitudes bizarres de certains conducteurs qu'elle connaît. Elle se contente de parler aux voitures un peu agressives, pour les repousser, les obliger à rester dans leur file. Homme, femme, machine, elle traite tout de « Ludwig ». T'affole pas, Ludwig. Dis donc, Ludwig, c'est à moi de passer. Une vieille habitude de sa mère, qu'elle a prise sans même s'en rendre compte.

L'employée de la supérette a opté pour le plastique. Dans la cuisine, le plan de travail croule sous le butin hebdomadaire. Trois personnes, une semaine = onze sacs plastique. Elle va devoir agrandir la maison. Peut-être prolonger le coin-repas au-delà des parterres de fleurs.

« Salut les mecs, l'Armée du Salut est de retour. »

Elle entend Tim cliquer comme un forcené dans la pièce voisine : des caissons roulent au milieu d'explosions ponctuées de jurons étouffés. Ça se passe mal sur un des fronts avancés.

« Timmo ? Ellie ? J'ai dit : "Salut les mecs"… »

Un « Salut, m'man », lui parvient d'en haut.

Et, depuis l'ordinateur : « Ouais, OK. Comme tu veux. »

Ellen descend inspecter les trophées. Elle farfouille dans les sacs, en sort un nouveau produit qu'elle avait réclamé. Cacahuètes en barres. Laura se demande quel problème la mise en barres des cacahuètes est censée résoudre au juste. Qu'est-ce qui n'allait pas dans la bonne vieille cacahuète ? Dans cette petite chose oblongue ? Ou d'ailleurs dans le beurre qu'on faisait avec ? Les barres sont sans doute plus commodes. Plus prévisibles, en quelque sorte. Plus plates aussi.

Quoi qu'il en soit, Ellen est ravie. Et Dieu sait que ça ne lui arrive pas souvent ces temps-ci.

« Génial, m'man. Super. » Elle sort de son emballage une espèce de barre de chewing-gum et en grignote un morceau.

« Ellen !

— Quoi ?

— Je me suis servie de ce mot il n'y a pas un mois. Et tu n'as rien trouvé de mieux à faire que de lever les yeux au ciel.

— C'est parce que c'était toi, m'man.

— Je ne vois pas la différence.

— Dans ta bouche, ça craint. »

C'est la guerre contre tous les adultes, depuis la mort de Nan. Parce qu'ils n'ont pas su intervenir.

« Tu pourrais donner un coup de main pour débarrasser tout ça, tu sais.

— C'est vrai.

— Le mettre dans les placards, par exemple, au lieu de te le mettre dans l'estomac.

— Je vois pas où est la différence. Ça finit aux W-C de toute façon. »

Laura s'abstient de tout commentaire. Elle ne peut rien faire pour sa fille en dehors de boiter.

Le chagrin n'est pas seul responsable. Les hormones avaient déjà leur mot à dire, bien avant la maladie de Nan. Les choses risquent d'empirer dans les dix ou quinze ans à venir. Quand sa fille aura atteint la trentaine, elles pourront de nouveau être amies.

Une autre série de tirs au mortier cybernétique crépite dans le bureau. Elle est ponctuée d'une exclamation impérieuse, beaucoup plus vulgaire que « salopards ». La période précédente, celle de l'extermination des fourmis à coups de batte, était nettement meilleure pour la santé de Tim. Ce n'était pas le top pour les fourmis, mais lui au moins prenait un peu d'exercice. Faisait travailler ses muscles. Et la batte était réelle, pas virtuelle.

Ellen disparaît au premier, faisant main basse au passage sur les barres de cacahuètes. Dont elle va tapisser son nid. Elle noie son chagrin dans des fanzines, des chansons aux paroles hautement suggestives, dont Laura espère qu'elle ne les comprend pas, et de longues conversations au téléphone.

Une fois rangé le dernier hamburger, Laura prépare un Thirst Aid pour Tim et pour elle-même une boisson gazeuse kiwi-framboise. Elle emporte les verres dans la pièce voisine et les pose à côté des haut-parleurs, utilisant le tapis de la souris comme dessous de verre.

« Alors, général, comment va la guerre ? »

Vague tressaillement d'épaules. Correspondant plus ou moins à une fin de non-recevoir.

« Dis donc, mon pote, je te cause. Donne-moi au moins le plan de bataille. »

Il lève les yeux de l'écran une seconde, le temps d'enregistrer cette attaque surprise. Soupire – son plus grand effort de toute la matinée, en dehors des mouvements du bras qui actionne le joystick.

« C'est un Stuka. Ça, là, c'est comme qui dirait Varsovie.

— Varsovie, en Pologne ?

— Varsovie tout court. »

Le Stuka a tout d'une salière avec des ailes. Varsovie a des allures d'œufs sur le plat renversés. Pour elle, l'écran n'est qu'un rectangle brouillé, où alternent zooms et panoramiques et que trouent çà et là des points colorés. De temps à autre, une espèce de Göring digital se met à hurler *« Jawohl ! »* et l'on entend un râle à vous faire dresser les cheveux sur la tête, qui fait penser au cliquetis d'une tondeuse à gazon heurtant une barrière métallique.

« C'est quoi, ça ?

— Quoi, ça ?

— Ce bruit horrible. »

Il sourit. Cela fait des semaines qu'elle ne lui a pas fait autant plaisir.

« Ça, c'est les 88. On avance.

— Vous avancez ?

— On passe à l'attaque, ma poule. »

Elle pense à une maison qu'elle a vendue le mois dernier. Dans ce quartier au nord de Fairview, créé de toutes pièces, comme s'il était sorti de rien. Elle revoit le jeune couple, des cadres de chez Clare, et sa petite fille. Elle est restée un moment avec eux sur le terrain nu comme la main, sans un seul arbre. Dans ce paysage lunaire, un pic-vert s'agrippait à un morceau de polyuréthane tarabiscoté qui simulait le bois à la perfection et sur lequel il assénait des coups de bec perplexes. Il n'arrivait pas à en entamer la surface, mais refusait de s'arrêter. C'est bien d'une créature vivante de ne pas savoir quand il faut renoncer.

« Ce connard ne sait pas ce que je lui prépare. Je vais le prendre par-derrière, ma poule.

— Arrête de dire “ma poule”. Qui est-ce qui ne sait pas ? Staline ? »

Il ôte ses doigts des commandes et la foudroie du regard. Staline !

« Mais non, cette espèce de connard de Rosen.

— Arrête de dire “connard”. Rosen ? Tu veux dire *Andy* Rosen ? À Varsovie ?

— Purée, m'man ! Ouais. À Varsovie, qu'il ponctue du signal digital censé exprimer l'écœurement le plus complet. Enfin, non. Purée ! Tu vois… » Par où commencer ? « Il est sur le modem, d'accord ?

— Tu te sers du modem pour… ?

— T'as pas dit que si j'payais la moitié des appels urbains sur la deuxième ligne, je… » Il abaisse le joystick d'un coup sec. Il n'est plus de nouveau qu'une boule de fureur. « J'en ai marre. C'est trop galère. Pourquoi tu crois qu'j'ai pris ce boulot de merde, que j'distribue ces prospectus à la con ?….

— Ça suffit. Tu te calmes maintenant, tu m'entends ? » Elle devrait peut-être suivre les conseils de l'infirmière et lui donner ce médicament. « Je n'ai jamais dit que tu ne pouvais pas. Je ne savais pas que tu pouvais, c'est tout.

— Que je pouvais quoi ?

— Andy est en train de jouer à ce jeu en même temps que toi, sur son ordinateur, pendant que tu… ?

— Tout juste, m'man. Et en c'moment, il est en train de m'foutre une déculottée, j'te raconte pas. Alors, si t'as rien contre ?

— C'est à moi que tu parles ? Ça s'appelle une tactique de diversion. C'est Andy qui t'a dit qu'il paierait l'autre moitié de la facture de téléphone, si j'acceptais… »

Elle laisse tomber la remarque dans l'éther siliconé. Il faut à Tim cinq bonnes secondes pour comprendre. Tout en pressant la détente, il rejette la tête en arrière et grogne : « Ouais, p't-êt'bien. »

Il pourrait être en train de bombarder n'importe qui, à l'autre bout. Andy Rosen, son propre père, n'importe quel surfer rencontré par hasard. Maître de l'Univers cherche compagnon ayant la détente facile et de bonnes aptitudes à la communication pour discussions interactives, échanges de dossiers et intermèdes apocalyptiques sur le front de l'Est.

Elle comprend enfin l'attirance qu'exerce la révolution informatique. Dans la réalité virtuelle, personne ne peut savoir que vous n'avez que douze ans.

Nous finirons tous un jour ou l'autre désincarnés, faisant nos courses ou allant à des soirées comme des pantins mobiles montés sur micro-ordinateur. Simples têtes humaines plaquées sur des corps de modem. Insérez votre visage ici. Comme ces panneaux que l'agence Next Millennium placarde un peu partout en ville : portraits de tous les courtiers, moitié photo, moitié dessin. Sur le sien, un agrandissement d'une photo d'identité en noir et blanc est accolé à un torse de bonne fée standard, dotée des ailes et de la baguette magique réglementaires. Sous elle, un monceau de lingots d'or, au-dessus, la légende « C'est comme si c'était déjà vendu ». Les enfants tiquent chaque fois qu'ils passent devant cette horreur.

Son panneau virtuel domine le parking devant le Member's Discount Club. Les vingt-cinq dollars de cotisation annuelle lui restent un peu en travers de la gorge, mais il lui faut reconnaître qu'elle n'a pas trouvé de magasin meilleur marché. En fait, le repas de ce soir est une exclusivité Member's. Seul le Cool Juice vient du Bounty Mart, qui est le meilleur endroit si l'on veut manger moins gras et trouver des produits moins riches en sodium. Mais tout le reste vient du Discount Club : la soupe aux quinze haricots, les mousses de poisson et de légumes, le melon glacé.

Elle a sans doute économisé ce soir près d'un cinquième du prix du repas. Et si Tim et Ellen lui laissaient faire ça deux fois par semaine, elle rentrerait dans ses frais – le montant de la cotisation – en un peu plus d'un mois, disons cinq semaines.

Mais il faut payer pour jouer. Casquer tout de suite, c'est ça, le piège. Difficile de mettre un peu de côté en prévision de l'avenir quand le présent vous dévore. Elle a entendu dire que des gens, à l'ouest de la ville, sont prêts à payer une chambre de motel pour échapper à la canicule. À ce tarif, il leur suffirait de patienter trois semaines et ils pourraient s'offrir un climatiseur. Mais qui est-ce qui est prêt à souffrir trois semaines avant d'être soulagé ?

« Un kyste, c'est comme une petite boule d'eau, dit-elle aux enfants, pendant le dessert. Ils font une toute petite incision. C'est à peine s'ils ont besoin d'un scalpel.

— Ils ont juste à crier un bon coup pour le faire sortir, plaisante Ellen.

— Débile, ricane Tim.

— Débile toi-même.

— Allons, allons. Je vais à l'hôpital mardi prochain. Vous, vous irez chez votre père pendant ce temps. »

Quand ils finissent par aller se coucher, elle essaie de se replonger dans l'article sur la nouvelle spiritualité. Mais sans succès. Elle essaie le câble : un programme vraiment horrible. Pourquoi est-ce qu'ils repassent toujours les mêmes inepties ? Probable que la société mère possède une copie du film en question si bien que la filiale câblée n'a pas de droits à payer.

Vous commencez par perdre cinq fils à la guerre. Quand, brusquement, il vient à l'idée de quelqu'un de faire un film là-dessus. Et régulièrement, ils vous redonnent cette horreur le soir vers minuit. Jusqu'à ce que tombent tous les enfants de toutes les mères.

Le mépris de ses anciens associés aurait tué Jephthah, si d'impossibles rêves ne l'avaient déjà réclamé. Du moins la mort épargna-t-elle au vieillard le déshonneur de la déchéance. Il n'eut pas à être témoin des méfaits de l'abomination précipitant une famille florissante de négociants dans un travail de manufacture dégradant.

Les fils Clare avaient autrefois vendu des cargaisons entières de savon Pech. Ils connaissaient les intermédiaires et les revendeurs. Les voies de la distribution leur étaient aussi familières que leurs sentiers de campagne favoris. Mais ni l'un ni l'autre n'avaient jamais imaginé devoir s'abaisser à fabriquer eux-mêmes les pains. Il n'empêche que passer du négoce à la fabrication était moins infamant que l'ignominie qui les attendait s'ils ne trouvaient pas rapidement un moyen de subvenir à leurs besoins.

Des préjugés de toutes sortes menacèrent d'abord de faire capoter l'entreprise. Aucune banque n'était prête à cautionner un tel pari, aucun ouvrier prêt à construire la fabrique imaginée par les frères. Du jour au lendemain, ils surent à quoi s'en tenir : l'industrie locale avait des cohortes de soupirants, mais aucun d'entre eux ne voulait du mariage. Le savon Clare, tout comme l'ensemble des entreprises américaines, était menacé d'une mort précoce, écrasé sous le poids des frais de démarrage.

Ennis emmena ses nouveaux patrons jusqu'à son immeuble du North End, après leur avoir fait jurer le secret. Ils firent le tour de la fabrique de chandelles nouvellement acquise dans le baraquement à l'arrière du bâtiment. L'installation avait beau être rudimentaire, on voyait qu'Ennis en connaissait un rayon en matière de graisses et d'huiles. Quand un homme comprend ce qu'il fait, déclara Ennis, il peut faire en fonction de ses besoins.

Samuel et Resolve furent frappés par la vérité de cette maxime. Son procédé de fabrication de la stéarine donnait à Ennis plusieurs longueurs d'avance sur ses concurrents bostoniens. Il montra aux Clare le récipient fermé et bouillonnant dans lequel il séparait le suif en présence d'un faible pourcentage de chaux. Aux dires d'Ennis, la chaux enclenchait le processus que la chaleur et la vapeur se chargeaient de mener à son terme.

Dans ce chaudron en ébullition, Ennis déversait juste assez d'acide sulfurique pour solubiliser les sels de chaux et les précipiter comme sulfate. À la surface du bain de glycérine qui en résultait venaient alors flotter les acides gras tant convoités. Ennis en prélevait la quantité souhaitée avant de la clarifier à plusieurs reprises. Il versait ensuite le produit obtenu dans des bacs de compression et attendait que les acides gras cristallisent en un joli magma.

Qu'il séparait de nouveau et compressait, pour en évacuer sous forme d'un liquide rouge l'oléine contenue dans la stéarine solide. Ensuite, il faisait fondre et épurait la stéarine avant de la verser dans ses moules, dans lesquels il avait passé ses mèches savamment tressées. Une fois que l'eau froide avait fait prendre le moulage, il ne lui restait plus qu'à démouler ses chandelles et à les ranger dans sa caisse. La suite, les frères la connaissaient déjà.

Tandis que Resolve passait en revue les moules et les bacs, Samuel jetait un coup d'œil sur les morceaux de papier gribouillés qu'Ennis appelait ses « livres ». À eux deux, les frères Clare découvrirent la manière dont Ennis était capable de fabriquer un aussi bon produit et de le vendre à si bas prix.

La qualité était le fruit du perfectionnisme inné de son fabricant. Il répétait avec amour les opérations de purification jusqu'à ce que toute amélioration devienne pratiquement invisible. Resolve s'étonna d'une telle minutie. Ennis lui jeta un regard noir et déclara que, lui vivant, jamais une chandelle floconneuse ne sortirait de sa fabrique.

Quant au prix incroyablement bas de ses bougies, il s'expliquait de façon encore plus simple : Ennis vendait systématiquement à perte, incapable de se résoudre à réclamer davantage, en échange de son savoir-faire passionné et de ses compétences théoriques supérieures, que le prix couramment pratiqué pour une lumière de qualité bien inférieure. Qui plus est, il se refusait à faire les calculs qui lui auraient permis de voir où l'entraînait son affaire. Les Clare se chargèrent des projections à sa place. S'ils n'étaient pas arrivés à ce moment précis, Ennis n'aurait pas tardé à se trouver dans l'incapacité de fabriquer assez de bougies pour couvrir le coût de sa graisse fondue.

L'Irlandais tenta de se défendre. Il avait gardé des fûts entiers du produit dérivé, l'oléine. Il envisageait, une fois à court d'argent, de mettre à profit son stock d'huile rouge.

Et de quelle façon ? demanda Resolve. En fabriquant un savon sans défaut que tu serais allé vendre en dessous de son prix ?

Ennis répondit par l'affirmative, sans rien ajouter. Le tout étant apparemment de perdre de l'argent de manière honorable, en attendant l'arrivée salvatrice d'un riche commanditaire.

Extrait de *Les Contes de l'eau et du savon : les progrès de l'hygiène à travers l'histoire*, de GRACE T. HALLOCK, 1928, Institut de l'hygiène. (Spécimens gratuits à l'usage des établissements scolaires. 12 $ par lot de 25 ou plus.)

Le savon fascinait Samuel parce qu'il mettait l'acheteur sur le chemin de la piété. Quant à Resolve, il l'appréciait parce que c'était un produit qui s'usait vite et devait donc être souvent remplacé.

Récupérant ce qui était récupérable dans l'atelier du North End, les frères et leur nouvel associé s'employèrent à reconstruire l'entreprise sur une plus grande échelle. Ils déménagèrent le matériel et l'équipement à Roxbury, où il était plus facile de s'approvisionner en graisse fondue. La nouvelle fabrique combinait la production de chandelles et celle de savon, nourrissant la seconde des restes de la première.

Resolve et Samuel commandèrent un énorme chaudron à savon, avec un fond en fer. Ils fabriquèrent le meilleur appareil à mixer, les meilleurs réservoirs, cadres et clayettes de séchage dont ils étaient capables. Tous trois faisaient fi des fausses économies, chacun pour des raisons personnelles. La réussite dépendait de l'efficacité et de l'excellence qu'était seul capable de fournir un équipement de première qualité.

L'inauguration des locaux se fit en très petit comité : seuls les trois hommes étaient présents. Ennis s'autorisa la moitié d'une flûte de champagne et chanta une des chansons préférées de sa femme, *Que la fortune nous sourie*. Samuel implora la bénédiction du Seigneur avant de fixer un objectif, par ailleurs modeste, à atteindre d'ici la fin de l'année. Resolve, parcourant d'un œil satisfait les premiers fruits de leur labeur, se permit, au vu de leur nouvel équipement, une plaisanterie à propos de Mrs Whitney et des pièces interchangeables de son époux.

La saponification était une affaire complexe, requérant un subtil mariage de science et d'improvisation. Le processus d'ébullition, qui s'étalait sur quatre jours, exigeait d'Ennis force remuements, stimulations, trempages de spatule, pour tester la consistance du mélange, et coups de langue. Il déterminait les proportions exactes de lessive et d'huile rouge en mêlant algorithmes et fantaisie. Il procédait à l'empâtement du mélange en louvoyant dans son chaudron entre matières grasses et alcali, à la manière des anciens capitaines des vaisseaux Clare franchissant le détroit de Magellan.

Il ne cessait d'examiner les filaments savonneux qui collaient à sa spatule, attendant le moment précis où le savon se granulait et commençait à se relarguer. Il réduisait alors la température et prélevait la solution saline et la glycérine, laissant sa mixture retomber tel un soufflé capricieux. Il lessivait et faisait bouillir, faisait bouillir et lessivait, jusqu'à ce que se produise un changement décisif, jusqu'au moment où cette masse gélatineuse devenait transparente, prenant les allures d'une créature radicalement différente.

Quand les grumeaux commençaient à émerger à la façon d'icebergs, il laissait le mélange refroidir pendant plusieurs jours avant de le décanter, ce qui finissait par donner une crème pâteuse où, comme dans une tranche napolitaine, se superposaient du savon, une solution caustique noirâtre et la lessive déposée au fond. Dans cet arc-en-ciel vertical, chaque élément avait sa place assignée. Pour terminer, Ennis écumait le savon comme on écume de la confiture, lavait les impuretés et purifiait une dernière fois son produit.

Jusqu'à ce moment-là, aucun des Clare n'avait le droit de s'approcher du chaudron. Après tout, même la confection du monde n'avait pas nécessité plus d'un seul cuisinier. Les yeux et les mains d'un seul expert, un seul nez, une seule langue. Ce n'est qu'une fois hors du chaudron et dans l'appareil à mixer que le savon tombait dans le domaine public et qu'Ennis faisait enfin confiance aux deux autres pour effectuer mixage, serrage, séchage et découpage. Tout simplement parce que, à ce moment-là, la recette était terminée.

Quel mystère dans les grandes plaques produites par ce labeur ! Voilà une substance qui au départ était proche cousine de la graisse, mais à laquelle un miracle avait permis de transcender son état de déchet. Le vilain petit canard métamorphosé en cygne, son petit bouquet rance transformé en guirlande aromatique. Cette substance à l'aspect cireux, enfant de la putréfaction, devenait le baume le plus puissant pour combattre son parent abhorré.

Pour sortir leur première cuvée, ils payèrent cash un lot de graisses de qualité. Par la suite, ils se tournèrent vers des fournisseurs prêts à échanger à quantité égale du bon suif contre de l'excellent savon. Étant donné qu'ils arrivaient à produire deux livres de savon à partir d'une livre de graisses, il leur restait la moitié de leur production pour payer l'alcali, assurer l'entretien du matériel et subvenir à leurs besoins.

Ce n'est que quand Resolve put enfin contempler leur première tonne de produit fini qu'il se rendit compte de l'étrangeté de leur situation : leurs propres clients allaient devenir leurs plus sérieux concurrents. Le savon en pain était à l'époque un substitut dispendieux à l'espèce de pâte visqueuse que chaque foyer confectionnait depuis des générations. Le savon des Clare allait devoir montrer à la parcimonieuse Nouvelle-Angleterre quelle entreprise nauséabonde, difficile et aléatoire avait toujours été la fabrication du savon maison.

Afin de distribuer leurs marchandises, Samuel et Resolve s'adressèrent à leurs anciens revendeurs. Mais ces vieux associés prêtèrent une oreille plus que réticente à la jeune entreprise. Les distributeurs ne connaissaient par ailleurs la famille qu'en qualité de marchands. Tous voyaient d'un œil méfiant cette conversion tardive, ce ravalement délibéré au rang de simples fabricants.

Les semaines passaient et les trois hommes attendaient toujours que se présentât un revendeur prêt à acheter une part quelconque de leur stock, à crédit ou sur commission, si besoin était. Au désespoir, Samuel rédigea une publicité des plus frustes qu'il fit paraître dans plusieurs feuilles commerciales et dans le *Boston Directory*. L'encart était en gros porteur du même message que celui qu'on pouvait lire sur l'enseigne en bois accrochée à l'entrée de leur boutique :

J. CLARE'S SONS
JUSTICE AND SPRING STREETS, ROXBURY
2E PORTE NORD-OUEST

Fabrication et vente en gros de toutes sortes de savons et de bougies
Onguents pour la propreté de tous
Lumière pour éclairer les multitudes
Achat de suif aux meilleurs prix

La chimie est l'art de séparer les corps composés en leurs constituants et de produire de nouveaux composés en combinant différents corps ou parties de corps... ce qui permet sur le plan philosophique d'expliquer la composition des corps... et au plan pratique de produire plusieurs substances artificielles mieux adaptées aux intentions des divers arts qu'aucun produit naturel...

WILLIAM CULLEN, aux env. de 1766

Une éternité s'écoula et toujours aucune vente à l'horizon. Ennis fit valoir auprès des Clare qu'il fallait baisser les prix. Encore aurait-il fallu, comme le fit remarquer Resolve, qu'un acheteur se présentât pour s'enquérir desdits prix.

L'après-midi où leur premier acheteur pointa son nez, Samuel était seul à la boutique. Alors même que les modestes entrepôts étaient sur le point de craquer de toutes parts, envahis par les stocks, Ennis et Resolve s'étaient rendus dans une fabrique de potasse de la côte sud pour profiter de prix de gros intéressants.

En voyant un visiteur après une aussi longue disette, Samuel pensa que l'homme était entré pour demander son chemin. En fait, celui-ci voulait bel et bien du savon... mais n'en réclama que deux malheureuses livres.

Samuel faillit lui dire qu'il avait fait erreur : on ne vendait qu'en gros dans sa fabrique. Au vu, cependant, du volume des transactions opérées jusqu'ici, deux livres, c'était déjà presque du gros. L'avenir plus qu'incertain qui s'ouvrait devant eux suggéra à Samuel qu'il serait sans doute plus sage de faire comme si de rien n'était, d'aller prélever son pauvre petit morceau sur une plaque dans l'entrepôt et de reporter les explications à plus tard.

Il emballa consciencieusement la marchandise avant de prendre l'obole du client. Ce n'est qu'alors que ce dernier lui demanda de la faire livrer. Samuel bredouilla, essayant de faire comme si pareil agissement allait de soi. Le client lui donna un nom et une adresse. De l'autre côté de l'eau, à Charlestown !

C'était à ne pas croire : le sort s'acharnait sur leur entreprise. Samuel boucla la boutique et passa le reste de l'après-midi à convoyer son pitoyable colis jusqu'à sa destination finale. Il eut d'abord du mal à localiser la maison et ce n'est qu'à la nuit tombée qu'il parvint à s'acquitter de sa livraison. Entre les frais de transport et la perte de clients potentiels pendant son absence, cette première vente leur revint plus cher que la plus coûteuse des expéditions d'Ennis avec sa caisse sur le dos.

Quelque temps plus tard, un commissionnaire en gros bien connu, Matthew Fox, vint au magasin de Justice and Spring Streets. Il commença par remercier les Clare de la part de son cousin de Charlestown pour ce qui, de l'avis général, semblait être un savon très acceptable autant pour la lessive que pour l'hygiène corporelle. Et de plus, livré dans les meilleurs délais, remarque accompagnée d'un clin d'œil à l'adresse de Samuel. Puis il passa une commande d'essai : mille livres de chandelles et cent caisses de savon de quarante livres.

Les Clare n'eurent aucun mal à satisfaire la commande en puisant dans leurs stocks. Quand les caisses commencèrent à franchir le seuil, le bruit se répandit de ce qu'elles contenaient. Si bien qu'affluèrent bientôt d'autres commissionnaires et d'autres revendeurs. Mais les commandes de Fox restèrent à jamais privilégiées.

Ce premier ordre fut une double aubaine. En effet, l'œil de Samuel ne tarda pas à remarquer la fille du commissionnaire, Dorcas Fox. Une cour suffisamment longue et suivie finit par convertir l'amour en son équivalent commercial. Samuel épousa Dorcas, associant la fabrique de Roxbury à la famille de son commissionnaire : bel exemple d'intégration verticale.

Resolve, qui n'avait pas son pareil pour la comptabilité, calcula les pertes qu'avait fait encourir à l'entreprise l'expédition de Samuel à Charlestown ce fameux après-midi. Au terme de longues supputations, il finit par conclure à un passif de cinq cents pour la journée en question. Il fit monter cinq grosses pièces de un cent dans un cadre en chêne coûteux, qui l'accompagna jusqu'à la fin de sa vie dans les bureaux successifs qu'il occupa, en souvenir des cinq cents porte-bonheur perdus à jamais par la compagnie au cours de cette première vente.

Sûr à quatre-vingt-dix-huit pour cent.

Quand Ellen rapporte cette probabilité à son père, celui-ci sort de ses gonds.

« Qu'est-ce que ça veut dire "Sûr à quatre-vingt-dix-huit pour cent" ? Sûr de quoi ?

— J'en sais rien, moi. Sûr que c'est un kyste.

— Que c'est… ? Parce qu'ils ne savent même pas si c'est un kyste ? Mais je rêve ! Je croyais qu'ils avaient dit…

— D'accord, d'accord, p'pa, c'est bien un kyste.

— Alors quatre-vingt-dix-huit pour cent de quoi ?

— Sûr à quatre-vingt-dix-huit pour cent.

— Mais sûr de quoi, bon Dieu ?

— Arrête de t'énerver, p'pa.

— Je ne m'énerve pas !

— Ne m'crie pas dessus. J'y suis pour rien, moi.

— J'te crie pas dessus, répond le père, furieux parce qu'il ne sait même pas à qui s'en prendre. Je ne crie pas. Sûr de quoi ?

— J'en sais rien… Sûr que tout se passera bien.

— Alors, pourquoi est-ce qu'ils ne se sont pas contentés de dire que tout se passerait bien ?

— Parce que… mais comment tu veux que je sache ? C'est bien fait pour moi, j'aurais mieux fait de me taire. M'man m'avait pas dit de t'le dire, tu sais. J'aurais pu t'raconter des craques. Inventer un truc. T'aurais préféré ça ?

— D'accord, d'accord. Calme-toi, tu veux. Je veux juste savoir une chose. Ce chiffre, quatre-vingt-dix-huit, c'est quelqu'un de l'hôpital de la Pitié qui l'a donné à ta mère ou si c'est simplement une estimation de son cru, à partir de ce que le médecin…

— P'pa, j'vais hurler. Mais vraiment, hur-ler ! Laisse-moi tran…

— Non, pas question. Je…

— Laisse tomber, tu veux bien ? Fais comme si j'avais rien dit. C'est juste un chiffre. Ça veut rien dire. »

Elle est bien comme sa mère avec les chiffres !

« Ça veut dire…

— Ça veut dire que cette opération, c'est pas une affaire. Alors t'as pas besoin d'en faire toute une histoire.

— Et ce quatre-vingt-dix-huit pour cent, ça contente tout le monde ? »

Ellen sort de la pièce comme une furie et Don ne tente même pas de la retenir. De toute façon, elle ne pourrait rien lui dire. Elle serait incapable de lui expliquer pourquoi les médecins s'abaissent à dire de pareilles âneries. S'ils le font, c'est parce qu'ils croient qu'il est de leur devoir de rassurer le malade.

Propos réconfortants, dépourvus de sens et inattaquables en justice. Qu'est-ce qu'on peut attendre d'autre quand tous les services médicaux sont contaminés par la peur de la faute professionnelle ? Ces gens ne peuvent plus se permettre de dire *Fermez-la et détendez-vous*, comme dans le temps, pour la bonne raison que Suzy la femme au foycr est devenue Susan la super consommatrice avertie qui refuse de prendre la parole du professionnel pour argent comptant.

Il y a forcément une gynéco quelque part dans l'histoire. Pourquoi pas quatre-vingt-dix-sept ? Ou quatre-vingt-dix-neuf et quarante-quatre centièmes ?

Vu la manière dont Laura s'entend aux statistiques, il n'est pas du tout impensable qu'elle ne se rende pas compte que « sûr à quatre-vingt-dix-huit pour cent » veut dire qu'il reste un coefficient d'incertitude de deux pour cent. Autrement dit, deux personnes sur cent seulement s'en sortiront absolument sans dommages. Ceux qui partaient pour le Vietnam avaient de meilleures chances de survie.

Il n'y aurait là rien d'étonnant. La Laura que Don a rencontrée il y a vingt ans de cela était d'une nullité rare en mathématiques. Une vraie débile de l'arithmétique. Elle était capable de faire une division et de ne pas sourciller quand son quotient était plus grand que chacun des deux nombres de départ. La pauvre n'arrivait pas à calculer un pourboire, pas même un pourboire de dix pour cent, même dans ses meilleurs jours. Il avait plus d'une fois essayé de lui expliquer, mais elle prétendait que les décimales lui faisaient perdre tous ses moyens.

Quand elle avait voulu travailler, Don lui avait donné un coup de main. Ils n'avaient pas besoin de l'argent, puisque Don gagnait plus que correctement sa vie. Mais Laura avait besoin d'une occupation, simplement pour se sentir bien dans sa peau. Il avait cherché des dizaines de boulots dans lesquels elle n'aurait pas eu trop de problèmes, lui dressant des listes entières. Peine perdue : elle s'était finalement décidée pour l'immobilier, par pure perversité. Pour le seul plaisir de se montrer contrariante.

Laura, lui disait-il, *regarde les choses en face.* Mètres carrés, frais de gestion, impôts, financement, pourcentages, amortissement, elle serait vite noyée. Sa situation serait bien pire que celle qu'elle connaissait actuellement.

Elle n'en avait pas démordu : l'immobilier était ce qu'il lui fallait. Laura savait toujours tout, mieux que tout le monde.

Bien entendu, elle n'avait pas arrêté de se plaindre et de râler pendant toute son année de formation. Qu'est-ce que ça pouvait bien être qu'un logarithme ? Comment calcule-t-on des intérêts composés ? Mais à peine avait-il commencé son explication qu'elle le prenait à partie. Pour finir, il avait dû renoncer à l'aider.

Jusqu'au jour, bien entendu, où elle s'était mise à sortir la grosse artillerie sentimentale. Silences prolongés à la maison, provocations en présence des amis. Il n'avait jamais été qu'un manipulateur, qui dès le début avait cherché à la dominer, à diriger sa vie à sa place.

Il supporta ces excentricités tout le temps qu'il fallut à sa femme pour obtenir son diplôme, dans l'idée qu'elle finirait par en avoir assez, par renoncer et choisirait un métier davantage dans ses cordes. Mais, contre toute attente, elle se découvrit bel et bien des talents pour le calcul. Son travail à la maison lui valait vers la fin plein de petites étoiles dorées. Et elle se classa dans le premier tiers des reçus.

En tout, ça fait combien de diplômés avec mention ? la taquina-t-il, en mémoire du bon vieux temps et histoire de détendre l'atmosphère. Elle alla jusqu'à sourire de la plaisanterie. Mais, environ un mois après son succès, elle commença à semer une merde pas possible. Elle endossa l'uniforme de l'agence Millennium, accrocha sa plaque et se découvrit une véritable passion pour toutes ces conneries de calculs. Mais tu sais que c'est vrai, ce que n'arrêtent pas de dire tous ces commerciaux du service public : les chiffres sont nos amis.

Elle lui dit que les problèmes qu'elle avait eus jusque-là pour faire des additions ou des soustractions venaient peut-être bien de lui. Il ne l'avait jamais laissé s'occuper des comptes de la maison. Essayant toujours de lui éviter la gestion des remboursements mensuels de l'emprunt immobilier. Gardant la déclaration de revenus par-devers lui, année après année, lui interdisant même de s'en approcher.

Il lui demanda pourquoi bon Dieu il aurait tenu à tout prix à suer sang et eau sur une déclaration s'il avait pensé une seconde pouvoir lui en refiler la moitié.

Parce que les chiffres, c'est le pouvoir, rétorqua-t-elle. Il avait toujours fait en sorte que les maths lui paraissent bien plus difficiles qu'elles l'étaient en réalité. S'il n'avait pas arrêté de lui dire qu'elle était nulle en calcul, c'était pour la handicaper davantage et conserver le monopole des décisions importantes.

Et Dieu sait que pour quelqu'un de si sérieusement handicapé au départ, elle s'en était fort bien sortie. Sa maîtrise des chiffres devant le tribunal des divorces l'avait laissé pantois. L'algèbre du carottage n'avait pour elle aucun secret. Elle était, en la matière, digne d'un diplômé du MIT.

Bon, admettons qu'elle sache compter jusqu'à quarante-deux. Elle est capable de calculer les intérêts composés de quarante-deux à 0,00274 pour cent l'an, jusqu'à la fin des temps. Elle sait que quarante-deux ans, ça ne veut pas forcément dire qu'on est vieux. Mais elle s'est laissé vieillir. Elle a bel et bien un demi-siècle. Et bon sang, elle l'a bien voulu.

Elle a tout faux, de A à Z. Depuis la laque dont elle se sert pour ses cheveux jusqu'au vernis à ongles qu'elle se met sur les doigts de pied. Si elle avait écouté seulement la moitié des conseils qu'il lui avait donnés pendant leurs quinze ans de course de relais sur le chemin de l'enfer, elle ne ressemblerait pas à sa mère comme deux gouttes d'eau aujourd'hui. Il donnerait cher pour lui voir calculer le pourcentage de poids annuel qu'elle a pris depuis la naissance de Tim.

Il a quatre ans de plus qu'elle, mais personne ne veut le croire. Leurs amis étaient toujours étonnés quand ils annonçaient leur âge en public. Il s'est maintenu en forme, lui. Voilà toute la différence. Cross. Antioxydants. Réduction des rations journalières de calories. Élimination des graisses saturées.

Pour Laura, la santé, c'est une abstraction. « Pourquoi est-ce que tu gaspilles tout ce temps à courir ? Tu veux faire combien de kilomètres ? Pour aller où ? Tu vas bien finir par arriver un de ces jours, non ? »

Inutile de vouloir lui expliquer qu'il fait ça pour sa santé. Il a essayé une fois, à grands renforts de statistiques. Jamais plus. Elle ne cessait de répéter qu'on ne peut rien changer à l'heure que nous a fixée le destin, alors que lui soutenait le contraire : on peut au moins essayer de mettre toutes les chances de son côté.

Et maintenant, cette histoire de kyste. On finit par ne plus savoir que dire en dehors de « Je te l'avais bien dit ». Non pas qu'elle l'ait cherché ce kyste, bien sûr. Mais il faut bien assumer la responsabilité de ce qui vous arrive. Et payer les pots cassés.

Voilà une idée qui l'a toujours dépassée. Pour elle, il n'y a que la fatalité. Il a essayé une fois de lui expliquer de manière à ce qu'elle puisse comprendre.

« Tes fleurs se portent mieux quand tu les arroses et que tu leur mets de l'engrais, non ?

— Certaines, oui. Mais d'autres n'ont pas besoin d'engrais, Donald. »

Il a bien essayé de lui dire que c'était une comparaison, qu'il ne parlait pas vraiment d'engrais, mais d'effort personnel. De mise en condition.

Mais, comme d'habitude, elle s'est obstinée dans ses conneries. « Certaines plantes poussent mieux que d'autres, c'est tout, et tu ne peux rien y faire. »

Elle se dit probablement que quatre-vingt-dix-huit pour cent veut dire que quatre-vingt-dix-huit pour cent des femmes qui subissent une hystérectomie partielle vont s'en sortir, peu importe le chirurgien, l'anesthésiste ou les soins post-opératoires. Elle n'a sans doute rien fait pour savoir qui va la charcuter. N'a sans doute jamais lu une ligne sur les kystes ovariens et n'a sans doute même pas essayé de s'assurer que sa gynécologue sait ce qu'elle fait.

Don attend qu'Ellen soit partie se défouler à son cours de danse et que Tim soit allé à sa réunion hebdomadaire de mordus d'Internet. Puis il appelle l'hôpital. Invente une vague excuse à propos d'assurance et de formulaires qu'il n'arrive pas à retrouver.

« Mr Bodey à l'appareil, finit-il par dire.

— Ah, vous voulez dire le mari ? » demande la réceptionniste.

Il répond par un murmure indistinct.

En dépit de la négligence crasse dont fait preuve Laura à l'égard de sa vie, tout semble bel et bien en ordre. Les examens n'ont révélé qu'une masse fibreuse bénigne sur l'ovaire droit. Rien de grave. Une banale incision et *basta*.

Tim ne rentre pas à l'heure dite. Le gamin fait encore des siennes. Il vit dans un temps virtuel. Impossible d'exiger de lui la moindre discipline quand il est chez sa mère. À eux deux, lui et Laura ont raté ces gosses. Ils n'ont pas réussi à leur donner ce minimum de consistance que tout enfant réclame et dont il a besoin.

C'est Ellen qui rentre la première. Elle aperçoit Don qui monte la garde et essaie de s'esquiver en se dirigeant vers l'escalier.

« Bonsoir, p'pa. C'était super. Je te verrai demain.

— Ellen…

— J'ai pas envie d'en parler, p'pa.

— Je comprends très bien que tu puisses ne pas avoir envie d'en parler. Moi non plus, si tu veux aller par là. »

Elle fait demi-tour sur le palier en faisant mine de s'arracher les cheveux.

« Papa, tu me rends complètement dingue.

— C'est fini, oui ? Tu ne sais même pas ce que je veux.

— Je le sais très bien.

— Qu'est-ce que je veux, alors ?

— D'accord, d'accord. Je capitule. Qu'est-ce que tu veux ?

— Est-ce que tu peux appeler ta mère pour lui dire bonsoir ? »

Une prospérité relative poussa Resolve à suivre l'exemple de son frère et à se marier. Le choix qu'avait fait Samuel de Dorcas Fox permit à l'entreprise un brillant partenariat avec ses distributeurs. Resolve visait encore plus haut, puisqu'il ambitionnait le mariage d'affaires idéal. Et de fait, il conquit une compagne qui allait conférer à leur établissement l'aura de la respectabilité sociale.

Julia Hazelwood était à Dorcas Fox ce que l'aube est au crépuscule. Nièce d'Elbridge Gerry, ex-gouverneur du Massachusetts et vice-président de Madison, elle avait été élevée dès son plus jeune âge dans les hautes sphères gouvernementales. Elle possédait de naissance ce que son mari ne pouvait se procurer que par l'argent.

Là où Dorcas apportait sa ratification discrète, voire muette, à la vie de son mari, Julia dominait celle de Resolve. Sa silhouette gracile respirait le rang et la présence, et sa voix fluette en imposait tant elle était empreinte d'intelligence innée.

Aucun doute là-dessus, Resolve aimait sa femme. Ils s'affrontaient dans des combats acharnés, vivaient séparés l'un de l'autre des mois durant, se rabrouaient, se disputaient et s'injuriaient à qui mieux mieux, mais leur mariage n'en était pas moins un mariage d'amour. Chacun forçait l'autre à se dépasser et à devenir ce qu'aucun des deux, livré à lui-même, n'aurait pu devenir. Il leur arrivait parfois de ne même plus parler le même langage, de ne plus avoir de mots en commun. Quinze ans les séparaient, laps de temps pendant lequel le monde s'était hissé à un niveau jamais atteint jusqu'alors.

Et pourtant, ils se comprenaient. Car Julia Hazelwood souscrivait pleinement au seul credo que Resolve eût jamais fait sien. Elle savait que la véritable mission de l'humanité, c'était de créer là où il n'y avait rien, de transformer les déserts en jardins, de repeupler les chemins abandonnés de la vie.

Adepte de la libre-pensée, Julia ne s'entretenait guère avec le Seigneur. Celui-ci avait dit une fois pour toutes ce qu'il avait à dire et depuis fort longtemps. Allez, croissez et multipliez, et étendez votre empire sur la Terre. Après une telle déclaration, que restait-il encore à discuter ?

Clare et Fils crût avec diligence, porté par les flots du crédit. Ils endossèrent les risques de leurs distributeurs en les répercutant sur leurs fournisseurs. À une époque où un billet de cinquante dollars émis à New York en rapportait au mieux quarante dans le Maine, les fils Clare multiplièrent leurs contrats grâce à la pratique, jusqu'alors sans précédent, qui consistait à accepter pratiquement à leur valeur nominale les billets de banque venus de très loin. Et quand besoin était, on se passait d'espèces sonnantes pour recourir au troc.

Les caisses sortaient, toutes estampillées du « C » de Clare. Les grossistes les vendaient à des magasins de toutes sortes. Lesquels, à leur tour, prélevaient sur les plaques de savon la quantité dont ils estimaient avoir besoin pour la semaine. Les détaillants débitaient leurs pains purificateurs comme autant de portions de fromage immaculé.

Protégée pour l'instant de la concurrence anglaise, la patiente araignée des Clare tissait sa toile. Le choléra dans le Sud, les soulèvements de Philadelphie, l'incendie de New York contribuèrent successivement à exacerber les besoins des Bostoniens en ablutions. Au milieu des années 1830, tout portait à croire que si Clare et Fils arrivait à survivre à l'empereur Jackson et le pays à la théorie de l'annulation, le pari manufacturier de la famille avait de grandes chances d'être gagné et l'entreprise de rapporter d'ici la fin de la décennie deux ou trois fois plus que ce qu'elle coûtait.

Les Clare n'auraient su tirer meilleur parti de leur damnation. Ils étaient tombés du négoce dans la manufacture au moment même où le chemin de fer prenait son essor. Les nouvelles locomotives autopropulsées jetèrent bientôt l'humanité hors de ses bases et cette expansion aspira tout dans son sillage.

Les premières locomotives semblaient fonctionner à la grâce de Dieu. Poser les rails coûtait un argent fou et engloutissait indifféremment capitaux et main-d'œuvre. Les trains étaient plus lents et moins fiables que les créatures avec lesquelles ils entraient en concurrence. Les locomotives n'arrêtaient pas d'exploser, mettant le feu aux champs, ébouillantant des centaines de passagers par an. Bien que victimes des compagnies fluviales aussi bien que des intérêts étrangers ou des hommes politiques peu scrupuleux, les jeunes compagnies ferroviaires repoussaient toujours plus loin la frontière, de la même manière que toute expansion conduit inévitablement à la tombe.

Les Clare, comme le chemin de fer, voulaient des fonds en échange de promesses. Et ce furent les promesses qui se révélèrent le meilleur moteur de la croissance. La nécessité avait forcé le commerce à se tourner vers les industries de la jeune nation. Le savon fit de cette nécessité vertu. Les fils Clare découvrirent bien vite que faire fonctionner leurs machines jusqu'à épuisement leur revenait moins cher que de les laisser inactives. Une production plus importante aidait à la répartition des coûts. Plus ils vendaient de chandelles et de savon, plus ils voyaient augmenter le bénéfice par livre. Quand leur chaudron se mit à fonctionner à plein, Samuel et Resolve réussirent à mettre suffisamment d'argent frais de côté pour engager quelques ouvriers. Davantage de bras voulait dire davantage de fournées, lesquelles se traduisaient par une augmentation de la production et une diminution du prix de revient.

C'est Ennis qui se chargea des transformations. Il alimentait le chaudron, s'occupait des serpentins de chauffe, récupérait la lessive en fin de parcours. Il manipulait et testait le matériel tout en chantonnant à voix basse *La Complainte de l'émigrant irlandais*. Il employa toutes les ruses possibles et imaginables pour augmenter le rendement et sortir un savon aussi pur que possible. Quand arriva le moment où le chaudron fut au maximum des ses capacités, Ennis demanda à ses employeurs d'en monter un autre.

Ils installèrent donc un deuxième chaudron, plus grand que le premier. Qui, aux mains des nouveaux ouvriers, atteignit à son tour son rendement maximum. Et les caisses marquées au sceau du « C » de Clare continuèrent à sortir de la fabrique à un rythme endiablé.

J'ai besoin d'une nouvelle créature, déclara Ennis, quelque chose d'énorme, de jamais vu. Qui ne sera pas déjà passé de mode quand nous aurons fini de le monter. Je rêve d'un nouveau procédé, inouï, gigantesque.

Resolve, prêt à tout, le regarda d'un œil avide. Quel genre de procédé ?

Eh bien... Avez-vous jamais entendu parler de la descente aux enfers pour récupérer les élus ?

Non, Resolve n'en avait pas entendu parler et ne fut guère enthousiasmé par les détails.

Ennis détailla les divers avantages de l'expérience. Un volume plus grand leur donnerait des savons durs avec de nouvelles huiles, d'olive, de palme et de noix de coco, la matière première venant des plantations de Malaisie, d'Afrique et des îles Fidji. Ils pourraient apprendre à fabriquer un savon blanc relativement bon marché, avec une colophane jaune ou marbrée. Avec le temps, ils réussiraient à maîtriser la technique des savons de toilette parfumés à la rose, au musc, à l'amande douce, à la cannelle.

Les propriétaires allèrent voir leur petit frère Ben et lui exposèrent leur fantastique projet : une cuve capable de faire bouillir plus de dix tonnes à la fois. *Est-ce que ça peut marcher ?* demanda Resolve à l'homme de Harvard.

Benjamin se déroba. C'est ce croquant, le chimiste. Moi, j'étudie les plantes.

Ça marche avec un modèle réduit, se défendit Ennis. Y a pas de raison que ça ne marche pas grandeur nature.

Pendant quelque temps, les frères ruminèrent le projet sans parvenir à prendre une décision. Jusqu'au jour où ils finirent par accepter l'inévitable : la seule manière de faire de l'argent, c'est d'abord d'en dépenser.

Samuel trouva un ouvrier d'origine britannique qui accepta de construire la gigantesque cuve. Le jeune Anthony Jewitt était venu en Amérique avec l'idée d'arrêter de travailler à cinquante ans pour passer le restant de ses jours à lire des romans à l'eau de rose. À la sueur de son front et grâce à ses compétences, il fit mieux que simplement réussir à ne pas mourir de faim. Mais son travail de fondeur ne lui laissait guère le loisir de lire quoi que ce soit. Au moment où les Clare entrèrent dans sa vie, Jewitt avait quasiment abandonné ses rêves de lecture.

Dans le terrain vague qui jouxtait la fabrique de Roxbury, Jewitt construisit un grand hangar à ciel ouvert, d'une hauteur de trois étages, afin d'y monter l'énorme chaudron. Puis il s'attela à la tâche consistant à couler la colossale marmite. Les voisins vinrent en foule s'émerveiller de la chose. Vinrent aussi des savonniers de Boston et d'ailleurs, pressés d'espionner leurs concurrents mais bientôt satisfaits de voir qu'ils étaient en train de creuser leur propre tombe.

Jewitt et ses employeurs inaugurèrent le monstre en 1835, l'après-midi même du jour où la cloche de la Liberté se fendit en sonnant le glas pour la mort de John Marshall, premier juge de la Cour suprême. En fait, comme devait plus tard le faire remarquer Resolve, leur chaudron ressemblait à s'y méprendre à la cloche abîmée, mais à l'envers. Et en beaucoup, beaucoup plus grand.

Sur un cliché grossièrement imprimé, un escadron de morts à qui il ne manque ni les longues robes ni les tresses sort de trous creusés dans la terre. Les jeunes cadavres examinent, stupéfaits, leurs membres maintenant immaculés, suprême aubaine du Jugement dernier. En dessous de l'image, on peut lire l'exhortation suivante :

SOYEZ PROPRE AUX YEUX DE LA CRÉATION
CAR IL EST PAREIL AU FEU PURIFICATEUR
ET SA GRÂCE EST SEMBLABLE AU SAVON FULLER

J. CLARE ET FILS
JUSTICE AND SPRING STREETS, ROXBURY
2e PORTE NORD-OUEST

Le chaudron dragueur des enfers conçu par Ennis marqua de son empreinte le paysage américain. Ses feux furent à l'origine d'un démarrage économique qui transforma l'entreprise Clare aussi radicalement que fractionnement et décantation changeaient vos pauvres résidus graisseux d'amateur en *Savonnettes au miel*[1].

Pour la première fois, le nom de Clare fut associé sans ambiguïté à l'article mis sur le marché. Le savon Clare offrait la même dose de confiance en soi que par le passé, mais en empruntant désormais des chemins beaucoup mieux entretenus. Les bouffées de pureté qu'il dégageait parvenaient à dominer jusqu'à l'odeur du crottin de cheval dans lequel on piétinait de Noddle's Island à La Nouvelle-Orléans.

L'impôt qui avait fait d'eux des manufacturiers s'éteignit progressivement. Avec des années de retard, le Congrès finit par reconnaître que les tarifs douaniers étaient une escroquerie bipartisane, dont les effets étaient désastreux pour tout le monde. La jeune industrie domestique à s'être le mieux portée pendant l'ère du protectionnisme avait été celle des émeutes xénophobes. Ce fut donc au soulagement général

1. En français dans le texte. *(N.d.T.)*

que les timoniers trop dirigistes du navire de l'État décidèrent enfin de jeter par-dessus bord le tarif des abominations.

Si celui-ci avait tué le commerce maritime, son abrogation menaçait maintenant de tuer ce qui l'avait remplacé. L'une après l'autre, les béquilles économiques se dérobaient jusqu'à la dernière. Les vagues du protectionnisme refluaient pour laisser la place à un raz de marée d'importations bon marché. Et pourtant, au grand étonnement de tous, la maison Clare, privée de tous ses étais, ne s'effondrait pas pour autant.

C'est que l'habitude avait déjà fait une place à Clare dans la vie de ses clients. L'habitude, le service et cette vertu ô combien rare, la qualité. Car dans cet échange miraculeux qu'est le commerce, les clients, eux aussi, avaient vu s'accroître leur prospérité. De nouveaux produits entraient dans leur vie, en plus grande quantité et à un prix de plus en plus bas. Chandelles à la stéarine parfaitement moulées, savon à l'oléine parfaitement pressé. Les gens – de plus en plus nombreux au fil des ans – en vinrent à considérer ces marchandises comme faisant partie de leur univers quotidien. Les grossistes appréciaient les caisses estampillées du « C » de Clare et les clients appréciaient les pains vendus à un prix modéré que l'on découpait dans ces plaques.

Mais, avec la baisse des prix, survint l'amenuisement des bénéfices. Resolve suggéra que l'on pourrait peut-être tricher un peu sur le poids, pratique assez courante à l'époque. Samuel se récria, horrifié : comment pouvait-il seulement envisager de voler les clients ?

Resolve eut un sourire moqueur à l'adresse de son frère et de son sens de la droiture. Mais force lui fut bientôt de reconnaître que l'estampille « Poids réel » était devenue un puissant argument de vente.

Une production plus importante signifiait un statut social plus élevé. Ce qui ne laissait pas de perturber Resolve.

Nous n'atteindrons jamais à la notoriété des Tappan, se lamentait-il tout haut.

Et Samuel de le rassurer. Nos femmes savent qui nous sommes. Nos enfants répondront de nous. Et jamais nous ne nous rendrons coupables des extravagances de ces gens-là.

Ennis s'entendait aussi bien avec l'un que l'autre des frères aînés, si différents qu'ils fussent. Mais il réservait son adoration au cadet, Benjamin, qu'il prenait grand plaisir à tarabuster. Le jeune Clare était une source inépuisable d'amusement. Parler autant de langues différentes n'était pas naturel. Son université était un monument de gaspillage. Combien de livres déjà se vantait-elle de posséder ? Et pas un qui ait proposé jusqu'ici une explication des mécanismes de la pauvreté. Les grands esprits de Harvard avaient beau se concerter, pas un jusqu'ici qui ait réussi à trouver comment maintenir les Irlandais en Irlande.

La botanique avait pour Ennis quelque chose d'irréel. À quoi peut bien te servir toute cette chimie d'école, se moquait-il, si tu la gaspilles sur des plantes ? Viens donc travailler avec nous. On se fera un plaisir de te montrer ce que c'est que la vraie chimie.

Mais la science du jeune diplômé faisait secrètement l'envie de l'Irlandais. Ennis chargea maître Ben de lui apporter des tonnes de revues scientifiques sur un sujet des plus pressants : la chimie des huiles et des alcalis. Ben dénicha les volumes appropriés et mit à profit ses années d'études improductives en traduisant pour Ennis l'allemand et le français scientifiques. En retour, Ennis lui enseigna la manière dont se comportaient les produits chimiques agricoles sur le terrain, en dehors du laboratoire.

Ensemble, ils isolèrent l'origine de l'action du savon. Ennis fournit les faits, Ben, les explications. Un des côtés de la substance transparente se mélangeait facilement à l'eau. Il semblait bien que la structure microscopique du savon – les atomes de Dalton ? – s'accordât à merveille avec la structure interne de ce fluide. En revanche, l'autre côté de cet intermédiaire glissant avait des affinités tout aussi indiscutables avec les graisses et les huiles sur lesquelles l'eau n'avait d'ordinaire aucun pouvoir de persuasion.

Ainsi donc, le savon était un médiateur à deux visages entre des corps apparemment incompatibles, un interlocuteur capable d'amener des ennemis héréditaires à entamer un dialogue. Il éliminait la saleté en facilitant le processus de solubilisation de corps insolubles. Telle fut la conclusion à laquelle arrivèrent nos deux hommes.

Ennis était un génie, au vrai sens du terme. Doté d'une maîtrise parfaite de la simplicité. Il laissait aux idées tout le temps de se déposer dans son cerveau, avant de les mettre à profit. Pour chacune des intuitions de laboratoire empruntées à Ben, il faisait construire une machine à Jewitt. Ou plus exactement, il demandait à Samuel de demander à Jewitt de la construire, car le mécanicien anglais et l'émigrant irlandais ne s'adressaient pas la parole.

Le joli rêve d'expansion de la fabrique Clare faillit périr dans le krach de 1837. Briggs, la grande compagnie de courtage en coton de La Nouvelle-Orléans s'effondra, entraînant avec elle toute la pyramide nationale de la spéculation. En l'espace de deux mois, les Clare virent la dépression acculer quarante mille hommes à la faillite et en condamner davantage à mourir de faim. L'argent frais disparut peu à peu de la circulation et toutes les filatures de Nouvelle-Angleterre fermèrent leurs portes l'une après l'autre, à l'exception de Stevens de North Andover, laquelle ne réussit à survivre qu'en doublant les heures de travail et en augmentant la production.

Une fois l'industrie textile condamnée, c'est toute la région qui menaça de s'éteindre. Des hommes qui, seulement l'année précédente, avaient semé à pleins sillons la nouvelle semence de Jérusalem s'enterraient maintenant sous leurs propres labours, se résignant à un long hiver de vannage.

Resolve et Samuel se refusèrent à attendre la catastrophe sans rien faire. Mieux, ils se mirent en devoir de la circonvenir. Car s'il existait un sortilège capable de remédier à la désagrégation du monde, c'était bien la lumière et le parfum. Les chandelles et le savon, s'ils n'étaient pas garantis imperméables à la dépression, étaient suffisamment résistants pour tenir tête à la tempête. Les volumes pouvaient diminuer et les ventes au comptant se raréfier aussi rapidement que le grand pingouin, il restait que les gens auraient toujours besoin de ce que Clare et Fils avait à leur offrir.

Les Clare soutirèrent à leurs débiteurs des bons d'alimentation, des titres de crédit et tous les autres moyens d'apaisement disponibles. Ces titres de fortune leur permettaient de négocier avec leurs fournisseurs, lesquels, faute de mieux, étaient bien obligés de s'en accommoder. Quand la situation se fit vraiment critique, Samuel et Resolve payèrent leurs ouvriers en nature, en leur offrant de quoi couvrir leurs besoins et ceux de leurs familles en savon pour toute une génération.

Le peu d'argent qu'ils réussirent à mettre de côté en secret partit dans le rachat de concurrents défaillants, au taux de dix cents pour un dollar. Moins nombreux seraient les rivaux capables de se maintenir à flot jusqu'à la reprise et plus celle-ci s'avérerait facile. Tandis que les fils Clare parcouraient le champ de bataille, guettant les occasions de manifester leur philanthropie comme l'ange de la pâque juive repérant les maisons non marquées, Samuel devait s'efforcer de pacifier leurs propres créanciers. Il y réussit jusqu'à ce que ces derniers coulent à leur tour, l'un après l'autre, sans laisser personne pour reprendre les demandes de paiement.

Cette détresse, qui affectait tout le pays, suivait tout naturellement le mouvement de la pesanteur vers le bas. La dépression faisait sa moisson de boucs émissaires et, lors d'une expédition sur le terrain dans le Sud, Benjamin s'employa à en décrire quelques-uns dans une lettre adressée à Boston :

> Je ne saurais dire avec précision combien d'Indiens sont affectés, mais l'exode des tribus civilisées touche même ceux qui ont des maisons, qui travaillent la terre comme nous, font du commerce avec notre monnaie et observent les rites que nous leur avons enseignés. Nous les expédions, à pied, à des centaines de kilomètres d'ici, en plein cœur de l'hiver, affamés, les malades comme les vieillards ou les femmes. Ils ne sont pas moins, selon mon estimation, de quarante mille et, si la moitié seulement d'entre eux survit pour atteindre les déserts que nous leur avons réservés dans l'Ouest, ce ne sera que par la grâce des chiffres donnés par notre gouvernement.
>
> En revenant d'Atlanta, j'ai eu le malheur d'entrevoir un groupe de ces malheureux. Je ne saurais dire à quel point cela vous gâche une éducation que de voyager en chemin de fer à des vitesses vertigineuses, de passer la nuit dans une auberge de campagne, dotée de sa traditionnelle gravure représentant le général Jackson se préparant une fois de plus à un assaut héroïque pour sauver La Nouvelle-Orléans, dansant la gigue sur son cheval tandis que la vapeur s'échappe de ses narines (celles du cheval, pas celles de notre général), et puis, au moment où l'on se détourne de cette scène rassurante, d'apercevoir par la fenêtre de la salle commune une colonne de ces pauvres créatures faire de son mieux

pour construire un semblant d'église et d'autel, d'où un pasteur cherokee pourra exhorter son troupeau affamé à se rappeler comment les enfants d'Israël ont été délivrés de l'esclavage !

À qui es-tu ? Et où vas-tu ? Et à qui sont ces gens devant toi ? me suis-je demandé à cet instant, cherchant à réveiller dans mon âme un peu de cette religion que ces hommes perdus semblent pratiquer avec tant de certitude…

À Boston, les destinataires firent leur profit de cette lettre, chacun la lisant d'un œil différent. Ennis se fit du souci pour la sécurité du garçon, perdu au milieu de ces sauvages. Samuel pour le salut de l'âme de son jeune frère assailli par le doute. Quant à Resolve, il se jura de convaincre le philosophe égaré de rejoindre dès son retour les rangs de l'entreprise familiale pour gagner sa vie comme le commun des mortels.

Ce retour fut long à venir. Le cadet des Clare ne rentra pas directement chez lui, mais fit un détour qui lui prit quatre années de sa vie : il embarqua à Hampton Roads avec la mission polaire américaine en partance pour le pôle Sud. Avant qu'aucun des Clare ait pu contrecarrer ses plans, Ben, aussi rapide que discret, avait accepté de faire partie de la première expédition scientifique du pays.

Et aucun des Clare, même dans ses fantasmes mercantiles les plus fous, n'aurait pu imaginer que ce serait de ces lointains solitaires et désolés que viendrait un jour le salut de la compagnie.

La pleine lune brille au-dessus de sa maison vide. Son éclat, ce soir, est tel qu'il amènerait presque ses soucis à syncoper leur biorythme circadien. Un rayon semblable à celui d'un spot halogène traverse la fenêtre de sa chambre. Une lune pareille, si Laura était chez elle, dans son lit, la garderait éveillée toute la nuit.

Chez elle, elle serait allongée dans la flaque fraîche du clair de lune. Sur le ventre – sans aucun signe de souffrance, sans même aucune zone sensible –, à regarder le sommet de ses arbres. Sa peau explorerait les draps en Tergal garantis infroissables, ces draps qui feraient se retourner sa mère dans sa tombe parce qu'ils n'ont jamais eu besoin d'un coup de fer.

Le ciel est d'un bleu indigo balayé par des brumes nocturnes, comme un fantastique œuf de Fabergé. La lune vrille un trou dans la coquille de l'œuf, par lequel Dieu pourrait souffler le jaune liquide du monde.

Couchée dans ce lit vide, la tête juste en dessous du rebord de la fenêtre, elle pourrait détailler les cimes de ses pins d'Écosse et de ses peupliers de Lombardie. C'est pour les peupliers qu'elle et Don avaient acheté la maison. Pour la manière dont ils émiettent les éclats de lune. Les nuits d'été, elle a l'impression d'être dans un bungalow au bord de la mer, même ici, à Lacewood, qui se trouve pourtant à près de quinze cents kilomètres de la mer la plus proche.

Comment Lacewood peut-elle survivre, si loin à l'intérieur des terres ? Tout ce que peuvent faire les promoteurs par ici, c'est créer des lacs artificiels dont les vagues viennent lécher les rives des nouveaux quartiers. Les lotissements les plus récents doivent tous leur nom à une eau inexistante. Beau Rivage, Port Riant, avec ce ridicule petit voilier dans son logo. C'est dément, bien sûr. Mais tout ce qui a vaguement rapport à la mer est bien plus facile à vendre. Et c'est ainsi que l'État regorge de mers intérieures parfaitement invisibles.

La lune qui inonde ses draps scintille aussi sur ces crêtes moutonnantes. Des mers de maïs artificielles ondulent sous sa fenêtre, alors qu'elle n'est même pas chez elle ce soir pour profiter du spectacle. Et c'est son océan à elle, sa délivrance, l'expérience qui la rapprochera le plus de son fjord, de son accès à la côte.

Elle a laissé la fenêtre entrouverte quand elle est arrivée à l'hôpital. Sinon, les odeurs s'accumulent. Des odeurs désagréables, quand l'endroit est confiné. Et probablement du radon.

La brise qui envahit ces pièces apporte ses propres parfums : lilas têtus, magnolias entêtants. Ozone des éclairs de chaleur, à cinquante kilomètres de là. Décaféiné au goût d'amande de la nouvelle cafétéria, qui allumera son œil rouge dans une demi-heure. Bouffées d'engrais phosphatés depuis les fermes situées au sud.

Mélangées à la brise qui les traverse, ces odeurs arrivent pourtant à simuler une certaine fraîcheur. Le rayonnement cosmique du jour. Un parfum subtil que les bombes fraîcheur pin et peuplier à l'imitation chimique trop tranchée ne pourront jamais reproduire.

La maison est vide en ce moment, temporairement évacuée. Seul veille dans sa chambre obscure le témoin lumineux de son magnétoscope, qui continue d'afficher douze en chiffres clignotants, comme le jour où elle l'a sorti de sa boîte. En bas, les gros appareils ménagers ronronnent tranquillement, observant leur veille programmée. Un système d'alarme encercle la propriété, sentinelle électronique dont elle n'a jamais appris le fonctionnement, en dépit des efforts répétés de son mari pour le lui expliquer. Depuis son lit d'hôpital, elle espère que sa seule présence suffira à dissuader les cambrioleurs, à tenir à distance au moins les plus impressionnables.

Quelqu'un pourrait pénétrer dans sa maison sans protection et la piller. Pourrait venir avec un camion Mayflower et faire semblant d'être un déménageur professionnel. Les voisins n'y verraient rien d'anormal : le foyer brisé des Bodey en partance pour sa prochaine destination. Il se pourrait que les banques ou le gouvernement exercent leurs droits de créanciers privilégiés, leur retirent à tous trois les possessions qu'ils revendiquent. Récupèrent tout bien durable ou temporaire, naturel ou fabriqué.

En son absence, tout ce qui lui appartient pourrait disparaître. S'envoler, depuis le bijou en or filigrané d'une valeur inestimable de son arrière-grand-mère jusqu'aux boucles cubiques en zirconium pour oreilles percées que Tim avait si maladroitement emballées pour son dernier anniversaire. La collection de CD d'Ellen, aux hits maintenant tellement ringards que seuls les voleurs les plus ignorants ou les plus pressés pourraient encore se laisser tenter. L'ordinateur avec ses quatre ans de jeux vidéo et ses deux années de fichiers clients irremplaçables. Le Toshiba et le Westinghouse, la chaîne Sanyo. Les talons de chèque et les chèques annulés. Les odeurs de tapis. Les draps en Tergal, infidèles dans le clair de lune, prêts à servir le premier qui s'en emparerait.

Que deviennent les objets dérobés ? Se pourrait-il qu'un jour elle tombe par hasard sur des vêtements lui ayant appartenu, dans un dépôt-vente de bonne foi ? Le bijou de son arrière-grand-mère porte-t-il encore, une fois volé, la trace du fantôme de celle-ci ? Celui qui achète les renseignements contenus dans les fichiers peut-il lui prendre ses clients ? Quelle valeur peut bien avoir pour un étranger la photo de ses enfants ?

Quand un billet d'avion délivré à votre nom disparaît, l'appareil s'envole avec un siège vide. Le monde est-il plus pauvre parce qu'un billet de cent dollars tombe dans un égout ? Est-il au demeurant plus riche quand on découvre de l'or ou que l'on coupe des arbres ?

Que signifie au juste « posséder » ? Il vous en coûte vingt-deux heures de travail pour avoir une machine à compost, y compris les frais d'expédition, de manutention et les taxes. Mais la « manutention », c'est quoi ?

Combien pareille chose peut-elle réellement coûter ? Peut-on travailler pour rien ? Qu'est-ce qui change, en bien ou en mal, quand un coffre-fort ignifugé part en fumée ou qu'une cafetière vous arrive gratuitement par la poste ? Comment les compagnies d'assurances décident-elles du montant de l'indemnisation à verser quand vous devez repartir de zéro ? Combien de fois peut-on repartir de zéro ? Et qu'en est-il de rester à zéro ?

Voilà les questions qu'elle se pose, qui sont celles qui nous agitent par les nuits de pleine lune, quand le réconfort paraît éphémère, quand les menaces se précisent et que la ville largue ses amarres sur les mers qu'elle a elle-même creusées. Elle s'imagine en train d'errer quelque part entre sa maison et cet hôpital, où elle est allongée sur un drap de percale blanche. Par la pensée, elle se dirige vers les vieux quartiers, sous une lune qui ressemble beaucoup à celle-ci. Son esprit vagabonde jusqu'à la résidence Riverton, où les Amis de l'histoire de Lacewood, tels des écureuils du temps, exhument l'artisanat local enfoui lors de lointains hivers.

Elle y a emmené les enfants une ou deux fois. Pour les Lacewoodiens, le musée est gratuit. La résidence est une version fossilisée et vieille d'un siècle de la maison à deux niveaux des Bodey. Elle regorge de fétiches et de talismans. En bas, on a reconstitué une boutique d'apothicaire de 1876. Les rayons s'incurvent sous le poids des bocaux, jadis pourvoyeurs de panacées, aujourd'hui babioles de collectionneurs, habitués des salles des ventes.

À l'étage, dans la nursery, vous êtes accueilli par la moue dédaigneuse des belles en porcelaine et en pantalons bouffants. Les Visages pâles et les Peaux-Rouges en bois observent une raideur circonspecte. Le monte-plats qui, à une époque, transmettait les urgences de l'heure a été condamné. Des cadres ovales ternis datant de l'âge du clinquant et pareils à de monstrueux médaillons exhibent des portraits restaurés de fils et de filles de grandes familles. L'office déborde de verreries de la dépression, créées conformément à la loi qui veut qu'à un déclin économique corresponde une vague de ferveur artistique.

Quand est-ce qu'elle y a emmené les enfants pour la dernière fois ? Un jour de fête du Travail, il y a quatre ans, non, cinq ans déjà. Elle leur avait fait faire une station devant le pressoir à linge. Le poêle à charbon. Le cheval à bascule. Leur posant toutes les bonnes questions. Comment est-ce qu'ils arrivaient à fabriquer ces objets ? À les faire marcher ? En partant de rien. Pensez à l'énergie que devait demander…

Mais les enfants n'avaient pas manifesté le moindre intérêt. L'idée n'évoquait rien pour eux, pas plus que ces vieux objets sculptés, fondus ou filigranés.

Car tous trois vivent dans une maison qui ne tolère rien d'autre que ses propres objets manufacturés et se trouve même au bord d'une mer fabriquée par l'homme. Une maison dont les usages ne lui apparaissent que ce soir, parce qu'elle n'y est pas. De son radeau de percale, elle lève les yeux vers la pendule de sa chambre, dont les chiffres en bâtons rouges affichent 3 : 08. Autour de son lit mécanique bourdonnent des compteurs et des cadrans, qui tous font preuve de la même froide détermination.

Le 16 janvier 1840, un an et demi après que la mission polaire américaine eut quitté la cale de Hampton Roads, le bateau de Ben Clare, le *Peacock*, arrivait en vue d'un nouveau continent. Debout sur le pont, notre assistant scientifique dessinait la scène dans son journal, sa main, par ailleurs empirique, capitulant ce jour-là devant la terreur et la stupéfaction. Esquisse après esquisse, il tentait de percer les mystères de l'impitoyable champ de glace qui s'étendait devant lui, tandis que sous ses pieds le beaupré noir continuait à s'enfoncer dans les blancheurs aveuglantes.

C'était Eld, l'enseigne de vaisseau de deuxième classe, qui, depuis la mâture, avait le premier aperçu la terre. Eld, l'homme qui se moquait des efforts des scientifiques de l'expédition. Celui qui avait massacré des quantités d'oiseaux pour le simple plaisir de prouver qu'ils n'avaient jamais eu de contact avec les humains. Qui, dans l'île Macquarie, avait expédié en bas d'un précipice la moitié d'une colonie d'*Eudyptes chrysocome*, parce que les manchots s'étaient attaqués à son pantalon. Eld l'ignorant, que tout le monde à bord méprisait au plus haut point et qui se trouvait maintenant promu à une renommée géographique éternelle.

Tout le jour, le désespoir aidant, l'équipage avait chanté *Idumea*, cet air fugué aux allures de chant funèbre, ce symbole de l'hymnologie sacrée des États-Unis, pour accompagner la première expédition de cette république vers le seul endroit au monde où le commerce n'avait pas encore pénétré :

Suis-je né pour mourir
Et déposer ici ce corps ?
Faut-il que mon âme tremblante
S'envole dans un monde inconnu ?

Un monde de ténèbres
Que jamais pensée humaine n'a percées,
Le lugubre séjour des morts
Où tout tombe dans l'oubli !

Mais, après la découverte capitale de ce jour-là, ces mêmes lignes remontèrent du pont, quelque peu malmenées par l'ingéniosité américaine. Quelque second maître impie vida ses poumons pour accoucher d'une œuvre maîtresse, de paroles dignes d'une terre nouvelle, aux confins des terres connues :

Était-elle née pour se répandre en soupirs ?
Et voir son corps labouré à foison ?
Faut-il que ce doigt tremblant vole
Jusqu'au triangle si fier de sa toison ?

Chant de marins à la gloire des marchandises d'une prostituée, à une vingtaine de degrés au sud de ce que le monde avait encore à offrir en guise de femme. Tout chant n'était jamais ce qu'il était que par la grâce de l'alchimie dont l'investissait une humanité rusée. Et pourtant, toutes les inventions humaines, si impies fussent-elles, courtisaient la même grâce. *Pardonne ce chant qui ne témoigne en rien de la gratitude que je Te dois. Il est pourtant à Ta gloire, si pitoyable qu'il soit. Un chœur d'anges ne saurait en dire plus.* Et Dieu, qui cultive le paradoxe et l'ironie, pourrait encore trouver dans Son cœur de quoi pardonner aux hommes leur progression dans des contrées inconnues.

Il ne pouvait en tout cas que pardonner la joie d'une nation qui avait osé se lancer dans pareille entreprise. Les espoirs les plus fous qu'avait pu nourrir le Congrès à propos de la mission n'étaient rien en comparaison de la gloire qui maintenant attendait le pays. Si quelques-uns des membres de l'expédition réussissaient un jour à rallier leur port de départ, ils feraient fructifier l'investissement de Washington comme jamais dans les annales des caisses de l'État.

On parlait depuis des années de l'existence d'un continent austral. Mais la rumeur devint certitude quand le commandant Wilkes consigna l'existence des montagnes d'Eld dans le journal de bord. Dès lors, l'humanité n'eut de cesse de poser le pied sur cette nouvelle terre pour la marquer de son empreinte, de s'aventurer dans cette contrée impossible avant de s'abandonner à la mort. La tentation de rapporter un souvenir, si dénué de valeur qu'il fût, s'empara de l'équipage plus violemment que celle de l'alcool n'assaille un buveur tout juste repenti. Le 13, quand le *Peacock* s'amarra sur une banquise plus grande que le Boston Common, les hommes en étaient arrivés à se battre pour des débris sortis de la glace des sommets les plus lointains de la Terre.

Depuis plusieurs jours, Clare luttait pour que les notes qu'il consignait dans son journal restent dignes de quelqu'un qui remplissait la fonction de collecteur de spécimens au sein de cette expédition. Et pourtant, la vérité scientifique demeurait incontournable : aucun homme à l'exception des quelques-uns présents à bord de cette empirique armada ne croirait à l'existence d'une contrée aussi étrange. Une barrière de glace infernale les écrasait de ses cloîtres en ruine, de ses créneaux et dentelures pétrifiés, de ses voûtes en ogive construites par le vent, de ses folies sculptées qui, par leurs gigantesques fissures, laissaient s'engouffrer des bandes d'oiseaux.

La vie sous ces latitudes grouillait avec une telle profusion qu'elle en étonnait même le docteur Pickering et Mr Rich. Le botaniste comme le zoologue ne s'en remettaient pas, embarrassés qu'ils étaient par leurs catalogues très incomplets. Des poissons monstrueux que l'on retirait de profondeurs abyssales abritaient dans leurs entrailles des spécimens à moitié digérés encore plus monstrueux. Des animalcules encore sans nom grouillaient en quantité suffisante pour occuper les savants jusqu'à la fin de leurs jours.

Dominant le nid-de-pie, des sommets vertigineux, maculés comme une bougie abandonnée en plein vent sur l'appui d'une fenêtre, semblaient prêts à engloutir le navire. Devant Clare s'étendait la solitude infinie d'une *terra incognita*. La région polaire. Et sans le moindre trou dans la croûte terrestre, aussi loin que l'on pouvait en juger à l'aide du sextant.

Non pas que quiconque à bord eût jamais accordé foi à la théorie du trou dans le Pôle. La mission n'avait jamais été qu'une alliance contre nature de plus, un mariage de convenance typique de l'âge de l'expansion. Depuis le début, la théorie en question avait été la propriété exclusive de John Cleves Symmes – le Newton de l'Ouest. Lequel y était allé de sa déclaration universelle :

> Je déclare que la Terre est creuse et qu'à l'intérieur elle est habitable ; qu'elle contient une série de sphères solides et concentriques, imbriquées les unes dans les autres et qu'elle est ouverte aux Pôles de 12 à 16 degrés ; je suis prêt à donner ma vie pour prouver cette vérité et m'engage à explorer le trou, si le monde accepte de m'aider dans cette entreprise.

John Quincy Adams avait été suffisamment séduit par les âneries de Symmes pour faire adopter le projet d'une expédition par un Congrès par ailleurs si hostile que certains législateurs considéraient la seule idée d'un financement sur fonds de l'État comme contraire à la Constitution. Mais le pays cherchait à renforcer sa présence dans les mers du Sud et la chasse au trou polaire réussit à enflammer l'imagination populaire à tel point que l'expédition finit par apparaître encore bon marché à ce prix-là.

Les scientifiques n'hésitèrent pas à faire usage de la théorie de la Terre creuse pour collecter des fonds. La marine, à son tour, exploita les scientifiques. Quant aux pêcheurs de baleines, au bout de cette grande chaîne alimentaire, ils se nourrirent allègrement des droits acquis par la marine. Dès l'instant où la recherche empruntait des routes maritimes riches en poissons et en crevettes, le commerce croyait dur comme fer en la recherche.

Aux yeux de Ben Clare, frais émoulu des amphithéâtres de Cambridge, Symmes aurait aussi bien pu être l'un de ces prêtres tatoués du dieu Tangaloa qui avaient tant fasciné Mr Hale, le philologue, quand les bateaux avaient accosté dans les îles Samoa. Clare refusait Symmes en bloc, à l'exception de son refrain philosophique : *La lumière apporte la lumière, qui vous fait découvrir la lumière – ad infinitum.* Personne ne savait au juste ce qui était plausible en ce bas monde, risible, tragique, incontournable ou méprisable. Mais l'homme possédait les moyens de le découvrir. La découverte, tel était le devoir de l'homme, jusqu'à ce que toute la surface de la Terre soit enfin éclairée.

Indubitablement, le trou était maintenant rempli et bien rempli, et des montagnes avaient pris sa place. Le globe était bien arrondi, la carte terminée. *Ta mer est si grande et notre embarcation si petite, ô Seigneur.*

Ben Clare laissait son regard errer sur ce paysage blanc et vierge qui, quelques minutes encore, devait rester libre de toute ingérence humaine. Et se posait la question de savoir à quoi allait servir cette terre nouvelle, de la même façon qu'étudiant il s'était attaqué à tous les problèmes majeurs de la création et était ainsi arrivé, entre autres, aux conclusions suivantes : le président devrait renouveler la charte de la Banque nationale ; la botanique mériterait la création d'une chaire de professeur à part entière ; la terre devrait être accessible à tout homme robuste et doté du droit de vote sans qu'il lui en coûte autre chose que les frais d'installation. Sous ses pieds, le lascif *Idumea* céda la place à une version plus entraînante et plus gaillarde : *Soufflez, vents, hissez haut, matelots. On dit que vous allez vous faire dix nœuds à l'heure. Veillez à donner de la bande, les gars.* Les notes étaient emportées par une brise antarctique et gelaient avant de retomber sur la glace des antipodes.

Dans les jours qui suivirent leur arrivée en vue de la terre, Clare s'occupa de classer les spécimens collectés en Amérique du Sud et en Nouvelle-Zélande. Il aida les géographes à débarquer leur équipement magnétique sur la banquise. Le 20, il vit un cétacé s'élever tout entier hors de l'eau, un tueur de prédateurs accroché à ses mâchoires qui battaient l'air. Deux jours plus tard, Mr Eld réussit à capturer un manchot empereur de fort belle taille. Voici comment le commandant de bord relata plus tard l'épisode :

> C'est en bon marin que notre homme captura l'animal, en l'abattant d'un coup sur la tête. L'oiseau ne manifesta aucun émoi à leur approche, bien mieux, il fit mine de s'avancer pour les accueillir. Il fut nonobstant assommé d'un coup de gaffe… Quand il revint à lui, il sembla ulcéré du traitement qu'on lui avait infligé…

C'est un traitement semblable que ce pays hostile fit subir au *Peacock* au cours de la nuit. Le navire était isolé, ayant perdu le contact avec le vaisseau amiral *Vincennes* et les autres bateaux depuis déjà quelque temps. Alors qu'il tentait d'éviter un bloc de glace flottante qui était apparu soudain sous sa proue, il vira de bord et heurta une autre masse si violemment que l'arrière s'en trouva défoncé. Ingouvernable, le navire dériva un instant avant d'entrer en collision par l'arrière avec le mur de glace. Ce second choc donna le coup de grâce au gouvernail, brisant deux des aiguillots et sectionnant les deux pentures.

C'est le moment que choisit le vent pour se lever et, en dépit des espars disposés le long de la coque, la glace se jeta sur eux comme une meute sur une biche blessée. Le bateau heurta de plein fouet un iceberg plus haut que le plus haut des mâts. L'impact endommagea sérieusement l'arrière à bâbord, arracha le gui de la brigantine et le bossoir, tout en pulvérisant la chaloupe. Le support reliant le bossoir à la lisse se brisa, emportant avec lui tous les étançons jusqu'à la passerelle.

Par le plus grand des hasards, le bateau se retrouva dans une eau encore libre, manquant au passage d'être réduit en miettes par la chute d'une énorme aiguille de glace. La fortune ne semblait les avoir épargnés que pour leur réserver un sort encore plus funeste : une mort lente sur le premier fragment de banquise auquel ils pourraient s'arrimer. Tant que le danger avait menacé, les membres de l'équipage avaient agi avec une efficacité toute mécanique. Ils se prenaient maintenant à considérer la destinée que chacun d'eux allait devoir affronter seul. Il vint à l'esprit de Benjamin Clare, ex-associé de l'entreprise Clare et Fils de Roxbury, que le Pôle présentait bel et bien un trou, un tunnel plus profond que tout ce que l'on avait pu imaginer.

La glace se condensait autour de la coque, menaçant d'écraser le bateau. Clare considéra son mausolée blanc. Il ne se décomposerait jamais et jouirait après sa mort de cette permanence corporelle que l'humanité avait de tout temps recherchée. Après des siècles de compression, le bateau finirait par remonter à travers les couches de glace pour être recraché aux pieds de futurs explorateurs, sous la forme d'un grand diamant carré.

L'équipage se servit d'un iceberg comme d'une barre de gouvernail, opérant avec cette ardeur que donne l'énergie du désespoir. Benjamin embarqua dans une chaloupe, il avait pour mission de dérouler un cordage et de l'utiliser pour tourner la proue du navire en direction du petit bout de mer encore libre. Il se trouvait à quelques kilomètres à peine de l'essieu statique de la terre, si près du Pôle que l'air était privé de mouvement vertical. Il s'attacha à la corde qui pouvait libérer le bateau, mais qui pouvait tout aussi bien le clouer sur la coque avec ses compagnons comme autant de banderoles sur un cercueil. Il se passa le cordage autour des mains et tira.

Plusieurs minutes s'écoulèrent sans que rien ne bouge. Toute terreur à l'idée de la fin prochaine du *Peacock* s'évanouit, comme se dissipent les visions d'un fumeur d'opium. Un fumet parfumé pénétra les narines de Clare, qui eut la sensation de retrouver un ami de très longue date. Il n'avait pourtant jamais rien respiré de pareil. Il se trouva immergé dans des effluves, qui évoquaient à s'y méprendre l'odeur d'une existence oubliée.

Pendant dix-sept mois, les relents d'un voyage au long cours l'avaient assailli sans relâche. Chaque jour apportait sa cohorte de nourritures avariées, d'encens des îles, de vents saturés de saumure, de fruits blets, d'invertébrés à l'odeur âcre en train de pourrir sur le pont, mollusques que le capitaine refusait de voir descendre dans les cales et dont la chair flasque se putréfiait. Benjamin avait vécu dans la promiscuité oppressante des corps, ceux d'une centaine d'hommes qui ne se lavaient qu'au rythme du calendrier lunaire, et encore. Tant de remugles fétides avaient marqué la moindre de ses inspirations que ce qu'il sentait maintenant sur la glace était un bouquet d'absences d'odeurs : l'air avant l'invention des poumons.

Il creusa cette idée, tandis que l'équipage luttait pour arracher le bateau à l'oubli. L'atmosphère semblait se figer, la rotation de la Terre se faisait si lente que les molécules d'air les plus grosses – ces odeurs qui en d'autres circonstances bombardaient les narines humaines – tombaient gelées sur le sol de la banquise, attendant un dégel qui, dans quelque lointain futur, éveillerait l'odorat.

Le sort du bateau le laissait désormais indifférent. Le Benjamin Clare qui s'était enrôlé dans la première expédition américaine officielle, impatient de servir en tant que collecteur de spécimens végétaux, ce fils de Harvard qui attendait le jour où la triangulation humaine remplirait tous les coins encore vides de la carte du monde, cet homme-là périt sur la banquise tout nouvellement baptisée Wilkes Land, succombant à sa première bouffée de néant.

Une folle énergie et un brin de chance réussirent à déloger la proue du *Peacock* et à l'engager dans la dernière brèche encore ouverte dans la muraille de glace. À minuit, la mer monta et le bateau fut précipité dans un canyon à peine plus large que lui. Tandis que les parois hérissées éraflaient les plats-bords de chaque côté et que l'équipage s'activait à grands cris, Clare goûtait la saveur de ce qu'il avait emmagasiné dans ses poumons. Comme les autres, il participa aux réjouissances qui suivirent la délivrance du navire. Lui aussi brandit des torches comme un fou, tira des coups de pistolet, répandit du vin sur la banquise qui les avait épargnés. Mais le bouquet d'effluves s'attardait en lui, comme la sensation posthume du mensonge des sens.

Une carte postale servant de marque-page dépasse d'un livre de poche posé sur une table de nuit. La carte est perforée et elle a le format d'une recette de cuisine, avec en guise d'en-tête : « Nouilles aux légumes à la chinoise » :

1/2 livre de nouilles chinoises

SAUCE

3 cuillères à soupe d'alcool de riz	2 cuillères à café de maïzena
1 cuillère à café d'huile de sésame	1/2 tasse de bouillon
1 cuillère à soupe d'huile végétale	1 poivron rouge en rondelles

1 cuillère à soupe de gingembre frais haché

4 gousses d'ail hachées

1 tasse de champignons émincés

1 tasse de petits pois

1 tasse de châtaignes émincées

2 tasses de bok choy haché

250 grammes de pousses de bambou

1/2 tasse de carottes en rondelles

Préparer les nouilles comme indiqué. Entre-temps, mélanger les ingrédients pour la sauce. Faire chauffer l'huile à feu vif dans un wok ou une poêle antiadhésive. Faire revenir le gingembre et l'ail pendant trente secondes, puis les champignons pendant le même temps. Ajouter le reste des ingrédients et faire revenir le tout pendant deux minutes. Verser la sauce ; laisser mijoter deux minutes. Ajouter les nouilles, remuer, servir chaud. Proportions pour 4 personnes. 350 calories, protides 12 g., féculents 60 g., lipides 6 g. Sans cholestérol !

En dessous de ces instructions, il y a une photo en couleurs du plat préparé. Et derrière le plat, un fortune cookie au message déplié : Sers-toi de ce que tu as, travaille pour ce qui te manque. *Tout en bas, juste à côté de* Copyright ©1997 Attention Grabbers Marketing, *deux icônes minuscules annoncent :* IMPRIMÉ SUR PAPIER RECYCLÉ AVEC DES ENCRES À BASE DE SOJA AMÉRICAIN.

Au dos de la carte – Port payé, Lacewood, autorisation n° 534 –, *le logo de l'agence Next Millennium, placé de manière à se trouver dans le cadre de la recette, orne une photo de* Laura Rowen Bodey. Plus qu'un simple agent. Parce que votre foyer est plus qu'une simple maison. Appelez-la, elle vous ouvrira toutes les portes.

Trois numéros de téléphone – bureau, domicile et numéro vert – sont suivis de : Nous ne faisons pas de démarchage de biens déjà à la vente.

Inutile d'aller faire le tour du monde pour savourer ce plat chinois délicieux et diététique. Inutile d'aller chercher bien loin pour profiter du meilleur service immobilier sur la place. Je peux vous garantir un changement de résidence facile et sans soucis. Vous serez installé chez vous en toute tranquillité, quel que soit le moment où vous venez nous voir ou l'endroit où vous avez choisi d'aller !

Le *Peacock* en sursis mit le cap sur Sydney. Sa dernière communication avec le commandant de l'expédition lui avait fait savoir que le *Vincennes* et le *Porpoise* se préparaient à aller reconnaître l'une des récentes additions à la carte : Disappointment Bay, la bien nommée. En accostant aux îles Fidji, trois mois plus tard, Clare s'était défait de l'odeur, mais pas de la carcasse qu'elle avait imprégnée.

Les Fidji se révélèrent être le paradis de la botanique. Pendant trois mois, Clare alla de découverte en découverte. Il collecta les espèces que le grand Asa Gray devait plus tard inclure dans sa classification sous les noms de *Brackenridgea* et de *Draytonia*. Il aida Brackenridge à dessiner et à décrire la *Maniltoa grandiflora*. Sa main sûre se révéla d'un grand secours, non seulement pour les botanistes, mais aussi pour toute la partie ethnographique de l'expédition assurée par les zoologues et les philologues.

Il profita de son séjour pour rassembler des massues de guerre et des pagaies d'apparat magnifiques, qui seraient plus tard léguées au Peabody Museum. La sculpture de chaque motif rituel représentait un investissement démesuré par rapport à la fonction de l'objet. L'homme de Nouvelle-Angleterre pragmatique qu'était le jeune Clare ne pouvait approuver cette folle débauche de travail, mais il ne pouvait non plus se défendre d'une fascination enthousiaste devant tant d'effroyables gâchis.

Il devait bien exister, s'enquit-il auprès d'un guerrier de l'île, un moyen plus économique de faire avancer une pirogue ou d'assommer son ennemi.

Plus économique, oui, concéda l'indigène. Mais pas aussi convaincant.

Cet artisanat avait en fait une utilité que l'œil de Clare était incapable de discerner. Décorer un gourdin de motifs baroques compliqués n'était certes pas une activité dont on pouvait espérer quelque profit. Mais dans les îles, l'utile était moins chiche qu'au pays de la mesure. Une massue de guerre plus élaborée qu'une locomotive et plus longue à fabriquer, voilà qui posait la même question que sa bouffée de parfum sans odeur. Quelle était, en fin de compte, l'utilité de l'utile ?

Clare soumit à ses collègues scientifiques l'idée que les races humaines devraient faire l'objet d'une approche aussi objective que celle qu'ils adoptaient face à une nouvelle espèce animale ou végétale. Sans doute était-il vrai que les habitants de ces îles étaient, comme le consigna le commandant, « à plus d'un titre, la race la plus sauvage et la plus barbare qui soit au monde ». Mais c'était là précisément ce qui leur conférait une importance singulière.

Clare était moins enthousiaste que le commandant quant aux « progrès considérables accomplis dans plusieurs des arts utiles » par les natifs de ces îles depuis leur premier contact avec l'homme blanc. Le jour viendrait, malheureusement trop vite, où ceux qui avaient fabriqué ces étonnantes massues deviendraient aussi dociles que la population christianisée des îles Tonga et offriraient aussi peu d'intérêt pour le chercheur avide de diversité. Ils disparaîtraient de la surface de la Terre comme un grand oiseau cloué au sol et toute tentative pour connaître leurs mœurs s'apparenterait au travail du paléobotaniste essayant de reconstituer l'existence antérieure d'une plante magnifique mais fossilisée depuis longtemps.

Clare fit part au commandant, pour qu'il puisse l'inclure dans sa *Relation*, du mythe fidjien de l'origine des races. D'après la tradition, tous les hommes étaient nés du même couple originel. Le Fidjien naquit le premier, mais il était mauvais, noir et nu. Le Tongan vint ensuite, moins mauvais et, par conséquent, plus blanc et mieux vêtu. Les Papalangi – les hommes blancs – arrivèrent en dernier. Dans la mesure où ils étaient les plus civilisés, ils reçurent beaucoup de vêtements, d'immenses vaisseaux et jouirent d'une grande liberté de mouvement.

Dans l'archipel, l'équipe s'acquitta de sa mission principale : rassembler les éléments d'une description cartographique fiable d'une région dont les richesses étaient jusqu'ici restées ignorées. Faute de cartes suffisamment fidèles, les navires qui s'aventuraient dans les parages avaient dû payer un lourd tribut. Le commerce ne pouvait pas davantage survivre dans un monde sans cartes que le monde ne pouvait survivre sans commerce. Pendant des semaines, la tâche fastidieuse des relevés occupa tout le monde, d'un bout à l'autre de la couronne de récifs. L'équipage ajouta sans compter aux richesses du répertoire géographique : Peale's River, Budd's Forest, Rich's Peak.

Mais une croissance parallèle réclamait autre chose que des cartes. Quelque six ans plus tôt, des indigènes avaient tué sept membres de l'équipage d'un brick américain, le *Charles Doggett*, avant de faire cuire son nègre et de le manger. Le responsable du massacre, avait-on découvert, appartenait à une famille royale du coin. La coopération internationale exigeait de l'expédition Wilkes qu'elle veille à ce que le massacre de visiteurs blancs ne reste pas impuni.

Il se trouva que le meurtrier était un noble plein de ressources appelé Vendovi. Il réussit d'abord à échapper à un groupe de marins partis à sa poursuite. Sur quoi, le capitaine Hudson conçut un plan de grande envergure pour assurer sa capture. Les officiers du *Peacock* préparèrent une fête à bord du navire, à laquelle ils convièrent les dignitaires locaux. Les promesses de cadeaux et de divertissements somptueux finirent par vaincre toutes les résistances. Car le grand roi des Fidji lui-même aurait donné cher pour le plus humble des colifichets en provenance de Nouvelle-Angleterre.

Le feu d'artifice stupéfia l'assemblée. Et le tailleur du bateau se tailla un vif succès avec un remarquable numéro de *minstrel show*. Le banquet terminé, la noblesse locale s'apprêtait à prendre congé quand le capitaine Hudson, se confondant en excuses, les informa qu'ils étaient tous pris en otages et ne seraient libérés qu'une fois Vendovi capturé. Les locaux convinrent que Vendovi était un homme dangereux qu'il fallait à tout prix traduire en justice.

Un guerrier accepta de se rendre au village de Rewa pour tenter de prendre Vendovi par surprise. Après son départ, le roi demanda une rasade de kawa, afin d'adoucir les rigueurs de son emprisonnement. Ben Clare fit le tour des spécimens botaniques qui se trouvaient à bord avant de dénicher le *Piper methysticum* qui permit de concocter le calmant. Le roi reconnaissant lui demanda s'il savait soigner par les plantes. Clare éluda la question.

Puis, les deux hommes se mirent à parler botanique. Clare nota dans son journal les multiples emplois de chacune des espèces végétales utilisées par les locaux. Remarquant l'intérêt de Clare, le roi produisit un petit sac d'herbes rempli de feuilles, de tiges et de graines. Un tubercule sur rhizome d'un genre inconnu retint l'attention de Clare.

Le roi appela cette racine d'un nom qui signifiait aussi bien « puissant » qu'« utile ». Clare enregistra soigneusement dans son journal les vertus que lui attribuait le roi, car elles l'intéressaient au moins autant que ses propriétés réelles. La racine avait un parfum lointain, une odeur astringente que Clare aurait été bien incapable de détecter seulement quelques mois plus tôt.

Pour citer la *Relation* de Wilkes, la capture de Vendovi :

> … montre la force des traditions auxquelles les gens d'ici, quel que soit leur rang, se conforment implicitement. En arrivant à Rewa, Ngaraningiou se rendit aussitôt chez Vendovi… En entrant, il prit un siège à côté de lui, posa la main sur son bras et lui dit qu'on le réclamait et que le roi l'avait envoyé chercher pour qu'il se rende à bord du navire de guerre. Ce à quoi Vendovi consentit dans l'instant…

Une fois à bord, Vendovi avoua devant tous les chefs rassemblés sa complicité dans le meurtre des marins blancs. Il exprima quelque regret d'avoir mangé le nègre, dont la chair avait de forts relents de tabac. Le capitaine mit Vendovi aux fers et libéra le roi et sa cour, après leur avoir expliqué une nouvelle fois pourquoi leur détention s'était révélée nécessaire :

> … il aurait estimé de son devoir de brûler le village de Rewa si Vendovi n'avait pas consenti à se rendre. Le roi répondit que le capitaine Hudson avait eu raison, que lui-même ne demanderait pas mieux que d'aller en Amérique, tant ils avaient été bien traités ; que nous étions désormais tous bons amis et qu'il resterait à jamais l'ami de tous les hommes blancs… Ils furent assurés de nos intentions bienveillantes à leur égard tant qu'ils se conduiraient bien ; et, en gage de bonne foi, on leur

offrit, selon leurs propres coutumes, des présents qui furent reçus avec gratitude.

Le roi, en retour, ne se montra pas avare de reconnaissance à l'égard de ses geôliers. Il n'oublia pas Clare et le pressa d'accepter le rhizome humide à l'odeur astringente qui l'avait tant intrigué.

Mais, après l'incident de Rewa, les relations avec les indigènes se détériorèrent. Les Américains brûlèrent la ville de Rye pour se venger du vol d'une embarcation et bombardèrent à coups d'obus Congreve de dix kilos les populations qui refusaient de se soumettre. Sur l'île de Disappointment Minor, des guerriers invitèrent Clare et deux autres cueilleurs de plantes à quitter les lieux à la pointe de leurs lances. Deux officiers, dont le neveu du commandant, trouvèrent la mort dans l'escarmouche de Malolo.

L'expédition alla donc mouiller dans les eaux plus clémentes des îles Sandwich, où Clare explora Honolulu. Mais quand le *Peacock* s'échoua à l'embouchure de la Columbia River, Clare perdit à jamais les meilleurs fruits de son travail. Le bateau, qui, au Pôle, avait échappé de justesse à la destruction par les glaces, s'enlisa dans la vase et expira dans ce qui ne tarda pas à devenir une tombe dûment authentifiée.

La regrettable fin du *Peacock* signifia pour Peale la perte de toute sa bibliothèque d'histoire naturelle ainsi que d'une vaste collection de lépidoptères. Le grand Dana y laissa lui aussi d'abondantes notes et des spécimens inestimables de crustacés. Mais c'est Clare qui fut le plus cruellement frappé, puisqu'il ne sauva de l'épave pas plus du quart de ses papiers et pas une seule plante d'importance, à l'exception toutefois de la racine gracieusement offerte par le roi des Fidji.

Ce coup du sort fut pour lui la plus terrible des punitions. Il perdit dans le naufrage toute chance d'apporter à la science la contribution dont il avait rêvé. Il fit une timide tentative pour entamer un autre journal, commença une grammaire de ce sabir commercial qu'était le chinook, mais fut vite arrêté par l'insuffisance de ses connaissances linguistiques.

Chez les Indiens Spokane, l'anthropologue amateur fit, tout à fait par hasard, une trouvaille mineure, dûment rapportée par le commandant pour les générations à venir. Le chef Silimxnotylmilakabok, que l'expédition baptisa Cornelius, leur raconta...

> ... l'histoire d'une singulière prophétie faite par un de leurs chamans... avant même qu'ils aient jamais vu de Blancs, ni qu'ils en aient seulement entendu parler... « Bientôt, dit-il, arriveront du levant des hommes différents de tous ceux que vous avez pu voir jusqu'ici, qui apporteront avec eux un livre et vous enseigneront tout ce qu'il y a à savoir. Après quoi, le monde s'écroulera. »

Ces mots hantèrent Clare pendant toute la traversée du Pacifique jusqu'à Manille. Ils le hantaient encore lors du passage du détroit de Mindoro, le poussant à déployer une activité fébrile mais totalement improductive dans l'archipel indonésien, où le commandant se vit dans l'obligation de vendre le *Flying Fish*, navire bien mal en point, à un armateur spécialisé dans le commerce florissant de l'opium.

Toujours obsédé par la prophétie spokane, Clare éprouva brusquement le désir d'entrer en communication avec le prisonnier Vendovi. Le vieux sauvage languissait toujours à bord du brick, prisonnier de l'Amérique depuis un an et demi. Pendant tout ce temps, la seule personne qui sût assez de la langue du détenu pour pouvoir converser avec lui avait été le second, un certain Vanderford.

Clare entreprit d'étudier avec Vanderford pour apprendre un peu le fidjien. Malheureusement, Vanderford tomba malade dans les parages du cap de

Bonne-Espérance. Il mourut et fut confié à l'océan sans avoir eu le temps d'enseigner à Clare les rudiments de cette langue. La traversée de l'Atlantique vit donc Clare et Vendovi s'affronter dans une pantomime rendue frustrante par sa répétition même.

Vendovi continua à vivre dans l'isolement jusqu'à ce que les bateaux accostent au port de New York. En apercevant les grands immeubles de la métropole, il mourut d'un soudain accès d'incompréhension. Clare faillit le suivre de peu.

Le voyage se termina de façon bien peu glorieuse. Une bonne partie de la collection ethnographique de l'expédition finit par tomber entre les mains industrieuses de P. T. Barnum. Les bateaux vieillissants furent vendus à des particuliers ou démantelés pour fournir des pièces de rechange. Le public se désintéressa assez vite des découvertes de la grande mission polaire : l'expansion du pays à tous autres égards l'avait depuis longtemps rejetée dans l'ombre.

Tout compte fait, le principal legs de l'expédition résidait dans ses relevés cartographiques. Grâce à eux, des lieux de légende devinrent réalité, mettant ainsi le monde sur la voie du commerce planétaire. La mission avait ajouté plus de kilomètres de côtes au monde que toute autre entreprise antérieure. À l'exception d'une ou deux îles apocryphes dessinées par quelque aspirant de méchante humeur, les cartes étaient d'une exactitude stupéfiante. Un siècle plus tard, lors de l'invasion de Tarawa, les Américains se serviraient d'une carte que Ben Clare avait aidé à dresser.

L'histoire se souviendrait du commandant Wilkes pour avoir été à l'origine d'une catastrophe internationale pendant la guerre de Sécession lorsqu'il ferait disparaître du paquebot britannique *Trent* deux commissaires des États confédérés. Le capitaine Hudson, lui, finirait sa carrière en commandant le bateau qui poserait le premier câble transatlantique.

Quant à Clare, il connaîtrait l'immortalité grâce au tubercule *Utilis clarea*, ainsi nommé en mémoire de l'homme qui en avait remarqué l'âcreté singulière, quelque peu différente de celle de toutes les espèces de la même famille.

Des trésors zoologiques inestimables furent la proie de chasseurs de souvenirs venus de Washington. Les visiteurs endommagèrent les animaux empaillés. Les plantes perdirent leurs étiquettes. Les musées et les zoos s'approprièrent ce dont ils avaient envie. Après moult dégâts, le gouvernement se décida à intervenir. À la suite de quoi, même l'épouse de Son Indigence le président Tyler se vit interdire la moindre bouture.

Ce que voulurent bien laisser les pilleurs forma le noyau de la collection permanente du Musée national, qui en était encore à ses balbutiements. Dans le jardin botanique de la capitale, un vieux cycas *Encephalartos horridus* est aujourd'hui le seul vestige vivant de l'expédition… en dehors de Clare International.

Déjà en retard, avant même de se faire baiser en beauté par le hasard.

C'est ce que se dit Don en regardant défiler les wagons. Ils auraient été en retard de toute façon, même si Dieu et les chemins de fer de l'Illinois ne s'en étaient pas mêlés pour leur envoyer le plus long convoi de marchandises jamais vu depuis l'interminable train de la paix dans la chanson que Laura avait passée et repassée pendant les quatre premières années de leur mariage.

C'est de sa faute. Il n'a pas prévu une marge suffisante pour passer prendre les enfants à leur école respective et leur faire retraverser toute la ville. L'hôpital n'est pourtant pas à plus de cinq ou six pâtés de maisons de West High. Autrement dit, il n'aurait pas dû mettre plus de dix minutes, maximum, si tout avait marché comme prévu.

Mais ses plans avaient déjà foiré bien avant cette nouvelle anicroche. Peut-être qu'il se complaît dans la vision nostalgique d'une ville oubliée par le temps. D'un endroit où l'on pourrait en somme se contenter de rouler de son point de départ à sa destination, sans complications, sans surprises, sans foutus feux rouges, sans équipes d'ouvriers occupés à rafistoler des infrastructures en passe de s'effondrer, sans fonctionnaires qui viennent de décider d'un arrêt de travail impromptu et installent carrément leur piquet de grève sur le capot de votre Toyota.

Qu'est-il arrivé à cette ville de taille moyenne, tout à fait vivable, qu'ils connaissaient dans le temps et où tout fonctionnait encore normalement ? Où les taxes foncières étaient stables, où l'on réparait les chaussées endommagées et où l'on pouvait aller n'importe où en dix minutes ?

À ce train-là, si les wagons de bestiaux, de produits chimiques et d'automobiles ont tous disparu en direction de Topeka à l'heure juste, ils seront dans la salle de réveil à cinq. Il leur aura fallu quarante-six minutes, pas une de moins. Il en est arrivé à ce stade de la vie où tout prend quarante-six minutes, au minimum. Y compris descendre jusqu'à cette foutue boîte aux lettres pour poster le courrier.

Ellen compte à haute voix : « Cen-ent-trois… », tout à son numéro de fille de l'aristocratie blasée comme pas possible devant la stupidité de l'existence, mais prompte, en personne généreuse qu'elle est, à faire partager son ennui à tout le monde.

Tim a abandonné tout espoir de la faire taire et essaye maintenant de parler plus fort qu'elle. Don, lui, a renoncé à faire entendre la voix de la raison. Encore cinq minutes, plus ce qu'il faudra au train pour finir de passer, et ils seront enfin à l'hosto. Là, leur mère prendra la relève.

« Me demande ce qu'y peut bien y avoir dans ces grandes caisses en métal, dit Tim. Je parierais que c'est des déchets radioactifs ou un truc comme ça.

— Ridicule, dit Don. On ne transporte pas les déchets radioactifs par le train.

— Bien sûr que si. Y font même que ça. Y z'arrêtent pas.

— Ils ne s'amusent certainement pas à traverser tout le pays, toutes ces villes, avec des déchets et…

— J't'assure, le provoque Tim, comme s'il ne pouvait s'affirmer qu'en contredisant systématiquement son père. Autrement, comment veux-tu qu'ils les transportent d'un endroit à un autre ?

— Qui te dit qu'ils les transportent ? Ils les laissent là où ils sont, un point, c'est tout.

— D'accord. Génial. Alors, à ton avis, qu'est-ce qu'y a dans ces trucs ? demande-t-il, comme s'il était content d'avoir une conversation avec son père. N'importe laquelle, même celle-ci.

— Cen-ent-vingt-cinq… annonce sentencieusement Ellen.

— Quels trucs ?

— Ces trucs-là, qui r'ssemblent à des sous-marins.

— Ils sont tous vides. Ce convoi, c'est la lubie d'un vieux cinglé. Tu as déjà vu quelqu'un expédier des marchandises par le train ? À quoi ça servirait, les avions ? Ces trains, ils en font encore circuler quelques-uns juste pour le folklore et pour emmerder les gens qui doivent aller…

— Et pour transporter les trucs que les pilotes veulent pas toucher », intervient Ellen, qui flaire la bagarre.

Au moins, elle a arrêté de compter.

Uniquement pour embêter son père, Tim se met à calculer le volume total de toutes les marchandises qui se traînent devant eux. Combien de milliers de vaches mortes, de millimètres cubes d'explosifs, de Nissan, de tonnes de polyvinyle. Pour savoir compter, le gamin sait compter !

Don garde le silence. Se contente de regarder droit devant lui, entre les wagons, de l'autre côté de la voie, vers ce lieu dont l'existence commence à lui sembler problématique. Il se demande s'il ne va pas faire une crise d'asthme.

Ellen donne un grand coup de coude à Tim, d'un geste si ample qu'on ne peut pas le manquer, même dans le rétroviseur.

« Arrête, papa en a marre.

— Il en a pas marre.

— Si, il en a ras le cul. »

Ricanements étouffés, coups d'œil en douce dans le rétro pour vérifier qu'on la reçoit cinq sur cinq. Ce qu'elle sait pertinemment.

Ils ont au moins l'excuse, autant l'un que l'autre, d'être encore des enfants. Les seuls vrais innocents, dans cette culture de l'adolescence prolongée, pour ne pas dire permanente, qui est la nôtre, sont les ados. Don est confronté toute la journée à ce genre de pitrerie. Autant de la part de ses collègues que des donateurs. Il faut qu'ils tapent du pied, fassent leur petit caprice, sans qu'on leur en tienne la moindre rigueur. Et son boulot à lui, c'est de les caresser dans le sens du poil en leur disant que c'est très bien. Chic type, admirable ! Et maintenant, faites-moi ce chèque, voulez-vous ?

Un repas sur deux, il est obligé d'écouter des âneries du genre : « Dites donc, Don, pourquoi appeler ce que vous faites du “développement” ? Est-ce qu'il ne serait pas plus juste de parler de “collecte de fonds” ? » Ils sont tous si contents d'eux. Si fiers de leur côté madré de paysans du Middle West. Et de s'esclaffer, des morceaux de côtelette d'agneau – cadeau de la maison, bien entendu – plein les dents ! Son boulot à lui, c'est de rire avec eux, de donner au bienfaiteur potentiel l'impression qu'il est un nouveau Milton Berle.

Et à la fin d'une dure journée de « développement », il est censé sortir avec sa petite amie du moment, histoire de s'offrir une fantaisie d'adolescent à gros budget. Bordel, il a quarante-six ans et une petite amie ! Une jeunesse de vingt-huit ans, Terri, qui a oublié de mûrir, ne supporte pas ses enfants parce qu'il leur passe toutes les âneries qu'elle-même ne peut se permettre en sa compagnie. Une petite amie jalouse de son ex-femme, alors que son ex ne lui pardonne pas les années d'oppression qu'elle a vécues avec lui.

Terri a appelé trois fois hier soir, pour lui servir la même chanson, jusqu'à ce qu'il laisse le répondeur s'en débrouiller. « Don ? Don, réponds, je sais que tu es là. » Et de nouveau deux fois ce matin, le menaçant de rompre s'il s'avisait d'aller voir son ex-femme à l'hôpital. Il aurait dû lui demander de mettre sa menace par écrit.

« Terri, a-t-il essayé d'argumenter, commettant sa première erreur. Cette femme vient de se faire opérer.

— C'est pas mon problème.

— Ter, ça ne veut pas dire que je vais retourner vivre avec elle. »

Non, il n'est pas dingue à ce point.

« Je me fiche pas mal que vous vous remettiez ensemble. » Même au téléphone, il l'entendait taper du pied sur le tapis de haute laine. « Je pense tout simplement qu'il n'est pas bon que tu lui rendes visite juste après son opération. »

Il pense exactement la même chose. Mais comment ne pas le faire ? Le petit ami de Laura risque de ne pas être d'un grand secours sur ce coup-là. Pour commencer, sa femme se demanderait ce qu'il peut bien trouver d'amusant à passer ses soirées à l'hôpital.

Et puis, les gosses ont exprimé le désir de la voir tout de suite après l'opération, ou, du moins, c'est ce qu'ils tenteront de lui faire croire dans dix ans. Et s'il ne les emmène pas, lui, qui le fera ?

Ils ont trente-six minutes de retard quand ils se garent dans le parking à étages, racket juteux qui fournit des revenus appréciables à l'hôpital. Ce qui veut dire qu'ils en ont trente-neuf quand ils arrivent enfin à destination. La septicité règne ici en maître. On sent les hormones de stress qui s'accumulent en petites flaques autour des chevilles des gens assis dans la salle d'attente. Familles, amis, bouleversés ou soulagés au rythme d'un verdict toutes les dix minutes.

Sacrément démocratique, cette salle, l'endroit rêvé pour niveler les différences sociales. Fermier, conseiller de faculté, banquier, usine entière depuis le manutentionnaire jusqu'au DRH. Les plus haut placés doivent bien avoir leur hôpital à eux, quelque part en sous-sol, mais tous les autres doivent attendre leur tour ici, sans faire d'histoires et en gardant les dehors de la civilité.

Ils pénètrent tous trois dans la salle d'attente, imposteurs venus là par acquit de conscience pour s'entendre dire que tout va bien. Tim s'empare d'un numéro de *Computer Entertainment*. Le magazine l'occupe une bonne vingtaine de secondes, jusqu'à ce qu'il le rejette d'un air dégoûté quand il s'aperçoit qu'il est vieux de deux mois. Ellen s'installe devant la télé, qui diffuse, Dieu sait pourquoi, un feuilleton guimauve sur fond d'hôpital, dans lequel un toubib hétéro vient d'apprendre qu'il est séropositif.

Don se présente à l'accueil, où il se fait rabrouer par une idiote d'infirmière. « Le chirurgien est passé il n'y a pas dix minutes pour faire le point. On n'a pas le temps de tout refaire deux fois ici, monsieur. »

Avec un grand sourire, Don encaisse sans rien dire. Ça lui est facile, puisqu'il fait ça à longueur de journée. L'infirmière prend un air accablé et fait des tas d'histoires avant de rappeler le chirurgien. Qui est une femme, et un joli morceau avec ça, même dans sa tenue de travail. « Je suis l'ex-mari », dit Don, espérant marquer un point.

Le chirurgien leur fait un sourire tranquille, détendu. Elle dit bonjour aux enfants, serre la main de tout le monde avant de lâcher : « Eh bien, Mr Bodey, votre femme a un cancer. »

Le docteur Jenkins continue de parler, mais quelqu'un a dû couper le son. C'est à peine si Don saisit quelques mots. Un gros kyste sur l'ovaire droit, un petit sur le gauche. À moins que ce ne soit l'inverse. Le gros était bénin, mais le petit présentait une petite tache humide en surface.

À la voir, on n'imagine même pas que cette Jenkins puisse parler de cancer. Elle sourit à la ronde et demande : « Y a-t-il autre chose que vous aimeriez savoir ? » Exactement comme la jolie caissière de Style Barn quand elle penche la tête en vous disant : « Ce sera tout pour aujourd'hui ? »

Et les quatre-vingt-dix-huit pour cent ? a-t-il envie de demander.

Il se contente d'un « Merci, ce sera tout ».

Le docteur Jenkins disparaît pour s'occuper du cas suivant. En un rien de temps, Ellen lui tombe dessus. « Qu'est-ce que ça veut dire, papa ? Maman a… ? »

Tim ne dit rien. Il refuse même de lever les yeux.

La seule chose à laquelle Don est capable de penser, c'est qu'il a trahi Laura, qu'il a lamentablement échoué à lui rendre le seul vrai service qu'elle lui ait demandé depuis leur séparation. Est-ce que tu peux te procurer tous les détails sur l'opération ? Elle avait peur de manquer quelque chose avant d'être sortie des vapes.

La nouvelle les propulse au septième étage. Oncologie. Ce mot auquel il n'a seulement jamais pensé s'impose maintenant à lui. Comme dans un rêve, ils marchent jusqu'à la chambre 7020, le numéro que quelqu'un leur a gribouillé sur un morceau de papier. Mais Laura n'est pas encore là. Les infirmières d'étage les pilotent vers une autre petite salle d'attente, magazines différents mais tout aussi datés et même feuilleton hospitalier qu'à l'étage d'où ils viennent.

Don bondit sur ses pieds toutes les deux minutes pour aller jeter un coup d'œil dans la chambre. Chaque fois, on le renvoie dans la salle d'attente. « Quelqu'un viendra vous chercher quand Mrs Bodey sera installée. »

Installée ? Et comment ce quelqu'un saura-t-il que c'est eux qu'il faut venir chercher ? Mrs Bodey ? C'est ce que dit le dossier ?

C'est au terme de sa sixième tentative, alors qu'il retourne à la salle d'attente, qu'il l'aperçoit. Elle est sur un chariot que l'on est en train de sortir du monte-malades. Il ne la reconnaît pas. Qu'est-ce qu'ils lui ont fait au visage ? Elle est toute bouffie, mais elle a l'air sereine, détendue. Il y a quelque chose d'autre qui ne va pas. Elle sourit.

Elle essaie d'émerger pour voir qui est là, en train de la regarder. Et elle lui sourit. Tente de lui prendre la main, sans succès, et ne réussit à attraper que trois doigts, qu'une affection teintée de panique lui fait serrer très fort. Plus fort qu'elle ne l'a jamais serré dans ses bras. Elle n'a pas la moindre idée de ce qui lui arrive. Pas la moindre idée de l'endroit où elle se trouve, ni de qui ou de ce qu'elle est.

« Don, Don. » Elle balance sa main d'avant en arrière tandis que les infirmières commencent à rouler le chariot dans le couloir. Il suit tant bien que mal, incapable d'extirper ses doigts de son étreinte.

« Qu'est-ce qu'ils ont dit ? se souvient-elle tout à coup. Qu'est-ce qu'ils t'ont dit ?

— Le docteur Jenkins a dit que l'opération s'était bien passée. Elle a dit qu'on allait t'emmener dans cette chambre au bout du couloir où on va t'installer tranquillement et puis elle a dit que tu pouvais… »

Elle l'arrête d'un geste de la main, exaspérée. Donald. Ce n'est ni l'endroit ni le moment.

« De quel côté est le cancer ? »

Il n'en sait rien. On le lui a dit, mais il a oublié. Il choisit un ovaire au hasard. « Le droit, lui dit-il. Du côté droit. » Une chance sur deux, cinquante pour cent : le pronostic, cette fois-ci, a quelque chose de franchement optimiste.

Il y a une série de petits aimants sur la porte du réfrigérateur, dont les pointes dessinent la forme de la Petite Ourse :

• Papier hygiénique Scott : les problèmes ont commencé avec le papier toilette rêche

• Cracker Jack : cinq cents. Une surprise dans chaque paquet

• Désinfectant Lysol : les bactéries… l'ennemi mortel et insidieux de tous les foyers

• Le café en grains Eight O'Clock : moulu sur commande

• Raid : tue tous les insectes… raide

• Lighthouse : le savon phare de toute la famille. Gardez les emballages

Fruits d'une collection vieille de cinquante ans, émail sur métal, les aimants jaunissent comme s'ils prenaient de l'âge. Chacun maintient en place une recette, un ticket, un pense-bête. Sous le dernier – qui représente un phare s'avançant au milieu des vagues écumantes, brosse dans une main et seau portant l'inscription « Je chasse la saleté » *dans l'autre –, une note rappelle :* Maman, bloc post-op, Pitié, 3:30 merc.

C'est un Boston complètement transformé que retrouva Benjamin Clare. Il ne rapportait pas grand-chose de son voyage à l'exception de la plante qui portait son nom, ce témoin vivant qu'il avait soustrait à l'étiquetage officiel.

Les changements extérieurs sont toujours occultés par nos propres changements, tant nous préoccupent nos petits voyages intérieurs. Ben commença par penser que c'était à lui qu'il était arrivé quelque chose. De fait, il n'avait pas bougé, mais le monde de ses frères, lui, avait disparu à tout jamais, supplanté par son remplaçant.

À trente ans, il se retrouva brutalement en train d'obéir aux injonctions de Jésus, selon lesquelles il convient de n'accorder aucune pensée au lendemain, pour la bonne raison que le lendemain – ce rêve de progrès auquel s'éveillaient ses compatriotes – lui avait échappé pendant son absence. Le lendemain avait donné des pousses qu'aucun jardinier n'avait le pouvoir d'entretenir.

Les fils de Jephthah Clare appartenaient à la dernière génération qui crut que le temps n'apporterait aucun changement fondamental au jeu de l'existence. Mais, lors d'un après-midi dont l'histoire n'a pas gardé la date, alors que Ben Clare était à l'autre bout du monde, un nouveau moteur à deux temps avait en quelque sorte coupé le futur de ses temps nourriciers pour l'installer, un peu à la manière d'une colonie rebelle, sur une terre bien à lui.

Le pays se voua à la vapeur : première source d'énergie du monde à apparaître depuis l'aube des temps. Si légère, si évidente, si longtemps négligée que personne n'aurait su dire si le moteur avait été découvert ou inventé. Une chambre de condensation et un régulateur séparés – deux planètes jumelées retardées dans leur course en proportion de leur vitesse de rotation –, il suffit de cette petite innovation pour que le temps s'envole.

La vie envahissait maintenant l'intérieur du pays, grâce à un réseau de canaux creusés par la vapeur. Aucune révolution ultérieure n'atteindrait en violence et en vitesse l'ampleur de celle-ci : ce fut le premier bouleversement accompli par le progrès sans avertissement préalable. La contre-pression de la vapeur régulée s'exprima dans le chemin de fer. Schuylkill, Delaware, Mohawk et Hudson : la moindre vallée se trouva exhaussée, la moindre colline, rabaissée. Le chemin de fer menaçait de faire de la distance une abstraction surannée. L'Amérique put enfin briser sa coquille intérieure. La semaine fut ramenée à quelques heures à peine.

À leur tour, les énergies dégagées par cette énergie première propulsèrent des bateaux à vapeur sur les océans et permirent à des presses mécaniques de fabriquer les outils dont on avait besoin pour les remplacer. De jeunes ateliers forgèrent une charrue en acier autonettoyant, qui réclama bientôt du caoutchouc vulcanisé, lequel, à son tour, mit inexorablement en route une machine à coudre qui condamna la moitié de Boston au chômage, l'obligeant à se retourner contre elle-même, obligeant les pauvres à se retourner contre les plus pauvres.

L'expansion de l'énergie fit sortir la Nouvelle-Angleterre de ses langes puritains. Le Yankee, qui n'est guère connu pour son aptitude à la patience, se jeta corps et âme dans cette course enivrante à l'accumulation, sans oublier les vertus cardinales d'un esprit diligent, attentif et industrieux. Les pare-vent contre la rigueur des hivers du temps des pèlerins, les palissades d'une subsistance chèrement acquise n'étaient plus désormais que l'antichambre de demeures plus majestueuses.

Toute la débrouillardise consacrée jadis à la simple survie pouvait maintenant se réinvestir ailleurs. Comme un bon du Trésor qui prend de la valeur, la malédiction moribonde d'Adam appelait d'autres cibles susceptibles de la résorber. Pour la première fois dans l'histoire, il semblait que le fardeau de la vie dût s'alléger un peu avant que passe la génération présente.

Ce rêve fit son entrée dans les ateliers des Clare pendant l'absence de Ben et s'installa à demeure. Jewitt avait commencé à s'exercer avec le moteur à vapeur, maîtrisant suffisamment la bête pour lui faire accomplir un travail utile. Il avait déjà réussi à forcer de l'eau gazeuse à entraîner un arbre suffisamment puissant pour malaxer le savon. Cette manivelle automatisée semblait capable d'activer le moteur même de l'histoire.

Tel était le paysage en plein bouleversement dans lequel débarqua Ben Clare, au sortir de son Antarctique désodorisé. Après avoir satisfait aux exigences de la quarantaine, il rejoignit Cambridge en août 1842, passant ses deux premiers mois à essayer simplement de se réorienter. Pour parodier Keats, il aurait pu dire qu'il avait fait maints voyages dans les îles occidentales, mais que c'est en silence et assailli des doutes les plus fous qu'il regardait maintenant son pays retrouvé.

Il laissa aux soins d'un futur Plutarque la tâche de faire le tri entre whigs et démocrates, entre Clay et Calhoun. Il laissa les partis en présence se battre à la manière dont les deux escouades de pompiers volontaires de la ville se battaient pour avoir le privilège d'éteindre un incendie. Sa stupéfaction, il la réserva au développement, alors dans une phase on ne peut plus agressive.

Il entendit parler de ce fils de chapelier autodidacte, Peter Cooper, qui s'activait à transformer le paysage américain de manière plus radicale que quiconque depuis l'époque des Pères fondateurs. Les vrilles métalliques de Cooper sortaient maintenant de Boston, comme des fils partant du noyau de l'Univers. Chaque nouvelle année voyait le réseau s'épaissir. Les trains se faufilaient en direction de l'ouest, vers une herbe riche et abondante, assurant enfin à la Nouvelle-Angleterre une vraie base agricole.

Il découvrit l'organisme de crédit des Tappan, qui couvrait tout le pays. À sa plus grande horreur, Ben apprit que ces hommes, pour une contribution modique, étaient en mesure de vous dire si tel ou tel valait que l'on prît des risques financiers pour lui ou pas.

Il apprit par le journal la destruction d'une usine Waltham des environs. Deux cents jeunes filles périrent dans l'incendie. Il n'arrivait pas à tenir un compte des explosions dans les usines de Brooklyn et de Baltimore, tant elles étaient nombreuses. Il remarqua en revanche que les industriels se débrouillaient toujours pour échapper aux poursuites sous prétexte que leurs établissements avaient globalement fait plus de bien sur le long terme que de mal.

Il était bombardé de nouvelles. Un imprimeur d'Alton dans l'Illinois avait été tué pour avoir bravé la loi interdisant toute publication abolitionniste. Une foule en colère avait précipité ses presses au fond du Mississippi. Le Congrès venait tout juste d'accorder au portraitiste Morse soixante mille dollars pour poursuivre ses recherches télégraphiques, à condition qu'il consacre au moins la moitié de la somme à des travaux sur le magnétisme animal, domaine qui, à coup sûr, se révélerait le plus rentable.

Ben traversa le fleuve pour aller rendre hommage à l'industrie. Il arpenta les cimetières de Boston dans un rêve éveillé : Copp's Hill, King's Chapel, le Old Granary. Les tombes : les dévotions rituelles d'hier faisaient aujourd'hui le désespoir des promoteurs immobiliers.

Dans Milk Street, il passa devant un nouveau magasin de confection pour hommes qui proclamait « Des chemises pour tous ». Sur l'enseigne de la boutique, qui se balançait au vent, on pouvait lire : « J'étais nu et Tu m'as vêtu. » Là où, à n'en pas douter, on aurait dû avoir : « Considérez les lis et de quelle manière ils croissent[1]. » En effet, dans la conception que se faisait Ben de l'industrie, l'entreprise humaine se condamnait elle-même désormais aussi sûrement que l'air condamne le fer à la destruction.

À Temple Place, il trouva ses frères en plein travail. Ils emmenèrent le frère prodigue à Roxbury pour lui faire visiter ce qui était devenu un ensemble de bâtiments. Le savon, lui aussi, avait profité de l'avènement de la vapeur ; quant aux chandelles, elles bénéficiaient du souvenir d'un désespoir récent.

L'extension des ateliers Clare les avait rendus méconnaissables. Jugé aux normes du moment, le monstrueux chaudron d'Ennis paraissait quasiment petit. Resolve avait ouvert un magasin qui pourvoyait aux besoins de ses ouvriers, leur consentant des avances sur leurs salaires. Certains d'entre eux se retrouvaient une fois par semaine, tard dans la journée, pour des sortes de cours du soir. Samuel alla même jusqu'à publier leurs écrits, au grand étonnement des visiteurs européens. Les Américains, eux, ne trouvaient rien là de surprenant : quoi de plus normal pour leurs ouvriers que de s'élever jusqu'à la poésie ?

Pendant que Ben était en mer, l'entreprise Clare et Fils avait mis au point une imitation du savon

1. « Considérez les lis et de quelle manière ils croissent. Ils ne travaillent ni ne filent ; cependant je vous déclare que Salomon même, dans toute sa magnificence, n'a jamais été vêtu comme l'un d'eux. » Évangile selon saint Luc, 12, 27. *(N.d.T.)*

britannique qu'ils avaient brièvement importé à une époque. Grâce à l'introduction de la machine et à l'augmentation de la production, les coûts se mirent à fondre comme neige au soleil. La version domestique était mise sur le marché à un prix très compétitif et se vendait bien auprès de ceux à qui il ne manquait que l'accoutrement adéquat pour se faire passer pour des bourgeois. Samuel et Resolve vendaient l'apparence et l'illusion de la richesse sans que le client ait à en faire les frais.

Le temps avait récuré et élargi les anciens canaux de distribution. L'entreprise vendait désormais jusqu'à Concord. On trouvait même des pains de savon et des chandelles dans des villes qui seulement quatre ans plus tôt n'auraient rien pu acheter, *a fortiori* des graisses de récupération recyclées.

De nouveaux ingrédients améliorèrent la qualité des produits Clare. La soude artificielle leur assura une production plus uniforme. Il leur fallait l'importer de cette vieille Albion tant détestée, qui avait accaparé le procédé magique du chimiste français Leblanc permettant la fabrication d'un alcali bon marché et d'une qualité supérieure à partir de soufre et d'eau salée. Mais les Clare n'étaient pas en position de discuter. Ils fabriquaient désormais une demi-douzaine de savons pour la lessive et le ménage, sans parler de leur savon de toilette. Pour assurer la qualité, tout en traitant un volume pareil, ils auraient été prêts à acheter leurs fournitures à des marchands autrement plus équivoques.

Ben acquiesça poliment tout au long de la visite guidée, comme s'il suivait parfaitement les explications de ses frères. En vérité, il était complètement dépassé par la complexité des nouvelles techniques de production et de marketing. Il remarqua en revanche que ses frères s'étaient débarrassés de la honte qui s'attachait au métier de manufacturier. Pour rien au monde, ils ne seraient revenus au commerce maritime. Désormais, le savon faisait mousser le nom de Clare.

Le botaniste médusé écoutait de toutes ses oreilles les informations qu'on voulait bien lui fournir. Souriait quand un sourire semblait s'imposer. Secouait la tête, en scientifique de terrain qui manifeste ainsi son impatience perplexe face aux détails matériels. Même avant son périple marin, les affaires avaient toujours été une énigme pour Benjamin. Après des années d'ethnographie insulaire, le négoce lui semblait tout bonnement ressortir aux mystères de la religion.

Il se dit que cette tournée des installations, pour ennuyeuse qu'elle fût, s'imposait néanmoins. Il n'allait pas regimber devant l'historique des transformations de l'entreprise familiale, quand c'était cette dernière qui lui permettait de vivre et qui allait financer son travail à venir. L'obéissance ne lui coûta guère pendant cette délicate visite. Il était capable d'écouter ce qu'on avait à lui dire pendant toute une journée, deux s'il le fallait. Après tout, une fois l'épreuve terminée, lui aussi aurait sa part du gâteau.

Car il entendait bien poursuivre les études botaniques entamées dans le Pacifique. Il espérait pouvoir construire à Cambridge une serre où il cultiverait la racine dont le roi des îles Fidji lui avait fait cadeau. Il avait commencé à rédiger une communication pour la Société nationale de botanique, dans laquelle il examinait de façon critique les assertions des insulaires relatives aux vertus de ce végétal. Et pour mener tout ce travail à bien, il aurait besoin de sa part du capital familial.

De l'argent ? Son frère Resolve fit mine de réfléchir à cette demande. Mais bien sûr. L'aîné poussa le cadet devant lui pour le faire sortir de l'usine et le faire monter jusqu'à la comptabilité. Affectant une tranquillité méthodique, il posa sur le bureau du chef comptable le lourd registre à tranche brune et l'ouvrit avec componction.

D'après toi, où devons-nous chercher pour débloquer cet argent ? Sur quel secteur nous conseillerais-tu de faire porter le débit ? Dis-moi donc comment détailler le coût et à quoi précisément affecter la somme ; sous quelle rubrique faire entrer la dépense dans le livre de comptes ; sur quelle période prévoir son amortissement.

Ben lut dans le regard de son frère que toute protestation ou discussion éventuelles étaient perdues d'avance. Continuer à défendre sa cause, c'était se condamner à l'échec. Resolve attendait qu'il choisisse : le silence de la défaite ou l'humiliation de la discussion.

Mais, se risqua à insister Benjamin, ne serait-ce pas rentable à terme que d'investir dans ses études ? Le savoir n'était-il pas le principal d'où découlaient tous les autres intérêts ?

Il en appela à Samuel, qu'il savait être moins intransigeant en affaires. La connaissance de la Création divine n'était-elle pas le but ultime de toutes les richesses que nous accumulons en ce bas monde ? De même que le marchand avait donné naissance au manufacturier, de même le manufacturier devait engendrer le savant. N'était-ce pas là l'espoir que nourrissait Dieu à notre égard sur cette Terre, Son divin laboratoire ?

Samuel éluda.

Resolve referma le grand livre qu'il remit en place sur son rayon. Le savoir, une perle de prix, à d'autres ! Si nous t'avons envoyé à l'université, c'était dans l'espoir, ô combien infondé, qu'un jour ton éducation cesserait d'être un gouffre pour enfin nous rapporter quelque chose.

Le visage livide de Ben se durcit. Alors, à votre avis, qu'est-ce que je dois faire ?

La question était purement rhétorique, la réponse courue d'avance, avec ou sans études. La vie a-t-elle jamais eu autre chose à proposer en dehors du travail ?

S., R., & B. CLARE
SAVONS, CHANDELLES & AUTRES PRODUITS VOISINS
JUSTICE AND SPRING STREETS, ROXBURY

CELUI QUI A LES MAINS PURES EN DEVIENDRA PLUS FORT[1]

Elle continue à poser cette même question quand elle se réveille, des années-lumière plus tard, avec des tubes qui lui sortent de partout. De quel côté est le cancer ? Comme si la réponse avait une quelconque importance. Comme si le médecin, Don ou quiconque en avaient quelque chose à faire. Comme si ses ovaires étaient capables de faire la différence entre la droite et la gauche.

Mais son côté droit sait pourquoi le gauche pose la question. Elle s'est réveillée complètement paniquée, non pas tant à cause de la catastrophe qui lui est déjà arrivée, mais de celle encore à venir. C'est un cancer, d'accord. Elle s'y attendait, plus ou moins, en entrant à l'hôpital. Tout avait l'air trop propre, trop rassurant. Deux pour cent de chances !

Elle se rappelle avoir émergé de son cocktail sérum de vérité – thiopental sodique, fentanyl, tubocurarine, halothane – dans un état dangereusement proche de la connaissance. Le mélange lui avait procuré un sentiment continu de *déjà-vu*. Elle avait entendu le mot

1. « Le juste demeurera toujours ferme dans sa voie et celui qui a les mains pures en deviendra plus fort. » Livre de Job, 17, 9. *(N.d.T.)*

« cancer » deux bonnes secondes avant que le chirurgien le prononce. C'était peut-être à cause des drogues, mais elle s'était prise à penser : « Très bien, je suis capable d'affronter ça. Je suis adulte après tout. » L'espace de quelques secondes, elle avait même réussi à s'en persuader.

Elle a digéré la nouvelle avec autant de facilité que de la nouvelle cuisine. C'est l'apéritif qui ne passe pas. Elle s'est réveillée de sa longue nausée, convaincue d'être la victime d'une de ces histoires d'amputation où les radios ont été mal lues et où on vous a coupé la mauvaise jambe. Le dossier d'une étrangère substitué par erreur au sien. Au moment même où elle relâchait son attention, un personnel médical ignorant s'employait à commettre des erreurs colossales sur sa personne.

Tous les magazines sont d'accord sur ce point : les soins médicaux, c'est désormais l'affaire du patient. L'entière responsabilité du malade. Et voilà qu'elle-même n'a rien trouvé de mieux que de s'endormir à la tâche.

De son nez émerge un tube, comme ceux qu'arborent les créatures de la *Guerre des étoiles* dans le jeu de Tim. Ça la démange ; elle se gratte faiblement comme un chat auquel on aurait arraché ses griffes. Elle vomit les derniers restes de l'anesthésie, persuadée qu'on lui a enlevé le kyste bénin et qu'on lui a laissé l'autre. Elle harcèle les infirmières jusqu'à ce que l'une d'entre elles accepte de jeter un coup d'œil sur sa pancarte. « Mrs Bodey, il y avait plus rien de bon. On vous a tout enlevé. »

Quelqu'un l'éponge. Quelqu'un d'autre lui enfile une chemise de nuit propre. Une troisième personne – à moins qu'il s'agisse toujours de la même infirmière, recyclée – lui branche une perfusion de glucose et d'électrolytes, avec un petit produit contre la nausée. Et en guise de garniture, une portion de narcotique. Qu'elle dose elle-même. Appuyez sur le bouton chaque fois que vous pensez avoir besoin d'un peu de morphine.

Elle garde le pouce quasiment vissé sur la manette. Comme Tim quand il bombarde Varsovie. Mais un sadique a déréglé le flux, bricolé l'appareil pour qu'il ne fournisse une giclette que toutes les dix minutes. Comme on veut, quand on veut, à les entendre, mais, en réalité, sous contrôle automatique.

Chaque fois que la machine s'estime prête pour une autre rasade, elle émet un bip. Au bout d'une heure, le bip suffit à lui donner la sensation – très éphémère – du soulagement. Elle demande à une infirmière de vérifier s'il n'y a pas une erreur. « Vous êtes sûre qu'il y a bien de la morphine dans la pochette ? Si ça se trouve, c'est le souper du 7022 que vous me donnez. »

Le moindre mouvement est un véritable supplice. Elle n'aurait jamais cru qu'une douleur aussi intense puisse exister.

Elle n'arrête pas de demander à tous les gens en blanc qui passent ce qu'elle est censée faire maintenant. De toute évidence, rien, sinon attendre. « Contentez-vous de vous reposer, lui dit-on. Le médecin viendra tout vous expliquer demain. »

Au bout de deux heures, on vient l'obliger à se lever pour marcher. Les agrafes, ou quelque chose de ce genre, risque de péritonite. Elle esquisse quelques gestes, c'est tout ce dont elle est capable. Se lève, agrippe la potence de la perfusion. Haut-le-cœur, nausée, hoquet : elle retombe, avant de se remettre sur ses pieds et de tenter d'avancer, comme un enfant qui fait ses premiers pas. Maman, je peux ? Bien sûr.

Au bout de quatre heures, ils reviennent pour un nouvel essai. Cette fois-ci, elle arrive à atteindre la porte de la chambre, à faire trois pas dans le couloir avant de pivoter sur elle-même et de s'effondrer.

Les enfants entrent. Elle essaie de se reprendre, de plaisanter. « Votre mère opérée d'un cancer, une excuse en or pour rendre en retard vos devoirs à la maison maintenant. »

Don est là, lui aussi. Toutes les dix minutes, elle lui dit qu'il peut rentrer chez lui s'il veut. Chaque fois que le bip se fait entendre. Il finit par céder. Et la douleur finit, elle aussi, par céder un peu.

Longtemps après la tombée de la nuit, elle a soudain l'impression que Ken est debout près de son lit, il lui semble l'entendre dire ce qu'il dit toujours, quelles que soient les circonstances : « Je ne vais pas pouvoir rester. »

Et Laura de lui dire, comme à son habitude : Pars avant qu'on te voie. Quelques minutes plus tard, la visite se confond avec une hallucination.

Elle bascule dans le sommeil. Dans son rêve, Nan, l'amie d'Ellen qui est morte, rentre chez elle pour se faire mesurer comme tous les ans. Sa mère la pousse contre le chambranle de la porte de la cuisine et fait une nouvelle marque au crayon. Mais cette fois-ci, la marque est plus basse que celle de l'année précédente.

On la réveille toutes les deux heures pour contrôler son pouls, sa tension et vérifier le cathéter.

Le lendemain matin, elle attend toujours. L'attente : la seule faculté qui se détériore avec la pratique. À huit heures, les infirmières lui disent : « En principe, le médecin fait sa tournée vers neuf heures. » À dix heures, on lui dit qu'elle est parfois en retard et ne passe pas avant six ou sept heures du soir. Quelqu'un va aux informations ; le docteur Jenkins est de nouveau au bloc opératoire aujourd'hui. Quelque part, une autre femme va se réveiller, effarée.

On lui donne un petit appareil en plastique pour respirer. Une espèce de petit accordéon qui se gonfle et se dégonfle quand elle souffle dedans. Elle est censée souffler aussi souvent que possible. Apparemment, pour soulager la pression sur le diaphragme et éviter à ses intérieurs de se coaguler. Ça lui fait penser à ces concours de force qu'on voit parfois dans les fêtes foraines.

Don s'absente un moment de son travail pour passer la voir.

« Alors, quoi de neuf ?

— J'ai un cancer. Voilà ce qu'il y a de neuf.

— C'est tout ? Je veux dire, c'est tout ce qu'on t'a dit ? Il y a une ou deux choses que je voudrais quand même bien savoir. Quand est-ce que le médecin doit passer ?

— Elle aurait dû passer il y a trois heures de ça et elle pourrait encore passer dans les huit heures qui viennent.

— Je vais chercher quelqu'un qui pourrait nous renseigner.

— Et pour faire quoi, Don ? proteste Laura. Le coup du "Puis-je parler à votre patron ?" c'est ça ? »

Comme il le fait dans son entreprise. Et dans toutes celles auxquelles il a affaire.

« Eh ben, oui. Pourquoi pas ? »

Elle ne dit rien. Presse sur le bouton. Qui ne fait rien.

« Tu crois peut-être que cet endroit n'est pas une entreprise comme une autre ? lui demande Don.

— C'est une entreprise d'un genre un peu spécial.

— Quel genre ? »

En tout cas, pas le genre qui se préoccupe de savoir ce que pensent ses clients, lui répondrait-elle. Si elle avait envie de répondre.

Ils se renvoient la balle du silence jusqu'à l'arrivée de la gynéco. Elle a troqué sa tenue de chirurgien contre une robe courte jaune canari. Superbe, complètement déplacée dans ce pavillon. Sa bonne humeur frise l'obscénité. Laura avait oublié jusqu'à l'existence du jaune. C'est peut-être bien, se dit-elle, qu'on se charge de le lui rappeler.

Elle regarde dans la direction de Don. Il a son air tourmenté, totalement désemparé. N'arrête pas de saliver. Le pauvre. La vie est bien trop compliquée pour certains. Il mourra sans même comprendre ce qui lui est arrivé.

« Alors, comment on se débrouille ? » demande le docteur Jenkins en guise d'entrée en matière, comme si elle et Laura étaient deux vieilles habituées du même cercle de couture. Ce qui est d'ailleurs le cas, maintenant.

Laura tente un sourire. Elle brandit le bouton qui actionne la morphine, comme si elle portait un toast avec une flûte pleine de champagne à ras bord.

« Très bien. On va jeter un coup d'œil à ce ventre, si vous le voulez bien, dit-elle, avant d'ajouter à l'adresse de Don, vous pouvez sortir un instant ? »

Laura étouffe un grognement. Un accès de gaieté la déchire, annihilant tout plaisir.

La plaie est superbe. Abominablement douloureuse. Tout à fait normal. Le médecin va récupérer Don, qui rentre sans lui accorder un regard.

« L'opération s'est parfaitement déroulée, dit le beau canari. Plus aucun signe visible de tumeur maligne dans l'abdomen.

— Vous voulez dire que tout est nettoyé ? » demande Don.

Le docteur Jenkins lui adresse un sourire. Encore un futé qui essaie de la prendre en défaut et qui pense qu'elle va tomber dans le panneau.

« Il ne reste aucune tumeur visible après exérèse, corrige-t-elle. Ce qui ne veut pas dire qu'il n'y a pas d'affection occulte quelque part dans l'organisme. »

Laura n'apprécie guère de voir son organisme traité à la troisième personne alors qu'elle est dans la chambre. Quant à l'expression “affection occulte”, elle ne lui plaît pas des masses non plus. Elle qui ne raffole déjà pas des “affections normales” !

« Comment peut-on être sûr ? demande Don.

— Sûr de quoi ? Que le mal ne s’est pas propagé ailleurs ? J’ai prélevé l’épiploon et fait un lavage péritonéal. Tout est au labo pour l’instant. Si les résultats sont positifs, c’est qu’il y a des métastases.

— J’ai un épiploon ? dit Laura en fermant les yeux.

— Non, plus maintenant, dit le docteur Jenkins en riant.

— Vous pensez qu’ils seront positifs, ces résultats ? » demande Don. On croirait entendre l’avocat de Laura.

« C’est probable.

— Mais encore ?

— Je dirais quatre-vingt-dix pour cent de chances que l’un ou l’autre soit positif. »

Laura a l’impression qu’elle peut toucher la pensée qui traverse soudain l’esprit de Don. Mais pas question de sonner l’hallali. L’objet en est bien trop jaune et trop joli. Il se contente de demander :

« Vous êtes sûre d’avoir enlevé toute la tumeur ?

— Absolument certaine, répond l’autre, sur le ton sans réplique du professionnel.

— Supposons que les lavages soient positifs », dit Don.

Comme s’il savait ce qu’est un « lavage ». Mais c’est peut-être aussi bien qu’il s’entête. Livrée à elle-même, Laura n’aurait rien demandé. Comme ça, elle en découvre plus qu’elle n’en veut, mais sans pour autant se sentir responsable de ce qu’elle apprend.

« Oui, supposons qu’il y ait des cellules malignes ailleurs, dit Don. En clair, ça veut dire quoi ?

— Que c’est un cancer stade trois.

— Et s’il n’y en a pas ?

— Alors c’est un stade un. Techniquement, un C.

— Où est le stade deux dans tout ça ? »

Il est vraiment incroyable. Laura pousse un gémissement. Mais garde les yeux fermés.

Quand elle les ouvre, c'est pour voir Don assis de l'autre côté du drain d'évacuation, en train de noter fébrilement tout ce que raconte le médecin sur un bloc du même jaune que la robe de celle-ci. Réclamant l'orthographe de « cystadénocarcinome séreux ». S'efforçant de ne pas lorgner sur l'ourlet de la robe. Le pauvre. Il va falloir qu'elle mette les choses au point avec lui, et rapidement, dès demain. Lui rappeler qu'ils ne sont même plus amis. Que le contrat a été annulé. Qu'il ne lui doit rien.

Jill Jenkins s'appuie légèrement contre le lit vide, à côté de celui de Laura. Il semble qu'elle soit en train de dire à Laura d'attendre. D'attendre un peu. D'attendre les résultats du labo. D'attendre jusqu'à demain. Demain : le seul levier assez long pour déloger aujourd'hui.

« Il va vous falloir quelques mois de chimiothérapie », dit le médecin. Histoire de s'empoisonner l'organisme. Six mois de vomissements et de perte de cheveux. « C'est le spécialiste d'Indianapolis qui décidera du traitement. Du dosage et de la fréquence. On vous administrera peut-être cette nouvelle substance dont tout le monde parle, babille Jenkins. Celle qu'on fabrique à partir d'une écorce d'arbre. Cent pour cent naturelle. »

Laura ne peut s'empêcher, elle non plus, de regarder les jambes de cette femme. Elles lui rappellent les fruits bien astiqués de cette épicerie super fine et extrachic qui se trouve dans le parc où l'agence Next Millennium a ses bureaux. Un dollar la pomme. Les clients ? De jeunes cadres qui ne s'abaisseraient pas à une pratique aussi ringarde que la confection de sandwichs pour le déjeuner. Quel âge peut bien avoir le docteur Jenkins ? Combien de temps restera-t-elle fraîche et mûre sans les services du réfrigérateur ? Quel âge devrait-on atteindre avant de tomber vraiment malade ?

À l'extérieur, des wagons de marchandises passent le long du nouveau parking de l'hôpital, que l'on vient d'agrandir et dont Laura ne voulait pas. Le train roule vers le nord, traversant les quartiers insalubres dont l'agence ne s'occupe jamais. Elle s'imagine dans une autre vie, sans le sou, misérable. Mais pas malade.

Le silence vient interrompre sa rêverie. Jenkins a cessé ses explications. Le médecin attend.

Laura s'entend parler, comme si sa voix sortait d'un poste à ondes courtes. « On peut connaître la cause ? » Elle n'arrive pas à dire *du cancer des ovaires*. Ni même *de cette maladie*. « C'est génétique ? »

Elle veut simplement connaître sa part de responsabilité dans l'affaire. Savoir si elle aurait dû faire quelque chose. S'il en est encore temps. Si elle en serait quand même passée par là en vivant mieux, autrement. Si Ellen…

« Parfois, dit le médecin en fronçant les sourcils. On n'a aucune certitude. »

Malgré les sédatifs, Laura sent monter la fureur de Don.

« Vous voulez dire quoi au juste ? Que c'est *parfois* ou qu'*on n'a aucune certitude ?*

— J'allais très bien, intervient Laura. Juste un point un peu sensible. »

Aucun signe avant-coureur. *Comment pareille chose peut-elle se faire ?* voudrait-elle demander. Mais elle ignore à quoi ressemble un signe avant-coureur. Peut-être quelque chose comme ce qu'on voit dans les rediffusions de minuit à la télé, quand la jolie gamine se met à tousser en sautant à la corde, ce qui veut dire que d'ici au prochain spot publicitaire, elle ne sera plus de ce monde.

Elle a envie de demander : *Il me reste combien de temps à vivre ?* Mais les mots ont quelque chose de grossier. Ça ne se fait pas de mettre le médecin dans l'embarras avec ce genre de question.

« Quelles sont mes chances ? » demande-t-elle à la place. L'expression semble empreinte d'un certain calme, paraît presque sophistiquée.

« Écoutez, Laura. Les femmes atteintes de cancer des ovaires meurent d'un cancer des ovaires. »

Mais qu'est-ce que ça veut dire ? Qu'il arrive qu'elles en meurent ? Qu'elles en meurent forcément ? Elle essaie de se rappeler exactement ce qu'elle voulait savoir. Est-ce qu'elle doit quitter son travail ? Abandonner ses projets de construction ? Faire nettoyer les chéneaux aussi vite que possible ?

Don commence à poser des questions sur les pronostics. Sur ses chances de survie à cinq ans selon qu'elle est un stade un ou trois. Comment fait-il pour poser ce genre de questions ? Il a dû se préparer. Il devait s'attendre au pire bien avant qu'elle sache ce qu'était le pire.

« Qu'est-ce qu'on pourrait lire pour nous aider ? » On dirait un étudiant lèche-cul. Le sujet l'intéresse beaucoup trop au goût de Laura. Qui ne veut surtout rien lire. Qui veut simplement que ça s'en aille.

Le médecin appelle une infirmière, qui exhibe deux malheureuses brochures de l'hôpital : *Régime et cancer. La Chimiothérapie et vous*. Le docteur Jenkins recommande également le journal d'une actrice célèbre, qui s'est bien vendu, avant même la mort de la comédienne.

Don plisse le front, écœuré. Le journal d'une comédienne : on aura tout vu. Ils veulent des faits, du solide. De la vraie médecine.

« Bien, dit le chirurgien en tapotant la pancarte de Laura. Vous avez d'autres questions ? »

Qu'est-ce qu'elle entend par *autres ?*

« Est-ce que nous posons seulement les bonnes questions ? demande Don. Est-ce qu'il y a quelque chose que nous aurions dû vous demander ?

— C'est parfait, dit le docteur Jenkins avec un grand sourire. Si je devais noter vos questions, je vous mettrais un… A moins. »

Elle s'excuse. Quitte la chambre, resplendissante, prête à aller porter à d'autres le même message.

Elle n'a pas plutôt tourné les talons que Don y va de son couplet. Il a pensé à tout. Indianapolis. Recherches sur Internet. Autre avis. Informations complémentaires sur les régimes. Chirurgie de contrôle.

« Don. » *Rentre chez toi*, a-t-elle envie de lui dire. Je ne peux pas faire face à tout en même temps, toi et cette histoire. « Don, j'apprécie, crois-moi. Mais je ne suis plus ta femme. »

Il lève les bras au ciel… *parfait*. Il tient la position, bras en l'air, comme s'il jouait un arbre dans la pièce de fin d'année de l'école primaire. Quand il ramène les mains le long du corps, c'est pour fourrer le bloc couvert de notes dans son attaché-case avant de le refermer tranquillement. Il se lève, froid, distant.

« Tu es toujours la mère de mes enfants. »

Nous consacrons notre Jeunesse à Dieu
Parce qu'il y prend Plaisir
Le Don d'une fleur en bouton
N'est pas un vain Sacrifice

Eliz. Clare fille de Samuel et de Do. Fox
Clare a accompli cette œuvre en l'an de grâce 1843

L'appel du savon eut, dans la vie de Benjamin, un effet aussi radical que celui d'une faux dans les récoltes automnales. Il s'installa dans les ateliers de Roxbury peu de temps après son retour, pour s'attaquer à la chimie agricole avec une efficacité qui lui permettait d'espérer pouvoir effacer sa dette une bonne fois pour toutes. Afin de régler la facture de ses études et d'équilibrer ses comptes, Ben décida de dédier sa vie à l'entreprise jusqu'au jour où la recherche parviendrait enfin à débusquer le fructueux secret.

Il se mit à étudier les ébullitions, à accélérer les fractionnements et à présider aux transformations des procédés de fabrication. À calibrer ses instruments de mesure afin de les adapter à la sensibilité oculaire et gustative d'Ennis. Ses blocs-notes débordaient désormais de radicaux de formules chimiques. Il représenta, sous forme de symboles, ces sels métalliques qui se formaient quand un alcali agissait sur des corps gras. La moindre note inscrite dans ses papiers personnels devenait la propriété de la société.

Benjamin, qui continuait à lire les revues d'horticulture de la Nouvelle-Angleterre, alerta ses frères quand un concurrent local, Haggerston, prétendit que deux livres de son savon à l'huile de baleine mélangées à quinze gallons d'eau donnaient une solution on ne peut plus efficace pour débarrasser le monde des mouches à scie qui infestaient les rosiers. C'est Thaddeus W. Harris qui, dans son *Traité sur les insectes du Massachusetts nuisibles à la végétation*, attira l'attention de tous sur cet insecticide :

> Mr Haggerston a pu constater que ce produit détruit efficacement de nombreuses sortes d'insectes ; et notamment les pucerons, araignées rouges, chenilles ainsi qu'un petit insecte sauteur, qui depuis quelque temps fait autant de ravages dans les rosiers que les limaces ou les larves de la mouche à scie…

Harris préconisait une guerre totale contre les chenilles : les hommes en première ligne, les femmes à l'approvisionnement et à la logistique, avec pour armes des balais et des seaux et pour munitions de l'eau savonneuse.

> Si chacun remplit son devoir sans attendre, je me porte garant de ce que l'ennemi sera complètement anéanti en moins de temps qu'il n'en faudra pour exterminer les Indiens de Floride.

Un savon qui pouvait faire office de pesticide : Benjamin alerta ses frères, arborant l'air consterné de celui qui vient de prendre conscience de son obsolescence. Mais quelques tests rapidement menés prouvèrent que le savon des Clare était capable des mêmes performances dans des conditions comparables.

Samuel et Resolve chargèrent Ben d'une autre mission : trouver un procédé simple et bon marché pour récupérer les déchets de glycérine. Les deux hommes, qui n'étaient pas originaires de Nouvelle-Angleterre pour rien, supportaient mal de voir jeter, sous prétexte qu'il s'agissait d'un produit résiduel, des quantités importantes d'une substance qui allait chercher un bon prix sur le marché des importations. Ennis déclara le projet impraticable, aussi fou que celui qui aurait cherché à transformer des scories en or. Il trouva que pareille occupation relevait en tout point d'une « chimie scolaire ». Ce en quoi Benjamin ne le contredit pas.

Les objectifs des travaux d'alchimiste de Ben commençaient à déborder du domaine de la chimie. Dans son imagination surchauffée, ses efforts, qui étaient nés dans les graisses, aspiraient maintenant aux fins les plus nobles. Il se mit à rêver conservation, utilité, fabrication de substances susceptibles de répondre à tous les besoins de l'homme. Le jour que le Premier Travailleur avait réservé au repos, Ben le passait à explorer, en lieu et place des psaumes nostalgiques, des textes plus exaltants, comme, par exemple, *Le Manuel des ordures* de Dana et *Entreprise, industrie et art de l'homme* de Goodrich. « Je m'assoupissais un soir au coin du feu, lut-il dans la préface de ce dernier,

> "quand une vision fugitive me traversa l'esprit, une de ces visions qui semblent devoir nous révéler en l'espace de quelques secondes le contenu de volumes entiers. J'eus l'impression que chaque meuble s'animait sous mes yeux et se retrouvait doté du pouvoir de la parole ; que chacun d'eux venait solliciter mon attention et me supplier de raconter sa vie et ses aventures.
>
> Le piano ventru, s'avançant de sa démarche d'éléphant, m'informa que son placage en bois de rose avait été violemment arraché à son lieu de naissance dans les forêts du Brésil ; le pin de ses pieds massifs poussait dans les solitudes du Maine ; le fer de son armature sortait d'une mine de Suède ; ses cordes avaient été fabriquées à Rouen ; ses pédales en bronze doré étaient faites d'un cuivre venu de Cornouailles mélangé à de l'argent extrait des mines de Potosi ; c'étaient des éléphants d'Afrique qui avaient fourni l'ivoire de ses touches ; quant au vernis, il venait d'Inde et les poignées de Birmingham. Enfin, le tout avait été assemblé sous sa forme actuelle dans les établissements de renommée mondiale de MM. Chickering & Co., Washington Street, Boston." »

Si Chickering avait le pouvoir de transformer le donné brut du monde en ce divin instrument de musique, Ben Clare était décidé, lui, à faire des constituants mêmes de ce donné les notes d'une symphonie autrement plus ample. Dans son chaudron se rassemblait et se reconstituait le jardin du monde dispersé aux quatre coins du globe, le Cornouailles et le Brésil, le Maine et la Bolivie bouillonnant tous ensemble pour former le nouveau Boston, miracle d'activité et de progrès.

La chimie n'était plus un moyen pour fabriquer du savon. C'était plutôt la fabrication du savon qui devenait un moyen en vue de la grande fin de la chimie. C'est ainsi que les éléments passaient d'un état à un autre à la manière dont les saisons, qui apportent chacune leurs bienfaits, changent au fil de l'année perpétuellement renouvelée. Si la nature n'était qu'éternelle transformation, alors l'homme se devait de rivaliser avec elle.

Le changement était un habitué de la fabrique de Roxbury. Mais il venait également prendre le thé à Temple Place et s'y abreuvait copieusement. La belle-sœur de Ben, Dorcas Fox, la compagne de Samuel, fut, sans le vouloir, à l'origine de la première mutation d'importance des affaires de la famille.

Tout au long de sa vie de femme mariée, Dorcas remplit avec compétence les tâches conjugales qu'on attendait d'elle. Son immobilité discrète rendit possible l'esprit d'entreprise de son époux. Elle fit de la domesticité une affaire rentable.

Cette association exigea de Dorcas une contribution plus draconienne encore que le tribut déjà lourd habituellement payé par la femme. Elle changea de religion par égard pour Samuel, qui n'eut jamais aucune idée de ce à quoi elle renonçait. Marchandise sans grande valeur au départ, elle fut élevée par la destinée à des hauteurs vertigineuses où elle ne devait jamais vraiment se sentir à l'aise. L'infection lui arracha deux fils au berceau. Des calmants prescrits pour soigner des troubles nerveux après une grossesse la laissèrent avec un sentiment de malaise permanent et un bourdonnement perpétuel dans les oreilles.

Elle ne se plaignit jamais de ces vicissitudes de femme d'industriel. Conservant un solde positif à la banque des joies et des peines. Mais il lui arriva à une ou deux reprises, lors d'un dîner tranquille en compagnie des enfants qui avaient survécu, de se demander à haute voix si la famille, en adoptant le style de vie qui était le sien, n'était pas en train de servir deux maîtres.

Le pieux Samuel la rassurait toujours. Il n'y avait qu'un seul Maître. Leur fabrique donnait du travail à trois douzaines de Ses créatures les plus démunies. Et leurs savons mettaient Sa propreté à la portée de gens aux moyens limités.

Mais n'était-il pas contraire à Ses lois de tirer profit d'un tel travail ?

S'ils avaient commis quelque mauvaise action, lui assura Samuel, ils ne seraient pas restés dans les affaires aussi longtemps. Leur prospérité ne faisait que prouver à quel point ils exauçaient les souhaits de Dieu comme ceux des hommes.

Jésus ne disait-il pas qu'il ne fallait point songer au lendemain ? s'enquit l'épouse.

En effet, concéda l'époux. Mais c'était uniquement pour condamner l'appétit démesuré des richesses. En revanche, il était clair que, dans l'exercice quotidien de la vie ordinaire, aucun bien n'était jamais entré en ce triste monde que grâce au travail, ce don que Dieu Lui-Même nous avait légué depuis le jardin d'Éden.

Telle était l'éducation de leurs trois enfants : conversation édifiante à la table familiale, au cours de laquelle mari et femme sondaient les mystères de leur existence.

Dans les moments difficiles, ce n'était pas la prospérité qui effrayait Dorcas, mais la peur du dénuement. Dans ces moments-là aussi, elle savait pouvoir compter sur le réconfort de son mari. C'était dans l'adversité que l'on découvrait les exigences du monde. Les épreuves leur apprendraient à forger ces qualités qui répondraient au mieux des besoins criants de l'humanité. Les années de vaches maigres appelaient le grand Non de la foi, de même que les années de prospérité supposaient une jouissance discrète et pieuse des biens de ce monde.

Aux yeux de Samuel, l'histoire même de la firme constituait un bel échantillon de moralité. Ils avaient fait du tarif de toutes les abominations l'occasion d'un nouveau départ. Ils avaient survécu au krach de 1837, maintenant en vie leur fragile enfant au milieu d'une débâcle sans précédent. Ils contraient les avances de leurs concurrents les plus acharnés avec de brillantes idées de leur cru. À coup sûr, le Seigneur les avait revêtus de l'habit du salut et leur devoir était de se réjouir de Sa bonté.

Quelle bénédiction autre que la richesse autorise la liberté et le loisir nécessaires à la jouissance de Ses nombreuses largesses ? assurait Samuel à son épouse. Allons, ma bonne : nous ne pouvons décider de quitter la maison du Maître et de partir en emportant les provisions.

Et les douces subtilités des arguments de Samuel ramenaient une fois de plus la paix dans l'esprit de Dorcas.

Et puis, un jour de l'automne 1844, alors que les champs de bataille de la terre nouvellement moissonnés résonnaient encore de la guerre des machines entre McCormick et Hussey, Dorcas connut ce qu'un étranger aurait pu prendre pour une surprenante conversion. En l'espace d'une soirée, l'épouse de la croissance devint inconsolable.

Dans l'atmosphère un peu fraîche de cette récolte automnale, c'est presque par hasard que les paroles du prédicateur amateur William Miller tombèrent dans les oreilles de cette femme comme semences dans une terre fertile. Une mince brochure publiée par l'organe officiel du mouvement millénariste, *Signes des temps*, se retrouva entre les mains de Dorcas. Elle y lut comment Miller, après des années d'études intensives du Livre de Daniel, avait découvert que le sanctuaire allait sous peu être nettoyé de fond en comble. L'arrivée du Messie sur Terre était pour bientôt. La fin du monde était programmée pour le 22 octobre 1844, au premier coup de minuit.

Ce n'était pas la première fois que Miller lui assignait une date butoir. Mais c'était la première fois que Dorcas entendait une telle proclamation : elle y vit le début et la fin de la création en même temps qu'un syllogisme imparable – les paroles de Miller expliquaient pourquoi les choses de ce monde avaient toujours impliqué jusqu'ici des sacrifices dénués de sens. Dorcas vécut avec cette prophétie dans le plus grand silence, aussi longtemps qu'elle le put. Puis un jour, au moment où les feuilles allaient rougir et les premières gelées blanchir les potirons, elle attira l'attention de Samuel sur leur destruction imminente.

Partenaire silencieuse de tant de contrats tortueux, Dorcas proposait maintenant un marché à son époux. Samuel pouvait renoncer à sa part dans l'affaire familiale, disposer de son joli petit magot et se joindre à elle pour cette dernière et glorieuse aventure qui attendait l'humanité. Faute de quoi, elle partirait sans lui pour le nouveau royaume.

Car le choix qui se présentait à eux n'était pas négociable et la date du grand dépouillement irrémédiablement fixée. L'heure avait sonné, celle qu'aucun homme ne pourrait vivre : demain ne lui appartenait plus, ni *a fortiori* après-demain. Ils n'avaient plus le temps de conquérir les prix qu'ils convoitaient. Le commerçant avisé n'ignorait pas qu'il lui fallait se débarrasser de son stock sans plus attendre et à prix coûtant.

Pendant trois jours, mari et femme se penchèrent sur la prose de Miller, Samuel s'acharnant à vouloir prendre le tract en défaut, mais devant finalement s'avouer vaincu. Tous deux trouvèrent confirmation de la prédiction dans le paysage automnal alentour.

Les présages concordaient. Aucune autre explication des événements n'était aussi complète que celle de Miller, ni si détaillée ni si vraisemblable.

Aiguillonné par son épouse, Samuel ouvrit enfin les yeux. Il s'estima soudain heureux, et même plus qu'heureux, d'avoir reçu un avertissement irréfutable quelques jours à peine avant d'être surpris en possession d'un excédent de stock. C'est par une soirée claire et froide qu'il vit la lumière et qu'il rentra de la fabrique pour embrasser sa femme, l'instrument de son salut, la bénir elle et les enfants pour l'avoir si bien servi. Avec une rapidité et une efficacité témoignant de l'éphémère de toute possession, il mit ses affaires en ordre.

Il était temps de disposer des biens de ce monde et de régler ses comptes terrestres. Les chandelles et le savon avaient été à une époque la meilleure arme de l'humanité pour lutter contre le temps. Mais le temps maintenant arrivait à son terme. Sous peu, dans quelques jours à peine, le temps n'existerait plus. Et l'humanité n'aurait plus besoin de produits manufacturés.

La transformation de la graisse en savon, du travail en argent, des déserts en territoires desservis par le rail, ne faisait qu'annoncer sur une petite échelle l'ultime métamorphose prédite par Miller. Toute valeur ajoutée était le fait de Dieu et les efforts les plus fous et les plus élaborés de l'homme pour se hausser jusqu'à ce modèle n'étaient que de pâles imitations de l'original.

Samuel vivait désormais pour la réorganisation céleste. Sans sourciller, il céda sa part de l'affaire à son frère. Dorcas se demanda s'ils avaient le droit, en toute conscience, d'imposer à Resolve une damnation à laquelle eux-mêmes allaient échapper de justesse. Mais Resolve se montra prêt à assumer le fardeau. Aucune autre branche de la famille n'accepta de se joindre à l'ascension et Samuel ne put se résoudre à vendre son capital actions à quelque consortium étranger.

La nuit prévue, une nuit ventée d'octobre, toutes sortes de gens endossèrent leurs tenues d'ascension et se mirent en devoir d'attendre. La légende veut qu'ils aient cherché à gagner les endroits les plus élevés. Certains montèrent sur des collines, comme de dociles brebis. D'autres, fiers d'appartenir à l'avant-garde des élus, grimpèrent même sur leurs toits afin d'accélérer de quelques secondes leur immersion dans le flux fondamental.

Des centaines de milliers d'autres se contentèrent d'attendre patiemment, main dans la main, formant un cercle avec les membres de la famille ou les amis, guettant l'instant fatidique et comblés par leur veille. Quant aux sceptiques, plus d'un chercha sans doute à se couvrir, tête inclinée, œil aux aguets, en prévision d'une erreur de calcul toute profane.

Samuel et Dorcas, entourés de leurs filles et de leur fils nouveau-né, patientaient parmi les premiers. L'aiguille des minutes les poussait en avant dans sa course, jusqu'aux confins de l'attente. Vêtus pour le grand saut, ils se pressaient vers le dernier minuit du monde. La foi se cognait contre son plus lointain méridien.

Le moment vers lequel ils se dirigeaient en trébuchant n'était pas empli de peur. Pas plus que le moment qu'ils guettaient n'était empli d'espoir. Avec patience et conviction, ils attendaient que sonne l'heure. Sans désir, sans regret, sans possessions. Ils n'éprouvaient aucune joie à l'idée de la délivrance, ni aucune angoisse à l'idée de tâches inaccomplies.

Jusqu'au premier coup de minuit, tout relevait du *devenir*. Au-delà de cette heure, le devenir aurait cessé d'exister, pour faire place à l'*être*.

Les historiens s'accordent à dire que dans l'instant d'expectative de Samuel et de Dorcas, et de milliers d'autres milleriens avec eux, rien ne se produisit. Mais les historiens cherchent la révélation dans l'occurrence plutôt que là où elle a plus de chances de résider. Car, au premier coup de minuit, quelque chose se produisit bel et bien : l'échange le plus subtil et le plus fort dont puisse rêver l'expérience humaine.

Aux premières heures du 23 octobre, Samuel et Dorcas Clare, Elizabeth, Mary et le petit Douglas descendirent du premier étage de leur maison, qui restait obstinément la leur. Ils traversèrent le vestibule, lui aussi intact, enfin débarrassés du cauchemar éveillé de la délivrance. Et, comme autant de Robinson rentrés au bercail, ils regardèrent d'un œil neuf le monde manufacturé.

On renvoie Laura chez elle. Sauf que ce n'est plus vraiment chez elle. Dès que l'ambulance l'a déposée, la panique se referme sur elle comme le portail automatique sur le garage.

La maison est pleine de fleurs coupées et de souhaits de prompt rétablissement. La cuisine déborde de plateaux couverts de rôtis et de ragoûts en cocotte. Ses enfants refuseront de toucher à la nourriture gentiment préparée par les voisins pour son retour. Ils ne mangent que ce qu'ils appellent des repas « normaux » et c'est à peine s'ils savent ce qu'est un rôti.

Elle-même, bien entendu, en est toujours au stade du bouillon. Demain, un potage léger et peut-être un peu de purée après-demain. Tous ces jours à l'hôpital qu'elle a passés à essayer désespérément de péter. À essayer de faire juste un peu de gaz, histoire de se prouver que son appareil digestif fonctionnait de nouveau. Tout ce qu'elle voulait, c'était se débarrasser de la perfusion, prendre une vraie bouchée de nourriture et rentrer chez elle, où des gens pleins de bonnes intentions ont empilé des monceaux de poitrine de bœuf.

Tout est bien plus grand qu'avant. Elle se perd en se traînant de son lit aux toilettes. Elle reste allongée, hébétée sous l'effet des sédatifs, incapable de se rappeler si la cuisine et le coin-repas communiquent ou pas.

L'eau a occasionné pas mal de dégâts à la maison pendant son absence. Les cloisons se sont gauchies comme du carton mou et paraissent aussi détrempées qu'un soufflé laissé sans surveillance. Le papier peint lui donne le vertige.

Tous ces mètres carrés lui semblent manquer totalement de pertinence. Buanderie, lingerie, salle de jeux, bureau, salon télé. Incroyable le nombre de choses qu'il faut faire ! Et le nombre de pièces qu'il faut pour les exécuter.

Tout cet espace, elle s'est toujours sentie obligée de le remplir. Quant à ce qui le remplit, tous ses meubles soigneusement coordonnés qui constituaient jusqu'ici un nid si douillet, ce ne sont plus désormais que brindilles mortes, que gréement déglingué de bateau en bouteille.

Il fallait qu'elle soit folle. Pour avoir nourri l'idée saugrenue que la maison serait toujours pour elle un havre de sécurité. Qu'elle prendrait toujours soin d'elle. Quand elle pense à toutes les années qu'elle-même a passées à prendre soin de la maison, remplissant sa part du contrat. Pour finir par découvrir aujourd'hui, au premier rappel de la dette à rembourser, que la maison, elle, s'apprête à manquer à ses obligations.

Elle dresse mentalement la liste de tous les gens qu'il va falloir qu'elle prévienne. Se creuse la cervelle pour trouver des échappatoires. Mais elle n'arrive même pas à tenir le compte des derniers jours, des remerciements à adresser aux formidables mamans cuisinières. La perspective de retourner au bureau est pire que celle d'avoir à se présenter devant un tribunal. Les demandes de détails, cette commisération presque trop empressée. Ces mains qui essaieront de la consoler, de la prendre par les épaules.

Elle est allongée dans son lit à trois heures du matin, la dépression en dents de scie qui lui barre l'abdomen palpitant comme une alarme digitale. Le tube qu'elle avait dans le nez lui a laissé une sensation de démangeaison permanente et le tuyau de sa perfusion carotidienne est enroulé et fixé à la clavicule par du sparadrap. À cette heure, de jeunes cellules malades sont peut-être en train de vagabonder dans son organisme, prêtes à s'enraciner quelque part et à se multiplier. Il faut absolument qu'elle fasse quelque chose. Mais, abandonnée à son triste sort, impuissante, elle reste allongée là sans bouger, essayant de détruire les cellules vagabondes par son seul pouvoir de concentration.

On lui a bien recommandé de changer ses pansements. Elle doit revenir mercredi pour faire enlever les agrafes, jeudi pour d'autres examens sanguins. Aller à Indianapolis d'ici une semaine pour la mise au point du protocole de chimio. Il lui faut commencer le plus vite possible. Sinon, rien d'autre : surtout ne pas forcer, pour éviter de se faire éclater les boyaux.

« Ne changez rien à vos habitudes, prescrit le docteur Jenkins. C'est ce que vous avez de mieux à faire.

— Ne pas changer… ?

— Vivez normalement, Laura. Mais allez-y doucement. Vivez comme avant. »

Et puis, qu'est-ce qu'elle a dit encore ? Ah, oui, vendez donc quelques maisons. Elle a envie de commencer par la sienne. Elle saisirait la meilleure offre de paiement au comptant et irait s'installer à l'hôtel. Les enfants seraient ravis. Buffet pour le petit déjeuner tous les jours. Piscine. Service à l'étage. Nuits blanches avec chahut à volonté.

Et puis, tout vendre. Vendre le 4 x 4 et donner à Ellen l'équivalent d'un an de transport en taxi. Vendre l'ordinateur de bureau et acheter un portable, de manière à ce que Tim puisse continuer à se dégager un chemin au milieu des dinosaures sans avoir à quitter son lit. C'est cette Mrs Jensen, du côté d'East Prairie, qui est morte d'un cancer des ovaires.

Elle trouve dans le courrier un formulaire pour faire renouveler son permis de conduire. Elle le colle sur la porte du réfrigérateur avec l'aimant Raid. Elle fera un saut à la mairie dès qu'elle sera en mesure de tourner un volant et d'appuyer sur une pédale en même temps.

Elle peut marcher toute seule, mais lentement. À tout petits pas, comme si elle essayait d'imiter la démarche d'un malade dans un service de gériatrie. Nettoyer la salle de bains est hors de question. Faire du pop-corn au micro-ondes relève tout bonnement de l'exploit.

Elle repousse l'échéance aussi longtemps que possible et puis, un beau matin, décide de retourner au bureau. L'agence du Troisième Millénaire. Siège des pourvoyeurs de rêve. Elle vend quelques maisons, ou du moins, elle essaie. C'est ce qu'elle a de mieux à faire. Les mains des collègues ne s'attardent sur ses épaules que le premier jour. Les gens s'affairent autour d'elle, non sans délicatesse. Comme si elle était tombée d'un escabeau et s'était foulé la cheville. Le seul mot commençant par « C » qu'elle entend prononcer autour d'elle, c'est « copropriété ».

Seul le jardinage la soulage un peu. Quand elle taille les cosmos, elle arrive presque à s'oublier, même si ses entrailles tailladées ne cessent, elles, de se rappeler à son attention. Elle ramasse ses premiers concombres et ses premiers poivrons, du moins ceux qu'elle peut atteindre sans se pencher. Ce n'est pas qu'elle ne planterait pas deux ou trois bulbes de narcisse pour le printemps prochain, mais il est encore trop tôt et, de toute façon, elle n'y arriverait pas. Impossible de se courber pour atteindre le sol. Et puis, des vivaces, ce serait forcer le destin de manière un peu trop grossière.

Le soir, elle essaie de regarder ses programmes préférés. Elle réagit toujours aux répliques drôles, aux excentricités des personnages. Mais aucun son ne sort de sa bouche. Elle s'en remet entièrement aux réactions codifiées du spectateur moyen des émissions enregistrées en public.

Si elle était la seule à être affectée, elle arriverait à le supporter. Mais tout reste si banal, si terriblement ordinaire. C'est bien le plus étrange dans la maladie. La trahison de son corps ne change rien à rien. Les mêmes distractions continuent à vous solliciter en masse. Rien de plus déconcertant que de voir le familier prendre l'allure du bizarre. Personne ne voit rien, tant la vie est bien réglée. Personne ne sait ce qui est subrepticement en train de fleurir en chacun de nous.

Elle ferait comme si de rien n'était, si cela devait protéger les autres. Mais les gens s'en aperçoivent, en dépit de ses efforts. Les caissières la regardent d'un œil circonspect : vous êtes sûre que vous avez besoin de tout ça ? Les préposés aux sacs ne se préoccupent plus de ses préférences pour le papier ou le plastique. Ils choisissent à sa place l'emballage qui lui fera le meilleur usage dans l'instant. Elle sélectionne ses entrées en fonction du temps de préparation. Cesse d'acheter des magazines trop épais.

Ken appelle furtivement, tôt le matin, quand les enfants s'apprêtent à partir pour l'école et qu'il sait qu'elle ne peut pas parler. « Il va falloir qu'on parle tous les deux… De tout. »

Mais, bon sang, tu ne comprends pas ? a-t-elle envie de hurler dans l'appareil. De quoi veux-tu qu'on parle ? Tout est réglé. Décidé. Tout va bien.

Les enfants vivent mal l'hypocrisie du comme-si-de-rien-n'était. Ellen ne lui pardonne pas. Elle va en vélo à son entraînement de pom-pom girl, furieuse que Laura ne lui interdise pas d'y aller. Furieuse de l'idiotie de cette maladie qui lui fiche en l'air son année, juste au moment où elle était sur le point d'être admise à faire ses classes dans les rangs des Populars.

Tim est assis au bout de la table encombrée, maudissant le dernier devoir à la maison de l'année. Laura est incapable de lui dire de quoi il retourne. Elle n'en sait rien elle-même. Mais elle peut toujours faire semblant. Comme avant, comme d'habitude.

« Qu'est-ce qu'il y a, mon cœur ? Tu travailles sur quoi ? »

D'un geste rageur, il referme le livre qu'il jette sur la table, faisant tomber au passage une pile de courrier auquel elle n'a pas encore répondu. Il se met à pleurer, son visage contorsionné essayant de nier la présence des grosses larmes.

« Putain de poème. »

Elle le regarde, ahurie. Ahurie devant ce mot qu'il a lâché entre eux. La suppliant de voir rouge et de le gifler. De lui faire ravaler ça. Il a besoin qu'elle se lève, se déchaîne, venge son autorité parentale bafouée et se retrouve plus forte que jamais. Lui fasse clairement comprendre qu'il n'est pas question qu'il se croie tout permis, uniquement parce qu'elle n'est plus dans le coup.

Mais là encore, elle n'est pas à la hauteur. « Fais voir », dit-elle calmement, en prenant une chaise à côté de lui.

Il refuse de lui passer le livre. Ne bouge pas, ni pour se rapprocher, ni pour s'éloigner. Il se contente de rester assis là, cloué sur place, comme un martyr de cathédrale.

Elle s'empare de l'anthologie, réduite à l'état de torchon par des générations de collégiens. *Le Pays aux multiples voix*... Combien de pays se sont-ils faits et défaits depuis qu'elle a eu à étudier Longfellow ? Depuis que quiconque a étudié Longfellow ?

Elle feuillette cette terre étrangère. Toutes ces nouvelles femmes et ces Indiens. Mais cela vient bien trop tard, trop longtemps après les faits. On peut bien inclure les poèmes dans l'anthologie, ce n'est pas ça qui leur rendra le petit arpent et la jolie maison qu'ils ont eu tant de mal à acquérir.

« C'est quelle page ? » demande-t-elle, déjà perdue.

Il laisse l'air siffler entre ses lèvres et lève une paume perplexe jusqu'à son épaule. La main retombe sur le livre, protestant de son innocence. Elle fourrage dans le texte comme un chien qui cherche son os. Un doigt se tend, s'arrête sur une page. Martyre innocent de Whitman.

« Sur le bac de Brooklyn[1] » Elle s'en souvient vaguement. Il semblerait que ce soit un poème de cent cinquante vers qui couvre quatre pages et qui a été génétiquement programmé pour avoir une taille hors du commun et une vie de rayon on ne peut plus antinaturelle. Il a dû se glisser dans cette anthologie pour ados à la suite d'une sombre histoire de blanchiment de pots-de-vin littéraires.

Elle essaie de négocier avec le monstre qui menace son fils. *Marée montante qui passe sous moi !.... Nuages de l'ouest... Foules d'hommes et de femmes vêtus de vos costumes habituels, comme vous êtes curieux à mes yeux !*

Quelqu'un a complètement disjoncté. Disons même trois personnes : le poète, celui qui a décidé d'inclure le poème dans l'anthologie et l'enseignant sadique qui l'a donné à étudier.

« Tim, dis-moi... *vous qui traverserez d'une rive à l'autre dans des années d'ici...* qu'est-ce que tu es censé faire de ce poème ? »

En faire ? Il la fixe d'un œil vide. Ah, oui, le devoir. Bon à mettre aux chiottes, le devoir. Mérite même pas qu'on fasse semblant de s'y intéresser.

1. 1856. La traduction des extraits qui suivent est due à R. Asselineau, in *Feuilles d'herbe,* Aubier-Flammarion. *(N.d.T.)*

« Putain, y faut dire de quoi ça parle.

— Tim ! Ça suffit. Tu as compris ? » Compris quoi ? Arrête de dire ce mot dont tu sais pertinemment que je ne peux pas t'obliger à ne plus le dire. « Allez, dit-elle. Un peu de cœur à l'ouvrage. »

Est-ce que c'est si grave que ça, après tout ? Il y a sûrement, dans la vie d'un gamin, des situations plus difficiles à affronter qu'une explication de texte.

Quoique… *La certitude que d'autres viendront, que d'autres vivront, aimeront, verront, entendront*. Ce n'est pas vraiment ce à quoi Laura s'attendait. Elle n'a jamais bien su manier les mots. A toujours détesté la littérature, les sciences sociales, tous ces sujets fabriqués. Elle ne pensait qu'à une chose, devenir adulte. Pour se mesurer à la réalité.

Elle regarde fixement la denrée qui s'étale sur ces pages. Elle a bel et bien fini par travailler, par devenir adulte. Quelque part, elle a appris : personne ne gagne sa vie. Il n'y a pas d'autres sujets d'importance que ces faux indéchiffrables.

D'autres verront les bateaux de Manhattan au nord et à l'ouest… Dans cinquante ans d'ici, lit-elle. Elle est bien obligée de croire le poète sur parole. *Ni temps ni lieu, n'importe – l'éloignement n'importe pas*.

Elle n'a pas la moindre idée de ce que cela peut vouloir dire. Autant essayer de faire des fouilles archéologiques sur la planète Mars. Elle est complètement noyée. Elle fixe la page espérant y trouver l'inspiration. Son fils, lui, a les yeux fixés sur elle.

Elle aurait peut-être aimé ce genre de truc, si seulement on lui en avait donné le temps. Une fois, elle avait vingt ans, elle avait appris par cœur un poème de Dylan Thomas, qui l'avait galvanisée. Un poème qui lui promettait tout le réconfort dont elle aurait besoin pour ne pas sombrer le jour où son heure sonnerait. Elle l'avait stocké dans sa mémoire, comme une sorte d'armure. Rien ne pourrait lui arriver tant qu'elle se souviendrait de ces mots et de leur pouvoir. Tant qu'elle s'en souviendrait… et aurait toujours vingt ans.

Elle commence à se réciter le poème à voix basse. Des mots sans suite, qui donnent l'impression d'un concentré d'adolescence sentimental. Elle s'imagine en train de déclamer devant son cancérologue. Devant l'infirmière de nuit qui lui tendait le bassin, ou la jeune bénévole qui lui apportait son Jell-O sur le plateau en polyéthylène. Allez, augmentez un peu la dose de morphine, pendant que je me lamente sur le jour qui meurt.

Quelqu'un lui a écrit des poèmes autrefois. C'est de l'histoire ancienne, aujourd'hui. Ce garçon qui était tombé amoureux d'elle, quand elle était retournée suivre des cours. Qui l'avait prise pour une des minettes en socquettes avec lesquelles elle partageait un vestiaire. Et qui refusait de voir l'évidence : le fait qu'elle avait deux gamins qui auraient pu être ses petits frère et sœur. Timide, laid comme un pou, anémique. Il lui avait envoyé toute une série de… s'agissait-il vraiment de sonnets ? Laura le matin, à midi et le soir.

Elle les avait gardés pendant quelques années, histoire d'agacer Don d'abord, puis Ken. Dans sa boîte à bijoux avec l'épingle à cravate de son père ornée d'un saphir. Parce que les seuls autres vers qu'un homme lui ait jamais envoyés étaient des excuses.

Tim tambourine sur la table. Sur un tempo nerveux, syncopé, au bord de l'explosion. Elle essaie de lire plus vite. Mais plus elle accélère le rythme, moins elle comprend. Le pianotage des doigts sur la table l'empêche de saisir le sens des mots qui défilent. Merci, Tim, tu n'es pas un client facile. Il lui rappelle ces chasseurs de maison qui veulent absolument que vous lisiez dans leur esprit, que vous deviniez leurs moindres désirs et que vous leur trouviez la demeure de leurs rêves, aujourd'hui et même plus tôt si possible.

Je suis avec vous, dit le mort. *Tout ce que vous ressentez en regardant le fleuve et le ciel, je l'ai ressenti, Tout comme n'importe lequel d'entre vous fait partie d'une foule vivante, j'ai fait partie d'une foule, Tout comme vous vous sentez réconfortés par l'allégresse du fleuve et le flot étincelant, je me suis senti réconforté, Tout comme vous êtes là sans bouger, appuyés à la lisse...*

Elle se souvient du type maintenant : intarissable et complètement incompréhensible. Même à l'époque, en ces temps éloignés où elle était au mieux de sa forme explicative. Un grand type, barbu, avec quelque chose d'un Père Noël vaguement menaçant, dont les diatribes à n'en plus finir l'ennuyaient à mourir et lui donnaient mal à la tête. Et ces catalogues soporifiques, ces vers qui commencent tous de la même manière, dans l'idée, sans doute, de rassurer le lecteur en lui montrant qu'il ne s'est pas complètement égaré.

Elle se rappelle quelque chose à propos des tendances sexuelles du poète.

« Le prof qui vous a donné ce devoir, c'est un homme ou une femme ?

— Personne est vraiment sûr », grogne Tim.

Un exercice de maths sur les relations de congruence serait plus facile. Ou quelque chose sur les statistiques analytiques, la programmation linéaire. Mais c'est la punition de Laura, son acte de contrition : ces répétitions interminables, l'homme qui aime les hommes dissertant à l'infini dans une langue à laquelle personne ne comprend rien. Dernier cadeau mal ciblé, comme souvent, d'un enseignant juste avant les vacances d'été.

Elle va sûrement donner à son fils les mauvaises réponses. Elle va lui esquinter ces vers de manière irrémédiable. Attirer sur lui les foudres de tout le corps enseignant, lui coûter peut-être l'université dans laquelle il aurait choisi un jour de s'inscrire. Mais tant pis, elle va rester assise à côté de lui, là, maintenant, aujourd'hui, alors qu'elle peut encore le faire, jusqu'à ce qu'elle en ait fini avec ce poème.

« Il semble… Il essaie de s'adresser à tous ceux qui prendront un jour ou l'autre ce bateau. Le bateau qu'il prend lui-même en ce moment. À tous ceux qui le prendront cinquante ans après lui. » Ou cent. Voire des centaines d'années après.

« Ah, oui ? Et alors ? » Qui est-ce qui prend encore des putains de bateaux de toute façon ?

« Ce ferry à New York, en 1850 et quelque chose… 56. Il essaie d'imaginer… toutes ces vies. Ces différentes époques. Qui se retrouveront toutes au même endroit.

— Pourquoi y fait ça ? »

Pourquoi ? Elle relit certains passages. C'est son examen de fin de semestre. La réponse doit sûrement se trouver là, quelque part.

Moi aussi... J'ai vu comment la lumière jaune éclairait violemment certaines parties de leur corps et laissait le reste dans une ombre épaisse... J'ai regardé la brume sur les collines... la vapeur... Le sillage blanc laissé par leur passage... Les pavillons de toutes les nations...

« Parce que… » Elle cale. « Parce qu'il est… »

Parce que l'activité fébrile de cet instant est dénuée de sens. Parce que nous transitons tous d'un néant à un autre. Chaque passager sur ce pont, avec sa petite vie de hasard, perdue, comme celle de tous ceux qui l'entourent. *Ces spectacles et tout le reste ont été pour moi ce qu'ils sont pour vous... Qu'y a-t-il donc entre nous ? Combien y a-t-il de vingtaines ou de centaines d'années entre nous ?*

« Elle vous demande vraiment d'expliquer ce que ça veut dire ? » l'interroge-t-elle d'une voix rauque.

Ce que j'étais, j'ai su que je l'étais par mon corps et ce que je devrais être, j'ai su que je devrais l'être par mon corps. Impossible que son professeur lui-même sache ce que veut dire le poème. À moins qu'elle aussi soit déjà malade. À moins qu'elle ait déjà une vision très distanciée des choses. Qu'elle ait déjà sa tumeur à elle.

« Laisse tomber, dit Tim, boudeur. Tant pis pour le F. Cette vache de prof n'a qu'à me foutre dehors à coups de pied au cul. »

Qu'il en soit donc ainsi. Quelle importance, l'avenir ? Aucune. Elle ne sera plus là. Le prof ne sera plus là. Tim non plus, d'ailleurs. Quant au poète, on n'en parle pas, il n'est déjà plus là aujourd'hui.

Elle baisse les yeux sur la page morte. Ce n'est toujours pas fini. Interminable catalogue d'adieux. *L'ombre a jeté ses lambeaux sur moi aussi.* Sur lui ? *Aussi.* Elle tend le bras à travers la zone d'ombre et envoie une tape à son petit derrière l'oreille.

« Alors, on sera un putain de mécano automobile ? » demande maman.

Il la regarde, l'air ahuri, fait une grimace et lui adresse un petit sourire suffisant.

« Tu rigoles. J'aurai ma propre société.

— D'informatique ? »

Elle déchiffre par-dessus le bastingage le message contenu dans une bouteille à la mer, un monde où même les mots sont devenus une industrie de pointe. *Faites flamber haut vos flammes, cheminées de fonderies !.... Prospérez, villes : apportez votre fret, apportez vos spectacles...*

« Logiciels, précise-t-il.

— Très bien », dit-elle. *Épanouis-toi, être que nul autre sans doute ne dépasse en spiritualité, Gardez votre place, objets que rien ne dépasse en durée.* « Excellente idée. Tu vas faire un tabac. Et un paquet de fric. »

Nous nous servons de vous et ne vous rejetons pas : nous vous plantons en nous pour que vous y restiez,

Nous ne vous sondons pas – nous vous aimons –, il y a de la perfection en vous aussi, Vous fournissez votre quote-part pour l'éternité...

« Juste une chose, n'oublie pas ta mère quand elle sera vieille et qu'il faudra l'entretenir. »

LA RIVIÈRE SOUTERRAINE

Sous la terre coulait une rivière,
Coulait une rivière, *coulait une rivière*
Dont les gens *dans les* villes *étaient très fiers.*

Car sous terre coulait une rivière
Pour remplir la baignoire à ras bord
Nettoyer les rues et arroser le gazon
Remplir la cruche et remplir le corps
Laver les vêtements et laver la maison
Sous la terre coulait une rivière
Dont les gens *dans les* villes *étaient très fiers.*

GRACE T. HALLOCK,
Les Contes de l'eau et du savon

Le même soir que Dorcas et Samuel passaient à trembler dans leur chambre, la femme de Resolve, Julia, l'occupait à préparer son apparition imminente sur la scène publique. Tandis que Dorcas Clare attendait, victime d'un tract annonçant l'avènement du Christ incarné, Julia Hazelwood Clare travaillait à un tract de sa fabrication et militait pour l'annexion du Texas. Elle en appelait à Dieu par le biais de l'imprimé pour qu'il donne au pays son heure de gloire. L'espoir d'un avenir pour l'Amérique passait par une guerre avec le Mexique.

Le Rio Grande n'était qu'une des nombreuses frontières que Julia s'apprêtait à prendre d'assaut ce soir-là. En matière de publication, elle avait compris depuis longtemps que ses propos se vendaient d'autant mieux qu'ils étaient plus fougueux. Les lecteurs, à travers la ville, attendaient un nouveau coup d'audace de sa part ; rares étaient ceux qui savaient que « J. H. Clare » était une représentante du sexe faible précocement émancipée.

Si Resolve avait pu le faire, il aurait mis les intuitions visionnaires de sa femme en bouteilles pour les écouler ensuite par la voie du commerce de détail. Il appréciait les frais généraux réduits que représentait son associée : tout ce dont elle avait besoin pour exercer son métier, c'était d'un crayon, d'un endroit où s'asseoir et d'une femme pour élever les enfants que lui faisait son mari.

J. H. Clare ne consacra guère d'énergie à défendre le droit des femmes à ne plus marcher à quatre pattes. Non pas qu'elle craignît de se faire remarquer, mais le problème exigeait une solution trop brutale pour être susceptible de l'intéresser bien longtemps. Elle réservait sa prose la mieux aiguisée à deux passions : les perspectives démocratiques et la machine.

Elle vouait un véritable culte à l'inventivité. Son Hermès, c'était le bateau à vapeur, la lampe à arc, son Apollon. Elle milita pour l'extension de la route nationale entre la côte de Virginie et Columbus, dans l'Ohio. Elle chanta sur trois pages fort denses les vertus du système Whitworth de filetage pour les vis. Et recommanda à ses fervents disciples de se faire tirer le portrait au moyen des nouvelles lentilles réfléchissantes.

Mais, pour J. H. Clare, l'appareil qui contribuait le mieux à précipiter la civilisation à la rencontre de son avenir providentiel, c'était le télégraphe. Dans des éditoriaux d'avant-garde, elle vanta les mérites de cet électroaimant obéissant qui allait bouleverser l'ordonnancement de l'espace tel que l'avait connu l'ancien monde. Elle fit siennes les paroles de Richard Henry Dana : « Voilà qui est incroyable. Et qui fait vaciller ma foi. » Mais là où le journaliste moyen n'était capable que de bégaiements béats, Julia, elle, proclamait que la nouvelle invention allait délivrer l'humanité de la disette, de l'ignorance, du gâchis et du chaos.

Avant cette invention métaphysique, Washington et Baltimore ne pouvaient communiquer qu'au terme d'un trajet incompressible de soixante kilomètres. Le chemin de fer avait grandement arrangé les choses, sans pouvoir supprimer toutefois les aléas du voyage. C'est alors que l'historique aiguille d'acier posée sur le sol du Capitole fit bouger sa lointaine compagne de la gare de Baltimore en une miraculeuse synchronie. Le temps était mort : désormais, on pouvait avoir connaissance des événements au moment même où ils se produisaient.

Le cliquetis sourd du ressort valait aux yeux de Julia les professions de foi les plus enflammées. La platitude monotone du point/trait s'élevait dans les airs avec les allures d'un magnificat magnétique. Selon le nouvel évangile de Julia, la paire de signaux codés lâchés dans les airs constituait la nouvelle chasse aux canards de la démocratie. Elle estimait que ses lecteurs étaient bénis d'être présents au huitième jour de la Création. Et pourtant, le premier message à voyager sur les fils lui parut manquer singulièrement d'à-propos.

C'était certes le moment choisi par la Divinité pour revoir les règles qui gouvernaient Son firmament. Mais ce *Quel miracle Dieu n'a-t-Il pas accompli !* – texte proposé à Morse par une femme –, était encore une exclamation trop mesurée. Car l'œuvre de Dieu n'était rien en comparaison de ce que l'Amérique se proposait de faire maintenant, armée de son feu prométhéen.

Dieu, avec l'aide de l'homme, avait ouvert un portail caché au flanc de la distance. D'une seule pression sur une touche, l'Amérique avait balayé les perplexités qui entravaient depuis si longtemps le progrès humain. L'endroit, la localisation dans l'espace, ne faisait plus la moindre différence. C'est l'univers tout entier que la simple existence de l'appareil ouvrait à l'expansion.

Depuis la nuit des temps, la géographie avait présenté un obstacle insurmontable au commerce entre les hommes. La nouvelle nation américaine avait maintenant brisé ce carcan. Elle pouvait désormais rassembler ses énergies à l'intérieur d'une corporation unique et gigantesque et en un seul instrument de production intégré dont les bienfaits avaient toutes chances de ne jamais être remis en question.

N'était-ce pas là la coupe légendaire et magique qui se remplissait toute seule ? Seulement une fraction de son travail antérieur suffirait à enrichir le pays tout entier. Chaque kilomètre de fil produisait suffisamment d'excédent pour financer l'installation du kilomètre suivant. Une fois la ligne achevée, le trop-plein de richesses contribuerait à améliorer notre situation dans des proportions tout à fait inimaginables.

Julia composa maints dithyrambes éditoriaux à la gloire des messages électriques. Comparant leur prolifération à la propagation dorée du blé : une seule graine en donnant dix, qui, à leur tour, en donnaient mille. Si ce n'est que, désormais, nous avions la haute main sur les influences conjuguées du soleil et de la pluie. Et que le semeur n'avait plus à choisir entre la consommation d'aujourd'hui et la croissance de demain. Semer le blé et s'en nourrir relevaient d'une seule et même opération.

Ces proclamations délirantes déclenchèrent un tir de barrage nourri. George Templeton Strong se gaussa à l'envi du « nouvel âge de la gutta-percha et du fil de cuivre » que louait Julia, et ce jusqu'au milieu des années cinquante, ravi de voir au passage le câble transatlantique, le chouchou de J. H. Clare, se dissoudre sous la pression de « l'eau en superposition ». Dans ses attaques contre l'optimisme de Julia, Strong bénéficia d'une complicité inattendue, celle de Thoreau, qui écrivait :

> Nous avons hâte de creuser sous l'Atlantique pour rapprocher de quelques semaines l'ancien monde du nouveau ; mais il se peut que la première nouvelle à filtrer dans la grande oreille d'éléphant de l'Amérique concerne l'éventuelle coqueluche de la princesse Adélaïde.

Mais ce fut Julia qui vécut le plus longtemps et qui rit la dernière. Le premier message à faire le tour du monde en une fraction de seconde était, force lui fut de le reconnaître, d'une grandiloquence un peu risible : le premier geste d'ouverture de la reine Victoria en direction de ses colonies coupables d'apostasie s'accompagna des paroles suivantes : « Gloire à Dieu au plus haut des cieux et paix sur la Terre aux hommes de bonne volonté. » Cependant, un autre message, nettement plus substantiel, suivit de peu ce bel exemple de pompeuse fatuité. John Cash, un marchand de Londres, télégraphia à son agent new-yorkais ces mots immortels : « Allez à Chicago ».

Des années avant que se déroule ce sensationnel épisode transatlantique, J. H. Clare avait déjà vu la première étincelle de la technologie américaine allumer la politique du pays. La noble expérience d'autogouvernement éclairé menée par les Américains en était enfin arrivée à ce stade où ses vertus pouvaient être disséminées à travers les territoires vierges grâce au chemin de fer et au télégraphe. La vapeur et l'industrialisation diffusaient un bien-être matériel dans ces couches inférieures de la société dont dépendait le miracle des urnes. Des usines fonctionnant grâce à la vapeur pouvaient fabriquer une république dont le

Capitole se nourrirait de lui-même aussi facilement que le capital industriel qui la forgeait.

Les apports bruts de l'industrie étaient innombrables et la terre suffisamment féconde pour autoriser tous les rêves fondés sur la machine. Et dans les régions défavorisées par la nature, la chimie agricole permettait désormais de semer les dents de dragon d'hier pour récolter les légions reconstituées de demain. À l'âge de l'expansion, on pouvait, comme l'écrivait Emerson :

> … grâce à une cuillère à café de guano artificiel faire pousser du maïs sur un banc de sable.

De toute évidence, le flambeau de la civilisation s'était déplacé vers la Rome de l'Amérique du Nord. Mais, comme dans le cas des jeunes fabriques de savon normalement constituées, la république de l'Invention devait d'abord croître avant que de prospérer. La carte mentale qu'avait Julia du pays blanchissait peu à peu pour ne prendre qu'une seule couleur incontournable, qui couvrait tout le territoire compris entre ces frontières naturelles qu'étaient le Rio Grande et le 54e parallèle.

Sans chercher délibérément la bagarre, Julia ne reculait pas devant les affrontements. Être prêt à en venir aux mains était encore la meilleure manière d'éviter d'avoir à le faire. Vieille de soixante-dix ans, la diplomatie américaine était maintenant d'âge à négocier d'égal à égal. Il s'avérait que le meilleur argument d'une nation adulte pour imposer la paix était sa puissance.

« À qui était destiné ce continent, écrivait Julia, sinon à ceux qui sont le mieux à même de le mettre en valeur ? » La prospérité était à elle-même sa propre justification. La moisson américaine revenait à ceux qui se montraient les plus aptes à transformer la manne tombée du ciel. L'Amérique ne pouvait s'épanouir pleinement que si elle gagnait les frontières qui lui appartenaient de droit.

Sa campagne pour l'annexion du Texas faisait de Julia le porte-parole paradoxal des démocrates. Son mari lui pardonnait cette alliance, trop soucieux de prospérer pour se préoccuper encore des héritiers de Jackson. Resolve abandonnait volontiers à son épouse la menue monnaie de la politique, préférant se consacrer aux gros billets de la fabrication. Il lui faisait confiance pour ne pas léser, en dernier ressort, les intérêts des établissements Clare.

Quand la guerre avec le Mexique finit par éclater, Julia se montra à la hauteur. Son compte rendu de l'assaut mené contre Mexico la rendit célèbre. Elle mit en doute les dépêches selon lesquelles des guérilleros mexicains invisibles tiraient sur nos soldats avant de sauter dans des arroyos et de disparaître dans les broussailles. Il s'agissait là de fantômes nés de la fantaisie d'esprits pusillanimes incapables d'affronter l'avenir. Et ces sénateurs bien intentionnés qui condamnaient la guerre sous prétexte qu'elle était immorale ne réussissaient qu'à apporter aide et réconfort à nos ennemis.

Comme souvent, c'est le résultat qui démontra rétrospectivement le bien-fondé de sa cause. Le fin mot de la guerre, elle le conféra à ce capitaine américain qui avait dit : « Je savais que je ne pouvais pas me tromper, tant que le gros de l'ennemi était devant. »

Elle prit un plaisir non dissimulé aux paroles prononcées par Santa Anna lors de la chute de Chapultepec. Elle expliqua que ce pantin de général avait appris à ses dépens qu'on ne va pas contre la volonté de ceux qui vous ont ramené au pouvoir. Les Yankees, avait déclaré Santa Anna, étaient capables de prendre d'assaut jusqu'aux batteries de l'enfer. Mais, dans les éditoriaux de J. H. Clare, le Yankee n'avait pas besoin de prendre l'enfer d'assaut pour le mettre en déroute.

Pour la bonne raison qu'il avait un passe-partout qui ouvrait la porte de derrière. « Dieu, avait dit le chef d'état-major de Santa Anna, est yankee. » Ce qu'avait corroboré Julia.

D'après elle, l'Amérique et son esprit d'entreprise avaient condamné les Mexicains bien avant que soit tiré le premier coup de feu. C'étaient la moissonneuse, le métier à tisser automatique, la grue hydraulique et le marteau-pilon à vapeur qui avaient provoqué la défaite des catholiques, sans parler de la production de masse du colt. Julia liait directement destinée et outil, car, pour elle, l'inventivité et l'expansion démocratique constituaient les pôles jumeaux d'une seule et même sphère. De ce globe en constante rotation s'écouleraient des bienfaits que seuls les fous et les prophètes avaient jusqu'ici imaginés.

Sur l'esclavage, elle avait des vues éclairées. Une évaluation erronée du marché du travail ne pouvait, à long terme, que porter préjudice aux affaires. Parce qu'il était caché, le coût de l'esclavage émettait des signaux trompeurs qu'il valait mieux corriger que tenter de masquer. Par ailleurs, l'esclave noir n'était plus une nécessité : les progrès dans le domaine de la machine agricole rendraient sous peu obsolète le travail intensif dans les champs. Dans le même temps, donner aux travailleurs un salaire raisonnable – ce que permettait la plus grande rentabilité d'une agriculture à plus grande échelle – ne manquerait pas de créer une nouvelle classe de consommateurs prêts à absorber les biens qui sortaient en masse des usines.

Il fallait que le pays pense plus loin que la vie de la plantation. Et si le Sud refusait d'accepter les changements inévitables, l'industrie, Julia en faisait publiquement la promesse, n'aurait besoin que de la moitié des machines du Nord pour vaincre ces paysans obstinés. Elle prédit également que le réel bénéficiaire de l'Armageddon serait la grande manufacture. Et sur ce chapitre, aussi, elle avait raison. Après la guerre, elle obligea le gouvernement à lui concéder la paternité du plan pour assiéger Vicksburg : J. H. Clare, la femme qui avait sauvé l'Union.

Les articles qu'elle écrivit sur la ruée vers l'or commencèrent par mettre en garde les éventuels prospecteurs. Même là où ce joli métal affleurait à la surface, il n'offrait pas de réelle prospérité. Mais Julia ne tarda pas à se rendre compte que ce feu follet blond, s'il était sans valeur intrinsèque, chantait le chant d'une sirène qui finirait par attirer les membres les plus industrieux de l'espèce jusqu'au fin fond de sa demeure. Ceux qui suivraient dans le sillage de l'or exploiteraient ensuite les vraies ressources dont le pays avait besoin pour accomplir sa destinée.

La théorie qu'elle entretenait à propos de cette destinée l'entraînait assez loin. Ayant eu libre accès aux notes de son beau-frère Ben, elle rédigea la première chronique vraiment populaire de l'expédition Wilkes. Elle y attribuait l'invention de la théorie de l'évolution aux scientifiques américains embarqués dans cette expédition. Sur sa lancée, elle accusait les pays étrangers d'avoir volé les cartes si soigneusement assemblées pendant le voyage et s'en prenait au gouvernement américain pour les avoir laissé faire. Elle déplorait la concurrence malhonnête que devaient affronter nos baleiniers dans les mers du Sud face aux flottilles britannique et hollandaise, qui, elles, bénéficiaient de généreuses subventions. Elle affirmait aussi que le périple avait, sans le vouloir, démontré que les premiers habitants de l'Amérique n'avaient pas été les Indiens, mais des insulaires du Pacifique égarés, poussés là par le hasard d'une tempête qu'ils n'avaient jamais su mettre à profit.

À propos des expéditions nationales en général, elle déclarait :

> Nos ancêtres, après des générations d'oppression sur leur terre natale, s'embarquèrent sur des mers hostiles et, animés d'un solennel esprit d'entreprise, cherchèrent ce passage vers l'Ouest qui, au terme de leur glorieuse course vers l'expansion, les amena dans un jardin prêt à accueillir quiconque serait disposé à le cultiver…
>
> De la même manière, tant qu'une seule parcelle de terre reste inexplorée à la surface du globe, il est du devoir des enfants du commerce et de la liberté de contribuer à sa découverte.

En bref, son pays avait tout d'un écolier avide de connaissances en train de mémoriser un poème.

Quant aux enfants dont elle supervisait personnellement les récitations, ils apprirent de bonne heure à adapter leurs iambes à son impitoyable tétramètre. Aucun de ses quatre enfants n'était autorisé à s'empiffrer de brioche avant d'avoir d'abord sacrifié à la récitation par cœur de quelques couplets sur la solennité et le sérieux de l'existence.

Son premier garçon à avoir survécu, Peter, reçut d'elle des faveurs sans fin simplement parce qu'il avait eu la bonne idée de ne pas mourir. Sa naissance aurait dû en effet lui coûter la vie à elle et elle ne l'en aimait que plus du sursis qu'ils s'étaient mutuellement accordé. D'une santé délicate, Peter Clare n'avait pas la moindre chance de pouvoir répondre aux attentes de l'amour maternel. Et ce seraient les affaires qui constitueraient le meilleur exutoire au sentiment qu'il avait de ne pas être à la hauteur. Même dans la nursery solitaire, la vie de l'enfant n'était que jeux compliqués à base de fermiers, de grains, de poules et de renards, chacun d'eux demandant à être déplacé d'une rive à l'autre du fleuve de l'adversité dans l'ordre exact qu'exigeait sa survie.

Ses autres enfants la détestaient, chacun pour des raisons personnelles. Elle chassa sa fille Emma de la demeure familiale pour avoir épousé un militant ouvrier. Electa, la poétesse restée célibataire, mena un combat perpétuel mais finalement voué à l'échec pour échapper à cette même demeure. Quant à William, le petit dernier, c'est à peine si Julia en reconnut l'existence. Il mitonna sa vengeance pendant près d'un demi-siècle, la faisant retomber sur l'objet de ses besoins seulement après la mort de celui-ci.

Quant au mari, Dieu n'aurait su le combler davantage qu'en lui accordant cette femme. Ils s'accrochèrent l'un à l'autre leur vie durant, comme les victimes d'une inondation s'agrippant à leurs polices d'assurance détrempées. Par le plus grand des hasards, le manufacturier mit la main sur la seule femme de son époque à voir que ce que l'histoire réclamait, d'abord et avant tout, c'était un savon de meilleure qualité. En fait, Julia l'amena peu à peu à se rendre compte que ce qui était bon pour le savon l'était aussi pour l'Amérique. Et que, mieux encore, l'inverse était également vrai.

Une femme fixe l'objectif. Immobile, l'ovale de son visage est ravissant, encadré de cheveux impeccablement coiffés. Ce visage est une composition adamantine qui se décomposerait sans doute à l'air libre. La femme lève une main vers ses yeux en un arc parfait, un geste concentré d'automate.

La main entame un rituel cosmétique, mettant d'abord au jour une imperfection des cils si légère qu'elle échappe à l'objectif, jusqu'au moment où elle applique le mascara avec une brosse d'une pureté éthérée. La main disparaît pour revenir fixer la teinte, corriger la coloration des joues d'albâtre. La peau réagit immédiatement et prend la couleur d'une sanguinaire qui se cacherait sous le couvert de la forêt.

En s'éloignant lentement du plan du regard, la caméra révèle que la femme se regardait jusqu'ici dans une glace. Tangent à son propre reflet, son profil se fige en une moue, un sourire glacial. Elle incline la tête vers la glace dans une mimique presque intime, complice, comme si elle flirtait avec son ombre. Son fourreau blanc lui enveloppe le corps de crêpe mousseux. Sa main remonte vers sa lèvre pour en apprécier la texture.

Une voix d'homme, désincarnée, semble venir d'une autre dimension, une voix pastorale, réfléchie, perspicace. « Certaines choses ne peuvent se dire qu'avec le visage qu'il faut pour les dire. »

La main retombe. La femme se penche vers la glace une dernière fois, inclinant un peu sèchement la tête sur le côté pour juger de l'effet produit : elle a le look de quelqu'un capable de tuer tout ce qui fait mine de vouloir bouger. Elle hoche la tête une seule fois, en guise d'adieu à son reflet. Puis elle se lève et sort des toilettes, avec une grâce aussi consommée que celle qu'elle vient de mettre à se remaquiller.

La caméra la suit dans une salle de restaurant élégante. Elle se glisse sur une banquette en velours en face d'un homme en costume qui fait de son mieux pour ravaler ses larmes. Ils se penchent sur leurs assiettes, qu'aucun d'eux n'a touchées, se contentent de tripoter le pied de leur verre, tandis que leurs regards se croisent et s'interrogent à la dérobée.

Ils se lèvent pour sortir. D'un geste ample, il jette sur ses épaules un manteau en vigogne qui lui arrive aux chevilles et l'aide, elle, à s'enrouler dans un châle léger. Dans la rue, ils s'arrêtent quelques secondes, gênés, avant de regagner leur voiture respective. Il succombe au désespoir, petit geste de l'avant-bras, interrogateur. Elle relève la tête et ces sourcils parfaitement soulignés : qui sait ? La vie est finie bien avant qu'on ait le temps de la comprendre.

La caméra l'accompagne dans sa voiture, la montrant de nouveau en train de se maquiller, cette fois-ci dans le rétroviseur. Deux feux rouges et elle est méconnaissable. Ses traits se sont adoucis, sa coiffure assouplie. L'albâtre devient pêche blonde. Dieu sait comment, elle a réussi à changer de vêtements et elle est passée d'un blanc de Mata Hari à une flanelle automnale.

Elle arrive devant une maison qui est un véritable modèle d'organisation. Le garage s'ouvre dès la première sollicitation de l'infrarouge. Une petite fille de huit ans l'attend dans la cuisine, lui saute dans les bras et fourre son nez contre le visage qui ne laisse rien transparaître des épreuves accumulées au cours des heures précédentes. Elle l'embrasse à son tour, dans un élan de pur amour maternel.

Après avoir recoiffé l'enfant, elle s'avance dans le salon télé et se précipite sur le sportif en chambre et en jeans qui se trouve là. Son mari éclate de rire et lui rend son étreinte.

L'histoire prend à peine trente secondes. Tandis qu'ils chahutent, le sac de la femme au tailleur de flanelle tombe à ses pieds et s'ouvre. D'une main, cette même main experte du début, elle l'attrape et, avant qu'elle l'ait refermé, on a le temps d'apercevoir un stick de blush.

La voix off revient, malicieuse maintenant que tout a été clairement mis à plat. « Pourquoi vouloir tout dire ? »

« Visage » de Clarity : un maquillage pour chacune de vos vies.

La consultation du spécialiste d'Indianapolis est une aimable fumisterie. Son interne, le visage couvert d'acné, entre dans la pièce où Laura est assise sur la table d'examen dans sa chemise d'hôpital. Il lui repose les questions auxquelles elle a déjà répondu à l'accueil. Vingt minutes plus tard, le gamin, toujours aussi nerveux, revient et reprend tout du début.

« Désolée, lui dit Laura. Mais vous m'avez déjà demandé tout ça.

— Oui, oui, bégaie le gamin. Le médecin va vous voir dans une minute. »

Elle reste assise sur la table pendant une éternité, à grelotter dans sa chemise, presque nue, dans cette pièce stérile, et à penser aux mathématiques. Est-ce que c'est un truc de garçon ? Tim adore ça. Encore plus que son père et, pourtant, chez Don, c'est une obsession : les chiffres lui sortent par tous les pores de la peau. À eux deux, ce n'est que statistiques de base-ball, mètres gagnés au football, vitesse de trajectoire, angles de tir, mètres carrés de territoires récemment conquis.

Les filles, elles, n'apprennent pas à penser en chiffres. Tout ce qui a quelque chose à voir avec les maths de près ou de loin fait grimper Ellen aux murs. Encore plus que Laura. Elle entre en plein dans ce foutu stéréotype. S'imagine probablement qu'un beau médecin se chargera d'équilibrer son compte en banque. De calculer, si besoin est, ses chances de survie à cinq ans.

Les prélèvements sont revenus négatifs du laboratoire. Ce n'est guère que la deuxième fois que sa gynéco de Laccwood se trompe. Et pourtant, des maths, les toubibs doivent en faire leur compte ! Le docteur Jenkins a sans doute fait trois semestres de calcul infinitésimal avant de pouvoir prétendre commencer des études de médecine. Les probas et les stats n'ont sans doute aucun secret pour elle. Mais, au moins, cette fois-ci, l'erreur est en faveur de Laura. Enfin une bonne nouvelle.

Don lui a monté une petite bibliothèque de bouquins et d'essais sur le sujet. Il l'interroge au téléphone : on croirait que répondre correctement à ces questionnaires constitue pour elle sa seule bouée de sauvetage. Quel genre de cancer est-ce que tu as ? Un *cystadénocarcinome séreux.* Quel stade ? *Stade un C.* Pire que les cours de catéchisme de Baltimore.

« Comment sais-tu que c'est un C ? demande Don.

— Cancer circonscrit aux ovaires. Pas d'ascite. Lavage péritonéal négatif.

— Non, non, non. » Ça le rend fou. S'il avait une règle, il lui taperait sur les doigts avec. « Ce sont des résultats positifs qui feraient de toi à coup sûr un "un C", minimum. Si toi, tu es un "un C", c'est parce que la tumeur était topique.

— Topique ?

— En surface. Est-ce qu'on t'a donné ton pronostic à cinq ans ? »

C'est justement là que les choses deviennent floues. Et elle attend des éclaircissements du spécialiste d'Indianapolis. Ses chances de survie à cinq ans dépendent de ce qu'ils appellent une analyse multivariée : âge du patient, type des cellules, stade tumoral, grade histologique, présence d'ascite, différenciation tumorale, volume tumoral avant exérèse, nature et fréquence des séances de chimio…

Elle a toujours été bien trop timide pour manifester en faveur du mouvement de libération de la femme dans les années soixante-dix. À l'époque où on défilait encore pour un tel mouvement. Mais elle serait prête à le faire aujourd'hui, avant l'an 2000, pour réclamer des cours de maths distincts pour les filles, si toutefois des cours distincts pouvaient familiariser les filles avec les probabilités.

Si seulement les nombres étaient comme des parfums. Si chaque probabilité avait sa couleur. Elle arriverait peut-être à comprendre. Elle rêve d'une équation permettant d'évaluer les taux de récurrence du cancer suivant les odeurs et les nuances. Elle essaie de se représenter ce que pourrait donner dans ces termes une survie à cinq ans à quatre-vingt-dix pour cent. Puis à quatre-vingts, puis à soixante-dix. Au fur et à mesure qu'elle descend, la pièce passe du gris au brun, puis au noir. Quant à l'air, il passe de l'eau de rose à l'acide chromique puis aux vapeurs de pots d'échappement.

Quand le spécialiste arrive enfin, il n'a, de toute évidence, même pas regardé son dossier. L'interne boutonneux, qui est à sa remorque, lance à Laura des regards embarrassés : *Pourtant, je lui ai donné. C'est pas ma faute*. Le spécialiste a rédigé un ouvrage sur le cancer des ovaires qui fait autorité en la matière. Du moins, jusqu'au prochain. Titre : *Le Cancer des ovaires*. Mais, pour l'instant, il n'arrive même pas à mettre la main sur les prélèvements de la malade.

Il regarde l'interne. Regarde Laura.

« Vos prélèvements n'ont pas dû encore arriver à notre labo.

— L'hôpital les a envoyés il y a plusieurs jours », dit Laura.

Le cerveau du médecin semble enregistrer quelque part ce qu'elle vient de dire. Il sourit. Finit par trouver les résultats du labo. Lui explique qu'elle a un cancer des ovaires. Que l'opération a fait disparaître toute trace de tumeur.

« D'après les radios, votre tumeur est de grade III.

— Le docteur Jenkins à la Pitié m'a parlé d' "un C".

— Ça, c'est un stade, dit-il avec un sourire patient. Je vous parle de grade.

— Qu'est-ce que ça veut dire ?

— Que la tumeur a à peu près quarante pour cent de chances de réapparaître.

— Non, ce que je voulais dire, c'est comment pouvez-vous savoir qu'elle est de grade III.

— Je vous accorde que l'évaluation est quelque peu subjective. Si vous donnez les tissus à trois pathologistes différents, il se peut qu'ils ne soient pas tous d'accord sur la classification.

— Ce que je voulais dire, reprend-elle sans avoir la moindre idée de la façon dont il a compris sa question, c'est qu'est-ce que c'est qu'un grade III ? Qu'est-ce que ça veut dire ?

— Oh, je vois. » Manifestement, elle l'ennuie avec sa question, laquelle mérite à peine une réponse. « Le grade est fonction de la propreté du bord de la tumeur, de sa délimitation. De son agressivité. »

En d'autres termes, il donne une idée du temps qu'il faudra à la tumeur pour essaimer.

Le spécialiste continue, tout en gribouillant le dossier de Laura. « Il vous faudra six mois de traitement à double agent. Taxol plus cisplatine. Il n'est pas absolument certain que vous soyez un stade un C. Même avec des lavages négatifs, il n'est pas exclu qu'on soit en présence d'un stade trois. »

Le sang lui monte à la tête, lui bat les tempes. Elle a l'impression qu'une trappe s'est ouverte sous ses pieds sur un puits sans fond.

« Comment est-ce possible ?

— Nous n'avons pas de lame de ganglions. Il nous faudrait analyser quelques ganglions pour avoir une idée précise du stade.

— Vous ne pouvez pas faire un prélèvement ? »

Elle n'a pas la moindre idée de ce qu'implique sa question.

L'idée d'un raid de commando sous contrôle le titille un instant. Mais, après avoir réfléchi, il fait non de la tête.

« On pourrait essayer d'en récupérer quelques-uns par laparotomie. Mais, avec un cancer comme le vôtre, il n'y a qu'une chance sur quatre pour que les ganglions soient positifs. Savoir dans quel groupe à risques vous classer ne justifie pas les aléas d'une autre intervention. »

Elle va finir par se noyer dans les chiffres. Elle insère ceux qu'on vient de lui donner dans les formules tirées des brochures de Don. Elle aurait, semble-t-il, trois chances sur quatre d'une survie éventuelle à cinq ans atteignant quatre-vingts pour cent. Mais cela signifierait une chance sur quatre de voir ces éventualités réduites à une sur cinq. Faut-il tenir compte par ailleurs de ce taux de rechute de quarante pour cent, ou bien est-il déjà factorisé ?

« Docteur, dit-elle, surprise de la force de sa voix. En clair, qu'est-ce qui m'attend ? »

Le spécialiste sourit et feuillette de nouveau les pièces de son dossier – si, toutefois, il s'agit bien du sien. « La chimiothérapie préconisée pour un stade trois est de six mois. Les stades un s'en sortent en principe à moitié moins. » Il hausse les épaules. La balle est dans son camp. C'est à elle de voir si elle est prête à prendre des risques.

Elle accepte le traitement le plus long. Six mois d'enfer, pour mettre toutes les chances de son côté.

« Très bien, dit le médecin. Vous prenez donc les six mois ? » Et dans son dossier, il inscrit : *La patiente choisit…*

« Y a-t-il autre chose que nous puissions faire pour vous ? demande-t-il.

— Oui. » Bien sûr que non. « Quelles sont les causes… est-ce qu'on peut savoir comment j'ai attrapé ça ?

— Voilà une question tout à fait naturelle. Presque tous ceux qui entrent dans ce bureau aimeraient connaître la réponse. » Il a un grand sourire, prêt à lui passer cette faiblesse bien compréhensible. « J'aimerais bien pouvoir la leur donner. Le cancer des ovaires a au moins trois causes génétiques distinctes.

— Personne dans ma famille n'a jamais eu ce genre de problème. »

Le spécialiste hausse de nouveau les épaules, geste qui semble convenir à cette partie de son corps aussi bien qu'un gant à une main. « Il y a aussi des indications selon lesquelles certains agents extérieurs, aggravant ou provoquant une altération du système immunitaire… »

Elle essaie de suivre. Mais elle a déjà pas mal à penser. Elle refait surface au moment où il termine :

« L'important, c'est que vous reveniez dans six mois, après les six doses, pour une opération de vérification.

— Pour apprendre quoi ?

— Bonne question. Il y a en ce moment une controverse quant au bien-fondé de ces vérifications et certains pensent qu'elles ne sont pas suffisamment fiables pour compenser les risques de complications. »

Non, a-t-elle envie de hurler. *Non et non*. Elle a l'impression d'être en train de parler aux enfants quand ils regardent une cassette vidéo.

Elle promet de revenir dans six mois. Elle promettrait n'importe quoi pour le voir s'en aller. Va-t'en t'occuper de quelqu'un d'autre. Elle veut pouvoir se rhabiller, se réchauffer, rentrer chez elle.

Ken tourne en rond dans la salle d'attente, en ronds concentriques de plus en plus petits. Il la regarde quand elle entre, son visage ressemble à un genou sur lequel on aurait tapé avec un petit tomahawk en caoutchouc. La seconde d'après, il est tout sourire de commisération.

Au début, elle ne voulait pas que Ken l'emmène. Mais elle avait besoin de lui. Il lui donnait un prétexte en or pour refuser la proposition de Don. Elle n'a pas gagné au change. Il ne sait pas où se mettre, partagé entre l'impatience et l'indifférence.

« Viens, dit-elle. Sortons d'ici. »

Elle l'entraîne sur la passerelle. Ils prennent l'ascenseur tout en verre qui les monte jusqu'au parking à code. Elle est soudain frappée par l'idée que le centre est une usine géante du traitement du cancer, qui bénéficie de toutes les techniques de pointe et jouit d'un monopole régional. L'équivalent médical d'une de ces chaînes de montage dans ces films 16 mm qui n'arrêtaient pas de sauter quand on les leur passait au lycée pendant les cours de sciences sociales.

Pourquoi fallait-il qu'elle se traîne jusqu'ici ? Pour rester assise dans sa blouse d'hôpital, avec un soi-disant spécialiste qui n'a même pas pris la peine d'examiner son abdomen. Ils auraient tout aussi bien pu faire ça par fax. Ou par Chronopost.

« Tu crois qu'on peut faire un tour pour visiter la ville, pendant qu'on y est ? demande-t-elle à Ken.

— Chérie, ça n'est jamais qu'Indianapolis. »

La différence entre Don et Ken lui saute soudain aux yeux. Don disait *Un peu de bon sens, chérie*, là où Ken aime à dire *Chérie, un peu de bon sens.* À une époque, elle avait eu l'impression que la seconde formule était plutôt mieux.

Elle lui fait faire le tour du monument aux soldats et aux marins. Le fait passer devant la maison de Benjamin Harrison, devant Lockerbie Square, la cathédrale en faux gothique, le circuit automobile d'Indianapolis et le musée des gloires du sport. Le dernier endroit le réveille un peu, il va jusqu'à descendre de voiture.

D'accord, c'est pas Paris. Mais, à proximité du centre-ville, il y a un traiteur réputé dont les gens de Lacewood n'arrêtent pas de chanter les louanges. Ils vont pouvoir s'empiffrer, pendant que la nourriture lui dit encore quelque chose. Pour une fois qu'elle n'a pas de souci à se faire pour sa ligne, autant en profiter.

Elle commande le fameux Reuben, tellement connu qu'il bénéficie de l'exclusivité d'un nom propre. Elle commande aussi une tranche de cheese-cake au chocolat. C'est sans doute délicieux. Mais elle le fait manger à Ken. « Je ne peux pas me permettre toutes ces calories », lui dit-il, avant de descendre le morceau en battant tous les records de vitesse.

Il la laisse devant chez elle. Il s'attarde un peu dans la voiture. Il voudrait dire quelque chose. La tripote, lui caresse les cheveux. Comme si tout ça allait lui manquer. Comme s'il avait besoin de ce contact pour soudain prendre conscience de la gravité de la situation.

Qu'est-ce qu'elle peut faire d'autre, sinon lui caresser les cheveux, elle aussi, derrière l'oreille ? Là où ils sont piquants, parce qu'ils sont si courts, aussi blancs qu'une feuille de papier de luxe avant qu'on commence à écrire dessus.

Ellen attend. Elle a vu sa mère dans la voiture.

« Honteux, ces démonstrations d'affection en public.

— Tu ne vas pas commencer, la prévient Laura.

— Et avec ce type en plus. » La gamine regarde sa mère, attendant qu'elle lui fournisse un compte rendu exhaustif. Refusant de le demander. « Alors ? finit-elle par dire. Que disent les experts ?

— Qu'il s'agit d'une tumeur de grade III.

— Attends, attends. Je croyais que le toubib d'ici avait dit que c'était un grade I. »

Laura est soufflée. Sa fille ! Sa fille a bel et bien écouté.

« Non… Oui… Enfin, ça, c'était le stade. Là, c'est une question de grade. Et on n'est même pas sûr qu'il s'agisse d'un stade un.

— D'accord, d'accord, dit l'adolescente, qui se frappe le front du plat de la main. Et c'est quoi, le grade ?

— Ça donne des indications sur les bords de la tumeur. S'ils sont lisses, bien délimités…

— Non, m'man, par pitié. Dis-moi juste si c'est bien ou pas bien, le grade III. »

Don appelle, très tard. Trop. Bien après dix heures, heure dont il avait lui-même décrété qu'elle était indue pour téléphoner. Il est tellement excité que c'est à peine s'il demande comment s'est passée la visite.

« Elle était censée prélever les ganglions, sort-il tout de go.

— Le spécialiste a dit quelque chose à ce propos. Comment est-ce que tu… ?

— C'est écrit noir sur blanc, dans les instructions de l'Institut national de la santé.

— Il a dit qu'il fallait un examen des ganglions pour établir un diagnostic complet…

— Exactement », dit Don. Tout fier qu'elle suive son argumentation. « Elle n'a pas pris toutes ces précautions. T'étais sur la table d'opération, ouverte, et elle n'a pas fait ces prélèvements. Alors que les instructions sont on ne peut plus claires.

— Ce qui est fait est fait, Don. À quoi ça sert… ?

— Je crois qu'on a tout ce qu'il faut pour lui intenter un procès. »

Comme on a tout ce qu'il faut pour gagner à la loterie. Aujourd'hui, double tirage. Cadeau de Don pour lui faire plaisir. Pour compenser.

« Va te coucher, Don. » *Et n'oublie pas de revenir sur terre*, s'abstient-elle d'ajouter.

Elle reste assise dans la cuisine, seule, quand le reste du monde a déclaré forfait. Le truc que la cafetière électrique a patiemment gardé au chaud toute la journée s'est condensé en une sorte d'acide presque compact. Elle jette cette boue noirâtre dans l'évier et se fait du café frais.

Elle commence aussi une nouvelle liste. Deux doubles fenêtres fendues. Les chéneaux, côté nord, et le joint du réservoir de la chasse d'eau à l'étage. Tout le reste peut attendre jusqu'au printemps.

Le plafond de la pièce télé émet un petit craquement en se tassant. C'est la première fois de la saison. Elle devrait se mettre au déca, mais elle ne le fait pas. Elle nettoie le plan de travail, en attendant que les grains du Pérou infusent. Elle jette aux oubliettes les biscuits de régime et autres desserts allégés. *C'est pas gagné,* comme n'arrête pas de dire Tim en ce moment. *C'est pas gagné, c'est galère.*

Quand le café est prêt, elle le verse dans un mug Millennium sur lequel on peut lire « Propriétaire de la maison de vos rêves ». Ajoute un filet de lait – deux pour cent, pour le cœur. Un peu de sucre roux. La vie est courte. Alors, à quoi bon se rédimer ?

Elle s'installe devant le billot de boucher qu'elle a pris tant de plaisir à acheter. Elle sort sa calculatrice de son sac et la colle sous la fausse lampe Tiffany, pour en réactiver la cellule solaire. Elle arrache un Post-it du petit cube qui se trouve à côté du frigo et prend le stylo aimant en forme de fleur. Sur le Post-it, il y a un petit personnage de dessin animé qui tient un crayon deux fois plus grand que lui et qui dit : « Ne remettez jamais au lendemain ce que vous pouvez enterrer pour toujours dans une liste. »

Elle essaie d'appliquer le conseil à un problème de taux d'intérêt. Emprunts, amortissement, décimales : toutes choses qui lui sont familières. Mais elle ne sait par quel bout le prendre. Trois quarts de quatre-vingts pour cent plus un quart de vingt pour cent ? Ou bien est-ce qu'il faut soustraire le pronostic pessimiste au lieu de l'ajouter ? À moins qu'il ne faille trouver un nombre, disons, trois fois plus près de quatre cinquièmes que de un.

Comme le disent les brochures, les nombres représentent des groupes, pas des individus. Qu'est-ce que ça veut dire, quatre-vingts pour cent de chances de survie ? Que quatre-vingts vies sur les cent hypothétiques qu'elle pourrait vivre franchiront le cap des quarante-cinq ans ? À moins que cela signifie qu'il faille reprendre les cinq ans à venir à l'infini et conclure qu'en moyenne un cinquième d'elle mourra.

Les chiffres ne veulent rien dire. Et pourtant, elle s'obstine à vouloir en atteindre un, n'importe lequel, avant d'aller se coucher. Un chiffre définitif, qu'il soit juste ou faux.

Elle pense à cette boîte dans le grenier, deux étages au-dessus de la cuisine, un seul au-dessus du lit qui l'attend. Le coffre-fort en carton de sa vie, l'histoire sur papier de son existence depuis sa petite enfance jusqu'à aujourd'hui. La dernière fois qu'elle en a vérifié le contenu, elle avait encore tous ses bulletins scolaires. Elle serait capable de retrouver sur l'heure celui où figure l'appréciation de ce professeur de mathématiques qui l'avait résumée ainsi alors qu'elle avait huit ans : « Laura est lente, sans être toujours précise. »

Cataloguée une fois pour toutes, dès la ligne de départ. Rien ne change jamais vraiment. Lente. Pas toujours précise. Mais aussi obstinée que le jour est long. Aussi obstinée que le sont ses cellules.

Clare et Fils a toujours vendu ses chandelles à leur juste poids : seize onces à la livre. Nous vous invitons à vérifier l'exactitude de notre estampille « Poids réel » en pesant vous-même notre produit sur votre balance.

J. CLARE ET FILS

Justice and Spring Streets, Roxbury

Quand le monde eut obstinément refusé de finir, Resolve reprit Samuel dans l'affaire familiale sans broncher. Pas sur un pied d'égalité, bien entendu. Samuel ne s'attendait d'ailleurs pas à semblable absolution, même de la part de son Créateur infiniment bon, encore moins de la part de cette image très imparfaite du Créateur qu'était son frère.

Samuel et Dorcas rentrèrent assagis au bercail du commerce, mais adventistes convaincus. Certes, le monde n'avait pas respecté la dernière date assignée à sa fin. Mais qui aurait été assez fou pour en conclure, sous prétexte d'un sursis, qu'il ne finirait jamais ? Le châtiment n'était que différé. L'humanité devenait dépositaire des enjeux liés à l'accomplissement prochain du cycle de la Création. Le Seigneur lui-même n'avait-il pas dit : « Cette génération ne passera pas, tant que toutes ces choses ne seront pas accomplies » ?

Pour Resolve, cependant, la seule question pratique à résoudre consistait à savoir à quelle génération le « cette » faisait allusion. Au bout du compte, toutes les affaires, quelles qu'elles fussent, se révéleraient futiles. Mais en attendant ce temps, le temps seul importait. Tant qu'Aujourd'hui et Demain appartenaient à deux lots de suif bien distincts, pourquoi ne pas laisser le chaudron bouillir et effectuer quelques cycles supplémentaires ? L'astuce était de continuer à travailler, tant qu'il restait encore du temps à liquider avant l'évaporation finale.

La rentrée de Samuel marqua pour les deux frères le retour aux habitudes et à la routine. Les associés se faisaient trop confiance pour vouloir empiéter sur leurs plates-bandes mutuelles. Samuel restait à la fabrique de Roxbury, surveillant la qualité des marchandises qui en sortaient, et mettait rarement les pieds dans les bureaux de Boston. Pas plus que Resolve ne ressentait le besoin de se rendre à l'usine pour superviser la fabrication. De fait, c'est à peine si Resolve voyait jamais les caisses et les wagons assemblés par les soins de ses frères. Mais c'était lui qui s'occupait de leur acheminement et leur trouvait de nouvelles destinations.

Resolve dirigeait l'affaire. Laquelle dépassait largement désormais le cadre des cinq principaux intéressés. Trente hommes et femmes travaillaient sous leurs ordres. Mais aucune chandelle, aucune plaque de savon qui ne fût le résultat des offices combinés des gigantesques chaudrons de Jewitt, de la chimie de Ben, des recettes d'Ennis, de la bienveillance du contremaître Samuel et de l'œil de lynx de Resolve sur la correspondance des grossistes.

La firme avait tout du client frugal d'une banque, qui réinvestit ses dividendes dans ses propres affaires. Les frères respectaient depuis longtemps un pacte tacite : ne pas tirer de la réserve accumulée plus de trois mille dollars par an pour leur propre compte, quinze cents pour celui d'Ennis et de Jewitt. Peu à peu, ils devenaient riches de nouveau, plus riches qu'ils n'avaient jamais rêvé de l'être pendant leurs plus belles années de négociants. Mais, pour que la richesse perdure, il ne fallait pas qu'ils touchent à leur royaume.

Un dollar consacré à de nouveaux séchoirs à air chaud rapportait un dollar dix cents grâce à un accroissement de la productivité. Une nouvelle équipe d'hommes travaillant sur les bains d'acides et revenant à cent dollars par tête sur l'année en rapportait cent cinquante par tête en savon et en chandelles au bout de la même période. Le nègre, désormais libéré de ses chaînes mais maltraité de tous côtés, était en général prêt à travailler pour presque rien. Et il y avait toujours des emplois, au milieu des graisses fumantes, où la présence d'un nègre ne risquait pas de déranger même le plus susceptible des Blancs.

Quand l'argent disponible ne trouvait pas à se réinvestir immédiatement dans l'amélioration du capital, Resolve dénichait toujours un concurrent local à racheter, qu'il mettait en faillite et dont il récupérait le matériel utilisable. Pendant un temps, la fabrique profita au moins autant qu'un bambin en pleine croissance. Une distribution plus large et une plus grande efficacité lui permettaient de doubler la mise tous les quatre ou cinq ans. Et un taux de croissance de seize pour cent par an nourrissait l'émergence de nouveaux projets d'envergure. Chaque fois qu'elle augmentait son tonnage journalier de moitié, il ne lui en coûtait que la moitié de ce que lui avait coûté la même opération la fois précédente.

L'époque de l'atelier familial était révolue. Le nombre des fabricants de chandelles et de savons de Boston avait diminué de manière aussi constante que la population avait augmenté depuis les débuts de la fabrique. Les exploitations restantes, au nombre de quelques dizaines, développaient la production à outrance tout en réduisant les coûts au minimum. Le chaudron de Jewitt – cette invention hardie surnommée à jamais « L'Enterrement des Clare » – épargna à la firme un tel tassement et la fit entrer sans heurt dans la nouvelle ère industrielle, avec une bonne longueur d'avance sur ses concurrents.

Jewitt, pour sa part, personnifiait le nouveau bricoleur de l'industrie, le héros inventif, l'homme de l'avenir. Il était plus yankee que nature. Le silence dont il s'entourait ne s'appliquait plus à son seul antagoniste héréditaire, Ennis l'Irlandais. Il cessa bientôt de parler à ses collègues, ne leur adressant la parole que lorsqu'il avait à leur montrer un croquis ou à expliquer un plan.

L'annexe de Jewitt, dans l'usine de Roxbury, était une véritable jungle de courroies et de paliers. Il suréquipa l'usine en mèches qui se tressaient toutes seules, en cuves qui s'autovidangeaient et en moules à expulsion automatique. Il perfectionna son mélangeur actionné à la vapeur, finissant par envoyer au rebut les vieux manches en hickory qui servaient à brasser les mélanges à la main. Il accaparait le moindre mètre carré, si bien que les employés, de plus en plus nombreux à travailler là, avaient des difficultés à manœuvrer à l'intérieur des bâtiments.

Ennis maudissait les trouvailles de ce tatillon d'Anglais, même s'il profitait du fruit de ses inventions autant qu'un autre. Pendant des années, Ennis avait dû se lever à quatre heures du matin pour allumer le feu sous les chaudrons. Quand les serpentins pour chaudière à vapeur de Jewitt rendirent cette corvée inutile, l'Irlandais exprima sa gratitude en vitupérant contre l'habileté du magicien.

En dépit de l'ingéniosité qu'il déployait, Jewitt dut racler le fond du tonneau de la technologie pour y trouver son invention la plus profitable. Il mit en place d'énormes billots surmontés de structures articulées à l'aide de cordes à piano. On faisait arriver les plaques de savon sur ces tables et les ouvriers les plus vigoureux tiraient d'un coup sec sur les charnières d'articulation, sectionnant plusieurs blocs d'un seul coup. Un deuxième dispositif de cordes tendues à quatre-vingt-dix degrés permettait de découper des morceaux d'une livre. Lesdits morceaux glissaient ensuite des tables pour être mis en caisses et vendus, en petite ou grande quantité, à n'importe quelle distance de leur lieu de fabrication.

Ce nouveau procédé pour débiter le savon changea la façon dont le produit circulait dans l'usine. Flexible, rationnelle, mieux régulée, la « barre » se révéla la plus rentable des inventions de Jewitt. Si les Clare avaient rémunéré celui-ci en proportion de sa contribution aux profits, il aurait pu prendre sa retraite suffisamment tôt pour avoir encore le temps de lire tous les romans à l'eau de rose de la Création.

Le milieu du siècle incita les Clare à faire l'inventaire et à examiner l'état de santé de leurs possessions. Ensemble, les frères se lancèrent dans un état des lieux exhaustif, essayant de prévoir l'avenir de leurs travaux communs. Ils calculèrent, firent des projections, des enquêtes, des sondages. Propriétaires et agents furent invités à éplucher leurs livres de comptes. Les ventes de leurs divers savons et de leurs dix variétés de chandelle étaient-elles solides ? Le marché supporterait-il encore longtemps les prix pratiqués ? Les machines et les employés étaient-ils bien utilisés au maximum de leurs capacités et aux coûts les plus bas ? L'entreprise était-elle prête à faire face à une nouvelle vague de mutations en profondeur ?

Les chiffres révélèrent que l'affaire était suffisamment saine pour rouler toute seule pendant bien des années à venir. Mais Resolve n'était pas du genre à se satisfaire d'une banale continuité. Son génie consistait précisément à deviner que le progrès exigeait la destruction d'une bonne part de ce qui était considéré comme de la richesse, seulement quelques années plus tôt. L'industrie des produits manufacturés, au même titre que le projet de civilisation qu'elle promouvait, avait tout d'une Shenandoah sinueuse et impétueuse à souhait, défiant toute tentative d'endiguement. Les eaux devaient constamment laisser derrière elles le paysage qu'elles drainaient, si elles prétendaient un jour atteindre la mer. De la même manière, toute entreprise qui voulait aller de l'avant se devait d'être prête à se défaire de ce qui avait pu être un jour son principal soutien. S'accrocher à des pratiques dépassées revenait pratiquement à se suicider.

Resolve réussit à convaincre ses frères d'abandonner la fabrication des chandelles de suif bon marché. Ils mirent à la ferraille un équipement jadis rentable, leur orgueil d'antan. Arrêtèrent la production de leurs deux derniers savons de ménage encore fabriqués à partir de carbonate de potasse. Optèrent une fois pour toutes pour la soude du commerce, même si pareille politique les asservissait peu ou prou à l'alcali anglais. Se concentrèrent sur leur marbré allemand, dont les veines rouges prouvaient assez que le produit ne contenait pratiquement pas d'eau, sur leurs savons lessiviels à la colophane, efficaces même avec les eaux les plus dures, leurs huiles de palme, avec leur délicat parfum de violette, et, bien sûr, leur produit phare : la savonnette.

Ils cessèrent les acheminements qui n'étaient plus rentables, ces gloires de l'âge du canal rendues caduques par le chemin de fer. Et lièrent leur sort au chaos des nouvelles lignes, de cette toile d'araignée qui peu à peu s'élaborait, reliant Boston à Albany et au Vermont, et bientôt au Canada avec la compagnie Champlain Saint-Laurent. Le rail libérateur leur permit de servir toutes sortes de clients jusqu'ici isolés. Ils engagèrent des courtiers payés à la commission à Baltimore et se battirent pour percer sur le marché meurtrier de New York.

Ils se lancèrent également dans la bataille de l'Ouest, à l'assaut des nouveaux marchés. La défaite du Mexique leur permit d'expédier par mer dix mille livres de plus de chandelles et de savon tous les deux mois.

Le saindoux quittait les lieux par barils entiers. Il y avait aussi de la demande pour l'huile qu'on en tirait. La graisse de porc et de vache, pressée avant fractionnement, fournissait de véritables fleuves d'une graisse précieuse. Brûlée dans des lampes spéciales, cette huile donnait une lumière jugée suffisamment acceptable pour que les Clare en équipent leur usine. Quand Ennis découvrit le moyen de la transformer en un lubrifiant sans défaut pour les machines, la demande pour cet heureux sous-produit grimpa aussitôt.

Mais une lumière provenant d'une autre source menaçait la bougie de faillite définitive. Chaque année, le gaz érodait un peu plus le revenu fourni par les chandelles. Resolve, pourtant homme de progrès à tous autres égards, refusait de laisser l'ennemi investir sa propre demeure. Mais le jour viendrait, inéluctablement, où pareille fabrication ne serait plus rentable. Les livres de comptes le montraient assez. À moins de trouver un moyen pour compenser ces pertes, les établissements Clare verraient leurs profits se tasser.

Il nous faut augmenter la production, dit Resolve à Samuel. Songer à un allongement du temps de travail.

Samuel secoua la tête. Une telle mesure serait très mal acceptée par les ouvriers. Tout comme une nouvelle accélération des cadences. Sur un front comme sur l'autre, on ne pouvait guère aller plus loin. Les ouvriers s'étaient mis récemment à entonner en chœur des refrains sarcastiques au moment où sonnait la cloche de la sortie. Une de leurs chansons favorites hantait la conscience de Samuel :

Pour la liberté nos pères ont lutté
Et c'est avec leur sang qu'ils l'ont chèrement gagnée.
L'usine fait fi de leurs efforts.
Esclaves le matin, nous le sommes jusqu'au soir...

À ce stade, les plus jeunes des employés aux chandelles s'envolaient dans des trilles incontestablement étrillants.

Pire, les bouilleurs, encouragés en cela par la décision de la Cour suprême du Massachusetts dans l'affaire Commonwealth *vs* Hunt, s'organisaient. Ils avaient commencé à donner de la voix en réclamant une journée de dix heures. Au plus grand étonnement de Resolve, la loi ne laissait plus les employeurs réprimer de tels mouvements. L'opinion majoritaire de la Cour, représentée par son premier juge, Lemuel Shaw, stipulait que les associations de travailleurs ne devaient plus être considérées comme des organisations criminelles. La cour déclara que les syndicats, les ateliers n'admettant que les travailleurs syndiqués et même les grèves étaient tout aussi sains que n'importe quelle opération sur le marché du travail – il ne s'agissait là, somme toute, que d'une autre forme de libre concurrence.

Ce que Samuel entreprit de faire comprendre à son frère. Toute nouvelle tentative pour pressurer encore la main-d'œuvre ne ferait que les conduire à leur perte. Ce dont les Clare avaient besoin, c'était d'une découverte susceptible de bouleverser le cours des choses, de ce Saint-Graal sur lequel Ben travaillait depuis si longtemps.

Seule la récupération de la glycérine pouvait compenser le déclin du secteur chandelles. Après saponification à l'aide de carbonate de sodium, on récupérait le savon et la glycérine en solution restait au fond de la cuve. Les frères Clare, comme leurs concurrents de Boston, se contentaient de déverser cette lie dans les caniveaux, l'évacuant de la façon la plus économique possible, cependant que la glycérine d'importation britannique, sorte de panacée universelle, se vendait jusqu'à deux dollars la livre.

Comment extraire de ce résidu le baume tant recherché qu'il recélait ? Le salut était à ce prix. Comment faire de ce fond de cuve pisseux un émollient médicinal : tel était le défi lancé au grand magicien de l'époque, la chimie moderne. Ben se consacra corps et âme au problème, ne se distrayant que quelques heures pour s'occuper de sa chère plante éponyme, celle qu'il avait ramenée en contrebande des mers du Sud et qui ne subsistait maintenant que grâce aux seules vertus des serres de Cambridge.

L'alchimie de Ben, quand elle fut au point, eut besoin d'un autoclave jewittien pour se réaliser. L'ermite botaniste et le bricoleur misanthrope mirent au point les détails de l'opération dans une série de longues notes qu'ils échangèrent. Finalement, le projet sur papier et le prototype se ressemblèrent assez pour qu'Ennis arrive à faire fonctionner la chose. Avec quelques difficultés, au départ. Mais des améliorations successives du procédé finirent par transformer ce qu'ils jetaient à l'égout en espèces sonnantes et trébuchantes.

Les Clare ne tardèrent pas à fabriquer de la glycérine qui coûtait deux fois moins cher que le produit importé d'Angleterre. Le prix de cet élixir ayant chuté, ses emplois se multiplièrent. Toutes sortes d'autres manufacturiers se mirent à affluer pour passer leurs commandes : fabricants d'encre, de papier, de cirage, imprimeurs. On sut bientôt que les Clare faisaient des avances à la prospection et les entrepreneurs vinrent de loin fondre sur la concession.

Le krach des années cinquante-sept réduisit leur prospérité en miettes comme un coolie faisant à la même époque exploser un rocher pour poser son rail. La lointaine Ohio Life Insurance and Trust Company fit faillite et entraîna dans sa chute tout l'édifice d'un commerce américain en surchauffe. Le pays se retrouva au bord du gouffre. Les emplois se raréfièrent de nouveau et, avec eux, l'argent.

Le savon et les chandelles étaient, semblait-il, moins à l'épreuve de la récession que les armes à feu. Resolve, qui se noyait dans la surproduction, espérait pouvoir sauver l'entreprise en débauchant une bonne partie de la main-d'œuvre. Ils arriveraient ainsi à faire face à la stagnation, à écouler les stocks, tout en attendant une amélioration du bien-être national qui leur permettrait de réembaucher plus tard, une fois que les salaires se seraient effondrés.

Mais, en ces temps déjà difficiles, voilà qu'une difficulté supplémentaire vint rendre le rétablissement plus problématique encore. Au beau milieu de la dépression, un certain Richard Tilghman, chimiste à Philadelphie, fit savoir aux établissements Clare et Fils, sis à Roxbury, dans le Massachusetts, qu'il déposait une plainte pour contrefaçon d'invention brevetée. La notification se référait à des documents dûment enregistrés auprès des services gouvernementaux et portant sur un procédé qui, sans être identique à l'autoclave de Ben et de Jewitt, lui ressemblait d'assez près pour avoir pu l'inspirer et fournir du même coup à son inventeur des arguments en béton.

Plaider l'ignorance ne protégerait pas les Clare. La loi était la loi, faite pour civiliser la frontière, protéger les droits des inventeurs, encourager la recherche du profit et contrebalancer le pouvoir du capital. À cette fin, la loi ne serait que trop heureuse de faire fermer certaines savonneries, dont les plus grandes.

Les Clare arrivèrent à un compromis avec Tilghman avant que l'affaire aille devant les tribunaux. Mais l'arrangement leur revint cher, tant en frais de licence qu'en pénalités rétroactives.

Benjamin qui, tout à son rêve d'échapper à la chimie des corps gras pour retrouver, enfin, sa chère botanique, s'était cru sur le point de régler une fois pour toutes sa dette à l'égard de la famille et des affaires, qui s'était imaginé voir son asservissement toucher à son terme, se vit brutalement reporté à des décennies en arrière.

Il songea sérieusement, pendant un temps, à en finir avec la vie. Mais ne tarda pas à percevoir la minceur des bénéfices fiscaux que ses frères retireraient d'un tel acte. Au lieu de quoi, il se résolut à une décision qui, pour lui, était autrement difficile et représentait un véritable sacrifice.

Un beau jour, il alla trouver son frère Samuel dans le bureau de contremaître lambrissé qui se trouvait au-dessus de la salle des cuves. Samuel le scrupuleux, capable d'obliger leur frère Resolve, sur un justificatif de cent dollars, à en rendre un s'il y avait eu erreur de facturation, Samuel le probe, qui refusait de suivre la pratique communément répandue de tricher sur le poids, Samuel le juste, qui continuait à voir les affaires de ce bas monde comme une simple préparation aux affaires de l'au-delà.

Benjamin déposa sur le bureau de son frère un paquet de feuilles épaisses et succulentes, dont chacune laissait s'écouler de sa tige sectionnée une substance laiteuse et visqueuse. Et c'est ainsi que changèrent de main les premiers fruits de la culture d'*Utilis clarea* en terre américaine.

Le Peau-Rouge ne s'est jamais fait de souci pour sa peau, annonça Benjamin. *Alors, pourquoi t'en faire, toi ?*

Quand Laura entre de nouveau à la Pitié pour sa première séance de chimiothérapie, le docteur Jenkins l'accueille par ces mots : « Il semblerait que votre mari ait l'intention de me poursuivre devant les tribunaux. » Mi-amusée, mi-embarrassée. Sans qu'on puisse savoir ce qui, de l'amusement ou de l'embarras, avec une professionnelle aussi avertie, prédomine.

« Ce n'est pas mon mari », s'excuse Laura. Juste un salopard auquel il se trouve que j'ai été mariée.

Le chirurgien est venu rendre à Laura une petite visite de courtoisie. Rien d'autre, puisqu'elle n'est plus vraiment concernée. La balle, autrement dit le cancer de Laura, est dans le camp du docteur Archer maintenant. L'oncologiste de la Pitié a dû reprendre du service alors qu'il était déjà à la retraite, quand son jeune remplaçant a fait une dépression nerveuse carabinée et a décidé d'aller se mettre au vert pour un temps illimité.

À la pensée de ce retraité revenu à la vie active, Laura a la chair de poule. Au moins, le docteur Jenkins met une touche de couleur dans le tableau. Avec son plumage changeant. Un jour en blouse de chirurgien, le lendemain en mauve bien au-dessus du genou.

Tout ce que Laura, elle, a à dire en matière de mode concerne sa coiffure : elle a les cheveux archicourts, comme elle ne les a jamais eus depuis l'adolescence. Histoire de faciliter la transition, de faire croire que le changement est plus ou moins délibéré. De toute façon, il était temps qu'elle abandonne ses boucles. Elle les avait déjà gardées cinq ans de trop. Elle a toujours détesté la règle selon laquelle il n'est pas de bon ton pour une femme d'un certain âge d'avoir les cheveux longs, mais il faut bien admettre qu'elle n'est pas sans fondement.

Don ne supporte pas son nouveau look. Voilà qui est au moins une compensation, si mince soit-elle. « Ça ne te ressemble pas, Laura. Ça te donne un air… sévère. » Par « sévère », il entend « lesbien ». Féministe. *Attends un peu, ma belle !*

« Je n'avais aucune raison d'enlever les ganglions, dit le docteur Jenkins. Et puis, vous aviez déjà perdu beaucoup de sang.

— Il est du genre à prendre la mouche. Ne faites pas attention.

— Les gens cherchent souvent à aider, mais ils ne savent pas toujours très bien s'y prendre, suggère le médecin.

— Ils ne s'y prennent jamais bien. »

Il ne vous poursuivra jamais, voudrait-elle la rassurer. Du moins, pas devant les tribunaux. Ce doit être le parfum de cette femme qui l'excite, se dit Laura. Ces effluves subtils de phénol. Le phénol, la cantharide des pays industrialisés ?

Quel que soit l'hôpital : la même odeur, partout. Plus caractéristique encore que celle du chou-fleur en train de cuire. Tout ce qui concerne la médecine ne disposerait-il que d'une seule odeur ? Vitamines, bandes Velpo, antibiotiques, prothèses. Obstétriciens-gynécologues. Parfum entêtant des gens à l'abri de l'infection. Numéro 5 d'Hippocrate. *C'est nouveau, ça vient de sortir*.

Les effluves que dégagent les couloirs du bâtiment, les chariots des infirmières, les salles de soins la ramènent à son dernier séjour prolongé à l'hôpital. C'était à Peoria. Un hôpital pareil à celui-ci. Pareil à tous les autres. Tim, prématuré, minuscule, tout violet. Mort à l'arrivée, s'il n'y avait pas eu toutes ces machines.

Pendant cinq mois, Don et elle avaient été incapables de dire à quoi ressemblait le visage de leur enfant avec son espèce de bouquet de tubes qui partaient dans tous les sens. Mais ils connaissaient son odeur. Qui les poursuivait la nuit, une fois qu'ils étaient rentrés à la maison, aussi épuisés, vidés, l'un que l'autre. Qui s'attardait sur leurs mains impuissantes, imprégnant les draps de leur lit profane.

Il sentait l'hôpital. Comme s'il risquait de se dissoudre d'une minute à l'autre dans l'odeur de la médecine, cet antiseptique chimique, ce parfum écœurant des médicaments et des instruments. On aurait dit qu'on avait plongé le pauvre gamin dans un bain de formol, pour le mettre hors d'atteinte de toute corruption terrestre. Dans l'esprit de Laura, cette odeur se confond avec le fumet du bœuf bourguignon : elle et Don dans ce restaurant français ultra-chic, où le prix d'un repas équivalait au montant d'un mois de provisions, échangeant un serment solennel, un des plus solennels que la vie ait à offrir. Se jurant de mener cette petite créature violacée jusqu'à un diplôme universitaire. De s'aimer et de se soutenir mutuellement tout le temps qu'il faudrait pour ce faire.

Le docteur Jenkins s'en va faire sa vraie ronde. Laura se laisse aller sur son lit-chaise, dans une salle où une demi-douzaine d'autres personnes sont embarquées dans la même galère. Toutes reliées à un goutte-à-goutte, elles font penser à des voitures faisant le plein dans une station-service. La pièce est grande, lumineuse, fleurie, fraîche et pimpante, à l'image de ces pavillons préfabriqués qu'on pose tout équipés dans un lotissement.

Les lits-chaises ne se font pas exactement face. Deux d'entre eux ont déjà changé d'occupants – on se croirait dans un restaurant-minute – depuis qu'elle attend qu'on veuille bien la brancher. Une salle pleine de pauvres cancéreux. Qui demain feront place à un autre groupe en tout point semblable.

Laura pénètre dans le cercle pour une session plus longue que la moyenne. Même quantité de produits, mais la perfusion se fera quatre fois plus lentement qu'à l'ordinaire. On lui a au moins donné ce choix. Certains patients semblent avoir moins de nausées si la prise du poison est répartie sur un temps plus long. Le marché semble équitable. Après tout, ce n'est pas comme si elle prenait sur son temps de travail. Et de cette façon, avec un peu de chance, le pire sera passé avant que les enfants la voient.

Elle se laisse aller sur son lit et sent ses intérieurs qui clapotent. Le cisplatine ayant tendance à bombarder les reins, elle a passé une demi-journée à boire comme un trou, si bien qu'elle se fait l'impression d'un grand aquarium.

Le docteur Archer entre d'un pas léger tandis que les infirmières du service préparent Laura. Il salue les autres patients – anciens combattants et nouvelles recrues confondus – avec l'enthousiasme de quelqu'un qui, au fond de lui-même, reste un retraité. Invulnérable. Ce n'est qu'une question de temps avant que l'hôpital lui trouve un remplaçant.

« Mrs Bodey », dit le cancérologue avec un sourire radieux. Il parcourt sa pancarte et vérifie les dosages. « Vous avez quelqu'un pour venir vous chercher et vous ramener chez vous quand vous en aurez terminé ?

— Oui, docteur.

— Ces pitres du Congrès, tout de même, je n'y crois pas. »

Le docteur Archer lui jette un bref regard pour voir si elle, elle y croit.

C'est peut-être une remarque piège. Mais elle n'arrive pas à fixer son attention. N'arrive pas à sortir quoi que ce soit.

« Et le comble, c'est qu'ils croient nous protéger ! » dit-il en se replongeant dans l'examen de la pancarte.

Elle se demande un instant s'il s'agit de sécurité sociale. Mais non. Il essaie simplement de la détendre. De meubler le silence. En évoquant l'éternel problème du budget. En avançant quelques opinions. Quel monde cherchons-nous à construire ? Qui voulons-nous voir gagner la partie ?

« Je suppose qu'ils veulent bien faire, soupire le docteur Archer. Et c'est ça, le plus triste. Si seulement ils nous débarrassaient le plancher pour nous laisser mener nos vies comme nous l'entendons. Nous laisser faire ce pour quoi nous sommes faits. »

Le sourire de Laura est aussi chaleureux qu'il peut l'être. Elle hausse les épaules. Ces cinglés de législateurs. Mais qu'est-ce qu'on va bien pouvoir en faire ?

« Vous croyez que nos nobles protecteurs au gouvernement auraient laissé l'électricité s'installer sur le marché s'ils avaient été dans les parages à l'époque ? Ou l'automobile ?

— Non ? hasarde Laura.

— Non, cent fois non. Ils auraient trouvé ça bien trop dangereux ! Si on les avait laissé faire, nos députés, on vivrait encore dans des appentis sans risque aucun. Pourquoi pas dans des abris sous roche aussi ? »

Le docteur Archer appose sa signature sur la pancarte de Laura, puis la raccroche au pied du lit. Examine sa perfusion carotidienne. Un mince tube en plastique court maintenant à l'intérieur de son corps, un tube conducteur de sève qui entre au niveau du poignet, remonte le long du bras pour venir reposer quelque part en dessous de la clavicule. Comme s'il voulait se faufiler en direction du cœur.

« Allez, ma petite, on va démarrer avec la dexaméthasone, 20 mg. C'est un stéroïde anti-inflammatoire. Un bon produit. Qui atténue les effets secondaires les plus méchants. »

Les effets secondaires ? Comme dans cette petite brochure, *La Chimiothérapie et vous*. Il se peut que vous n'ayez pas faim. Que vous ayez des bourdonnements dans les oreilles. Le bout des doigts gourd. Tout le monde cherche à préparer le patient au pire, tout en lui suggérant qu'il n'a pas idée de l'épreuve qui l'attend.

La dexaméthasone commence à s'égoutter en elle à quatorze heures trente. Et continue pendant une heure et demie. Laura est assise avec deux classeurs, Propriétés et Clients, ouverts sur les genoux. À seize heures, elle a dû parcourir trois fiches. Cocher quelques entrées dont elle aura tout oublié demain.

À seize heures, Tracy, l'infirmière en chef du service, vient lui changer sa pochette.

« C'est du Benadryl, 50 mg. Un antihistaminique et un antiémétique.

— Ce qui veut dire quoi ? »

Laura aime bien Tracy. Elle ressemble beaucoup à Ellen, mais avec suffisamment d'années en plus pour être devenue raisonnable.

« Que le deuxième plat est censé vous empêcher de renvoyer le troisième, dit Tracy.

— Génial. Vous penserez à moi, hein ?

— Ça se passera très bien, Mrs Bodey. Vous allez voir. »

La première goutte du liquide n'a pas pénétré dans son sang depuis plus d'une minute qu'elle se dit que Tracy avait raison. Ça va très bien se passer et même mieux encore. Ce sera magique.

La potion fait refluer sur elle une vague de bien-être. Cette bénédiction liquide coule en elle, intacte, répand sa fraîcheur dans toutes les parties de son corps. Elle a l'impression de monter, monter, comme un thermomètre, l'éclat argenté du mercure se faufilant en elle pour remonter jusqu'à sa nuque et sa gorge, lui inonder la tête et ressortir par ses oreilles. Elle s'abandonne à cet étrange lavage qui tantôt titille ses cellules, tantôt les calme.

Et ses cellules réagissent comme des plantes grasses après la pluie. L'héroïne, ça doit ressembler à ça. Une sensation irréelle de perfection, de merveilleux, au-delà de toute description. On comprend que les gens veuillent la prolonger, veuillent la voir durer à jamais. « Accro » n'est pas le mot juste, car il ne rend pas compte de cette paix qui descend en vous. L'engourdissement d'un sommeil sirupeux la libère d'une angoisse dont elle ne se savait même pas habitée.

Alan, l'homologue de Tracy dans la deuxième équipe, installe une pochette de Zantac, 50 mg. Laura voudrait savoir à quoi ça sert. Mais elle n'en fait pas une affaire. Ils savent ce qu'ils font. À quelque distance de là, au-dessus du gouffre d'air, elle entend Alan lui dire que c'est un antiulcéreux. Destiné à protéger les parois stomacales et à adoucir l'atterrissage de la chimio.

Elle nage dans le bonheur jusqu'à seize heures trente : début du taxol, 200 mg dans 1 500 cc de solution saline. Quelqu'un – Tracy ou Alan – mentionne de nouveau cette histoire d'écorce d'arbre. Comment est-ce qu'une écorce peut faire mal ? Puisque c'est cent pour cent naturel. Les Indiens faisaient des tas de choses dans le temps avec l'écorce d'arbre. Des canots, des maisons. Des médicaments puissants. La toxine entièrement naturelle va s'égoutter dans son corps pendant les vingt-quatre heures à venir.

Elle appelle les enfants. Tout le monde va bien, mais il faut qu'elle libère la ligne : Ellen attend un coup de fil. Elle aimerait appeler Ken, mais bien entendu, elle ne peut pas. Et apparemment, lui non plus.

À dix-neuf heures, c'en est fini du bonheur sans mélange.

Elle ne dort pas plus de trois quarts d'heure en tout, sans doute, cette nuit-là. D'abord, parce qu'on n'arrête pas de la réveiller, uniquement pour voir si elle se réveille bien. Ensuite, parce que l'alarme de la perfusion automatique se déclenche chaque fois qu'elle plie les doigts. Elle a à peine besoin de bouger le bras pour que se déchaîne le branle-bas de combat. Au bout du énième bip, elle se met à réciter, comme une prière : « Arrête. Mais, par pitié, arrête. » Mais l'alarme est têtue et les infirmières ne peuvent rien faire pour la rendre moins sensible.

Un jour qui s'égrène en microsecondes va au-delà de l'idée même qu'on peut se faire du temps. Elle reste assise avec ses deux classeurs sur ses genoux, tandis que le monde passe de la lumière à l'obscurité et de nouveau à la lumière, mais cette fois-ci artificielle. À trois ou quatre heures du matin, des idées bizarres lui traversent l'esprit. L'histoire n'existe pas. Tout est déjà de l'histoire. L'humanité est pareille à un enfant enfermé par accident dans une bibliothèque et cherchant le chemin de la sortie en parcourant les livres sur les rayons.

Ce n'est le moment ni de dormir, ni de manger, ni de lire. Ce n'est pas non plus le moment de faire des projets. Elle consacre sa journée à respirer. Elle a besoin de toute sa capacité de concentration. Un jour passé à ne rien faire, à essayer simplement d'empêcher l'ennui de l'anéantir. Les tortionnaires ont envahi les terres basses de son sang. Il faut qu'elle fasse sauter les digues et qu'elle noie leurs armées.

Puis, c'est de nouveau seize heures trente. Le jour suivant, si toutefois « le jour suivant » veut encore dire quelque chose. Son organisme a droit à un nettoyage complet : lavage au sérum physiologique pendant cinq heures. Comme le truc que sa mère versait dans la machine à laver après plusieurs lessives, pour empêcher le tartre de se déposer sur les résistances.

Quelqu'un l'appelle. Un homme. Elle ne prend pas la communication.

À vingt et une heures trente ce soir-là – mais lequel ? –, on lui administre du Zofran plus de la dexaméthasone pour le faire passer. Elle ne retient plus les dosages. Le Zofran, c'est pour prévenir les nausées. Ils auraient pu lui en donner plus tôt. Elle pense à ces myriades de médicaments – découverts, étudiés, testés, raffinés, combinés, défilant en parfaite formation au sortir de tous les hôpitaux du monde. Une femme de Flagstaff, dans l'Arizona, qui a approximativement son âge et son poids et dont on n'est pas certain non plus qu'elle soit un stade un, est en train d'absorber en ce moment exactement le même cocktail, qui lui est administré avec la même dextérité par sa petite équipe à elle d'infirmières spécialisées.

Les ingrédients se multiplient à l'infini, alors que la plupart ne sont pas sortis depuis plus d'un mois. Voilà comment nous vivons aujourd'hui, avec une drogue nouvelle tous les jours. Directement du stade expérimental à la pratique établie, sans même prendre le temps de vérifier si les cobayes vont dépérir ou se remettre. Énorme rituel, avec ces millions de décisions qui s'entrecroisent et sont mises en œuvre par des dizaines de milliers d'exécutants, chacun remplissant la tâche assignée. Immense fourmilière parfaitement ingouvernable.

« J'ai droit à quoi, maintenant ? » demande-t-elle à vingt-deux heures. Serrant les dents, mais toujours assez crâne.

« Cisplatine, 120 mg, plus mannitol, 37,5 mg. Pendant six heures environ. » C'est de nouveau Alan qui est de service. Sans trop savoir comment, elle a laissé passer le tour de Tracy.

« C'est censé faire quoi ? »

Mais qui serait encore capable de répondre ? La thiamine pour le métabolisme. Le romarin pour la mémoire. Les petites pilules pour le foie, qui en fait servent à tout. Pourvu que le nombre de remèdes excède, ne serait-ce que d'un cheveu, le nombre d'affections. Et toujours de l'eau, de plus en plus d'eau, pour empêcher le métal de se déposer dans ses reins, jusqu'à ce qu'elle ait le mal de mer, à flotter ainsi sur un océan intérieur.

Ah, oui, le cisplatine, elle se rappelle maintenant. Le métal lourd qui tue. Le platine, comme celui de son alliance qui ne lui sert plus à rien. Le truc dans sa perfusion, pas question de le laisser approcher à moins de vingt kilomètres d'une réserve d'eau potable. Mais là, ils lui en ont rempli une petite flasque, rien que pour elle. Elle préfère ne pas savoir combien peut coûter la moindre gorgée de cette boisson. Merci, mon Dieu, pour l'assurance maladie. Ceux qui dénigrent le progrès n'ont jamais vu un parent ou un ami mourir faute de pouvoir payer le traitement adéquat.

Karen, l'infirmière du petit matin, la réveille à trois heures trente. Ou plutôt, l'alarme de la perfusion réveille Laura, qui alerte Karen. C'est l'heure d'un autre lavage, riche, celui-là, en éléments nutritifs divers et en électrolytes. Il doit durer huit heures, à peu près ce que durait son sommeil, du temps où elle dormait encore.

Le troisième jour, quand elle se réveille, elle est de nouveau sous un mélange de Zofran et de dexaméthasone. Tracy est de retour.

« On n'a pas déjà fait ça ? lui demande Laura.

— Ouais, dit Tracy en roulant des yeux pleins de compassion.

— On en achète deux et le troisième est gratuit, c'est ça ?

— Vous en avez presque terminé, Mrs Bodey, dit Tracy en riant. C'est la dernière ligne droite avant de rentrer chez vous. »

À midi, le troisième jour, elle arrive presque à se refaire à l'idée d'un chez-elle. La ligne d'arrivée, elle la franchit sans la moindre cérémonie. Un simple au revoir. Une de moins, plus que cinq à tirer.

Ils essaient de la faire manger avant son départ. Mais la seule odeur de la nourriture lui donne une nausée telle que son corps fait fi des meilleures intentions. Il ne veut qu'une chose, tandis que Tracy en veut une autre. Laura ne s'en sort qu'en enfournant la moitié de son entrée dans son sac. Elle s'en débarrassera plus tard. Elle a l'impression d'être redevenue une petite fille, sauf qu'elle a la chance d'avoir un sac à main, maintenant.

Personne ne connaît vraiment son corps à fond. Le sien s'est fait électrique, bourdonnant, crêpelé. Ses organes internes ont pris une teinte horrible. Personne ne sait vraiment ce que sent la nourriture. Le bien-être n'est rien d'autre qu'un imposteur, une jolie fille qui se transforme en sorcière à la marée de morte-eau quand le charme est rompu et qu'enfin la raison prend le dessus.

Don la prend devant l'entrée. Histoire d'éviter le docteur Jenkins, vraisemblablement. « Comment ça s'est passé ? » réussit-il à demander. Mais il détourne le regard quand elle lui répond. Comme s'il préférait de beaucoup la version abrégée.

« Tu as besoin de t'hydrater ? Veux-tu que je m'arrête pour prendre de l'eau ?

— Essaie un peu et je me mets à hurler. Je me fais l'impression d'être une usine Perrier à moi toute seule.

— Ellen vient de se faire exclure de son bahut, annonce-t-il.

— Vient de quoi ?

— Ta fille vient de se faire offrir trois jours de vacances.

— J'ai compris, Don, merci. Depuis quand ?

— Hier après-midi.

— Et personne n'a jugé bon de m'avertir ?

— Tu avais d'autres soucis en tête.

— Qu'est-ce qu'elle a fait ?

— Chahut et bagarre. Avec une de ses petites camarades. À coups de poing. Le prof a dû les traîner chez le proviseur. Aucune n'a voulu donner d'explications. Une sorte de pacte du silence. Le proviseur les a menacées de les exclure toutes les deux. Et Ellen a fini par admettre que c'était elle qui avait commencé. Elle dit... elle dit qu'elle a demandé à l'autre combien il avait fallu tuer de viscoses pour faire son corsage.

— Don ! Et ça te fait rire ! Mais c'est horrible.

— Je ne ris pas.

— Comment peux-tu seulement sourire ?

— Je ne souris pas.

— Quand même, une exclusion pour ça ?

— Il semble que ce soit sa troisième incartade de la semaine. »

Ils prennent le temps de coordonner leurs réactions de parents. Chacun décidant de ne pas compromettre l'exercice de la discipline chez l'autre.

Ellen l'accueille à la maison, partagée entre un peu de remords et beaucoup d'entêtement.

« Trésor, tu t'en prends à une fille parce qu'elle est pauvre ?

— Camille Wexner est tout sauf pauvre, m'man. Son père est quelque chose comme chef de projets chez Clare. Probable qu'il gagne deux fois…

— Mais tu t'es moquée d'elle à cause de ses vêtements ?

— Oh, m'man, par pitié, cette fille me gave. C'est une pauvre crétine. »

Crétine ? Laura a vu passer tant de mots dans sa vie. Elle se demande comment elle a fait pour les retenir.

Elle prend une résolution de nouvel an un peu en avance. Désormais, elle vérifiera tout dans le dictionnaire. Et elle commencera dès ce soir. Mais la nausée s'installe. Elle a un contact intime avec la cuvette de ses W-C. Elle se pénètre de l'odeur des cristaux bleus dont elle se sert pour couvrir l'odeur de ses intérieurs.

Elle n'arrive pas à manger. La seule idée de dormir est absurde. Quant au travail, ce n'est même pas la peine d'y penser. Elle se demande comment elle a jamais pu travailler, même quand elle était au mieux de sa forme. Comment elle a jamais pu croire qu'elle pourrait continuer à le faire, avec tout ce qui l'attend.

Mais elle peut quand même vérifier un certain nombre de choses. Éclaircir quelques-uns au moins de ces points obscurs qui la tracassent depuis des années. Elle peut se servir de l'ordinateur et consulter ce CD-ROM qu'elle a acheté pour Tim et auquel il refuse de toucher.

Taxol : rien. Cisplatine : rien. Crétin : personne atteinte de myxœdème congénital ; idiot. Vient d'une déformation du mot français « chrétien » ; signifiait en un autre temps et en d'autres lieux « pauvre âme ».

BIEN RESPIRER

Cette année, Melissa a soufflé toutes ses bougies. D'un coup. Toute seule. L'an dernier, le seul fait de fredonner

Joyeux anniversaire bouche fermée l'avait laissée à moitié suffoquée. Jusqu'à l'apparition de Respulin dans sa vie, cadeau parmi d'autres cadeaux, chaque nouvelle bougie signifiait pour ses poumons un effort insurmontable. Elle ne pouvait ni courir, ni chanter, ni crier, ni même sauter à la corde. Elle vivait dans une angoisse permanente. Une belle journée de printemps lui donnait l'impression d'être enterrée vivante.

Aujourd'hui, Melissa a fêté ses neuf ans. Peut-être ne sait-elle pas encore épeler « asthmatique ». En revanche, elle sait sûrement écrire le mot « Bonheur ».

Département de recherche biologique
CLARE MATERIAL SOLUTIONS

Le Peau-Rouge ne s'est jamais fait de souci pour sa peau. Pour tout dire, il ignorait tout – ou presque des angoisses modernes. Il vivait dans un état de noble simplicité, en osmose avec le monde qui l'entourait. Son instinct savait pénétrer les mystères les plus complexes de la nature et lui donnait un vrai savoir, même si celui-ci n'avait rien de scientifique.

L'Indien vivait en harmonie avec les complications infinies de la vie. Les hommes de l'industrie, entassés dans leurs villes, célébraient la profondeur de cette communion. Guidé par la lumière de la nature, l'Indien marchait sans aucun bruit et, l'oreille collée au sol, percevait ce qui se passait à des distances incroyables. Il était capable de sortir des poissons des torrents à l'aide de ses seules mains. De sentir la présence d'un ours avant de le voir. De traquer et piéger le plus craintif des daims.

Les Blancs qui s'étaient aventurés dans ces espaces sauvages avaient survécu eux aussi. Et même plus que survécu, puisqu'ils avaient soumis la terre dans la mesure de leurs moyens, comme leur Livre le leur recommandait. Mais leur méthode de culture simplifiait grandement ce qui par ailleurs échappait à leurs examens les plus subtils. En détruisant les forêts de cet espace immense et sauvage, les Blancs avaient perdu un précieux secret, un savoir vieux comme le monde.

De tout cela, Benjamin discuta longuement avec son frère Samuel. Ils se citèrent mutuellement le conseil du sage de Concord à la jeune Amérique. Cette terre était aussi ancienne que le Déluge. « Ici les étoiles, les bois, les collines, les animaux. » Mais ici se dessinaient aussi de vastes mouvements porteurs d'un ordre nouveau.

Les sciences naturelles, ces espionnes de Dieu, avaient changé les règles de la vie. La main de l'industrie était enfin en train de transformer la pierre en pain. Dans tous les domaines, le travail et la planification prenaient le pas sur la cueillette hasardeuse et nonchalante. La simple relation parasite qui unissait l'aborigène à la nature avait été mise en déroute et conduite de force vers les territoires, où elle resterait confinée. Le Peau-Rouge était fini.

En dépit de toutes ses connaissances et de sa relative tranquillité d'esprit, l'Indien n'avait pas un seul instant envisagé que son monde puisse s'écrouler au contact d'autres hommes, qui seraient, eux, libérés des chaînes de la nature. Mille ans ne leur auraient pas suffi pour comprendre l'âge de l'amalgame, celui que chantait Emerson :

> La locomotive et le bateau à vapeur, telles d'énormes navettes, passent et repassent chaque jour sur les innombrables fils des origines nationales et des occupations pour les nouer en une trame serrée ; l'assimilation fait des progrès toutes les heures et il n'y a aucun danger que subsistent les particularismes et les antagonismes locaux.

Et pourtant, le Visage pâle, au cœur de cet âge plein de promesses, pleurait la fin de l'Arcadie indienne. Plus fort était l'élan vers l'avant, plus nostalgique le regard jeté vers l'arrière. Plus le futur se révélait facile et bon marché, plus cher devenait le passé. Il suffisait pour s'en convaincre d'observer la floraison des expériences communautaires au sein même du Commonwealth dont faisaient partie les Clare. Une épidémie de petites utopies vint témoigner non pas de la délivrance finale mais d'un désenchantement généralisé, d'un refus obstiné de la sorcellerie manufacturée de l'homme.

L'expansion des affaires humaines produisait une abondance jusqu'ici inimaginable. Et pourtant, fit valoir Benjamin auprès de Samuel, tout le monde n'était pas prêt à payer le prix de l'abondance. Le seul fait d'imaginer toute cette prodigalité faisait un tort sournois aux enfants pleins de promesses.

Là où le passé allait chercher un prix plus ferme que l'avenir, l'avenir, lui, cherchait ses nouveaux marchés dans le passé. Le remords était à l'origine d'un commerce juteux. La nation qui avait payé trente millions de dollars pour permettre à Jesup et à Taylor d'exterminer les Fox et les Séminoles s'arrachait maintenant les gravures de Catlin à des prix de tirages limités.

Samuel transmit l'idée de Ben à Resolve, qui était bien plus au fait que lui des possibilités du marché. Dans la fragrance nostalgique que dégageait *Utilis clarea*, Resolve lui-même était capable de flairer la bonne affaire. Ce parfum lui remettait en tête le vieil adage familial : le profit est égal au produit du risque par la distance. Plus on transportait loin un produit, plus on pouvait espérer le vendre cher. Il se pouvait que Clare arrive à faire une pêche miraculeuse dans les profondeurs du passé. Le Peau-Rouge ne s'était jamais fait de souci pour sa peau. Alors, pourquoi nous en serions-nous fait ?

Resolve éprouva mentalement toute la beauté que recélait l'offre de Ben. L'âge de la vapeur faisait subir à la peau certains dommages sans précédent, inconnus des époques et des races antérieures. Que l'on se mette à vivre comme vivaient autrefois les aborigènes et la cause desdits dommages avait toute chance de disparaître. Une peau qui avait cessé d'être naturelle avait besoin d'un traitement naturel, traitement dont les progrès de la machine avaient égaré la formule.

Resolve Clare trouva l'idée absolument superbe : ils pourraient satisfaire les besoins du progrès en vendant la condition même à laquelle le besoin remédiait. Resolve retournait ce paradoxe dans sa tête tout en triturant le présent tubéreux de son jeune frère. La philosophie à la base de toute l'opération était saine. Mais, en fin de compte, la philosophie n'était jamais que le bâtard des affaires. Et tôt ou tard, quelqu'un éprouverait le besoin de sortir le cabot pour le faire courir un peu.

Samuel et Resolve étudièrent les carnets de Ben relatifs à *Utilis*. Ensemble, ils se penchèrent sur les pages d'observations minutieuses portant sur les particularités de la plante. Ensemble, les trois frères reproduisirent les différentes phases du processus qui consistait à hacher, brûler, lessiver, faire bouillir, filtrer et faire sécher, avant d'obtenir une poudre âcre vert chartreux. C'est sous cette forme, inconnue de ceux qui la cultivaient dans son île d'origine, que, de l'avis de Benjamin, la plante produisait le concentré le plus négociable.

L'extrait avait la saveur du pignon brûlé – agréable sur la langue, avec un arrière-goût amer à peine perceptible. Benjamin, qui en ingérait de toutes petites quantités depuis des années, affirma avoir constaté une amélioration de sa digestion et une atténuation de sa goutte. La poudre faisait des bulles quand elle était humide, comme le bicarbonate au contact d'un acide, mais se laissait difficilement imprégner par l'eau et elle se comportait comme un astringent puissant. Appliquée sur de la viande de boucherie, elle arrivait à en préserver la fraîcheur pendant au moins une journée. Une couche de l'écume produite par la plante réussit à guérir en quatre jours une lésion qu'avait Resolve au dos de la main.

En pâte, en poudre ou en solution, l'*Utilis* avait la couleur d'un médicament efficace. Elle avait les allures d'un reconstituant. Elle en donnait la sensation. Elle sentait comme l'onguent appliqué par les anges dans le grand hôpital de Dieu en personne.

La substance aurait bien pu se révéler après coup aussi toxique que la jusquiame, mais aucun organisme, aucune réglementation du commerce n'existait encore pour empêcher les Clare de le découvrir *in vivo*. Ils se mirent aussitôt au travail pour remodeler leurs installations et fabriquer un produit qui ne tolérerait pas les imitations. Une fois encore, ils démantelèrent un matériel en parfait état de marche pour mettre en place un nouvel outil, sans autre assurance que celle que donne l'espoir de réussir.

Ennis expérimenta plusieurs méthodes pour fixer la substance sur un produit fini, mais sans succès. L'*Utilis* restait insoluble pendant toute la phase d'ébullition et se retrouvait intacte dans la lessive résiduelle. Quand il réussit enfin à prolonger la vie de l'extrait, la mixture s'avéra incapable de passer le stade final, évacuée qu'elle était avec les impuretés. Si on l'incorporait directement à la pâte de savon déjà élaborée, elle faisait de vilains grumeaux.

C'est le procédé qu'ils utilisaient pour leur savonnette de luxe qui leur apporta la solution. Ennis construisit un grand établi où les ouvriers taillaient du savon blanc en fins copeaux, que l'on mettait ensuite dans une série de tonneaux équipés de bacs en tôle galvanisée où arrivaient des conduites de vapeur. Dans cet appareil idéal pour une seconde cuisson, le savon était refondu et recondensé à loisir et l'on pouvait y incorporer les quantités voulues d'additif au moyen d'une spatule géante, pour enfin, après avoir bien remué le mélange, obtenir une mixture homogène.

Une fois refroidis et taillés en ovales arrondis, les morceaux passaient au séchage jusqu'à ce qu'ils deviennent fermes et lisses au toucher. Venait ensuite la dernière opération, la plus cruciale : des chargeurs amenaient les ovales encore frustes à une estampeuse mécanique à pédale tout à fait ingénieuse et les presseurs appuyaient sur les pédales pour faire remonter le levier qui avait laissé son empreinte sur le savon. Et c'est ainsi que, tout au long de la journée, tombaient des joues des moules des centaines de savonnettes aromatiques, portant toutes en relief le profil d'un brave au noble visage.

Elle réussit à passer le cap des pires nausées. Son énergie revient. Elle cesse de vomir quand elle s'est vidée de tout le poison. La Compazine commence à faire effet à peu près au moment où la nausée se serait dissipée de toute façon. La semaine qui précède son retour à l'hôpital, Laura arrive presque à se rappeler comment elle était avant d'y entrer pour la première fois.

Son emploi du temps se réduit à ses plus simples rituels. Elle s'oblige aux routines les plus mécaniques, aux tâches auxquelles elle est tellement habituée qu'elle les accomplit avant même d'être complètement réveillée. Elle les passe mentalement en revue tout en posant le pied sur la moquette vert sombre. Une marque au crayon-feutre pour chaque station devant l'ardoise blanche effaçable collée à la Super Glue au réfrigérateur. Rien ne doit changer.

Sa vie. Elle doit poursuivre sa vie, ne cesse-t-elle de se répéter. Mais elle s'y sent comme sur une terre inconnue. Comme si elle était de retour dans quelque Angleterre étrangère, après des années passées sur un récif de corail qui n'apparaîtrait sur aucune carte. Elle est perchée sur sa propre épaule, regardant le pantin de son corps s'agiter à chacun des postes de contrôle répartis sur les frontières de son temps, se mesurant aux injonctions de son agenda de poche.

À la page du samedi, la mention « Match, snack » la laisse perplexe. Elle regarde les mots fixement, désarmée devant le mystère incongru du familier. L'évidence lui échappe. Probablement un rendez-vous hebdomadaire, quelque chose qu'elle fait sans y penser, par la seule force de l'habitude.

Ce n'est que lorsque Don appelle que, brutalement, elle se souvient. « Tu veux que je te prenne en passant ? » Cette inflexion dans sa voix : surtout ne pas conduire dans son état.

« Tu… em… à quelle heure ? bluffe-t-elle.

— Laura, voyons. L'équipe de foot de Tim. Celle que j'entraîne tous les samedis depuis un mois. »

Impossible. Quatre semaines, déjà ! Impossible qu'elle ait pu oublier.

Sans doute à mettre sur le compte de la chimio. C'est forcément un des produits qui jouent des tours à sa mémoire. Elle a examiné de près la liste des effets secondaires. Depuis les bourdonnements d'oreilles jusqu'au blocage des reins. *Neurotoxine* : avec un nom pareil, ça ne peut qu'être mauvais. Sans parler de toutes les drogues qu'elle ingurgite pour contrecarrer les effets indésirables des médicaments originels.

Et elle ne fait que commencer. Elle n'en a pris qu'une toute petite dose. C'est vrai qu'elle a eu d'autres choses à penser que le football en salle. Mais, jusqu'ici, elle n'a jamais rien oublié de ce que font les enfants. Laura Bodey : celle qui n'oublie jamais rien.

Et c'est sa semaine : c'est à elle d'apporter le snack pour l'équipe et elle a oublié. Oublié de préparer quelque chose. Oublié l'équipe. Elle se force à aller jusqu'à la supérette la plus proche. Tout en préemballé. Tartes à la myrtille en barquettes de six. Petits bacs en plastique pleins de raviolis. Pour les parents, elle prend le plateau de crudités sous cellophane avec les godets de sauce au milieu. Et pour les joueurs, elle s'empare au passage d'une collection complète de fruits secs hyper-énergétiques.

Le match a déjà commencé quand elle arrive au gymnase. Elle ne s'est pas sitôt mise à déballer qu'elle se rend compte de l'ampleur de son erreur. Elle a violé une règle non écrite mais tacite : ne jamais acheter de nourriture toute prête, toujours improviser à partir de rien, ou presque. Et le pire, c'est que tout le monde sait pourquoi.

Tori Gwain, la mère des impossibles jumeaux Gwain, fait de son mieux pour lui remonter le moral. Elle trempe une branche de céleri dans un godet tout en simulant le comble du bonheur. « Mmm, mmm, délicieux, Laura. » Exactement la même intonation que dans cette vieille pub où l'on vante les mérites d'un quelconque potage.

« Oui, vraiment bon, renchérissent deux ou trois autres. Et frais, avec ça. »

Elles savent très exactement où elle a acheté tous ces trucs et combien elle les a payés. Elles savent que c'est tout ce qu'elle a trouvé pour se rattraper à la dernière minute. Elles s'abstiennent soigneusement de toute critique pour ne pas la culpabiliser. Elle est assise sur les gradins, la tête couverte de son foulard Hermès acheté en solde, entourée de mères en survêtements qui lorgnent son couvre-chef.

La seule odeur de la carotte qu'elle fait semblant de manger lui donne envie de vomir. Surtout, ne rien laisser voir. Elle s'installe pour regarder son Timmy. Pendant la plus grande partie de la première mi-temps, il reste près de la ligne de touche, tantôt courant, tantôt boudant. Il s'arrête souvent soit pour rentrer son tee-shirt dans son short, soit pour l'en sortir. Il semble vouloir éviter le ballon, ne pas prendre de risques, rester loin de l'action. Si par hasard le ballon s'égare de son côté, il fait aussitôt une passe pour s'en débarrasser.

Et pourtant, à une époque, il adorait le sport. Avant d'être obligé d'en faire. Il composait des équipes imaginaires. Les Marmousets des Rocheuses. Les Makis à queue zébrée de Louisville. Des ligues entières, mais ni Tigres ni Chacals, sans Guerriers ni Bombardiers. Il était tellement doux, pour un garçon. L'extermination des fourmis n'a commencé qu'après, quand les autres à l'école se sont mis à lui marcher sur les pieds. Quand elle et Don ont pris la pente descendante.

Il jonchait la maison de dessins. Des piles entières, partout. Il les distribuait en guise de présents – à elle-même, aux étrangers, au facteur. Dessins des grands stades de base-ball, des joueurs célèbres, portraits mascottes. Instantanés de phases de jeu restées dans les annales. Uniformes dans leurs moindres détails. Celui des Makis : rayures blanches et noires, comme une tenue de bagnard, mais en plus gai.

Et puis ces monologues à n'en plus finir, moitié reportage intégral, moitié numéro comique de gamin un peu braque. « Les Makis ont vraiment le dos à l'arbre maintenant. C'est le moment ou jamais de montrer ces pouces opposables. De s'installer sur la base et de défendre l'honneur des primates. » Construisant des matchs complètement imaginaires, jusqu'au dernier strike. Mais seulement quand il croyait que personne ne l'écoutait. Laura devait se glisser au sous-sol et coller son oreille contre les tuyaux si elle voulait surprendre les élucubrations de la chair de sa chair.

Les Makis sont partis depuis longtemps. Il les a abandonnés dans la grande poubelle des espèces disparues. Les a consignés dans la zone de ballon mort, là où Don a consigné leur mariage, haussant les épaules d'un air dégagé, le jour où leur franchise est venue à expiration.

Si Tim pratique un sport collectif en ce moment, c'est uniquement parce que son père l'y oblige. Le match d'aujourd'hui oppose Caldwell Glass à Park Mall Medicine Tent. Toutes les équipes ont un sponsor. L'agence Next Millennium, elle aussi, a son équipe. Ça ne coûte pas grand-chose. Une douzaine de maillots et une soirée pizza à la fin de la saison. Sponsoriser ces gamins, c'est bichonner de futurs clients, la génération à venir de Lacewood. Fabriquer des souvenirs. Faire dans le collectif. Chacun des gosses représente une déduction fiscale pour un commerçant du coin et permet au sport amateur de rester hors d'atteinte du gouvernement. Ça n'est pas cher payé. Surtout quand on a affaire à une équipe gagnante.

Ce qui n'est pas le cas de Caldwell Glass. Pas aujourd'hui. Pas non plus depuis que Don et Tim ont rejoint l'équipe. Caldwell Glass a à peu près autant de chances de gagner un de ses matchs que Laura de remporter un prix littéraire. Mr Caldwell, à l'heure qu'il est, doit sérieusement songer à les poursuivre devant les tribunaux pour récupérer sa mise.

C'est la faute de Don. Il voudrait tellement les voir gagner qu'il finit par les paralyser. Ils sont branchés sur le match de la semaine suivante avant même d'avoir terminé celui qui est en cours. Don les bouscule, les accable de sarcasmes, alors qu'ils n'ont eu que deux séances d'entraînement et un match amical depuis le début de la saison.

Laura aurait presque pitié de lui. D'un côté, il a tous les autres pères sur le paletot, qui ne demandent qu'à le voir pousser l'équipe. De l'autre, l'équipe elle-même, totalement paniquée, chacun des gamins montrant son voisin du doigt. Pire que l'habituelle leçon d'esprit communautaire administrée aux jeunes joueurs de la Little League.

Si encore Tim ne faisait pas les frais de l'opération, *basta !* Mais c'est lui qui se retrouve en première ligne. Il est la cible de tous, l'ennemi public numéro un. Ses coéquipiers le détestent parce qu'il est le fils de l'entraîneur. Et le père en fait autant simplement parce que son rejeton refuse de faire cause commune avec lui.

Le seul fait de le regarder courir sur le plancher du gymnase pendant une heure la met au supplice. Le seul fait de paraître en public, de faire des mouvements d'échauffement devant les autres est pour Tim une humiliation à laquelle il désespère de survivre.

Et dire qu'il aimait tellement courir, à une époque. Taper dans ce ballon en plastique jaune dans le jardin, Goldie sur ses talons. Jouer avec Don. Faire des passes avec le cuir ou tout ce qui leur tombait sous la main. Elle était parfois obligée de les chasser de la maison avant qu'ils cassent la dernière lampe encore debout. Elle croyait qu'ils ne grandiraient jamais, ni l'un ni l'autre. De vrais gamins.

Aujourd'hui, le père comme le fils ne supportent plus l'idée du sport. Leur dégoût ressemble à s'y méprendre à celui de l'amoureux trahi et transparaît dans le moindre tressaillement de muscle. Mais tous deux continuent consciencieusement de faire semblant, plutôt que de se faire honte en public. Don espère un coup de veine extraordinaire qui lui permettra de gagner. Gagner le match, gagner l'affection du gamin, de l'équipe. Les sortir et fêter la victoire avec une tournée de *root beer* glacée. Tim, lui, n'a qu'une idée en tête : rentrer au plus vite à la maison, retrouver son ordinateur et passer les deux jours à venir à faire exploser tout ce qui bouge.

« Dis donc, Bodey », hurle l'entraîneur depuis la ligne de touche. Veillant à ne pas faire de favoritisme. Allant jusqu'à appeler son fils par son nom de famille, chose qu'il ne fait pas avec les autres. « Bodey ? T'es sourd ou quoi ? Remue-toi un peu ! T'appelles ça courir, toi ? » Les autres parents s'y mettent. Les remontrances de Don à l'adresse de son propre fils les ont remontés, comme le coup de gueule d'un patron demandant d'accélérer la cadence.

Kay Huber interpelle son fils : « Kyle, viens manger le reste de ta barre. Je ne veux pas te voir courir l'estomac vide. » Kyle hésite. Il voudrait bien s'exécuter, mais ne peut pas plaquer le jeu comme ça. Il fait un pas, hésitant, en direction des gradins. Puis il repart vers le milieu du terrain, essayant de faire comme s'il n'avait pas entendu.

Kay se met à hurler. « Kyle, *Kyle !* » Un cri d'une rare puissance, même pour une mère supporter. On croirait le ton affolé d'une urgence médicale. À ce niveau de décibels, même Don reste impuissant. Le pauvre gamin se couvre l'entrejambe et s'arrête net. Puis quitte le terrain en trottinant, la tête basse, bétail promis à l'abattoir.

« Je ne veux pas que tu coures comme ça sans rien dans le ventre », le gronde Kay. Pour faire descendre la barre parfumée à la banane, elle lui donne du Sporteen, de loin la plus populaire et la plus riche en contrats des boissons vitaminées pour jeunes sportifs. Puis elle le renvoie sur le terrain, où ses coéquipiers lui tombent dessus à cause du but qu'ils ont encaissé pendant son absence.

Quel que soit le type d'agression que ces gamins s'infligent mutuellement, ils ont tout appris dans le livre de leurs parents, ces maniaques de l'élevage, toujours prêts à pousser leurs gosses, comme on pousse une machine. Ceux qui s'en tirent le mieux sont les pires. Ils n'arrêtent pas de jouer des coudes, d'écraser les autres pour être dans les premiers, depuis l'école privée jusqu'à l'année préparatoire de médecine. Laura elle-même l'a fait, chaque fois qu'elle était sûre de s'en sortir sans dommage.

Incroyable, tous ces pères qui hurlent à leur gamin d'aller au contact, comme si, à condition de s'accrocher et de s'endurcir, celui-ci devait pouvoir prétendre un jour faire une carrière de professionnel. *Ce n'est jamais que du foot en salle*, bon sang. Mais quand on commence à parler sports professionnels, les parents deviennent complètement cinglés. Quand on pense que ceux de Gordy Johnson, l'ami de Tim, lui ont fait quitter l'école pendant un an, tout ça pour qu'il puisse être recruté plus tard dans une équipe universitaire. Sûr qu'ils doivent le bourrer d'hormones de croissance. Corser ses hamburgers avec des stéroïdes.

Classements, performances, contre-performances, c'est le pays tout entier qui est malade. C'est pour ça qu'Ellen est comme elle est. Trop bien pour la bêtise ambiante. Il y a deux ans, au moment de la puberté, quand elle a commencé à grossir, elle s'est mise à courir. Elle avait simplement envie de faire du jogging sur de longues distances, des heures d'affilée. Courir jusqu'à ce que Lacewood laisse la place aux champs. Jusqu'à ce qu'elle-même disparaisse dans les mornes étendues de l'agro-industrie.

« Pourquoi est-ce que tu n'essaies pas d'entrer dans l'équipe du lycée ? » avait tenté de lui dire Laura. Croyant ainsi résoudre le problème.

À côté de la plaque. Loin d'être la solution, l'équipe était précisément le problème.

« Je ne suis pas assez bonne. » C'était le seul commentaire qu'avait jamais fait la gamine.

Laura l'a obligée à venir aujourd'hui. S'il y a une chose dont Ellen ne veut plus entendre parler en ce moment, c'est bien de la famille. Ou de ce qu'il en reste. La grande sœur s'est déplacée, mais uniquement parce qu'on l'y a forcée, et elle l'a fait savoir à qui voulait l'entendre. Se considère comme prise en otage. N'a pas arrêté de faire enrager Tim. « Alors, mon vieux. C'est le grand jour. Fais gaffe, ne laisse pas passer ta chance. On compte tous sur toi. »

Elle a demandé à Camille Wexner de venir la retrouver ici. Camille – la copine de frasques. Elles sont assises tantôt au pied des gradins, tantôt à côté, tantôt en dessous, de temps en temps, on ne les voit même plus. Ricanant comme des bécasses, incapables de se contrôler, s'adonnant à une gymnastique endiablée, coudes écartés, paumes des mains pressées l'une contre l'autre, et criant bien fort pour que tout le monde les entende : « Et flûte et zut ! Nous aurons un joli buste ! »

Laura est tentée de mettre un terme à leurs pitreries, mais s'abstient. Difficile d'obliger la gamine à venir et d'exiger d'elle en même temps qu'elle soit contente. Elle-même n'est pas absolument à l'aise, en ce moment, sur ce chapitre. D'ailleurs, si Tim avait le choix, il serait le premier à les supplier de rentrer à la maison le plus vite possible.

S'il y a des consignes de jeu précises, les Caldwell Glass Gladiators se révèlent incapables de les appliquer. L'adversaire marque un nouveau but tandis que Tim, qui joue en défense, a des problèmes avec les bandes Velcro de ses chaussures. Laura a envie de le signaler à l'arbitre. C'est injuste. Il faut refuser le but. Mais, à ce stade, quelle différence ? Si ce n'est celle qui sépare l'humiliation de la disgrâce pure et simple.

Chaque victoire est indissolublement liée à une défaite. La chute de l'un est le corollaire immédiat de l'ascension de l'autre. Comment une civilisation peut-elle raffoler à ce point d'un plaisir qui passe par le malheur d'autrui ? Et pourtant, il suffit qu'un joueur de Caldwell se retrouve démarqué par le plus grand des hasards et réussisse presque à mettre un but pour qu'elle-même bondisse aussitôt sur ses pieds et hurle avec les autres.

À la fin du match, elle jette un coup d'œil en coin au père. Don est trop hors de lui pour seulement songer à se mettre en colère. Il est sur la ligne de touche et se prépare à faire ce qu'on attend de tout joueur fair-play. Accepter la défaite de bon cœur, prendre cet air qu'il a si souvent vu en gros plan sur les visages des entraîneurs professionnels : mâchoire serrée, lèvres souriantes, qu'on vous impose à la télé au moins trois ou quatre fois par week-end. Il traverse le gymnase et s'en va serrer la main de l'entraîneur adverse. Il rit, hausse les épaules. Annonce en plaisantant qu'il va demander à faire rejouer la rencontre.

Puis il se dirige vers Laura, qui est en train de jeter les emballages et les crudités desséchées que pas plus les enfants que les parents des sportifs n'ont touchées.

« T'as l'air en forme, chérie. » Dans le plus pur style prof d'EPS.

« Toi aussi, Don. Désolée pour le… euh, pour le match.

— Bof (geste de la main), on fera mieux la prochaine fois. »

Mais cette seule perspective est bien trop douloureuse à envisager. Tim revient du vestiaire, ses chaussures de foot à cent dollars remplacées par des chaussures de cross à cent dollars. Ellen et Camille arrêtent de ricaner. Restent assises, feignant une attitude très réservée, jusqu'à ce qu'il passe devant elles. Puis entonnent l'hymne officiel des Jeux olympiques.

« Allez vous faire foutre, gronde Tim.

— Eh là, doucement ! » dit Don en l'attrapant par l'épaule.

Tim se débat pour lui échapper. Il cesse dès qu'il se rend compte que son père en rajoute, ne voulant pas d'une scène devant les types qu'il considère encore, malgré tout, comme ses potes.

« Tu te rappelles ce qu'on a dit ? »

Tim ricane.

« Tu te rappelles, oui ou non ?

— Oui, j'me rappelle.

— C'est bien, mec. »

L'étreinte se transforme en une caresse maladroite qui glisse sur le dos de Tim au moment où celui-ci s'éloigne.

Don prend Laura à part tandis que les enfants se dirigent vers la voiture. Il adopte ce mode confidentiel qu'elle ne lui connaît que trop bien. Sûr de soi, protecteur. Jouant au Don d'antan. Laura n'a pas envie de jouer.

« Il faut qu'on parle, chérie.

— Pas de "chérie", Don, s'il te plaît.

— Il faut qu'on parle, Laura. De notre fille. »

Comme s'il pouvait y avoir autre chose.

« Quoi ? Qu'est-ce qu'elle a, notre fille ? Elle est retournée à l'école. Tu as pu voir toi-même comment elle s'est comportée avec Camille aujourd'hui. C'est fini, cette histoire.

— Laura, elle file un mauvais coton.

— Don, elle a toujours été difficile.

— Pas à ce point. Elle cherche les ennuis. »

Laura refuse même d'envisager pareille éventualité.

« Que veux-tu que je fasse, Don ? Que je lui sorte quelque chose du genre "Ellen ? Est-ce que tu es mêlée à des choses que tu préférerais me voir ignorer ?"

— Je ne sais pas ce que je voudrais que tu fasses. Peut-être rien du tout. Je voulais qu'on en parle, c'est tout.

— Oh, ça, pour parler, tu es fort. »

Et pour dire *parlons* et *nous*, *nôtre*, *nos*.

« On pourrait peut-être se voir tranquillement cinq minutes ? Un jour où on ne serait pas à la bourre ? »

Elle attrape ses clés dans son sac. La chaîne est terminée par un gros tournesol en plastique jaune sur lequel on lit *Assurances Ackerman. Le must pour tous vos problèmes d'assurances*. Elle attend qu'il la regarde de nouveau.

« Toi, je te vois venir. Tu penses qu'on va se remettre ensemble, c'est ça ? Simplement parce que je suis malade ?

— Laura, je ne pense rien.

— Oh, non ! C'est bien ce que je te reproche, Don. C'est bien ce que je t'ai toujours reproché. »

Il sourit. Un sourire de masque mortuaire en cire épaisse. « C'est fou ce que la maladie t'a arrangé le caractère ! »

Il fait demi-tour et traverse le gymnase, les épaules voûtées, adoptant l'attitude de Tim quand il évite le ballon. Génétique. Au même titre que la mèche qui s'obstine à tomber sur le front. Ou les yeux gris et leur impardonnable et perpétuel étonnement.

Elle le regarde s'éloigner et remonter le fil du temps. Chacun de ses pas rapproche le garçon qu'il a été du père qu'il est devenu. Voilà que le jeune homme enjoué de vingt-trois ans dont elle est tombée amoureuse et qu'elle a épousé s'ouvre comme une coquille pour libérer ce petit homme fragile. Elle voit à sa démarche tout le mal qu'elle lui a fait. Se rend compte qu'elle l'a quasiment estropié au cours de ces dix dernières années. Il faut qu'elle le rappelle, qu'elle dise quelque chose. De gentil, de méchant, de bonne ou de mauvaise foi. N'importe quoi plutôt que ce silence meurtrier dans lequel elle s'enferme.

« Salut, entraîneur », marmonne-t-elle au dos voûté. Assez fort pour être entendue. Mais il ne se retourne pas. Ne se redresse même pas.

Elle rattrape les gosses. Les pousse dans la voiture. Tim est toujours furieux. Ellen continue de ricaner.

Don a raison. Elle a toujours été après lui. Mais il le cherche bien, aussi. Elle ne peut même pas exprimer une autre opinion que la sienne sans qu'il trouve à redire. À l'entendre, elle ne voit jamais les choses assez vite, ne prend jamais les mesures qui s'imposent. N'importe quelle femme aurait fini par craquer !

Tim se tortille sur le siège arrière, ses lèvres tremblent. Il s'assied toujours à l'arrière, comme dans un taxi. Même quand ils ne sont que tous les deux. Ellen est comme folle. Elle saute sur le siège à côté de lui, imitant une pom-pom girl.

« Y m'faut un “G”. Y m'faut un “L”. Y m'faut un “As”. Et avec ça, je vous fais “Glass”. Les Glass Gladiators. Brisés encore une fois, hélas ! » Puis, d'une voix nasillarde imitant celles du groupe qui n'a pas voulu d'elle : « Croix de fer, croix de bois, ils feront mieux la prochaine fois. »

La provocation est trop grossière. Ou alors, Tim est trop furieux pour répondre. Ellen insiste, jusqu'à l'extrême limite, jusqu'au point de non-retour.

« Les Glass Gladiators ! Non, mais j'y crois pas. Faut avoir un petit pois à la place du cerveau pour… ? Faut être dingue pour…

— Ellen !

— Mais, m'man, c'est vrai. Ça l'fait : y faut vraiment être débile pour aller chercher un…

— Ellen, je viens de te dire que ça suffisait.

— T'as pas vraiment dit “Ça suffit” en toutes lettres… »

Un peu trop maligne pour son propre bien. C'est Tim qui a raison. L'ignorer, c'est ce qu'il y a de mieux à faire. La laisser s'essouffler.

« Bon, allez, vous vous calmez. Où est-ce qu'on va déjeuner ?

— Oh, oh, v'là m'man qui s'déboutonne. À ta place, mec, je perdrais plus souvent.

— Au Feed Bar Buffet, se contente de dire Tim.

— Cent pour cent polyester », ricane Ellen.

Mais c'est là qu'elle a envie d'aller, elle aussi. Elle adore le côté informel du buffet. Le fait de pouvoir se resservir à volonté. Le choix.

Tim aime l'endroit parce qu'il traverse une phase où il ne mange que ce qui est marron ou blanc. Quant à Laura, elle apprécie le fait que ça ne coûte que trois dollars quatre-vingt-dix-neuf pour les ados et que ça calme parfois leur faim pendant quasiment deux heures.

Par-dessus son puits de purée débordant de jus, Tim dit d'une voix sourde : « M'man ? »

Cette petite voix, elle serait prête à lui donner tout ce qu'elle demande. Parce qu'elle a toujours l'impression que c'est la dernière fois qu'elle l'entendra.

« M'man, je peux avoir un pager ?

— Tu peux *quoi* ?

— Avoir un pager. Un truc qui permet…

— Merci, je sais ce que c'est qu'un pager, Timmy. Mais qu'est-ce que tu en feras ?

— Ben, c'est cool.

— Il n'y a que les hommes d'affaires ou les médecins qui utilisent ça.

— Mais tous mes copains en ont.

— Tous ses copains sont des hommes d'affaires, c'est bien connu, intervient Ellen.

— Ses copains ? Les copains de Tim ? Je dois prendre ça comment ? »

Mais Ellen retombe dans son numéro de ricanements étouffés et plein de sous-entendus.

« Alors, comme ça, tes copains ont des pagers. Mais qu'est-ce qu'ils en font ?

— Oh, tu sais bien. Ils répondent aux appels, quoi. Tiens, si quelqu'un veut t'parler et qu'y peut pas te joindre par téléphone. Genre, quand t'es à l'école.

— Mais qui est-ce qui pourrait bien vouloir t'appeler à ce moment-là, en dehors précisément de ceux qui sont avec toi à l'école ?

— M'man. (D'un air de dire : te fais pas plus bête que tu n'es.) La question n'est pas là.

— Elle est où, alors ? »

À son âge, elle ne comprend pas que les gens puissent tenir absolument à ce qu'on ait les moyens d'entrer en contact avec eux.

« Et si je m'en paie un avec mes sous ?

— Tu sais ce que coûtent ces machins-là, par mois ? »

Erreur tactique. Si elle accepte de parler prix, elle est perdue d'avance.

Quand ils arrivent à la maison, le répondeur clignote : sept appels. Un samedi. Deux clients qui donnent suite pour un duplex sur Sloan Street, un rappel, enregistré sur ordinateur, pour un rendez-vous chez un médecin, un message codé de Ken, qui ne trompe aucun des enfants, deux demandes d'argent à voix humaine et une troisième émanant d'un autre ordinateur, qui passe patiemment de la musique en attendant que quelqu'un veuille bien appuyer sur un bouton à l'autre bout. Et qui continue jusqu'à la fin de la bande.

Quand elle prend sa douche, ce même soir, Laura voit une touffe de cheveux de la taille de la défunte gerbille de Tim, coincée dans l'écoulement. Effrayée, elle sursaute, perd l'équilibre et se cogne le coude contre le lavabo en tombant. Elle s'assied sur le rebord de la baignoire en se frottant le coude et pleure en silence, pour que les enfants ne l'entendent pas.

B-32CT : **T-shirts garçons 100 % coton.** Manches courtes, col rond et épaules souples pour un confort maximum. Coutures renforcées. Made in USA. Prix écrasé : 2 pour 7 dollars.

B-34SJ : **T-shirts sport garçons 100 % coton.** Manches courtes. Gris et vert émeraude. Inscription sur le devant : La peur, c'est pour les autres.TM. Dans le dos, le célèbre logo. Tailles S à XL. L'affaire du jour : 14,95 dollars…

Elle manque le match du week-end suivant. Manque le speech inspiré de Don à ses joueurs. Manque par la même occasion la victoire, maigre mais miraculeuse, et l'unique but jamais marqué par Tim. Tout ça parce qu'il faut qu'elle retourne à la Pitié pour son deuxième round.

Le docteur Archer l'accueille avec le sourire. Il semble heureux de cette occasion d'examiner ses organes vitaux tout en parlant politique. Les cancéreux : un public en or.

« Ces Bosniaques, ça fait plus de quatre siècles qu'ils s'entretuent. Et ils aiment ça. C'est pas notre problème. Ils n'ont qu'à se débrouiller tout seuls.

— Peut-être bien que vous avez raison, s'empresse Laura, qui veut rester dans les bonnes grâces de son médecin.

— Le problème avec ces gens, c'est qu'ils sont obligés de vivre en Bosnie. On ne connaît pas notre bonheur. Tout le monde voudrait vivre aux États-Unis. Regardez mes internes indiens. Ils viennent faire leurs armes ici. Et une fois qu'ils ont terminé, ils n'ont plus envie de rentrer chez eux. À leur place, vous rentreriez ?

— Certainement pas, docteur.

— Et vous auriez cent fois raison.

— Docteur ? Est-ce que ce traitement va être le même que le premier ?

— Eh bien, pour tout dire, les effets sont cumulatifs.

— Cumulatifs ?

— Oui, on ne peut pas détruire ce truc d'un seul coup. On est obligé de le prendre par surprise, d'y aller petit à petit. »

Laura sait maintenant que ce sont les infirmières du pavillon qui feront tout le travail. Elles l'accueillent comme si elles avaient affaire à une vieille connaissance.

Tout en cherchant une veine dans son bras, Tracy lui demande :

« Vous croyez que je devrais me faire teindre en blonde pendant quelque temps ?

— N'hésitez pas, Trace, dit Laura après avoir examiné le bonnet gris souris qui tient lieu de cheveux à Tracy. Et moi, vous croyez que je devrais me raser ? »

Les doigts experts de Tracy tripotent les cheveux hirsutes de Laura.

« Je vais vous dire une chose. Vous allez avoir des plaques assez vite.

— Assez vite, c'est rien de le dire », renchérit Laura en riant.

Alan, qui fait partie de la deuxième équipe, n'a pas l'air d'être dans une forme éblouissante.

« Ça ne va pas ? demande-t-elle.

— Vilaine prise de bec avec mon alter ego.

— Ah bon ? Qu'est-ce qu'elle fait ?

— Il est assistant à la fac.

— C'est pas vrai, se met à babiller Laura. Mon mari aussi est à Sawgak, dans les services Aménagement et Prospective. Je devrais dire ex-mari, je suppose. Puisque c'est mon… ex.

— Ça ne me gêne pas qu'il se tape tous ces autres mecs, l'assure Alan. Il a besoin de changement et ils ne signifient rien pour lui. Il est beaucoup plus jeune que moi. Les jeunes profs homos sont censés se faire tout ce qui bouge aujourd'hui. Mais ce qui me gêne, c'est qu'il se conduit comme un imbécile. D'un point de vue théorique, j'entends. Il dit qu'on ne devrait pas laisser un virus avoir la haute main sur nos vies. »

Elle remercie en silence Alan de ne pas évoquer son cas à elle.

« D'après lui, qu'est-ce qu'il faut faire, alors ? demande-t-elle.

— C'est bien le problème, dit Alan, pleinement conscient de l'ironie de la situation. Il ne le dit pas.

— Dites à votre ami qu'un bon tiers des gens pour lesquels je trouve une maison donneraient n'importe quoi, six mois plus tard, pour ne jamais avoir déménagé.

— Je le lui dirai, Mrs Bodey. »

Les effets sont bel et bien cumulatifs. Tandis que les toxines des métaux lourds parcourent ses veines en cette deuxième occasion, elle se surprend à chantonner : « Rinso White, Rinso White, quel joli refrain pour un jour de lessive ! » C'était son père qui fredonnait cet air. Il ne laissait entrer dans la maison que des produits Lever Brothers, Swan, Spry, Lux, Rinso White. Tous ces cartons d'échantillons entassés sur le siège de la voiture, à l'époque où il était encore VRP, avant sa promotion comme directeur régional à Chicago. Si son père revenait sur terre aujourd'hui et jetait un coup d'œil à son placard sous l'évier, il en ferait une autre attaque et repartirait aussi sec d'où il était venu.

La perfusion est de nouveau installée de façon à donner l'alarme chaque fois qu'elle se bloque, autrement dit, chaque fois que Laura bouge le bras. Don arrive au moment où elle commence le taxol, alors qu'elle lui a bien dit de ne pas venir. Grâce à l'autre truc, celui qui est censé atténuer et camoufler les effets du reste, celui qu'elle a attendu et qui lui paraît tout aussi délicieux que la première fois, elle plane un peu.

« Don Bodey, si je n'm'abuse ! » dit-elle gaiement en le reconnaissant.

Sur le même ton que le petit refrain pour le jour de lessive.

« J'ai réussi à mettre la main sur ce docteur Jenkins. J'en ai profité puisque j'étais là.

— Ça ne m'étonne pas de toi.

— Je lui ai demandé de m'expliquer comment tu pouvais avoir un cystadénocarcinome avec un taux de CA-125 aussi bas.

— Don, j'ai un cancer. Il y a une grosse tumeur qui attend là dans le freezer, bien gentiment, et deux autres petites côtelettes dans la glacière de quelqu'un à Indianapolis.

— Je ne prétends pas nier les résultats du labo.

— Mais alors, tu fais quoi, à courir après ce toubib ? Tu flirtes avec elle ou tu lui fais un procès ? Fous-lui la paix, à cette pauvre femme, tu veux ? Elle ne fait que son boulot.

— Tout le monde peut se tromper. Les brochures expliquent bien de quoi il retourne, mais j'avais mal lu l'article. Ils ne font pas faire les analyses pour savoir si le taux est haut ou bas, mais seulement pour savoir si le sérum monte ou descend. Ils n'ont pas cherché à déterminer ton taux de base, voilà tout.

— J'ai quelqu'un pour me ramener », lui dit-elle.

Si toutefois Ken arrive à se dégager.

« Annule », dit Don avec un sourire.

Quand il part, la grosse femme dans le lit d'à côté se penche vers elle et lui dit :

« Votre mari, c'est le genre causant, non ?

— Irrécupérable, concède Laura. Totalement irrécupérable. Un vrai moulin à paroles. Il arrivait même à force de parler à faire oublier leur rot aux enfants quand ils étaient bébés.

— Ne m'en parlez pas. J'ai eu mon cinquième l'an dernier. Et mon mari continue à vouloir lui mettre les couches du matin l'après-midi.

— Je connais par cœur. Vous êtes ici pour quoi ? »

La femme laisse échapper une plainte, puis pousse un long soupir qui se termine par un rire étranglé. « Insolence. J'en ai pris pour deux à dix ans, mais j'espère bien avoir une réduction de peine pour bonne conduite. »

Elle s'appelle Ruthie Tapelewsky. Elle vit dans un ranch sur South Sutton. « Des maisons ? s'exclame Ruthie quand Laura lui dit ce qu'elle fait. Vous vendez des maisons ? Alors celle-là, elle est bien bonne. Moi, je suis dans la construction et l'entretien. Vous les fourguez et nous, on les répare. »

Laura regarde la perfusion damocléenne au-dessus de la tête de sa voisine. Quel entrelacs de tuyaux pour les relier l'une à l'autre. Quels maris lamentables. Quels cocktails précaires ne sommes-nous pas tous.

Dès le début, le Baume authentique de Clare dut affronter la concurrence d'autres extraits apaisants dont la composition était tout aussi secrète. Les remèdes naturels faisaient fureur. Un peu partout, des firmes cherchaient à mettre la main sur le filon de la spécialité miracle : Baume des reins Kickapoo, Gomme Choctaw, Pilules indiennes végétales de Wright (brevet déposé à Philadelphie en 1844) « débloquant tous les canaux naturels – une sorte de mise en liberté générale, qui permet au corps d'évacuer toutes ses impuretés ». Chaque remède était aussi pur que la nature elle-même.

En 1846, à Utica, dans l'État de New York, Theron T. Pond, aidé d'un « sorcier indien de la tribu Oneida », transforma l'hamamélis en une *cold cream* blanche dotée de propriétés quasi surnaturelles. Mais Pond n'était qu'un des nombreux rivaux du Baume authentique à faire perdre le sommeil à Resolve Clare.

À une époque où la vie avait un caractère encore essentiellement local, les fabricants de savon d'un bout à l'autre de la côte ne se privèrent pas de copier le Brave. Jusqu'aux Britanniques qui tentèrent de voler son noble profil. Ils parvinrent à retrouver la couleur d'iode du savon, sans toutefois arriver à reproduire son odeur d'herbe médicinale. La contrefaçon étrangère se vendait assez bien dans les îles Britanniques et sur le continent. Mais rares étaient les Américains du Nord assez stupides pour croire les Anglais quand ils prétendaient savoir quoi que ce soit sur les Indiens.

Ce que les Anglais, en revanche, savaient très bien faire, c'était vendre moins cher. Et ce savoir, ils le possédaient à fond, grâce à des connaissances très poussées de l'utilisation de l'alcali. L'Amérique souffrait d'une surabondance de potasse : lessive filtrée à partir des cendres de bois, algues brûlées, déchets de laine – tous les hydroxydes et les carbonates qui jonchaient les forêts américaines comme les bisons jonchaient les grandes plaines. Privés de ces bienfaits naturels, les fabricants anglais de savon et de chandelles avaient été obligés de s'en remettre à leur ingéniosité. Une fois que le Français Leblanc eut trouvé par hasard la formule permettant de faire de la soude à partir du sel de table, la perfide Albion se précipita sur le procédé pour l'exploiter et en faire une réalité pratique :

$$2NaCl + H_2SO_4 = Na_2SO_4 + 2HCl$$
$$Na_2SO_4 + 2C = Na_2S + 2CO_2$$
$$NA_2S + CaCO_3 = CaS + Na_2CO_3$$

Les symboles s'étiraient sur la page, aussi sibyllins que ceux du message codé dans cette histoire de scarabée publiée par Mr Poe dans le *Philadelphia Weekl*y. La première équation avait tout d'un cotillon, d'un quadrille qui voyait les couples se faire et se défaire. Na et Cl se séparaient bons amis et se saisissaient de 2H et SO_4, les partenaires qui venaient de se quitter, pour former de nouveaux carrés, tout en préservant un bel équilibre de part et d'autre du signe égal. La deuxième déroulait une danse folklorique guillerette, le rang de danseurs se brisant au signal dans le sens de la longueur, SO_4 libérant à lui seul deux nouveaux danseurs, sans qu'une jambe soit gagnée ou perdue dans l'aventure.

La troisième aboutissait à un autre dos à dos, qui, en dépit de son équilibre parfait, changeait tout. Cette fois-ci, les partenaires, en se recombinant, trouvaient dans leurs nouveaux compagnons une plus-value très appréciable. L'intervention humaine manipulait la nature pour la rendre bénéfique, donnant du même coup à la Grande-Bretagne un commerce florissant et au reste du monde des richesses jusqu'ici inimaginables.

Pendant un demi-siècle, ces trois équations constituèrent à elles seules la base de l'industrie chimique mondiale. Au départ, sel et acide sulfurique ; à l'arrivée, sulfure de calcium et carbonate de sodium alcalin. Du plus banal au plus précieux, grâce à la baguette magique de l'âge de la science. L'homme était désormais capable de changer en or pur le vil plomb.

Ce qui était bon pour le fournisseur l'était aussi pour l'acheteur. L'alcali se retrouvait en abondance et sous la même forme tout au long de la chaîne de consommation, enrichissant tous les intermédiaires. Il donnait un savon moins cher et de meilleure qualité. Si bien que tout le monde était gagnant.

Les Clare applaudirent à la danse de la transformation alcaline. En revanche, ils supportaient mal que ce soit un lointain empire qui menât le bal et c'est le Baume authentique qui leur fournit enfin l'occasion de battre ces diables d'Anglais à leur propre jeu. Le savon aux herbes brun et aromatique avec son mystérieux extrait pouvait fort bien transformer ce quadrille chimique en une vive gaillarde. Faire de cette danse folklorique aux accents européens une bourrée débraillée à la mode de Virginie.

Le Baume authentique et son extrait secret de Racine bienfaisante soignent nombre de troubles cutanés et dermiques, notamment, sans que la liste soit exhaustive, les boutons, l'eczéma, les taches de rousseur, la décoloration, etc. Il fait disparaître les dartres, soigne les crevasses et les furoncles, raffermit les muscles et prévient beaucoup d'autres affections de la peau aussi bien que des maladies plus graves de l'organisme.

Le Baume authentique est un article garanti parfait et sans égal pour les soins de votre corps et la préservation de votre santé.

C'est surtout le bouche à oreille qui fit la renommée du savon Baume authentique et de son extrait de racine bienfaisante. Sa réputation voyagea infiniment plus lentement que ne se répandait le long des fils de cuivre le badinage théologique de Morse. Avec le temps, cependant, les vendeurs de la région refusèrent de quitter la métropole sans d'amples stocks du produit.

Une décennie ne s'était pas écoulée que de nombreux détaillants, certains installés dans des États éloignés, réclamaient à leurs fournisseurs le savon estampillé de sa tête d'Indien. Bientôt, le Brave, en vedette consacrée, fit son apparition dans des chansonnettes et des histoires drôles. Si, comme les slogans ne tardèrent pas à le proclamer, le savon était l'étalon de la civilisation, alors le Baume authentique, dans ses années de gloire, fut l'étalon du savon.

L'astuce, dans l'affaire, consistait à révéler un des bienfaits secrets de la nature. Rien dans les réclames ne prétendait que le noble sauvage avait eu la moindre idée de l'existence du savon. C'étaient l'imagination et le mouvement général en faveur de l'hygiène qui se chargeaient de le suggérer. L'Indien ne s'était jamais soucié de sa peau. Il incombait à l'acheteur avisé de retrouver cet état de grâce insouciante.

Les savons ordinaires, surtout ceux qui étaient faits maison, se contentaient de vous nettoyer la peau. Ce que faisait aussi, bien sûr, le Baume authentique. Mais ce dernier, grâce à son extrait de plantes, redonnait en plus à la peau cet équilibre chimique compromis par la vie moderne et, en en corrigeant les imperfections, lui rendait son état de pureté originelle.

Avec le temps, sa popularité gagna tous les degrés de l'échelle sociale. On le trouvait chez les Astor comme chez l'éboueur du coin. Les aubergistes en faisaient une grande consommation, et les rejetons des grandes familles en cure à Sulphur Springs en discutaient les mérites cosmétiques. Le profil du noble Indien apposé sur chaque pain proclamait haut et fort, même pour les illettrés, la renaissance d'arts primitifs d'une puissance remarquable.

Le savon Baume authentique entra chez les pauvres aussi bien que chez les classes moyennes. Spécialité pharmaceutique vendue à prix d'usine, remède de bonne femme présenté dans un coffret, il franchit aisément la frontière séparant ces deux mondes, vendant à chacun le produit de ses rêves. Dans un monde qui baignait dans la mort, le savon était bien la meilleure arme contre la maladie et l'infection. Et le Baume authentique se chargeait d'épargner des vies tout en faisant épargner de l'argent. Il plaisait au Noir nouvellement émancipé et s'introduisait même dans les repaires d'immigrants du North End de Boston ou des Five Points de New York.

Il fit reculer William Colgate & Company le long de la côte est. Se répandit dans l'Ouest, jusqu'à Chicago, où le commerce avec les tribus des Fox et des Natchez venait d'être balayé à jamais. C'est là qu'il rivalisa, non sans succès, avec les beaux-frères qu'étaient Procter & Gamble, dont le Veiné allemand et l'Oléine avaient sur lui plusieurs longueurs d'avance. Les colporteurs en achetaient des lots entiers avant de se lancer sur les territoires indiens.

La passion pour la danse qui s'empara du pays fit monter les ventes, comme le fit le développement de la photographie. Personne ne voulait plus d'une peau qui ne fût pas parfaite. L'accumulation régulière des revenus ne contribuait qu'à nourrir le désir de la nation de pouvoir un jour mettre un terme, à force de dépenses, à sa propre prospérité.

Autant que du savon, les Clare vendaient de la confiance. Acheter ne relevait plus d'une prise de risques. Un savon estampillé au sceau du Brave était en tout point semblable à n'importe quel autre.

Le Baume authentique fit une recette brute de quarante mille dollars dans l'année qui suivit sa mise en vente. Au cours des années ultérieures, la compagnie connut une croissance presque aussi rapide que celle du pays lui-même. Avec la disparition des chandelles, on assista à la naissance de divers onguents naturels. « Côté savon, comment ça va ? » devint une plaisanterie traditionnelle de l'époque. Pour les fabricants, faire son savon revenait à faire son beurre.

Le Peau-Rouge transforma la vie de tous ceux qui avaient contribué à sa naissance. Les savonneries Clare en vinrent bientôt à compter cent ouvriers, puis deux cents. Jewitt se retira à cinquante ans dans un paradis de romans à quatre sous. Plus tard, vers la fin de sa vie, il produisit à son tour un ouvrage, qui racontait l'histoire d'une dynastie de manufacturiers peu scrupuleux appartenant à la haute société bostonienne. Le livre se vendit bien, mais pas aussi bien que le savon des Clare.

Ennis, promu aux fonctions de directeur de la fabrication, amassa un capital suffisant pour ériger un petit mausolée à la mémoire de sa femme. Monument payé par cette hygiène et cette propreté qui lui auraient sans doute sauvé la vie, comme elles en sauvaient tant aujourd'hui. Ben Clare consacrait désormais tous ses soins, avec la bénédiction de ses frères, à ses serres de Cambridge. Sa vie reflua vers les rivages silencieux d'une solitude achetée grâce au savon.

Le Peau-Rouge ne s'est jamais soucié d'argent, disait Resolve à sa petite troupe d'employés. Alors, pourquoi le feriez-vous ? L'édition de 1860 de l'*Annuaire des hommes les plus riches de Boston* répertoriait tous les Clare. Mais c'était Resolve le plus riche des trois. Il était, à tout point de vue, au sommet de sa puissance. À jamais lié au savon.

Son père avait amené sa famille jusqu'aux colonies sur une palette d'assiettes Wedgwood. Le monde de Jephthah Clare avait disparu dans la vapeur, massacré comme du bétail égaré sur les rails grondants du temps. Mais Resolve avait ouvert de nouveaux mondes au capital de la famille, accroissant sa richesse au-delà de ce qui était imaginable. Sa fille était même parvenue au statut très respectable de poétesse effectivement publiée, même si le volume avait été secrètement subventionné par les caisses de la compagnie de papa.

Les affaires le laissaient, au propre comme au figuré, sans rien à faire.

Samuel était trop âgé et trop conciliant pour être encore d'une grande utilité. Ben avait payé ses dettes : la savonnerie avait tiré du chimiste bien plus que tout ce qu'on aurait jamais pu imaginer. Peter, Douglas et William – la génération suivante – s'occuperaient en temps voulu des magasins, vendraient le savon et veilleraient aux cycles de fabrication. Et après eux viendraient d'autres générations de Clare.

Un homme d'affaires se doit de connaître tous ses objectifs. D'en connaître le moindre détail, de se fixer des buts bien définis, tout en laissant cependant dans le vague la forme à donner à son aboutissement final. L'erreur de Resolve fut de croire qu'il avait enfin abouti.

Il mourut six semaines après le bombardement de fort Sumter par Beauregard. À en croire le certificat de décès, de causes naturelles. En fait, Resolve Clare mourut de s'être trop pleinement réalisé.

Après la semaine de traitement vient une semaine de vomissements, puis une autre de nausées dévastatrices et une troisième de fatigue épouvantable, au cours de laquelle ce dont elle souffre surtout, c'est de savoir que la semaine suivante est de nouveau une semaine de traitement.

« C'est comme au Moyen Âge, tranche Tim, quand tout le monde était toujours malade. (La première lueur d'intérêt qu'elle voit briller dans ses yeux depuis des mois.) J'ai eu un exposé à faire en science. Ce que ces types dans le temps pouvaient faire pour soigner les gens, t'y crois pas. C'était le barbier qui faisait le chirurgien. Il te coupait avec ses rasoirs pour faire couler le sang. Ou bien on te posait des sangsues de partout. Ou on te faisait avaler des p'tits morceaux de mercure, même si…

— Mais alors, mon cœur, tu aimes les sciences ?

— Plutôt, ouais.

— Plus que la poésie ? le taquine-t-elle.

— À fond.

— D'où qu'ça vient ? (Comme il ne cessait de dire à propos de tout jusqu'à ses dix ans. D'où qu'ça vient qu'tu fais ça ? D'où qu'ça vient qu'c'est arrivé ?)

— C'est plus cool. Tu peux faire des trucs avec. »

Retour au Moyen Âge : il a raison. Saignées et mercure. Parfois, au réveil, elle est incapable de dire, pendant plusieurs secondes, dans quelle existence on l'a précipitée. Elle reste en position fœtale, ramassée sur elle-même dans les plis de la couette infroissable, telle une de ces momies de tumulus qui lui donnaient les jetons du temps des sorties scolaires, à une époque où les tumulus étaient encore ouverts.

Souvent, elle reste éveillée toute la nuit. Quand il lui arrive de somnoler, elle rêve d'une musique sublime. Tellement plus riche que tout ce qu'elle a jamais entendu qu'elle se réveille effrayée.

Elle subit les assauts de ses amis et relations qui s'arrêtent en passant, de gens qui ne viendraient jamais la voir si elle n'était pas malade, mais qui refusent de prononcer le mot quand ils lui rendent effectivement visite. On se voit, mais on fait semblant d'ignorer le monstre assis à la table.

Grace Wambaugh, une collègue de bureau qui ne lui adresse par ailleurs jamais la parole, passe la voir avec une valise pleine de remèdes aux extraits naturels de plantes.

« Ça, c'est du ginkgo biloba, directement de l'arbre. C'est un vasodilatateur du cerveau. Bon pour la mémoire. Le gingembre est efficace contre les nausées. Ça, c'est de l'échinacée, pour renforcer tes défenses immunitaires. Je pense qu'en ce moment, ça ne te ferait pas de mal. Celui-là, c'est de l'éphédra, même si on le connaît mieux sous le nom de mahuang. Ça t'aidera à retrouver du tonus. Allez, prends tout ça, lui dit Grace, déversant un petit monticule d'échantillons en tubes de plastique sur la table du salon. Cadeau de la maison. Si tu en veux plus, ne te gêne pas, appelle-moi quand tu veux. Et peut-être qu'un jour tu en feras autant pour des gens qui… tu vois, qui… tu sais, qui ne se sentent pas très bien.

— C'est vraiment très gentil de ta part, Grace », dit Laura, touchée que cette femme plutôt distante se soit déplacée pour lui apporter tous ces remèdes. Uniquement des plantes : le jardinier qui sommeille en elle a toujours cru aux vertus curatives de tout ce qui est vert. Et même en admettant que ces médicaments relèvent davantage de la pharmacopée traditionnelle que de la nature, la sollicitude de cette étrangère est en soi une sorte de remède. « Merci, Grace. Je suis… Merci infiniment. »

Ce n'est qu'après la visite, quand elle parcourt la littérature que lui a laissée Grace avec les flacons, que Laura comprend de quoi il retourne. L'autre démarche à domicile pour le compte de la compagnie Amway.

Les capsules de gel, qui ressemblent à des pierres précieuses, puent comme un cadavre d'écureuil en décomposition. Avant la chimio, elle ignorait à quel point les odeurs peuvent être bizarres. Ne soupçonnait pas qu'une croûte de pain blanc pouvait vraiment avoir un goût de métal. Jusqu'à ce qu'elle tombe malade, elle prenait tous les aliments pour argent comptant. Maintenant, ils se liguent contre elle pour lui montrer ce qu'ils cachent. Exactement comme dans ce vieux film, *L'Odeur de Dorian Gray*. Tel fruit peut bien ressembler à une banane fraîche, ferme et dorée, juste en dessous de cet habile déguisement, ce ne sont que vers de terre écrasés sur béton humide.

Cette révolution gustative et olfactive fait qu'elle a de plus en plus de mal à se traîner jusqu'à la table du petit déjeuner. Elle ne peut plus se cacher l'ampleur des dégâts quand même sa fille réussit à la devancer le matin dans la cuisine. Ellen est dans le coin-repas quand Laura descend après sa première nuit d'insomnie combattue à la valériane. Un dimanche matin. Le lendemain d'un samedi soir. Il ne doit pas être loin de midi. Ellen est pliée en deux sur une boîte de céréales.

Preuve que l'âge de l'imprimé n'est pas encore tout à fait mort.

« Mes salutations du matin, respectée Maman-San. Dis donc, m'man, y faut que j'te lise quelque chose. Est-ce que tu savais que les céréales de l'ère industrielle moderne ont été appauvries par les pratiques de l'agriculture de masse ? Je rigole pas. Écoute un peu ça. Une sorte de consanguinité due à la monoculture. "Seules les graines anciennes comme l'épeautre et le quinoa vous donnent…" »

C'est l'idée que se fait sa fille d'une offre de paix. Maman, maman. Regarde-moi. Joue avec moi. Et ne t'avise pas de refuser. Spectacle permanent et pas question de relâche, ne serait-ce qu'une minute.

« Pas encore réveillée, Ellie. » Ou plutôt, pas encore endormie d'hier soir.

« On efface tout, unité maternelle n° 1. » Elle a pris une cybervoix caverneuse. « Nous / allons /vous /aider / à / repren / dre / conscience. » Ellen passe derrière la chaise de Laura et se met à masser les épaules de l'unité maternelle. Dans sa vie antérieure, Laura aurait donné n'importe quoi pour ce genre de caresse. Aujourd'hui, elle ferait volontiers sans, même si elle ne dit rien.

La politique du tout ou rien, on passe sans transition du je-ne-supporte-plus-de-vivre-sous-le-même-toit à ces caresses et ces plaisanteries perpétuelles. Volte-face abrupte en l'espace de quelques heures. À mettre au compte de la perte des cheveux. De cette plaque sur le sommet de sa tête. Le petit bout de peau d'un rose de porcelet sur le crâne de maman a convaincu Ellen : c'est vraiment en train d'arriver.

Tout en se tortillant et en grimaçant, Laura se soumet au contact rêche des mains de sa fille qui voudraient la détendre. En même temps, elle essaie de trier la pile de courrier publicitaire et de catalogues arrivés hier. C'est tout ce qu'elle continue à recevoir. Elle s'est même mise à recevoir du e-mail publicitaire.

« M'man, m'man. Ne jette pas ça. Tu n'as pas lu ce qui est écrit ? "Attention, dernier exemplaire de notre catalogue gratuit, si vous ne commandez pas dès maintenant…"

— Ellie.

— Après tout, c'est peut-être faux, ils t'en enverront d'autres. Tiens, regarde ! De faux systèmes d'alarme. Tu colles ce petit gabarit en plastique tout c'qu'il y a d'inoffensif sur le mur et le cambrioleur, s'il est un tant soit peu distrait et pressé, va s'imaginer que ta maison est protégée par une alarme.

— À condition que lui et toi ne soyez pas dans les mêmes fichiers et ne receviez pas les mêmes brochures publicitaires.

— Oh, oh, futée, la maman. Sacrée fine mouche. Impossible de lui raconter des histoires à dormir debout.

— Si seulement on pouvait m'en raconter pour dormir tout court. »

Ellen se penche par-dessus son épaule et la regarde, les yeux dans les yeux.

« Encore des problèmes la nuit dernière ? Tu as essayé les herbes de la dame ?

— Oui, celles pour les problèmes du sommeil. Je devrais peut-être m'attaquer au "Stimulant de l'appétit charnel".

— Ah, parce qu'elle t'a donné un truc comme ça ? Fais-moi voir.

— Sûrement pas. »

Laura parcourt les dépliants tandis qu'Ellen s'attaque maintenant, avec une énergie renouvelée, à sa clavicule. Elle feuillette les catalogues, histoire de se donner des regrets en trouvant mieux ailleurs que la nouvelle banquette qu'elle a commandée la semaine dernière. Elle essaie de se concentrer, de sélectionner les bonnes affaires des mauvaises.

« Redis-moi encore une fois ce qui est le plus fort, demande-t-elle à sa fille. Méga, super ou hyper ?

— Oh, m'man ! T'es pas vraie. À ton avis ? »

Justement, elle n'a pas d'avis. Penser la dépasse de plus en plus. Elle examine la pile d'offres « sans engagement ». Imagine une maison remplie de magazines proposés à titre gracieux. Comme ses rayonnages quand elle était encore petite, pleins de premiers volumes étiquetés « Aardvark-Azimuth », que sa mère oubliait de compléter. Si seulement elle était entrée dans une fac où elle aurait pu se spécialiser dans le tout début de l'alphabet. Si seulement elle avait eu une maladie commençant par la lettre « A ».

Gratuit, Mrs Laur A. Bodey. Sans obligation d'achat. Si cet envoi ne vous satisfait pas, cochez la case « Annulation » sur la facture ci-jointe et gardez ce numéro, il est à vous sans contrepartie. Autant qu'elle puisse en juger, le seul problème, mineur, c'est l'humiliation, minime, d'avoir à enlever le petit autocollant pour le poser sur le rond prévu à cet effet. Mais cela aussi fait partie du jeu. Quand elle était encore en formation pour devenir agent immobilier, on lui a appris qu'en fait les gens ont besoin de se sentir impliqués. Même s'il ne s'agit que d'insérer une carte bidon dans une fente. Il faut qu'ils aient l'impression de faire quelque chose pour mériter leur prix.

Elle se demande s'il est immoral de répondre à une de ces offres quand on sait pertinemment qu'on ne s'abonnera pas. Mais non, le contrat tacite, c'est précisément ça. Ces gens-là comptent sur le fait que vous allez changer d'avis ou peut-être régler leur facture sans vous poser de questions. Ils sont tellement sûrs qu'il s'agit d'une publicité rentable qu'ils se vendent leurs fichiers entre eux, même quand vous les avez roulés. À moins qu'ils ne revendent votre nom précisément parce que vous les avez roulés, dans l'espoir d'estamper les autres sociétés auxquelles ils refilent leurs fichiers.

Mais alors, comment expliquer qu'elle reçoive plusieurs fois la même offre en provenance de la même source ? Ces gens se font avoir et ils en redemanderaient ? En fait, ils sont tous bien décidés à la posséder en retour. Ils perdent ses bulletins d'annulation et continuent à lui envoyer les revues. Comme cet *Amateur Gardening* : elle a bien dû annuler son abonnement trois ou quatre fois – par courrier, par fax et en téléphonant à leur numéro vert –, mais elle continue à le recevoir. Comme s'ils savaient qu'elle finira un jour par jeter l'éponge et remettre ses économies en circulation. Dans le pot commun. Ce qui est bien mieux pour tout le monde.

Elle jette un coup d'œil au tout dernier numéro, où il est encore question de l'éternelle controverse sur le compost. Elle essaie de suivre l'article de fond, qui serpente péniblement jusqu'au bas de la page entre les publicités, comme une colonne de cavalerie progressant le long d'un défilé propice aux embuscades.

Non sans quelque effort, elle se met sur ses pieds. Traverse la cuisine, en retard pour ses rations diététiques et peu motivée. Fibres. Antioxydants. Mieux vaut tard que jamais.

« Je croyais que tu n'avais plus droit au café, fait remarquer Ellen.

— Si, si.

— J'avais cru comprendre que tu ne pouvais pas toucher au café tant que tu en aurais pas fini avec ces saloperies de médicaments.

— J'ai droit à une tasse de café, Ellen. »

Sa fille sort en trombe de la cuisine, visiblement irritée. Sortent avec elle la clownerie, rameau d'olivier et pacte contre la chute des cheveux.

Laura décide de passer le dimanche comme il a toujours été prévu que se passe ce jour-là. Elle va aller enfoncer les pieds dans la dernière boue de la saison. Maintenant, elle peut se pencher sans rien faire sauter à l'intérieur. Le jardin est un vrai cauchemar tant il a été négligé. Ses plantes semblent avoir oublié qu'il y a jamais eu une main pour les soigner.

Mais le moindre effort l'essouffle. Elle va chercher une chaise longue. Elle tamise un moment, puis s'assied un moment. Elle ne tarde pas à s'asseoir plus fréquemment qu'elle ne tamise. Pour finir par travailler assise.

Elle a vécu toute sa vie d'adulte avec le besoin de réduire le nombre de mauvaises herbes de l'univers. Non pas que la guerre contre les plantes indésirables puisse jamais être gagnée, ni même que quelqu'un ait vraiment envie de la remporter. Mais simplement que sur son petit bout de terre à elle, elle éprouve le désir de contribuer à embellir un peu la nature…

Mais, aujourd'hui, elle en est au point où elle n'arrive plus à distinguer ses plantes des mauvaises herbes. Et même si elle en était capable, elle n'arriverait pas à glisser le piochon entre les deux. Elle reste assise dans la chaise longue au cannage en PVC vert et blanc, les yeux remplis de larmes à l'idée des plantations qu'elle avait prévues et qui ne se feront pas.

Le mieux, c'est de tout enterrer, d'un seul coup. De tout arracher, même ce qui aurait encore deux ou trois bonnes semaines de vie. Mieux vaut tout retourner, plutôt que de laisser ce fouillis inextricable de mauvaises herbes. Et elle ne demanderait pas mieux que de s'y mettre, sauf que, maintenant, elle pourrait bien faire porter tout son poids sur la bêche qu'elle n'arriverait pas à l'enfoncer d'un centimètre.

Elle ferme les yeux et tente de se reprendre. De se rappeler la voix sur ces bandes où l'on ne parle que cancer. Elle essaie d'évoquer la musique cascadante, d'exécuter les exercices de visualisation auxquels elle s'entraîne. C'est tout juste si elle n'entend pas la voix du narrateur, qu'elle imagine sous les traits d'une star de cinéma, en train de répéter la litanie : « Entourez la tumeur d'une solide enveloppe en argent et jetez-la… »

Il faut qu'elle se souvienne de cette technique qu'elle n'a jamais réussi à maîtriser quand elle jouait du hautbois. Celle de la respiration circulaire, qui consiste à commencer à inspirer alors qu'on n'a pas encore expulsé tout l'air de l'inspiration précédente.

Elle tente de faire exactement la même chose, essayant de contrôler sa respiration, quand Ellen la sort de sa torpeur. Sa fille se met entre elle et les derniers rayons du soleil. Elle tient deux pages de journal à bout de bras, comme un gamin qui tiendrait par les ailes une chauve-souris à moitié assommée dont le sonar défectueux l'aurait conduite à prendre le garage pour une grotte.

Le *Post-Chronicle ?* Dans les mains d'Ellen ? De sa fille Ellen ?

« M'man ? » D'une voix douce, hésitante. Plus question, cette fois-ci, de graines anciennes. Plus question non plus d'unité maternelle. Mais seulement d'une femme épuisée, allongée dans une chaise longue. « M'man ? T'as vu ça ? »

Un article d'une demi-page : « CETTE POLLUTION QUI NOUS MENACE. Inventaire annuel des émissions toxiques des industries de la région, dressé par l'Agence pour la protection de l'environnement. » Le genre de truc dont se sert le journal pour boucher les trous les jours de vaches maigres : moitié statistiques fédérales confuses, moitié anecdotes personnelles. « Je ne mets plus mon linge à sécher dehors, dit Viola Johns, qui habite de l'autre côté de l'autoroute, en face de l'usine d'emballage Clare. Regardez la véranda. Je suis obligée de balayer deux fois par jour. »

Laura parcourt la page, jette un coup d'œil aux graphiques qui accompagnent l'article. Puis regarde sa fille, l'air perplexe.

« Là, dit Ellen. Juste là. » Liste des comtés classés par volumes d'émissions toxiques. Lacewood, Sawgak, Vermilion, Champaign, Iroquois. Principales émissions chimiques carcinogènes de la région. Benzène, formaldéhyde, dichlorodifluorométhane, épichlorhydrine…

Laura regarde de nouveau sa fille, toujours perplexe. « Tu lis le journal, maintenant ? » Ni cruauté gratuite ni provocation parentale. De la surprise, plutôt. Voire du plaisir. Comme si, finalement, elle n'avait pas à se faire autant de souci pour Ellen.

« Maman ! Tu me traites toujours comme une gamine, tu ne me crois jamais, dit Ellen en tapant du pied, sans violence mais avec insistance.

— Oh ! s'exclame Laura, qui comprend brutalement. Tu crois que… ? Mais, ma chérie, le mien n'a rien à voir avec ça. D'après le docteur Jenkins, on ne connaît pas vraiment les causes des cancers ovariens, mais c'est probablement génétique. Ce qui veut dire…

— Tu me prends pour une idiote, c'est ça ? s'écrie Ellen, les yeux brillants de larmes, avant de faire demi-tour et de se précipiter en courant vers la maison.

— Ellie ! appelle Laura. Attends, ma chérie. »

Mais la chérie n'attend pas. Elle atteint la véranda à l'arrière de la maison et poursuit sa route. Laisse sa mère toute seule, en train de tourner les pages de cette feuille de chou ridicule, qui ne sait même pas orthographier « trichloréthylène » deux fois de suite de la même manière. La laisse en train de fixer des yeux le tableau intitulé « Volume total des émissions toxiques des usines de la région ». « Viola Johns se déclare prête à déménager au cas où les émanations de l'usine seraient cancérogènes. »

LES BONNES AFFAIRES FONT LES BONS VOISINS

Dans la vallée de la Sawgak, tranquille et tortueuse, au cœur de l'Illinois rural, les gens aiment la terre qu'ils travaillent avec tant d'acharnement. Les journées sont longues et la moisson n'est jamais sûre. Les fantaisies sont rares et les extras réservés aux vacances. Mais la foi et les efforts se combinent pour rendre la région attrayante et vous donner envie de vous y installer.

Si vous vivez au Texas, en Californie ou à New York et que vous avez entendu parler du comté de Sawgak et de sa ville la plus prospère, Lacewood, c'est probablement grâce à nous. Grâce à ce que nous accomplissons à Lacewood, les gens, dans le monde entier, mangent mieux, vivent plus longtemps et ont une vie plus saine.

Et pourtant, même si le comté nous doit trois emplois sur cinq aujourd'hui, notre implantation dans la région est relativement récente. Nous ne sommes ici que depuis un peu plus d'un siècle. Mais nous savons ce que les vrais locaux attendent de nous et ce qu'il nous faut faire si nous voulons nous intégrer à la région.

C'est pourquoi nous nous attelons à la tâche. Notre participation bénévole aide à faire fonctionner les services d'incendie et la police. Nous subventionnons les équipes de secours et les soins d'urgence, et formons des équipes locales à la manipulation des déchets toxiques. Le budget que nous consacrons à l'environnement fait que la Sawgak est incontestablement plus belle et plus propre qu'elle ne l'était il y a dix ans. Nous soutenons l'action des maisons de jeunes et nous avons récemment contribué à l'aménagement de nombre de bâtiments publics pour qu'ils soient plus facilement accessibles aux handicapés.

Au moment des grands ouragans de 1991, nous avons transformé notre palais des congrès en centre d'accueil pour plus de deux cents personnes. Chaque année, nous sponsorisons l'orchestre symphonique des jeunes talents, organisons la grande fête du maïs, ainsi qu'une course pédestre de quinze kilomètres, uniquement pour le plaisir (si vous n'êtes pas encore au top de votre forme, vous pouvez vous contenter de notre marche de cinq kilomètres). Notre char du 4 juillet a remporté un prix dans huit des dix derniers défilés. Et quand le lama du lycée menaçait de dépérir de solitude, c'est nous qui avons procuré une compagne à la mascotte bien-aimée de Lacewood.

Clare possède plus de vingt centres de production répartis sur tous les continents, sauf celui de l'Antarctique. Nous exportons nos produits dans quatre-vingt-trois pays pour le bénéfice de plus d'un demi-milliard de consommateurs. Notre croissance en l'espace d'un siècle à peine dépasse tout ce que l'on peut imaginer. Mais quelle que soit la taille que puisse atteindre une société, rien ne vaut la mère patric.

Clare : Petites Merveilles

Resolve et la République américaine moururent en même temps. Mais comme dans le cas de la vieille fédération nationale, les parts de Resolve restèrent dans la famille. C'est Julia qui se chargea de les administrer par fidéicommis à l'intention des enfants. La mort de son mari fit de la journaliste chantre de l'expansion la seule associée de son beau-frère, lequel attendait toujours que le ciel veuille bien le dépouiller de ses entreprises terrestres. Face à Julia, Samuel ne faisait pas le poids.

La veuve adressa une lettre ouverte à Samuel, Ennis, Benjamin et aux banquiers de la société :

> J'ose espérer que vous saurez voir, dans le déclenchement de ce conflit, l'occasion pour nos manufactures non seulement de peser sur l'issue finale mais aussi d'élargir leurs champs d'action et de renforcer leur puissance.

Pour l'industrie, la destruction longtemps différée du pays ne venait que confirmer l'inévitable. L'idylle agraire, déjà célébrée dans les gravures nostalgiques de Currier et Ives, était programmée pour l'auto-immolation. Elle choisit de partir en beauté sous la forme d'un grand feu de joie. L'issue de la sécession était connue d'avance. Les ateliers du Nord rosseraient le cuir tanné de l'aristocratie terrienne, et ce en dépit des grèves d'ouvriers et des émeutes d'immigrants refusant la conscription.

Autant que pouvait en juger le milieu des affaires, la guerre relevait moins d'une crise que de son antidote. Les Clare, pour leur part, eurent tôt fait de percevoir le parti qu'ils pouvaient tirer de la catastrophe. La graisse et la propreté étaient les seules valeurs d'échange adéquates pour une société en plein chaos.

La guerre exigeait que la livraison de ces produits se fasse à une échelle que seule la machine rendait possible. Si la turbine rendait la guerre inévitable, seule la guerre offrait à la turbine la plus lucrative des consécrations. La moissonneuse de McCormick connut son apothéose et Gatling adapta sa production de masse à sa destination finale, le massacre de masse. Les Clare, avec cette chance qui caractérise les entreprises accommodantes, attendaient leur heure, prêts à héberger les Quatre Cavaliers quand leurs montures viendraient fondre sur la ville comme un ouragan.

Au moment où McDowell et les troupes de l'Union faisaient retraite après leur déconfiture de Manassas, les Clare vacillaient, eux aussi, sur leurs bases à la suite de leurs premières escarmouches. Pendant dix ans, ils avaient eu à lutter contre une perpétuelle surproduction. Ils fabriquaient des produits à un rythme qui dépassait de beaucoup les possibilités de consommation de leurs clients. Face à un tel problème, ils n'avaient pas d'autre solution que de réduire les coûts de fabrication et d'améliorer les rendements.

La surproduction atteignit des sommets juste avant la mort de Resolve et l'ouverture des hostilités. Le très jeune Douglas Clare s'embarqua dans une malencontreuse expédition publicitaire à Charleston, essayant d'ouvrir un marché dont tout un chacun savait déjà qu'il allait sous peu disparaître de la carte commerciale. Sur les docks, derrière la bâtisse qui abritait les anciennes douanes, alors qu'il s'apprêtait à rentrer les mains vides, il tomba sur un marchand plongé dans les affres de la panique de l'histoire.

Douglas n'eut aucune peine à sentir chez l'homme la terreur des événements à venir. Si Douglas avait tort de croire qu'un pays aussi solide n'aurait jamais recours aux armes à propos d'une question aussi peu pertinente que l'esclavage, le marchand de West Ashley souffrait de la certitude que l'Apocalypse était pour demain. L'homme disposait d'une cargaison entière de colophane et le jeune Douglas finit par deviner qu'il en avait déjà pratiquement fait son deuil. À la fin de l'après-midi, Douglas avait fait descendre le prix du marchand à un dollar le baril.

Son père n'avait pas autorisé le garçon à acheter quoi que ce soit. La tâche de Douglas se limitait à écouler les surplus, non à augmenter le stock. Sa folle équipée marchande réclama les services de la moitié des fardiers de Fort Point pour effectuer la livraison jusqu'à Roxbury et l'entreprise dut se résoudre à louer deux emplacements adjacents pour stocker la montagne de colophane. Si bon marché qu'ait été la marchandise, l'affaire menaça de couler Clare Fils et Petits-Fils.

Furieux, Samuel condamna son fils à l'exil du goulag manufacturier. L'inébranlable Julia commença à faire des coupes sombres dans la main-d'œuvre. C'est à ce moment précis que l'agrarisme moribond prit les armes contre l'agresseur industriel du Nord et que l'ange de fort Sumter descendit du ciel pour sauver toutes les générations de Clare à venir.

En l'espace de quelques semaines, la colophane atteignait trois dollars le baril. Samuel, qui respirait de nouveau, voulait vendre le lot avec un bénéfice de trois cents pour cent. Mais le fils prodigue, enhardi par son succès, arrêta la main du vieil homme. La colophane grimpa encore, doublant son prix, puis le quadruplant. Jusqu'à atteindre quinze dollars le baril. Et bientôt, il se passa des semaines entières sans qu'on puisse en trouver sur le marché.

Le jeune Douglas comprit très vite qu'ils pouvaient gagner beaucoup plus en conservant cette résine solide qu'en acceptant de la revendre. Et quand l'Union – ou du moins ce qu'il en restait – arriva dans la ville, brandissant par centaines ses commandes de savon à la colophane pour une armée en campagne, les Clare furent les seuls fabricants de la région à pouvoir seulement songer à satisfaire pareille demande.

Du jour au lendemain, les établissements Clare décrochèrent le plus gros, le plus fiable et le plus exigeant des clients de leurs trente années d'existence. Et c'est tout aussi rapidement que Julia mit en place la fabrication.

Les armées de l'Union avaient davantage besoin de savon que de cibles supplémentaires à exposer au tir de l'ennemi. Si bien que tout individu travaillant pour les Clare se vit aussitôt exempté de conscription. Ennis tomba pourtant au champ d'honneur, sacrifié aux besoins du pays qui avait tant fait pour lui. Dans la fièvre de cette production accélérée, une fuite se déclara dans un chaudron et le jet de matière en fusion brûla le pauvre Ennis sur la presque totalité du corps. Il passa trois jours à hurler et à délirer, avant de rendre son âme industrieuse.

La mort d'Ennis faillit ramener Jewitt aux savonneries, par un de ces dépits qui passent pour du chagrin.

Mais Julia, qui prenait de plus en plus d'ascendant, se saisit de l'occasion pour embaucher une nouvelle équipe de techniciens, des hommes assez jeunes pour comprendre que rien dans ce pays dévasté ne serait plus aux dimensions de la décennie précédente.

Sur le chemin menant de Manassas à Appomattox, l'industrie fit ses classes. La guerre l'obligea à se lancer sur des marchés toujours plus vastes, à la naissance desquels présidait le carnage, ce sanglant accoucheur. *J'ose espérer,* ainsi Julia conjurait-elle ses partenaires, *j'ose espérer que vous saurez voir que l'heure appartiendra à ceux qui sauront répondre à ses exigences.*

Avec un million d'hommes sur le terrain, le Nord avait besoin de l'estampille Clare garantissant le juste poids. Même les caisses en bois qui servaient au transport de ces graisses transformées valaient leur poids en argent. Les caisses estampillées Clare constituaient le seul véritable mobilier que connaîtrait ce million d'hommes pendant ses quatre années de campement dans la nature hostile. Clare leur permettait d'être propres et en sus leur fournissait de quoi s'asseoir. Ce qui fidélisa la clientèle de l'entreprise pour les deux générations à venir.

Le système qui consistait à anticiper sur la demande et qui avait permis jusque-là de satisfaire les commandes les plus importantes s'effondra sous la pression des circonstances. La tourmente perturba la distribution, la production excéda les stocks tandis que les commandes excédaient la production. De manutentionnaire de la colophane, Douglas fut rapidement promu au grade de directeur des urgences. Il commença par instaurer un système d'équipes permettant à l'usine de tourner vingt-quatre heures sur vingt-quatre. Et pour finir, lui et sa tante annoncèrent à Samuel que, pour la première fois dans l'histoire des établissements Clare, les ouvriers feraient bouillir, presseraient, débiteraient et emballeraient le savon le jour du Seigneur. La nouvelle faillit briser le cœur du vieil homme. Qui, pour autant, ne démissionna pas de ses fonctions.

Clare, qui avait commencé la guerre avec un nom unique pour un ensemble de marchandises, la termina avec une poignée de marques déposées. Dans le même temps, quelque part entre les mortiers et les cuirassés, Clare et Fils était devenu tout simplement Clare.

La compagnie continua de commercialiser le Baume authentique pour la consommation des civils. Le triomphe de Gatling – la victoire de l'usine sur les champs – ne fut d'ailleurs pas sans effet sur cette consommation, si futile qu'en ait pu être le motif. Ceux qui entrevoyaient encore le monde au-delà de l'horizon de ce conflit cherchèrent le réconfort dans toutes sortes de plantes médicinales. Car le client a-t-il jamais réclamé autre chose que de pouvoir acheter de quoi vaincre le temps et ressusciter les morts ?

Les serres de Cambridge ne suffisaient plus à produire la plante miracle. Or, *Utilis* ne pouvait plus être cultivée maintenant que dans des champs appartenant à une nation qui avait fait sécession. Au début, Ben Clare tenta bien de substituer de l'écorce de saule, de l'euphorbe ou de l'échinacée – bref, quelque authentique panacée indienne – à l'imposteur des mers du Sud. Mais les revendeurs n'achetèrent que des quantités négligeables de ce Baume authentique amélioré, craignant que le public rejette cet ersatz de temps de guerre au profit du seul produit authentique. Plus que jamais, le désastre réclamait un remède miracle.

Pendant quatre ans, le prix du Baume authentique connut une inflation tout à fait disproportionnée. Les frais de Clare augmentèrent dans des proportions effarantes. L'approvisionnement de la compagnie était encore plus pagailleux que celui des armées de l'Union. Les confédérés lui coulaient une cargaison sur cinq et les Anglais, toujours aussi calculateurs, menaçaient de suspendre leurs exportations de carbonate de sodium. En vertu de lois vieilles comme Hérode, une savonnette de Baume authentique passa de sept cents un quart à plus de quinze.

Un tel prix prouvait à quel point il était coûteux de vouloir extraire du savon de son contraire. Poussé par le besoin, l'homme enfonçait son trépan dans le chaos ambiant et nommait précieuse la moindre parcelle de minerai qu'il remontait à la surface. Plus l'extraction se révélait difficile et plus grande était la valeur de la chose extraite. Quand les exercices d'échauffement seraient terminés et qu'on entrerait dans le vif de l'apocalypse, l'effondrement serait sans doute le plus grand facteur de reprise que pouvait espérer la civilisation.

C'était là un domaine, celui des prix et des estimations, dans lequel Julia était tout à fait à son aise. Qui plus est, l'entrée en scène de Douglas au moment opportun dispensait Benjamin d'avoir encore à se battre avec les problèmes du marché. Au cours de la première année des hostilités, Ben fut bien près de connaître le bonheur. *Ex nihilo*, il monta l'un des premiers laboratoires de recherches commerciales du pays.

Comme assistantes techniques, il recruta des orphelines parmi les pensionnaires d'une institution charitable voisine qu'il avait fondée par pure philanthropie. L'école en question lui fournissait maintenant un personnel compétent et dévoué. Car, comme l'avait un jour confié par écrit le président d'Amherst College :

> Si une fille est régulièrement entraînée à de sains travaux domestiques, elle sera parfaitement adaptée au travail de laboratoire.

Aidé de son équipe d'orphelines expertes en titrage, Ben se lança dans ses expériences, perfectionnant sa compréhension des procédés matériels et prenant un plaisir d'enfant aux problèmes de la chimie pure. Il ne dépendait plus de la compagnie. Rien ne lui aurait paru plus ennuyeux que la domestication du marché. En revanche, apprendre aux éléments mêmes de la terre à sauter à travers des cerceaux, voilà qui relevait d'une quête pleine d'intérêt.

Il avait tout loisir d'explorer à sa guise, ayant depuis longtemps remboursé sa dette. Pour Clare, il n'y avait plus rien à tirer du bonhomme, de toute façon. La famille fit une croix sur le célibataire vieillissant, décidant qu'il était fini. Amorti. Déprécié.

Et pourtant, Ben s'était fixé un objectif bien plus pratique que les affaires elles-mêmes. Le naturaliste obstiné rêvait d'une chambre de réaction plus grosse que n'importe lequel des chaudrons jamais conçus par la fabrique familiale. Sa recherche tendait vers le but ultime de la chimie : une savonnerie qui délivrerait l'homme de toute contingence.

La mort de son frère amena Ben à focaliser toute son attention sur le problème. De même qu'un corps peut mourir hors de la prison de son habitat et rejoindre son parent terrestre, de même l'armée des éléments les plus communs et les moins exploitables devait-elle pouvoir se recomposer à l'intérieur du moteur de la chimie. Si l'on parvenait à transformer du sel et de l'acide sulfurique dans toutes les couleurs de l'arc-en-ciel industriel, n'y avait-il pas moyen de transformer les âpres déserts de la nature en un parc susceptible d'abriter les futures générations ?

Le progrès humain avait déjà prélevé un lourd tribut. Ces mêmes réverbères à gaz qui soulevaient le manteau de la nuit émettaient des quantités grandissantes de coaltar qui menaçaient de précipiter le pays dans les égouts de la civilisation en marche. On pouvait à juste titre commencer à se demander si le manteau de la nuit était bien fait pour être soulevé.

L'inventivité menaçait de s'étouffer avec ses propres sous-produits avant d'avoir pu conduire même les plus consentants jusqu'à la Terre promise.

Mais supposons, raisonnait Ben, que la faute incombe non point à nos désirs mais à notre chimie encore balbutiante. Les déchets de coaltar ne signifiaient pas nécessairement la fin de la lumière. Ben se plongea dans les travaux de Mansfield, qui décrivait les merveilles cachées dans ces scories. Qui pouvait dire ce que la chimie était capable de tirer de cette boue fécale ? De même que l'émancipation de notre classe d'esclaves passait par une atroce tuerie, de même l'humanité tout entière devait-elle peut-être traverser d'abord une vallée plus sombre avant d'être délivrée de son esclavage matériel.

Les substances transformables n'avaient pas de forme fixe. Les homologies, ces composés de forme semblable, s'engendraient les unes les autres dans un processus perpétuel de réactions en chaîne. De même que le grain naissait de la poussière reconvertie, de même de précieux bienfaits pouvaient-ils naître des déchets de la chimie. Une fois sortie de sa préhistoire, cette dernière serait en mesure de proposer à l'humanité une délivrance lente et, somme toute, imméritée.

Parmi les enfants inattendus de ce vieux goudron de houille qu'était le coaltar, il en était un qui intriguait Benjamin au plus haut point : le phénol. Véritable poison quand il était concentré, il devenait désinfectant une fois dilué. Il couvrait la puanteur des égouts et nettoyait ce qu'aucun savon n'était capable de nettoyer. Benjamin s'absorba dans la chimie du phénol. Rédigea d'abondantes notes sur des solvants plus efficaces et moins toxiques que ceux que la compagnie s'était mise à commercialiser. Sur un savon qui serait fabriqué grâce à la reconfiguration astucieuse du coaltar.

Ben rêvait d'un pays débarrassé de la maladie et appliquait sans relâche son intelligence à localiser les remèdes susceptibles de guérir un monde blessé. La saleté et la putréfaction ne servant qu'à l'aiguillonner dans sa quête.

Il lisait les nouvelles qui parvenaient de France et d'Angleterre. Il suivit avec intérêt la confirmation par l'expérimentation, toujours lente à venir, des théories du docteur Holmes sur la possibilité d'une victoire définitive sur l'infection. Le phénol agissait en détruisant les agents cellulaires microscopiques responsables de la dégradation des tissus. Combien de malheurs ne seraient-ils pas évités si l'on amenait la science à affronter ces minuscules indicateurs ? La chirurgie, libérée de la menace de l'infection, pourrait délivrer le corps de ces maux qui le condamnaient à rester à son niveau le plus bas.

Holmes contribua ainsi à renforcer l'intérêt de Benjamin pour ce que le bon docteur appelait les « anesthésiques ». Morton avait démontré les pouvoirs extraordinaires de l'éther, véritable manne céleste, au cours d'opérations pratiquées à l'hôpital général du Massachusetts, situé sur l'autre rive et un peu plus bas le long de la Charles River que le laboratoire de Benjamin. La guerre servait maintenant à prouver sur une grande échelle l'efficacité de ce produit miraculeux. La délivrance de l'espèce était bel et bien pour demain.

Ben, comme du haut d'une colline dominant les rives du Jourdain, regardait l'humanité mener sa campagne sans merci contre la contagion et la douleur. Le combat avait été longtemps dans une impasse. Aujourd'hui, pour la première fois, le plateau de la balance commençait à pencher : la vie allait peut-être l'emporter. En proie au vertige du possible, Ben se prenait à rêver que l'humanité, propre et délivrée de la douleur, pourrait enfin prétendre vivre debout. Rien ne lui serait plus désormais interdit. À partir d'une telle base, l'homme était en mesure d'entreprendre les plus lointains voyages.

Le hasard voulut que Morton perdît les droits d'exclusivité du brevet sur l'éther. Une controverse avec deux autres chercheurs quant à la date des travaux de chacun laissa le bon dentiste sans droit exécutoire. Le chemin ainsi déblayé, diverses compagnies, dont la compagnie navale du docteur Squibb, entamèrent une course contre la montre pour perfectionner des procédés commercialisables susceptibles de racheter l'humanité à un prix raisonnable.

Le pionnier en la matière fut Liebig, dont les découvertes ouvrirent des routes concurrentes menant à l'oubli. Qu'il s'agisse du gaz hilarant de Wells ou du chloroforme de Guthrie, les anesthésiques naquirent dans un même souffle. La maigre subvention qu'offrait le gouvernement à l'industrie du savon ne pouvait que pâlir devant de tels enjeux. Car le pays n'avait pas d'intérêt plus grand que la conquête de la douleur.

C'est à cette tâche que s'attela Benjamin. Il entama des recherches pour savoir s'il n'existait pas de meilleures parades à la douleur, de meilleures solutions que l'éther chlorique ou le protoxyde d'azote. Il y avait forcément des composés supérieurs : des soporifiques plus résistants, plus efficaces et plus sûrs, qui auraient moins d'effets indésirables sur le malade.

La quête de Ben supposait une perfection formelle qu'il aurait été bien incapable de décrire. L'alcool et l'éther partageaient un héritage commun. Chacun ressemblait d'assez près à son compère, après substitution de leurs groupes fonctionnels. Il existait peut-être d'autres substances capables d'allonger cette série de bienfaits et d'aider le corps à franchir tous les obstacles. Mais c'était forcément quelque part au sein de cette série que se trouvait le secret du salut.

Dans la fièvre de sa recherche, Benjamin travaillait des nuits entières. L'espoir de la découverte lui donnait des forces insoupçonnées et il s'imposait un rythme infernal. Faute d'instruments de titrage adéquats, il se fourrait ses dérivés sous le nez ou les goûtait d'un doigt téméraire. Notant les effets de ces tests sur son propre corps, seul sujet de recherche capable de lui fournir des données fiables.

Benjamin connut la période la plus intense de sa vie, professionnelle, travaillant comme il ne l'avait jamais fait à l'université, au cours de sa lointaine expédition ou pendant ses années de labeur à la savonnerie. L'effort l'épuisa. Et pourtant, jamais il n'avait été aussi alerte, ni aussi conscient de sa forme physique. Quand ses composés le désorientaient, il rebondissait sans tarder, se remettant rapidement de leurs effets toxiques. Quand de nouveaux tests lui causaient des pertes de mémoire ou des moments d'une euphorie inexplicable, il se contentait d'en consigner les effets dans ses notes et poursuivait ses recherches. Exposer sa santé n'était rien en comparaison de la possibilité de libérer l'homme de l'esclavage de son corps.

Il avait besoin de faire d'autres expériences. Pour s'assurer des bons dosages. Pour déterminer le niveau de pureté et les pourcentages des mélanges. Il revenait assidûment et inlassablement aux substances les plus prometteuses et à leurs dérivés. Plusieurs mois durant, il rédigea des notes détaillées sur les composés ainsi étudiés, leur synthèse exacte, la fréquence et la quantité des doses ingérées, le tout accompagné des descriptions minutieuses de leurs effets physiologiques.

Au bout d'un certain temps, ces notes se firent plus succinctes et plus rares. Son écriture se fit plus décousue, plus difficile à comprendre à la relecture. Pour finir, les notes de Ben cessèrent complètement.

C'est à Samuel qu'il revint d'aller trouver son frère. Inquiet d'un silence qui s'était prolongé bien au-delà de ce à quoi Benjamin les avait habitués, il se rendit à Cambridge et gagna la demeure de son frère, moitié résidence personnelle, moitié laboratoire de recherches. N'obtenant pas de réponse à ses appels réitérés, il passa outre et entra par effraction.

Sous le coup du choc, Samuel pensa d'abord que quelque membre des classes défavorisées avait trucidé son frère pour se procurer la chaleur, toute relative, d'un abri. Mais force lui fut de reconnaître que cet homme léthargique, à la parole embarrassée et aux yeux injectés de sang qui semblait terrifié devant les démons peuplant l'air autour de lui, était bel et bien son frère cadet.

Samuel fouilla dans les carnets de Benjamin pour tenter de trouver une explication. Mais les annales de la science s'interrompaient, silencieuses et complices, avant que de fournir un quelconque éclaircissement. Même lorsqu'elles sombraient dans l'inintelligible, les notes s'en tenaient à leur seul et unique sujet de préoccupation : quel ne serait pas l'avenir de l'espèce humaine, une fois qu'elle serait sortie de son cauchemar éveillé d'infection et de douleur ? Elles révélaient cette liberté à l'état moribond et comme plongée dans une nuit crépusculaire et impénétrable.

La famille n'épargna rien pour sauver Benjamin. Au plus fort de la guerre, ils engagèrent une infirmière chargée de s'occuper de lui vingt-quatre heures sur vingt-quatre. Ils engrangèrent, à des prix astronomiques, des stocks de médicaments destinés à purifier le sang et à reconstituer le système nerveux. Des soins vigilants pouvaient encore réparer les dégâts qu'avait causés le hasard.

Mais Benjamin refusa de se laisser soigner. L'homme que sa famille tentait vainement de ramener à la vie était mort. Par deux fois, l'espace de deux ou trois semaines, il reprit figure humaine, mais dans le seul but, apparemment, de retomber encore plus bas. Par deux fois, il s'employa à humilier délibérément sa famille : son rétablissement n'étant qu'une feinte destinée à les tromper, qu'une parodie de normalité lui permettant d'échapper subrepticement à leur bienveillant contrôle pour retourner à sa maladie.

Samuel et Julia tentèrent bien de raisonner Benjamin, mais celui-ci était désormais au-delà de toute raison. Car la raison n'était qu'une nouvelle venue, qu'une arriviste de Tudor ayant bien besoin de toute la propagande d'un Shakespeare pour légitimer son autocratie. Au plus profond de l'homme était tapi un animal, une violente nostalgie qui n'aspirait qu'à une chose : prendre le mors aux dents et partir au galop.

Quelque chose dans l'être humain ne cherchait qu'à redevenir plante. À retourner à ses origines végétales. Et pour peu que le corps ait goûté, ne serait-ce qu'une seule fois, à la saveur de ce retour, aucune tendresse humaine n'était plus par la suite en mesure d'apaiser sa faim dévorante.

Samuel coupa tous les liens qu'avait encore Benjamin avec la compagnie et racheta les parts de son frère à un prix auquel seul quelqu'un de totalement indifférent à l'argent ou qui en aurait eu un besoin désespéré aurait consenti. Et pour le bien de son âme immortelle, il le dépouilla de toutes ses liquidités.

La compagnie sauva ce qui pouvait l'être des carnets de notes. Le meilleur de la science de Benjamin exposait des principes susceptibles de racheter un sacrifice qui, autrement, eût été dénué de sens. Grâce aux subventions fédérales et aux recherches d'un malade de la chimie, Clare finit par entrer sur le marché en pleine expansion des désinfectants et des anesthésiques.

Le seul problème de chimie appliquée auquel Benjamin se trouvât maintenant confronté prenait une coloration différente. Ses moyens et sa volonté s'évaporèrent plus ou moins de concert. Il ne vivait que pour perdre sa lucidité, car c'est en toute lucidité qu'il avait perdu ses raisons de vivre.

Pendant les heures où il était encore capable de penser, il ne songeait qu'au meilleur moyen de se suicider discrètement, sans que cela eût l'air d'un acte criminel. Il voulait simplement éviter de salir davantage le nom de la firme, qu'il estimait avoir déjà suffisamment souillé. Il sortait par temps d'orage, recherchant les hauteurs pour mieux s'exposer à la foudre. Il arpentait les marais, en quête du choléra ou d'une morsure de rat enragé.

Il était déjà mort une fois. Quand il avait respiré l'odeur désodorisée sur la banquise à l'autre bout de la Terre. Il avait déjà porté le blanc parfait, ce blanc plus blanc que ce que l'on pourrait jamais créer artificiellement. Il pouvait mourir une seconde fois, sans même pour ainsi dire y regarder à deux fois.

L'air de sa rêverie chimique correspondait à une partition aux notes carrées. Il se fredonnait ce morceau de harpe sacrée à toute heure du jour, même quand il ne fut plus capable de s'entendre fredonner. Ni les vents froids, ni les haleines empoisonnées ne pouvaient atteindre les rivages où il abordait et où pas plus la maladie que le chagrin, la douleur que la mort n'avaient plus cours.

La famille récupéra le corps de Benjamin là où il s'était posé, dans une ruelle d'immigrants du côté du North End. Ils l'inhumèrent à Mount Auburn, à côté de celui de son frère Resolve, au cours d'une cérémonie privée qui eut lieu au début du mois d'avril 1865, trois jours avant que le président Lincoln donne l'ordre à l'orchestre de la Maison Blanche d'attaquer *Dixie*, air mémorable et entraînant s'il en fut.

« Salut, ma jolie ! » lance une voix au moment où Laura entre dans la salle de chimio pour sa troisième séance de supplice chinois par goutte-à-goutte.

Ruthie Tapelewsky, bien installée dans son coin réservé, invite Laura à s'installer d'un grand geste du bras, comme si toutes deux se retrouvaient pour déjeuner.

« C'est vraiment un endroit où il se passe des choses, ici ! Et réservé à l'élite, avec ça.

— J'ai l'impression de n'être jamais partie, dit Laura, ahurie. D'avoir perdu le mois qui s'est écoulé entre les deux séances comme on perd une pièce de monnaie entre les coussins d'une banquette.

— Je vous reçois cinq sur cinq, dit Ruthie. Ça vous dirait de former un club du Quinze du mois ?

— Vous voulez que je vous dise ? Quand ce sera fini, quand ce sera vraiment tout fini, on fêtera ça. Et on remettra ça tous les mois au besoin, si on en a envie.

— Vous avez tout compris, ma petite, glousse Ruthie. Mais, au fait, vous êtes à mi-chemin avec cette séance, non ? »

Elle se souvient. Cette femme se souvient de la longueur du traitement d'une étrangère, alors que Laura, elle, a perdu le compte des jours de la semaine.

« J'en serai à la moitié d'ici un mois. Quand j'aurai fait cette séance. Et vous, Ruthie ? Je suis désolée, mais je n'arrive pas à me rappeler où vous en êtes.

— Moi ? Oh, j'en ai encore quelques-unes. »

La grosse femme lui fait un grand sourire. Une ou deux. Quelques-unes.

« Voilà le serveur, dit Ruthie en montrant Alan à l'autre bout de la pièce. N'oubliez pas de demander une paille propre. »

Alan attache Laura et la met en route. Pendant ce temps, Ruthie n'arrête pas une minute son monologue.

« Ne le laissez pas tripoter votre cathéter, ma jolie. Demandez-lui bien de vous donner le bon truc. »

Laura a oublié à quel point bavarder peut distraire. À quel point la présence d'une autre personne peut être un plaisir.

« Joli foulard que vous avez là, Ruthie, dit-elle tout en s'installant pour sa longue randonnée.

— Merci, c'est gentil. Je vous retourne le compliment. Mais vous savez quoi ? Vous devriez vous offrir une folie. Vous seriez absolument sensas avec une de ces perruques rouge sang. Ou alors, quelque chose dans des tons de noir et de violet.

— J'ai essayé toutes sortes de chapeaux fantaisie. Ma fille ne veut pas que je les porte en dehors de la maison. Il n'est pas exclu que je me balade bientôt sans un poil sur le caillou. Ça me fera gagner une énergie phénoménale.

— Excellente idée ! Sérieusement, Laura. Qui est-ce que ça regarde, sinon vous ? La plupart des gens ne demanderaient pas mieux que de nous mettre sous cloche. Tiens, j'ai fait une astuce… (Elle rit et tremble comme un blanc-manger sur un chariot poussé par une hôtesse de l'air.) Remarquez que les cloches en question ne trompent personne. Je crois que le troisième ou quatrième mot que mon dernier a appris à dire était “perruque”. »

Laura se cale dans son fauteuil pendant que le poison commence à s'écouler en elle. Ruthie la distrait en lui parlant des rejetons Tapelewski. Ils sortent de ses propos et y entrent comme des bandes de pickpockets ou des musiciens de rue. Son aînée, une gamine de quinze ans, travaille à la maison de retraite où une demi-douzaine d'octogénaires l'ont déjà couchée sur leur testament comme légataire universelle.

« Elle s'est développée très tôt, s'excuse Ruthie. Elles font toutes pareil, maintenant. Je suis sûre que c'est à cause de ce qu'ils mettent dans les céréales du petit déjeuner. »

Son deuxième vient juste de se faire pincer dans une histoire de trafic sur Internet à propos de logiciels vendus en sous-main au Pakistan et à la Chine. Il y en aurait pour des dizaines de milliers de dollars.

« Seigneur, dit Laura. Il ne faut surtout pas qu'il fasse la connaissance de mon gamin.

— Mais où est-ce qu'ils vont apprendre tout ça ? s'interroge Ruthie. Mon petit Elliot, transformé en pirate international de l'informatique. Le pire, c'est qu'il n'a rien compris à rien. Même quand le FBI est venu nous rendre une petite visite surprise sur le coup des trois heures du mat. Il ne voyait pas ce qu'il y avait de mal à se faire vingt dollars par semaine tout en aidant les pays du tiers-monde à se développer. »

Ce qui fait également rire Laura et, du même coup, déclenche l'alarme de sa perf. Laquelle, à son tour, déclenche l'apparition d'Alan. « Dites donc, mesdames, un peu de tenue, ou je vais devoir vous droguer à mort. »

Mais Ruthie est déjà bien engagée dans la saga des jumeaux terribles, qui ont épuisé tous les trucs que leur autorise leur interchangeabilité. Sans compter le petit dernier d'un an, celui qui sait dire « perruque ».

Laura a déjà vu cette femme quelque part. Il y a quelque chose en elle d'incroyablement familier. De rassurant, aussi. Comme s'il ne pouvait rien vous arriver de vraiment grave tant qu'elle reste dans les parages pour vous divertir. Ruthie, dont le verbe haut et les gloussements répétés suffisent à contenir les assauts les plus sophistiqués de la folie la mieux organisée.

La question titille Laura : mais où a-t-elle déjà rencontré cette femme ? Comment la connaît-elle ? Puis le déclic se produit : c'est une amie d'enfance, la consolatrice de toujours, la vieille femme qui vivait dans une chaussure.

« Et ce mari ? demande Ruthie. Toujours rien à en tirer ? Vous en êtes encore à lui apprendre à s'y retrouver dans les couches ?

— Attendez, Ruthie, réussit à dire Laura, entre deux rires. Ça, c'est votre mari à vous.

— Mais… c'est que vous avez raison ! Voilà que je confonds mon mari avec le vôtre ! »

Laura en ferait pipi dans sa culotte si elle n'était pas à l'hôpital.

« Ce n'est plus mon mari, Ruthie.

— Si seulement je pouvais en dire autant du mien ! »

Elles regardent la télé de l'après-midi, Laura dans un brouillard de plus en plus nauséeux, Ruthie toujours alerte et se payant la tête des actrices de feuilletons dévorées par l'angoisse ou celle des animateurs prétentieux.

« Consommateurs conscients. Voilà une association dont je prendrais bien le numéro de fax. Ados dingues de vêtements. Ça, on peut laisser tomber, non ? » Les différentes pubs qui interrompent périodiquement les programmes, Ruthie les assortit de commentaires du genre : « C'est ça, ouais. Comme si j'avais un look à remodeler, moi ! » Ou bien : « C'est rien qu'une putain de bagnole, ma petite. Arrête de te branler sur le pare-chocs. »

Ruthie termine sa séance juste au moment où la chimio de Laura commence à la matraquer.

« Du cran, ma jolie. Les laissez pas vous foutre en l'air.

— Ne me laissez pas tout de suite, Ruthie. J'ai besoin de vous.

— Oh, mon cœur. Je serai de retour bien assez tôt, ne vous faites pas de souci », gémit l'autre.

Avant même que Laura ait eu le temps de remarquer le changement, le gémissement s'est transformé en un autre blanc-manger tremblotant.

Et elle se retrouve toute seule. Avec chaque nouvelle perfusion, la révolte de son corps commence plus tôt, creuse plus profond et s'éloigne avec un sadisme plus consommé. C'est comme si elle l'avait dans le sang maintenant. À moins qu'on ne soit en train de la conditionner pour vomir à la seule vue d'un tube en plastique.

Mais il est impossible que ce soit uniquement une question de conditionnement. Parce que l'effet des drogues nocives s'accroît tandis que, dans le même temps, celui des bonnes diminue. Elle n'arrive pas à comprendre pourquoi le Benadryl reste pratiquement inefficace cette fois-ci, alors même qu'elle savait exactement à quoi s'attendre.

Le docteur Archer passe au moment où elle arrive au bout du taxol.

« Un grand merci à l'équipe locale, pas vrai ? demande-t-il.

— L'équipe… ? dit-elle en faisant un effort pour repousser les parois de coton qui l'entourent.

— Oui, l'équipe locale ! Notre fromage à nous. »

Il donne une chiquenaude à la bouteille renversée, le champagne municipal. Il n'a pas plutôt tapé sur le flacon vide qu'Alan fait son apparition pour le remplacer par la mixture suivante. Le docteur Archer suit les mouvements de l'infirmier sans rien dire.

« Je ne comprends pas, dit Laura, avec un regard interrogateur en direction d'Alan qui continue de s'activer. De quel fromage vous voulez parler ?

— La vie a de ces hasards, dit le cancérologue en semi-retraite, en guise d'explication. Cette drogue, vous la devez à ceux qui ont permis la grande friture sans graisse.

— C'est Clare qui la fabrique ?

— Non. Ça, c'est probablement Bristol-Myers Squibb, Nodoz ou Ban, des vraies mines d'or, côté cancer et sida. Mais Clare leur vend les produits de base pas cher.

— Mais je croyais que c'était fait à partir d'écorce d'arbre. Vous m'aviez dit que c'était de l'écorce, enchaîne-t-elle à l'adresse d'Alan, qui se contente de hausser les épaules.

— Au début, oui, dit Archer. Mais maintenant, ils se servent d'écorce artificielle. Il fallait au moins six ifs centenaires de la côte ouest pour un traitement comme le vôtre. Plutôt cher payé, non, quand on pense que, pour pouvoir utiliser les ifs à cette fin, il faut les abattre. Et le problème, c'est que couper ces arbres entraînait la disparition d'une espèce locale.

— Un hibou, intervient Alan.

— C'est ça. Un hibou tacheté, ou quelque chose de ce genre. Mais, en ce qui me concerne, et vous allez peut-être me traiter d'irresponsable, mon allégeance va d'abord à l'homme. Oui, les humains d'abord. Alors, si quelqu'un a besoin de ces arbres pour se soigner, tant pis pour le hibou.

— Et les arbres, alors ? demande Alan. Sans vouloir vous offenser, Mrs B.

— Je comprends bien, dit Laura, avec un geste de la main en guise de pardon.

— Qu'est-ce que vous entendez par là ? aboie le docteur Archer à l'intention d'Alan.

— Six cents ans d'arbres pour soixante ans de vie d'un être humain, comme dirait l'autre, l'addition est salée.

— Eh bien, jeune homme, c'est précisément là qu'intervient la science. Un des chercheurs de notre équipe locale a réussi à fabriquer dans son éprouvette ce qui coûtait auparavant la vie d'une demi-douzaine de troncs d'if. La molécule dont les effets sont si bénéfiques est terriblement complexe, au point que l'on pensait qu'il faudrait des années pour en faire la synthèse. Mais il y avait tellement de gens prêts à payer le prix fort que la science a pu en fournir une imitation en un temps record.

— Si vous le dites, docteur, fait Alan, accompagnant sa remarque d'un geste fataliste.

— Si on fout la paix aux gens, ils finissent toujours par trouver ce dont nous avons besoin. »

Le cancérologue poursuit la route qui l'expose au feu roulant des malades et de leurs questions, tout en branlant du chef à l'idée que l'humanité puisse continuer à refuser obstinément une leçon aussi simple.

« Demandez-lui un peu de vous parler des cachets qui correspondent à la perf qu'on vous administre contre les nausées, dit Alan à Laura. Une dose pour le week-end ne vous coûterait pas moins de deux cents dollars. Les toubibs n'ont pas le droit de la prescrire à moins que le malade soit sur le point de claquer.

— Vous voulez dire qu'il existe un truc mieux que celui qu'on me donne ? Quelque chose qui marche vraiment ?

— Ce qui marche vraiment revient toujours trop cher.

— C'est pourtant ce qu'il me faut.

— Je comprends bien, Mrs B. »

Mais c'est faux. Il ne peut absolument pas comprendre. S'il pouvait, il trouverait quelque chose d'utile à dire.

Elle se met à tirer des plans sur la comète. Imagine une gigantesque kermesse, se demande combien il lui faudrait vendre de pâtisseries pour pouvoir ramasser suffisamment d'argent et payer la différence, pour pouvoir, à coups de dollars, se délivrer de la souffrance du mois à venir.

« Ouais, dit Alan. Ça manque pas, les gens qui essaient de trouver ce dont on a besoin. On dit que Philip Morris possède des centaines d'hectares en

Caroline du Nord, qui n'attend qu'une occasion pour se convertir à l'herbe : une décision du ministère de la Santé faisant de ce produit un palliatif de la chimio. Ça ne manque pas d'ironie, non, quand on pense à ce qui pousse dans ces champs à l'heure actuelle ?

— L'herbe ? Vous voulez dire la marijuana ? Ça pourrait…

— Ben, oui. Pour certains malades, ça marche. Est-ce que… ? Ça vous intéresse ?

— Non, non, pas du tout », dit Laura, follement intéressée.

N'importe quoi. N'importe quoi pour ne plus vomir.

« Dites-lui que vous êtes en train de crever, suggère Alan. Dites-lui que, si c'est comme la dernière fois, vous ne passerez pas la semaine. Que vous allez dégobiller sur ses chaussures en croco s'il ne vous donne pas des comprimés dignes de ce nom. »

LA VIE APRÈS LA CHIMIE

Non, il n'y a rien d'anormal dans cette photo. Rien d'anormal non plus dans votre magazine, ni dans son impression. Nous avons tout simplement pensé que vous aimeriez voir à quoi ressemblerait la vie sans les procédés chimiques dangereux pour la santé tant décriés ces temps-ci.

Sachez que toutes ces dénonciations sont imprimées avec des encres de première qualité sur du papier spécialement traité. Et illustrées avec des photos en quadrichromie grâce au procédé photochimique. Vous les feuilletez, ces revues, allongé sur votre banquette intachable, vêtu de votre robe de chambre fraîchement lavée et repassée, en buvant un jus de citron vert sans calories…

Nous pourrions continuer ainsi pendant des heures, mais le tableau nous semble assez clair. La vie sans la chimie ne serait plus une vie.

Notre civilisation, c'est vrai, n'est pas sans connaître son lot de souffrances. Et elle n'a pas fini de souffrir. Mais ce n'est pas une raison pour jeter l'éponge – en fibre synthétique indéformable, évidemment. Ce qu'il faut, c'est choisir le monde dans lequel nous prétendons vivre et travailler à le construire.

Et pour ce faire, quel que soit le monde dont nous rêvons, nous aurons besoin des bons matériaux.

La seule bonne réponse, ce n'est pas moins de savoir, mais un savoir de meilleure qualité. Les procédés chimiques ne sont pas le problème. Ils constituent la règle même du jeu. Ils sont au cœur d'une équation élémentaire :

Votre vie, c'est de la chimie.

Et la chimie, c'est notre vie.

Groupe des procédés industriels
CLARE MATERIAL SOLUTIONS

À la fin de la guerre ne subsistait plus qu'un seul des fils du marchand, qu'un seul des frères fondateurs. Samuel avait vécu suffisamment longtemps pour assister au triomphe de la machine. L'industrie du Nord était victorieuse. Et cette victoire, elle l'avait remportée grâce aux impôts sur les cigarettes et le whisky et à la production de masse des cuirassés et des fusils à répétition.

Mais, pour assurer son avenir, l'industrie avait réclamé un paiement à la livraison : quatre milliards de dollars en actif de roulement et un million et demi de morts. Tout le monde était mort, depuis le président jusqu'à ce fou de chaudronnier irlandais. Seul restait Samuel, le frère aîné, le rétrograde. L'industrie avait épargné le seul des Clare à n'avoir jamais rien compris aux objectifs de l'industrie.

L'étonnement de Samuel devant la rapidité et l'ubiquité de la destruction effaça de son cœur toute envie de rester en activité. La fin du monde était bel et bien arrivée, mais discrètement, sans s'annoncer, et très longtemps, il est vrai, après la nuit qu'il avait passée à l'attendre. Elle était survenue un soir de la fin 1865, quand il avait parcouru l'étage des machines pour n'y voir qu'un témoignage de la folie des hommes taillé dans le calcaire et surmonté d'un crâne ailé.

Mieux valait renoncer au monde pour se faire mendiant. Une fois de plus, Samuel choisit de se détacher des biens terrestres. Car leur fabrication dépassait maintenant son entendement. Et c'est ainsi que le dernier des fils de J. Clare abandonna le terrain qu'il avait contribué à défricher.

Tandis que Samuel se retirait des affaires, ceux qui croyaient encore au progrès y entraient. Sous la direction du jeune Douglas, la firme alla jouer les profiteurs dans un Sud dévasté. Accordant de larges facilités de crédit à des distributeurs appauvris, Douglas et ses lointains agents se mirent à vendre jusqu'en Géorgie, où ils précédèrent d'une bonne longueur leurs concurrents de Nouvelle-Angleterre.

C'est avec cette intention que Julia entreprit de courtiser la femme sudiste. Elle vit dans les masses rentrées tête basse au bercail le marché rêvé pour une graisse de cuisson que Clare produisait désormais en abondance. Un produit attendu et des conditions auxquelles on ne résistait pas : en un rien de temps, Julia introduisit la margarine Clare dans les foyers de milliers de femmes qui, deux ans plus tôt, n'auraient pas hésité à graisser leurs poêles avec la couenne du premier ouvrier des établissements Clare passant à portée de fusil.

Et c'est donc ainsi que la compagnie s'implanta sur le sol de ses adversaires prostrés. Le temps et le commerce finiraient par faire revivre la région. La richesse repousserait, comme une forêt après un incendie. Et Clare serait là, échangeant sa graisse contre les ressources reconstituées du vieux Sud, avec la bénédiction de la nouvelle Union.

Les contrats que Clare avait obtenus de l'État pendant la guerre avaient permis de tirer le maximum de la dure réalité du désastre national. L'expansion vers le Sud de l'après-guerre aidait à compenser la perte de ces commandes régulières. Mais la prospérité ne suffirait pas à elle seule à assurer l'avenir de la compagnie. Ce météore qu'avait été la lutte fratricide, cette machine à détruire le progrès fit comprendre à tous les survivants à quel point il était urgent de tout réorganiser. Samuel, l'aîné des associés, n'était déjà plus que l'ombre de lui-même et les seuls contrats dont il se préoccupât encore étaient ceux qu'il allait devoir signer avec la mort. L'heure était venue de passer le flambeau. La deuxième génération attendait avec impatience, prête à le recevoir. Tout ce dont elle avait besoin, c'était d'un code de succession.

Après de longues discussions, Julia finit par convaincre son beau-frère de l'inévitable. L'entreprise était trop importante, les bénéfices trop aléatoires pour qu'on pût envisager une autre conclusion. Il ne suffisait plus de quelques hommes pour s'occuper des cuves et des ventes. Les affaires ne pouvaient plus se décider à l'aune d'une seule génération. La concurrence, de plus en plus dure, leur imposait elle aussi un nouveau genre de statut. Pour survivre, Clare n'avait pas d'autre solution que la constitution en société.

Pour Samuel, l'expression était synonyme d'échec. Se constituer en société reviendrait à trahir les idéaux pour lesquels lui et ses frères avaient œuvré au cours des trois dernières décennies. À l'époque où les Clare, en bons négociants, plissaient encore le nez devant l'odeur peu engageante de la manufacture, l'idée de société suscitait une hostilité générale. Le gouverneur Morton, dans son discours d'investiture en 1840, avait déclaré d'un ton belliqueux :

Nourri par la folie de l'argent et la soif d'acquérir des biens sans les avoir gagnés, le désir de traiter ses affaires courantes en se donnant les statuts d'une société est l'un des pires maux de notre époque.

Même son de cloche du côté des rédacteurs libéraux du *Boston Courier*. Un octroi massif de licences créerait une ruée sur la création de sociétés semblable à la ruée vers l'or qu'avait connue la Californie, avec un gain net encore plus réduit pour la richesse nationale. La multiplication des franchises constituait un genre de tricherie que personne n'appréciait, le capitaliste américain moins que tout autre. La perspective de voir une telle innovation envahir tous les secteurs de l'économie déplaisait au plus grand nombre et rares étaient ceux qui auraient été prêts à miser dessus.

Si un directeur se révélait incapable de diriger son entreprise sans privilèges spéciaux, alors sa place n'était pas dans les affaires. Dans un premier temps, la loi n'autorisa la création de sociétés que pour les services publics ou pour ces entreprises d'intérêt public qui nécessitaient de gros investissements, une main-d'œuvre considérable ou une protection légale spécifique pour pouvoir fonctionner.

Mais, depuis la fondation des savonneries Clare, la loi s'était assouplie et les gens, peu à peu, s'étaient faits à l'idée. Les compagnies géantes qui régnaient sur l'industrie textile de Lowell habillaient toute la côte est. De même que les égreneuses s'occupaient de la graine de coton, de même les sociétés anonymes filaient les fibres les plus précieuses du monde pour les tisser solidement. La ville au million de broches devançait le travail humain au moins autant que l'homme devançait l'animal. Une fois les risques répartis et le passif éventuel couvert, il n'y avait plus de limites aux réalisations collectives de l'humanité.

La manne que distribuaient les usines fonctionnant à la vapeur réclamait une institution pour l'abriter. La civilisation était tombée par hasard sur cette institution, qui pouvait la conduire absolument n'importe où. L'espèce humaine avait appris à assembler les parties d'un tout pour répondre aux besoins sans fin de l'existence. Et le travail de cet organisme composite allait au-delà de la somme de ses parties. L'entreprise avait atteint un stade de son évolution qui dépassait de beaucoup l'échelle de l'individu.

La constitution des entreprises en sociétés promettait de faire pour leurs centaines de composantes discrètes et actives ce qu'avait fait le chaudron pour l'alcali et les acides gras. La fabrique devenue société avait trouvé un moyen d'opérer une semblable conversion. Sauf que, comme le disait autrefois le défunt Ennis, le chaudron avait « gonflé » au point d'atteindre des proportions inhumaines. La lessive humaine, en passant sur les serpentins du nouveau business, subissait sa propre transformation et laissait derrière elle la mousse épaisse et savonneuse de la plus-value.

Les limites légales imposées au phénomène en vinrent bientôt à ressembler à des chaînes avec lesquelles on aurait tenté d'entraver les pieds d'un esclave libéré. L'État ne pouvait exiger de son grain qu'il fasse une demande de dérogation spéciale pour cause de moisson exceptionnelle. Ce qu'il avait de mieux à faire pour assurer la délivrance de ses citoyens, c'était de se faire le plus discret possible et de laisser le génie accomplir sa volonté.

Dès le début de la guerre, le Massachusetts avait autorisé n'importe quelle firme dotée d'un capital décent à se constituer en société. Une telle opération devint plus facile à réaliser que l'obtention d'une charte en bonne et due forme. Par ailleurs, elle conférait davantage de protection tout en demandant moins de transparence.

Tous les arguments militant pour la transformation de Clare étaient donc du côté de Julia. Celle-ci plaida la cause du changement avec un zèle qu'elle avait jusqu'ici réservé à sa campagne pour la réparation du câble transatlantique. Certes, la firme aurait à répondre de ses activités devant un comité directeur. Mais cette concession à la démocratie ne leur coûterait pas grand-chose, insistait Julia. Ils continueraient à détenir toutes les actions à eux seuls et s'arrangeraient pour constituer un comité favorable à leurs intérêts, si bien que toute personne extérieure n'aurait d'autre choix que de se plier à leur avis. Clare n'avait rien d'autre à perdre dans l'affaire qu'une souveraineté de façade et un peu de l'orgueil familial.

Une telle perte n'était rien face aux gains de la société anonyme. Dotée d'un tel statut, la firme pourrait étendre ses opérations à des zones jusqu'ici trop chères ou trop risquées pour elle. Déjà, les plaintes qui s'élevaient à Roxbury obligeaient les responsables à envisager le transfert des locaux à distance respectable de la ville. Les ventes couvraient plusieurs États. La compagnie faisait des essais pour cultiver l'*Utilis* en plein air, dans le Sud profond. Ils achetaient l'alcali à l'Angleterre, l'huile de baleine aux antipodes et la graisse animale à n'importe quel abattoir situé entre Boston et le Canada. En bref, elle était maintenant présente dans suffisamment d'endroits pour obtenir les protections simplifiées accordées par la loi.

Et pourtant, aux yeux de Samuel, la métamorphose revenait à mettre en gage le plus beau bijou du patrimoine familial. Ayant déjà largement dépassé la limite que la Bible assigne à une longue vie, le vieil homme prit la décision la plus difficile qu'il ait jamais eu à prendre depuis l'abandon du commerce d'importation. Il entreprit de traverser le Rubicon, pour lui, un Potomac quasiment infranchissable. Mais il ne pouvait en aucun cas reculer, car l'ange du progrès se tenait derrière lui sur la berge déserte, faisant monter un vent arrière en battant des ailes.

La seule idée de société anonyme allait à l'encontre des vertus commerciales qu'il avait toujours défendues. S'était-il battu pour l'estampille « Juste poids » pour en arriver là ? Et pourtant, le propre d'une telle société, c'était de pouvoir vivre dans l'éternité. De survivre à son créateur et à ses directeurs du moment. De se transmettre d'une génération à l'autre en assurant un lien entre ces milliers d'hommes qui, avec le temps, feraient fonctionner ses rouages. De conférer à ses dynasties une existence plus longue que la plus longue descendance.

Ce fut la vision de cette transmission garantissant la survivance qui permit à Samuel d'arrêter son choix. Car le propre du commerce, c'était de survivre aux besoins qu'il satisfaisait.

Les lois sur les sociétés anonymes n'étaient guère contraignantes. Il fallait d'abord nommer un président et un trésorier. Samuel s'attribua le premier titre et conféra le second à l'aîné de Resolve, Peter, un jeune homme un peu étrange, taillé pour l'arithmétique. Julia confectionna un comité directeur minimal à l'aide de deux de leurs partenaires commerciaux, de deux cousins et du banquier de la famille. Anthony Jewitt, que l'on était allé sortir de sa retraite histoire d'étoffer le comité, n'était pas du genre à se déranger pour le plaisir d'assister à quelques réunions. Lui et ses machines avaient toujours laissé les Clare n'en faire qu'à leur guise.

Les membres de l'exécutif devaient faire enregistrer un acte où figuraient leur nom et leur adresse, le montant nominal du capital et les parts de chacun des membres. Julia distribua celles-ci de manière à préserver le vieux principe familial du partage des possessions. L'acte devait également mentionner le nom officiel de la nouvelle entreprise. Après maintes hésitations, il fut décidé que J. Clare et Fils deviendrait la Clare Soap and Chemical Company.

Le Joint Stock Act exigeait de l'exécutif d'une société qu'il publiât ce genre de renseignements dans un journal, comme on publie des bans, afin que chacun puisse réagir en temps utile ou, à défaut, se taire à tout jamais. L'acte devait par ailleurs préciser le champ d'activité de l'entreprise ainsi créée. Dans ce domaine aussi, la loi s'était faite plus libérale, autorisant la mise en place de domaines d'application beaucoup plus vastes. À une époque, une compagnie autorisée par ses statuts à tisser la soie n'aurait pas pu en même temps fabriquer de la mousseline. Mais la loi autorisait désormais Clare à déclarer que la firme se consacrait à « l'art et la fabrication du savon, des chandelles, du saindoux et de tout produit voisin, ainsi qu'à la distillation par ébullition et transformations chimiques de toute autre denrée liée à ce commerce et propre à la consommation ».

En bref, une définition si large que même un chaudron gros comme une maison n'aurait pas suffi à la remplir.

Les Clare s'attachèrent définitivement et à temps complet les services de Stoughton, l'avocat qu'ils ne consultaient jadis qu'une ou deux fois par an. Ils officialisèrent leurs relations avec un établissement financier de State Street, Howe and Howe, qui camouflait l'accumulation de ses dettes ferroviaires derrière une rangée de colonnes corinthiennes, répliques fidèles de celles de la Maison Carrée à Nîmes. Boston se spécialisait désormais dans ce genre de compensations : des églises qui ressemblaient à des banques et des banques qui avaient des allures de temples romains.

Clare fit enregistrer sa demande de création d'une société anonyme auprès du secrétaire du Commonwealth du Massachusetts en 1867. Une fois la paperasserie classée, Samuel rassembla le clan ainsi que tous les employés. Il leur offrit des réjouissances pendant une heure, qu'il leur paya et qu'il conclut par un petit discours.

Il parla de son père, Jephthah, de son frère, l'infatigable Resolve, et de l'Irlandais inconsolable qu'ils avaient secouru. Il parla du petit dernier, Ben, et de sa racine magique, *Utilis*, qui, rapportée de l'autre bout du monde, avait fait le succès du Baume authentique.

Il parla de la grande fabrique, de la grande maison qui les abritait tous. Les affaires, déclara-t-il, devraient de droit être notre demeure ancestrale, imposante dans sa permanence, une demeure aux vestibules lambrissés ornés des portraits de tous ceux dont les mains avaient contribué à hisser les poutres et mener la charrue.

Ces mots étaient on ne peut plus clairs pour ceux qui avaient des oreilles pour entendre : Samuel déclinait. Le dernier fils de Jephthah Clare avait vécu assez longtemps pour présider à son obsolescence. Sa vie, ou ce qu'il en restait, consisterait désormais à vérifier que des étrangers surveillent le travail qu'il avait toujours surveillé lui-même.

La séance d'adieux publics de Samuel traîna quelque peu en longueur, l'orateur jetant maints regards furtifs sur diverses scènes de dévastation à la manière d'un inspecteur fédéral chargé d'évaluer des dommages de guerre. L'absence même de pertinence de ses paroles mettait à nu le paradoxe commercial. Car il parlait au nom de leur successeur collectif et pourtant unique. La loi déclarait désormais la Clare Soap and Chemical Company comme constituant une seule personne morale et donc une entité juridique à part entière. Poursuivant ses élucubrations, Samuel remonta jusqu'à John Marshall, premier juge de la Cour suprême, dont la mort avait fêlé il y avait bien longtemps de cela la cloche de la Liberté. Il cita la définition classique qu'avait donnée Marshall cinquante ans plus tôt dans l'affaire Dartmouth College *vs* Woodward :

Une société commerciale est une entité artificielle, invisible, intangible, qui n'existe qu'en prévision de la loi.

À ce stade des efforts oratoires de Samuel, la plupart de ses ouvriers s'étaient déjà discrètement éclipsés pour retourner au travail. Ceux qui restèrent, par amusement, par paresse ou par sentimentalité, entendirent leur président invoquer la bête qui leur donnait une vie quasi éternelle. L'entendirent parler d'un monstre composite, qui rassemblait le capital et le travail d'innombrables Lilliputiens dans un gigantesque Léviathan. Ceux qui endurèrent le supplice jusqu'au bout virent l'épouse et la belle-sœur du vieillard l'aider à descendre de la tribune alors qu'il s'était interrompu, victime d'une quinte de toux.

Durant les mois qui suivirent la création de la société, il n'y eut pas de changement notable. Et pendant un temps, en dépit des privilèges qui venaient de lui être conférés, Clare demeura une compagnie comme les autres. La cuve américaine manquait encore d'un ingrédient essentiel, d'un additif secret qui permettrait à la société anonyme de gagner définitivement la bataille. Le temps et Clare avaient besoin d'un catalyseur supplémentaire pour faire fondre les déchets graisseux de la vie et les solidifier en une masse compacte, indestructible.

Une légère poussée du pouvoir politique et une autre du destin fournirent ce catalyseur juste au moment où Clare s'embarquait pour sa nouvelle destinée. Le quatorzième amendement vit le jour pour servir de conscience à la reconstruction. Il protégeait les esclaves libérés en garantissant leurs droits de citoyens. Le commerce et l'argent étaient bien les dernières choses auxquelles avaient songé ses concepteurs. Mais les actes d'un idéalisme aussi noble ne prennent jamais en compte leurs éventuelles conséquences pratiques.

Il fallut quelques années avant que la connexion apparaisse clairement. Mais qui aurait pu en récuser la logique ? Si le cinquième et le quatorzième amendements conjuguaient leurs effets pour étendre les garanties légales à tous les individus et si la société anonyme était maintenant aux yeux de la loi une seule personne juridique, alors la Clare Soap and Chemical Company jouissait désormais de toutes les protections légales offertes à chacun par l'esprit de la Constitution.

Ce qui voulait dire qu'aucun actionnaire ne pouvait être tenu pour responsable des agissements de cette personne protégée, de ses dettes ni de ses malversations. Chaque pièce de cette splendide invention brillait de tous les feux d'une innocente beauté. Mais l'ensemble, à l'image de quelque surprenante preuve mathématique qui déforme ses modestes axiomes pour en faire un CQFD sans réplique, donna finalement le petit coup de pouce nécessaire à la transformation finale et irréversible des savonneries de Roxbury – et avec elles, de l'histoire de l'humanité. Il n'en avait pas fallu davantage pour transformer une poignée de haricots inoffensifs en une tige qui, avec le temps, fit voler en éclats les vitres de la serre qui l'avait vue naître.

Il reviendrait à Douglas Clare, le fils de Samuel, de devenir le premier directeur de la compagnie à avoir des loisirs à consacrer à la lecture. Des années après que Clare eut franchi le pas, Douglas tomba sur une définition d'Ambrose Bierce dans son *Dictionnaire du diable* :

> Société anonyme : moyen ingénieux d'obtenir un profit personnel sans engager sa responsabilité personnelle.

Douglas Clare ne put que rester perplexe devant cet exemple d'humour biercien. Peut-être aurait-il trouvé la définition habile, drôle, voire diabolique, si elle n'avait pas parfaitement reflété la lettre de la loi.

VOUS CONNAISSEZ NOTRE NOM
(VÉRIFIEZ NOS CHIFFRES)

Devenez partie intégrante d'une vie qui fait déjà partie de la vôtre.

Un exemplaire du formulaire 10-K du rapport annuel de Clare soumis à la Commission des comptes peut être obtenu gratuitement, sur simple demande, à dater du 31 mars, en écrivant à Clare International, Service des actionnaires et des investisseurs, 1, Clare Plaza, Boston, MA 02109.

AUDITS INDÉPENDANTS : EARL & ANDERS, NEW YORK

Don lui fait parvenir l'article du *Post-Chronicle* qui a tant perturbé Ellen. Celui qui parle de benzène et de formaldéhyde à grands renforts de tableaux et de graphiques. Il le lui faxe au bureau, sans même avoir la décence de l'accompagner d'une lettre pour qu'il passe inaperçu dans la corbeille à fax. Avec simplement écrit à la main, en haut à gauche : « Pour information. Sans commentaire. D. »

C'est Ellen qui a dû le mettre sur le coup. Elle les voit d'ici, se montant mutuellement le bourrichon. Mais qu'est-ce qu'il veut qu'elle en fasse, de cet article ? Rien de spécial sans doute. « Pour information », voilà tout.

Elle n'a jamais réussi à comprendre comment fonctionnait ce type. Qui estime que le monde lui doit toujours une explication. Qu'il y a toujours une combine qui attend tout bonnement qu'on la trouve. Ça l'avait frappée dès leurs premières sorties ensemble : il y avait toujours un bout de ruelle quelque part que les soixante-dix mille autres fans de tel ou tel concert n'avaient pas encore découvert, ou une occasion à saisir de suite dont seuls les initiés avaient entendu parler ; il suffisait de fourrer son nez un peu partout.

S'il s'en était tenu là, elle aurait pu le supporter. Mais fureter ne lui suffisait pas. Il fallait absolument qu'il l'embarque avec lui dans sa quête du détail manquant. Qu'elle ouvre la radio au premier coup de sirène dans le voisinage. Qu'elle appelle l'école dès que les premiers flocons étaient annoncés sur l'Iowa dans les prévisions météo pour le lendemain. Simplement pour l'impliquer, elle, dans ses préoccupations à lui.

Il était incapable de s'abonner à un magazine sans avoir d'abord passé au crible toute l'équipe de rédaction. Il ne la laissait jamais mettre ses achats sur un compte ouvert chez les commerçants, même si elle réglait la facture dès que l'avis arrivait. « Ce n'est pas une question de disponibilités, Lo. Chaque fois que tu passes une commande, tu fournis à n'importe quel étranger l'occasion de se procurer toutes sortes de renseignements à ton sujet. »

Et les données des autres étaient toujours un poil supérieures aux siennes. Avec les professions libérales – tous des initiés, des tireurs de ficelles – il se déchaînait. Quand Tim s'était retrouvé dans cette couveuse, pendant si longtemps, luttant désespérément pour survivre, Don avait passé des journées entières à essayer de faire admettre aux médecins tout ce qu'ils refusaient de dire. « C'est notre boulot, disait-il. C'est le boulot du malade. » Quant à celui des médecins, c'était d'adopter des airs supérieurs et de laisser les Bodey dans l'ignorance.

Au début de leur mariage, Don ne pouvait se résoudre à payer les factures de téléphone sans d'abord essayer de percer à jour toute l'organisation, depuis les laboratoires Bell jusqu'au type qui grimpait aux poteaux. Toujours à vouloir en savoir plus sur les gens. Le type du prêt pour la maison, l'employé du magasin de vidéos, le livreur de journaux. C'était sans aucun doute ce qui expliquait son efficacité légendaire dans son boulot. Cette manière qu'il avait de faire croire aux gens qu'ils étaient plus intelligents qu'ils ne l'étaient en réalité. Que c'étaient eux qui détenaient toutes les cartes.

Il n'avait fait qu'empirer en grimpant les échelons, chaque promotion ne faisant qu'accentuer son côté vieille fille. Directeur du développement, c'était quand même autre chose qu'attaché, sans compter les prérogatives qui allaient avec ce titre. C'était à lui de trouver le meilleur crédit pour l'achat d'une seconde voiture. De choisir l'investissement adéquat pour le financement de leur retraite. Il avait passé une fois la moitié d'un mois de janvier à chercher le camp de vacances idéal pour le mois d'août des enfants.

Il avait failli la rendre folle. Au bout de dix ans, elle en avait eu assez d'essayer de l'amener à ne plus mettre systématiquement tout en doute. Il l'épuisait tant et si bien qu'elle s'était mise à faire comme lui, sans même s'en rendre compte. Se surprenant à demander à l'employée de la poste s'il n'y avait pas un meilleur moyen d'expédier ses paquets. À consulter une autre entreprise quand le type des termites avait déclaré la maison parfaitement saine.

Quel soulagement quand elle avait retrouvé sa liberté ! Comme de troquer des vêtements de ville trop bien ajustés pour une tenue d'intérieur plus ample. D'arracher le tube qui sortait de ses intérieurs, sauf que celui-là était encore plus gros. La liberté de respirer, de tout ignorer du complot universel qui se tramait contre vous, de foutre le bordel de temps en temps, de pouvoir dire « bordel ».

Quand ils en étaient venus à s'étriper, elle s'était juré qu'on ne l'y reprendrait pas. Il fallait être malade pour s'engager comme ça. Difficile pourtant de se passer d'un homme quand on en a eu un. Plus difficile que de s'arrêter de fumer. Elle avait trouvé le partenaire presque idéal en la personne de Ken : discret, au point d'être invisible, réclamant une attention minimale, un peu comme une de ces cartes de bus à vingt trajets, que l'on renouvelle tous les mois. Il était capable de regarder n'importe quel film. De boire n'importe quelle bière. Et il ne l'avait jamais obligée à appeler une station radio pour quoi que ce soit. Jamais.

Mieux : il n'était jamais dans ses jambes. C'était comme quand on mange dehors : on déguste le dessert pendant que quelqu'un d'autre s'attaque à la vaisselle. Bien sûr, le revers de la médaille, c'était d'avoir à faire une heure de voiture pour dénicher un restaurant sans risque. Mais, d'un autre côté, sans Ken, elle ne serait jamais autant sortie.

Ils sont assis au Rendez-Vous des cow-boys, un *steakhouse* de Peoria. Ken voulait une table près de la fenêtre pour avoir vue sur la rivière, mais ne voulait pas attendre vingt minutes. Pas le genre à attendre, Ken. Du coup, ils sont dans l'arrière-salle, remplie de statues en bronze de chevaux sauvages en train de se cabrer et de tentures murales qui ont tout de publicités pour Marlboro.

Comme d'habitude, ses yeux n'arrêtent pas de parcourir la salle. Il évalue la situation, la disposition des lieux, au cas où il leur faudrait faire une sortie éclair. Il jette un coup d'œil sur son assiette et fronce les sourcils.

« Tu ne manges pas grand-chose, ma chérie.

— Désolée.

— Tu veux autre chose ? Tu veux l'assiette de fruits de mer ? »

Elle essaie de se rappeler la dernière fois qu'elle a vu la mer. La dernière fois qu'elle était à proximité d'un océan. Pas depuis ces épouvantables vacances au cap Chamaille, quand les enfants étaient petits.

« C'est frais, insiste Ken.
— Ken, tu plaisantes. Des crevettes fraîches, à Peoria ?
— Je t'assure. Ils les font venir par avion, tous les jours. D'accord, elles sont emballées sur de la glace. Mais elles ne sont jamais congelées. »
Même chose alors pour Saint Louis, Lawrence, dans le Kansas, Denver, Bozeman. Allons donc ! Comment pourrait-il y avoir suffisamment d'assiettes de fruits de mer pour tout ce monde-là ?
« Chérie ?
— Désolée. Je rêvais, dit-elle avec son plus grand sourire.
— Laura, s'il te plaît, tu préférerais autre chose ? »
Sa prévenance, elle le sent bien, est le signe de l'énervement qui le gagne.
« Ça ira. Je vais grignoter ce que j'ai dans mon assiette.
— Grignoter, ce n'est pas manger. »
Comment lui dire que le steak a exactement le goût de cette écume jaunâtre qui se forme à l'intérieur du réservoir de la chasse d'eau ?
« Ken. J'ai un cancer. J'ai l'équivalent de trois mois de métaux lourds dans le coco.
— D'accord, d'accord. Tu veux qu'on parle d'autre chose ? »
Et il lui sourit. Ce qu'il apprécie surtout en elle, c'est son sens de l'humour.
« Si tu veux. Pourquoi pas ? Ce serait bien de parler d'autre chose.
— Le boulot, par exemple ? demande-t-il, maniant l'ironie à la pelle.
— Ouais ! Redis-moi un peu c'que tu fais pour gagner ta vie, mon pote.
— Sûrement pas quelque chose dont les gens bien ont envie de parler à table. »

Il laisse son regard errer du côté de l'autre salle, celle où il y a les tables près des fenêtres.

Elle l'a blessé. Et rien n'y fera tant qu'elle ne se sera pas aplatie en lui demandant de l'excuser. Comme d'habitude, elle a du mal à voir où elle a gaffé. Tous pareils, les hommes, jusqu'au dernier, même les plus décontracts. Même les plus mûrs, les plus friqués, les plus sûrs d'eux en apparence. Rien n'y fait : il faut absolument que vous mangiez ce qu'ils vous ont rapporté de la chasse.

Il va faire la tête maintenant, aussi longtemps qu'elle ne lui aura pas présenté des excuses. Ce qui, pour l'instant, ne la dérange pas le moins du monde. Ils gardent donc le silence. Une bénédiction, le silence, à certains moments. Surtout quand il y a une musique d'ambiance en guise de fond sonore. L'équipement est invisible, sans doute camouflé dans la cuisine en compagnie des cuisiniers latino-américains sans papiers. Il doit y avoir un changeur automatique de CD, réglé pour mélanger au hasard les morceaux de sept disques différents. Maintenant qu'elle prête l'oreille, elle entend que l'on passe d'un truc qui ressemble à du Bach plutôt lourdingue à un morceau psychédélique des années soixante, puis à Billie Holiday qui chante *Strange Fruit*, pour revenir à un autre mouvement de Bach. La schizophrénie promue à une forme d'art.

Ken s'aperçoit qu'elle écoute. « Il y en a vraiment pour tous les goûts », se moque-t-il.

Elle l'examine en détail, essayant de se rappeler ses points forts. Envolés, les points forts, balayés.

« Bon Dieu, tu vas me dire ce qui ne va pas, à la fin ? demande-t-il, quand ils se retrouvent dans la voiture.

— Pardon ? Tu ne crois pas que tu aurais pu me poser cette question au restaurant ?

— Oh, si, j'aurais pu. Mais il se trouve que j'ai horreur de déballer mon linge sale en public, moi.

— Ken, voyons. On n'est jamais en public, quand on est ensemble. On ne fait que rôder discrètement dans Peoria.

— Ce qui veut dire, je suppose, que ce foutu steak, tu l'aurais bouffé si je t'avais emmenée dans un restaurant de Lacewood ?

— Et puis, je ne vois pas comment tu peux parler de linge sale à notre sujet. Nous n'avons que des essuie-tout. »

À peine s'est-elle entendue articuler cette mauvaise plaisanterie qu'elle s'en veut d'avoir ouvert la bouche. Elle ne sait même pas pourquoi elle est en colère. Pour rien au monde, elle ne partagerait du linge avec ce type, même s'il était preneur. S'il y a une chose dont elle ne veut plus, c'est bien de la lessive de quelqu'un d'autre.

Cette lutte, c'est leur lutte à eux, discrète, familière. Celle qu'ils mènent l'un contre l'autre depuis le début. Ils la connaissent bien, cette guerre. Ils la pratiquent mécaniquement, même quand tout va bien, qu'ils sont en paix l'un avec l'autre. Ils jouent à la guerre tout en continuant à siffloter joyeusement et à escamoter au fur et à mesure les cadavres. Mais elle n'a pas la moindre idée de ce pour quoi ils se battent, de ce que chacun d'eux espère obtenir.

Elle n'en ressort même plus meurtrie, maintenant. Il ne subsiste que de vieilles croûtes, qui ne suppurent ni ne saignent plus, cautérisées qu'elles ont été à coups de réalisme et de crayon hémostatique. C'est la plus courtoise des agressions et tellement routinière qu'ils pourraient tout aussi bien être mariés. Le genre : « Je veux bien ne pas tirer à hue, à condition que tu ne tires pas à dia. » Ou : « Tu ne vas pas te laisser démolir par cette histoire, tu as juste à te faire un peu plus de mauvais sang que moi. »

« Je croyais qu'on s'était mis d'accord là-dessus », commence Ken.

Laura donnerait cher pour qu'il aille heurter un des lampadaires qui bordent l'autoroute. Comment en sont-ils arrivés là ? Alors qu'au départ ils vivaient une relation parfaite, jouissant de tous les avantages du couple, sans aucun des inconvénients. Maintenant, depuis des mois, depuis qu'elle est malade, il a de toute évidence l'impression de n'avoir plus que les inconvénients, sans aucun des avantages.

« Tu veux que je quitte Julie ? Parce que… parce qu'on en a déjà parlé, Laura. Tu sais que je…

— Non, Ken. Je ne veux pas que tu quittes Julie. »

C'est la première fois que Laura prononce ce nom depuis son opération. Julie. Parfait comme nom, pour une petite brune hyperactive de feuilleton télé.

« Qu'est-ce que tu veux, alors ? »

Elle prend une grande inspiration, à partir du ventre, comme lui ont appris les bandes qui l'aident à travailler à sa guérison. « Je veux que tu me quittes, moi. »

Il se fige. Ses mains, sur le volant, ressemblent à des gants de conduite. De toute façon, ça devait arriver. Elle aurait dû se méfier, n'aurait jamais dû s'impliquer dans cette relation, même de loin. N'aurait jamais dû s'engager avec un homme capable d'équiper son siège de voiture de billes de relaxation et son volant de bandes de cuir adhésives.

Ils franchissent en silence trois zones où le dépassement est interdit. Ce n'est pas le vrai silence. Plus rien n'est jamais totalement silencieux aujourd'hui. Sur l'autoradio, une émission où les auditeurs peuvent appeler pour donner leur avis sur les meilleurs choix à opérer pour l'Amérique. Comme quoi, tout le monde a droit à la parole, de nos jours. À les entendre, la plupart des gens qui disposent d'un téléphone continuent à croire que quand l'eau monte dans le port, tous les bateaux en font autant.

« Chérie, dit-il, parlant assez fort pour couvrir la voix d'un correspondant qui réclame des livrets d'épargne destinés aux soins médicaux. Chérie, tu as raison. Il faut que tu me pardonnes. C'est que… Je n'arrive pas… Tu comprends, cet horrible traitement… »

Ça la démolit, le seul fait qu'il essaye de mettre un nom sur sa maladie. Elle ne l'en imaginait pas capable. Vouloir d'elle au point d'être prêt à aborder le sujet. Elle n'a pas mesuré à quel point la menace doit lui empoisonner l'existence, à lui aussi. Elle cherche maladroitement sa main sur le volant.

« Ken, ça ne durera pas éternellement. Plus que trois séances. » Elle ne cherche qu'à le rassurer : je ne suis pas condamnée à vomir pour le restant de mes jours. Je vais reprendre des forces. Retrouver mes cheveux. Mes couleurs. Redevenir comme avant.

Il lui jette un regard embarrassé. Et avant qu'il se rende compte du quiproquo, avant qu'il ait le temps de se reprendre, elle voit l'erreur qu'elle vient de commettre se refléter dans ses yeux. L'horrible traitement, ce n'est pas son taxol à elle, mais son flurazépam à lui.

« Oh, dit-elle, je vois. »

Un autre correspondant se déclare en faveur de la privatisation des marines.

« Laura, je ne voulais pas dire…

— Je sais très bien ce que tu voulais dire, Ken. »

Elle ne l'a jamais eu vraiment pour elle, de toute façon. On ne peut pas perdre ce qui ne vous a jamais véritablement appartenu.

Au bout d'un long moment, ils distinguent les cheminées des usines de Lacewood. Il précipite son débit, comme s'il fallait absolument qu'il sorte ce qu'il a à dire avant d'atteindre la ville.

« J'ai besoin de toi, Laura. »

Besoin ? Comme si ce mot expliquait tout. Comme si devant ce *besoin*, elle ne pouvait que s'incliner.

Elle n'est même pas choquée. C'est fini, tout simplement. Comme le billet de loterie de la semaine précédente que l'on chiffonne avant de jeter. Elle n'arrive même pas à se rappeler pourquoi ils sont allés au restaurant ce soir. Elle le regarde. Comme si elle regardait les coiffures bizarres de ses camarades sur une vieille photo de classe. C'est donc à ça qu'on ressemblait ? C'est tout à coup aussi facile d'être aimable avec lui qu'avec le facteur.

« Ken, un couple, ce n'est pas ça.

— Peut-être qu'on devrait essayer à nouveau. Reprendre depuis le début.

— Quel début ?

— Écoute. Pourquoi est-ce qu'on n'oublierait pas tout ça, pour… pour ne retenir que le plaisir d'être ensemble ?

— En ce moment, vois-tu, j'ai trop de problèmes pour pouvoir encore goûter le plaisir de ta compagnie.

— Bien sûr, ma chérie, je comprends. Je… Tu veux que je quitte Julie ? Parce que…

— Écoute, Ken. Le cancer, je peux faire face, toi, je peux faire face aussi. Mais les deux ensemble, c'est au-dessus de mes forces. »

Quelque chose passe sur son visage. Rien à voir avec le désespoir. Des signes purement conventionnels. Le contraire, en fait, du désespoir. Tous ces jours terribles qu'il lui a fallu endurer, tandis qu'elle repoussait le moment de la rupture, persuadée qu'il ne s'en remettrait pas. Le voilà maintenant soulagé. Exonéré. Tiré du mauvais pas du cancer.

Il prend une longue inspiration, recommence à vouloir raisonner avec elle. À faire semblant. Un seul froncement de sourcils et il se tait.

« Arrête-toi là, lui ordonne-t-elle. Je descends.

— Chérie, tu es complètement folle.

— Arrête cette putain de voiture ! »

Elle met autant de temps à parcourir à pied les derniers kilomètres qu'ils en ont mis pour aller à Peoria. Il fait frais. La brume lui pique le visage de ses minuscules aiguilles. Elle a l'impression d'être redevenue enfant.

Elle rentre chez elle dans la nuit, au bord de l'émerveillement. Elle n'a jamais vu la ville à pied. Ne s'est jamais rendu compte du nombre de gens qui vivent là. N'a jamais imaginé à quoi ressemble l'endroit vu de près. La tête lui tourne un peu, elle se perd. Dans son propre quartier, à six rues à peine de là où elle habite.

Pendant trente ans, la firme avait poussé comme un enfant des bois nourri à la viande d'ours. Elle était désormais trop importante pour être dirigée par un seul membre de la famille. Mais une seule personne juridique, rassemblant en son sein nombre d'individus, assurerait sans problème cette direction. Et c'est ainsi que, tandis que le siècle faisait ses premières expériences de laisser-faire, Clare faisait celle de la gestion anonyme par société interposée.

Samuel ne trouvait aucun plaisir à cette croissance. Il regardait les équipes d'ouvriers anonymes, temporaires et peu fiables, défiler dans son usine en constante évolution. Il avait la nostalgie de l'époque où il connaissait par cœur le nom de tous ses employés. Maintenant, il ne connaissait même pas les hommes de vue. Il se perdait dans une forêt grondante de courroies et de pistons actionnés à la vapeur. Il était effaré à la vue des énormes machines, construites sur mesure à grands frais et plus souvent en panne qu'en état de marche.

Il restait perplexe devant la complexité labyrinthique des réseaux de détaillants nécessaires à la conquête de l'Ouest, à l'obtention de marchés dans ce continent dont Mr Jefferson avait prédit qu'il faudrait mille ans pour l'exploiter. Il était désormais incapable de distinguer les distributeurs fiables de ceux qui étaient totalement inefficaces. Les fournisseurs modifiaient les commandes sans même qu'il le remarque. Des frais de transport surgissaient de toutes parts sans rime ni raison.

Mais c'était la chimie qui le perturbait le plus. Instinctivement, il devinait que le chimiste réglerait bientôt son sort au manufacturier comme lui-même et ses semblables avaient en leur temps réglé le sort des négociants sédentaires. L'avenir appartenait à celui qui était capable de transformer le soufre en décolorants, le goudron en teintures, l'eau salée en eau potable.

Heureusement, le président de la société Clare n'avait nul besoin de se tourmenter à propos des ouvriers, des détaillants, du matériel ou de la science. C'était là tout l'intérêt de pouvoir gouverner en déléguant ses pouvoirs. La société se perfectionna peu à peu, au point que chacune des tâches à exécuter incomba bientôt à une personne dotée des compétences requises. Dans pratiquement tous les domaines spécifiques, il y avait maintenant un fils, un neveu ou un contremaître expérimenté. Les mortaises et les clavettes de la deuxième génération s'emboîtaient les unes dans les autres comme les rouages d'une merveilleuse machine.

Samuel abandonna toutes les questions financières à sa remarquable belle-sœur, qui, servie par d'indéniables talents en la matière, empêcha la barque de la société d'aller s'échouer sur les bancs de sable de la longue dépression d'après guerre. Bien entendu, il lui était impossible d'agir au grand jour comme cadre administratif. Il y avait beau temps que tout le monde savait que J. H. Clare était une femme et les hommes d'affaires auraient refusé toute transaction officielle avec une telle créature. Mais Peter Clare, le trésorier nominal, était suffisamment averti des problèmes financiers pour agir sur les instructions tacites de sa mère.

Clare sortit de l'âge fiduciaire en ayant encore tout d'une entreprise familiale. Mais c'est en compagnie confirmée que Julia fit entrer la firme dans l'âge monétaire. Elle s'efforça de faire adopter le principe du paiement au comptant et réduisit ainsi dans des proportions considérables les saignées que supposaient les crédits accordés par les fournisseurs, gouvernant le navire au large des tourbillons toujours plus violents des taux d'emprunt exorbitants qui engloutissaient nombre de ses concurrents.

Cheville ouvrière de la nouvelle compagnie, Julia n'était pas prête pour autant à renoncer à ses marottes politiques. Le commerce visait à manipuler la nature sur une très vaste échelle. Dans ce but, il lui fallait à tout prix mettre un terme à la mascarade du règlement à soixante jours. Il n'y avait pas pire entrave au développement que les dettes qui faisaient du capital l'otage de la pauvreté. Il fallait que la gestion des stocks fût récompensée par des espèces sonnantes et trébuchantes, si l'on voulait qu'il restât quelque chose pour faire bouillir le chaudron suivant. Le sort du capitalisme américain dépendait de mesures fiscales à la hauteur.

Les mangeurs de lotus sous les latitudes paresseuses des grandes plantations se satisfaisaient peut-être de traficoter pour des profits de pacotille. Dans ces régions de légende, on pouvait se permettre l'allure nostalgique d'une société où n'auraient existé ni le souci de la concurrence, ni celui du lendemain. Mais dans le Nord, patrie de la turbine et du métier à tisser, une seule réalité comptait : l'argent.

Julia n'eut aucun mal à comprendre les transformations radicales qu'exigeait l'avenir. Et la réorganisation financière qu'elle entreprit coïncida fort opportunément avec l'expansion technologique et scientifique de Clare Soap and Chemical Company. L'une comme l'autre eurent la même inspiration pour origine. Car dans l'esprit de plus en plus autodidacte de Julia, l'argent avait quelque chose d'une transmutation chimique et la chimie quelque chose de la haute finance. Frottez deux pièces ensemble. Mettez deux composés récalcitrants dans la même marmite. Et le travail incessant des turbines va vous transformer la poussière de charbon en chaleur divine.

Le savon Clare en tant que produit fini avait toujours valu plus que la somme de ses ingrédients. Tout organisme vivant ne survit que grâce à cette délicate nuance. La plus noble des entreprises aurait succombé sans le petit profit résultant de la transformation. Il leur serait impossible – ainsi Julia admonestait-elle son fils Peter – de survivre bien longtemps s'ils continuaient à nourrir avec un savon dispendieux une machine qui le leur recrachait sous forme d'alcali bon marché et d'huiles fixes. Et chaque fois que cette mémorable leçon lui était servie, l'enfant maladif acquiesçait énergiquement.

Pourtant, la mère comme le fils se méfiaient des trop gros profits. Une marge un peu trop large était suspecte à leurs yeux. L'excès d'aujourd'hui ouvrait grand la porte aux dettes de demain. Le profit générait la satisfaction et chacun savait que la satisfaction, c'était la mort de l'entreprise. Les bénéfices n'existaient que pour être réinvestis.

Pendant longtemps, le secret du profit sembla résider dans un effort visant à augmenter la valeur du produit fini tout en maintenant le coût des matières premières au plus bas. Dans le but de creuser l'écart, Clare recherchait tout naturellement l'alcali le meilleur au meilleur prix. Mais la santé, pour ainsi dire, de la soude britannique et sa qualité supérieure facilitaient tellement le cycle de la saponification que l'étape suivante s'en trouvait bloquée, étape qui avait déjà été franchie de l'autre côté de l'Atlantique.

La sagesse populaire disait qu'on ne répare que ce qui est cassé. Et pourtant, fulminait Julia, une fois la machine déglinguée, aucun docteur au monde n'est capable de la remettre en route. Et notre théoricienne d'adopter comme refrain favori : fini la petite prune du profit à court terme, mieux vaut cueillir les plus beaux fruits.

Même à l'époque héroïque où les Clare s'étaient faits à la force du poignet et où leur savonnerie avait fonctionné à l'aide de potasse naturelle, ils dépendaient déjà de nombreuses opérations en chaîne. Comme dans ces interminables généalogies de la Bible, Clare subsistait grâce à l'industrie d'innombrables ancêtres. Vitres, clous, papier, câbles, poêles, chaudrons, horloges et cloches pour régler le travail des équipes – tout dans l'usine provenait d'une vingtaine d'autres établissements construits exactement sur le même modèle, qui avaient surgi un peu partout dans le pays. Saugus fournissait les compresseurs et la tuyauterie nécessaires à la fabrication de chaque nouvelle herse. Une entreprise de Lynn vendait à Saugus les outils dont ils avaient besoin pour usiner leurs pièces. Elle-même trouvait son fer aux ateliers de cerclage de Bridgewater et à l'usine de laminage de Norwich, qui, à leur tour, tiraient leur charbon des mines d'anthracite de Pennsylvanie, un charbon acheminé par la compagnie fluviale Lehigh, puis par les chemins de fer de Reading et enfin par voie maritime depuis New York.

Et au bout du compte, une fois cette belle boucle bien bouclée, environ un sur six de ces mineurs, transporteurs et forgerons des origines ne se souciait pas davantage de sa peau que le Peau-Rouge moyen. Clare avait depuis longtemps fait de ses concurrents sur le front domestique ses meilleurs acheteurs. Tout en transformant, au passage, ses propres fournisseurs en clients dévoués.

Mais la planète richesse devait décrire d'autres trajectoires, s'inscrire sur d'autres orbites à l'intérieur des boucles existantes pour que le *perpetuum mobile* puisse achever sa course. Il fallait briser avant de les reconstituer tous les maillons du processus de fabrication et de direction si l'on voulait que l'entreprise se révèle payante. Pour devenir le véritable maître de ses propres matériaux, pour faire face à des bouleversements éventuels du commerce des matières premières, Clare devait aussi, et autant que possible, se ravitailler de l'intérieur. Elle allait devoir fabriquer elle-même son alcali synthétique.

Julia et Peter soumirent la question à Douglas. Ce sur quoi, ils décidèrent de convoquer le comité directeur. Le véritable but des affaires, déclara Julia devant cet aréopage, n'était pas d'amasser mais de dépenser. Dans la lutte pour sa survie, la compagnie se trouvait confrontée à un adversaire bien plus puissant que la concurrence locale, que les rois du savon établis à New York ou à Philadelphie, bien plus puissant même que les puissants Britanniques. Les redoutables ennemis que les établissements Clare avaient pour mission de terrasser avaient nom asservissement et indigence.

Devant un auditoire médusé, Julia développa une sorte d'allégorie industrielle. Rapportant une vision qu'elle avait eue dans l'usine même tout en regardant les chaudrons séparer les produits, elle émit l'idée selon laquelle ce processus bien rodé, cet ensemble d'opérations générant une production régulière de Baume authentique, n'était peut-être que la première amorce d'un bouillonnement autrement plus impressionnant.

Le savon n'était que de la roupie de sansonnet. Rien de plus qu'une petite verrue. Une verrue minuscule sur le dos d'un amphibien en train de sortir de sa mare tranquille pour venir s'installer sur la terre ferme de ce continent vide.

Pensez grand, les implora Julia. Tous les systèmes de fabrication que Clare avait mis sur pied jusqu'à ce jour ressemblaient à ces taches un peu floues dans certaines peintures en trompe l'œil : ce qui apparaît comme une foule sur un promontoire n'est rien d'autre, avec du recul, que les poils de la narine d'un monstre marin.

Tout au long du discours de Julia, Douglas ne cessa de hocher la tête. Quand elle en eut terminé, il se fit la réflexion que personne n'avait jamais accusé J. H. Clare de manquer d'ambition. Les capacités visionnaires de sa tante auraient eu de quoi effrayer le jeune homme si quelque chose dans leur grandeur même ne l'avait transporté. L'idée lui plaisait de tous ces processus imbriqués les uns dans les autres, de ces chaînes de substances commercialisables qu'il pourrait peut-être vendre.

Il n'empêche que, d'un point de vue commercial, la vision de sa tante ne tenait pas la route. Clare fabriquait du savon, lequel se vendait bien. Le bon sens commandait de garder la ferme tant que les récoltes étaient encore profitables. Certes, les temps étaient durs. Certes, une nouvelle dépression avait cloué le pays au sol et s'acharnait à le dépecer comme un vautour. Mais la reprise n'allait pas tarder, précisément en réaction à ce creux de vague. Il y avait toujours une reprise à un moment ou à un autre. Clare n'avait qu'une chose à faire : concentrer tous ses efforts sur le secteur où elle réussissait le mieux. Il fallait s'occuper des pennies et laisser les dollars se débrouiller tout seuls.

Ce n'est qu'en faisant appel à la mémoire de leur oncle Benjamin que Peter parvint à circonvenir Douglas. Le cousin maladif, dont les apparitions en public étaient rares, parla de l'héritage inexploité de Ben : ses travaux sur le coaltar, ses volumineux cahiers remplis de notes sur la chimie de l'anesthésie. Peter évoqua les étudiantes de l'orphelinat, les assistantes de laboratoire de leur défunt oncle. Sans les élucubrations scientifiques de Ben Clare, il n'y aurait à ce jour ni *Utilis*, ni Baume authentique, ni société. Pourquoi ne pas reprendre ces recherches aujourd'hui ?

Les négociations s'engagèrent avant même que Peter ait donné une forme définitive à sa proposition. Il conçut l'idée, tout à fait neuve, d'un laboratoire industriel. Les cousins élaborèrent un projet fixant les objectifs du futur laboratoire, les règles et le budget de fonctionnement. Ils parvinrent à un compromis qui se situait à mi-chemin entre la philanthropie idéaliste de Peter et l'appétit de Douglas pour de nouveaux produits.

Bien qu'elle eût très envie d'une nouvelle usine, Julia adhéra sans peine au projet. Elle y voyait la première étape de la constitution d'une entreprise vraiment digne de ce nom. On obtint également l'approbation du comité directeur et Samuel apposa son paraphe sur le document, sans même se donner la peine de lire les statuts.

Sur les photos, le laboratoire donnait l'impression d'un entrepôt plutôt miteux et exigu, équipé, pour l'essentiel, de vases à bec et de récipients. Il occupait un angle à l'arrière de la nouvelle usine de Walpole, achevée juste avant que soit posé le dernier rail de la ligne de chemin de fer transcontinentale. Walpole produisait deux fois plus de savon que toutes les installations de Roxbury confondues. C'était un village autonome, avec son usine de chandelles, ses sections réservées à l'alcali, au sel, au savon, ses chaudières et sa distillerie ; ses ateliers de menuiserie et de tonnellerie ; ses écuries, ses hangars et ses entrepôts destinés à une dizaine de marchandises différentes. Une vaste construction, haute de quatre étages, abritait les énormes chaudrons expressément fabriqués à son intention. Élevée en bordure de sa voie de chemin de fer privée, cette usine moderne permettait à la compagnie d'économiser quelque chose comme cinquante mille dollars par an uniquement en frais de transport.

L'homme qui prit la direction du laboratoire de Walpole, cette installation de fortune d'où sortiraient bientôt des produits révolutionnaires, avait été l'un des premiers « étudiants apprentis » d'Ennis à entrer chez Clare. Il avait peu à peu maîtrisé les techniques de la chimie appliquée des graisses et des huiles. Alors qu'il était encore tout jeune, ce James Neeland avait impressionné Ennis en produisant un nouveau pain de savon pour la lessive, plus gros que le pain original, qu'il complétait heureusement. Neeland avait aussi joué un rôle dans la mise au point d'un savon à base de graisse végétale.

Mais c'est à un heureux hasard que Neeland dut sa promotion. Un ouvrier mécontent tenta un jour de saboter un chaudron entier de Baume authentique en versant un peu de la solution légèrement acide provenant des serpentins dans la saumure de rinçage. Ce n'est que lorsque le lot sortit des mélangeurs qu'on s'aperçut de la chose.

Le contremaître, qui s'apprêtait à jeter le produit défectueux, fit d'abord venir Neeland pour le mettre au courant. Craignant l'esprit d'économie bien connu de la reine des abeilles, ce dernier ordonna de terminer la fabrication du lot saboté, lequel fut finalement emballé et expédié comme les autres. Quelques semaines plus tard, les distributeurs réclamaient à grands cris de nouveaux envois de cet extraordinaire savon pour les cheveux, qui laissait moins de résidus huileux que ses homologues et ne demandait pas de rinçage au citron ou au vinaigre. Personne, dans les bureaux, ne comprit de quel produit il s'agissait, jusqu'à ce que Neeland pointe son nez… Pour le récompenser de sa trouvaille, les Clare lui confièrent la direction d'un des premiers laboratoires industriels du pays.

Neeland raffina un procédé de récupération de la glycérine pour lequel ils n'eurent pas besoin de demander de licence. Les économies ainsi réalisées lui permirent de transformer son grossier sous-produit en un émollient qu'il pouvait commercialiser à des prix imbattables. Quand les usines se mirent à baigner dans la glycérine, il lui chercha d'autres utilisations. Avec le temps, Clare allait gagner des millions grâce à cette substance longtemps considérée comme inutile et encombrante, trouvant à l'employer aussi bien dans le rouge à lèvres que dans les explosifs.

Une récupération plus efficace du sel admirable de Glauber à partir de la lessive résiduelle permit à Neeland de fermer une nouvelle boucle dans le système interne de production. De même que les mineurs achetaient ce même savon à la fabrication duquel ils contribuaient en extrayant le charbon nécessaire à la marche des chaudrons, de même le processus de recirculation chimique de Neeland se nourrissait de lui-même, comme le feu d'un poêle qui renaît de ses propres cendres.

Dans les rêves du chimiste, les déchets résultant de chaque processus de transmutation étaient réutilisés pour amorcer un nouveau cycle de transformations. Dans son paradis – qui n'avait rien à voir avec le paradis de Dieu, somme toute très terre à terre –, toute croissance se nourrissait du compost d'une autre, un peu à la manière du domaine d'un gentleman-farmer, ou d'un aquarium bien pensé et bien équilibré.

Neeland se tenait au courant de ce qui se passait de l'autre côté de l'océan, en Angleterre, où les chimistes faisaient tourner une énorme roue autour d'un moyeu régénérateur, une roue autoalimentée qui à chaque tour produisait des substances dont chacune constituait le point de départ potentiel de toute une série d'industries nouvelles. Neeland fit un croquis de la grande roue, qu'il afficha au mur de son laboratoire, de manière à ce que tous ses assistants l'aient sous le nez.

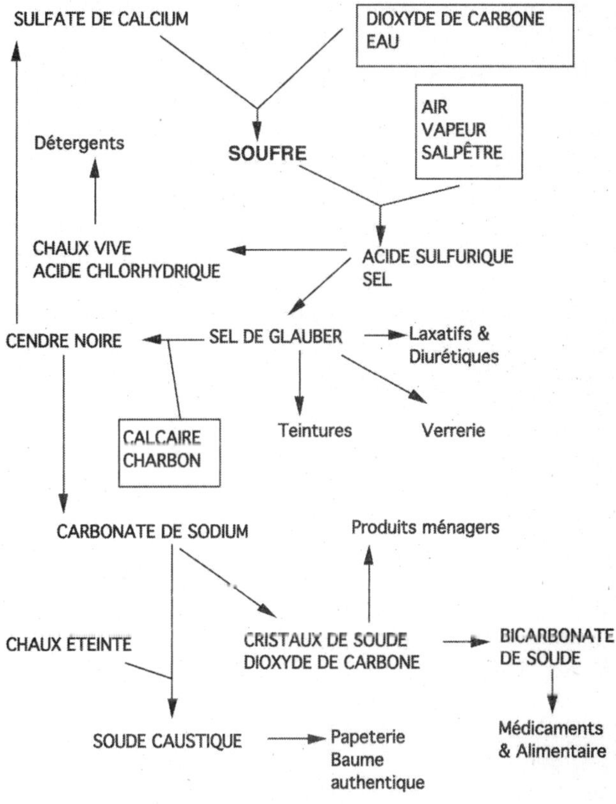

La synthèse de l'alcali artificiel permettait de remettre en circulation toutes sortes de sous-produits qui, autrement, se seraient perdus. Seul le soufre était en mesure de maintenir attelés à la charrue des taureaux aussi fougueux : semence de Vulcain en quelque sorte, le meilleur étalon de la puissance économique d'un pays.

Au petit jeu de l'alcali, les Britanniques, qui en avaient eux-mêmes distribué les cartes, ne craignaient plus personne depuis longtemps. Mais ils commençaient à souffrir de la loi du retardement, qui veut que l'innovateur, après avoir débrouillé les anomalies, se fait tuer par la meute qui est à ses trousses et qui s'empresse d'améliorer les trouvailles du chien de tête sans avoir à supporter les frais de la découverte.

Le dernier à être entré dans la course jouissait de certains avantages, déclara Neeland à ses assistants. Les grands arcs entrecroisés de l'industrie chimique anglaise étaient superbes et le bouquet final du siècle précédent, le procédé Leblanc de fabrication de la soude artificielle, répandait ses bienfaits alentour sous forme de papier, de verre, de savon, de décolorants, de médicaments et de teintures. Du même coup, les produits de luxe devenaient courants et de nouvelles marchandises se déversaient sur le marché au moment même où l'histoire en avait besoin.

Mais le croquis de Neeland n'incluait pas toutes les substances produites par le procédé. Des expériences conduites *in situ* et pendant des décennies dans les villes anglaises qui se consacraient à cette industrie prouvaient à quel point le rendement du procédé Leblanc pouvait se révéler douteux. Pour chaque parcelle de soufre productrice de richesse, deux autres retombaient sur les bénéficiaires de cette richesse sous forme de suie et de bruine sulfureuse.

Il fallait que le croquis de Neeland incorpore quelque part des relations encore à découvrir, des flèches plus propres conduisant plus efficacement du soufre à la soude et inversement. Déjà, le Belge Solvay avait inventé un procédé qui permettait de fabriquer de la soude artificielle à moitié prix, en en réduisant considérablement par ailleurs les émanations toxiques. Qui sait jusqu'où l'inventivité n'entraînerait pas les esprits les plus aventureux ?

Le secret de l'autosuffisance ne serait pas découvert du vivant de Neeland. Ses fils – et même les fils de ses fils – s'éteindraient avant que la roue parfaite commence à tourner. Mais, jusqu'à cette date, les travaux se poursuivraient lentement dans le laboratoire pour déboucher sur des savons moins chers, des méthodes de fabrication plus propres et de meilleurs produits.

Neeland se rapprochait de son objectif à long terme par raffinements successifs. Un gain réalisé sur un des parcours fléchés lui fournissait le moyen d'étudier celui d'après. Et plus son équipe découvrirait de liens, moins chère se révélerait toute nouvelle addition.

Les techniques d'expérimentation permettaient à Clare, chaque fois qu'une nouvelle étape était franchie, de se rapprocher de cet objectif suprême qu'est pour une entreprise commerciale le profit relatif : vendre plus à un moindre prix. Cinq ans après la création du programme de recherches industrielles, Clare réussissait à sortir dix pains de Baume authentique pour le prix de revient de sept quelques années plus tôt. Les économies réalisées servaient à payer le nouveau matériel et les nouvelles machines, parce qu'elles travaillaient sur une plus vaste échelle, autorisaient à leur tour de nouvelles économies.

Au bout du compte, ou du moins en fin de course, Clare produisait un savon suffisamment bon marché pour pouvoir le revendre à l'Angleterre, patrie du savon et des produits dérivés. La revanche sur le colonialisme – le mercantilisme récupérant ses billes – avait été la motivation principale de Samuel pour atteindre un âge aussi avancé. Le dernier plaisir que son activité avait à lui offrir était de pouvoir revendre à son ancien fournisseur toutes ces obligations qui l'avaient si longtemps tenu en otage.

La première cargaison à destination de l'Angleterre arriva à Liverpool, où un douanier britannique l'intercepta aussitôt. Convaincu que le transporteur avait délibérément sous-évalué le stock de manière à ne pas payer les droits afférents, le douanier, se prévalant de la prérogative de la Couronne, acheta la totalité du lot, au prix déclaré, avant même que le savon soit déchargé.

Ravis de l'aubaine, les nouveaux distributeurs de Clare expédièrent un nouveau chargement au même prix. Cette fois-ci, les agents des douanes soupçonnèrent une opération de dumping. Probable que ces arrivistes d'Américains cherchaient à vendre leur Baume authentique au-dessous du prix de revient pour se faire une place sur le marché britannique. Une fois encore, la direction des douanes acheta la totalité de la cargaison dès son débarquement, pour punir la compagnie en lui infligeant de nouvelles pertes sèches.

Ce sur quoi, Clare s'empressa de renouveler l'expérience, multipliant par deux, cette fois-ci, le volume de la cargaison. Les Britanniques, sidérés, furent bien obligés d'en conclure que s'ils n'avaient pas réussi à écraser ce parvenu d'outre-Atlantique, c'est que le prix qu'il réclamait devait bel et bien lui laisser un honnête bénéfice. Cette fois-ci, les douanes permirent au savon d'entrer dans le pays, où il se vendit bien, sans jamais pourtant retrouver son rythme initial.

Les améliorations dues aux recherches de Neeland changèrent tous les aspects de la fabrication du savon chez Clare, sauf un. L'additif magique – le végétal miracle, le remarquable *Utilis* – échappait à toute tentative de synthèse. Même si des quantités infinitésimales de racines écrasées suffisaient à donner les propriétés désormais légendaires du Baume authentique à une masse importante de pâte de savon, les stocks disponibles n'étaient plus à la hauteur des rendements que pouvaient désormais atteindre les nouvelles usines. Ne pouvant cultiver la plante que sur une petite échelle, l'entreprise se voyait retardée dans sa progression.

Douglas chargea Neeland de trouver un substitut exploitable. Les laboratoires essayèrent le chiendent officinal, l'agave et d'autres denrées prometteuses. Sans résultat. La moindre altération dans la composition entraînait des changements inacceptables dans le produit fini. Cette même nostalgie de la nature qui avait propulsé la marque sur le devant de la scène nationale interdisait maintenant l'adoption de méthodes de production rationnelles.

Et pourtant, c'était ce même végétal récalcitrant à toute synthèse qui faisait du Baume authentique l'agent idéal de l'« ablutiomanie » qui gagnait peu à peu le pays, cette mode de la propreté que Clare n'avait pas peu contribué à lancer. Le Baume authentique, toujours égal à lui-même dans son emballage immaculé, symbolisait la sagesse naturelle condamnée à disparaître sous les coups de boutoir de la chimie industrielle moderne.

Grâce aux découvertes en provenance de l'arrière-salle de Walpole, Clare fit fructifier le Baume authentique en une douzaine de nouveaux produits. L'entreprise expédiait désormais autant de savon en direction des terres autrefois désertes qui s'étendaient entre l'Ohio et le Missouri qu'elle en écoulait en Nouvelle-Angleterre avant la guerre. Elle se mit donc à envisager l'idée, qui, désormais, n'avait plus rien d'absurde, de faire de la réclame à l'échelle nationale. À dire le vrai, l'ouvrier des abattoirs de Chicago avait sans doute autrement besoin de Baume authentique que l'élite de Boston.

Les premières affiches imprimées de la compagnie ressemblaient à s'y méprendre aux comptes rendus de réunion pour le renouveau de la foi. Des sermons en caractères dépareillés encadraient des gravures sur cuivre très sérieuses où une figure allégorique alanguie vantait les bienfaits d'une hygiène rigoureuse. Il fallait bien cinq bonnes minutes pour lire le texte dans son entier. Et quand on en avait terminé, on n'était toujours pas certain de ce que l'on cherchait à vous vendre : du Baume authentique, de l'Extrait de racine médicinale, le concept même de savon ou bien, tout simplement, « le Commerce, cette plante qui n'a besoin que de paix et de travail pour prospérer ».

Comme l'a si bien dit un jour Thomas J. Barratt, de chez Pears : « N'importe quel imbécile venu est capable de fabriquer du savon. Mais il faut quelqu'un d'intelligent pour le vendre. »

Une série de posters ayant la même allure : couleur sépia, bordure dorée, évoquant tous un monde disparu quelque peu naïf, mais d'une totale authenticité. Chacun d'eux est en fait une page irisée arrachée à quelque album de famille. Un fragment de vieille réclame se termine sur ces mots : ***Achetons le suif au meilleur prix****. Une photo légèrement froissée montre un homme en tablier de maréchal-ferrant, le visage orné d'une épaisse moustache, debout devant un système compliqué de tuyauteries, au bas de laquelle on peut lire « Unité de récupération ». Un bout d'étiquette fait la promesse suivante :* ***Envoyez-nous dix emballages de Baume authentique et vous recevrez une magnifique reproduction de cette œuvre d'art, port payé****.*

La série de posters apparaît sur des panneaux publicitaires, dans des magazines et dans des spots de quinze secondes. On retrouve chaque fois la même légende :

« Nous pratiquions le recyclage avant même que le mot existe. »

C'est Jane Lauter qui, cette année, gagne le voyage en Floride qui récompense le meilleur courtier. Laura arrive loin derrière. Elle trouve même le moyen de faire moins bien que Phyllis Gant – Phyllis, qui s'acharne à vouloir vendre des préfabriqués aux professeurs de l'université et de somptueux terrains de golf à des ouvriers à la chaîne.

Non pas que Laura ait tellement envie de retourner à Orlando. L'an dernier, elle avait gagné haut la main, mais elle avait finalement assez peu apprécié le séjour, même si Tim, lui, avait été emballé par Epcot et si Ellen avait passé son temps à se pavaner en string au bord de la piscine. Elle était rentrée de ces vacances tous frais payés complètement lessivée, soûlée de distractions, n'arrêtant pas de répéter à qui voulait l'entendre : premier prix, un séjour d'une semaine en Floride, deuxième prix, deux semaines !

De toute façon, même si elle avait gagné cette année, qu'est-ce qu'elle en aurait tiré ? Elle aurait passé son temps à vomir dans les attractions. C'est plus une question de principe. Laura est un courtier comme l'agence Millennium n'en a pas eu depuis longtemps. Elle vaut les meilleurs, côté volume de transactions. Et elle a un bien meilleur contact avec toutes sortes de gens que n'importe qui d'autre au bureau. C'est à elle qu'on refile tous les cas difficiles : personnes âgées qui s'apprêtent à partir en maison de retraite mais qui n'ont pas vraiment envie de vendre, jeunes couples sans enfants qui passent leur dimanche à visiter des maisons à vendre. Et elle fait autant d'affaires avec ces gens-là que d'autres avec des clients en or.

Il faut bien qu'elle fasse partie des meilleures. Pour elle, il ne s'agit pas d'un second salaire. Elle ne se contente pas de payer les impôts sur les revenus de son mari, pour que la famille puisse aller s'offrir une flottille de scooters des mers. Elle a deux enfants à élever, donc la moitié de leur entretien à sa charge.

En même temps, ce travail n'est pas pour elle une simple question de survie. Orlando peut bien disparaître à jamais de la carte, elle s'en moque éperdument. Ce qu'elle veut, c'est tirer quelque chose de son boulot, quelque chose qui lui appartienne en propre, un domaine à elle où elle sait pouvoir exceller. Cette ridicule petite veste bordeaux que l'agence vous oblige à porter et qui ne va avec rien, elle y tient bel et bien. D'ailleurs, elle ne lui va pas si mal. Elle est devenue membre du Million Dollar Movers Club plus vite que n'importe quel autre courtier de Lacewood. Et elle y est maintenant depuis trois années consécutives.

Certes, elle a un peu manqué. Mais de moins en moins au fur et à mesure des séances de chimio, en dépit des mises en garde du docteur Archer contre les effets cumulatifs. La dernière fois, seulement trois jours et deux après-midi. Et même alors, elle a essayé de travailler à la maison, sur l'ordinateur. Elle a moins d'énergie et elle est un peu plus lente. Mais elle fait presque autant de visites qu'avant de tomber malade.

Sauf qu'elle n'est pas tout à fait aussi performante.

Grace Wambaugh, qui lui parle davantage maintenant, depuis qu'elle est venue la voir pour lui vendre ses remèdes à base de plantes, lui dit : « Tu peux être fière de toi. Avoir à endurer tout ça et réussir quand même à faire entrer un peu d'argent. »

Cette chère Grace. Qui ne cherche sans doute pas à l'offenser. Ni à être délibérément blessante. Et qui n'a pas tort : Laura a pas mal de raisons d'être satisfaite. Mais tout ce qu'elle est capable d'éprouver, c'est une vague angoisse. Un creux dans les viscères, qu'on lui a chirurgicalement évidés, à la pensée de ne pas avoir rempli son contrat.

C'est en partie une question d'argent. Ce qui est stupide, à bien y réfléchir. Elle gagne encore suffisamment pour couvrir l'essentiel de ses frais. Ses cartes de crédit ont les reins solides et elle a mis assez de côté pour qu'ils puissent s'en sortir tous les trois jusqu'à ce qu'elle ait retrouvé ses forces. Et puis, quand bien même il leur faudrait se serrer un peu la ceinture, quand bien même il leur faudrait faire quelques concessions… Ça ne tuerait pas les enfants de se passer d'un billet de concert de temps en temps ou d'un CD-ROM.

Sa hantise, c'est de devoir aller trouver Don pour lui dire qu'elle a des problèmes d'argent. La dernière fois qu'elle l'a fait, il s'en est délecté pendant des semaines. Se comportant comme si elle apportait là la preuve de tout ce qu'il avait pu dire sur son compte. Comme si cela confirmait toutes ses prédictions au sujet de leur séparation. Comme si un jury venait de l'acquitter, au vu de preuves irréfutables. Pas question de retraverser une pareille épreuve.

Elle pourrait encore être serveuse. La chimio ne lui a pas trop démoli les jambes. Plutôt travailler au noir au McDo que de demander l'aumône à Don. Elle préférerait encore se remettre avec Ken. Mais là, pour l'instant, mieux vaut mourir que de se remettre avec lui.

Les choses vont s'arranger. Il faut simplement qu'elle arrive à franchir le cap. Qu'elle retrouve le rythme. Qu'elle reprenne les choses en main. Qu'elle essaie de paraître aussi en forme que possible. Toutes ces boîtes d'Ensure qu'elle ingurgite, c'est bien pour éviter d'avoir l'air totalement décharnée et épuisée. Elle fait son maximum pour augmenter sa collection de coiffures, essayant de trouver un turban qui n'ait pas l'air trop ridicule avec un deux-pièces. Elle s'est même trouvé une perruque dans des tons cuivrés qui ne donne pas trop l'impression que son visage a été trafiqué par un taxidermiste.

Dans la glace, elle essaie d'effacer les plis que ses perpétuelles nausées ont fini par imprimer à sa bouche. Tire sur les muscles de ses joues, comme si elle s'acharnait à mettre en branle une énorme cloche. Elle arrive presque à se donner un air étonné, pas si désagréable. Quant à son teint, ça, elle ne peut rien y faire. Ce teint de cancéreux, légèrement sulfureux, qui fait penser à une ecchymose deux semaines après le coup.

Sa liste de clients est toujours aussi longue. Le choix de maisons n'est pas particulièrement extraordinaire pour cette époque de l'année, mais les prix se maintiennent. Si elle osait, elle accuserait le sort ou un creux de vague quelconque, si ce n'est que tous les autres semblent s'en sortir à merveille. Grace ne parle que de ses listings. Et Phyllis s'apprête à faire signer un compromis pour cette bicoque victorienne de Main Street sur laquelle Laura est restée pendant des semaines sans arriver à rien.

Son patron l'invite à déjeuner. Ce qui ne l'aurait pas alarmée outre mesure s'il n'avait pas réservé à Fallcreek. Lindsey ne déjeune jamais à Fallcreek, sauf en cas de mauvaise nouvelle ou de grosse transaction. Vu la situation de Laura en ce moment, le second cas de figure est exclu.

« C'est juste un déjeuner, dit-il sur le chemin du restaurant. Vous n'aviez pas besoin de vous habiller.

— Lindsey ! C'est ma tenue de travail. C'est ce que je porte tous les jours.

— Ah bon ? Oh, écoutez ça. J'adore cette chanson. »

Laura écoute. C'est plus facile que de parler. La chanson en question est une espèce de slow au rythme syncopé, du genre à faire craquer Ellen. Mais Lindsey a passé l'âge. Il a au moins quarante-quatre ans. La fille qui chante donne l'impression d'en avoir huit et d'être accro à l'héroïne.

« Qu'est-ce qui vous plaît là-dedans ? demande-t-elle.

— Vous plaisantez ou quoi ? » dit Lindsey en riant et en lui jetant un coup d'œil de côté.

Au restaurant, l'hôtesse leur fait savoir qu'il va falloir attendre une dizaine de minutes.

« Nous avons réservé, dit Lindsey.

— Je sais. Vous êtes les premiers sur ma liste.

— Mais à quoi ça sert de réserver, alors ? Pour vous, “réservation”, ça veut dire quoi ? »

L'hôtesse est exaspérante de calme. « Asseyez-vous au bar un moment si vous voulez. Nous vous appellerons dès que votre table sera libre, monsieur. »

Lindsey regarde Laura, l'air de dire : C'est incroyable.

« Je sais, dit Laura. Ça n'a pas d'importance. »

Ils s'assoient dans le bar, bondé à cette heure, et commandent à boire. Lindsey ne trouve pas le rouge maison à son goût, Laura garde les mains autour de son eau minérale.

« Ça vous dirait de souffler un peu ? propose-t-il tout à trac.

— Souffler un peu ?

— Oui. Prendre des vacances. Aller au soleil.

— J'ai des gosses, Lindsey.

Emmenez-les. Allez vous reposer quelque part. Le temps de vous retaper.

— J'ai un compromis jeudi et deux états des lieux la semaine prochaine.

— Prenez le temps de boucler les affaires courantes.

— Et qu'est-ce que je fais du reste, de tout ce que j'ai mis en route ?

— J'en ai parlé aux filles. Elles sont prêtes à vous donner un coup de main. »

Elle essaie de retarder l'échéance. C'est pire que ce qu'elle craignait. C'est tout juste si elle arrive à suivre.

« Vous voulez que je m'arrête ?

— Pendant un temps. Ce qui ne veut pas dire que je ne veux pas vous voir revenir. Mais plus tard, quand vous en aurez envie.

— C'est maintenant que j'en ai envie, Lindsey.

— Je crois que ceux qui… ceux qui traversent ce que vous êtes en train de traverser ne devraient pas avoir à essayer de vendre des maisons en plus.

— Vous voulez dire, ceux qui sont chauves ? »

Il détourne les yeux. Comme pour regarder par la fenêtre. Sauf qu'il n'y a pas de fenêtre.

« Ça perturbe des tas de gens, Laura. Pour vous, bien sûr.

— Des gens ? Quels gens ? Les autres employés de l'agence ?

— Les gens. Les gens avec lesquels nous travaillons. Ceux pour qui nous travaillons.

— Les clients ? demande-t-elle, en levant la main pour se tripoter les lèvres. On vous a fait des réflexions ? »

Il lui sourit. Il fait mine de poser sa main sur son épaule, mais l'expression de Laura l'en dissuade.

« Je fais encore rentrer de l'argent, oui ou non, Lindsey ?

— Vous faites… oui, un peu.

— Pas assez. Pas assez, c'est ça ? Lindsey, combien… ? »

Lindsey réchauffe entre ses mains son vin rouge, qui s'est soudain nettement amélioré. « C'est une question de moyenne par courtier. Il nous faut être plus compétitifs. Millennium est sur le point de changer de statut… »

Elle se met à pleurer. De plus en plus fort, précisément parce que c'est ridicule de pleurer ici, alors que, s'il l'a amenée dans cet endroit, c'est précisément parce qu'il pensait pouvoir éviter une crise de larmes.

« Je mets des foulards. Je dépense une fortune pour ces saloperies de foulards. »

Elle n'arrive plus à se contrôler. Elle reste assise là, à sangloter, prouvant le bien-fondé des remarques de Lindsey. Les femmes n'existent que pour prouver que les hommes ont raison. Elle espère seulement qu'il aura du mal à s'en remettre, de se voir ainsi dévisagé par tout le monde.

« Allez-y. Pleurez un bon coup. Ça vous fera du bien. Ce n'est pas bon de garder tout ça pour soi. »

Elle se ressaisit et se durcit aussitôt. Pas question de donner à ce type la satisfaction de faire ce qu'il voudrait lui voir faire.

« Juste un petit congé de maladie, Laura. Il va de soi qu'on vous gardera votre place au chaud. Pour quand vous reviendrez. Quand ça ira mieux.

— Et côté finances, je fais comment ?

— On peut vous aider un peu. Pour commencer. »

Ils ont enfin leur table. Quand ce n'est plus nécessaire. Quand la transaction est terminée.

« Choisissez ce qui vous fait plaisir, l'encourage Lindsey. C'est aux frais de l'agence. »

Elle prend la salade du jardin. Chipote un peu, tout en se demandant de quel jardin peuvent bien venir ces feuilles, avec une allure pareille et à cette époque de l'année.

Les magnifiques salons de Fallcreek occupent les premiers bureaux de Clare International à Lacewood. (À l'époque où n'existait encore que la Clare Soap and Chemical Company. Dans la vitrine, près de la caisse enregistreuse en cuivre NCR datant du début du siècle, vous remarquerez la « demi-boîte » de chandelles Clare pour « seulement un dollar ! »)

Nos plafonds surélevés avec leurs poutres en console ont été spécialement conçus pour recevoir les rayonnages en acajou destinés à abriter les dossiers de la firme. On peut encore en voir une section sur le mur nord. L'estampe représentant la moissonneuse McCormick, qui se trouve au-dessus de la cheminée, date d'environ 1850. Elle se trouvait dans les bureaux de Douglas Clare, Senior. La gravure sur étain de l'Exposition universelle de Chicago de 1893 montre le pavillon des « Manufactures et des Arts » où exposaient les savonneries Clare. Le vitrail de l'alcôve au sud-est provient de la chapelle originale de l'usine, démolie dans les années trente, à l'époque où la compagnie choisit d'aller s'installer dans les locaux qu'elle occupe actuellement...

Nous mettrons tout en œuvre pour que votre repas chez nous reste parmi vos meilleurs souvenirs gastronomiques. N'hésitez pas à demander, nous sommes là pour vous servir. Pour vos soirées détente, vos repas informels, nous vous réservons également le meilleur accueil à l'Old Mill Race, sur West Gifford, à côté du centre commercial de Northlake.

Le laboratoire de Neeland continuait de travailler laborieusement sur tous les procédés imaginables qu'un fabricant souhaiterait pouvoir perfectionner. Transformant de la soude et des déchets animaux en baume. Du soufre et de la soude en décolorants et en couleurs. Les résidus de l'éclairage au gaz en engrais. Du bicarbonate et de la chaux en médicaments.

La chimie se développait à partir des graines qu'elle avait elle-même produites et qu'elle réutilisait. Le surplus de chaque moisson allongeait un peu plus le sillon pour l'année suivante. La science appliquée hissait la race humaine vers le haut, la propulsant jusqu'aux plus hautes briques de la plus haute cheminée afin de lui permettre de regarder alentour.

Tout ce qui était chimique venait d'une autre substance chimique. L'homme allait peut-être apprendre à devenir le banquier chargé des investissements de la matière. Notre tâche sur cette Terre consisterait à découvrir les chemins susceptibles de se prêter à la recombinaison des éléments. À débroussailler pour libérer les explorateurs prisonniers de la forêt.

La série de succès obtenus par Neeland dans son laboratoire finit par lui valoir une promotion, qu'au début il n'apprécia guère. Les Clare lui demandèrent de prendre la direction d'abord de la branche nouvellement créée des « détergents chimiques », puis de l'ensemble des produits lessiviels et des savons de Walpole, pour finir par lui confier la totalité de l'usine. Pendant longtemps, il s'irrita d'avoir à supporter ces responsabilités. Il n'était pas fait, pensait-il, pour diriger des ouvriers. Mais il finit par découvrir à quel point la personnalité humaine et les composés caustiques se ressemblaient. Il était possible de produire les propriétés les plus inattendues à partir des substances les plus invraisemblables, du moment qu'on trouvait les bonnes proportions. Dès que Neeland réussit à voir chacun des individus qu'il avait sous ses ordres sous l'angle de son potentiel combinatoire, il se montra à la hauteur de sa tâche, faisant preuve d'une efficacité aussi rigoureuse que laconique.

Neeland créa donc une affaire gouvernée par le même principe fondateur que la chimie. Les gens réclamaient les produits que fabriquait Clare et les composés qu'elle assemblait. Le public était prêt à acheter les innombrables poulains de cette jument toujours grosse. Et tandis que les clients se pressaient pour acquérir les panacées sans lesquelles ils ne pouvaient pas vivre, l'argent qui entrait dans les caisses servait à financer de nouvelles prouesses. L'acheteur et le vendeur s'enrichissaient mutuellement, prolongeant toujours d'un maillon la chaîne qui les reliait. La richesse générait la richesse.

Les entrepôts et les usines Clare, vingt bâtiments en tout, s'étendaient de Boston à Harrisburg. Eux aussi se nourrissaient les uns des autres. Après chaque crise nationale ou chaque récession, en 1837, 1843, 1857, 1860 et 1865, les ventes redémarraient, d'une manière ou d'une autre. L'économie s'adaptait pour faire face aux bouleversements qu'elle-même fécondait. Ces presses à huile, ces chaudrons et ces réservoirs, les clayettes de séchage et les bassins pour colorants travaillaient de concert pour relever tous les défis nés des besoins de l'homme.

L'ancêtre Samuel ne voyait aucune raison pour que la société, qu'il ne contrôlait plus en personne, ne continue pas à s'autopropager. Dans cette Amérique en pleine prospérité, le savon connaissait un succès qui dépassait tous les pronostics et on pouvait compter sur les clients pour maintenir la demande à son plus haut niveau. L'efficacité augmentait chaque année. L'approvisionnement coûtait de moins en moins cher. La distribution s'enracinait toujours plus profondément dans les anciens territoires et commençait à faire des pousses dans les nouveaux. La concurrence éliminait les petites entreprises, tandis que les derniers arrivés n'avaient guère d'espoir de s'implanter sur un terrain déjà passablement encombré.

Samuel faisait le tour des laboratoires de Neeland tout en branlant du chef. Il avait du mal à suivre les apparitions successives des substances nouvelles. Engrais, teintures, vernis : un nouvel élixir se profilait toujours à l'horizon pour l'année suivante.

Les bénéfices que produisait cette source aux innombrables ruisseaux se répartissaient de façon très inégale. Même ce pilier de toujours qu'était le Baume authentique connaissait des trimestres déficitaires. La création de la société n'avait pas résolu tous les problèmes, tant s'en faut. La vente restait un éternel défi. Et pourtant, aux yeux de Samuel, la vie avait à jamais perdu les couleurs enivrantes de l'innovation. Le succès était une affaire classée. Déjà, le soleil de la réussite éclairait la route de ses rayons domestiqués aussi loin que Samuel pouvait porter les yeux.

Les jeux étaient quasiment faits.

Samuel n'avait jamais manqué ni de courage ni d'appétit. Il était passé du statut de négociant à celui de manufacturier sans un regret. Avait vu, pendant la guerre, la manufacture devenir, de simple moyen d'existence, une raison d'exister. Avait avancé vers son destin sur les routes défoncées du conflit. Poursuivi le passé en déroute avec les cris de guerre du vainqueur exultant devant l'avenir.

Malgré tous ces changements, Samuel était resté fidèle à son enfance. Incapable d'échapper au vieux rêve agrarien, alors même qu'il avait contribué à en sonner le glas. Ayant bâti toute sa vie sur la production, il avait besoin de savoir ce qui se passerait ensuite. Dès l'instant où cette production adoptait le rythme régulier de pistons parfaitement huilés, le moteur de la vie ne pouvait que lâcher.

Celui qui avait aidé à fonder la compagnie n'avait jamais souhaité la diriger. Riche au-delà de toute espérance, il n'avait jamais désiré la fortune. Tout ce qu'il avait jamais voulu faire, c'était changer les règles de l'existence matérielle. Purifier les hommes et aller jusqu'au bout de son voyage.

Il avait vécu suffisamment longtemps pour voir voter l'amendement à la Constitution qui empêcherait à l'avenir toute amputation des privilèges de la société anonyme Clare et toute atteinte à son immunité. Une telle disposition assurait cette immortalité même dont rêvaient les poètes et les prophètes. L'extension des garanties légales à une activité collective ne lui laissait plus grand-chose à attendre de la vie.

L'invention de la société anonyme tua le rêve de progrès de Samuel en en faisant une réalité. Ayant réussi, l'expérience n'avait plus rien à prouver. Il arrivait à Samuel, lorsqu'il était à Temple Place et qu'il fermait les yeux, d'apercevoir ce lointain rivage où les choses trouveraient leur nécessaire aboutissement.

Quant à sa vie à lui, Samuel avait depuis longtemps cessé d'en redouter la fin prochaine. La mort ne changeait rien à ce qui était véritablement important. Elle n'affectait pas davantage un homme que le processus alcalin le soufre. Le commerce promouvait ceux qui avaient rendu leur dernier souffle au rang de suprêmes commanditaires : son père, ses frères, Ennis, tous les fabricants de savon maintenant disparus dont Ennis avait glané les recettes. C'est en compagnie de tous ces fantômes que Samuel présiderait désormais les futures réunions du comité directeur depuis l'au-delà de la tombe, veillant comme le squelette de Bentham perché dans sa vitrine.

Pour le temps qui lui restait à vivre, le président n'avait plus qu'une chose à faire : éviter de passer sous les roues du changement. Il bricolait des en-têtes pour le papier à lettres de la société. S'occupait des donations en faveur de l'école créée jadis par Benjamin. Allait même à l'occasion jusqu'à répondre à des plaintes de clients.

Sa famille l'encourageait dans l'exercice de ces fonctions. Il restait leur diplomate de cérémonie. Les grands corps composites avaient encore besoin d'un chef en titre. Et pourtant, du point de vue de Samuel, un président n'avait pas grand-chose à dire quant au développement de sa société. Sans doute, un mauvais président pouvait-il réduire à néant les progrès accomplis pendant cinquante ans et dissoudre des gains solides comme du savon dans de l'eau. Mais un bon président n'avait rien d'autre à faire qu'à laisser l'entreprise collective aller son train. Les meilleurs finissaient vraisemblablement par se persuader que la volonté de ce corps complexe n'était autre que la leur.

Un patron s'est-il jamais demandé s'il était indispensable ? Ce fut en tout cas la question que se posa le cofondateur de Clare. Lequel ne s'était jamais tout à fait remis d'avoir renoncé aux affaires de ce monde. Ses fonctions le rappelaient aux réalités des problèmes de coûts et de revenus. Même son titre essentiellement honoraire l'obligeait à faire face aux énormes compromis que s'était permis le monde du travail durant deux décennies.

La vieille Dorcas, de plus en plus perdue dans le monde moderne, n'éleva pas la moindre protestation contre le bref retour aux affaires de son époux. Plusieurs événements l'avaient confirmée dans son attente patiente du Grand Ravissement. La mort du président, le tremblement de terre de San Francisco, le boulon en or scellant la dernière traverse du chemin de fer transcontinental – autant de signes qui allaient dans le même sens. Une fois de plus, la fin du monde était imminente. Mais, sans grande surprise, c'est le monde de Dorcas qui fut le premier à connaître sa fin.

Pendant tout le temps où Samuel resta en fonction, Julia Hazelwood continua à diriger la compagnie en coulisses. Elle ne se remaria jamais, ni n'envisagea jamais une telle éventualité. Elle n'aspirait point à la chaleur d'un corps à côté du sien. Le corps multiple de la société lui suffisait.

La passion de Julia pour la politique se transforma sans peine en passion pour une gestion rationnelle. Sa connaissance des affaires se cristallisa dans le chaudron de l'expérience. Elle n'avait aucune ambition d'ordre matériel en dehors de celles qu'elle nourrissait pour le fantomatique Peter, son premier-né à l'air désincarné. Négligeant ses autres enfants et ne s'occupant du bien-être du plus jeune, William, que comme on prend une assurance pour se garantir du pire.

Sitôt après la guerre, la compagnie aurait pu pratiquement se diriger toute seule. Grâce à l'éther et au gouvernement fédéral, les graisses en avaient fini des vaches maigres. La paix ramena Clare à ses loyaux clients, sans toutefois l'obliger à abandonner ses nouveaux marchés industriels. Les soldats qui avaient dormi sur les caisses décorées de l'emblème de Clare restèrent fidèles à cette tête d'Indien qui leur avait porté chance, longtemps après la disparition du dernier hôpital de campagne.

Mais, au fur et à mesure que le logo gagnait en réputation, il commença à fleurir sur des caisses qui n'avaient jamais vu le jour dans les usines Clare. ***ATTENTION !*** Les détaillants furent inondés d'avertissements ainsi libellés :

Divers manufacturiers sans scrupule essaient de faire passer leurs contrefaçons pour des produits Clare. Attention ! Ces imitateurs ne vendent pas du Baume, mais du simple savon. Exigez la qualité Clare et vérifiez bien vos livraisons. N'acceptez aucune copie.

Les contrefaçons finirent par obliger la société à faire enregistrer son valeureux Brave auprès de l'Institut national de la propriété industrielle. Une année ne s'était pas écoulée que Clare engageait son premier procès pour infraction aux lois du commerce. Peter et Douglas en vinrent bientôt à souhaiter de nouvelles occasions d'aller devant les tribunaux, ne fût-ce que pour la publicité sans frais qu'elles garantissaient.

Le Baume authentique semblait bien parti pour reprendre son ascension vertigineuse. Les ventes augmentaient plus vite que la population du pays. L'engouement du public pour les remèdes indigènes ne connut plus de bornes une fois que le gouvernement eut envoyé le général Sheridan dans les territoires pour s'occuper des Indiens.

Apparut alors, en dépit des objections scientifiques de Neeland, le Tonique authentique. Lequel était censé soigner une étonnante variété d'affections allant des maux de tête et des névralgies aux douleurs périodiques des femmes, en passant par certaines formes de troubles abdominaux. Sur l'étiquette, deux hommes dessinés à l'encre faisaient le point sur la situation :

« Pourquoi ne pas essayer le Tonique authentique ?
— Mais je vais le faire, car pourquoi souffrir quand on peut l'éviter ? »

Le présent appartenait aux audacieux. Le volume d'affaires semblait devoir dépasser les prédictions les plus optimistes de Julia. Le rythme et la structure de la vie américaine évoluaient sous une pression qu'elle avait elle-même engendrée.

L'essor du capital, prédit depuis si longtemps, était pour demain. À tous les échelons, depuis le gouvernement Grant jusqu'au cireur de chaussures, le pays nageait dans le crédit bon marché. L'argent fécondait l'argent, par la seule magie de la dépense. Qui pouvait imaginer les millions dont l'avenir était gros ?

L'occasion ne tarda pas à faire les larrons. Gould et Fisk demandèrent discrètement au gouvernement de leur laisser la haute main sur les réserves d'or de la nation. Après tout, la loi avait toujours été là dans le passé pour graisser les plus libres des roues entreprenantes.

Mais, cette fois-ci, inexplicablement, le gouvernement déclina la proposition. Il préféra ouvrir tout grand le robinet national, inondant Wall Street sous des flots d'or. Grant ne réussit à déjouer la manœuvre des grands barons de la finance qu'au prix fort, celui du Vendredi noir. Du jour au lendemain, le train du bonheur dérailla pour tomber dans le précipice de la réalité matérielle.

Le public ouvrit soudain les yeux : si l'or avait maintenant si peu de valeur, de quel crédit pouvait encore jouir la valeur ? Les économies s'évanouirent en quelques heures. Les ventes se ralentirent considérablement. Les entreprises firent faillite, déchirant au passage la couverture fatiguée des dettes en cascade. Aussi vite qu'elle avait fêté la prospérité, la nation resserra frileusement la panique autour de ses épaules pour entrer dans sa seizième dépression depuis l'Indépendance.

Même dans le secteur du savon, les recettes chutèrent lourdement quand il fallut régler les factures de la croissance. Un resserrement de l'ensemble des activités commerciales réduisit la demande pour les produits Clare. Les caisses au label de l'Indien désormais protégé par la loi s'entassèrent dans les entrepôts. Les chefs d'équipe disaient que les estomacs des ouvriers affamés couvraient désormais les sifflements de la vapeur.

Ce n'était pas la première crise à laquelle Clare se trouvait confrontée. Mais, dans le passé, les ingénieux marchands avaient toujours trouvé quelque nouveau moyen pour échapper au marasme. Aujourd'hui, le commerce était exsangue et n'avait plus d'astuce à sa disposition. Les chandelles, tuées par le gaz, étaient sur le point de disparaître. Et le savon redevenait soudain superflu.

Si, au début de 1870, Clare avait enregistré un bénéfice mensuel record de trente-neuf mille dollars, en septembre de la même année, le compte se soldait par une perte sèche. Quatre réunions successives du comité virent ses membres voter par quatre fois une nouvelle baisse des prix du savon. Douglas fit des coupes sombres dans les rangs des voyageurs de commerce. Désormais considéré comme un luxe que la compagnie était bien incapable de s'offrir, le budget de quelques milliers de dollars consacré à l'impression d'affiches et à la réclame disparut.

Trois compressions massives de personnel firent tomber le nombre d'ouvriers de cinq cents à un peu plus de trois cents. Leurs salaires suivirent, passant de douze dollars hebdomadaires à neuf, puis à huit. Il n'y eut pas de protestations, car ceux qui réussissaient à rester en poste s'estimaient encore heureux de pouvoir travailler à n'importe quel prix. Dans d'autres secteurs, la situation était bien pire.

Deux grossistes de la région offrirent d'acheter des quantités importantes de savon à condition de pouvoir y apposer leurs noms. Clare, groggy mais toujours debout, refusa fièrement ce cadeau empoisonné.

En 1973, une nouvelle crise – à moins que ce ne fût le creux de vague le plus profond d'une dépression qui durait depuis quatre ans – vit de nouveau quantité de débiteurs incapables de s'acquitter de leurs dettes. Les créanciers, comme autant de pentecôtistes avides d'étreintes, acceptèrent la pression de leur voisin et la répercutèrent le long de la chaîne. Quant à la société Clare, qui devait faire face à de grosses obligations relatives aux garanties additionnelles, elle échappa de justesse au dépôt de bilan. La prospérité était venue, puis repartie, laissant le pays à l'image d'une de ces villes-champignons minières au moment où s'épuise le filon d'argent. La promesse d'un avenir doré prenait les allures d'un canular autrement colossal que le Géant de Cardiff.

Il s'en fallut de peu que la Clare Soap and Chemical Company connaisse le sort d'une majorité écrasante d'entreprises dans ces années-là. Au bout du compte, celui qui réussit à sauver le savon de la damnation ne fut autre que ce petit génie de Peter, saint patron de l'hygiène.

Elle est assise à la table de la cuisine, enveloppée de l'odeur des bâtonnets de poisson. Du moins, c'est ce qui était marqué sur l'emballage : poisson. Bourrée de ses propres conservateurs chimiques, Laura serait bien en peine de répondre si, un bandeau sur les yeux, elle n'avait que son nez pour juger. Cette odeur-là, elle la connaît bien, mais ce n'est pas celle de la perche, pas plus que du turbot. Embarquée sur une fausse piste, il lui faut une bonne minute pour arriver à mettre un nom dessus. Mais, une fois qu'elle a reconnu l'arôme, il n'y a plus d'hésitation possible : aggloméré recouvert d'une couche de dissolvant pour vernis à ongles.

Au départ, elle voulait faire son goulasch. Celui que Don se plaisait à appeler « le plus ragoûteux des plats ». Mais les trois dernières fois qu'elle en a fait, les enfants n'y ont pas touché. Ils sont dans une période d'aliments aux formes plus nettes, plus géométriques : le bâtonnet, le cube, le triangle. La verdure, elle, reste bien comme il faut sur le bord de l'assiette, là où elle ne risque pas d'être un élément de complication.

Pour la première fois depuis qu'Ellen et Tim sont sortis de la petite enfance, elle a du temps à revendre. Ce serait le moment ou jamais de leur préparer les plats qu'elle n'a pas le temps de leur faire habituellement. Mais tout ce qu'ils savent réclamer, ce sont des trucs tout prêts. Ceux qui ne demandent qu'à être réchauffés avant consommation.

Elle n'est rien censée faire d'autre avec ces foutus bâtonnets que de les laisser tranquilles sur la plaque jusqu'à ce qu'ils soient dorés à point. Mais elle n'arrive pas à s'empêcher de les retourner toutes les deux minutes, histoire de s'occuper les mains. D'avoir un semblant de responsabilité. Elle a mis la radio dans la cuisine : musique de fond pour maniement de bâtonnets de poisson. Une femme chante une chanson country à propos de téléphones qui affichent le numéro du correspondant. Il suffit de quelques paroles et Laura ne tarde pas à chanter en chœur le refrain. « Je décrocherai toujours avec toi. »

Comme s'il n'avait attendu que ce signal, le téléphone sonne. Don ou Ken, sans doute, qui sont en train d'écouter la même station. Elle n'a pas envie de leur parler, pas plus à l'un qu'à l'autre. Quand elle décroche, elle est bien plus furibarde qu'elle ne le voudrait.

En fait, c'est Ellen.

« Salut, m'man. Je peux rester manger chez Camille ?

— J'ai déjà mis le repas en train pour vous, mon cœur.

— Ben, m'man. En fait, on a fini de manger. »

Tim finit par arriver. En voilà au moins un sur deux. La conversation ne va pas chercher loin, mais il a l'air d'apprécier la perfection euclidienne de son repas. Elle réussit même à le faire asseoir, ce qui n'est pas un mince exploit.

La sonnerie du téléphone retentit de nouveau.

« Mrs Bodey ? Les œuvres sociales de la police de Lacewood. »

Tout ce qu'elle entend, c'est le mot « police » et, aussitôt, elle pense à Ellen. Cela fait des semaines qu'elle redoute un appel de ce genre.

« Mrs Bodey, est-ce que vous aimeriez permettre à un enfant d'aller au cirque ? »

Elle essaie de reprendre ses esprits. Elle regarde la pendule : pile l'heure du dîner. Elle aurait bien dû se dire que ça ne pouvait pas être un appel sérieux. Les gens sérieux n'appellent pas entre dix-sept heures trente et dix-neuf heures – créneau réservé au télémarketing.

« Je suis désolée, dit-elle. Mais je ne donne pas d'argent par téléphone.

— Mrs Bodey, je vous parle d'un enfant défavorisé qui, sans votre aide, ne pourra pas aller au cirque. Et l'argent du billet va à l'amicale de la police, qui assure votre protection vingt-quatre heures sur vingt-quatre. Je ne veux pas dire, bien entendu, que si vous ne nous aidez pas, vous perdrez le bénéfice de notre protection. Mais, grâce à votre contribution, vous pouvez faire d'une pierre deux coups.

— Désolée, dit-elle. Merci. Je suis vraiment désolée. »

Elle n'arrive pas à raccrocher tant qu'elle n'a pas entendu le déclic à l'autre bout de la ligne.

Elle n'a pas sitôt reposé le téléphone qu'elle se sent coupable. Elle n'accuse pas la police. Elle admet volontiers qu'il n'y a pas d'autre moyen. Tout est une question d'argent, même le bien qu'on veut faire. Surtout le bien qu'on veut faire. Sinon, comment être compétitif dans cette foire d'empoigne ? Il faut bien que l'argent vienne de quelque part. Et il ne peut venir que du grand public. Il ferait beau voir que ce soit le gouvernement qui nous dise quelles associations aider. En plus, le seul moment où l'on est sûr, désormais, de trouver les gens chez eux, c'est l'heure du dîner. Quand on ne pourra plus, on finira par les appeler au restaurant.

Tim s'empresse de remonter dans sa chambre pendant l'appel, la privant de l'occasion de pouvoir lui parler. Elle débarrasse la table, frotte et rince grossièrement les assiettes avant de les mettre dans le lave-vaisselle. Pourquoi ne pas directement laver au lieu de frotter et de rincer ? Quand on pense aux paquets de ketchup qu'il faut encore récurer parce que la machine les a consciencieusement desséchés, on est en droit de se demander à quoi sert cette machine.

Elle s'assied en compagnie de son romancier préféré, celui qui la distrait en racontant des procès. Il vient de sortir un nouveau livre, ce dont elle lui est reconnaissante. Arrivée à la page vingt, elle revient en arrière jusqu'à la page de titre pour s'assurer qu'il s'agit bien du dernier bouquin. Chaque page ne fait qu'ajouter à sa perplexité.

Le téléphone sonne de nouveau, la distrayant de sa distraction.

« Je suis bien chez Mr et Mrs Laura Bodey ? » Il va de soi que les gens qu'elle connaît ne l'appelleraient pas par son nom.

« Oui ? » demande-t-elle, trop fatiguée pour être encore agressive.

À l'autre bout du fil, l'étudiant en maîtrise incapable de trouver un emploi ailleurs que dans l'alimentaire hésite, attendant que Laura annonce la couleur.

« Laura Bodey ? se risque finalement à dire la voix.

— C'est elle-même, avoue Laura.

— Comment allez-vous, ce soir ? »

J'ai surtout pas envie de parler, voudrait-elle pouvoir dire. Au lieu de quoi elle répond : « Bien. Et vous-même ? » Pourquoi est-elle toujours incapable de raccrocher ?

« Bien, merci. Merci de le demander », dit l'autre. Laura est un numéro sur sa liste et elle doit être son centième appel de la soirée, un appel qui soulève aussi peu d'enthousiasme que les précédents. Il n'a sans doute même pas l'équivalent d'un RMI, commissions comprises.

Le pays tout entier est en train de sombrer dans une sorte de Téléthon universel. Police, pompiers, étudiants, studios de photos, salons d'UVA, écolos, hôpitaux, services d'abonnement des magazines, associations d'aide au tiers-monde – tous autant qu'ils sont espèrent vous trouver chez vous après le dîner. Et si vous avez le malheur de donner quelque chose, alors là, ils ne vous lâchent plus : vous êtes bon pour continuer à donner indéfiniment.

Elle a envie de hurler, mais elle se retient. Ce serait faire preuve d'hypocrisie. De nos jours, tout le monde est plus ou moins dans le télémarketing. Don, tout compte fait, n'est guère plus haut dans la hiérarchie, sauf que lui, au moins, emmène ses victimes au restaurant. Laura elle-même n'échappe pas à la règle. Pendant sa période d'essai chez Millennium, un an et demi en tout, jusqu'à ce qu'elle ait réussi à amener son quota de clients, elle a passé le plus clair de son temps à demander aux répondeurs de ses correspondants s'ils étaient satisfaits de leur habitation.

Mais les choses ont dégénéré à un point tel qu'on frise maintenant la violation des droits constitutionnels. Il devrait y avoir une loi là-dessus, si toutefois on pouvait faire voter une loi sans l'intervention du gouvernement. Cette façon de faire retentir une alarme dans votre salon, simplement pour essayer de vous vendre quelque chose. C'est comme si on collait des pubs sur le plafond des ambulances. Selon le principe qu'on attrape mieux le client quand on a toute son attention.

« Laura, nous avons remarqué que vous avez récemment changé de fournisseur pour vos appels longue distance. »

Nous ? a-t-elle envie de demander.

« Dites-moi, Laura, est-ce qu'on a gaffé quelque part ou bien… ? »

« Gaffé », c'est limite. Si on met tout bout à bout – un petit accroc côté solvabilité, les va-et-vient hebdomadaires de sa carte de crédit, l'allure que prend sa maison, ce qu'elle doit encore dessus, le feuilleton de sa carrière, ses trois derniers dons pour la protection des espèces menacées, tous les exemplaires gratuits de magazines qu'elle a acceptés, le nombre de ses enfants, son âge au moment de son divorce –, elle doit être classée « hors norme » dans tous les fichiers informatisés. À moins que tout le monde soit étiqueté

« hors norme » aujourd'hui. Peut-être, tout bêtement, que ça revient trop cher de fouiller dans la vie de chaque citoyen et que les gens du téléphone ont pour consigne d'y aller au feeling.

« Ou bien… ? reprend-elle.

— Ou bien nos concurrents vous ont-ils fait des offres qui vous ont paru plus alléchantes que les nôtres ? »

Il le sait pertinemment, ce que ses concurrents lui ont proposé. Il est au courant du chèque de cent dollars qu'elle vient tout juste de toucher pour avoir accepté de changer. Il connaît le prix exact auquel elle acceptera de se vendre. Il n'attend qu'une chose, c'est qu'elle le lui donne, pour qu'il puisse lui dire à quel point elle a manqué de jugeote.

Tout à coup, elle n'a plus qu'une envie : lui dire son fait.

« Vous êtes odieux, dit-elle, du ton le plus froid dont elle est capable.

— Mais pas du tout, insiste le vendeur. Nous avons changé.

— Est-ce que vous ne venez pas de mettre à pied vingt mille personnes ?

— C'est pour mieux vous servir. Vous proposer un service de qualité à un meilleur prix.

— Je suis désolée, ment-elle, avant de lui débiter un autre mensonge. Je ne règle jamais mes affaires par téléphone.

— Nous sommes en mesure de vous offrir trois appels gratuits par mois sur votre carte, pour les six mois à venir », plaide-t-il.

On sonne à la porte d'entrée. Sauvée par le gong, même si c'est pour échanger un mal contre un autre.

« On vient de sonner à ma porte », dit-elle.

Ce qui n'empêche pas l'autre de continuer à parler. Chez eux, c'est parle ou crève. Ce n'est que parce qu'il est encore plus impoli de faire attendre quelqu'un à sa porte que Laura trouve le courage de reposer le combiné.

Elle se précipite dans le hall d'entrée en criant : « J'arrive ! » Elle ouvre la porte pour trouver sur le seuil une Noire un peu épaisse, un paquet de brochures sous le bras. La femme porte une espèce de badge rouge vif sur lequel on peut lire :

Travaille
Pour le Seigneur
Le Salaire est Minable
Mais Grosses les Primes de Retraite

Un coup d'œil sur Laura et elle déclare tout de go : « Vous, vous êtes vraiment malade, ma petite. »

À quoi Laura se contente de répondre : « Entrez, je vous en prie. »

Elle s'écarte. Mais l'autre hésite, saisie par le doute. « Vous n'avez pas besoin de mes trucs. Ce qu'il vous faut, c'est un bon docteur. »

Ce dont Laura a surtout besoin en ce moment, c'est de parler. Simplement parler, à un être humain qui voit qu'elle est malade et qui n'a rien à vendre. Parler du temps qu'il fait, du championnat de base-ball, de n'importe quoi.

« Est-ce qu'une tasse de café vous ferait plaisir ? demandet-elle.

— Toujours prête pour du café, répond la femme, qui, tout en secouant la tête, répète : Toujours. »

Des feuilles mortes d'un orange lumineux s'agitent autour de ses chevilles. Elle enjambe leur tourbillon et pénètre dans la maison vierge de feuilles. Puis suit Laura dans le séjour où elle s'affale dans un fauteuil avec cette lourdeur propre à ceux qui sont restés longtemps sur leurs jambes.

« Du lait et du sucre ? demande Laura.

— Oui, merci. En chimiothérapie ?

— Exact.
— Depuis quatre mois à peu près, ou je me trompe ?
— Quatrième mois la semaine prochaine. »

La femme pose ses brochures près de la table d'angle à côté du fauteuil où elle est assise. Elle hoche la tête.

« Au bout de quatre mois, mon mari avait des bleus à chaque coup de vent. Vous vomissez beaucoup ?

— Bien plus que je ne le voudrais.

— La peau qui devient fragile ? Qui fait mal rien qu'au toucher ? Des bleus pour un rien ? Des cheveux qui fichent le camp d'un coup ? Des tintements dans les oreilles ? »

Laura acquiesce d'un signe de tête. Elle lui fait du bien, cette inconnue qui vient de lui poser plus de questions en trois minutes que son médecin en trois mois. Comment ne pas avoir envie de s'affairer dans la cuisine pour quelqu'un qui vous en sera reconnaissant ?

« Vous travaillez encore ? »

Laura sort les mugs Millennium.

« Je ne demanderais pas mieux. Sauf que…

— Sauf que ce sont les gens en bonne santé qui détiennent toutes les cartes, complète la femme après un hochement de tête entendu.

— Est-ce que votre mari a… ?

— Avait, corrige la femme. Oui, il avait. Je ne sais pas au juste ce que vous alliez me demander, mais il avait », ajoute-t-elle en riant.

C'est au tour de Laura de hocher la tête. Elle transvase le café de la machine dans la Thermos. Et dispose le tout, avec la crème et le sucre, sur son plateau préféré.

« Vous êtes dans quel département, Mrs… ?

— Laura. Bodey. Qu'est-ce que vous voulez dire ?

— Moi, c'est Janine Grandy. Dans quel département est-ce qu'ils vous ont mise ?

— Oh ! Moi, je travaille dans une agence immobilière. Next Millennium, vous connaissez ?

— Vous êtes malade et vous ne travaillez même pas pour eux !

— De qui voulez-vous parler ? »

Comme si tout le monde, dans cette ville, travaillait forcément pour les mêmes personnes.

« Vous le savez bien. Ceux du miracle au quotidien, des Petites Merveilles. Vous avez une assurance ? »

Laura hoche de nouveau la tête. Elle remplit les tasses.

« C'est une bonne chose. Jimmy aussi avait une assurance. Non pas qu'ils aient payé grand-chose au bout du compte. Ils sont quand même curieux, ces gens. Ce sont quand même eux qui nous font prendre des risques, mais ils n'acceptent de jouer que s'ils sont sûrs de gagner. Plus de dix jours au lit et du balai.

— Votre mari travaillait pour Clare ?

— Vingt-trois ans d'opérations et de maintenance. Vous savez ce que ça veut dire département O et M ?

— Non, pas vraiment.

— Moi non plus, ma belle, dit Janine en riant, un rire profond, qui vient de très loin. Et Jimmy non plus savait pas. Pour lui, ça voulait dire faire tout ce qu'on lui demandait de faire.

— Et vous pensez que c'est en travaillant là-bas qu'il est tombé malade ? »

Janine renverse la tête, feignant la surprise.

« Vous devriez quand même lire les journaux, ma petite.

— Je sais. C'est ce que je fais. Ou plutôt, c'est ma fille qui m'a montré… »

La tasse hésite, au bord des lèvres de Janine. « Oh, vous voulez parler de ces contrôles de l'Agence pour la protection de l'environnement ? C'est de l'histoire ancienne. L'APE, elle était où, y a vingt ou trente ans de ça ? Non, tout le monde attend toujours la dernière minute. Pour finir par se débarrasser des responsabilités sur son voisin. Faut surtout pas se salir les mains. »

Janine a un geste, comme pour dire : Ne me parlez surtout pas de la nature humaine.

« Vous pensez que votre mari… ?

— Jimmy n'arrêtait pas de manipuler ces trucs. Chlore par-ci, éthylène par-là. Il passait son temps à déverser des pots de peinture pleins de solvant dans des vieux barils. Des barils qu'on laissait croupir au fond des entrepôts jusqu'à ce qu'ils commencent à rouiller. Et puis Jimmy et son équipe les empilaient sur des camions pour les emmener sur une décharge louée à une autre entreprise. La moitié de ces types sont malades aujourd'hui, ils ont tous quelque chose. D'ailleurs, les assurances les avaient déjà tous étiquetés comme travailleurs à haut risque bien avant qu'ils commencent à manipuler ces barils pour Clare.

— Il est mort de quoi, votre mari ?

— Exactement de la même chose que ce que vous avez. »

Laura éclate de rire. Elle ne peut pas s'en empêcher. « Pas vraiment de la même chose. Pas votre mari. »

Janine se met à rire elle aussi.

« J'entends bien, ma belle. Mais, en tout cas, de quelque chose qui y ressemble. Et même de très près. Non pas que je veuille vous fourrer des idées noires dans la tête, hein ? dit-elle en la regardant.

— Bien entendu, Janine. Je m'en tire bien, vous savez.

— Tant mieux, dit Janine, en aspirant une grande goulée d'air avec un sourire. Il faut bien que quelqu'un s'en sorte. Alors, pourquoi pas vous ?

— Mais moi, je n'ai jamais travaillé… mon travail…

— Vous savez quoi ? dit Janine en fourrageant dans son sac. Je pense que c'est dans l'air et dans l'eau, et dans le sol aussi maintenant. Ça se retrouve dans la nourriture. Un peu plus chaque année. Plus besoin de travailler pour eux. C'est eux qui vous envahissent. Même plus besoin de vivre en ville.

— Tout de même, dit Laura, hésitante, tout en leur versant encore une goutte de café. Ils ont fait des tas d'études. Qui n'ont jamais rien prouvé.

— Comment voulez-vous prouver un truc pareil ? C'est une loterie, ma jolie, c'est tout. Vous êtes ce qu'on appelle un risque potentiel, pour tout le monde sauf pour les compagnies d'assurances. »

Laura fait cliqueter sa cuillère en la tournant dans sa tasse.

« On ne peut quand même pas empêcher la Terre de tourner, faire cesser toutes les activités, sans savoir exactement de quoi il retourne.

— Moi, j'ai plutôt l'impression qu'on reste assis là à attendre que les preuves nous crèvent les yeux. Et il en faut des preuves pour décider les gens à laisser tomber leur lotion favorite. Qui est-ce qui va accepter de se débarrasser de tous ses produits de beauté sur un simple soupçon ? interroge Janine en faisant des yeux ronds. En tout cas, pas moi. »

Elles boivent leur café à petites gorgées. « Vous appartenez à une Église ? » finit par demander Laura.

Janine la regarde un peu de travers. Tout le monde appartient à une Église. Ça n'a rien à voir avec ce qui les occupe.

« Ah, vous voulez parler de ça ? dit-elle en désignant sa pile de brochures du bout de sa chaussure. Ça veut dire que je commence à m'incruster, c'est ça ?

— Non, pas du tout. Simple curiosité de ma part. Je vous en prie, restez. Asseyez-vous. »

Mais Janine rassemble ses affaires et se lève laborieusement. Ses jambes semblent savoir que la pause était trop belle pour durer.

« Laura, je vous demande simplement de prendre une dizaine de ces brochures, d'accord ? Moi, la bonne parole, ça m'a beaucoup aidée. Vous n'imaginez pas à quel point. Mais vous n'êtes pas obligée d'en faire usage, vous savez. Même pas de les lire. Ce sera notre secret à nous. Et puis, autrement, il me faudrait au moins trois quarts d'heure pour arriver à placer une dizaine de ces trucs. Et il faut quand même bien rentrer chez soi.

— Vous avez des enfants, Janine ?

— Si j'en ai…

— Ils mangent avec vous le soir ?

— Vous rêvez ou quoi ? »

Lors de son contrôle suivant, juste avant la quatrième séance de chimio, Laura demande à brûle-pourpoint :

« Docteur Archer, est-ce que le cancer peut être dû à l'environnement ?

— Le cancer en soi, chère madame, ça n'existe pas.

— Disons le cancer des ovaires, alors ?

— Qu'est-ce que vous entendez par "environnement" ? demande-t-il, incapable de se défaire du ton ironique du professionnel.

— Est-ce que ça peut être dû à quelque chose qu'on boit ou qu'on mange ? À l'air qu'on respire ? »

Lentement, comme s'il était très las, le docteur Archer attrape un grand classeur noir au-dessus de son bureau. De toute évidence, c'est là que se trouvent toutes les réponses.

« Voici le dernier rapport de l'Institut national de la santé, dit-il, comme si c'était à eux qu'elle allait devoir s'adresser à l'avenir en cas de problème. "Bien qu'on n'en connaisse pas la cause, commence-t-il à lire, certaines femmes présentent plus de risques de cancer des ovaires que d'autres. Au nombre des facteurs de risque on notera le vieillissement, le fait d'être nullipare, une autre affection cancéreuse du côlon ou du sein, un cancer des ovaires dans la famille. Nous n'avons aucune preuve qu'un tel cancer soit lié à l'utilisation de médicaments contre la stérilité."

— Nullipare ?

— Ce n'est pas votre cas, Mrs Bodey.

— Qu'est-ce que ça veut dire ?

— Le fait de n'avoir jamais accouché.

— D'être sans enfant, quoi ?

— Exactement.

— Est-ce qu'on peut parler d'épidémies ?

— À propos de stérilité ?

— Non, de cancer des ovaires.

— Des taux élevés parmi certaines populations ? Non. On n'a guère observé ce phénomène dans ce type de cancer. Mais l'idée est intéressante. On relève effectivement un plus grand nombre de cas chez les immigrées qui ont vécu chez nous pendant une vingtaine d'années. »

Elle sait pertinemment ce que pense le docteur Archer des immigrés. Mais elle suppose qu'il lui dit plus ou moins la vérité. « Ce qui reviendrait à privilégier le facteur environnement, non ? »

Il avance la lèvre inférieure et hausse les épaules, avec un geste en direction du dossier de l'INS.

« Mais je ne tombe dans aucune de ces catégories. Aucun de ces facteurs ne s'applique à moi.

— Il n'y a aucune preuve qu'un cancer des ovaires soit lié à ce que vous avez pu lire dans le journal.

— D'accord, d'accord. Je peux vous poser encore une question, docteur ? »

Il hausse de nouveau les épaules, l'air de dire : Allez-y, c'est mon boulot.

« Est-ce qu'il existe d'autres pilules contre les nausées, que vous ne me donneriez pas parce qu'elles coûtent trop cher ? »

Il sourit, de ce sourire lent et compréhensif qu'il arbore invariablement. Ah, ces malades. « Qui vous a dit ça ? »

Elle n'a aucune intention de livrer Alan aux flics de la Sécurité sociale.

« J'ai entendu parler de comprimés qui coûtent... Ceux que vous me donnez ne semblent pas...

— Qu'est-ce que vous voudriez essayer ? On vous a donné un nom ? »

Elle n'a aucun nom. Mais elle est prête à essayer n'importe quoi. Elle en est arrivée au point où le bruit du chariot des repas à l'autre bout du couloir lui donne envie de vomir.

« Vous ne connaissez aucun médicament contre la nausée sous forme de comprimés, qui coûte beaucoup plus cher que ce que vous me prescrivez actuellement, mais qui marche ? »

Il sort un catalogue d'un geste quasi mécanique, sans manifester la moindre émotion.

« On peut essayer autre chose. Tenez, ceux-là, par exemple.

— Combien coûtent-ils ?

— Pourquoi ? Est-ce que cela ferait une différence pour vous ? »

Elle sort de son bureau avec l'impression de s'être conduite comme une dinde. Elle attendrait quasiment avec impatience la perfusion à venir, simplement pour pouvoir parler à Alan du nouveau médicament que lui a prescrit le docteur Archer. Pour voir si c'est le bon. Elle attend aussi avec impatience de se retrouver avec Ruthie Tapelewsky. Ruthie la fait rire. Elles peuvent comparer leurs nausées, leurs évanouissements et tous les autres effets secondaires. Elle demandera à Ruthie quel type de traitement on lui donne quand elle sort de l'hôpital.

À vingt mètres de la salle de perfusion, elle s'arrête net. Ruthie. Ruthie, qui conduit un chariot élévateur. Il n'y a qu'un endroit dans ce semblant de ville, entièrement sous la coupe d'une seule entreprise, où elle puisse faire un tel boulot.

Laura manque de trébucher quand elle se précipite dans la salle de chimio. Mais Ruthie n'est pas là. Elle demande à Alan, avant même de lui poser des questions sur son nouveau médicament : « Où est Ruthie ? Elle a changé de protocole ? »

Alan hoche la tête, acquiesçant d'une façon on ne peut plus étrange. « Ruthie a décidé d'interrompre sa chimio pour l'instant. »

LES DOUZE PLUS BEAUX POÈMES DU MONDE

Table des matières

Abou Ben Adhem 1
Charge of the Light Brigade,
The [La charge de la brigade légère] 2
Concord 4
Isle of Beauty (Absence Makes the Heart Grow
Fonder) [L'absence aiguise l'amour] 5
Last Minstrel, The [Le dernier ménestrel] 6
Lochinvar 8
Ode To a Nightingale [Ode au rossignol] 10
Peace and Wonder [Paix et merveilles] 12
Psalm of Life, A [Un psaume de vie] 13
Santa Filomena (The Lady With the Lamp) 14
That Thing Which Death Can Never Own [Cette
chose que la mort jamais ne ravira] 15
To a Mouse [À une souris] 16

Ce superbe cadeau vous est offert par la Clare Soap and Chemical Company.

Restez Propres, Prospérez, Méritez
la vie et Ouvrez l'œil...

Croissez et Multipliez !

Peter Clare fut le dernier cadre de la compagnie à ne pas avoir à grimper les échelons un à un. Après lui, tous les dirigeants, à l'exception d'un occasionnel oiseau rare recruté à l'extérieur, firent leur apprentissage devant les machines.

Peter ne fut pas le dernier des Clare à gouverner le navire. Mais il fut le dernier à le diriger comme une entreprise familiale. Et en tant que représentant de la troisième génération de cette famille de commerçants, il possédait toute l'excentricité de celui qui a hérité d'un gros capital.

Enfant, il avait été d'un tempérament maladif. Ses diverses indispositions variaient selon son humeur et la manière dont il appréciait son précepteur du moment. Aux yeux de Julia Hazelwood, ce fils concentrait sur sa personne les promesses les plus folles du système américain. Elle passait son temps à le surévaluer et Peter vécut donc avec un sentiment d'inadéquation permanente qui l'amenait à tout moment à vouloir se surpasser.

Et pourtant, dans son genre, Peter était un génie : un génie de la banalité. Un obsédé de la moyenne. Dans la mesure même où il s'aventurait rarement dans le monde extérieur infesté de germes, l'ordinaire exerçait sur lui la fascination d'une statue de jeune esclave exotique dans une parodie du style classique d'un goût douteux. Les masses laborieuses étaient sa version à lui des *Mille et Une Nuits*. À ses yeux, le banal et le quotidien étaient parés de toute la séduction de l'amour non partagé.

Si les centaines d'ouvriers des usines Clare ignoraient tout de l'homme qui contrôlait leur travail, ils savaient au moins que Peter Clare passait son temps enfermé, loin de tout, et n'acceptait de rencontrer – et fort rarement encore – que ses collaborateurs les plus proches. Même les membres privilégiés du comité directeur ne le voyaient pas plus de quatre ou cinq fois dans l'année. Il devint bientôt une sorte de mythe, une sorte de fantôme du commerce. Un ange.

La dépression ambiante des années 1870 plaça la compagnie sur une pente savonneuse. Le savon fabriqué en usine reprit des allures de luxe ostentatoire. Clare avait abattu toutes ses cartes, Clare était à bout de souffle. Au milieu de la décennie, certains membres du comité allèrent jusqu'à parler de dépôt de bilan. En faisant appel à Peter, la compagnie cherchait, toute honte bue, un remède miracle.

Il grimpa les échelons assez vite, malgré ses difficultés à faire la différence entre un châssis et une presse à pédale. Son père, Resolve, n'avait vécu que pour manipuler l'argent et la matière. La relation de Peter au monde sensible, à l'inverse, confinait à l'occulte. Il était incapable de distinguer un éther d'un ester. Il n'était pas loin de confondre Sandusky et Somerville. Il admirait sans réserve quiconque savait se servir d'un chausse-pied, s'émerveillait à l'idée de quelqu'un chargeant une caisse de savon sur un wagon de marchandises.

Pourtant, s'il n'était pas toujours en mesure de comprendre les rouages de la compagnie, il n'ignorait rien des promesses auxquelles celle-ci s'était engagée auprès du public. Il connaissait, mieux que tous ses précurseurs réunis, la raison d'être de Clare Soap and Chemical Company.

Il appréhendait pleinement les destinées du savon. Saisissant le lien qui existait entre commerce et propreté comme seul un hypocondriaque besogneux était capable de le faire. Si elle voulait survivre, la firme devait vendre non pas seulement du savon, mais du Baume authentique. Autrement dit, non pas des denrées ordinaires, mais des amis bienveillants.

Peter commença à transformer la compagnie en 1876, l'année où Tilden se faisait voler la présidence à la suite d'un compromis qui transformait le processus démocratique en une mascarade pure et simple. L'année où le général Custer était massacré à Little

Big Horn. L'année où deux hommes cherchaient, chacun de son côté, à déposer le brevet d'invention du téléphone. L'année où Silas Lapham découvrait que les affaires dans ce pays ne se feraient jamais plus sur une petite échelle. L'année du centenaire de l'Indépendance.

Le scandale des élections présidentielles fit sans doute beaucoup pour anéantir la croyance populaire selon laquelle les convictions politiques ne pouvaient pas s'acheter. Peter, quant à lui, entreprit d'anéantir la croyance populaire selon laquelle faire du commerce, c'était faillir aux idéaux. Certes, les profiteurs s'étaient multipliés dans le monde des affaires comme dans celui de la politique. Certes, il ne manquait pas d'escrocs pour exploiter la prospérité et la détourner de son objet. Et pourtant, quand quelqu'un renverse son assiette, qui aurait l'idée d'aller accuser la soupe. Qu'est-ce qui, en dehors d'un accroissement de l'entreprise commerciale, pouvait prétendre redresser ces torts ou tirer le meilleur parti de ce pays inépuisable que le destin avait placé sous leur empire ?

Clare débarqua en force à Philadelphie, pour l'Exposition du centenaire. La firme prit sa place dans le chœur de cet hymne majestueux à la mécanisation américaine, dont Wagner en personne avait écrit l'ouverture. L'événement, qui sonnait le réveil des espoirs de l'Amérique, dépassa en grandeur la plus belle exposition jamais organisée en Europe. Depuis les exposants jusqu'aux dignitaires étrangers en passant par la foule des visiteurs impressionnés, tous se récrièrent, proclamant l'Amérique le colosse du siècle à venir. Même le massacre, au lendemain de l'Exposition, de cheminots en grève par les troupes fédérales ne parvint pas à dissiper tout à fait le rêve d'opulence dans lequel cette célébration avait plongé le pays.

Au chapitre des gros succès, c'est Otis qui remporta la palme avec son ascenseur. L'Orchestrion électromagnétique donna aux visiteurs un avant-goût de ce à quoi ressemblerait la musique du futur. Mais Clare connut un succès non négligeable avec son Découvreur de personnalité, une catapulte mécanique (inspirée de la vieille presse à pédale de Jewitt) qui distribuait au hasard un savon parmi une dizaine de variétés disponibles à chacun des visiteurs qui avaient eu la patience de faire la queue.

Quant aux concurrents de Clare lors de cette grande foire-exposition, on leur montra juste assez des prouesses technologiques du laboratoire de Walpole pour exciter leur jalousie sans éveiller leur esprit d'émulation. Par ailleurs, Philadelphie fut témoin de la première grande innovation de Peter : l'emballage en papier.

Samuel s'était longtemps opposé à cette mesure. Un emballage dépréciait la marchandise à vendre tout en occasionnant des frais supplémentaires. Ce n'était pas ainsi que les gens bien vendaient du savon. Mais, quand, juste avant l'exposition de Philadelphie, son propre fils le laissa tomber pour se ranger aux côtés de Peter, le vieil homme rendit les armes. En signe de protestation, Samuel, désormais infirme et privé de tout pouvoir, refusa de faire le voyage pour aller assister au spectacle le plus grandiose de l'histoire du business américain.

Le premier emballage du Baume authentique s'ornait d'une superbe gravure en noir et blanc du profil bien connu du Brave. Mais, au-dessous du visage en camée, trônait en plus la légende suivante :

Sûr – Hygiénique
Pour la campagne ou la ville.

Voilà que tout à coup le savon non emballé s'avérait porteur de toutes sortes de risques pour la santé, risques jusqu'ici insoupçonnés du consommateur américain. L'Exposition du centenaire se faisait l'écho, bruyant pour ne pas dire tonitruant, des progrès considérables de la plomberie et des systèmes d'adduction d'eau, autant d'améliorations qui arrachaient les Américains par milliers à la terre à peine conquise pour les précipiter dans les villes. Le grand mouvement en faveur d'une meilleure hygiène était aussi présent à Philadelphie, prêt à faire du savon le fondement même d'un nouveau mode de vie, au lieu de le voir piétiner au stade de l'utilisation occasionnelle.

Produire sur une grande échelle exigeait de plus grandes usines. Parallèlement, l'extension du marché national décimait le nombre des petits fabricants. Des milliers d'entreprises familiales qui existaient encore à l'époque où Resolve, Samuel et Ennis avaient monté leur premier chaudron, il en restait à peine trois cents et la tendance n'allait qu'en s'accentuant. Avant Philadelphie, Clare semblait devoir faire les frais de ce tassement, son Baume authentique prenant le chemin d'une foule d'autres modes sentimentales avant lui.

C'est Peter, l'ermite au teint pâle, qui mit un terme à la dégringolade. Il propulsa le produit emballé au rang des forces du progrès et de la prophylaxie : plus propre, plus sûr, plus pur. Clare s'était trop longtemps satisfaite d'une simple compétence technique. L'heure avait sonné de fabriquer la graine pour laquelle l'entreprise était née.

Peter entreprit donc de lancer toute une série de produits destinés à venir au secours du Brave, pour tout dire, en nombre tel que la différence d'un produit à l'autre n'était pas toujours sensible. Les vieilles étiquettes – Numéro 1, Numéro 2, Marbré, Blanc – ne suffisaient plus à désigner les variétés nouvelles. Pour les seuls savons à l'huile d'olive et à l'huile de palme,

Peter lança sur le marché Reine, Princesse royale, Grande Duchesse, Marquise, Margravine et Contessa, les destinant sans vergogne à ces Américains des campagnes dont les grands-pères, un siècle plus tôt, avaient versé le sang pour renverser la monarchie.

Juste après le centenaire, Peter annonça le lancement de la première de ces campagnes de publicité à sensation dont il avait rêvé au cours des longues périodes d'isolement de son enfance. Avec audace et sans s'inquiéter d'un échec possible, il se jeta dans les eaux encore inexplorées des pratiques commerciales du futur. Et il en ressortit, le sourire aux lèvres.

C'est ainsi que Clare fit savoir à un public incrédule que, sur dix caisses sortant de ses usines, il y en aurait une qui contiendrait un dollar en or glissé dans un savon. Douglas désapprouva ce numéro de cirque. Julia estima qu'il n'était pas bon de jouer avec le hasard. Quant au vieux Samuel, il flaira la catastrophe. Pareilles libéralités conduiraient l'entreprise de la ruine à la damnation. Elles ne pouvaient que signifier la décadence de l'empire du commerce.

Mais notre jeune reclus comprenait parfaitement la mentalité de cet Américain moyen qui lui était si cher. Il habilla de costumes multicolores des Noirs récemment émancipés et les lâcha dans les rues pour distribuer des prospectus. Les consommateurs répondirent en masse à cette loterie d'un genre nouveau. D'anciens apostats rejoignirent le troupeau, se demandant comment ils avaient bien pu le quitter. Et ceux qui jusqu'ici ne s'étaient jamais avisés des qualités du Baume authentique eurent l'occasion de découvrir ses innombrables vertus.

Comme toujours quand il s'agit de bonnes transactions, tout le monde était gagnant. Les savons qui ne renfermaient pas de pièce ne coûtaient pas plus cher qu'avant et moussaient tout autant. Ceux qui achetaient des quantités de billets perdants ne perdaient rien dans l'histoire, puisque le savon ne se gâtait pas et qu'on n'en avait jamais trop. Une grosse réserve était même la meilleure des garanties contre l'inflation. Et en guise de compensation gratuite pour l'achat d'un produit dont il lui aurait fallu de toute façon faire l'emplette, chaque client avait la possibilité de décrocher le gros lot. Le public s'arracha les caisses, à raison de cent savons par unité. Une chance sur mille de découvrir le trésor caché : du jamais vu, ou presque.

Quelle plus belle image du rêve qui avait forgé cette nation ? Et ce même rêve pouvait sauver une savonnerie en difficulté sans effort. Le pays s'était construit sur la spéculation, l'acquisition des terres ayant été laissée au hasard d'une sorte de roulette de la propriété : la totalité de la section centrale du continent divisée, sans égard pour la nature du sol, en parcelles carrées, qui étaient vendues, pour ne pas dire bradées, au premier spécialiste du capital-risque venu. Le gouvernement avait vécu pendant un siècle de ces ventes de terres. Maintenant que tout était acheté, ou presque, et que la propriété s'était consolidée, on pouvait se permettre d'inviter à la table de jeu tous ceux qui n'avaient pas gagné à cette première grande loterie.

Certains clients astucieux croyaient pouvoir détecter le savon plus lourd que les autres s'ils soupesaient plusieurs morceaux après les avoir pris sur les rayons. Une fois chez eux, ils ouvraient leur emplette, se retrouvaient bredouilles et, derechef, repartaient au magasin tenter leur chance. Il y avait assez de gagnants pour que le feu de la spéculation continue à enflammer l'imagination du public. Ceux à qui le hasard procurait cette petite fortune réinjectaient leur capital dans une autre tentative. Le capital, comme venait tout juste de le faire remarquer Karl Marx, avait quelque chose de proprement magique : il se nourrissait de lui-même, ne faisant que croître et embellir, à la manière de ces cornes d'abondance qui, dans les contes de fées, ne cessent de se remplir.

Tout au long de la grande braderie dorée de Peter, l'utilisation du savon, de tous les savons, augmenta dans le pays plus vite que la richesse nationale. C'est moins à la mode de la propreté que contribua l'opération qu'à l'heureuse exploitation de préoccupations déjà existantes. Difficile de dire si les clients de Clare se seraient savonnés encore longtemps dans leur ruée vers l'or. Mais, même une fois le filon tari, la plupart d'entre eux conservèrent l'impression que jamais auparavant ils n'avaient été aussi propres qu'ils auraient dû l'être. Partout, la nouvelle Amérique urbaine, quelle que fût la marque de son choix, apprenait à revoir à la hausse ses exigences en la matière.

Le succès de la manœuvre surprit tout le monde à l'exception de Peter. Car celui-ci avait déjà fait tous les calculs. Un dollar par millier de savons ne représentait qu'une dépense minime pour la publicité, chapitre que Peter avait nouvellement introduit dans le budget. Les ventes n'avaient besoin d'augmenter que de quinze pour cent pour que la compagnie s'y retrouve et récupère sa mise.

Or, les ventes grimpèrent de plus de vingt pour cent. Ce seul fait ne passa pas inaperçu et contribua à fixer davantage le nom de Clare dans les esprits. Le volume des affaires grandissant, les coûts de production baissèrent, ce qui augmenta d'autant les attraits du savon. Au bout du compte, le coup de poker de Peter rapporta un bénéfice que n'importe quel investisseur, quelle que fût sa manière de calculer, aurait qualifié de confortable.

Clare avait toujours réservé des fonds à la promotion de ses produits auprès de ses détaillants et de ses distributeurs. La firme imprimait depuis longtemps des circulaires, des affichettes commerciales et faisait passer des annonces dans les journaux. Elle était même allée jusqu'à engager un agent de publicité à New York afin de faire connaître la marque sur place. Inscrire au budget, de manière permanente, un dixième de penny par morceau de savon pour toucher directement le consommateur aurait sans doute coulé les anciens ateliers de Roxbury. Mais, depuis cette époque, le monde avait considérablement évolué et l'économie avait beaucoup contribué à cette évolution. La vision excentrique de Peter n'était plus désormais une simple question de moyens. Elle était tout bonnement indispensable.

La nécessité d'acheter la fidélité était un autre indice du nouveau mode de vie qui se profilait à l'horizon et que seul Peter, dans son étrange enfermement, était capable de décoder. L'Américain s'éloignait de ses racines de pionnier à une vitesse au moins aussi grande que le pionnier s'était éloigné de ses ancêtres européens. Les rails étaient par terre, les fils du télégraphe en l'air, la prairie domptée et le lointain océan enfin atteint. La terre n'était plus qu'une immense usine. L'humanité s'efforçait d'être aussi fiable et productive que ses machines.

La trouvaille suivante de Peter fut la série très populaire des *Douze plus beaux poèmes du monde*. Les plus beaux. Les plus émouvants. Les plus appréciés. Les épiciers offrirent gracieusement la brochure à leurs meilleurs clients. Des tas de gens connaissaient déjà par cœur nombre de ces poèmes. Mais personne ne les avait jamais reçus en récompense.

Le génie de Peter voyait la vérité du monde avec plus de facilité qu'il ne remplissait ses poumons d'asthmatique d'air, par ailleurs plus ou moins vicié. Il la voyait inscrite en immenses lettres de feu sur le grand mur de l'avenir. Le bain, la lessive, l'engouement tout neuf pour l'eau au robinet de la cuisine, la promesse de prospérité imminente, la publicité directement auprès du consommateur – autant d'éléments qui appartenaient à un même ensemble. Autant de parties d'une même créature bizarre mais parfaitement adaptable. Tout était affaire de *Promotion*.

Le monde se nourrit d'un optimisme ridicule. Quand Laura a commencé à travailler pour Millennium, elle croyait naïvement que tous ceux qui franchissaient le seuil de l'agence étaient des acheteurs potentiels. Que chaque coup de fil était une vente en puissance. Que tous ceux qui ramassaient un prospectus avaient besoin d'une maison ou d'un appartement d'ici la fin du mois. Que le facteur qui distribuait le courrier au bureau allait lui faire une offre à propos d'un des biens dont elle avait l'exclusivité.

Au tout début, quand elle faisait visiter, elle croyait que chaque expression de plaisir était sincère. Elle bouclait la transaction dans sa tête, à la satisfaction de tous et après avoir aplani toutes les difficultés. Elle achetait même un nouveau papier peint pour le séjour avec sa commission avant même que l'acheteur potentiel ait rappelé pour faire une contre-proposition.

Avec le temps, elle a appris qu'ils peuvent être nombreux, les obstacles qui vous séparent de cette poignée de main qui conclura l'affaire : une simple demande de prêt à la construction bloquée par l'organisme fédéral ; un mari en désaccord profond avec sa femme, sans que ni l'un ni l'autre en aient jamais été vraiment conscients ; un acheteur qui revient sur sa parole à la dernière minute, au moment de la signature de la vente.

Il lui avait fallu un bon bout de temps pour savoir tout ce qu'il fallait semer pour espérer engranger une maigre récolte. Mais, même au bout de quelques années de travail, elle continuait à se dire qu'en ne ménageant pas sa peine les choses finissaient toujours par s'arranger. C'était précisément ce qui rendait le métier intéressant. Avec un bon courtier, tout vendeur avait son acheteur. Or, Laura était convaincue qu'elle pouvait mener à terme n'importe quelle transaction, à condition qu'on lui en donne la possibilité.

Celle qui croyait tout cela est morte, aujourd'hui. Elle est morte le jour où Laura s'est réveillée sans avoir envie de café. Sans avoir envie de jeter un coup d'œil au journal. Le jour où elle décide que Lindsey a raison : elle n'est pas près de remettre les pieds au bureau, même si on la rappelle pour endiguer une invasion de clients.

Sa quatrième séance de chimio est aux précédentes ce qu'est un château à un petit pavillon préfabriqué. Pour la première fois, elle ne se sent pas prête à rentrer chez elle quand on lui donne le feu vert. Elle demande à Alan le nom de ces comprimés contre la nausée qui coûtent si cher. Elle le communique au docteur Archer, qui donne son accord. Mais Billing dit que l'assurance ne prendra en charge que le traitement habituel.

« Mais ce traitement ne marche pas, plaide Laura. Est-ce qu'ils n'ont pas l'obligation de rembourser un traitement qui est efficace ?

— On peut très bien vous faire donner le plus cher, dit Billing. Mais ce sera à vous de payer la différence. »

Mentalement, elle fait le compte de ses économies. Calcule de son mieux : encore deux séances, plus deux mois pour se retaper avant de pouvoir espérer une nouvelle rentrée d'argent. Auxquels elle ajoute une petite somme, pour le cas où son assurance, pourtant tous risques, ne couvrirait pas entièrement les frais. Et elle s'achète la valeur de deux semaines de traitement au prix fort.

Elle n'est pas rentrée chez elle depuis deux jours qu'en pleine nuit sa fille ouvre violemment la porte de sa chambre. Ellen, la main serrée sur le col de sa chemise de nuit, disant dans un souffle : « Mais qu'est-ce que t'as ? »

Laura est incapable de répondre. Incapable de s'asseoir dans son lit. Incapable de se traîner jusqu'à la salle de bains pour vomir. Elle n'a d'ailleurs plus rien à vomir, ni bile ni salive. Rien à rejeter qui risque d'abîmer les draps. Elle se sent légère, vidée, comme sans substance et, en même temps, malade comme elle ne l'a jamais été. Trop malade pour pouvoir encore mentir à sa fille.

« M'man, on aurait dit que tu gémissais. Tu veux que j'appelle le docteur ?

— L'appeler ? Tu rêves, il est juste bon à tuer, ce type-là. »

Ellen hésite sur le pas de la porte, paralysée.

« Désolée, mon trésor. Non. Ça va aller. Ferme la porte, c'est tout. »

Au matin, elle se sent légèrement mieux. Au moins, elle peut se retourner dans son lit et laisser le matelas s'en prendre à une autre partie de son corps meurtri. Elle ne descend pas. Elle songe un instant à appeler Ruthie. Mais ne s'y résout pas. Elle ne supporterait pas d'apprendre qu'elle aussi va plus mal.

Elle reste couchée jusque tard dans la matinée. Le bruit d'une voix en bas la sort de sa somnolence. Tim. Elle regarde le réveil. Presque onze heures, un lundi. Don a raison : elle se moque du monde. Les gosses devraient aller s'installer chez lui, de manière permanente, jusqu'à ce que tout ça soit terminé.

Elle s'oblige à se lever et à enfiler une robe de chambre. Elle a l'impression que ses os vont transpercer sa peau ulcérée. Chaque pas lui brûle la plante des pieds. Tant bien que mal, elle descend l'escalier, ayant perdu ses sherpas quelque part près du sommet.

Parvenue au niveau de la mer, elle tombe sur ce qu'elle redoutait : Tim rivé à l'ordinateur, mais cinq heures plus tôt que d'habitude.

« Qu'est-ce que tu fabriques ? » demande-t-elle. Ce sont ses premiers mots de la journée. Elle essaie de se montrer autoritaire, mais son élocution est embarrassée et pâteuse.

« Salut, m'man. J'suis les Portugais. On vient d'arriver au stade Fabrication de l'acier.

— Vous venez de QUOI ?

— Dis donc, lâche-moi les baskets, tu veux. Il est encore tôt. Et puis, j'suis en train d'mettre une de ces déculottées à Rosen ! Ses Américains en sont encore à la caravelle. Si j'me retenais pas, y m'ferait presque pitié.

— TIMOTHY BODEY !

— Je sais, je sais, dit-il en riant. T'inquiète pas. Je vais pas l'achever. J'ai besoin d'un allié contre les Mésopotamiens. Ça, c'est Doug Harper. Lui, y va bientôt en être au stade Fusion. Y faut dire qu'y z'avaient de sacrés avantages au départ, des tas de minéraux, des terres très fertiles. Mais j'suis sûr qu'y triche comme un malade.

— Éteins-moi ça ! » aboie-t-elle.

Il pivote sur sa chaise pour lui faire face. Comme si elle l'avait frappé.

« Mais j'peux pas. Les sept autres, y vont m'tuer si…

— Mais, nom de Dieu, tu te crois où ? Tu crois que parce que je suis malade, tu peux tout te permettre ? Éteins-moi ça et fous-moi le camp à l'école. J'en ai assez de te faire des mots d'excuse. Et si tu récoltes une heure de colle tous les soirs pendant un mois, ça ne sera pas volé !

— Mais, m'man.

— Tout de suite, tu m'entends ! J'en ai par-dessus la tête de tes promesses… »

Elle s'avance pour débrancher l'appareil. Il l'arrête gentiment en chemin, refermant une main assurée sur son avant-bras. C'est le premier aperçu qu'elle a de l'homme que ce gamin va devenir.

« M'man. C'est férié, c'est le 12 octobre aujourd'hui, Columbus Day. »

Elle reste comme en suspens devant lui. Écrasée par la honte, elle finit par se laisser aller contre le bras qui la retient. « Timmy, je suis désolée. »

Il lui pardonne, si tant est qu'un gamin de son âge comprenne quoi que ce soit à la notion de pardon, supporte son contact l'espace d'une minute avant de se libérer. Uniquement parce qu'elle est amaigrie, désorientée, qu'elle est, d'une certaine manière, encore dans une caravelle, qu'elle appartient à une civilisation arriérée.

Elle fait semblant de préparer le repas, le petit déjeuner, le déjeuner, enfin, ce qu'elle devrait être en train de manger maintenant. Non pas que Tim se soucie de savoir si elle mange ou pas. C'est Ellen, son anorexique de pom-pom girl, qui s'effondre quand Laura ne mange pas.

« Où est ta sœur ? » demande-t-elle, faisant une tentative pour retrouver les intonations civilisées d'une conversation de fin de matinée.

Mais Tim est de nouveau accaparé par les grands problèmes du progrès des civilisations : la fabrication de l'acier, l'électricité, l'aviation, la prochaine invention. Il hausse l'épaule droite, la main posée, sans bouger, sur la souris. « J'sais pas trop. » S'il n'arrive pas à devenir chef d'état-major des armées, il pourra toujours essayer de se trouver un boulot assis exigeant une parfaite coordination œil-main.

Elle s'assied dans le coin-repas, se demandant comment elle va remplir le reste de la journée. Il faudrait qu'elle épluche les conditions générales de son contrat d'assurance, pour voir ce qu'ils vont refuser de prendre en charge. Il faudrait aussi qu'elle mette à jour sa correspondance personnelle, maintenant que, côté travail, elle a réglé toutes les questions en attente.

Mais elle se contente de rester assise là. Elle regarde son jardin négligé, où les moineaux s'affairent en quête de quelque nourriture oubliée. Au bout d'un moment, émergeant de la mitraille digitale ambiante, le bruit des nouvelles technologies de Tim prend des allures presque rassurantes.

« Qui est-ce qui joue ? » lui crie-t-elle depuis la cuisine. Il doit y avoir une accalmie trompeuse dans le jeu, car il prend effectivement le temps de lui répondre.

« Zoulous, Allemands, Portugais, Babyloniens, Mésopotamiens, Russes, Polynésiens et Américains. »

Elle rit sous cape, d'un petit rire sec et saccadé. « Je voulais dire, en vrai ? »

Le clic de la souris s'interrompt soudain, perplexe.

« Pardon ?....

— Les autres qui jouent avec toi, c'est qui ?

— Oh ! Rosen, Harper, Loftus...

— Loftus ? Paul Loftus ? Le directeur de... ?

— Mais non, m'man. Ça, ça doit être son père.

— Tu le connais, le fils ?

— Non, jamais vu. Il est en quatrième, j'crois. »

Elle retourne dans la pièce voisine, se plante derrière Tim. L'observe tandis qu'il gonfle son budget recherche, donne à sa populace de Portugais du pain et des jeux pour les empêcher de se révolter.

« C'est quoi, le but ?

— Le but du jeu, tu veux dire ? Eh ben, construire la meilleure civilisation. Bousiller tous les autres. Être les premiers dans le cosmos. »

Elle essaie de se représenter la chose : son fils, le fils du directeur général de Clare Agricultural et cette espèce de petite peste d'Andy Rosen, plus une demi-douzaine de gamins qui ne se connaissent ni d'Ève ni d'Adam, tous engagés dans une course au pouvoir et à la suprématie.

« Devenir maître du monde, en somme ? » lui demande-t-elle.

Il sourit sans quitter l'écran des yeux.

« J'voudrais bien. Ça serait chouette, non ?

— C'est ce qui se passe, si on gagne ?

— Non. Personne n'arrive jamais si loin.

— Tu peux lui parler, au fils Loftus ? Tu peux lui envoyer des messages ? L'obliger à te répondre ?

— J'ai essayé, m'man. J'ai essayé de le menacer. J'lui ai proposé un pacte de non-agression. J'lui ai même offert de lui révéler le secret de la Perspective rectilinéaire, qu'il a pas encore, juste pour qu'il m'enlève ses types de là. Mais il a jamais répondu. »

Propose-lui quelque chose en échange de la chimie. Demande-lui la médecine. Trouve le secret de la justice. Cherche à savoir s'il connaît un type du nom de Jim Grandy ou une femme qui s'appelle Ruth Tapelewsky.

Qui répondra aux questions auxquelles les Loftus refusent de répondre ? Elle va fouiller dans le placard à linge et en sort un flacon de tonique Clarity. Sur le fond de l'emballage, on peut lire : « Pour plus de renseignements, adressez-vous au Service d'assistance au consommateur : 1, Clare Plaza, Boston, Massachusetts 02109, ou appelez-nous au 1-800... »

Elle appelle. C'est gratuit, de toute façon. Elle n'a aucune idée de ce qu'elle va dire. Du genre de renseignements dont elle a besoin. Mais ce n'est pas un problème, puisque le service en question lui propose un menu. « Si vous voulez des renseignements sur d'éventuelles affections liées à l'utilisation des produits Clare, veuillez taper 7. »

C'est ce qui correspond au plus près à ce qu'elle cherche, même si cela ne répond pas directement à sa question. La bande préenregistrée lui fait savoir que l'attente est d'environ dix minutes. On lui passe plusieurs airs extraits des spots publicitaires les plus connus de Clare. Un type à la voix sirupeuse intervient de temps à autre pour débiter des choses du genre : « Saviez-vous que notre premier produit a été un savon vert fabriqué à Boston par deux frères Clare, *il y a plus de cent soixante ans ?* »

Pour finir, le prof d'histoire est interrompu en plein milieu de son speech et la musique s'arrête. Une voix les remplace :

« Bienvenue au service santé de la compagnie Clare.

— Oui, commence-t-elle. Je me demandais si quelqu'un pourrait me dire… »

Mais la voix, à l'autre bout du fil, continue comme si de rien n'était. « Si votre question concerne la ligne de produits de beauté Clarity et les tests sur animaux de laboratoire, veuillez taper 1. Si votre question… »

Elle raccroche, complètement tétanisée.

Elle ne saurait dire combien de temps elle a attendu en tout. Dans la pièce d'à côté, Tim est toujours devant l'ordinateur. Il avance à pas de géant dans l'ère industrielle, ou ce qui vient juste après. Laura vérifie l'agenda des services publics, qui se trouve à côté du téléphone. La bibliothèque municipale est ouverte, bien que ce soit un jour férié pour les écoles. Décidément, Christophe Colomb a perdu beaucoup de son prestige ces dernières années.

« Dis donc, mec, dit-elle à l'adresse de Tim en s'emparant de son sac. Tu viens faire un tour ?

— M'man, y vont m'massacrer. Y restera plus rien d'moi, quand on reviendra.

— Allez ! Viens faire un tour à la bibliothèque. Les bibliothèques représentent un des progrès majeurs de la civilisation.

— C'est pas à moi qu'y faut dire ça. J'en construis une dans chacune de mes villes. Y a rien de tel pour favoriser la recherche et le développement.

— Allez, viens. Tu trouveras les tout derniers magazines d'informatique.

— Est-ce que je peux juste… ? J'ai juste un truc à faire. Théorie de l'évolution. Ça me donnera… »

Elle regarde le sommet de son crâne. De cette tête qui l'a presque tuée en sortant. Elle a envie d'aplatir son épi, mais retient son geste.

« Ça ne fait rien, dit-elle. Tu me rejoindras là-bas. »

Elle parcourt à pied les six pâtés de maisons qui la séparent de la vieille bibliothèque Carnegie. Il devrait y avoir un jour férié par an, qui serait la Journée nationale des bipèdes. Tout le monde serait obligé de se déplacer à pied. L'air est frais et vif, comme ces octobres de son enfance, avec leurs brises toniques qui dans un murmure exalté lui parlaient d'une excursion imminente ou de quelque découverte qui l'attendait. Elle marche moins vite qu'à l'ordinaire, de façon à reprendre son souffle tous les trois pas. De façon aussi à ne manquer aucune révélation au passage.

Quand elle arrive à la bibliothèque, elle a l'impression d'avoir de nouveau douze ans et de s'apprêter à entreprendre des recherches pour cette excursion qu'elle doit faire à Washington avec l'école. À une époque, ces voyages de classe semblaient devoir revenir éternellement et les emmener chaque année un peu plus loin. Quand elle était jeune, elle pensait qu'un jour elle irait même jusqu'en France, où toutes les écolières portaient un uniforme et se tenaient par le bras en scandant des méchancetés à l'égard de leurs camarades. Aujourd'hui, traverser la ville à pied lui paraît plus que suffisant.

Une fois à l'intérieur de la bibliothèque, elle est perdue. Elle parcourt les rayons au hasard, remontant et descendant les allées comme un tracteur les sillons, jusqu'à ce qu'elle aperçoive des titres qui semblent avoir un rapport avec la maladie. Elle trouve un gros livre sur le cancer, mais il date de 1972. Un autre, plus petit mais plus récent, n'a pas plus d'une page sur son type de cancer à elle. Il passe en revue les stades, les grades, tout ce qu'elle sait déjà. Quant aux causes possibles, il en dit encore moins que le docteur Archer.

Un réflexe d'étudiante la pousse vers les catalogues thématiques : c'est par là qu'elle aurait dû commencer. Elle essaie Cancer, Produits chimiques, Environnement, Produits toxiques. Les rubriques sont prometteuses. Mais elle ne trouve pas vraiment ce qu'elle cherche.

Elle se dirige vers l'accueil. La bibliothécaire de service est cette jeune femme de vingt et quelques années aux cheveux blond-roux que Laura, à part soi, ne peut pas s'empêcher d'appeler Marian. Pour la première fois, Laura examine le visage de la jeune femme. Effrayé, joli, compétent. Un peu las, déjà flétri, trop de soucis, trop tôt. On a du mal à imaginer qu'elle arrivera à franchir le cap de la trentaine.

« Est-ce que vous pourriez m'aider ? » commence-t-elle.

La jeune femme acquiesce d'un signe de tête, mais Laura ne sait trop comment continuer. La bibliothécaire, bien sûr, remarque son teint, son foulard. Laura voudrait exposer sa demande, avec ses propres mots, avant que l'autre s'embarque dans des déductions.

« Pouvez-vous me dire ce que vous avez sur le cancer des ovaires ? »

Nouveau signe de tête, plus lent, plus pénétré. « Oui, bien sûr. Attendez. Je vais vous montrer », dit-elle. C'est aussi simple que ça. Elle entraîne Laura vers une table couverte de gros volumes rébarbatifs. Elle lui montre comment se servir des catalogues et des index, ces listes interminables qui renvoient à tout ce qui est imprimé. Quelqu'un a déjà fait le travail de déblayage.

Elle n'aurait jamais cru que cela puisse exister. On peut trouver tout ce qu'on veut : tout est répertorié, mis à plat. Toutes les entrées nécessaires. C'est un expert qui est passé par là. Pas besoin de recommencer de zéro chaque fois.

La bibliothécaire apprend à Laura à déchiffrer les renvois et les symboles. Les rubriques sont bien plus précises que Laura ne l'aurait cru. Pas seulement cancer, mais cystadénocarcinome.

Laura aperçoit le nom du spécialiste d'Indianapolis en face d'un des articles. Elle place son pouce juste en dessous avant de regarder Marian.

« Où est-ce que je peux trouver ça dans la bibliothèque ? »

Embarrassée, l'autre rougit. « Nous n'avons pas assez de place ici pour pouvoir stocker toutes les revues. Il faudrait que vous alliez dans une bibliothèque spécialisée. Celle de l'université, peut-être. Encore que je doute qu'ils aient celle-ci. »

Laura est de nouveau désespérée. À quoi servent tous ces index, alors ? Le savoir est aux gens ce que sont les petits garçons et les loupes aux fourmis.

« Attendez, dit la femme d'une voix plus animée. On va essayer l'ordinateur. » Elle emmène Laura jusqu'à un terminal, où elles reprennent tout le processus. Les index informatisés donnent aux imprimés l'allure de textes gravés au burin dans la pierre. Cette fois, elles se contentent de taper quelques mots clés – ovaire, carcinome, causes – et l'ordinateur leur livre non seulement des titres mais des pages entières. Voilà enfin de l'information digne de ce nom.

Elles impriment deux articles qui ont l'air intéressants.

« D'où viennent tous ces renseignements ? demande Laura.

— D'un serveur central.

— Je vois. » Laura sourit intérieurement, pas plus avancée pour autant. Si elle enfonçait suffisamment de boutons sur cette boîte, est-ce qu'elle arriverait à entrer dans le jeu de Tim ? Histoire d'inonder son Alexandre le Grand portugais de pamphlets révolutionnaires ? « Est-ce qu'on peut essayer autre chose ? Est-ce qu'on peut vérifier le nom de certains produits chimiques ? Pour voir s'ils sont… ?

— Ah ! dit Marian. Je vois. »

Cette fois-ci, elle ne se récrie pas. Elle ne dit pas « Attendez ». Elle va directement jusqu'à une série de tiroirs en métal gris, sur lesquels on peut lire « Archives de presse » et « Dossier vertical ». Elle en sort un dossier rebondi qu'elle tend à Laura. « Les sous-produits industriels et la santé, comtés de Lacewood et Sawgak ».

Chaque article qui est passé par la Carnegie, enregistré et classé dans une chemise bien propre, à son intention. Laura serre contre sa poitrine le dossier, dont le poids suffit à lui faire tourner la tête.

Marian la regarde. « C'est bien ça, non ? C'est bien ce que vous cherchiez ? »

C'est exactement ce qu'elle cherchait. Laura accroche le regard de Marian et tente sa chance.

« Est-ce que… des malades viennent souvent ici ? » C'est la question qui ne figure dans aucun index. « Je veux dire, est-ce que beaucoup de gens viennent pour chercher… ? » Elle tapote le dossier, l'article du dessus, qui concerne les solvants chlorés. La chemise pèse un poids fou sur ses genoux. Même si elle le voulait, elle n'arriverait pas à se tenir debout.

Marian réfléchit un instant, les yeux perdus au plafond, comme si elle était absorbée dans des calculs complexes. « Disons… disons tous les deux ou trois jours ? Oui. C'est à peu près ça, tous les deux ou trois jours. »

23. Burmeister, L. F., « Le taux de mortalité selon les cancers et les pratiques agricoles dans l'Iowa ».

41. Crump, K. S. et Guess, H. A., « L'eau potable et le cancer : examen des récentes découvertes épistémologiques et évaluation des risques ».

126. Henschler, D., « Les mécanismes de la carcinogenèse et la nécessité de nouveaux protocoles ».

178. Maltoni, C. et Selikoff, I., « Vivre dans un monde chimique : incidences professionnelles et écologiques de la pollution industrielle ».

293. Zahm, F. H., « Les herbicides et le cancer : résumé et discussion des problèmes méthodologiques ».

Pour éviter la banqueroute à la fin des années 1870, la compagnie avait besoin de se développer. Il lui fallait s'agrandir pour combler au plus vite les vides créés par la disparition des entreprises familiales. L'époque exigeait qu'elle croisse au moins au rythme des attentes de l'humanité. Mais, comme toujours, la croissance avait un prix. Le secret pour gagner de l'argent, c'était, plus que jamais auparavant, d'en avoir déjà.

La valeur commerciale d'une firme se mesurait au montant qu'elle était capable d'emprunter. Peter et Douglas mirent au point un plan qui permettrait à la compagnie d'emprunter pour pouvoir rembourser ses dettes. Il leur fallait trouver un moyen pour apaiser, sans totalement les régler pour autant, ses trois principaux créanciers : les chemins de fer, les fournisseurs et les propres employés de Clare, qui s'étaient vus pendant longtemps contraints d'acquérir des obligations d'un dollar, voire d'un demi-dollar.

Le comité directeur approuva une nouvelle émission d'effets publics. Mais la menace de l'agence commerciale R. G. Dun & Co. de revoir à la baisse la solvabilité de la compagnie pour la première fois dans l'histoire de celle-ci refroidit l'enthousiasme des acheteurs potentiels. Il fallait à tout prix que Clare génère de l'argent frais pour asseoir sa crédibilité d'emprunteur.

Douglas vendit les vieux ateliers de Roxbury pour une somme forfaitaire, équivalant à peine à la moitié de ce que valaient le matériel et les immeubles. D'un seul coup, il dégraissa le budget des dépenses qui avaient insensiblement conduit Clare au bord de la faillite. L'équipement moderne de Walpole permettait de fabriquer deux fois plus de savon avec moitié moins d'employés. Les filles de Roxbury, qui avaient fait jadis l'étonnement du Boston progressiste en agrémentant leurs heures passées à l'usine par des lectures littéraires, furent priées d'aller chercher un autre monde où colporter leur travail et leurs poèmes.

Si l'amputation fut douloureuse, une mort lente l'aurait été bien davantage. Les économies d'investissements ainsi réalisées aidèrent à ralentir la montée des coûts. La somme tirée de la vente de Roxbury servit à régler les factures les plus urgentes. Mais, en raison des récentes extensions des entrepôts, les coffres étaient singulièrement dépourvus d'espèces. L'effondrement de bon nombre des titres détenus par la firme ne faisait qu'exacerber les besoins en argent frais.

Ce fut George Gifford, le spéculateur en grains de Chicago, que le hasard désigna pour sauver Clare. Gifford avait commencé comme céréalier près de Rockford, dans l'Illinois. Quand le chemin de fer atteignit ses terres en 1852, ouvrant un couloir artificiel entre la ville et l'arrière-pays, l'existence de Gifford changea du tout au tout et de manière irréversible.

Le chemin de fer stabilisa le calendrier du fermier comme une main fermement posée sur le talon agité des cieux. Il standardisa par décret, sans avoir recours au Congrès, les différentes périodes qui jusque-là avaient réglé la vie du pays. Avant lui, les récoltes avaient tenu d'une équipée sauvage et hautement spéculative dans une charrette pleine de grains qui germaient ou pourrissaient à l'envi. Plus d'une fois, le jeune Gifford avait vendu le travail d'une année pour l'équivalent de ce que l'on pourrait généreusement appeler un beau rien. Le chemin de fer permit l'ouverture d'une bourse aux grains permanente à quelques heures de là et y enchaîna Gifford.

Le train métamorphosa l'Illinois de Gifford comme sous le coup d'une baguette magique. De nouvelles villes surgissaient sur son passage, jaillissaient des champs comme autant de faisans débusqués par les chiens. La compagnie Galena & Chicago Union mit en botte le destin de Gifford et le lia à la métropole de l'Ouest. Certes, Chicago achetait les grains à des prix incroyablement bas. Mais du moins était-on sûr d'être payé et, qui plus est, en espèces sonnantes et trébuchantes et non en promesses qui pourrissaient sur pied.

La ville et la campagne se nourrirent l'une de l'autre. En un rien de temps, les marais en bordure du lac et la prairie sauvage se transformèrent mutuellement en un jardin domestiqué. La nature se fit bienveillante, attelée qu'elle était à cette charrue régulatrice. Clifford tomba amoureux de la ville qui sortait des prairies par elle transformées. Dans un pareil endroit, il devait être possible de conduire les affaires de la terre et même davantage.

Gifford voyait son capital se déverser sur le marché aux grains de Chicago. La moindre fluctuation prenait des allures d'aubaine ou de catastrophe. Après la guerre, une invention d'une évidence pourtant criante vint transformer la manière dont les humains organisaient leur destin en ce bas monde. Pour Gifford, les nouveaux silos à élévateurs n'étaient ni plus ni moins que d'énormes canalisations qui collectaient les petits filets de grains de l'Ouest pour en faire un torrent puissant, capable d'actionner la roue de la prospérité éternelle.

En l'espace de quelques années, Gifford vit ces grandes carcasses de bois et de fer transformer un commerce peu rentable et saisonnier en une circulation continue dans l'abstrait. Le blé n'était plus une vulgaire céréale mais de l'argent liquide. Plus seulement du pain mais des reçus échangeables à l'infini, susceptibles de passer de main en main une dizaine de fois avant que le grain soit stocké.

L'arrivée du chemin de fer dans l'État déclencha une fièvre de spéculation sur les terres. Les moissonneuses mécaniques s'engraissaient comme des sauterelles sur les parcelles nouvellement domestiquées, extrayant d'un sol hier encore improductif des rendements toujours plus élevés qui pouvaient maintenant être expédiés sur le marché jusqu'au dernier grain. La ferme admirablement située de Gifford tripla soudain de valeur en moins de sept mois. Flairant le sens du vent, il mit ses champs aux enchères et partit pour le nouveau Capitole de l'argent.

Gifford acheta des parts d'un silo en cours de construction dans cet endroit idéal qui alliait une tête de ligne et la Chicago River. Il fit fonctionner, en partenariat, un immense vaisseau à grains haut de cinq étages, dont les cinquante coffres étaient capables d'avaler le tiers d'un million de boisseaux. Et du haut de son aire balayée par le vent du profit, George Gifford se mit à regarder du côté du quartier des affaires, s'attardant sur le bâtiment de la Bourse, qui abritait depuis peu la toute jeune chambre de commerce de Chicago.

En ces lieux, les récoltes n'étaient plus un produit, mais l'idée d'un produit. La Bourse faisait du grain une simple commodité échangeable. À la corbeille, on pouvait vendre ou acheter non seulement les vagues dorées elles-mêmes mais aussi l'aptitude d'un fermier à livrer des gerbes à une date quelconque d'un avenir désormais connu.

Gifford poussa jusqu'au bout la logique d'un tel processus. Partant du principe que la Bourse ne faisait pas tant le commerce d'une commodité que du prix de cette commodité, il en arriva à la conclusion qu'il devait exister un moyen de spéculer sur le prix du prix. Et en 1868, il risqua sa petite fortune pour le découvrir.

Au début de cette même année, un messager contacta Gifford et lui demanda s'il voulait participer à une petite aventure du capitalisme à ses débuts. Le gang Lyon-Smith, une association secrète formée dans le but d'accaparer le marché du blé de printemps, avait besoin de quelqu'un qui puisse, de l'intérieur, les tenir au courant des fluctuations des stocks de blé disponibles. Vu sa position, Gifford détenait bien sûr de tels renseignements et il ne vit aucune raison de ne pas profiter de l'occasion qui lui était offerte de les monnayer.

Pendant des semaines, lui et ses comparses achetèrent discrètement à terme, cependant que Gifford gardait une main sur le robinet du silo, nivelant les prix, retenant le flot ou le laissant couler et veillant à ne pas effrayer les vendeurs à découvert. Il attendait le moment où le volume de leurs ventes dépasserait les stocks disponibles.

En juin, le piège était prêt à fonctionner. Ceux qui avaient vendu du blé qu'ils ne possédaient pas le virent alors se refermer, mais trop tard. La réalité du produit reprit soudain ses droits et Gifford en profita pour fermer le robinet. Les vendeurs de vent avaient besoin de vrai blé pour couvrir leurs positions. Mais celui-ci appartenait déjà à d'autres.

L'association, qui détenait tous les contrats d'achat, pouvait maintenant fixer son prix. La loi obligea les vendeurs à découvert à honorer leurs obligations avant la fin du mois, sauf à risquer la prison, ou pire encore. Le capital net que représentait Gifford grimpa plus vite qu'une montgolfière et, à la fin du mois de juin, notre homme avait rejoint les rangs de l'aristocratie.

Gifford n'avait violé aucune loi, pour la bonne raison qu'il n'en existait pas : les victimes de semblables manipulations résistent toujours à toute protection légale qui leur interdirait le genre d'arnaque dont elles ont eu à pâtir. Mais Gifford et consorts ne surent pas maîtriser la dernière étape de l'opération, celle qui consistait à « faire disparaître le cadavre ». Quand l'affaire fut terminée, la voie la plus sage, et la seule qui lui restât, était encore d'encaisser, d'abandonner le stockage du blé et de quitter la ville.

Avec cette veine qui caractérise le véritable homme d'affaires, Gifford liquida juste avant le grand incendie de 1871. L'immense brasier éventra la ville. Il fallut plusieurs jours pour maîtriser le feu, qui s'attaqua aux champs, aux charpentes et aux vies humaines jusque dans le Wisconsin. L'opérateur auquel Gifford avait vendu fut victime du sinistre, mais lui-même échappa à la catastrophe sans une égratignure.

Il envisagea un instant de dépenser la petite fortune qu'il devait à la chance et de se retirer définitivement des affaires. À ce petit jeu, on ne gagne pas à tous les coups. Il avait suffisamment d'argent pour se consacrer à son hobby le restant de ses jours : bustes masculins à moitié vêtus ou dévêtus datant de n'importe quelle période de l'Antiquité gréco-romaine. Mais l'homme était né fermier et le grain exigeait d'être replanté.

Impossible de revenir au commerce du blé à Chicago sans risquer de se faire lyncher. Mais il pouvait encore, à l'aide de la coupe de ses mains, boire à quelque autre endroit sur la rive de ce torrent doré. À la suite d'une expédition en Grande-Bretagne destinée à faire main basse sur quelques trésors artistiques, il ramena deux vieux distillateurs écossais pour voir ce qu'ils seraient capables de faire avec du blé et du seigle américains.

Au début, les Écossais se récrièrent sur les taux en malt très bas des whiskys américains. Mais le marché ne tarda pas à leur permettre d'apprécier ces soi-disant « mélanges ».

Gifford logea ses deux experts dans une distillerie dernier cri de South Ashland. Il sortit ses premières bouteilles juste à temps pour pouvoir profiter de la répression qui s'abattit sur le Whiskey Ring. Les distillateurs du coin jouissaient depuis longtemps d'un système confortable de réductions de taxes grâce à la complicité des agents du fisc. Les ristournes étaient plus que suffisantes pour acheter le silence de la presse, des détaillants et des fonctionnaires de tout poil. Mais il vint un moment où il ne fut plus possible de faire taire tout le monde et un malheureux sous-fifre oublié dans la distribution finit par dévoiler le pot aux roses.

Condamnés pour fraude fiscale, seize des plus gros fabricants de la région durent fermer boutique. Des deux cent quarante mises en accusation prononcées dans l'ensemble du pays, plus de cent donnèrent lieu à des condamnations. Mais le gouvernement accorda son pardon aux chefs du gang et c'est une nation scandalisée qui en conclut qu'une partie de l'argent dont ils avaient fraudé l'État s'en était allée financer les campagnes du parti républicain.

Si Gifford avait pénétré un peu plus tôt sur ce marché, il n'aurait été que trop heureux de participer à la redistribution des fonds. Qui signifiait des économies substantielles, sans parler de l'occasion de s'insinuer dans les bonnes grâces des protecteurs politiques de l'industrie en question : aucun chef d'entreprise n'aurait été assez fou pour laisser passer une telle chance.

Mais Gifford était arrivé trop tard dans le business, ce qui lui permit d'échapper à l'arrestation et au démantèlement de ses installations. Puisqu'il avait raté la beuverie, autant profiter des effets de la gueule de bois. Les peines infligées à ses concurrents facilitèrent l'accès de Gifford à un marché relativement fermé. Son Blended American Double Eagle Corn Whiskey bâtit sa réputation naissante sur l'honnêteté. Il venait d'une distillerie propre, « qui remplissait ses obligations civiques avec joie et jusqu'à la dernière ». Et puis, avec le temps, la mixture devint buvable.

Quand le commerce des spiritueux commença à faire des bénéfices, Gifford les réinvestit dans ce qui avait tourné à une vieille obsession de fermier. Il était convaincu depuis longtemps qu'à partir des déchets industriels, en particulier les siens et ceux des abattoirs de Chicago, on pouvait fabriquer un engrais bien meilleur que celui dont les prairies se servaient alors. Il acheta une usine d'engrais dans la ville de Lake, au sud de Chicago, et se mit à faire des expériences avec ses produits.

À ses yeux, l'entreprise présentait le double mérite de pouvoir réaliser des bénéfices et de servir le bien commun. Suivant une mode courante chez les riches, il se fit auteur, publia une série de brochures exposant ses théories et pallia son incompétence en matière de chimie par un sens accru du devoir moral :

> L'homme se doit de parfaire ces cycles de recréation qu'il a dérobés au Grand Concepteur. Il doit faire des restes de la moisson les germes d'une autre récolte et enseigner ainsi à la nature la manière de se perpétuer…

Douglas Clare tomba par hasard sur l'une de ces brochures pour le moins surprenantes. Les vues de ce Gifford correspondaient étrangement à celles que la compagnie avait toujours eues. Le chimiste Neeland avait déjà présenté aux Clare un projet qui consistait à mélanger les résidus de la soude à de la tourbe et du guano d'Amérique du Sud pour en faire un nouvel engrais universel. Complet et équilibré, combinant azote, potassium et phosphore, ce produit redonnerait vie aux sols épuisés et rendrait fécondes les terres les plus pauvres.

La chimie industrielle pouvait sans peine concurrencer le fumier animal, sinon en prix, du moins en rapport sur investissement. La manière la moins dispendieuse pour Clare d'acquérir le savoir-faire et les équipements pour se lancer dans les engrais serait d'acheter une installation déjà en place. De cette façon, ses employés auraient la possibilité d'apprendre sur le terrain sans qu'on ait à leur payer une formation préalable.

Gifford Industries fournirait par ailleurs à Douglas l'occasion, depuis longtemps convoitée, de s'implanter à Chicago. La ville avait gagné la course qui lui avait permis de devenir la grande capitale de l'intérieur du continent. La moitié du réseau ferroviaire du pays aboutissait là, vidant la frontière de son blé, de son bétail, de ses porcs et de son bois de construction, et les remplaçant par des maisons, des denrées manufacturées et de la viande de boucherie. C'était Chicago qui décidait des prix, fournissait les marchandises, servait d'agent de transfert et de principal grossiste pour les terres désormais pénétrées par la civilisation.

Plus qu'aucun autre endroit, Chicago était pour Douglas la porte ouverte sur l'avenir. La renommée de Clare avait franchi les Appalaches et gagnait de plus en plus de terrain en direction de l'Ouest. Ses propres usines et entrepôts commençaient à s'étendre en direction des rives du lac Michigan. Ce Gifford était déjà bien implanté là où les Clare avaient besoin d'établir leur présence.

Mieux encore, George Gifford jouissait d'un capital plus que confortable, alors que Clare se trouvait momentanément coincée par des créanciers eux-mêmes à court d'argent. Un partenariat avec Gifford serait non seulement payant en soi, mais comblerait une partie appréciable du déficit restant de la compagnie.

Une telle opération pouvait sembler relever de la prestidigitation. Et pourtant, les deux parties avaient tout à y gagner. Car, si Gifford sauvait Clare, Clare pouvait lui donner en retour une envergure, un nom, une réputation et une infrastructure qui s'étendaient bien au-delà du rayon couvert jusqu'ici par le fermier parvenu. Distillerie et usine d'engrais se verraient associées à une affaire autrement importante dont les revenus seraient garantis, une fois sa solvabilité rétablie. Cette union promettait à Gifford un train miniature plus complet, plus moderne et mieux conçu pour faire rouler ses propres wagons. Mais elle lui donnerait aussi une chose que ni l'argent ni toutes les statues du monde antique n'auraient su lui procurer : la respectabilité de l'Est.

Clare proposa à Gifford d'entrer dans la firme comme actionnaire, en échange de quoi le nouvel associé réglerait les dettes de la compagnie. En réalité, Clare ne vendrait à celui qui endossait ses dettes que cette part de la firme qui était déjà due à d'autres créanciers.

Aux yeux des deux parties, le marché était de ceux dont on rêve sans jamais trop y croire : le gain sans risque, le bénéfice sans coût additionnel, le tonneau qui se remplit tout seul. Quand tout serait réglé, chacune des deux entreprises s'en trouverait plus forte et toutes les personnes concernées plus riches qu'elles ne l'étaient auparavant. La seule chose qui, dans l'affaire, aurait à souffrir, ce serait l'histoire, ce combustible avec lequel les affaires devaient sans cesse alimenter la chaudière du progrès.

Dans un sursaut moral de dernière minute, Samuel en appela aux garçons. Pouvait-on vraiment associer un fabricant de spiritueux à une entreprise qui avait fait du savon la mesure de la civilisation ? Qu'aurait dit le vieux Jephthah ?

Douglas réfléchit brièvement à cette objection, qui n'en était pas une. Son grand-père n'avait-il pas vendu de la glace à la Martinique pour combattre la fièvre jaune ? Il aurait sans aucun doute approuvé la vente de soude aux fermiers, pour les aider à nourrir le pays. Et n'avait-il pas fini ses jours dans une taverne ? Il n'aurait sans doute vu aucune objection au fait d'humecter le gosier des assoiffés.

Cette dernière objection balayée, Douglas fit part d'une proposition qui remporta rapidement l'adhésion du comité directeur de Clare aussi bien que de tous ceux qui étaient avec Gifford à la table de négociation. Quel être doué de raison aurait pu s'opposer à la logique imparable d'un aussi bon marché ?

Et c'est ainsi que les rejetons de Clare introduisirent l'antithèse du savon dans cette société dotée d'une âme unique à laquelle ses statuts promettaient une vie indépendante de celle des divers éléments qui la composaient. Samuel démissionna de la présidence et Douglas prit sa place. Peter, lui, se réserva le titre de directeur général, tandis que Gifford fut tout heureux de pouvoir se faire appeler président du comité directeur. Chaque homme avait obtenu le poste qu'il convoitait et tous assumèrent les responsabilités pour lesquelles ils étaient le mieux faits.

Grâce à un truc vieux comme le monde en matière de comptabilité, celui de la multiplication des pains et des poissons, Peter et Douglas augmentèrent les parts de Clare dans l'affaire juste ce qu'il fallait pour laisser à leur nouvel et docile associé une position minoritaire somme toute confortable. L'argent frais apporté par Gifford renfloua la société et lui permit de surmonter le plus gros de la crise. Sa crédibilité en matière de crédit restaurée, Clare se trouva en position d'émettre des titres, qui remportèrent un vif succès. Ces titres promettaient le financement d'une nouvelle expansion, laquelle à son tour autorisait d'autres emprunts. La preuve était faite une fois de plus que la valeur d'une compagnie résidait dans le nombre d'emprunts simultanés qu'elle était en mesure de contracter.

Peter, Douglas et George Gifford amenèrent Clare Soap and Chemical Company à l'âge de l'adolescence fiscale. Sans être prêt au mutisme total, le commanditaire qu'était devenu Gifford ne demandait pas mieux que de rester discret. Douglas vint dans l'Ouest à plusieurs reprises pour superviser diverses opérations, dont la fondation de la nouvelle usine de produits chimiques agricoles à Lacewood. Gifford, de son côté, allait souvent rendre visite au siège central de la compagnie, histoire de se frotter à la brillante société de la côte est.

Mais Peter ne le rencontrait jamais lors de ces visites. L'excentrique Clare estimait que point n'était besoin de compliquer par des discussions superflues une affaire qui marchait bien. Quant à Gifford, cela l'amusait de se prêter aux caprices de son associé. Quand il s'agissait d'animer un banquet, les histoires qui couraient sur le compte de Peter Clare valaient largement toutes les anecdotes sur les nus antiques. Et c'est ainsi que, pendant presque dix ans, jusqu'à la mort de Gifford, le président du comité directeur de Clare et son directeur général n'eurent de conversations que par le biais très impersonnel du télégraphe.

Les deux leaders de ce géant qu'allait devenir Clare n'auraient pas pu être plus différents. Le reclus au teint pâle se terrait en spartiate dans sa maison du quartier de Back Bay, tandis que le collectionneur de statues invitait les millionnaires de la boucherie à des soirées extravagantes dans sa demeure néo-romane pleine de bric-à-brac, sise sur la rive nord du lac dans Hot Dog Row.

Et pourtant, les deux hommes se complétaient admirablement. Chacun palliait les insuffisances naturelles de l'autre. L'ermite stoïque mettait au point des stratégies grandioses dans le calme de sa retraite, tandis que le baguenaudeur s'enivrait de tous ces bains de foule peu ragoûtants, de tous ces contacts physiques dont l'absence avait jusqu'ici condamné la firme à un provincialisme quelque peu sclérosant. Avec Douglas au gouvernail, les dirigeants de la société parvinrent à eux trois à mieux connaître les mécanismes du cœur de l'homme. Et l'homme, après tout, était cette créature que leurs efforts communs cherchaient à satisfaire.

C'est au cours de l'année faste qui suivit la fusion que Samuel rendit sans un mot son dernier souffle. Il trépassa au cours d'une expédition à Mount Auburn, sur la tombe de Dorcas, son épouse adorée, cette bonne âme qui conservait jusque dans la tombe son air tombé des nues.

Ce sont l'astuce et le sens de l'initiative qui font vivre et mourir le chef d'entreprise. L'action accroît la fortune et la fortune permet d'étendre l'action. Mais les ressources libérées du chef d'entreprise ne peuvent avec le temps que se retourner contre lui, une à une, à la manière des soldats de plomb du poème populaire qui se retournent contre les enfants sadiques qui leur servent de généraux. Le commerce se fait constamment plus efficace jusqu'au jour où il triomphe partout. Jusqu'au jour où il a enfin éliminé tous les intermédiaires.

CLARE SOAP AND CHEMICAL CO.

Boston & Walpole, Mass., & Chicago, Ill.

Maintenant que Laura est sans cesse aux aguets, elle a l'impression d'une véritable épidémie. Il n'y a pas seulement cette salle de chimio à l'hôpital, avec son cercle de corps flanqués de leurs perfusions, tous différents à chaque fois. Pas seulement non plus le père de la belle-sœur du voisin. Le mal est partout. Elle ne peut pas faire un pas sans tomber sur quelqu'un qui se bat contre le cancer. Tous ces gens, comment se fait-il qu'avant elle ne les voyait pas ?

Il y en a plein la kermesse de la Moisson. Ce gamin, deux ans de moins que Tim, appuyé contre une pile de courges, et sa peau d'un vert surnaturel. Cette femme qui brandit une poupée peau-rouge tout en buvant du cidre et arbore, comme une marque au fer rouge, un crâne dénudé par plaques. Cet autre gamin, en âge d'aller à l'université, casquette de base-ball à l'envers, bras barbouillés de teinture d'iode, qui fait rire sa petite amie en imitant les manières des gens de la ville.

Elle les reconnaît en l'absence de tout signe extérieur. Comme par exemple le vieux type qui vend ses courges évidées abritant des bougies. Sûr qu'il a quelque chose à l'intestin, gros comme son poing. Laura n'a besoin d'aucune preuve. Elle sait, voilà tout.

Il n'y a pas longtemps qu'elle fait partie du cercle. Et pourtant, eux aussi la repèrent déjà sans aucune difficulté, en dépit d'un maquillage soigné qui lui a pris plus d'une heure. Ils lui accordent un salut silencieux, retenant son regard juste ce qu'il faut pour sceller cette indésirable parenté. Un signe de reconnaissance pour initiés, où il y a moins de colère que Laura ne l'aurait cru. C'est une façon de se présenter sous son meilleur jour, ce regard interrogateur qui veut dire : *Alors, vous aussi ?* Ils ne peuvent s'empêcher d'écarquiller un peu les yeux, en voyant tous ces compagnons d'infortune embarqués comme eux dans une expédition pour laquelle aucun ne s'était inscrit.

Elle déambule avec Ellen à ses côtés, faisant semblant de s'intéresser aux éventaires d'ouvrages de broderie. Ellen s'énerve, essayant de faire comme si leur allure n'avait rien à voir avec le fait que sa mère est essoufflée.

Tim, lui, les précède de dix bons mètres, craignant sans doute que le microbe, quel qu'il soit, qui fait d'une femme une femme, ne soit contagieux. Il zigzague dans la foule, à la recherche de ce stand insaisissable qui se spécialise dans le pain amish et les cartouches de *Mortal Kombat III*.

« Tu crois que c'est pareil à Champaign ou à Decatur ? » se demande Laura tout haut.

Ellen a une grimace étonnée. « Non, ma petite maman. » Puis, elle lui fait une imitation kitsch de Judy Garland. « Nous avons la meilleure kermesse du monde, là, à deux pas de chez nous ! »

La maladie aura au moins servi à quelque chose : Laura s'est rendu compte qu'elle perdrait sa fille si elle continuait à la traiter comme une gamine. Le cancer lui a ouvert son enfant, comme un journal intime que l'on feuillette à la dérobée. Ellen, déjà en zone rouge, est plongée dans toutes ces expériences illicites dont on ne peut dire pour l'instant quelle tournure elles prendront.

D'ici un an, ou bien Ellen ira sagement à l'université, ou bien elle sera pliée en deux quelque part sur une cuvette de W-C. Elle fera son choix à partir des données disponibles, mais jusqu'ici c'est pour un abrutissement total que semble militer la vie qu'elle mène.

« Je ne parlais pas de la kermesse, rectifie Laura, qui profite du coup de coude qu'elle donne à sa fille pour s'emparer de son bras et s'y agripper. Regarde-moi un peu ça. Je rêve ou tout le monde est malade ? On dirait une épidémie. »

Ellen est déjà convaincue. Elle n'a même pas besoin de regarder autour d'elle.

« Je te l'ai pourtant dit, m'man, dit-elle du ton de l'adolescente un peu trop sûre d'elle. C'est toi qui ne voulais pas me croire.

— Tu crois que c'est l'endroit qui veut ça ? Parce qu'on est près de… ?

— J'en sais rien, m'man. Tu crois qu'à Decatur ils ont aussi ces gros capitalistes dégueulasses, qui cherchent qu'à faire du fric ? »

Laura s'arrête. Dévisage la chair de sa chair, ce caméléon ambulant. *Ellen ?* Mais qui lui a mis ces idées dans la tête ? À moins que ce soit l'âge qui veuille ça. Incroyable, une pom-pom girl de dix-sept ans, capable de devenir trotskiste entre la quatrième et la cinquième heure de cours de la journée !

L'explosion a quelque chose de vaguement sacrilège et rappelle à Laura le genre de sorties après lesquelles sa propre mère lui faisait ravaler ses paroles. Elle est consciente de la force et du culot de sa fille. La force d'une créature de dix-sept ans. Et elle a envie de s'en remettre à elle. Tu crois vraiment ? Ce n'est pas moi qui me fais des idées, qui cherche à jouer les victimes ?

Avant qu'elles aient le temps d'aborder le sujet du capitalisme à Decatur, un homme de l'âge de Laura s'avance vers elles.

« Excusez-moi. J'assure le suivi psychologique à la Pitié. Il me semble vous avoir déjà vue en cancérologie, non ? »

Il donne son nom, que Laura ne saisit pas très bien. Tout à fait à l'aise, il engage la conversation, démarrant sur ses sept années de lutte contre la leucémie, maintenant en rémission. Elle lui raconte de son cancer ce qu'elle est prête à en raconter à un parfait inconnu. En partant, il lui dit :

« Notre petit groupe se retrouve deux fois par semaine. Si ça vous tente…

— Oh, non, merci, supplie Laura. Non, merci. Vraiment. »

Gênée, Ellen a trouvé refuge au stand des poupées en maïs séché. Elle ne revient que quand l'homme est parti.

« Seigneur, Ellen. Tu te rends compte ? Mais qu'est-ce qui se passe ? On était juste en train de bavarder, toi et moi… C'est comme s'il…

— Allô, allô, maman ? Remets-toi. Il nous a sans doute entendues. »

Laura baisse les yeux sur l'herbe. « Ouais. Tu as probablement raison. » Sa fille, qui essaie de la protéger, de la défendre contre l'évidence.

Ellen lui relève la tête en la prenant par le menton et la regarde dans les yeux.

« Dis donc, chérie. Tu viens souvent ici ? C'est quoi, ton groupe sanguin ?

— Et si on allait s'envoyer un p'tit coup de cisplastine ? » renchérit Laura, entrant dans le jeu.

Elles camouflent leurs rires coupables en nichant chacune leur tête dans l'épaule de l'autre.

C'est Laura qui se calme la première. « Pourquoi aujourd'hui ? Je suis sûre qu'à trente ans je ne connaissais personne atteint d'un cancer. »

Tim apparaît soudain à leurs côtés. Lui aussi a laissé traîner ses oreilles, à distance respectable. « En fait, bégaie-t-il, en fait, le nombre de cancers des ovaires a légèrement diminué depuis 1970. »

Laura regarde cet enfant, son fils. Treize ans le mois prochain. Elle sent une tumeur exploser au fond de ses poumons et réduire en poussière d'innombrables petites boules dures. Et quelque part, plus haut, dans sa gorge, ses yeux répandent une pluie sèche.

« T'es vraiment un cas, dit Ellen à son frère, comme pour le rassurer. Ça, j'peux t'le dire. » Sous couvert d'ironie, elle lui entoure les épaules de son bras. Plus étonnant encore, il ne la repousse pas. Les voilà bras dessus, bras dessous : la première fois depuis bien longtemps.

« Où est-ce que tu as vu ça, mon cœur ? »

Tim hausse les épaules.

« J'me souviens plus. Le Net. Un exposé que j'avais à faire. La plupart des autres cancers, par contre, sont en augmentation. Les cancers de la peau ont pratiquement doublé.

— Mais que m'apprenez-vous là ? dit Ellen, imitant l'accent snob de la Nouvelle-Angleterre presque à la perfection. C'est passionnant !

— Vous voulez manger quelque chose ? » demande Laura.

Résolue à les ramener à la kermesse, à ce dernier stand de l'enfance. On aura bien le temps de s'occuper de la dure réalité plus tard.

Tim regarde Ellen, qui regarde Tim. Ils haussent les épaules en même temps, comme sur un signal.

« Allez. Qu'est-ce que vous voulez ? Beignets de maïs ? Cidre ? C'est moi qui régale.

— M'mmm, dit Ellen en faisant claquer sa langue. Des sulfites ! Juste c'que j'aime. »

Laura les entraîne vers la tente ouverte, histoire de les plonger pour la dernière fois dans ses odeurs de charbon de bois et de toile goudronnée. Elle les pousse vers un banc de table à pique-nique en plastique vert, recyclé à partir de cubitainers à lait, qui voudrait ressembler à du bois peint. Elle prend leur commande comme si elle était encore une serveuse de cafétéria de vingt ans en pleine forme.

Elle transmet sa commande à un ado aux airs de chien battu, à qui elle est obligée de la répéter. Tout en fouillant dans son sac à la recherche de son portefeuille, elle tombe sur une photocopie qu'elle a faite à la bibliothèque et rangée là sans raison particulière. Un article tiré du dossier de coupures de presse, un de ces bouche-trous relégués en page douze et intitulé :

« Y a-t-il un lien entre produits chimiques et cancer ? Oui, disent les employés. »

Il y a trois ans, Roberto Santiago, Paula Meyers et Willy Liu travaillaient dans la même unité de production du département des produits agricoles Clare, à l'ouest de la ville. Roberto contrôlait et manipulait les stocks. Paula travaillait à l'ensachage. Willy nettoyait le matériel nécessaire à la fabrication du pesticide BugBlaster TM, le sauveur des récoltes. Ils gagnaient entre sept et neuf dollars de l'heure. Tous trois s'estimaient heureux d'avoir un emploi.

Aujourd'hui, Roberto est atteint d'une tumeur aux testicules, Paula souffre d'un cancer du col de l'utérus et Willy est mort.

L'article date de l'année où Ellen est entrée au collège. Il se pourrait que Roberto et Paula soient encore en vie et se trouvent ici même, à la kermesse de cette année, quelque part dans la file d'attente qui s'est formée derrière Laura et qui attend que cette femme plutôt lente ait trouvé sa monnaie pour payer.

Il s'agit de trois maladies différentes, Laura le sait. Grâce au docteur Archer. Et les trois personnes en question n'avaient pas exactement le même travail. Sa maladie à elle n'a rien à voir avec ça, puisqu'elle ne s'est même jamais approchée de cette usine, sauf pour passer devant dans son 4 × 4 rempli de sacs de provisions.

Depuis quinze jours, elle n'arrête pas de tomber sur cette photocopie, qui se retrouve entre ses doigts chaque fois qu'elle cherche quelque chose dans son sac. Elle n'arrive pas à se résoudre à la jeter. D'un autre côté, elle ne sait pas trop qu'en faire. Peut-être la montrer à Ruthie ou à cette belle âme de Janine, si jamais elle les revoit un jour ?

Quand on allume le feu de joie, il fait déjà nuit. Tous trois s'en rapprochent. Juste ce qu'il faut pour se sentir bien. Don les trouve dans la foule, se joint à eux, les yeux éclairés par la flamme d'un jaune orangé. Une flamme de la taille d'un terrain de softball. Même Ellen et Tim se mettent à bavarder et à sourire.

Toute la ville est venue assister à cette cérémonie rituelle. Gage, prélude, promesse d'on ne sait quoi : préfiguration d'événements à venir, raison d'être de l'automne, fin de la longue course du calendrier. Les flammes rejettent leurs étincelles à moitié consumées, les enroulent et les projettent à la pointe de leurs volutes folles et, en cette minute, personne autour de ce feu n'a plus de huit ans, ce feu tribal plus vieux qu'aucun d'entre eux, plus ancien qu'eux tous mis bout à bout. Et si cette impression exaltante d'extraordinaire n'a jamais été suivie d'effets au cours de toutes ces années, ce soir, autour du feu, la ville entière sent que c'est pour bientôt. Que cela pourrait arriver n'importe quand. Cette année même.

Jusqu'à Laura qui, grâce à la menace tenue en respect de ce brasier, s'oublie suffisamment longtemps pour cesser de dresser ses listes. Le directeur régional dont elle a serré la main une fois. Le professeur de lettres d'Ellen au collège. Ce collègue de Don. Toutes ces notices nécrologiques qu'elle a pris l'habitude de lire dans le *Post-Chronicle*, avant même de s'attaquer à la page Immobilier. Qui réussira à échapper à la maladie, au bout du compte ? Qui, à moins d'être emporté par autre chose avant, ne finira pas par abriter une tumeur un jour ou l'autre ? C'est dans l'ordre des choses. C'est inhérent à l'endroit où l'on vit.

Quoi qu'il arrive à partir de maintenant, cette soirée l'exalte. Lui réchauffe le visage. Don se penche vers elle dans l'obscurité orangée pour lui dire quelque chose et sa paix est aussi palpable que la sienne. Pareille à celle d'un autre feu de joie, vieux de dix ans. Et soudain, c'est comme si toute trace de bêtise avait disparu de la planète. Et avec elle, le pardon, puisqu'il n'y a plus rien à pardonner.

« Tu connais la nouvelle ? murmure-t-il.

— Quelle nouvelle ? »

Dans cette atmosphère, la seule idée de nouvelle paraît sacrilège.

« Clare se fait attaquer en justice. »

LA NOUVELLE CROISADE DES ENFANTS

L'ENFANT (*debout sur le seuil, d'un ton suppliant*) : « Est-ce que vous pourriez me donner vos vieux emballages de **BAUME AUTHENTIQUE**, s'il vous plaît ? Si j'en envoie vingt à la Clare Soap Company de Boston, dans le Massachusetts, on me renverra des crayons de couleur et un album de coloriage. »

LA DAME (*dans l'entrée*) : « Je suis désolée, mais je ne peux pas. Mes enfants collectionnent déjà ces emballages exactement pour les mêmes raisons. »

Bien que né pour diriger la firme, Douglas Clare I sortait du rang. Encore enfant, il nettoyait et balayait les bureaux de son père. À treize ans, il faisait les allers-retours avec un fardier entre Roxbury et les docks de Boston. Plus tard, il devait pelleter de la colophane pour le compte de son oncle Resolve, onze heures par jour.

Dès que Douglas fut suffisamment grand, Samuel le mit en apprentissage chez divers représentants de commerce. C'est là, sur la route, dans toute une série de villes américaines, de New York à Pittsburgh, que Douglas découvrit le sens de la tâche qui allait lui incomber : lancer de nouveaux produits auprès du public.

Le patrimoine de Douglas ne fut jamais mis en doute. Mais son ascension, de manœuvre à président, ne manquait jamais d'impressionner ceux avec qui il était amené à traiter. Au travail comme en dehors, il émanait de lui une autorité qu'il tirait de ses mains calleuses. Les gens étaient toujours frappés par sa taille. Comme son père, il était émacié et le resta jusqu'à un âge avancé. Mais, contrairement à Samuel, Douglas dormait rarement. Il lui arrivait, assis derrière son bureau, de fermer les yeux pendant une vingtaine de minutes. Mais, au premier mot prononcé dans son voisinage, il était de nouveau en possession de toutes ses facultés.

C'était lui qui était chargé de faire appliquer la politique selon laquelle toute personne nouvellement embauchée devait commencer au bas de l'échelle. Son histoire personnelle, désormais célèbre, facilitait grandement les relations ouvriers-patronat. Grâce à Douglas, chaque conducteur de chariot menait inlassablement son équipage pendant des années, tout en se berçant de l'illusion qu'un jour lui aussi décrocherait peut-être le gros lot.

Il semblait imperméable à la douleur. N'avait jamais froid. Parcourait à pied, tous les jours de la semaine, les trois kilomètres qui séparaient sa maison de ses bureaux, même au plus fort de l'hiver. Il lui arrivait de traiter des affaires le dimanche, pratique qui n'aurait pas manqué de déconcerter les pères fondateurs de Clare. Il ne quittait pas un seul instant son interlocuteur des yeux et dépêchait ses mots aussi rares que bien choisis comme un général ses charges de cavalerie.

Contrairement à la première génération des Clare, il croyait en la capacité infaillible de la modernisation à justifier ce qu'elle coûtait. Il installa l'éclairage au gaz pour remplacer les absurdes lampes à huile auxquelles la firme s'était accrochée cinq ans de trop. Avec le temps, il équipa même les bureaux les plus lointains avec le téléphone et dut forcer son personnel à s'en servir, au mépris des résistances et des coûts. Sa tante Julia était encore en vie lorsque eut lieu la première liaison téléphonique entre Boston et Walpole. Elle eut juste le temps, avant de mourir, d'annoncer que c'était là l'instrument qui contribuerait à parachever la démocratie.

La démocratie importait peu à Douglas. Ce qui l'intéressait, en revanche, c'étaient les citoyens. Ses années d'apprentissage sur les routes l'avaient convaincu qu'une entreprise ne se résumait pas à des questions de stock, de matériel, de licences, ni à aucune autre des rubriques qui figurent d'ordinaire dans la colonne des avoirs. L'entreprise, c'étaient d'abord les employés, ni plus ni moins. La totalité de la force de travail disponible. Idées, efforts, découvertes, transports de marchandises ou transformation magique de la graisse en mousse nettoyante – rien de tout cela n'était possible sans une activité humaine.

Plus importantes étaient les ressources dans ce domaine et plus grandes les chances de survie. Il fallait que les gens aient l'impression de faire partie d'un ensemble qui les dépassait, de quelque chose qui ne cessait de se développer. Pour Douglas Clare, la croissance était une fin en soi. Rien dans la création qui demandât à savoir pourquoi le bourgeon devenait feuille ou pourquoi le veau devenait bœuf. Douglas ne s'inquiétait pas davantage du pourquoi des choses de la nature. Tous les matins au réveil, il se contentait de remercier le grand metteur en scène de la chance qui lui avait été donnée de présider au passage de la firme à l'âge adulte.

Depuis l'époque des premiers ateliers de Roxbury, les Clare avaient mis l'accent sur l'intégration horizontale. Samuel et Resolve avaient pris beaucoup de plaisir à racheter leurs concurrents locaux en difficulté pour pouvoir s'emparer de leur matériel, piller leur stock, voler leur main-d'œuvre qualifiée ou simplement les mettre sur la paille. La politique du laisser-faire et la montée en puissance des compagnies publiques élargirent considérablement le jeu horizontal tout en le nuançant.

Douglas décida de s'attaquer à l'intégration verticale sur une vaste échelle. Reprenant l'idée de la grande boucle chimique de Neeland, il l'appliqua à l'entreprise tout entière en la traitant comme un unique réactif. Les fabricants qui voulaient survivre à la course folle de la fin du siècle auraient à s'assurer le contrôle de leurs matières premières et de leurs débouchés. Et tout au long du processus de fabrication, il leur faudrait faire de la fin d'une étape les moyens de la suivante.

C'était une vision globale de la structure qui guidait Douglas. La construction de l'édifice Clare le maintint longtemps en activité, lui permettant d'atteindre un âge avancé. L'entreprise pouvait fabriquer elle-même l'alcali qui servirait de base au savon dont les résidus nourriraient les engrais susceptibles d'améliorer les récoltes qui elles-mêmes produiraient le whisky destiné à abreuver les ouvriers qui faisaient fonctionner l'usine d'alcali. Qui plus est, la compagnie pouvait espérer, au fil du temps, s'attacher ses propres grossistes et se constituer une force de vente assez puissante pour se libérer de l'emprise des intermédiaires en vendant directement aux détaillants. Pourquoi se limiter à un seul maillon quand on peut mettre la main sur la totalité de la chaîne ?

Avec le développement de l'entreprise, Douglas se mit à simuler des pique-niques destinés à préparer d'éventuels achats de terrains. Lui et deux ou trois aides – qui, tous, recevaient une prime de pique-nique – se rendaient sur le site convoité, dûment munis de paniers bien garnis, auxquels ne manquaient ni les œufs durs, ni les bouteilles de soda. Il alla même une fois, ses enfants n'étant pas disponibles puisqu'ils étaient en pension, jusqu'à embaucher un couple de chérubins en tabliers d'écolier, histoire de parfaire la couverture.

La ruse du déjeuner sur l'herbe fournissait à Douglas l'occasion d'un long après-midi de prospection anonyme. Il arpentait les bois un fusil de chasse à la main ou déambulait dans les prairies tout en agitant une raquette de badminton. Il voulait pouvoir inspecter les lieux, sans être lui-même l'objet d'une inspection. Il avait besoin de voir, et de près, ce qui était à vendre sans que le vendeur commence à s'exciter et à monter son prix.

C'est de cette manière qu'il fit l'acquisition des terrains pour la future fabrique de soude de l'Allegheny et pour les grands entrepôts du New Jersey. Douglas n'avait pas le moindre scrupule à user d'un tel subterfuge. Il préférait tout simplement jouer petit et sans risque plutôt que de tenter le diable pour le plaisir de jouer gros. L'excursion terminée, c'est en toute connaissance de cause qu'il pouvait faire une offre ferme au vendeur.

Avant toute acquisition, Douglas faisait pendant des mois des calculs compliqués, car chaque nouvelle implantation pouvait signifier la vie ou la mort de la société. Il ne fallait pas que l'extension arrive un mois trop tôt ou un mois trop tard. Que l'on s'écartât du droit chemin de l'avenir de seulement quelques kilomètres, et c'était la chute assurée.

Douglas couvrait le grand livre de comptes de formules élaborées et barbares. Il éludait, gagnait du temps, émettait des réserves, hésitait. Puis, au terme d'un après-midi passé à manger des cuisses de poulet et à boire du soda, il avait pris sa décision, ce qui, tout bien pesé, n'avait rien de très complexe. Longtemps après sa mort, l'axiome bien connu de Douglas constituait encore l'une des principales devises de la compagnie : « Dans le doute, il suffit de faire deux pas vers l'Ouest. »

En 1881, la firme ouvrit à Sandusky, dans l'Ohio, sa plus grande usine jamais construite. Douglas était là pour donner le premier coup de pioche. On n'aurait pu rêver pire comme lieu de pique-nique. Mais il convenait on ne peut mieux aux besoins d'expansion de la firme.

Lacewood, bien entendu, était trop à l'ouest pour que l'on puisse y traîner des enfants dont on aurait loué les services. Qui plus est, les villes dans cette partie du monde étaient encore si petites et si éloignées les unes des autres que, même avec le plus discret des paniers de pique-nique, il eût été difficile de passer inaperçu. Mais ce n'était guère gênant dans la mesure où, à l'époque où Clare commença à s'intéresser au Middle West, nombreux étaient les résidents qui connaissaient déjà la marque. Une honnête proportion de Lacewoodiens progressistes utilisaient régulièrement l'un ou l'autre des savons de la firme, qu'ils en eussent ou non besoin.

Quand Douglas Clare descendit du train à Lacewood, il découvrit, pour s'en réjouir en secret, qu'il n'aurait pas besoin d'acquérir un quelconque terrain. La ville s'était mise elle-même aux enchères. Elle n'épargna rien pour lui jeter de la poudre aux yeux, jusqu'aux rivières artificielles et aux pêcheurs de brochets importés, placés là tout exprès pour lui et pour la circonstance.

L'endroit était décidé à sortir de sa condition de gros bourg agricole. Lacewood savait que, si elle n'arrivait pas à se vendre, Peoria saurait profiter de l'occasion. Ceux qui refusaient de choisir l'âge du clinquant seraient laissés pour compte.

Douglas prit quelques jours pour se pénétrer de l'endroit. La ville était située à la jonction de plusieurs voies ferrées en pleine expansion, qui feraient des terres à blé des alentours un arrière-pays idéal pour ses chambres de compensation. Elle se trouvait également à une distance raisonnable pour tout ce qui concernait le transport de certains matériaux essentiels : le soufre venu du Texas, le plomb de Galena, l'anthracite et l'huile minérale de l'ouest de la Pennsylvanie.

La route maritime intérieure qui menait à Chicago ouvrait toute la région aux produits manufacturés bon marché de l'Est. L'Est, de son côté, avait besoin de tout ce que l'Ouest était en mesure de faire pousser. Lacewood était pratiquement au cœur de ce qui deviendrait le grenier du pays. Il était difficile pour Clare d'envisager un meilleur marché pour ses nouveaux engrais.

Au regard des tarifs pratiqués dans l'Est, le prix de la terre dans cette région était encore relativement bas. Ce qui ne manqua pas de plaire à Douglas, moins par stricte économie qu'en raison de son sens de l'anticipation. Un industriel visionnaire se devait de précéder la prochaine vague de spéculation et non la suivre. Douglas, qui avait toujours parié sur le long terme, se lança dans des prédictions compliquées sur l'avenir de la région. La plupart se révélèrent totalement fausses.

Pour tout dire, la ville n'avait guère de vertus qui la recommandassent davantage à l'attention que n'importe quel autre site éventuel. Sinon d'être là, centrale, en attente, prête à se laisser transformer. Et puis, Lacewood possédait aux yeux de Douglas un atout irremplaçable : une main-d'œuvre qui valait vraiment le détour.

Clare fêta son cinquantenaire en 1881, au son d'une grande fanfare appointée par la compagnie elle-même. En tant que société anonyme, l'établissement avait à peine dépassé le stade de l'adolescence. Mais, si l'on estime que la vie commence à la conception, qu'en l'occurrence elle avait débuté avec la remise en mains propres par Samuel des deux premières livres de savon du veuf irlandais, alors cinquante ans de mousse s'étaient bel et bien écoulés depuis lors.

Le cinquantenaire coïncida avec le moment où l'expansion massive des années soixante-dix portait ses premiers fruits. Les prix de revient commençaient enfin à se faire raisonnables. La soude de fabrication américaine – y compris celle de Clare –, qui faisait appel au procédé Solvay, meilleur marché, était en train de briser le méprisable monopole anglais sur le procédé Leblanc. Le savon proliférait, moins cher, de meilleure qualité et plus propre que jamais.

Chaque dollar de revenu réinvesti était désormais rentabilisé en trois ans sous forme de rendements accrus. L'introduction de rabais substantiels sur les commandes importantes facilita l'arrivée de Clare dans le secteur de la vente en gros et lui permit d'être immédiatement compétitive dans l'Ouest. Par ailleurs, les conditions obtenues par le génie de Peter auprès des compagnies ferroviaires étaient on ne peut plus avantageuses.

La firme était de nouveau à flot, grâce à la trinité, peu sainte il est vrai, formée par Peter, Douglas et Hiram Nagel, leur jeune protégé promis à un brillant avenir. Peter avait déniché Nagel, ex-boursier universitaire de vingt-deux ans, alors qu'il se languissait dans les bureaux de Boston à apaiser les clients en répondant à leurs lettres de réclamation. Nagel était venu du Kentucky avec l'intention de faire fortune dans le monde des affaires. Le jeune homme fit preuve d'emblée de qualités remarquables, qui menacèrent d'abord sérieusement ses projets de carrière.

Personne n'avait jamais défendu une cause apparemment perdue d'avance avec la moitié de l'aplomb dont faisait preuve Hiram. Il était capable d'écrire à n'importe qui – depuis le professeur de théologie de Harvard jusqu'au valet de ferme d'un trou perdu – dans sa langue originale. Et de donner à tous les râleurs exactement ce qu'ils réclamaient, sans qu'il en coûte jamais plus à la firme que quelques cents. Ses lettres à de vieilles dames indignées les plongeaient séance tenante dans des accès de contrition larmoyante.

Hiram Nagel devint en quelque sorte chez Clare le garçon de la fable qui met son doigt sur le tonneau percé pour arrêter les fuites. Et, en guise de remerciement, la firme menaçait de le laisser moisir dans ce travail ingrat jusqu'à la fin de ses jours.

Les compétences de Nagel firent tant de bruit que Peter finit par en avoir vent. L'ermite au teint pâle se déplaça en personne jusqu'aux bureaux pour rencontrer cet oiseau rare. Qu'il trouva proprement sidérant. Voici ce qu'il en dit dans son journal :

> Je ne voudrais pour rien au monde de cet homme à mes côtés, même pour de courtes périodes. Il choisit de s'habiller dans un écossais jaune des plus criards. Sa voix, pourtant assez joviale de prime abord, est celle d'un fermier, aux prises avec un crachat récalcitrant. On est sans cesse tenté de lui dire de cracher une bonne fois pour toutes…
>
> Et pourtant, à l'abri, disons derrière une paroi de verre, j'aurais pu passer tout mon après-midi à l'observer. Ses plaisanteries auraient suffi à me laisser pantois. Le passage des heures ne tarit en aucune manière le flot ininterrompu de ses stimulantes excentricités…

Peter, fasciné par le quotidien comme seul peut l'être un invalide, en était arrivé à une conclusion trop incongrue pour que quiconque voulût bien lui accorder un quelconque crédit, du moins dans un premier temps. Selon lui, c'était dans les pages de la presse populaire qu'allait se jouer l'avenir de l'homme d'affaires américain. Sans qu'on s'aperçût de quoi que ce soit, il se débrouilla pour faire affecter par le comité directeur la somme astronomique de quinze mille dollars au budget publicité de l'année suivante.

Plus remarquable encore, il réussit à faire approuver la création d'un poste de publiciste à plein temps. Jusqu'alors, la société donnait ses textes à des agences ou payait des intermédiaires pour publier des encarts dans les journaux, avec des résultats inégaux et, pour le moins, peu convaincants. Pourquoi ne pas combiner les fonctions de rédacteur et de responsable de la publicité en un seul et même poste, dont le titulaire serait chargé d'adapter le message aux moyens et les moyens au message ?

À la seule vue de Nagel dans son costume à carreaux jaunes, Peter sut d'emblée qu'il avait trouvé l'homme de la situation. Le préposé aux réclamations fut donc promu au poste que, d'un commun accord, Peter et lui décidèrent d'étiqueter directeur de la promotion et que Nagel accepta dans l'instant comme s'il venait lui-même de l'inventer. Ce qui n'était pas loin d'être le cas.

La relation de travail qui s'établit entre le directeur général et son directeur de la promotion était de ces amitiés légendaires qui naissent parfois entre des espèces animales totalement incompatibles. Ceux qui connaissaient les deux hommes se disaient parfois que le camelot aux allures de chérubin joufflu devait donner au moine maladif un aperçu de cette vie normale de buveur de cidre que son état lui avait toujours interdite.

Peter, quant à lui, reconnaissait que Nagel avait une appréhension instinctive du système de classes américain. En voilà un qui comprenait les aspirations et les angoisses de l'homme de la rue. C'était au plus profond de lui-même qu'il ressentait les nouveaux appétits de l'Américain moyen, se fiant pour ce faire au baromètre de son propre ventre. Si Peter Clare connaissait ses clients comme un entomologiste confirmé connaît une espèce exotique digne d'être collectionnée, Hiram Nagel, lui, était cette espèce même.

Grâce à Hy, comme celui-ci tenait absolument à ce qu'on l'appelle, la compagnie devint aussi reconnaissable que ses produits. Clare était depuis longtemps une personne aux yeux de la loi. C'est ce qu'elle devint également dans l'esprit de ses clients. Comme il l'avait fait du temps où il répondait aux réclamations, Hy parlait aux gens en utilisant leur propre langage. Sa Bible, c'était le roman-feuilleton, filtré par le *Thesaurus* de Roget, édition de 1852. L'Église de sa diction tenait ses offices dans les théâtres de boulevard.

Les messages que concocta Nagel pour la campagne du jubilé étaient relativement simples. Pour le magazine *Ladies' Bounteous Home* et d'autres publications destinées à la famille, le cinquantenaire prit la forme de noces d'or, dans lesquelles le rôle du marié était tenu par le client avisé et celui de la jeune promise rougissante par de jolies savonnettes virginales. Pour les quotidiens des grandes villes, Hy inventa ce sage conseil : ADOPTEZ L'ÉTALON-OR.

Dans le *Harper's Magazine*, il proclama ***Chaque civilisation a son âge d'or***, avant de lâcher sa troupe d'artistes talentueux sur des gravures pleines d'imagination et d'anachronismes évoquant l'Athènes de Périclès, l'Angleterre d'Elizabeth et la France de Louis XIV. Le dernier ovale montrait un profil original – col haut, chapeau à plumes, épaules couvertes de dentelle –, qui deviendrait avec le temps celui de Clara Clear, l'ambassadrice américaine de la douceur. Dans cette première incarnation, Clara se contentait de regarder avec reconnaissance ce miracle doré qui lui permettait de retrouver une pureté sans taches.

Et pour finir, l'Indien sortit une dernière fois de sa réserve. Nagel enrôla le vieux Brave pour porter, avec cette dignité propre aux anciens hommes d'État, le message suivant aux lecteurs du *Saturday Evening Post* :

Il y a bel et bien du Baume dans Galaad
Ce qui était bon pour vos ancêtres l'est encore pour vous aujourd'hui.

Où, ailleurs que dans cette Amérique nourrissonne, cinquante ans auraient-ils pu passer pour un âge vénérable ? Et pourtant, la vie dans ce pays avait bel et bien changé au point d'être méconnaissable depuis le jour où Ennis avait sorti sa première plaque de savon. Pas un des fondateurs de la firme n'aurait été capable de mener l'entreprise dans le monde tel qu'il était devenu, même si c'était leur foi dans les affaires qui était en partie à l'origine de ce monde-là.

Le pays lui aussi était méconnaissable tant il avait grandi. La population avait presque quadruplé. Là où autrefois un habitant sur dix était un citadin, un sur quatre vivait désormais en ville. De grands courants circulaires de savoir-faire et de ressources chaussaient le va-nu-pieds et embourgeoisaient le pauvre hère. Les biens de consommation induisaient davantage de richesses, tandis que la richesse faisait monter la demande en biens de consommation.

Les conditions d'existence s'étaient considérablement améliorées. Mais, en s'améliorant, elles avaient placé plus haut la barre de la notion d'existence. Il ne suffisait plus qu'un nourrisson survécût jusqu'à l'âge adulte. L'espoir réclamait désormais de cet enfant qu'il passât de la ferme à la fortune en luttant contre son héritage de crasse et de maladies avec tous les nouveaux outils que la prospérité mettait à sa disposition.

Il était une fois trois marchands de Boston qui avaient fait d'une plante des mers du Sud une noble panacée naturelle. Il incombait maintenant à Nagel d'inventer un emballage tourné non plus vers le passé mais vers l'avenir. Son tout nouveau dissolvant devait nier toute origine animale. Ceux-là mêmes qui tout récemment avaient perdu l'art de faire fondre la graisse des animaux morts avaient besoin de croire qu'aucune créature n'avait jamais eu à mourir pour leur permettre de garder les mains propres.

En bref, Nagel se devait désormais de vendre à un public responsable les vertus d'un produit fabriqué et distribué par l'activité humaine. C'est cette notion qu'il s'efforça d'associer à chaque emballage papier de Baume authentique. Le savon n'était qu'une régulation rationnelle, la clé du rachat de l'humanité, à laquelle il permettait de sortir de sa crasse naturelle.

Gifford, l'acheteur de raffinement européen, n'affichait que mépris pour Nagel. Il ne comprit jamais comment Peter Clare, né dans l'opulence, pouvait supporter ne serait-ce que des relations de travail occasionnelles avec un homme affublé de ces horribles carreaux jaunes. Mais il ne se risqua jamais à suggérer que l'on pourrait supprimer la meilleure laitière du troupeau simplement pour donner meilleure allure à la laiterie.

Ce qui n'empêcha pas les deux hommes de collaborer à une opération publicitaire d'envergure. Pendant des années, Clare inséra sous l'emballage papier de son savon des cartes reproduisant des tableaux de maître, dont on pouvait faire la collection : « un cadeau de choix qui survit au produit ». Toute une génération d'Américains fit ainsi la connaissance des grands maîtres de la peinture par le biais de ces carrés de couleur en carton. Tout fiers d'eux, de jeunes ménages transformèrent leur domicile en musées familiaux, réchauffant leurs murs avec Delacroix, tandis que les anges de Rembrandt s'installaient dans les cuisines des classes laborieuses, leurs draperies écornées noircies par la suie des cuisinières à charbon.

Au tout début de cette campagne, les cartes étaient de simples reproductions des classiques, un peu gâchées, il est vrai, par une impression bon marché. Plus tard, la belle fidélité aux originaux de Gainsborough, de Hooch et de Millais fut quelque peu trahie par l'ajout discret, à peine visible, d'une petite bande étiquetée *Clare* quelque part dans le tableau – derrière le tablier de la matrone, dans les bulles que faisait le petit garçon ou dans l'ourlet des vêtements des apôtres.

L'objectif de Nagel était moins de vendre le produit que de faire valoir les vertus de l'achat. À cette fin, il avait besoin d'autre chose que d'images tarabiscotées et de nobles profils. C'est de Pears, l'envahisseur londonien venu de l'autre côté des mers, qu'il apprit comment on pouvait atteindre ce but. Pears avait pris l'avantage sur les fabricants américains de savon en recourant aux services du célèbre Henry Ward Beecher, à qui il avait fait vanter devant témoins les innombrables vertus de la rationalité et de la mousse anglo-saxonnes. Quand on l'accusa de servir deux maîtres à la fois, Beecher répondit :

> Si la propreté vient juste après la piété, alors le savon doit être considéré comme un moyen d'accéder à la Grâce et un pasteur qui prêche la moralité devrait être prêt à en recommander l'usage. Il paraît que le bien que j'ai pu dire du savon Pears a grandement favorisé ses ventes aux États-Unis. Je suis prêt à renouveler toutes mes déclarations en faveur de ce produit. Il faudrait être bien difficile en effet pour ne pas en être satisfait.

Le génie d'une pareille opération frappa aussitôt Nagel. Clare avait besoin, elle aussi, de son pasteur abolitionniste pour apporter de semblables témoignages. S'ils parvenaient à en trouver un qui, à l'instar de Beecher, venait d'être récemment acquitté au terme d'un long procès pour adultère, ce n'en serait que mieux.

Et la quête de défenseurs en vue des vertus de la vie saine commença. À la fin de la décennie, Nagel avait inscrit à son tableau de chasse Julienne Healy, l'irrésistible sirène de la scène, Baby Alice, la célèbre naine, et John L. Sullivan, le champion du monde de la catégorie poids lourds. Mais le meilleur porte-parole de Clare fut sans conteste le général Hancock, ancien de Gettysburg et des campagnes contre les Indiens du Missouri, l'homme qui avait réhabilité la Louisiane et arrivait alors au terme d'une longue vie consacrée au service public. Hancock avait récemment frôlé la présidence, à quelques milliers de voix près. Avec Clare, il était heureux de se retrouver enfin dans un scrutin qu'il pouvait remporter.

Autant d'apôtres qui témoignèrent noir sur blanc que leur vie n'aurait pu être ce qu'elle était, si Clare n'avait pas été là pour proposer ses articles aux foules reconnaissantes.

Don recommence à l'appeler. Il l'appelle trois fois dans la semaine qui suit la kermesse. Exactement comme au temps où il voulait poursuivre le docteur Jenkins pour optimisme cruel et déplacé. Il témoigne du même enthousiasme, à ceci près qu'il n'y a plus de robe jaune canari pour expliquer son intérêt.

« Je crois vraiment que tu devrais te pencher sérieusement sur ce cas », lui dit-il. Deux cas, en fait. Une action en responsabilité civile intentée par une poignée d'ouvriers de l'usine Clare, qui tous souffrent d'une forme ou d'une autre de cancer. Et une action collective, une affaire du genre Population de Lacewood *vs*

Clare, visant à obtenir réparation pour les émissions toxiques détaillées dans le rapport de l'APE.

« Ça ne te tuerait quand même pas de t'intéresser un peu à tout ça, dit Don.

— Qu'est-ce que tu veux me voir faire au juste ?

— Il ne s'agit pas de moi. Ce que je veux ou ce que je ne veux pas n'a rien à faire là-dedans.

— D'accord. Quel genre d'intérêt suis-je censée porter à la chose ?

— Il me semble que tout ça te concerne quand même plus ou moins directement, non ? »

Pourquoi ? a-t-elle envie de demander. *Pourquoi ?*

« Ils demandent à toute personne affligée de problèmes de santé inexplicables de se faire connaître. Ils ont un numéro vert…

— Qu'est-ce que tu entends par "inexplicables" ? J'ai un cancer des ovaires, Don. Il y a vingt-cinq mille nouveaux cas tous les ans. Et une femme sur deux en meurt.

— Oui. Mais pourquoi ? Tu es jeune. Tu as eu tes enfants jeune. Tu prends la pilule. Enfin, tu la prenais, rectifie-t-il, retournant le couteau dans la plaie. Tu n'es pas une immigrée. Tu n'es pas une ashkénaze. Si ? Personne dans ta famille n'a jamais eu cette maladie. »

Non, pas jusqu'à aujourd'hui, se dit-elle.

« On ne te demande rien d'autre que de répondre à quelques questions, poursuit Don, obstiné. Pourquoi ne pas les laisser décider eux-mêmes de l'intérêt de ton dossier ?

— Je ne suis pas un dossier, Don. Et s'il y a une chose dont je n'ai pas envie, c'est de me retrouver embringuée avec toute une bande de chacals d'avocats.

— Personne ne te demande de te laisser embringuer avec qui que ce soit. Tu as juste à leur livrer les faits et à t'inscrire sur la liste des plaignants…

— Tu sais ce qui va le mieux à un avocat, Don ? demande-t-elle, sans pouvoir s'empêcher de pouffer de rire, mais pas à cause de la devinette elle-même. Un doberman.

— Très drôle », grogne-t-il.

C'est lui qui la lui a racontée. Le soir où ils sont allés boire un verre pour sceller leur divorce. À l'époque, elle n'avait pas ri, trouvant la blague stupide.

« Le timing, Don. Tout est une question de timing.

— Écoute, c'est quand même pas comme s'ils allaient te traîner devant un tribunal.

— Tiens donc, ils vont se gêner ! Du moins, si mon histoire leur plaît. Parce que, si elle ne leur plaît pas, ils se feront une joie de me facturer deux cent cinquante dollars de l'heure pour une consultation.

— Non, Laura, certainement pas. Tu veux que je m'en occupe ? C'est sans problème, tu sais.

— Laisse tomber, Don », lui dit-elle, sans savoir pourquoi elle-même ne laisse pas tout tomber.

Elle se dit qu'il va falloir qu'elle passe à la bibliothèque. Pour lire tout ce qu'elle pourra dénicher sur ces deux affaires. Pas seulement dans la feuille locale, qu'Ellen s'est mise depuis peu à appeler le *Joke Comical*, mais aussi dans les journaux de Chicago et d'Indianapolis. Marian lui montrera comment faire pour suivre toute l'histoire, ce qui lui évitera d'avoir à passer par Don. Comment se fait-il que les hommes semblent toujours avoir plus facilement accès aux informations d'ordre pratique ?

Elle se sert d'un Post-it orange. La couleur qu'elle réserve à « Il faut s'y mettre ».

Procès Clare
Bibliothèque

Elle colle le mémo en bas dans l'angle gauche de la glace de la salle de bains, là où elle ne peut pas le manquer quand elle se regarde. Ça la poussera à se lever, à quitter cette léthargie qui la cloue au lit.

À sortir, à trouver la force de marcher jusqu'à la bibliothèque.

L'ennui, c'est qu'elle n'a même plus la force de se regarder dans la glace. Ni l'envie. Elle sait exactement ce qu'elle va y voir : une espèce de coucou tout juste sorti de l'œuf, un poussin avec quelques rares touffes de duvet. Elle a déjà suffisamment d'aperçus de sa peau flasque et plissée comme ça, sans avoir besoin d'une glace. Et maintenant que le papier qu'elle y a collé la nargue à longueur de temps, il se pourrait bien qu'elle cesse une bonne fois pour toutes de se regarder.

Son corps lui fait peur. Comme s'il était envahi par des petites créatures extra-terrestres. Elle est constamment moite, engourdie et de plus en plus sourde. Elle a la mémoire qui fout le camp ; elle est incapable de formuler une pensée jusqu'au bout. Elle pleure ou se met dans des colères folles, sans raison. Personne ne peut lui dire quel rôle joue le cancer lui-même dans l'affaire, ou la chimio, ou les médicaments censés pallier les effets de la chimio, ou le retour de bâton quand elle cesse de les prendre, ou le fait qu'on lui a enlevé ses organes sexuels pour les remplacer par d'autres cachets. Quelle que soit la raison du changement, elle ne se reconnaît plus dans les bribes qui lui restent encore.

La vue du tube de la perfusion sous son quadrillage de sparadrap la dégoûte. Il y a des moments où elle défaille encore à la pensée de ce petit tuyau en plastique qui court à l'intérieur de son bras jusque dans sa poitrine. C'est tout juste si elle arrive encore à mettre le cathéter à nu sans avoir l'impression d'être un monstre de foire. Et pourtant, ce truc-là, elle le bénit chaque fois qu'on doit lui administrer quelque chose.

Elle est tout de même capable de regarder la cicatrice, maintenant. Cette grande estafilade qui lui traverse le ventre de part en part, avec les marques des agrafes qui le font ressembler à un terrain de football américain. Au début, juste après sa sortie, elle n'en supportait pas la vue. Ne pouvait même pas jeter un coup d'œil à l'entaille sans avoir l'impression qu'elle-même sortait tout droit d'un film d'horreur.

La cicatrice s'est éclaircie. Au début, elle était livide, comme une sangsue gorgée de sang qui lui aurait sucé les intérieurs. Maintenant, la cicatrice et la peau sur laquelle elle tire se sont entendues sur une sorte de brun-roux pas très gai mais uniforme. La cicatrice tire moins l'œil que son bassin qui fait presque craquer la peau. À une époque, elle aurait donné n'importe quoi pour avoir une taille aussi marquée. Aujourd'hui, elle a décroché le gros lot : des hanches saillantes, parfaitement dessinées. Elle est aussi squelettique que n'importe laquelle de ces ados qui font de la pub pour les jeans, sauf qu'elle, elle arbore cette balafre qui lui entaille ses chairs ramollies.

Ses os sortent de partout, tant l'enveloppe protectrice est mince, réduite à presque rien maintenant. Elle ne peut plus s'asseoir sur quelque chose de dur. Même la chaise longue lui fait mal au bout de quelques minutes. Les bains sont hors de question : elle s'écorcherait le coccyx contre la porcelaine.

On n'imagine pas à quel point il est facile de perdre du poids, quand on a compris le truc. C'est exactement l'inverse de ce qu'elle a connu à vingt-sept ans, le jour où, tout d'un coup, il lui a fallu payer en kilos le moindre repas. Marche arrière complète, après toutes ces années de lutte, tous ces régimes, ces pilules, ces bouquins, ces vidéos, cette gymnastique. Les frites à la graisse artificielle qui lui donnaient la colique dès qu'elle dépassait une certaine dose. Aujourd'hui, elle en est au fin du fin du coupe-faim : des substituts de repas immondes, qu'il faut, comble de l'ironie, continuer à consommer avec modération.

Pour reprendre du poids, c'est une lutte de tous les instants. Il a fallu qu'elle jette toutes les vieilles vidéos, toutes les vieilles pilules pour reconstituer le stock, en sens inverse. Elle est d'abord allée à la boutique de l'hôpital. Mais, au bout de quinze jours, elle s'est rendu compte qu'elle pouvait se procurer exactement le même complément diététique au magasin d'Angleton Avenue pour neuf dollars quatre-vingt-quinze au lieu des quatorze dollars quatre-vingt-quinze qu'elle payait à la Pitié. Le magasin de produits diététiques ne fait que doubler sa marge bénéficiaire, là où l'hôpital la triple. Et en plus, ils ont toute une gamme de milk-shakes, de barres-repas et autres produits destinés à ceux, de plus en plus nombreux, qui veulent résister à la mode des régimes. C'est plus ou moins la même chose que ce que vend le magasin de sport d'à côté sous l'étiquette « Haute teneur énergétique », sauf que sur les rayons cancer du magasin de diététique, les emballages proclament « Haute teneur en calories ».

Ellc appcllc Gracc Wambaugh, son amic qui fait du porte-à-porte avec ses plantes. Elle lui commande le programme de remise en forme de quatre mois, ce qui lui permettra de tenir jusqu'à la fin de la chimiothérapie. C'est plus de la superstition qu'autre chose. Surtout qu'elle n'arrive pas à garder plus d'un cachet sur trois.

Elle demande aussi à Grace un traitement contre la douleur. Les médicaments de l'hôpital l'abrutissent et, quand elle arrête de les prendre, elle est à cran et se retrouve au bord de la paranoïa. Ça atténue vaguement l'angoisse, c'est tout.

« Tu ne devrais pas masquer les symptômes, lui dit Grace au téléphone. Tu ne devrais rien prendre contre la douleur. Ce qu'il faut traiter, ce sont les causes du mal, pas ses manifestations. »

Voilà que ce stoïcisme qui a toujours été sa principale qualité l'abandonne, juste au moment où elle en aurait le plus besoin. Toute sa vie, elle s'est battue pour atteindre cet idéal. Même Don, qui admirait sa force et sa résistance. Elle ne se plaignait jamais. Ne pouvait pas se le permettre. Ne faisait même pas attention. N'en avait pas le temps. Aujourd'hui, elle comprend où ça l'a menée.

Pendant des mois, elle a repoussé la fatigue, même quand celle-ci l'empêchait de mettre deux idées bout à bout. Elle s'est obligée à se lever tous les matins, pour se traîner de nouveau jusqu'à son lit deux heures plus tard, essoufflée et complètement épuisée. Elle est allée travailler, certains jours, alors qu'elle en louchait tellement elle avait mal. Elle a fait les courses, certains jours, alors que le seul fait de manier le levier de vitesses relevait d'un exercice d'aérobic digne d'un top-modèle. Aujourd'hui, elle est vidée. Et ce n'est pourtant que le début.

« Décrivez-moi la douleur, lui demande le docteur Archer. C'est une douleur aiguë ou sourde ? Locale ou diffuse ?

— C'est une douleur, c'est tout, dit-elle. Épouvantable. Depuis le bas des côtes jusqu'en haut des cuisses.

— À quels moments ?

— Tout le temps, dit-elle en haussant les épaules. J'ai comme un poids sur la poitrine et je suis sans arrêt essoufflée.

— La douleur vous réveille, la nuit ?

— Comment le savez-vous ? Parfois, c'est la douleur, d'autres fois, c'est le tintement dans mes oreilles. Et puis, je ne sens plus le bout de mes doigts. Comme si je portais des moufles à tout bout de champ. Je n'arrive même plus à tenir un stylo. Je n'arrête pas de faire tomber des trucs.

— Autre chose ? »

Où faut-il qu'elle s'arrête ?

« Eh bien… je me suis remise à vomir.

— On ne va pas vous laisser passer les deux mois qui viennent à vous balader pliée en deux, plaisante-t-il.

— Non, bien sûr », abonde-t-elle.

Ils continuent leur travail : analyses de sang en prévision de sa cinquième séance. En vieille habituée, elle va jusqu'à les aider quand ils veulent se brancher sur son cathéter. La numération sanguine montre une baisse alarmante des globules blancs, bien en dessous de la marge de sécurité.

« On va essayer le Neupogen, dit le docteur Archer. C'est un truc fantastique. Qui va faire merveille sur vous.

— Qu'est-ce que c'est ?

— Ce que c'est ? Du filgrastim. Neupogen, c'est la marque déposée.

— Je voulais dire, ça sert à quoi ?

— Désolé, je n'avais pas compris. C'est un reconstituant des colonies de granulocytes. En règle générale, on a de bons résultats avec ce médicament. Que l'on obtient par recombinaison de l'ADN.

— Mes colonies ont besoin d'être reconstituées ?

— Le taxol et le cisplatine ont fait chuter vos polynucléaires neutrophiles, dit le docteur Archer en riant. Le Neupogen va accélérer leur remontée. »

Des polynucléaires neutrophiles, voilà un nouveau coup pour son moral ! Non seulement elle a des tas de trucs avec des noms épouvantables, mais, en plus, elle n'en a pas assez. Il y a un criminel en fuite dans son organisme, un prédateur en liberté. On peut bien sûr essayer d'abattre le tueur, mais au risque de faire des victimes dans la foule innocente.

On lui injecte une drogue pour détruire d'un côté et une autre chargée de reconstruire. Bientôt, il faudra qu'elle prenne quelque chose pour corriger les effets du Neupogen, et puis après, encore quelque chose pour corriger les effets du correcteur. Cette chimiothérapie, c'est comme la vie, finalement. Le remède est encore pire que la maladie.

Il faut qu'elle vienne à l'hôpital cinq jours de suite, pour cinq piqûres de rappel, avec des examens sanguins avant, pendant et après. Si elle ne se retenait pas, elle ferait une petite fleur au crochet pour décorer l'ouverture du robinet de son intraveineuse.

« Est-ce que je peux passer les quatre nuits à l'hôpital ? J'ai vraiment du mal à faire les allers-retours.

— Le but des piqûres, c'est précisément de vous permettre d'éviter l'hôpital », dit le docteur Archer avec un grand sourire.

Mais il se penche quand même sur la question. Le séjour ne serait pas pris en charge par l'assurance. Il coûterait l'équivalent de six mois de vacances en Floride.

Elle songe à demander à Ken de l'emmener et de la ramener. Mais Ken n'est déjà plus qu'un désagréable souvenir. Un vague étranger, certainement ravi d'être débarrassé de cette femme chauve, anémique, asexuée, dont l'abdomen arbore une superbe balafre et qui n'a même plus de cul digne de ce nom. Une femme dont les terribles nausées et les sautes d'humeur l'enfermaient, lui, dans un tombeau aussi solitaire que le sien, sans même avoir, comme elle, le réconfort de la maladie. Une femme qui depuis l'autre bout du lit a fait fuir, non sans joie, l'innocent qu'il était.

Don, bien entendu, serait ravi de lui servir de chauffeur. Et c'est précisément pour cette raison qu'elle ne le lui demande pas. Depuis quelque temps, Laura se sent étrangement concernée par le sort de cette gamine de vingt et quelques années avec laquelle sort Don. La gosse est suffisamment gâtée comme ça, sans encore qu'on lui fourgue dans le panier garni une ex-femme cancéreuse.

C'est à Ellen qu'elle demande de l'emmener. Rien ne peut faire davantage plaisir à sa fille que d'avoir quelques heures de conduite accompagnée à la place de ses cours d'histoire, de lettres ou d'algèbre. Le seul problème, n'en déplaise au service des permis de conduire de l'Illinois, c'est que sa fille ne sait pas conduire.

Laura a de meilleures chances de survie à cinq ans avec n'importe quel cancer que comme passagère de cette voiture.

« Arrête la radio, conseille-t-elle. Ne parle pas, contente-toi de te concentrer. Attention !

— Je l'ai vu, maman.

— Alors, arrête-toi, bon sang. »

Elles sont à deux doigts de rentrer dans un pare-chocs portant un autocollant où on peut lire : *Les derniers de la classe se vengent avec leurs poings.*

« Maman, c'est toi qui me rends nerveuse. J'sais pas, moi, fais autre chose. Regarde par la vitre arrière. »

La vitre arrière est encore plus terrifiante.

« Je crois qu'il vaut encore mieux que je me passe de ces neutrophiles. »

Les cinq injections ne réussissent pas à faire remonter son taux de granulocytes. De nouvelles analyses de sang révèlent des complications, dont Laura n'arrive pas à saisir la nature. Elle n'essaie même pas. Le docteur Archer et le docteur Jenkins se concertent. Ils arrivent à la même conclusion, qui ne plaît pas plus à l'un qu'à l'autre.

« Vous ne supportez pas les traitements, lui dit le docteur Archer. La chimiothérapie à haute dose met de toute évidence votre système immunitaire en danger. La moindre infection risquerait de finir le travail que le cancer a commencé.

— Je pourrais me contenter de quatre séances au lieu de six, suggère Laura poliment.

— Malheureusement, ça ne marche pas comme ça, dit le médecin avec un sourire. Il faut observer le protocole jusqu'au bout.

— Mais je croyais que j'avais le choix au départ. Trois ou six séances, non ?

— Ça, c'était au début. Si vous ne pouvez pas terminer les six séances, il va falloir qu'on vous trouve un traitement de substitution.

— Et tout recommencer de zéro ? »

Elle n'est même pas capable de finir cette course-là et ils voudraient lui en faire commencer une autre ?

« On pourrait essayer une chimio locale. Ou des rayons intrapéritonéaux. Bombarder le site avec un peu de phosphore radioactif. Ou une autre perfusion générale. Peut-être avec une des combinaisons multiagents les plus récentes. En trouvant un mélange que vous supporteriez mieux. Il y a un nouveau médicament, le topotécan. Commercialisé sous le nom de SmithKline. Il vient juste d'être autorisé.

— Je croyais que le taxol était nouveau.

— Celui-ci est encore plus récent. »

Elle rentre chez elle. Les faits sont là, aussi incontournables qu'un auto-stoppeur pas lavé depuis des jours sur le siège arrière de la voiture. Elle ne dit rien à Ellen, qui repart en voiture au lycée, histoire de passer au moins une demi-heure à apprendre quelque chose.

On est mi-novembre et les lilas, complètement déboussolés, sont en train de faire des bourgeons. Résultat de l'effet de serre. Il s'agit probablement d'un réchauffement général de la planète, même si ce météorologue, Mr Goddard, passe son temps à dire sur la troisième chaîne qu'on ne peut pas parler de bouleversement climatique avec aussi peu de recul.

Elle met la télé, juste pour avoir une compagnie, un bruit de voix dans la pièce d'à côté. Le rythme enlevé des bulletins d'information et leur retour toutes les huit minutes l'empêchent de penser. C'est exactement ce qu'il lui faut. Le plus à craindre désormais, c'est la concentration.

Elle joue à la femme au foyer. Débarrasse le lave-vaisselle. Met à réchauffer une énorme assiette de riz pilaf, dont la seule odeur lui donne envie de vomir, si bien qu'elle l'abandonne dans le micro-ondes. Elle feuillette le dernier numéro de *Bountiful Living*, parcourant d'un œil distrait les conseils de jardinage, un article sur la restauration des meubles anciens, la rubrique « Le secret des réceptions réussies » – toute la charmante futilité des plaisirs de la vie.

Elle s'attarde sur l'article qui a tout pour elle de la flèche du Parthe, « Le chemin chaotique vers l'évidence ». Il s'agit d'une de ces listes de Mais-comment-est-ce-qu'on-n'y-a-pas-pensé-plus-tôt que les gens adorent brandir quand ils veulent ridiculiser l'espèce humaine. Qui évoquent l'insaisissable vérité qui se cache au cœur de l'ordinaire et le temps qu'il a fallu à l'homme pour fabriquer les objets les plus évidents. Le premier disque à double face. La touche des majuscules sur les machines à écrire.

Elle bloque sur le numéro sept de la liste :

> L'incontournable Post-it vit le jour grâce à une erreur. Un ingénieur chimiste avait fabriqué un adhésif qui refusait absolument de coller et avait mis de côté tout le lot pour le jeter. Un autre chercheur de la compagnie, qui voulait quelque chose pour marquer la page de son livre de cantiques, demanda s'il pouvait emprunter quelques-uns des trucs inutilisables. Ce n'est que quand les deux hommes eurent passé la colle défectueuse sur un petit carré de papier qu'ils comprirent ce sur quoi ils avaient mis la main : une industrie avec un chiffre d'affaires d'un quart de milliard de dollars par an.

L'article ne l'amuse plus, car il lui remet son Post-it en mémoire. Elle va dans la salle de bains, en évitant soigneusement de se regarder. Détache le carré orange de la glace et frotte le côté adhésif, mais la colle résiste. Elle replie les deux moitiés encollées l'une sur l'autre, avant de froisser le bout de papier en boule et de le lancer dans la corbeille.

Elle appelle Don. Alors que ce n'est jamais elle qui appelle. Elle ne sait plus ce qu'elle fait. Il est tout déboussolé de l'avoir au bout du fil. Aussi déboussolé que ses lilas en boutons.

« Qu'est-ce qui ne va pas ? » demande-t-il. Tout de suite le ton du professionnel qui va prendre les choses en main. C'est ce qu'elle voulait, au fond. Ce qu'il lui fallait.

« Rien. Rien, en fait.

— Comment tu te sens ?

— Pas terrible.

— Surtout, ne te laisse pas aller. Tout est dans la manière dont tu réagis. Ta meilleure chimio, c'est ton moral. Il faut absolument que tu t'imagines aller mieux et tu verras que ce sera le cas. Souviens-toi que tout ceci n'est que temporaire. Ces traitements ne sont pas éternels, tu sais.

— En fait, Don, en fait, j'arrête tout pour l'instant. Je n'ai pas à faire les deux dernières séances.

— Tu *quoi ?* Mais, chérie, c'est fantastique. Tu en es débarrassée ? »

Fantastique, certainement pas. Débarrassée, peut-être.

« Pour l'instant, du moins. Les médecins envisagent un autre traitement. Il va falloir attendre un peu et voir ce que ça donne. »

Ou bien Don ne comprend pas, ou bien il a une longueur d'avance sur elle. Que ce soit l'un ou l'autre, Dieu merci, il est passé à d'autres sujets. Les dossiers que remplit Ellen pour entrer en faculté. L'intérêt que porte soudain Tim à l'équipe technique de la pièce de Noël que l'on répète dans son établissement. Elle se sent capable de l'écouter parler pendant des heures de ces choses qui réclament son attention.

« Au fait, dit-il, comment est-ce qu'on s'organise pour la semaine prochaine ? C'est Thanksgiving.

— C'est pas vrai. Déjà ? Je n'y ai même pas pensé. » Un bon point pour lui, il ne s'est jamais servi des enfants contre elle. S'est toujours arrangé pour qu'elle les ait plus souvent qu'à son tour, même quand ils auraient été bien mieux avec lui. « Comment tu vois la chose, Don ?

— Je ne sais pas. » Circonspect, échaudé. « Je ne voudrais pas… Et si on allait quelque part ? Juste nous quatre.

— Non, Don. Je ne crois pas que ce soit une bonne idée. »

Le silence explose entre eux comme un éclat de shrapnel. Incroyable la vitesse à laquelle ils retrouvent leur hostilité d'antan. Elle a un petit sourire, invisible, silencieux, au bout de la ligne, à l'idée de deux personnes qui s'affrontent pour contrôler un bout de territoire que leur combat a éventré, dévasté, rendu inutilisable.

Mais comment pourrait-elle encore se mettre en colère ? Toutes les disputes lui semblent être d'un autre monde. Qui se battrait pour quelque chose d'aussi trivial ? Y a-t-il encore quelque chose dans la vie qui vaille la peine que l'on se batte quand c'est la vie elle-même qui est la seule victoire possible ? Tout est vraiment question de perspective.

« Non, Bodey. Mangeons ici. Tous les quatre. C'est toi qui viens. »

De nouveau, il ne répond pas tout de suite, pris au piège de sa gentillesse.

« Mais tu ne peux pas faire la cuisine. Je refuse de te laisser faire quoi que ce soit.

— Tu “refuses”, Don ? persifle-t-elle, laissant le sarcasme s'insinuer dans sa voix.

— Laura. Un peu de bon sens. Tu n'es pas devant le plan de travail depuis deux minutes que tu es déjà à bout de souffle.

— Oh, mais ce n'est pas moi qui ferai la tambouille, dit-elle. J'ai du personnel. Tu ne le savais pas ? J'ai un chef. Un fournisseur. J'ai même un maître d'hôtel. Je n'aurai pas à lever le petit doigt. »

Il est toujours au bout du fil, silencieux.

« Allez, mon vieux. Pourquoi crois-tu qu'on appelle cette fête le jour de l'action de grâces ? »

Il advint une année où les émeutes furent quasi générales dans le pays. Partout, le chaudron des travailleurs se mit à déborder. Trop longtemps opprimés, les ouvriers se révoltèrent contre la poinçonneuse. Les poseurs de rails se mirent en grève pour obtenir de meilleurs salaires, davantage de sécurité et une réduction du temps de travail. Le mouvement des Knights of Labor organisa des manifestations dans toutes les villes où se trouvait une usine Clare. Des combats de rue éclatèrent dans deux d'entre elles et le sang coula de part et d'autre.

Mais, pour des raisons obscures, l'agitation dans les usines Clare resta en dessous de la moyenne nationale. Les ouvriers syndiqués ne représentaient qu'une proportion infime de l'effectif de la savonnerie. Même les organisations modérées n'eurent pas plus de succès que les Knights auprès des employés de Clare. La compagnie tint les syndicats en respect grâce à une stratégie à double détente : une hausse des salaires à l'occasion du jubilé d'or, qui permettait aux ouvriers du bas de l'échelle de gagner plus de quatre dollars par semaine, servit de carotte, alors que le bâton était tenu par des briseurs de grève subventionnés en partie par l'argent public.

Mais, au cours de l'été quatre-vingt-cinq, un escadron armé d'agitateurs appartenant tous aux Knights of Labor occupèrent l'usine de Walpole. Parlant au nom de tous les employés de Clare, ils réclamèrent des négociations avec la direction, ce qui suffit à transformer une action improvisée en un mouvement démocratique. Ils fermèrent l'usine et s'engagèrent à stopper toute la production jusqu'à la mise en place de tels pourparlers.

À la stupéfaction de tout le monde manufacturier, ce ne furent pas les directeurs de l'usine qui se présentèrent pour discuter mais l'*éminence grise*[1], Peter Clare en personne. Traînant les pieds et clignant des yeux, l'invalide fit son apparition sur les lieux. La délégation intimidée commit l'erreur fatale de lui laisser prendre la parole en premier.

Vous n'êtes pas au nombre de mes employés, dit Clare aux intrus. Où sont mes ouvriers ? Je ne laisse personne parler en leur nom.

Leur reclus de patron connaissait toutes ses ouailles de vue. Même si elles n'avaient jamais posé un œil sur lui, lui, en revanche, les avait toutes repérées. Les paroles de Peter firent tellement honte à ses hommes qu'ils exprimèrent par un vote leur refus de se laisser représenter par les Knights et envoyèrent les étrangers se faire voir.

Peu de temps après cet incident, Peter instaura une nouvelle mesure accordant un congé payé à tous les employés de la compagnie le samedi après-midi. La décision laissa pantois les travailleurs comme la direction. Payer une demi-journée aux ouvriers pour ne rien faire allait à l'encontre de cet esprit d'économie qui avait présidé au développement de la firme. C'était défier le sens commun. Aucune entreprise n'était en mesure de survivre si elle s'avisait de donner quelque chose sans aucune contrepartie.

1. En français dans le texte. *(N.d.T.)*

Et pourtant, cette décision fit de Peter pendant quelque temps l'idole de ses hommes. La popularité de la direction grimpa à un point tel que la toute nouvelle Fédération américaine du travail de Strasser et Gompers ne fit que des progrès insignifiants au sein des salariés de l'entreprise. La seconde moitié de la décennie ne fut marquée que par huit arrêts de la production, le plus long n'excédant pas dix jours ouvrables.

En 1886, les usines de biens de consommation implantées à Boston, Chicago et dans l'Ohio pouvaient se vanter de traiter pour l'expédition et la vente plus de trente millions d'unités de tonique, de baume, de matière grasse, de saindoux, de chandelles, de whisky et de savon. Les autres installations étaient tenues, par définition, de jouer plus serré. Cependant, au cours de cette année exceptionnelle, la branche moins visible de l'entreprise vendit suffisamment d'anesthésiants, de désinfectants, d'alcali, d'eau de Javel et d'engrais pour que ceux-ci représentent plus d'un quart de la totalité des rentrées. Ce secteur fournissait également quantité de produits chimiques à son associé nettement plus visible que lui, contribution beaucoup plus difficile à chiffrer.

Les différents rouages de la firme s'imbriquaient maintenant les uns dans les autres à la perfection, la dent entraînant le pignon, avec la précision des mécanismes les plus élaborés. Et pourtant, il était hors de question de cesser de huiler les points de frottement pour prendre du recul ne serait-ce qu'une seconde et apprécier la splendeur de l'ensemble, sauf à vouloir s'exposer à l'usure, la panne et la catastrophe.

Le choix de Clare était simple : croître ou mourir. Mais l'expansion dont rêvaient Peter et Douglas ne pouvait se satisfaire des petits ruisseaux issus des sources internes à l'entreprise. Les cousins supportaient mal de laisser le temps au temps. La courbe de croissance à laquelle aspirait la firme ne se mesurait plus au jour le jour. Afin d'engranger des avances sur l'avenir, il leur fallait ouvrir grand leurs portes aux rivières de l'argent du dehors.

Dans le but de faire de la compagnie un investissement aussi attrayant que possible, Clare avait d'abord besoin d'un flux de revenus fiable et régulier. Sans l'assurance d'un gain raisonnable, les investisseurs n'étaient pas prêts à venir mettre leur œuf dans le panier.

Pour ce faire, il leur fallait d'abord et avant tout de nouveaux produits. Après avoir bricolé avec le versatile coaltar, que les chimistes de l'université Johns Hopkins venaient de convertir en saccharine, Neeland sortit un savon noir que Nagel s'empressa de baptiser Tar Baby.

Neeland se pencha sur les emplois de l'huile de lin et du saindoux, orientant la firme vers les produits alimentaires et les agents de conservation. Ses laboratoires mirent au point une pommade pour les cheveux acceptable. Pendant deux ans, la crème connut un succès mitigé, jusqu'au jour où John Gale, ingénieur et peintre amateur, eut une idée de génie en matière d'emballage. Gale partit du tube de peinture en métal repliable, inventé par un des assistants de Morse, qu'il assouplit et agrandit. Le tube pressable ne tarda pas à distinguer l'Embellisseur de cheveux Clare de ses imitations toujours plus nombreuses et lui assura cinquante ans de célébrité.

Alors qu'il faisait la vaisselle après le repas de Noël en 1887, Neeland conçut soudain l'idée de paillettes de savon qui se dissoudraient rapidement dans l'eau tout en restant suffisamment puissantes pour venir à bout des graisses les plus résistantes. Aussi simple qu'elle puisse paraître, cette idée demanda des années à l'équipe de Neeland avant de pouvoir aboutir. Mais, en exploitant la formule de leurs paillettes de savon, ils rencontrèrent un succès phénoménal, le premier de ce genre depuis la découverte de l'Indien.

La recette de départ provenait d'un concurrent qu'avait acheté Douglas. Les chimistes de Clare modifièrent la base d'huile végétale du savon, cherchant à équilibrer au mieux les différents matériaux de départ. L'huile de noix de coco moussait beaucoup mais très peu de temps, à l'inverse du suif, qui moussait peu mais longtemps. L'un comme l'autre ne condescendaient à se mélanger à la soude qu'en présence d'huile de palme. L'huile de coton offrait un substitut tout à fait acceptable à la ruineuse huile d'olive. Pour finir, ils choisirent un subtil mélange d'huile animale, végétale et minérale et commercialisèrent le résultat sous le nom de Perce-Neige.

À plus d'un égard, le savon de toilette Perce-Neige était l'antithèse du Baume authentique. Doux, mousseux et d'une blancheur éblouissante, il tournait le dos aux vertus curatives du concentré de nature qu'était le Brave. Le Baume authentique, c'était l'âpreté et l'enchantement d'une nature mystérieuse. Perce-Neige, c'était le nouveau visage de la nature : immaculé, apprivoisé, domestiqué ; la pureté dans toute sa splendeur.

Le nouveau savon mit en émoi les huiles de chez Clare. Personne ne songeait à contester la perfection de Perce-Neige. Mais le Baume authentique avait toujours ses amateurs et le Brave se vendait bien, même si les profits n'augmentaient guère. Et pourtant, la femme d'intérieur new-yorkaise, autant que la militante de la Croisade des femmes contre l'alcool de Cleveland ou la fille de Pittsburgh avec sa tournure sous sa jupe et ses cinq douzaines de petits boutons sur son corsage, depuis la taille jusqu'au menton, commençaient toutes à se détourner de son robuste onguent. La *new woman* semblait désirer quelque chose de plus sain, mais aussi de plus élégant, de plus raffiné, pour tout dire, de plus blanc. Perce-Neige était aussi blanc que l'avenir dont on rêve.

Clare avait toujours vendu une série de savons génériques ciblés pour des créneaux spécifiques. Hommes, femmes, riches, moins riches, il fallait à chaque groupe son type et son genre particuliers. Mais Douglas ne voyait pas comment une compagnie pouvait distribuer sous le même label deux savons aussi radicalement différents. Le nom de Clare était indissolublement lié à celui de Baume authentique et non à celui de Perce-Neige. Comment pouvaient-ils encore prétendre prêcher l'évangile de la magie brune, alors même qu'ils la trahissaient avec la blanche ?

Hy Nagel – qui avait déjà dans la tête des tas de projets de campagnes publicitaires pour Perce-Neige – remit Douglas sur le droit chemin. La marque de la compagnie pouvait se prêter à toutes sortes de produits disparates. Le pays changeait, se diversifiait, s'engraissait, en passant de la pauvreté au luxe. Clare était synonyme de qualité à prix raisonnable et la qualité pouvait se présenter sous une infinité d'aspects. Comme, par exemple, un extrait naturel de plante et une mousse blanche immaculée.

Et les ventes, alors ? voulut savoir Douglas, toujours soucieux des deniers de la firme. Clare était-elle vraiment prête à courir le risque de causer la perte de sa marque la plus célèbre ?

C'était là la question qu'attendait Peter Clare depuis qu'il était à la tête de la société. Il exposa le problème au reste du comité directeur dans les termes les plus simples.

Darwin avait prouvé que la lutte entre espèces rivales était le moteur qui leur permettait d'affûter le plus sûrement leurs talents respectifs dans la bataille pour la survie. C'était la concurrence qui, en l'espace de cinq générations, avait fait d'un groupe d'hommes des bois un peu frustes les rivaux des pays européens.

La compétition directe entre les différentes marques à l'intérieur des établissements Clare ne pouvait que servir à renforcer la firme de la manière la plus souhaitable, c'est-à-dire de l'intérieur.

Personne chez Clare n'était omniscient au point de pouvoir dire quelle variété convenait le mieux à tel ou tel créneau. Seul le vote du client, sous forme de dollars, était à même de donner une idée des désirs du public. La concurrence interne empêcherait la compagnie de se scléroser et la maintiendrait en phase avec l'extérieur.

Inutile d'espérer flouer le marché. Il était tout aussi vain de vouloir protéger un savon qui avait fait son temps que de prétendre empêcher son corps de vieillir en évitant de respirer. Si le Baume authentique était vraiment vulnérable, alors autant qu'il cède devant Perce-Neige plutôt que devant une horreur quelconque de Colgate. Et Perce-Neige serait plus fort s'il savait tirer les leçons des faiblesses du Baume, tout comme le guépard est plus rapide quand il est entraîné par l'antilope.

À la fin du siècle, le progrès né de la concurrence était devenu le produit privilégié de Clare. Les affaires étaient la voie la plus sûre vers la bienfaisance et les œuvres de bienfaisance étaient encore la meilleure des affaires. C'est presque par accident que la compagnie découvrit les bienfaits des œuvres caritatives. Dans son testament, Julia avait réservé une somme globale à la fondation où Ben avait recruté pendant des années ses premières assistantes de chimie. Le legs Samuel et Resolve Clare servit à construire des hôpitaux publics de Roxbury jusqu'à Hyde Park.

Mais, sous ce rapport, ce fut Peter Clare qui remporta la palme, en concevant le moyen de lier à jamais le nom de la firme à la philanthropie. Clare College fut fondé à Fair Spring, dans l'Ohio, en 1889, par un homme dont l'éducation avait été le fait d'une série de précepteurs officiant auprès d'un invalide. L'établissement vit sa réputation grandir d'année en année, jusqu'au jour où presque plus personne, même parmi ceux qui le fréquentaient, ne fut capable de l'associer à une marque de savon.

Le savon ne représentait qu'une étape sur la grand-route de l'épanouissement suprême. Partout, des entreprises repoussaient les limites du possible. W. R. Grace, qui avait fait fortune en ramenant à New York des pleines cargaisons de fiente d'oiseaux, faisait main basse sur le gouvernement péruvien, incapable de payer ses dettes. Herbert Dow commençait à transformer les nappes salées souterraines de Midland en bromures et en chlorures. Coca-Cola, ce « merveilleux fortifiant des nerfs et du cerveau », promettait la guérison d'affections aussi variées qu'une mauvaise vue ou une lésion des cordes vocales. Les Negro Gold Dust Twins nettoyaient Chicago pour leurs patrons blancs.

Des transactions secrètes avec les chemins de fer permirent à Standard Oil d'absorber la plupart de ses concurrents. Grâce à sa politique de l'endettement, Carnegie devint majoritaire chez Homestead Steel. À Spray, en Caroline du Nord, deux chimistes déversèrent les résidus d'une expérience ratée dans une rivière et des bulles d'acétylène qui se formèrent naquit Union Carbide.

Enfin, à Cincinnati, survivant à toutes les secousses économiques, l'ennemi numéro un de Douglas prospérait de plus belle. Douglas renouvela si souvent ses accusations de vol de propriété industrielle et intellectuelle contre Procter & Gamble que les choses finirent par un procès duquel personne ne sortit gagnant : si Procter perdit le procès, les dédommagements accordés à Clare ne suffirent pas à couvrir les coûts exorbitants de la procédure.

Le seul qui eût été en droit de lancer des poursuites pour contrefaçon, c'était Dieu. Harley Procter était allé piller la Bible pour trouver un nom à son nouveau-né (Psaume 45, verset 9) :

> Il sort de vos habits et de vos palais d'ivoire une odeur de myrrhe, d'aloès et de cannelle, par quoi ils vous ont réjoui le cœur.

Mais l'homme qui trouvait le moyen de baptiser son petit dernier d'après un sermon n'hésita pas à faire d'une supercherie un argument de vente. Un lot de savon remué par accident deux fois plus longtemps qu'il aurait dû l'être donna « le savon qui flotte ». *Du savon avec un trop-plein d'air,* tel fut le commentaire de Douglas à qui voulait l'entendre. Personne n'accepterait de payer pour de l'air !

C'est pourtant ce que firent les gens. Car l'air, c'était la pureté et tout le monde était prêt maintenant à investir dans cet air pur que fournissaient les fabricants de savon. Harley Procter paya les services d'un professeur de chimie de Yale pour déterminer la proportion des éléments (alcali, carbonates et matière minérale) non combinés contenue dans le savon Ivoire : 0,56 %, tel fut le résultat absolument scientifique mais totalement dénué de sens de l'expérience. Déclarant ces substances à l'état de traces « étrangères et non nécessaires », Harvey en arriva à l'affirmation bizarre, un tantinet spécieuse mais incontestablement scientifique, qu'Ivoire était « pur à 99,44 % ».

Clare riposta en jouant Harvard contre Yale. Un chimiste de Cambridge, ami de Neeland, se servit de la même échelle de pureté bidon pour déclarer que Perce-Neige était pur à 99,51 %. Affirmation que même un Hiram Nagel aurait eu du mal à cautionner. Mais ses chimistes lui assurèrent qu'une précipitation moyenne contenait toujours au moins un pour cent de substances étrangères et non nécessaires. En conséquence de quoi, Hy s'accommoda du slogan « Plus pur qu'un flocon dans le vent ».

Au fur et à mesure que le marché du savon grandissait, doublant puis quadruplant de volume, les petits fabricants, eux, disparaissaient. Il se trouva que la demande était assez forte pour permettre l'existence de plusieurs gros concurrents, si chacun d'eux était capable de fabriquer chaque nouveau pain avec un peu plus d'efficacité que le précédent.

De nouveaux savons apparaissaient tous les jours pour répondre aux besoins d'une population de plus en plus hétérogène. Les coolies chinois qui se frayaient un chemin à travers les Rocheuses à coups de dynamite n'avaient besoin que du savon noir le plus ordinaire. Les dames de la haute société, au contraire, voulaient un produit qui soit une caresse pour la peau. Clare projetait un nouveau savon doux pour le visage, un savon jaune pour la vaisselle, un autre au naphtalène pour la lessive et une savonnette médicinale puissante. Du savon pour tous, sous toutes les formes : baumes, toniques et tubes en métal mou.

Ses revenus désormais assurés, la firme pouvait envisager l'étape suivante : l'entrée dans l'âge adulte. Une société nationale, dotée d'une publicité à l'échelle nationale et confrontée à des concurrents nationaux, avait besoin de capitaux à l'échelle nationale. Or, il n'y avait qu'un endroit où trouver l'argent nécessaire : la nation elle-même. En 1891, Peter, Douglas, leurs familles et leurs associés décidaient donc d'introduire Clare en Bourse.

Aucun des responsables de la société n'avait les talents ou les compétences nécessaires à une transformation aussi radicale. Peter consulta son cadet, William, qui avait réussi dans la banque et dédaigné l'entreprise familiale, histoire de contrarier la mère qui l'avait si ouvertement négligé dans son enfance. Julia étant morte depuis maintenant fort longtemps,

William saisit l'occasion de rentrer à la bergerie. Il prit les mesures financières qui s'imposaient pour garantir une conversion dans les règles. En guise de rémunération pour ses services, il puisa dans le fonds des actions nouvellement cotées en Bourse.

La souscription pour les quarante mille premières actions Clare ne dura que cinq jours. La brièveté de l'opération prouva qu'il ne s'agissait là que d'un coup d'essai. En dépit de l'arrivée de son nouvel associé, la compagnie garda la même structure. Au bout du compte, la société anonyme désormais cotée en Bourse s'ornait d'un comité directeur composé de six Clare et de cinq associés très proches, qui, à eux tous, détenaient l'essentiel du capital actions et, du même coup, disposaient de suffisamment de voix pour faire passer pratiquement n'importe quelle résolution.

Mais Clare avait désormais des actionnaires. Lentement, au fil des ans, leur nombre grandit, chaque particulier contrôlant une fraction infinitésimale de l'entreprise. C'est ainsi que, du Maine à la Californie, des propriétaires d'un morceau de Clare mourraient les uns après les autres, avec chacun son bout de papier, sans avoir de leur vie pénétré dans une des usines de la société.

Ceci pour certifier que
Mrs Dorothea Rowen
détient
CENT ACTIONS
COTÉES EN BOURSE
de la **Clare Soap and Chemical Company, Inc.**

Ce certificat ne peut être considéré comme valable que contresigné et enregistré par la Covenant Trust and Banking Company of Boston, Massachusetts.

En foi de quoi, le président et le secrétaire de ladite compagnie apposent ci-après leurs signatures.

Elle rend grâce au ciel d'être en vie.

Pas à voix haute, alors qu'ils vont attaquer la dinde farcie, fruit inespéré du labeur de Tim et de Don. Mais dans une prière silencieuse, avec des réflexes un peu rouillés, elle articule bel et bien l'improbabilité de son existence. Remercié soit le ciel pour la vie de ses enfants, pour la forme que prend chacun de leurs heureux ennuis. Elle bénit même les rares bons moments qu'elle a connus avec Don, aujourd'hui et par le passé. Elle remercie Dieu pour cette maison qui leur offre un abri sûr, pour l'album indélébile des années, désormais recouvrées et étalées devant elle. Elle formule un vœu pour ses asters et ses œillets, car son jardin continue à se transformer, même en ce moment, sous la froidure de la terre.

Elle remercie le ciel d'avoir trouvé la douleur vivable jusqu'ici. Supportable. Elle est encore plus ou moins elle-même. Elle est reconnaissante d'être arrivée jusqu'en novembre et d'être encore capable de s'asseoir à une table. D'avoir encore l'option des rayons devant elle et de ne pas avoir à retourner à l'hôpital avant la fin de ces vacances.

C'est Don qui récite le bénédicité, parce qu'il l'a toujours fait.

« Soyez remercié, Seigneur, de cette abondance, fruit de Votre prodigalité, que nous recevons avec reconnaissance et humilité.

— Et un grand merci à Farce-minute, ajoute Tim. Comment est-ce qu'y sont arrivés à faire une volaille tout en viande blanche ? Et toi, comment tu faisais ? demande-t-il à sa mère. C'était complètement dingue dans le temps, quand y fallait préparer la farce et passer son temps à l'arroser pendant qu'elle cuisait. »

Sa nervosité le rend bavard et, pour la première fois depuis qu'il a eu douze ans, on sent l'admiration pointer dans sa voix.

« Oh, c'était pas si terrible. Le plus dur, c'était d'attraper ces foutues bestioles.»

Tim a un petit rire mal assuré.

Personne ne sait plus quoi faire au juste de cette journée de Thanksgiving. On ne parle plus guère de nos jours de l'esclave Quanto, de sa fuite vers l'Angleterre et de son engrais à base de poisson. Même à l'école, on ne se risque plus non plus à évoquer cette moisson des tout premiers colons en 1621, désormais trop suspecte pour être commémorée. Ces British avec leurs étranges chapeaux pointus et leurs fusils au canon évasé ne sont plus qu'un honteux secret national. Pour les enfants de Laura, Plymouth, loin d'être une plantation, n'est déjà même plus un nom de voiture.

Ils mangent tant et si bien qu'ils se retrouvent dans l'état où est Laura le troisième jour qui suit une séance de chimio. Y compris Laura elle-même, dont le régime au taxol, pour le meilleur ou pour le pire, est terminé. Ils regardent un match de football, qui n'intéresse personne. Jouent au Monopoly et se font tous nettoyer par Tim, qui ouvre une tour HLM dans un lotissement sur Ventnor Avenue, où ses parents et sa sœur, soigneusement dépouillés par ses soins, pourront aller finir leurs jours.

À l'exception d'une bordée de jurons lancés par Ellen, qui laisse tomber un plat en essayant de débarrasser le lave-vaisselle, la journée se passe sans accroc. Et des journées vierges d'accroc, on n'en a jamais assez.

Le lundi, Laura entre à l'hôpital pour sa première séance de radiothérapie. Le phosphore intrapéritonéal, les injections concentrées ont cessé d'être des options. Elle va recevoir sa dose de retombées radioactives tous les jours, pendant vingt jours, ou du moins aussi longtemps qu'elle tiendra le coup.

Pour la première fois, la peur s'enracine en elle. Jusqu'ici, elle est restée brave. L'opération, la découverte de la vérité, les hauts et les bas dus aux médicaments, les poisons qui lui ont bousillé son système immunitaire et insensibilisé les pieds au point qu'elle ne peut même plus marcher sans trébucher, elle a traversé tout ça sans véritablement avoir peur.

Mais plus maintenant. Aujourd'hui, la peur la submerge comme de gros rouleaux. Elle lui cloue les bras aux côtés et couvre son front de sueur. Elle se cabre comme un pur-sang affolé. La peur, elle peut comprendre, mais pas ce spasme irréfléchi. La mort ne semble pourtant pas plus proche que la semaine dernière. Et puis, brusquement, elle comprend cette angoisse incontrôlée, ce réflexe de panique. Elle est terrifiée à l'idée que vingt séances de rayons risquent de développer son cancer.

L'équipe de radiologie examine ses échographies. Ils calculent les angles d'incidence, dressent la carte de son corps, calibrent les rayons, les dosent et ciblent leur point d'intersection avec une précision à laquelle Laura a du mal à croire. La foi, tout comme la nausée, ne s'arrange pas avec la pratique.

« Ce sont des armes fantastiques », lui dit la radiologue, qui paraît à peine plus âgée qu'Ellen. Elle couvre l'abdomen de Laura de gribouillis avec ses Stabilo. Scarification rituelle. Hiéroglyphes et points d'impact, pistes d'atterrissage pour extra-terrestres.

La préparation prend plus de temps que l'ensemble des séances à venir. En fait, cette première dose tant redoutée ne demande pas plus de trente secondes. Comparée au supplice de la perfusion qui durait deux jours pleins, c'est de la rigolade.

« Ça y est ? demande-t-elle en riant comme une sotte. Ça y est déjà ?

— Une de faite, acquiesce la radiologue. Plus que dix-neuf. »

Laura rentre chez elle. Ellen et Tim lui font la surprise de l'accueillir avec un calendrier de l'Avent *ad hoc*, qui lui permettra de mesurer sa progression. Vingt portes, dont une est déjà ouverte. Que l'ensemble est donc petit : les deux plaques de carton articulées tiennent sur la table d'angle, au bout du canapé dans le séjour. Il ne reste que dix-neuf petites portes à franchir. Qui ne ferait pas l'impossible pour aller jusqu'au bout du parcours ?

Derrière chaque rabat, les enfants ont collé des petites photos, qui dépassent un peu, comme si ceux qui sont dessus cherchaient à prendre l'air. Elles font penser aux petits personnages que l'on voit sur les balcons des maquettes publicitaires d'immeubles en construction. Tim soufflant dans une trompette, Ellen s'essayant au patin à glace. Pris au piège de son guichet en carton, chaque cliché est un carré un peu flou d'existence sous-exposée qui attend d'être libérée.

L'ensemble est tellement ingénieux qu'il lui brûle les intérieurs, bien plus que n'importe quels rayons. Si un caustique peut la guérir, c'est bien celui-là. Elle ouvrira les vingt portes, l'une après l'autre, sans jamais regarder derrière elle. Et, à la dernière, elle sera en pleine forme, en bonne santé et propre. Au cinquième petit rabat, elle en est sûre. Aucun cancer au monde ne saurait résister à une telle désintégration.

La dixième porte les révèle tous les trois en train de tomber les uns sur les autres, emmêlés dans leurs skis. Mais, quand elle y arrive, elle n'est déjà plus capable de garder son équilibre, même pieds nus. Celle dont le bassin décharné frottait contre la porcelaine de la baignoire commence maintenant à perdre du poids pour de bon. La nourriture fait bien plus que la dégoûter. S'alimenter relève du tour de force, devient tout bonnement inconcevable. Même les boissons en boîte conçues pour faire reprendre du poids aux personnes dans son état ne passent pas.

En dépit de tout ce qu'elle a traversé, elle ignorait encore ce qu'était vraiment la fatigue. Si elle essaie de prendre une douche au lever, elle en a pour jusqu'au milieu de l'après-midi avant de se remettre. Ce qu'elle prenait pour des nausées n'était finalement qu'une mise en bouche. Elle reste couchée, clouée à ses oreillers comme au mur du Tourbillon de la mort des fêtes foraines. Le sol disparaît et elle reste comme suspendue, fendant les airs, les bras en croix.

Les nausées sont bien pires que quand elle était enceinte de Tim. On la bourre tellement de médicaments qu'elle a bien besoin de toutes ses facultés pour s'y retrouver dans les doses quotidiennes. Heureusement, les cachets ont tous des tailles et des couleurs différentes. Elle essaie de se faire une idée de leurs effets en se fondant sur leur apparence. Les rouges, c'est pour la remonter, les bleus pour la calmer. Les jours où elle se sent à peu près bien, elle s'inquiète à l'idée que c'est peut-être dû uniquement aux drogues qu'elle prend. Et puis elle cesse de s'inquiéter, grâce à un autre comprimé.

Le docteur Archer lui suggère de continuer ses exercices d'entretien psychologique. Ils ne peuvent pas faire de mal. Tout ce que font ses médecins pour lutter contre son cancer nécessite absolument l'aide de son système immunitaire, lequel maintenant ne peut plus compter que sur le moral de la malade. Et ce moral, seule Laura peut l'entretenir.

Elle répète consciencieusement, quand elle en a la force, les litanies et les cris d'encouragement qui figurent sur ses cassettes audio pour lutter contre le cancer. Elle les récite un peu à la manière d'un mantra à quatre heures du matin, pour essayer de se rendormir. J'ai encore toute la vie devant moi. Chaque respiration me rend plus forte. Les phrases resurgissent dans sa tête à n'importe quel moment de la journée, comme dans le temps quand elle fredonnait à mi-voix, *Ça, c'est la vraie vie* ou encore *Vous ne préféreriez pas une Buick ?* Elle continue à susurrer les mots, alors même qu'elle n'y croit plus depuis longtemps. Au cas où les syllabes, à elles toutes seules, pourraient avoir quelque effet.

La nuit qui suit la quinzième séance – elle ne se rappelle pas ce qu'il y avait derrière la porte de ce jour-là sur le calendrier –, elle se réveille en sursaut, se surprenant à répéter comme une folle : « J'ai encore toute la vie devant moi. » Elle se débat dans l'obscurité et la voilà soudain qui aborde un rivage tranquille.

La nuit est étale, sans une ride. Elle tend l'oreille en vain : aucun bruit de circulation ni de radio. Même le souffle de l'air ambiant, ce dispensateur de vie, disparaît de l'habituel fond sonore et s'éteint. Le monde a été évacué, ou bien c'est que ses exercices de relaxation font enfin de l'effet.

Elle reste allongée sur cette vague de silence qui la berce. C'en est fini du sommeil pour cette nuit. Elle allume, s'accroche au matelas, projetant sur l'écran du plafond ses visions préférées. Elle est devenue bonne à ce petit jeu, maintenant qu'elle sait ce qu'elle a besoin de voir. Ses couleurs sont les bonnes et sa résolution illimitée.

D'abord, elle regarde Ellen pendant la cérémonie de remise des diplômes à la fin de ses études universitaires. Elle arrive à faire surgir le diplôme lui-même, marqué du sceau de l'université. Elle suit Ellen à New York, dans les bureaux d'une des cent compagnies américaines au plus gros chiffre d'affaires, où son travail consiste à recevoir et distraire les visiteurs étrangers.

Puis elle voit Tim, qui, apparemment, vit toujours à la maison, acheter son diplôme de fin d'études secondaires avec une partie du premier contrat d'un million de dollars qu'il a décroché chez Microsoft. Laura elle-même semble être assise aux premières loges et se contente de rire. Si elle rit, c'est qu'elle est forcément guérie. Les scènes sont accompagnées d'une bande-son tout à fait guillerette, une musique qui vient de Dieu sait où. Et si c'était elle qui l'avait composée !

Elle a envie de s'en sortir. La vie est une habitude qui se prend vite. Elle aime bien être ici. Elle ne voit vraiment pas ce qu'elle pourrait faire d'autre. La moitié des femmes atteintes d'un cancer des ovaires en réchappent. Ce n'est pas si mal et il n'y a aucune raison pour qu'elle ne fasse pas partie de cette moitié-là. La vie est tellement inépuisable. Sans limites. Les souvenirs s'accumulent dans l'à venir et l'attendent. Et elle connaît un endroit où elle peut faire refaire les photos gratuitement.

Les clichés de ses fantasmes l'entraînent dans le passé. Ils ont recours aux métaphores cinématographiques que recommandent les manuels de lutte contre la maladie. C'est son grand-père qui, à l'aide d'un levier et d'une barre à mine, arrache des pierres noires hurlantes à ses quatre cents arpents pour les rendre propres au labourage. Son père qui, dans le sud de la Belgique, brûle au lance-flamme des tumeurs nazies prêtes à passer à l'assaut. C'est sa mère, sous les traits d'une minette des années cinquante, qui tombe sur une espèce d'horrible créature aux allures d'araignée dans son garage et la transperce au rayon laser avec l'aide des scientifiques de l'université du coin. Elle et Don à vingt-deux ans, à la fête foraine du comté, qui font tomber des rangées de boîtes marquées de lettres qui, mises bout à bout, forment le mot C-A-N-C-E-R.

Elle dérive sans effort vers son préféré. Le plus ancien, le plus fiable. Le clip qui lui donne l'impression qu'elle ne peut pas faire mieux pour lutter contre la guerre qui fait rage en elle. Et qui semble toujours d'actualité, même maintenant qu'elle est passée de la chimio à la radiothérapie.

Dans un premier temps, ses organes se présentent comme des figures de dessin animé roses et caoutchouteuses, son hommage aux croquis des vieux films éducatifs qu'on leur présentait à l'école, genre *Notre ami l'abdomen*. Puis, sans raison apparente, ce joli rose se ternit. Se couvre de petites taches un peu partout, comme le fond d'une casserole en inox qui n'est pas régulièrement nettoyée.

C'est alors qu'elle lâche une armée de petits bonshommes nettoyeurs de moquette, d'exterminateurs de la plaque dentaire, de bulles frotteuses, de ces enzymes qui sur l'écran apparaissent sous la forme de brosses aux gros yeux d'insecte et évacuent les excroissances malsaines de tous ordres dans l'évier de la cuisine. Cette troupe d'élite parcourt inlassablement ses intérieurs de dessin animé, lavant, frottant, brossant, récurant tous les coins et les recoins de ses organes, jusqu'à ce que toutes les surfaces internes reluisent au point que l'on pourrait se voir dedans.

Derrière la porte 20, une famille est réunie. Laura a beau regarder, elle n'arrive pas à reconnaître les lieux. Elle a l'impression d'une fête à laquelle elle n'aurait pas participé. Et pourtant, elle est bien là, heureuse, aux côtés de ses enfants enturbannés de serpentins colorés. Quand elle atteint la fin de son compte à rebours, son corps est un Nagasaki en miniature. Sa peau n'est plus qu'un terrain miné et brûlé au second degré. Elle ne peut pas se brosser les dents sans avoir besoin d'une transfusion. Elle dort sur la banquette-lit du séjour : les escaliers lui sont devenus impraticables.

Elle laisse à Don le soin de tout faire désormais. Tout ce que bon lui semble. Elle le laisse l'emmener à l'hôpital.

« Et maintenant ? demande-t-elle au docteur Archer.

— Et maintenant quoi ?

— Eh bien, qu'est-ce qui se passe ? »

D'autres examens. Une autre vérification du taux de CA-125. Et il faut qu'elle ingurgite une espèce de milk-shake à la craie qui refuse d'entrer dans sa gorge. Qu'elle absorbe du baryum jusqu'à plus soif. Qu'elle passe encore une fois au scanner.

« Reposez-vous », lui disent les médecins. « Reposez-vous et après, on fera le point. »

Elle ne décode pas le message tout de suite. Leurs mots sont dénués de sens précis. Et puis, soudain, elle comprend ce qu'ils cherchent à lui dire. Ils ont épuisé toute leur panoplie, n'ont plus rien à lui offrir. Et pourtant, confrontée à cette nouvelle qui n'en est pas une, elle persiste : elle remercie le ciel et veut continuer à vivre.

Clare vint tard à l'électricité. C'est à peine si la compagnie venait de se mettre au gaz, liée qu'elle était au sort du produit que le gaz remplaçait peu à peu. Peter trouvait l'électricité aussi peu fiable qu'une main-d'œuvre d'immigrants alcooliques. Douglas, lui, était enthousiaste : c'était là la créature la plus puissante jamais engendrée par l'homme. Peter reconnaissait que la bête ne manquait pas de prestance, mais insistait sur le fait qu'on n'utilise pas un cheval de rodéo ombrageux pour tirer une charrue.

Quand la compagnie Edison éclaira tout un pâté de maisons dans New York à l'énergie électrique, Douglas regarda, fasciné. Quand Edison proposa des groupes électrogènes privés à qui en voulait, Douglas n'aurait pas demandé mieux que de signer. Mais Peter, persuadé que l'entreprise allait à la catastrophe, demanda un délai.

L'une après l'autre, les firmes s'équipèrent. McCormick, Marshall Field, National Tube. Si catastrophe il devait y avoir, elle semblait trop éloignée pour qu'aucune grande entreprise prenne la peine de s'y attarder. Peter finit par céder, devant l'inéluctabilité du progrès scientifique. Dix ans ne s'étaient pas écoulés depuis que Morgan avait appuyé sur l'interrupteur qui avait fait jaillir la lumière et l'usine de Walpole brillait de tous les feux d'un jour artificiel contrôlable à volonté.

L'électricité prit sa place aux côtés du savon dans la course folle à la santé. Le courant passait pour avoir des vertus relaxantes et on s'administrait religieusement des électrochocs. Les décharges insufflaient à l'individu des énergies scientifico-spirituelles.

Les effets bénéfiques de l'électricité ne manquèrent pas d'intriguer Peter, lui qui avait essayé pratiquement tous les traitements dont disposait la médecine pour guérir une demi-douzaine de maladies que les médecins n'avaient jamais vraiment réussi à identifier. Il était séduit par l'idée d'une force vitale désincarnée. Clare pouvait-elle prétendre combiner l'électricité et le savon en un seul et même produit qui réunirait les deux grands agents purifiants du jour ? Peter mit Neeland sur le coup. Mais l'idée était bien trop en avance sur son temps pour pouvoir être exploitée.

Il reste que Neeland, que l'électricité inspirait, en profita pour apporter sa dernière grande contribution à la compagnie. En procédant par analogie, il mit au point une de ces étranges inventions qui se fondent sur quelque chose qui n'existe pas encore. Il fit des expériences avec un mélange de suif et de colophane, qui se révéla satisfaisant même dans les eaux les plus dures. Il râpa et pila ce savon, le soumit à des décharges électriques et le fit passer dans des colonnes d'air chaud. Au terme de multiples essais, il finit par obtenir un savon en poudre qui ne servait absolument à rien si ce n'est à stimuler des inventions susceptibles de l'utiliser.

C'est ainsi que le savon en paillettes à dissolution rapide de Neeland favorisa l'apparition de machines à laver mécaniques plus performantes. À leur tour, ces nouvelles machines permirent à Clare de commercialiser des gammes entières de savons en poudre pour la lessive, des savons qui repoussèrent les tentatives désespérées de Fels-Naphtha et d'autres concurrents que l'électricité avait quelque peu pris au dépourvu pour prendre le marché.

Neeland mourut peu après cette dernière innovation et sa mort fut sans doute hâtée par sa détestable habitude de goûter ses préparations expérimentales. En moins de vingt ans, la machine à laver allait devenir une réalité cent pour cent électrique et le rêve de Peter – réunir les électrons et la mousse – serait réalisé sous une forme qu'il n'aurait jamais osé lui-même imaginer. Mais pas plus Peter que Neeland ne vécurent assez longtemps pour voir leur espoir secret se transformer en absolue nécessité et devenir le fondement même de la vie moderne, à moins que de leur séjour outre-tombe…

PLUS UN LUXE MÉCANIQUE MAIS UNE
ABSOLUE NÉCESSITÉ DANS CHAQUE FOYER
*
Fini la corvée du lundi !

LE LAVE-LINGE DE L'OUEST NOUVEAU MODÈLE
*
Fabriqué par Vandergrift MFG Co., Jamestown, New York

VENDU SUR SES SEULS MÉRITES
LA LESSIVE : UN JEU D'ENFANT
*
Des soupirs aux sourires

La Clare Soap and Chemical Company débarqua en force à l'Exposition de 1893. Cette année-là, Chicago, la merveille intérieure de la République, abritait l'Exposition universelle, le plus grand tour de force de l'ingénierie à ce jour et la foire commerciale la plus spectaculaire du monde.

La plaque tournante ferroviaire au bord du lac, où se trouvait le siège de la compagnie Clare pour tout l'Ouest américain, avait resurgi des cendres du grand incendie et relevé le gant du futur. Maintenant, c'était à elle-même que la ville se lançait un défi : recevoir le monde civilisé. Une armée d'appelés du contingent et une véritable flotte d'engins de construction transformèrent plus de trois cents hectares de marécages près du quartier de South Side envahi par les immigrants en une métropole étincelante. Et pendant quelques mois, la Ville blanche donna aux visiteurs du monde entier un aperçu de ce paradis des beaux-arts qui attendait le nouveau monde industriel.

Si brève qu'elle fût, l'Exposition attira trente millions de visiteurs – près de la moitié de la population américaine de l'époque –, qui, tous, furent subjugués par le spectacle de ce pays des merveilles. La baguette de l'effort se posa sur les marais pour leur donner vie, les métamorphoser en lagunes miroitantes, en terrasses illuminées et en splendides bassins. Le soir, cent mille ampoules électriques ensorcelaient le parc de l'Exposition de leurs myriades de reflets.

Sur les rives artificielles, les monuments fleurirent pour offrir un majestueux panorama. Louis Sullivan proposa de faire de l'Exposition la vitrine du siècle à venir. Mais ses projets furent rejetés au profit d'une vision princière plus spectaculaire. Des opéras de Paris, superbement faux, faits de bois et de toile de sac, arboraient des façades de plâtre plus étincelantes que le marbre qu'elles prétendaient imiter. L'ensemble formait une perspective d'une blancheur neigeuse.

« Pas la matière, mais l'esprit, proclamait le slogan de l'Exposition. Pas les objets, mais les hommes. »

Une réplique de Saint-Pierre, un péristyle gigantesque, un « Théâtre panoramique mobile », un chemin de fer sur la glace, les palais de l'Électricité, des Machines, de l'Agriculture et des Transports, des cabanes en rondins, des écuries pour des véhicules à moteur, un campement de bûcherons, des silos à grains, des scieries, des moulins à vent, des distilleries, des mines, la maison d'Izaak Walton, les ruines transplantées du Yucatán – tout était rassemblé en ces lieux en une sorte de folie méthodique et majestueuse, pour rendre hommage aux talents de l'homme et de la communauté humaine et annoncer les innombrables techniques du futur.

Le clou de l'Exposition, c'était le palais des Manufactures et des Arts, qui couvrait à lui seul un dixième de la surface totale. C'était là que Clare exposait, au milieu d'un immense océan d'autres exposants, parmi lesquels on comptait tous les noms célèbres de la période. Diamond Match était présent, en même temps que Merck, Van Houten et Vanderbilt. Armour n'avait eu que la rue à traverser, venant de ses établissements tout proches où il exploitait tout, sauf, peut-être, le cri de ses animaux, mais sans en tirer autant que ce qu'il arrivait à tirer de ses ouvriers. Toutes les compagnies de chemin de fer et de pétrole étaient là, de même que Smith Corning, Cunard, Crane, Libbey Glass, Westinghouse, la Rolling Chair Company, la US Wind Engine and Pump Company ; jusqu'au gouvernement américain, qui n'opérait encore que sur une petite échelle.

Ici, à Chicago, quatre cents ans après l'arrivée de Christophe Colomb, l'Amérique pouvait se voir telle qu'elle était vraiment : moins une nation qu'une organisation collective destinée à développer son immense arrière-pays. Les nombreux et brillants orateurs de la foire exhortèrent les capitaines d'industrie à utiliser le pouvoir de la production pour contribuer au progrès de tous les pays et à l'amélioration de l'espèce humaine.

Les compagnies présentes étaient allées jusqu'à présenter une reconstitution de la « Maison de l'ouvrier », afin que les trente millions de visiteurs puissent l'examiner de près. Le foyer de l'humble travailleur avait tout d'un futur pavillon de capitaliste.

Le campement de Sitting Bull avait lui aussi été démonté pièce par pièce et réassemblé près de l'entrée du Midway, sur la 59e Rue, à proximité du pavillon de la Musique brésilienne et de la ferme aux Autruches. On avait trouvé quelqu'un pour jouer le rôle de Sitting Bull, tué trois ans plus tôt alors qu'il résistait à ceux qui voulaient l'arrêter. Le Wild West Show de Buffalo Bill, dans lequel Sitting Bull avait joué son propre rôle jusqu'à une date récente, était établi dans la section sud, entre la 62e Rue et le métro aérien.

Ziegfeld inaugura ses spectacles musicaux à l'occasion de la conférence de Frederick Jackson Turner sur la frontière américaine. Scott Joplin conduisit un orchestre et Frederick Douglass quitta la Ville blanche, ulcéré, pour écrire son dernier grand discours, « La leçon du moment ». Sandow, l'homme le plus fort du monde, se laissa palper les muscles par les membres des deux sexes. Sur le Midway Plaisance, Little Egypt se fit une réputation mondiale grâce à une danse du ventre qu'en réalité elle n'exécuta jamais. Les Norvégiens envoyèrent un bateau viking. Krupp présenta en avant-première ses nouveaux canons fort impressionnants et l'ingénieur George Washington, Gale Ferris, sa grande roue qui fonctionnait à l'électricité.

L'Exposition universelle de Chicago rassemblait en un seul lieu les inconcevables merveilles de l'âge industriel. Elle rendait patente la puissante conversion de la matière travaillée par l'impétueux torrent de la mécanisation et imposait comme indéniables toutes les bénédictions engendrées par le génie humain au cours de trois générations. Elle présentait une anthologie de ces inventions qui avaient fait jaillir toutes les richesses enterrées du globe : la vapeur, l'électricité, le télégraphe, le téléphone, la chimie, la combustion interne, la dynamo et, invention suprême, la société anonyme à responsabilité limitée.

Henry Adams supputa que les inventions présentées à la foire, si elles continuaient sur leur trajectoire, offriraient « une énergie infinie et gratuite en moins d'une génération ». Adams vint à Chicago dans l'espoir de mettre un point d'orgue à l'éducation de toute une vie. Et il trouva que :

> Le plus incroyable dans l'Exposition, c'était le spectacle qu'elle offrait – plus surprenant que tout ce que le continent avait à proposer par ailleurs, les chutes du Niagara, les geysers de Yellowstone, avec, pour faire bonne mesure, la totalité du réseau ferroviaire…
>
> L'éducation faisait un triomphe à Chicago, du moins pour les esprits retardés qui ne s'étaient jamais trouvés confrontés, sous une forme concrète, à tant de sujets qu'ils ignoraient. Ceux qui ne savaient absolument rien – qui n'avaient jamais fait fonctionner un moteur à vapeur, la force pourtant la plus simple, qui n'avaient jamais posé la main sur un levier, n'avaient jamais touché une batterie électrique, jamais parlé dans un téléphone et n'avaient pas la moindre idée de ce que pouvaient valoir un *watt*, un *ampère*, un *erg* ou toute autre unité de mesure introduite au cours de ces cent dernières années – ceux-là n'avaient pas le choix : ils ne pouvaient que s'asseoir sur les marches et s'interroger, la tête entre les mains… C'était probablement la première fois depuis l'aube des temps modernes que l'un d'entre eux restait assis impuissant devant une séquence mécanique…
>
> Chicago posait en 1893 la question de savoir si le peuple américain savait au juste où il allait…

Une fois reconnue l'efficacité de la machine, la société pouvait peut-être s'interroger sur les intérêts sociaux que celle-ci devait servir, mais il était clair, en tout état de cause, qu'elle allait dans le sens d'une plus grande concentration.

Tout le monde visita l'Exposition, car même ceux qui ne firent pas le voyage furent aussi ses invités. On pouvait voir les guirlandes et les décorations à plus de deux cents kilomètres à la ronde, et notamment depuis une petite ville qui, jusqu'à un passé récent, n'avait abrité que des agriculteurs à la retraite.

Au cours des quelques années qui précédèrent l'Exposition, Lacewood était passée du statut de simple campement sur une terre ingrate à celui d'installation permanente. Un petit bénéfice, des intérêts soigneusement mis de côté permettaient d'accrocher quelques estampes au mur, d'écouter un peu de musique à la fin de la journée, voire d'en faire soi-même.

L'usine d'engrais Clare avait changé la nature même de la ville. Lacewood n'était plus désormais qu'à deux jours de n'importe quelle destination. Bien sûr, deux jours, c'était encore beaucoup, beaucoup plus que ce qu'on pouvait se permettre de gaspiller maintenant que le temps, c'était de l'argent. Mais on pouvait faire l'aller-retour Lacewood-Chicago dans la journée, qui plus est à moindres frais.

Lacewood se rendit à l'Exposition, s'y rendit même en masse. Sans regarder à la dépense, les ouvriers de l'usine Clare passèrent leur jour de congé à contempler ce qu'aucun ouvrier n'avait jamais contemplé jusqu'alors. Après avoir traversé les prairies conquises, ils descendirent sur le quai du terminus spécialement construit pour l'occasion et capable d'absorber des dizaines de milliers de voyageurs. Et ils restèrent en arrêt devant les fontaines électriques où, d'un seul coup d'œil, ils furent en mesure d'appréhender leur avenir.

Tout en flânant sur les esplanades et en se repérant grâce au plan offert gracieusement par Rand McNally, ils s'arrêtaient tout naturellement au passage pour visiter les stands Clare. Le thème, fruit du génie collectif de l'équipe de Nagel, en était la capacité du savon à unir les divers aspects d'un monde en constant développement. Le savon était au cœur de ce progrès vertigineux et, dans ses multiples incarnations, caractérisait le meilleur de ce qu'avait à offrir l'entreprise humaine.

Ce thème était d'une évidence telle qu'il n'avait pour ainsi dire pas besoin d'être vendu, puisqu'il était précisément celui de l'Exposition. Qu'était donc la Ville blanche sinon l'emblème du citadin récuré et fin prêt pour le banquet à venir ? Le commerce lui-même se concentrait tout entier sur ce point. Les vertus de la propreté étaient celles de la productivité. L'une n'arrivait pas sans l'autre. Le monde pouvait s'unir au sein de cette vision. Depuis le Village javanais jusqu'à l'École indienne, en passant par le Campement bédouin, les bonnes affaires faisaient les bons voisins.

Ce message et cet instant appartenaient en propre aux enfants de Christophe Colomb. Tel était aussi l'enseignement implicite de Clare. Même le puissant Pears, cet « agent civilisateur qui apporte la lumière jusque dans les recoins les plus sombres de la planète », dont les pains constituaient « la première tentative pour alléger le fardeau de l'homme blanc », déposa ce fardeau devant la Ville blanche et demanda aux syndicats américains du savon de reprendre le flambeau.

La Grande-Bretagne, depuis son ravissant mais modeste pavillon près de North Pier, salua son géant de rejeton de l'autre côté de Government Plaza, lui donnant sa bénédiction dans ce rite de passage. Il était clair pour tous que cet assemblage spectaculaire de bâtiments, tous plus faux les uns que les autres, formait un capital mondial qui réclamait la création d'un empire économique. L'Amérique était prête. Fruits, minéraux, épices, thé, caoutchouc, guano : un appétit grandissant pour les matières premières l'avait laissée impatiente à ses frontières, condamnée à s'emparer de ces îles que l'expédition Wilkes avait explorées précisément pour cette raison un demi-siècle plus tôt. Et c'est bien en avance sur les prédictions qu'aurait pu faire l'impériale Chicago que certains garçons de l'Illinois se retrouvèrent un beau jour en train de se battre contre les guérilleros philippins ou d'ouvrir la porte du commerce avec la Chine par la force des armes.

Les stands Clare avaient quelque chose de remarquablement douillet, si l'on songe à la taille qu'avait atteinte l'ensemble des établissements. On était loin de l'esbroufe tapageuse de l'Exposition de Philadelphie, car on avait mis l'accent sur la technique, si bien que seuls les visiteurs avertis s'aventuraient à faire le tour des stands. Mais, entre les modèles réduits de cuves et de séchoirs, on avait placardé la série d'affiches « Les progrès de la civilisation ». Chacune détaillait les avancées parallèles de l'hygiène et de la prospérité.

Les petites reproductions en noir et blanc de ces affiches, dûment dotées de leurs admonestations prophétiques, devinrent rapidement des pièces de collection. Leur attrait était fonction du message rassurant qu'elles apportaient : la promesse d'un minimum de bien-être pour tous ceux qui gardaient foi en l'avenir et se lavaient fréquemment.

Ces assurances hâtives convainquirent tout le monde sauf Nagel, les Clare et la majorité des cadres de la compagnie. Car la magie enchanteresse de Chicago n'aurait pu arriver à un moment moins propice. En effet, l'Exposition eut lieu alors que le pays connaissait de nouveau une terrible dépression, la plus terrible de toutes, bien sûr, pour ceux qui eurent à en souffrir. À une vingtaine de pâtés de maisons à l'ouest de la Cité blanche, la forêt de cheminées crachant leurs colonnes de fumée noire commença une nouvelle fois à s'éclaircir.

Et des ennuis bien plus graves minaient les fondations. La foire servit à commémorer le moment où le système industriel semblait devoir soit conduire le globe tout entier vers une nouvelle Terre promise, soit au contraire faire basculer toute forme de société dans le précipice. L'éclat du capital tantôt suggérait des merveilles encore à venir, tantôt marquait le niveau le plus haut atteint par une marée qui déjà se retirait.

Sous le plâtre de sa façade, Chicago faisait à l'esprit d'entreprise une promesse qui tenait de la plaisanterie de mauvais goût. Aucune pousse nouvelle ne pouvait prendre racine là où régnait déjà l'arbre d'une société anonyme et les grosses compagnies avaient depuis longtemps raflé les parcelles les mieux ensoleillées. Les petites entreprises qui survivaient encore avaient déjà l'air d'appartenir à un autre âge. L'argent coulait comme de la poussière interstellaire s'agrégeant en nuages de molécules. Il affluait dans des monopoles, des trusts, des syndicats toujoursplus grands et toujours plus avides. « L'heure de l'association est arrivée, proclamait Rockefeller. L'individualisme est mort, mort et enterré. »

Pendant longtemps, les travailleurs étaient restés conciliants et avaient accepté de payer le prix de l'association. Quels qu'aient pu être les inconvénients, les profits résultant du système se répercutaient du haut en bas de l'échelle. Devant une telle abondance, beaucoup pensaient que les conditions de travail ne cesseraient de s'améliorer jusqu'à ce que l'usine devienne une sorte de station thermale dotée de tout le confort moderne.

Mais voilà que, maintenant, ceux qui peinaient sous le joug de la concentration industrielle commençaient à ressentir les effets de l'asservissement à la machine qui attendait l'humanité. Le marché n'était plus acceptable et encore moins profitable. Sept ans avant l'Exposition de Chicago, les travailleurs avaient menacé de faire s'écrouler le château de cartes. L'année d'avant, les concessions de terres avaient donné lieu à des effusions de sang, à une véritable guerre ouverte entre les Pinkerton et les anarchistes. Et ce n'était qu'un début : le mécontentement gagnait tous les secteurs.

Des armées d'ouvriers au chômage marchèrent sur Washington pour manifester leur mécontentement. Dans tout le pays, les grévistes réclamaient qu'on mette un terme au système de vol organisé des grandes entreprises. Pullman, jadis idolâtré par les travailleurs pour son village ouvrier paternaliste mais malgré tout d'avant-garde, réclamait désormais à ses employés un loyer plus élevé que le salaire qu'il leur versait. Quand se déclara l'inévitable soulèvement, seules les troupes fédérales, envoyées à Chicago contre l'avis du gouverneur de l'État, parvinrent à sauver la compagnie Pullman de la colère de ses membres anonymes.

Le court moment d'ivresse provoqué par l'Exposition fut suivi d'une sévère gueule de bois. L'une après l'autre, les grandes façades de style classique s'écroulèrent, leurs corniches de plâtre retournant à l'état de craie et de toile de sac. Le feu fit le reste, détruisant l'essentiel de ce qui était encore debout. De cette parodie de ville, un seul pavillon survécut et vit l'aube du nouveau siècle. Pendant la Grande Dépression, la ville reconstruisit le palais des Beaux-Arts afin d'y abriter le musée des Sciences et de l'Industrie. Cet immense temple de la technologie n'était qu'à trois kilomètres de l'usine de transformation futuriste de Clare, qui finit par être délocalisée en Indonésie, en 1987.

W*O*R*L*D*'S F*A*I*R

*

SPECTACLE NOCTURNE

* * *

TABLEAUX VIVANTS ET DÉFILÉ DE CHARS

* * *

GRAND CARNAVAL AMÉRICAIN

* * *

LE MONDE ENTIER SE RETROUVE À CHICAGO

* * *

ALLÉGORIE DE L'UNION

* * *

CONCERT MONSTRE. DES CENTAINES DE CHORISTES

* * *

LE PLUS BEAU FEU D'ARTIFICE JAMAIS TIRÉ EN AMÉRIQUE

* * *

Le spectacle le plus grandiose, le plus sensationnel des Temps Modernes

*

Le lac est étrangement libre de glace. La ville entière n'est qu'un bloc de pergélisol, à l'exception de cette foutue flaque d'eau paysagée qui se trouve devant les établissements Clare.

Ce truc-là ne gèle jamais. Au cours de toutes les années qu'il a passées ici, Don n'a jamais vu la moindre parcelle de glace flotter à la surface. C'est d'ailleurs l'occasion d'un canular bien connu dans le coin. Les étudiants de l'université parlent d'un énorme mammifère marin qui rôderait dans les profondeurs au milieu de grottes suintantes, se repaissant d'hydrocarbures aromatiques lâchés par des vannes directement reliées aux labos de recherche et communiquant à l'eau sa chaleur animale. Don et Laura étaient venus au bord du lac le soir de leurs fiançailles, riant bêtement comme des gosses, pour essayer d'apercevoir la créature à la lueur d'une torche, mais une voiture de patrouille les avait repérés et ils avaient déguerpi.

Dans le temps, cela intriguait beaucoup Don. Était-ce la chaleur fournie par l'usine qui était responsable du phénomène ? La proximité de tous ces gens, de toutes ces machines ? Une sorte d'écoulement thermique ? Ou quelque ingrédient mélangé à l'eau ? Il aurait en tout cas donné n'importe quoi pour avoir ne serait-ce qu'une pincée du produit de manière à éviter que son allée se transforme en toundra quand, vers la fin janvier, le froid déboulait de Saskatoon.

Chaque fois qu'il passait par là, c'était le mot « exothermique » qui lui venait à l'esprit, le seul peut-être qu'il eût retenu de ses cours de chimie à l'université. Il fallait bien qu'il y ait une explication. Peut-être qu'ils se servaient du lac comme d'une sorte de liquide de refroidissement bon marché, pompant l'eau par des conduites qui l'amenaient aux machines surchauffées avant de la réexpédier dehors, où elle restait le temps de se refroidir.

Il s'était amusé à trouver des tas d'explications, toutes plus ingénieuses les unes que les autres. Mais personne n'avait jamais été capable de lui dire s'il brûlait ou non. Jusqu'au jour où il avait brusquement cessé de s'intéresser à la question.

Don quitte Resolve Road et gare sa voiture sur le parking visiteurs, qui est au diable, à côté du parking réservé aux employés de dernière catégorie. Puis, il longe une sorte de ruisseau pour gagner l'entrée principale et le voilà de nouveau perplexe. Comment, avec un temps pareil, quelque chose de liquide peut-il ne pas geler ? Compte tenu du vent, il doit faire moins quarante. Et on vous parle du réchauffement de la planète !

Quand il a posé la main sur la portière de sa voiture ce matin, son index est resté collé à la serrure. Il lui faut respirer à travers une serviette en papier le temps d'aller de l'emplacement G-13-Parking jaune au Barnard Building, s'il ne veut pas voir des glaçons se former dans ses bronchioles. La radio hier soir a parlé d'un monteur en retraite, retrouvé mort dans son appartement. La compagnie lui avait coupé le gaz parce qu'il n'avait pas payé ses factures depuis deux mois. Et ce lac qui est toujours là, avec ses petites vagues qui clapotent comme si on était en plein mois de juin.

Juste derrière le lac, une suite de plans effilés et incurvés. Quelque quarante mille mètres carrés de bâtiments enchevêtrés qui évoquent toujours pour lui une gigantesque séance de pelotage pour pianos à queue, tous ouverts dans l'attente du plaisir. Quand il arrive en face du bâtiment de la direction, il lève les yeux et voit l'ensemble tel qu'il lui apparaissait dix ans plus tôt. Une version adoucie, arrondie d'Habitat 67, ce rêve d'un nouvel urbanisme qui l'avait tant séduit quand il était enfant. Un tourbillon de courbes et d'angles, qui défie tous les canons de l'architecture.

Il repense à l'époque, quelques années avant la naissance d'Ellen, où Clare a décidé de concentrer ici toutes les activités de son secteur agronomique dispersées un peu partout en Amérique du Nord. Une simple usine régionale transformée pratiquement du jour au lendemain en siège social. L'ensemble avait fière allure sous la plume du dessinateur du journal local. Et quel avenir pour la ville ! Dire que celle-ci n'avait été jusqu'ici qu'un petit bled de rien du tout perdu dans l'herbe des prairies.

Vus de loin, sur la 47, les bâtiments affichent toujours le même message : demain est le plus beau jouet dont on puisse rêver. Les panneaux gris et pêche au-dessus de l'entrée monumentale sont toujours porteurs de la même invitation : entrez donc, venez nous aider dans notre prochaine découverte. Comme si le complexe tout entier n'était qu'un bel emballage, un hymne à sa propre gloire. La vie est bien plus belle à l'intérieur.

Il se fait l'impression – la saison y est pour quelque chose – d'un éclopé venu chercher la guérison aux portes d'une cathédrale. En quête d'un sanctuaire, d'un peu de chaleur, le temps de retrouver son souffle avant de reprendre la longue route du retour. Pour l'instant, il essaie de ne plus respirer du tout, tandis qu'il presse le pas le long des parterres de fleurs. Encore quelques mois et toute la colline manucurée sera littéralement couverte de pétunias, étalage qui a toujours exaspéré Laura. Clinquant et vulgaire, selon elle. *Est-ce qu'on peut vraiment faire confiance à des gens qui plantent autant de pétunias à la fois ?* Non, reconnaît-il, un peu tard. Décidément, non.

Les cordes cliquettent contre les quatre mâts au sommet desquels flottent des drapeaux tellement raidis par le froid qu'on les sent prêts à se briser au prochain claquement. Au premier rang, la bannière étoilée. Manifestation patriotique bien pensée, se dit Don. C'est fou ce que les transnationales aiment à jouer la carte de la citoyenneté chaque fois qu'elles cherchent à se protéger. Mais Clare est à l'image de toutes les élites du monde entier : la compagnie est présente dans tellement d'endroits à la fois qu'elle n'a pas de domicile fixe.

Sur le deuxième mât, l'aigle de l'Illinois a le bec sur une banderole rouge aux allures de ver de terre. Don ne reconnaît le drapeau que parce qu'il flotte aussi à l'université. En revanche, la bannière juste à côté parle d'elle-même. Il la connaît depuis sa plus tendre enfance. Cependant, à l'instar de Betty Crocker, le logo de la compagnie a subi, au fil des ans, une bonne demi-douzaine de liftings destinés à renouveler constamment son look. Sortir le style de demain avant l'heure, c'est tout l'art du marketing. Pas de meilleur moyen pour le produit de rester plus longtemps en rayon, exactement comme pour ces magazines qui portent une date postérieure de dix jours à la date d'impression.

Mais le logo avec lequel il a grandi se devine toujours dans l'avatar du moment. Le dessin original subsiste, à la manière de la mèche rebelle tombant sur le front des Kennedy ou du bec-de-lièvre des Habsbourg. La représentation s'est peut-être un peu simplifiée, le trait s'est épuré. Mais Don est frappé par cet esprit de continuité. Le gamin d'il y a quarante ans n'a aucune peine à reconnaître cette dernière version. N'importe quel habitué des magasins entre les années trente et la fin des années quatre-vingt-dix serait capable de mettre un nom sur cette image.

Le plus curieux, c'est qu'il n'a jamais été vraiment sûr de ce qu'est censé représenter le dessin. Il se souvient qu'un jour il s'est attrapé avec Laura à ce sujet. Enfin, pas vraiment attrapé. D'après Laura, c'était un oiseau prenant son envol. Lui y voyait une sorte d'atome ou de molécule, un élément du jeu de Lego chimique de la compagnie. Ils s'étaient finalement mis d'accord pour dire que c'était sans importance. Le truc disait *Clare*, clairement, même s'il ne ressemblait à rien.

Le quatrième mât sert des intérêts particuliers. Don a vu flotter à son sommet des dizaines de drapeaux différents, selon la qualité des personnalités qui visitent la ville. Aujourd'hui, c'est un étendard noir avec une silhouette pliée en deux, en l'honneur des soldats portés disparus et des prisonniers de guerre.

Au-dessus de la ligne des drapeaux, c'est l'équipement *high-tech* dans toute sa splendeur, se dressant aussi haut que possible : héliport, station météo, relais ondes ultra-courtes, antenne parabolique – autant de flèches qui s'élèvent au-dessus de Lacewood comme le Mont-Saint-Michel au-dessus de ses marais. Finalement, ils ne seront jamais allés en France, Laura et lui. Ils auront dû se contenter de ce pâle substitut.

La comparaison est des plus aptes : un vieux château qui monte la garde et protège son village, des flèches dominant un fouillis de bâtiments publics. Deux complexes de bureaux, un centre commercial avec des allées à ciel ouvert, un bâtiment pour la recherche, un théâtre et un centre de congrès. Il vient ici au moins une fois par mois, toujours dans le but de collecter des fonds, et il continue à se perdre.

Il suffit de grandir avec le siège social d'une grande compagnie à sa porte pour penser qu'il en va de même pour tout le monde. Ellen, Tim : exactement dans la même situation que des petits Français grandissant à l'ombre d'une tour médiévale dont ils ne quittent pas le pied. Ils voient les bâtiments reproduits sur des cartes postales et des affiches. Ils passent devant pour aller faire les courses. C'est un élément permanent du décor dont ils entendent parler tous les jours, sans même y faire attention. Et c'est tout naturellement qu'ils pensent qu'il en existe de semblables dans chaque ville.

Il pénètre à l'intérieur juste avant d'être transformé en statue. Il attend un moment dans le hall, le temps que le sang circule de nouveau sous sa peau crevassée par le gel. Il tape ses pieds l'un contre l'autre pour se débarrasser de la neige et entrouvre son manteau. Il est passé de la Sibérie à un paradis tropical.

La lumière du jour jaillit de toutes parts. Elle rebondit et ricoche, envahissant tout l'espace grâce à des lucarnes et des surfaces métalliques rutilantes. Même les sculptures et les peintures accrochent la clarté et la redistribuent aux quatre coins du hall gigantesque.

Dans les recoins inaccessibles, des spots camouflés prennent le relais. Don n'avait jamais remarqué à quel point cette luminosité est brillamment orchestrée. Artificielle, elle est dix fois plus convaincante que la vraie.

Il franchit les halls les uns après les autres pour arriver jusqu'au terrarium principal. De la voûte jusqu'au sol, ce n'est qu'une immense forêt tropicale sur plusieurs niveaux. Les espèces animales et végétales règlent elles-mêmes leur chaleur et leur humidité, élaborant des microclimats avec l'aide de baies adaptables. Il lève les yeux vers la fameuse claire-voie sur quatre étages, avec son double vitrage qui s'obscurcit l'été et s'éclaircit l'hiver de manière à permettre des économies d'énergie. Trois ascenseurs vitrés montent et descendent lentement le long des murs, au-dessus de sa tête. Il a lu quelque part que même la chaleur produite par leur machinerie est récupérée pour être réutilisée.

De petites cascades coulent le long des parois moussues et se réunissent pour former des oasis de fraîcheur. La rampe d'un escalier rappelant l'intérieur d'une ziggourat fait en quelque sorte office de lit de rivière et irrigue les jardins sur chaque palier. Six étages de bassins en pente douce. Les chutes le surprennent autant qu'elles l'émerveillent à chaque visite. Et aujourd'hui, il n'est pas seul. Une délégation visite les lieux. Il voit les très sérieux hommes d'affaires dans leurs costumes à fines rayures noires et grises s'arrêter à mi-étage, poser leurs attachés-cases et, les mains plongées dans le courant jusqu'aux poignets, brasser l'eau qui dévale dans la rampe.

Le gazouillis de l'eau calme Don. Il se surprend à frissonner, mais ce n'est pas de froid. Le mieux, c'est de foncer droit sur le bureau de la sécurité, le poste de contrôle qu'il lui faudra forcément franchir. Il entreprend la traversée du hall d'un bon pas. Son visage prend cette expression amène et digne dont il a fait son gagne-pain, l'expression de quelqu'un d'ouvert, d'attentif, en paix avec lui-même et avec le système : Bonjour, ravi de vous rencontrer.

Il se présente à la réception, tout en cuivre repoussé et en panneaux plaqués cerisier. Il choisit la plus jeune des réceptionnistes. « Je viens voir Deborah Pierson », annonce-t-il. Le timing n'est pas vraiment bon, le ton un rien trop brusque et pressé. *« Public relations. »*

La réceptionniste lève les yeux pour voir à qui elle a affaire. Une masse informe enveloppée d'une écharpe et d'acrylique.

« Elle vous attend ?

— Ouais (sur un ton qui s'essaie à l'impatience polie).

— Votre nom ? »

Il tousse avant de le lui donner. Elle sort le livre où sont inscrits les noms des visiteurs du jour. « Bodey, c'est ça ? B-O-D ? »

Il commence à regretter son initiative.

« Je vais devoir l'appeler, dit la femme.

— Poste 1737.

— Oui, monsieur, je sais. Je l'ai ici. » Une seconde plus tard, elle est en train de dire : « Ici, la réception. Un Mr Bodey pour vous ? » Encore quelques secondes d'attente, puis : « Il dit que vous l'attendez. »

La réceptionniste débranche sa fiche de cet air lointain et blasé qui sera sans doute pour elle un précieux atout professionnel dans les années à venir.

« Vous connaissez le chemin pour aller jusqu'aux *public relations* ?

— Mais oui, dit Don avec un grand sourire.

— Voulez-vous prendre un véhicule ? »

Elle montre la flotte de chariots de golf reconvertis dans une sorte de petit parking sur sa gauche.

« Je préfère marcher.

— Vous êtes sûr ? Ça fait un bout de chemin.

— Merci, dit-il tout en se tapotant l'estomac. J'ai besoin d'exercice. »

Il se dépêche de sortir de l'atrium principal avant qu'elle se ravise et décide d'appeler le service de sécurité. Aile ouest, section trois. Il trouve le bon couloir, c'est déjà bien. Il se fraye un chemin au milieu d'un groupe d'écoliers en visite de classe qui s'apprêtent à découvrir l'architecture futuriste du théâtre. Les gamins, surexcités, jacassent à n'en plus finir, victimes de ces illusions que l'on ne rencontre que chez les très jeunes. Ils adorent l'endroit ; ils ne se sont pas autant régalés depuis la sortie à l'usine de traitement des déchets. Certains d'entre eux ont l'air de candidats à une entrevue professionnelle.

Il longe la salle du conseil, qui a des allures d'aquarium et possède son propre système de sécurité. Que les architectes n'aient pas relégué cette pièce dans les hauteurs de la tour sud par exemple l'a toujours étonné. Sans doute faut-il y voir une intention de révéler les rouages secrets de la machine, de les mettre sous les yeux du petit investisseur. À moins que ce ne soit l'inverse : une façon plus ostentatoire d'afficher le pouvoir.

Les rideaux sont repoussés cet après-midi. Il ralentit en passant devant la pièce sans défense, autant qu'il le peut sans éveiller les soupçons. Il faut absolument qu'il jette un coup d'œil. S'il y a des humains au gouvernail, c'est là qu'ils manœuvrent. Jamais il n'aura l'occasion de s'en approcher davantage.

C'est une grande salle vide, autant qu'il puisse en juger. Au parfum suranné : Main Street, éclairage au gaz, 1904. Au milieu de la pièce trône la plus grande table qu'il ait jamais vue. En acajou d'un rouge sombre, incrusté de marqueterie. Le genre que l'on imagine avoir appartenu d'abord à quelque boursicoteur à la moustache en guidon de vélo. Autour de cet ovale massif, deux douzaines de fauteuils au rembourrage épais. Un pour chacun des gardiens du paradis. Asseyez-vous donc là et vous n'êtes pas prêt de vous relever.

Une bombe, une seule, se dit-il. Une seule petite enveloppe d'explosif glissée dans une serviette pendant que siège le conseil. Le rêve de tout anarchiste : quelques mètres à peine à franchir et ce serait le grand bouleversement. Et puis la poussière imaginaire se dépose de nouveau et il comprend en un éclair. Le comité directeur ? Il est à des kilomètres du point d'impact. Et il en va de même du bureau du directeur général, de celui du directeur adjoint ou de l'actionnaire majoritaire, autrement dit de toutes les cibles que Don n'approchera jamais.

Une explosion, finalement, n'entamerait guère l'édifice. Même en synchronisant les détonations et en s'arrangeant pour faire s'écrouler l'ensemble des bâtiments. Un département, une division en moins, voire une compagnie tout entière… Et alors, quelle différence ? Un peu d'encre rouge ici et là, une dépréciation locale, mais le vrai commerce continuerait à suivre son cours, éparpillé dans le monde, insaisissable, introuvable.

Le vrai business se fiche du tiers comme du quart de ses agents régionaux. Se fiche complètement des revers ou des accrocs. Les cratères laissés par les bombes œuvrent dans son sens, sont aussi nécessaires que les incendies dans le parc de Yellowstone. Du moment que les gens n'ont rien contre ce qu'il fait. Du moment qu'on n'a pas vraiment le choix. La vérité, c'est qu'il n'y a pas de point d'impact. Rien qui puisse servir de cible à un anarchiste, même en imagination.

Il continue, longeant des kilomètres de peinture inaltérable. Le bureau de Deb semble bien loin de l'entrée principale, pour quelqu'un qui occupe de pareilles fonctions. Elle lui en a pourtant expliqué la raison : les *public relations* n'ont plus droit au devant de la scène. À chaque époque, sa stratégie et à chaque stratégie, son plan d'occupation des locaux.

Une baie d'une dizaine de mètres de long dans un des murs du couloir s'ouvre sur une des unités de production. Encore une stratégie, se dit Don. On laisse les ateliers bien visibles, de manière à ce que la direction garde le contact et que les ouvriers ne soient pas tentés de s'endormir. Deux étages plus bas, il voit des installations qui n'ont plus qu'un rapport très lointain avec une usine. Tons pastel, cloisons molletonnées et tendues de tissu afin d'étouffer le bruit : le travail dans le confort.

C'est plutôt convivial, là, en bas. Des allures de boutique d'électronique discount au beau milieu des soldes de fin d'année. Beaucoup de matériel, si l'on en croit le fouillis de conduites et les entrelacs de câbles. Difficile de dire par où entrent les fournitures et par où sort le produit. Mais l'endroit est agréable, humain, à l'image du foyer bourdonnant d'une maison de retraite.

Des robots ronronnent et vrombissent sur leurs plates-formes mobiles. Ils s'activent au milieu de leurs alliés humains, les assistant tout en réclamant leur assistance. Ensemble, les occupants de la ruche s'acquittent des différentes phases de l'assemblage. Don imagine une seconde un monde où les robots seraient victimes du cancer. Se demande si les machines seraient capables d'une grève sauvage.

Tous ces pauvres types là, en bas, qui s'enfilent tous les jours dans l'abdomen des doses dont on ignore exactement les effets, si tant est qu'on soit même prêt à admettre l'existence desdits effets. Mais ont-ils vraiment le choix ? Pour la plupart, c'est marche ou crève. De toute façon, la mort est au bout. C'est simplement une question de temps.

Debout devant la baie, Don a honte de sa bêtise. Croyait-il vraiment apercevoir une fuite d'ici ? Une flaque dans un coin qu'il aurait pu photographier en guise de preuve ? Il observe cette activité incessante, autrement plus intéressante que n'importe quel match à la télé. Le bourdonnement d'une centaine de gens, qui contribuent à assurer la récolte nationale. Il est trop tard pour faire marche arrière maintenant, même si on en avait envie. Et qui pourrait bien en avoir envie ? Impossible de se passer désormais des additifs magiques, des super pesticides. D'autant que, grâce à ces derniers, on a fait naître une race de super pestes.

« Don », s'entend-il appeler depuis l'autre bout de la galerie. En dehors des spots publicitaires à la télévision, c'est la voix la plus sexy qu'il connaisse. Deb est venue à sa rencontre. Fébrile, essayant de détourner son attention. Il s'est toujours demandé à quoi pouvait ressembler cette femme quand elle n'attendait pas de visiteurs. Mais elle est toujours en train d'en attendre. Elle en a déjà reçu une bonne dizaine sans doute depuis le déjeuner. Il a de la chance, en fait, de pouvoir lui arracher ne serait-ce que cinq minutes. Simplement de pouvoir lui mettre la main dessus.

Il repousse ses cheveux en arrière avant de se retourner.

« Mrs Pierson. Merci d'accepter…

— Bodey. Qu'est-ce que tu fous ici ? d'un ton mi-moqueur, mi-grondeur, un rien troublé, qui montre qu'elle ne lui en veut pas.

— Je ne sais pas, Deb. La dernière fois qu'on s'est vus, il m'avait semblé comprendre que je pouvais venir un peu quand je voulais.

— Salopard, va. C'était en dehors des heures de travail, uniquement. Mais c'est bien connu, il y a des femmes que l'on ne remarque que pour leurs charmes professionnels.

— Si tu veux tout savoir, tu es éblouissante.

— Je te crois sans peine, à te voir baver comme un vieux chien. »

C'est vraiment une des femmes de quarante ans les plus incroyablement attirantes qu'il connaisse. Et le fait qu'elle semble honnêtement ne pas en être persuadée n'a d'autre effet que de rehausser son charme.

« Regarde-moi un peu comment tu es attifé, dit-elle en tirant sur son manteau. Tu as de la chance d'avoir encore des oreilles.

— Pour te voir, je braverais la pire des tempêtes.

— Alors, mec, pour le compte de qui est-ce que tu viens nous arnaquer, cette fois-ci ? »

Deux fois divorcée. Ce qui lui paraît inconcevable. Peut-être qu'on en est arrivé au point où on n'a même plus besoin d'une bonne raison pour divorcer. Cette femme est drôle, pétillante, branchée ; elle a du doigté, le sens de la repartie. En tout cas, pendant les heures de travail. Laura, elle aussi, faisait un effet terrible dans les bureaux de l'agence. Ses clients n'arrêtaient pas de lui dire qu'il avait une chance folle d'avoir une femme comme elle.

Deb fait avec lui le reste du chemin jusqu'à son bureau. Ils passent devant les box et les postes de travail propres à l'ère de l'organisation. Mais, ici, la disposition est plus aérée qu'à l'ordinaire. La libéralité en matière d'espace communautaire confine au gaspillage. Aucun bureau n'est à plus de cinq mètres d'une fenêtre. Et pour chaque lot de trois ordinateurs, il y a un fauteuil à oreillettes et une table pour favoriser les rencontres impromptues. Les lieux évoquent davantage un club qu'un centre de contrôle pour tout un continent.

« Je cherche des sponsors pour la nouvelle bibliothèque. C'est vraiment le genre de projet que Clare ne peut pas se permettre de laisser passer. Et puis, parfaitement lisible. Qui dit recherche dit découvertes, autrement dit retours sur investissement garantis. C'est exactement ce que vous incarnez. L'image que vous cherchez à donner aux gens que vous voulez impressionner. Je t'ai apporté les plaquettes que nous venons de sortir.

— Don, dit-il d'un ton un peu timide qui lui va droit au cœur. Don, tu aurais aussi bien pu m'envoyer ces documents par la poste, tu ne crois pas ? » Elle le regarde, les yeux écarquillés. « Tu as fait tout ce chemin, avec un froid à ne pas mettre un chien dehors, sans même prendre rendez-vous, simplement pour me remettre…

— Je me suis dit que je ne risquais rien de tenter ma chance. »

Le mieux à faire, c'est de jouer sur l'ambiguïté de la formulation et d'espérer que tout se passera pour le mieux. Il a travaillé avec six ou sept personnes différentes de chez Clare au fil des ans. Elle est de loin la mieux. Et pas seulement à cause de ce… comment dire ? de ce courant qui passe entre eux. Elle est bien, c'est tout. Elle connaît les gens. Sait les apprécier. Sait comment les amener à l'apprécier, elle, sans se forcer, naturellement. Et avec ça, toujours le sourire et juste ce qu'il faut de familiarité et de décontraction.

« Ta chance, hein ? demande-t-elle en souriant. Donne-moi ça. Je vais le transmettre aux échelons supérieurs avec toutes les recommandations nécessaires et en passant soigneusement sous silence l'attaque surprise dont j'ai été l'objet. En attendant, est-ce que je peux t'offrir quelque chose à boire ?

— Y a quoi, m'dame ?

— Voyons voir, dit-elle en souriant. Nutrifruit kiwi-raisin. Nutrifruit melon-mangue. Nutrifruit…

— Je peux te poser une question ? Pourquoi fautil forcément qu'il y ait deux parfums ? Un seul, ça ne suffit plus ? Ce n'est plus assez bon ?

— Ringard, lui dit-elle, sarcastique. Réac. »

Elle récupère leurs deux bouteilles, verre plastifié enveloppé d'une fine pellicule de mousse de plastique. L'emballage revient certainement plus cher que ce qu'il y a dedans. Le bouchon saute tout seul quand on ouvre la bouteille, de sorte que l'on sait aussitôt si l'on a trafiqué le contenu depuis la sortie d'usine.

« À propos, tu sors toujours avec cette fille que tu as prise au berceau ? demande-t-elle. Toni, c'est ça ?

— Terri. En fait… Oh, c'est une longue histoire.

— Ça tombe bien. Nous adorons les longues histoires, ici. Surtout quand il y a une suite.

— Vous avez combien de temps à me consacrer, Mrs Pierson ?

— Pourquoi cette question ? demande-t-elle, en battant des cils.

— Parce que j'imagine que vous ne savez plus où donner de la tête en ce moment, dit-il entre deux gorgées de melon-mangue. Vous devez être sur les dents, tous autant que vous êtes.

— Et pourquoi ? Ah, cette histoire de procès… »

Un petit geste de la main, comme si elle essayait de se rappeler ce qu'elle a bien pu lire à ce sujet. Elle est décidément mieux que bonne. Elle est magistrale.

Mais il n'est pas mauvais non plus. Il a commencé à s'occuper de développement avant que cette femme ait jamais entendu parler d'une maîtrise en psychologie du comportement.

« Eh oui ! fait Don. Je pense à toi chaque fois que j'entends parler de cette affaire. J'espère que ce n'est pas le genre de dossier qui atterrit sur ton bureau ?

— Pas vraiment. »

En deux mots, tout a changé. Décidément, rien ne lui échappe. Toujours aussi drôle, aussi chaleureuse, aussi accueillante. Mais c'est comme si un petit écran de gaze tout à fait amical était venu s'interposer entre eux.

« Je ne suis même pas vraiment au courant, poursuit-elle. Il y a deux actions différentes en cours, non ? Un recours collectif et une… une…

— Une action civile », complète-t-il.

Incroyable. Ils travaillent ensemble depuis plus de trois ans. Elle lui a fait verser des dizaines de milliers de dollars pour ses diverses campagnes. Elle a outrageusement flirté avec lui. Elle a même, indirectement et en dehors des heures de travail, cassé pas mal de sucre sur le dos de la compagnie. Ils se sont toujours appréciés, autant qu'on peut s'apprécier quand on est appelé à travailler ensemble, mais tout ça, maintenant, c'est fini, oublié.

En plus, elle n'y tient même pas vraiment, à ce boulot. Elle lui a suffisamment répété qu'elle était poursuivie par les chasseurs de têtes, qu'elle est même allée jusqu'à Minneapolis pour examiner une offre qu'elle a finalement refusée. Il est impensable qu'elle éprouve un quelconque sentiment de loyauté à l'égard de cet ectoplasme, de cette espèce de méduse informe de cinquante mille personnes qui se fichent pas mal de ce qui peut lui arriver à elle. Impensable qu'elle aime vraiment cette cochonnerie de Nutrifruit.

Mais il n'y a pas de place de pour le moindre débat. Tout est fini avant même qu'il ait le temps de lui demander de choisir entre lui et Clare. Et c'est l'ectoplasme qui remporte la victoire.

« J'espère qu'il n'y a rien de sérieux dans toute cette histoire, dit-elle le plus sérieusement du monde.

— Moi aussi.

— Et j'espère bien que ces gens vont se remettre », ajoute-t-elle, les yeux soudain humides de larmes.

Ils échangent encore quelques banalités sur les photos de leurs enfants, leurs projets pour Noël. Histoire de remettre les pendules à l'heure. De faire comme si rien ne s'était passé.

« Je transmettrai ces documents aux intéressés, dit-elle, en lui tendant ce qui pourrait tout aussi bien être son chapeau. Je suis sûre que nous participerons à ce projet. Ces plans ont l'air vraiment très chouettes, Don. »

Il se retrouve dans le sas, entre les portes vitrées, avec une seule barrière entre lui et la sauvagerie du Midwest. Il s'enveloppe de nouveau dans son manteau et se prépare à courir comme un fou jusqu'à sa voiture, alors que non seulement la température est de moins quarante, mais qu'à quatre heures de l'après-midi il fait déjà noir comme dans un four.

Il arrange son écharpe de manière à laisser un minimum de peau exposée. Tandis qu'il ferme les boucles de son manteau – ça, c'est la mode idiote de l'an dernier –, ses yeux tombent sur la plaque commémorative. Juste devant lui, à hauteur d'œil, jamais lue, si ce n'est par hasard. On y voit les noms de tous les architectes responsables, un hymne flagorneur au président de la compagnie, la date et les circonstances de l'inauguration des bâtiments. On croirait bien qu'il s'agit du Capitole, nom de Dieu ! Et puis, on vous renvoie gentiment dans le néant d'un noir d'encre avec ces mots de Churchill : *Nous donnons forme à nos demeures. Par la suite, ce sont elles qui nous in-forment.*

Message du département agronomie secteur nord-américain

CLARE INTERNATIONAL

Le 17 décembre
À diffuser immédiatement

La manière quelque peu erronée dont a été récemment couvert par les médias l'inventaire annuel des émissions toxiques publié par l'Agence pour la protection de l'environnement a suscité quelques inquiétudes dans les communautés voisines des trois usines de produits chimiques Clare implantées dans l'Illinois. Il est tout à fait légitime que nos concitoyens se préoccupent de leur santé et nous aimerions prendre un moment pour répondre à leurs inquiétudes et assurer ceux qui habitent près de nos usines de leur complète sécurité.

De manière à comprendre pleinement les chiffres fournis par l'APE, il est nécessaire dans un premier temps d'examiner plus en détail les instructions gouvernementales en matière de recueil des données. Les industriels sont tenus de fournir à l'APE des informations sur une grande variété de substances, parmi lesquelles figurent des produits qui n'ont jamais été considérés comme dangereux. L'inventaire lui-même ne dit rien sur les éventuels risques pour la santé que présenteraient ces substances.

Ce rapport annuel devrait apaiser les inquiétudes des résidents, car il montre une fois de plus que Clare respecte les limites strictes imposées par la législation tant au niveau de l'État qu'à celui de la nation. Une émission chimique constitue le corollaire inévitable de toute activité économique vigoureuse, menée sur une aussi vaste échelle. Le facteur essentiel à prendre en compte n'est pas l'existence d'une substance à l'état de traces mais sa concentration. Les taux de substances dangereuses en provenance des usines Clare sont négligeables et ne font courir aucun risque sérieux à ceux qui vivent à proximité.

Nous apprécions les efforts du gouvernement qui vont dans le sens d'une protection maximale de la santé des citoyens. Mais nos exigences internes en la matière sont encore plus strictes que celles de la loi. Notre équipe de scientifiques et d'ingénieurs chimistes contrôle en permanence ce qui sort des cheminées sur les trois sites. Les taux d'émission relevés tous les mois n'ont pas évolué depuis quatre ans. Les prélèvements réguliers dans les eaux et le sol ne révèlent aucune concentration significative de substances toxiques ou carcinogènes.

C'est à tort que les gens se sont alarmés à la suite d'une mauvaise interprétation des statistiques de l'APE. Nous tenons à dire que les rumeurs concernant en particulier des affections récurrentes parmi nos employés ne sont pas fondées. Nous n'avons pas connaissance d'un seul de nos salariés qui ait pu être en contact avec un produit chimique nocif ou qui ait connu des problèmes de santé directement liés à son activité professionnelle.

Chez Clare, nous restons toujours aussi dévoués à la cause d'un environnement sain et sûr, à la fois pour notre personnel et pour les habitants de la région. Nous nous efforcerons de travailler en contact étroit avec les médias locaux afin de garantir la transparence de nos opérations dans ce secteur.

Nous sommes reconnaissants aux habitants de la vallée de la Sawgak du soutien et de l'estime qu'ils nous ont toujours accordés et nous continuerons à faire tout ce qui est en notre pouvoir pour rester des voisins aussi respectueux qu'appréciés.

On avait certes échappé au pire. Mais même Clare ne pourrait éternellement éviter le même projectile.

Pendant cinquante ans, l'économie n'avait cessé d'être ballottée entre euphorie et désespoir. Le tête-à-queue était devenu la spécialité du capitalisme américain. Trois générations de Clare avaient survécu à une demi-douzaine de cycles de ce genre. Et chaque fois, au milieu du fleuve, ils avaient regardé leurs concurrents commettre la même erreur.

Une usine rivale, incapable de satisfaire à toutes ses commandes, s'endettait pour acquérir de nouvelles machines qui inonderaient bientôt le marché de leurs produits. Celui-ci une fois engorgé, les patrons commençaient à débaucher. Le chômage grimpait et les liquidités disponibles disparaissaient. À ce stade, la banque qui avait consenti les prêts de reconversion commençait à s'affoler. Les créanciers harcelaient l'usine jusqu'à la faillite. Les machines flambant neuves étaient alors laissées à l'abandon, entraînant dans leur chute un autre secteur de l'activité économique. La reprise prenait des années.

Les krachs et les dépressions devenaient si fréquents que les mauvais moments excédaient largement les bons. Le progrès ne semblait possible qu'au prix de rechutes continuelles. L'industrie commençait à ressembler à ces villes situées dans des zones de tremblements de terre, condamnées à renaître sans cesse de leurs décombres. Tout au long du siècle, le nombre des faillites avoisina soixante-quinze pour cent. Même aux meilleurs moments, une entreprise avait plus de chances de mourir que de survivre.

Chaque cataclysme, chaque descente aux enfers générait sa théorie économique. Prospérité et récession constituaient des cycles qui se corrigeaient mutuellement. Les licenciements massifs et l'effondrement de la production industrielle étaient autant d'anomalies qui finissaient par s'éliminer d'elles-mêmes à force de tâtonnements. À chaque nouveau bord que l'on tirait, la lourde bôme envoyait inévitablement par le fond quelque matelot incapable de tenir la mer.

Tandis que le monde entier s'en allait contempler son avenir à Chicago, c'était le présent qui faisait peser sa menace sur tout le continent. Une grève en déclenchait une autre. Les victimes de la concurrence réclamaient des compensations avec toute la violence à laquelle la concurrence précisément les avait habituées.

L'espace d'un moment, c'est toute la société qui se retrouva dans un équilibre précaire. La réponse de Chicago – la pérennisation du système américain – était qu'il fallait garder le cap. Il y avait désormais quatre mille milliardaires, alors qu'il n'y en avait que quinze à l'époque où Ennis avait appris aux Clare à fabriquer du savon. N'était-ce pas là la preuve qu'il était désormais beaucoup plus facile d'accéder à la fortune ?

Peu importait si un habitant sur cinq vivait dans le besoin et si un pour cent de privilégiés contrôlait à lui seul plus de ressources que les quatre-vingt-dix-neuf pour cent restants. Contraint de choisir entre la liberté et l'égalité, le marché n'avait pas vraiment le choix. La production était d'ores et déjà un contrat réglé et l'usine une bataille courue d'avance. La tâche de la richesse, c'était de produire toujours davantage, sans tenir compte des endroits où tomberaient les miettes. Ce que les gens avaient de mieux à faire, c'était se tenir à l'écart de la machine. Il n'y avait pas moyen de renverser la vapeur maintenant, sauf à provoquer un second déluge. Mais, année après année, ledit déluge semblait plus près d'honorer sa promesse de retour.

La course revenait aux mieux adaptés, c'est-à-dire à ceux qui survivaient. Clare avait réussi à traverser 1837, puis 1857, puis 1873 et toutes les autres crises grâce à une bonne dose de chance et à un entêtement besogneux. Un vieux fond yankee passablement grippe-sou avait permis aux Clare de ne pas se faire prendre avec les factures d'un autre dans les poches. Leur lente ascension eut la chance de se dérouler au rythme de la productivité. Ils réussirent à maintenir leurs coûts fixes au plus bas. À mettre leur produit à l'abri des crises, en s'efforçant de vendre leur savon comme antidote à la récession et de présenter la reprise économique comme la seule solution adéquate à une bonne hygiène. Tout le monde ne pouvait pas encore s'offrir le luxe, mais la propreté, elle, était à la portée de tous.

Pour l'essentiel, ils avaient appris à fabriquer plus pour un prix de revient moindre. Les progrès des techniques de production compensaient le déclin de la confiance économique. La fabrication du savon avait subi une métamorphose radicale et atteignait des rendements incroyables. Même si l'on avait toujours besoin d'un goûteur pour décider du moment où la mixture était prête, on traitait en une nuit, grâce à une série de cuves automatisées en acier, un volume dont la cuisson dans le temps réclamait le concours de vingt ouvriers pendant un mois entier. Chaque chargement d'environ cinquante tonnes remplissait cinquante bacs semi-automatiques. Des tapis roulants permettaient au produit de passer d'une étape de la fabrication à la suivante, depuis la salle de cuisson jusqu'au boudinage pour finir par l'emballage et le chargement en vue de l'expédition.

La vie des mille employés de Clare s'était à la fois éclaircie et assombrie. Le travail colonisait chaque heure de l'année. Les températures dans les salles de cuisson augmentèrent en moyenne de quinze degrés en autant d'années. La chaleur qui régnait dans les ateliers grimpa avec le rendement. Les remugles de graisse animale fermentaient dans les cuves, se dissolvant dans cette mer de sueur humaine et imprégnant à jamais la peau des ouvriers.

Les accidents mortels étaient peu nombreux chez Clare, comparés à la moyenne nationale qui était de cent morts par jour sur les lieux de travail. Mais rares étaient ceux qui, après avoir travaillé pendant un an ou plus dans un des ateliers de la firme, en repartaient les oreilles ou les facultés de concentration intactes. L'électricité, l'hydraulique, la chimie et le travail du métal, chacun avec ses innombrables petits raffinements, contribuaient à créer un environnement plus assourdissant et plus hostile à la vie que le centre de la Terre imaginé par Jules Verne.

Alors même que la mécanisation s'accélérait, il y avait paradoxalement toujours plus de travail à exécuter. Chaque fabricant, quelle que fût la taille de son entreprise, voulait bénéficier des mêmes avantages mécaniques que son concurrent. Pour qu'une compagnie restât compétitive, les dépenses par unité produite se devaient d'être constamment en baisse. Il fallait vendre toujours plus à un prix de revient toujours plus bas, ce qui condamnait les employés à des salaires de misère. Les ouvriers de l'industrie n'avaient pas connu de rémunérations aussi basses depuis quarante ans.

Douglas, qui dans son jeune âge avait pelleté de la colophane, entreprit de conduire une étude sur les cadences et les déplacements dans l'usine. Il forma des équipes qui entraient en compétition les unes avec les autres. Traça des raccourcis entre les clayettes et les refroidisseurs. Réduisit le nombre des gestes nécessaires à une ouvrière pour plier un emballage. Inventa le « coup de collier ». Améliora les opérations de coupage et d'estampage grâce à un matériel plus performant, qui lui permit de doubler la cadence originale. Redessina la pelle à colophane, augmentant la quantité de chaque pelletée de sept pour cent.

Ses hommes se mirent à l'appeler le Négrier. La plupart des ouvriers quittaient l'usine au bout de quelques mois. Mais une main-d'œuvre intérimaire, venue d'autres industries en restructuration ou des exploitations conduites à la faillite par la mécanisation de l'agriculture, n'attendait qu'une occasion pour remplacer les mécontents. L'exode rural permit à Clare de gagner du temps, beaucoup de temps. L'implantation à Lacewood, l'un des paris les plus réussis de la firme au cours de ces années-là, lui épargna, en une seule manœuvre, tous les maux du syndicalisme, des augmentations de salaires et des grèves en série.

Des quelque trente mille grèves qui rassemblèrent plusieurs millions de travailleurs au cours des deux dernières décennies du siècle, seules six affectèrent les établissements Clare. La seule apparition de Peter Clare avait suffi à une époque pour empêcher les travailleurs de Walpole de se constituer en syndicat. Mais, avec l'aggravation de ses affections mystérieuses, jamais clairement définies, Peter se retira de la vie de la société et personne ne le remplaça dans son rôle d'épouvantail.

Ceux qui avaient trouvé la vie dure pendant les années de vaches grasses renoncèrent à tout espoir au cours des années de vaches maigres. Quelques générations auparavant, quand on ne vivait pas de salaires, il y avait toujours eu une forme ou une autre de travail pour approvisionner sa table. Mais le système salarial avait désormais envahi tous les domaines de l'activité humaine.

Le 13 avril 1895, une bombe explosa dans la vieille usine d'huile de saindoux. L'enfant du désespoir qui l'avait placée là ne fut jamais identifié. William Clare, en bon comptable qu'il était, doté d'un sens pratique quasi inné, eut beau éplucher les listes des ouvriers qui avaient travaillé sur les lieux et dont on s'était récemment débarrassé, les listes étaient trop longues et ne menèrent nulle part. Douglas mit la bombe sur le compte de quelque anarchiste anonyme, le genre de fou qui se moque des conséquences de ses actes du moment qu'ils ont une chance de mettre en danger la vie civilisée.

L'explosion dévasta les locaux, blessant quatre personnes et tuant un garçon de douze ans. Dès qu'il eut vent de la nouvelle, William télégraphia au courtier de Clare à la Bourse de Chicago ainsi qu'aux agents de New York, de La Nouvelle-Orléans, de Saint Louis et de tous les autres endroits où l'on pouvait acheter et vendre l'huile rouge. Toute explosion à l'usine qui traitait le saindoux était une menace pour l'océan souterrain d'huile rouge contenue dans le réservoir.

William prit la décision hardie de réapprovisionner le stock avant que les prix ne s'envolent sur les marchés dès l'annonce de la nouvelle.

Par un coup de chance extraordinaire, l'océan souterrain en question n'eut pas à souffrir de l'explosion. Qui plus est, la rapidité de la réaction de William fit que Clare eut quasiment le monopole de la marchandise pour un temps et gagna plus d'argent en revendant ses surplus qu'elle n'en dépensa à réparer les dégâts causés à l'usine. Sur les livres de comptes, l'attentat anarchiste de 1895 se traduisit par un coquet bénéfice.

Mais l'euphorie fut de courte durée. Stimulés par cet acte de violence, plus d'une centaine des ouvriers de Walpole se mirent en grève à la mi-juin de cette même année. L'usine se vida presque entièrement avant que les parties adverses parviennent à un accord, d'ailleurs assez branlant. Une autre grève de quinze jours paralysa l'usine de l'Ohio en plein cœur de l'été.

Les tarifs douaniers les plus élevés qu'ait jamais connus l'histoire américaine ne réussirent pas à stabiliser la situation. Une révolution rouge d'ampleur mondiale semblait sur le point d'éclater à la moindre étincelle. Le sort de la firme dépendait de la découverte d'un remède plus énergique pour combattre le désenchantement de ses forces vives.

Douglas ne se révéla pas à la hauteur de la tâche. Il n'arrivait pas à comprendre le pourquoi des grèves, qu'il considérait comme un affront d'ordre moral et personnel. Clare avait agrémenté ses usines de plates-bandes fleuries, de cantines agréables et même d'un terrain de base-ball. Tous les salariés sans exception avaient leur samedi après-midi libre et payé. Et pour autant, ils continuaient à se mettre en grève. Incapables de comprendre qu'il fallait que le prix de revient d'un produit manufacturé soit inférieur à son prix de vente.

Un peu comme s'ils s'attendaient à ce que les eaux de la délivrance inversent leur cours.

C'est à William, ce génie de la finance, qu'il incomba de résoudre la crise. Le bonheur parfait, pour William Clare, aurait été la journée de trente heures. Il passait son temps à se battre avec tout le monde, sa grande occupation consistant à repousser les demandes d'argent, aussi diverses qu'urgentes, des uns et des autres : celles de Nagel pour la publicité, des chimistes pour la recherche, de Douglas pour l'expansion, des nouveaux actionnaires réclamant leurs dividendes et des ouvriers revendiquant des augmentations. Le problème qu'affrontait quotidiennement William, c'était d'équilibrer les finances d'une compagnie qui voulait pousser plus vite que ne le lui permettait son capital. Il lui fallait chercher un moyen pour aider la firme à se développer sans s'aventurer trop avant dans les sables mouvants d'un crédit toujours hasardeux.

Plus qu'aucun de ses prédécesseurs dans la famille, William avait le sens de l'argent. Sel de l'activité humaine, ce dernier était le garant de sa conservation. Il retardait la détérioration des efforts de votre journée. Différait aussi longtemps qu'il vous semblait bon l'exercice du privilège que vous aviez sur l'expérience matérielle. Vous permettait de passer du stade de la consommation immédiate à celui de l'accumulation. Vous donnait la possibilité non seulement de faire des provisions pour aujourd'hui mais de remplir votre garde-manger pour un long hiver.

Au cours de ses années passées à la compagnie, William apprit à voir ses connaissances en matière de finances sous l'angle de la fabrication du savon : l'argent était la grande enzyme, le zinc catalyseur de la société. Grâce à lui, on pouvait transformer n'importe quel matériau de base pour en faire le produit de son choix. Et pour William, il ne faisait aucun doute que le problème de l'agitation ouvrière ne se résoudrait que par l'argent.

Il s'attaqua à la question comme à un exercice d'algèbre, opérant simultanément de chaque côté de l'équation. Il encouragea l'agent européen de la compagnie à éveiller l'intérêt d'immigrants potentiels. Affilia la compagnie à un consortium dont les affiches en huit langues vantaient les emplois lucratifs qu'offrait une économie américaine en pleine expansion. Même si elles ne faisaient pas de promesses précises, les affiches répondaient à ce besoin d'expatriation qui se faisait alors sentir en Europe. Des millions de gens se précipitèrent vers les lointains rivages sans un sou en poche et les salaires américains chutèrent de façon spectaculaire.

Mais William savait qu'il lui faudrait tôt ou tard faire face aux revendications des ouvriers. Le coût que représentait la formation des remplaçants tous les huit mois était de nature à lui seul à compromettre l'équilibre. William réfléchit longuement au problème, le démontant soigneusement, pièce par pièce. Pourquoi ces hommes refusaient-ils de travailler avec cette énergie qui avait permis à ses ancêtres de devenir riches comme Crésus ? N'était-ce pas parce que, d'une manière ou d'une autre, ils avaient été coupés des fruits de leur travail ? Les travailleurs ne croyaient plus à la finalité de leurs propres efforts. Et ce n'étaient pas une heure de congé supplémentaire ou vingt cents de plus par semaine qui changeraient quoi que ce soit à l'affaire. Il fallait trouver le moyen de ramener l'ouvrier au bercail et le persuader de nouveau qu'il était partie prenante dans le rêve d'expansion nationale.

Méthodiquement, vérifiant ses chiffres sous toutes les coutures, William mit au point un plan radical qu'il s'empressa de présenter au comité directeur. L'idée de base était d'une simplicité enfantine et la comptabilité à mettre en place à peine plus complexe. Il fallait intéresser les ouvriers aux conséquences de leurs actions. Tout adulte de sexe masculin qui aurait travaillé pour Clare pendant plus d'un an en gagnant plus de cinq dollars par semaine serait autorisé à participer aux bénéfices de la compagnie.

La proposition fit sur le comité à peu près le même effet qu'une deuxième bombe d'anarchiste. Voilà qui était absurde. Pire encore : c'était du communisme à l'état pur. Pareille idée bafouait les principes qui avaient fait de Clare et de l'Amérique tout ce qu'elles étaient. Quel gestionnaire serait assez fou pour s'engager dans une opération aussi ruineuse ? Le meilleur moyen de ramener l'ordre dans les rangs des travailleurs, c'était de leur montrer la longue file des affamés qui attendaient aux portes des usines.

William ne se laissa pas démonter et sortit sa règle à calcul, histoire de calmer les esprits. Loin d'accroître les coûts, la participation aux bénéfices les ferait baisser. Les hommes ne feraient que gagner une part de leur efficacité accrue. En réinstaurant la motivation de l'intérêt personnel, Clare arriverait à persuader les ouvriers que la santé de la firme était garante de leur propre santé et qu'ils devaient commencer à travailler non pas pour une société gigantesque et anonyme mais pour eux-mêmes. Si les patrons versaient des primes proportionnelles aux bénéfices réalisés, alors les ouvriers reprendraient leur sort entre leurs mains et aligneraient leurs intérêts sur ceux du patronat.

Bien entendu, assura William, la compagnie garderait ses parts intactes. Les bénéfices seraient répartis entre employés et patrons selon le même pourcentage que celui des salaires par rapport au coût total de la production et de la commercialisation. Si un travail de meilleure qualité faisait rentrer davantage de dollars, tout le monde serait gagnant. Dans le cas contraire, il n'en coûterait rien à la compagnie. Même les plus réfractaires des membres du comité finirent par se rendre à l'évidence : la proposition était sans risque.

William pensait que son projet aurait beaucoup moins de mal à passer auprès des employés. Mais la méfiance était telle parmi les salariés payés à l'heure qu'elle balaya toutes les objections de la direction. La participation aux bénéfices n'était qu'une ruse, une arnaque, un moyen de compromettre les travailleurs et de les exploiter encore davantage. William s'adressa aux délégués syndicaux en essayant de leur démontrer, sans grand succès, que l'idée était, à bien y réfléchir, d'inspiration socialiste.

Les salariés restèrent circonspects jusqu'au moment des premiers versements. Le premier pique-nique de la participation eut lieu le même jour pour tous les établissements Clare, à l'occasion de la première fête du Travail, en 1897. Les ouvriers vinrent dans leurs habits du dimanche écouter les fanfares autour des kiosques à musique des parcs et déguster la citronnade et les cacahuètes gracieusement offertes par la compagnie. Et, pendant ce temps, les cadres de Clare distribuaient les enveloppes à grand renfort de publicité.

Tout à coup, l'abstraction de la participation aux bénéfices prenait corps sous forme d'espèces sonnantes et trébuchantes. Certains n'y gagnèrent qu'une dizaine de dollars, ce qui, en soi, n'était déjà pas mince. Mais pour d'autres, la somme se monta à plusieurs centaines : de quoi leur permettre de sortir de la pauvreté et découvrir l'aisance.

Les premières années, le système des primes connut un succès retentissant. Les pique-niques de la participation étaient très populaires, à la fois pour leurs enveloppes et pour les réjouissances collectives dont ils étaient l'occasion. Mais il ne fallut pas plus de cinq ans pour que la prime annuelle commençât à être considérée par tous comme un droit. Et l'origine du versement fut bientôt oubliée.

Le rendement retomba à son niveau habituel, avec simplement une petite amélioration pendant la période précédant la fête du Travail. Quand les bénéfices chutèrent et que les sommes perçues se réduisirent à presque rien, les ouvriers se plaignirent amèrement de perdre de l'argent.

William élabora un autre plan destiné à ranimer le sentiment de motivation individuelle. Tous les travailleurs recevraient une note annuelle qui prendrait en compte le rendement, la loyauté, l'ancienneté et le comportement. Ceux qui obtiendraient un A percevraient un double dividende. Les B n'en auraient qu'un, les C, la moitié d'un et les D n'auraient rien. Le système resta en vigueur pendant quelques années, mais fut bientôt l'occasion de discussions byzantines qui le firent tomber en désuétude.

C'est en 1910 que William lança un plan de motivation que la compagnie conserva, à quelques variantes près, jusqu'à la fin de son existence : les performances réalisées pendant l'année se verraient récompensées par des actions de la société. Les moins avisés pourraient revendre immédiatement leurs titres, mais les gros travailleurs qui choisiraient de les garder pourraient voir leur investissement fructifier en proportion du travail fourni.

De cette manière, les employés devinrent partie prenante de l'entreprise. Ils se mirent à travailler pour eux, dans tous les sens de l'expression. La compagnie devint la leur, en termes purement bancaires. Le système de la répartition des bénéfices finissait par triompher, mais il ne serait viable que tant que William et ses successeurs veilleraient tous les ans à panacher les actions distribuées aux salariés avec certaines de celles qui revenaient à la direction.

… En conclusion, nous dirons qu'un nombre incalculable d'hommes et de femmes vivent mieux et que des générations d'enfants naîtront dans un monde plus sain grâce au travail accompli par cet homme, qui a toujours vécu en reclus. Qui pourrait souhaiter plus bel hommage ?

Extrait de la notice nécrologique de Peter Clare,
dans le *Boston Evening Transcript*, 1900

La vague de froid s'atténue et fait place à un temps typique de Noël, sans plus.

Laura n'a pas trouvé le courage, ni le temps, de préparer quoi que ce soit, même si elle ne fait rien d'autre, pour l'instant, que récupérer. Elle ne s'est pas rendu compte de l'approche des fêtes et, pour une fois, cette période ne la plonge pas dans la dépression que ne manque pas de générer chez elle ce genre d'ambiance.

L'agence l'invite à la petite fête entre collègues, sachant pertinemment qu'elle ne peut que refuser. Ce dont elle se réjouit, car elle va pouvoir échapper à cette corvée annuelle, à tous ces gens soi-disant au régime qui s'empiffrent de fromage blanc à la crème et de nuggets à la noix de pécan bourrés de cholestérol, tout en écoutant de la musique disco synthétisée pour célébrer la naissance du Sauveur.

Jésus ne nous a-t-il pas dit de renoncer à toutes ces vanités ? D'emmagasiner des trésors d'une autre nature ? De rendre à César ses babioles ? Comment a-t-il pu tomber si bas et se retrouver réduit au rôle de sponsor officiel de notre meilleure saison de ventes ? Comme si consommation et vie éternelle étaient les deux faces d'un même événement. Les gènes du christianisme doivent avoir la souplesse de ceux d'un loup, capables de produire n'importe quoi depuis les chihuahuas jusqu'aux danois.

Elle n'ira à aucune soirée. Le seul fait de se retourner dans son lit constitue une activité à part entière, qui occupe toute la matinée. Les trois marches qui mènent à la salle de bains l'épuisent. Heureusement, son corps a pratiquement cessé de produire des déchets. Elle marche encore, mais péniblement et non sans souffrances. L'hôpital lui fait parvenir un fauteuil roulant, dont très vite elle ne peut plus se passer.

Elle n'est plus que l'ombre d'elle-même. Elle sait qu'elle fait peur maintenant, parce que les enfants commencent à lui demander s'ils peuvent faire quelque chose pour elle. Si elle veut quelque chose à manger ? À boire ? Mais tout ce qu'elle arrive à avaler, ce sont les préparations vitaminées en boîte. Tim lui en verse une dans un verre en cristal et l'agite avec un mélangeur à cocktail à tête de Père Noël.

Don appelle tous les deux jours. « Il va faire vraiment très froid cette nuit », prend-il la peine de l'avertir. Depuis le temps, il aurait dû s'y faire, mais non, la température l'effraie toujours autant. Pas une semaine sans la menace d'une terrible vague de chaleur ou d'un blizzard mortel. « N'oublie pas de laisser tes robinets entrouverts », lui dit-il.

Toujours cette menace extérieure, ces perpétuelles précautions contre les dangers du monde. Si seulement elle en avait la force, elle plaisanterait à ce sujet, le taquinerait un peu. Mais il a raison, bien sûr, il a toujours eu raison. C'est à peine maintenant si elle trouve assez d'énergie pour le remercier et raccrocher.

Ses vieilles amies appellent, elles aussi. Celles, du moins, qui sont capables de surmonter leur gêne. Steph s'effondre au téléphone. « Lola, je t'assure, j'arrive quand tu veux. J'ai déjà ma réservation. »

Laura lui dit d'arrêter ses bêtises.

Hannah, la troisième des ex-inséparables, n'arrive même pas à aborder le sujet.

« Bois un verre à ma santé, lui conseille-t-elle.

— Avec deux olives », complète Laura, utilisant leur vieux mot de passe.

Son frère Scotty l'appelle régulièrement. Ça lui fait du bien d'entendre quelqu'un qui est absolument convaincu qu'elle remonte la pente.

Ellen se met à venir travailler à côté d'elle. Rampant jusqu'au pied de la banquette le soir avec son exemplaire défraîchi de *Roméo et Juliette*.

« Ah ! dit Laura, qui se souvient de la pièce et du Roméo avec lequel elle l'a elle-même étudiée, il y a bien des années. Comment tu trouves ?

— C'est pas mal. Mais y a trop de clichés. Je pensais que Shakespeare serait un peu plus… Comment dire ? Un peu plus original. »

Ils regardent la télévision ensemble, tous les trois. De nouveau réunis, comme une vraie famille, ne serait-ce que parce que Laura a élu son domicile permanent dans le séjour. Les enfants font du pop-corn au micro-ondes. L'odeur du beurre de synthèse qui roussit lui lève le cœur. Mais elle s'abstient de tout commentaire.

Ils revoient tous les vieux films qu'on ressort à l'occasion des fêtes. Regardent un Jim Stewart au bout du rouleau prêt à plonger dans une rivière glacée. Un Edmund Gwenn qui passe en jugement pour écarts de conduite notoires chez Macy's. Ellen, Tim et elle-même regardent, abasourdis, comme les victimes d'une tornade rassemblées dans une cave autour d'un service en cristal.

« Si vous venez de faire l'objet d'un diagnostic concernant une maladie grave, leur dit entre deux bobines quelqu'un qui ressemble à Kirk Douglas, alors cette série de vidéos médicales peut vous apporter connaissance et tranquillité d'esprit. Nous vous proposons la première de la série, *Vivre avec la nouvelle*, à l'essai chez vous pendant trente jours, sans risque… »

Elle essaie d'imaginer ce que seraient trente jours sans risque. Ou simplement trente secondes de tranquillité d'esprit, ou de ce qui pourrait y ressembler, même de loin. Nous devons tous être cinglés : c'est la seule explication possible. S'imaginer que l'on peut s'introduire dans la vie par effraction, lui faire passer ses lubies, lui apprendre les manières. C'est une folie totale, collective, qui affecte toute l'espèce.

Elle voudrait un arbre. Mais comment faire ? Elle refuse de s'imposer à qui que ce soit et il n'est pas question qu'elle aille en voiture avec Ellen même à la jardinerie la plus proche. Elle rêve que les enfants sont devenus des pionniers et qu'ils en rapportent un en le traînant sur des kilomètres dans la neige. Elle devrait tout bêtement appeler Don, mais il se mettrait en tête de le décorer et elle ne supporte pas de revivre le passé, pas pour l'instant…

Et puis le rêve se réalise, comme dans les meilleurs et dans les pires des scénarios. Tim, qui sort la poubelle un soir après un repas micro-ondes, revient avec un petit sourire effrayé.

« Il y a un arbre sur les marches de la porte de derrière.

— Menteur », lui crie sa sœur. Si vite que ce ne peut être que le résultat d'un réflexe. Elle n'en bondit pas moins sur le porche en un éclair. Toujours sa manie de vouloir tout vérifier. Elle revient calmée, un peu effrayée. « C'est vrai, m'man. Il est là, dehors. Qu'est-ce qu'on en fait ?

— À ton avis ? » dit Laura en riant, les entrailles irradiées par la douleur.

Culpabilité, gratitude, soulagement, peut-être même un peu de remords, tout se mêle, mais elle a bien l'intention d'accepter le cadeau, sans poser de questions. Comme des pétales de fleur oubliés dans une poche par un enfant. Finalement, ils ont un arbre. De la sève dans la maison. Ils sont de nouveau parés pour un an.

Elle ne peut que rester assise dans son fauteuil et donner ses directives. « Vous avez intérêt à ce qu'il soit beau, leur dit-elle. Tournez-le un peu sur le côté. Non, de l'autre, le côté dégarni contre le mur. Il manque un peu de rouge en haut, il me semble. On n'a pas une autre guirlande lumineuse ? Ce joli petit ange en métal était à votre mamie. Il est très vieux. Oh, et ça ! Ça, je l'ai tricoté quand j'étais enceinte de toi, Ellen. C'est censé être un berger. Seigneur, il serait temps de l'envoyer du côté des pâturages. »

Là, les enfants refusent d'obéir à ses instructions, même s'ils sont assez charitables pour noyer le pauvre ornement sous les guirlandes. Tim va chercher une chaise et la tient pendant que sa sœur monte dessus pour accrocher l'étoile au sommet de l'arbre.

Laura appelle Don sur le sans-fil, qui reste désormais en permanence à côté de la banquette. « Merci, dit-elle. Il est magnifique. » Elle n'a pas la force d'en dire plus. « Viens le voir, si tu veux. »

Elle craque tout son fric en cadeaux qu'elle commande par correspondance. C'est à ne pas croire, mais il ne reste pratiquement plus rien de l'argent qu'elle avait mis de côté pour tenir jusqu'à la fin du printemps. Elle a vécu pendant tant d'années sans penser à l'argent qu'elle a du mal à imaginer ce que c'est que d'être dans le besoin, à s'imaginer sans un sou, même si c'est le sort qui semble lui être réservé pour très bientôt.

Quand il n'y en aura plus, tant pis. Les enfants pourront toujours aller vivre chez Don. En dehors de ça, elle ne se fait pas de souci. Elle n'a plus besoin de rien.

Pour Tim, elle commande un accélérateur graphique 3-D avec deux Mo de mémoire RAM vidéo. Elle n'a pas la moindre idée de ce que c'est, mais c'est ce dont il a le plus envie au monde. Pour Ellen, elle achète la jupe et la veste en cuir convoitées depuis longtemps, tout en espérant qu'elles n'auront pas de conséquences plus néfastes qu'une grossesse.

Ils ouvrent les cadeaux le soir de Noël. Les enfants – Dieu sait où ils sont allés chercher l'argent – l'inondent de bricoles. Cacahuètes enrobées de chocolat pour la faire grossir, manuels pour penser positif, gros romans d'espionnage et encore des vidéos. Elle ouvre les paquets les uns après les autres, sans cesser de sourire ni de remercier, mais en évitant de regarder aussi bien les cadeaux que les donateurs.

« On peut aller écouter les cantiques ? » demande Ellen. Requête soudaine, incongrue, pleine d'une étrange nostalgie. La fille a les yeux fixés sur ceux de sa mère et ni l'une ni l'autre ne lâchent prise. Laura a du mal à hausser ses épaules osseuses pour signifier : « Mais comment ? »

« On peut toujours essayer, dit Ellen. On fera comme les pionniers sur la piste de l'Oregon. C'est toi qui fais le chariot et c'est moi qui conduis. »

Tim couve son cadeau d'un œil concupiscent.

« Est-ce que je peux juste… ?

— Sûr, mon pote, lui dit sa sœur. De toute façon, c'est que des reprises de vieux tubes. On te les chantera en rentrant. »

Elle embrasse son frère sur le sommet de la tête et celui-ci imite en retour un bruit de baiser tandis qu'elle se dirige vers la porte.

Laura fait appel à des réserves insoupçonnées d'énergie et arrive à marcher jusqu'à l'allée, où l'attend Ellen avec le fauteuil roulant. Sur le trottoir inégal et mal entretenu, les roues, en caoutchouc durci, dérapent sur la neige fossilisée. Elles progressent difficilement, dans l'obscurité glacée. Chaque rebord de trottoir prend l'allure d'une falaise à pic. Il fait bien plus sombre et elles vont bien plus lentement qu'elles ne l'auraient cru. Ellen doit sans arrêt dégager le fauteuil qui s'enlise dans la gadoue. Laura essaie de l'aider dans la mesure de ses faibles moyens, marchant, agitant les jambes ou prenant appui du pied sur le sol, jusqu'à ce qu'elle soit à bout de forces. Puis, tout à coup, il n'y a plus de trottoir.

Plus il se fait tard et plus les choses deviennent difficiles. « Putain, jure Ellen, maudissant tous les architectes du monde. On peut plus marcher nulle part. » Elles sont, l'une et l'autre, transformées en glaçons, parkas ou pas parkas. Elles se sont aventurées trop loin – elles ont couvert plus de la moitié du chemin – pour faire demi-tour maintenant, mais l'heure de l'office est passée et celle des chants de Noël aussi.

Ellen glisse et se cogne le nez sur une des poignées du fauteuil. « Putain, s'écrie-t-elle. Putain de bordel, je saigne. » Et elle éclate en sanglots, surtout parce qu'elle n'a pas réussi à emmener sa mère là où, traditionnellement, elles n'ont jamais manqué de se rendre pour Noël. Elle pleure devant cette interruption d'un continuum infiniment rassurant.

Clouée dans son fauteuil, Laura n'arrive pas à l'atteindre. Comment dire à sa fille ce qu'elle a à lui dire, la consoler en lui faisant part de sa longue expérience des projets avortés ? Ce sont là nos conditions de crédit, incertaines, non garanties, impossibles à respecter. Le contraire, exactement, de tout ce que nous espérons. Nous perdons tous à ce jeu-là, sans même avoir eu l'occasion de lancer les dés.

« Lève la tête », lui dit-elle. Elle-même regarde en l'air. C'est drôle la manière dont on voit tout et, même mieux, quand on est assis là, presque au ras du sol, désorienté, dispersé, baigné de l'éclat malsain que cette croûte de neige timide s'obstine à dispenser.

« Aide-moi à descendre.

— M'man ! T'es complètement folle. Je suis gelée, j'ai le nez en sang et j'en peux plus », dit Ellen, au bord de la panique. Elle tape des pieds et s'envoie de grandes claques pour essayer de se réchauffer. « Je t'en supplie, c'est pas le moment de perdre les pédales.

— Mais je me sens parfaitement bien, ma chérie, je t'assure. Aide-moi à descendre. J'ai envie de dessiner un ange dans la neige. »

Les affaires ont détruit en nous jusqu'à la conscience que nous avions de toutes les autres forces naturelles.

Practical Agitation, 1898,
JOHN JAY CHAPMAN (1862-1933)

La section sociologie du service du personnel s'aperçut que seuls les ouvriers qui menaient une vie convenable, propre et bien réglée pouvaient prétendre participer aux bénéfices de l'entreprise. Et qui devait leur donner l'exemple d'une telle vie sinon l'employeur lui-même ?

Les idées de William sur les comportements du personnel contraignirent Clare à changer radicalement la manière dont la société conduisait ses affaires. Les temps avaient changé ou, plus exactement, c'étaient les affaires qui avaient une fois de plus influé sur la perception du temps. L'époque où les gens travaillaient pour les autres était révolue. L'entreprise n'était plus un groupe cimenté par une commune ambition. Elle était devenue une structure dont l'objectif était tout bonnement de rapporter toujours plus.

Les travailleurs avaient compris depuis un certain temps certaines vérités quant à leur statut dans la chaîne de production. La fonction remplissait la personne bien davantage que celle-ci ne remplissait la fonction. Il était temps maintenant pour l'organisation de la firme d'intégrer les réalités dont ses éléments avaient pris conscience depuis longtemps.

L'hystérie qui s'empara du pays après l'assassinat de McKinley ne fit que confirmer le besoin qu'avait l'impérialisme d'une structure sérieusement remaniée. Chez Clare, la mort de Peter vint opportunément signaler que le moment de la transition était venu. La voie était libre pour une réorganisation qui s'imposait déjà depuis longtemps.

Les cadres supérieurs, rassemblés derrière Douglas, entreprirent un nouvel ordonnancement de la hiérarchie qui répondrait aux exigences du siècle nouveau. Pour définir les emplois, Douglas et ses hommes substituèrent des critères fonctionnels aux vieux critères géographiques. Vouloir diriger la firme comme s'il s'agissait d'un ensemble lâche d'entités séparées n'avait plus de sens. Walpole, Boston, Schenectady, Albany, Sandusky, Chicago et Lacewood n'étaient pas des entreprises familiales indépendantes, chacune dotée de son propre patron. Clare n'était pas un agrégat d'usines, mais un ensemble de visées.

Le monde avait évolué à la fois vers plus de spécialisation et plus de concentration. Personne ne pouvait plus désormais accomplir la tâche de son voisin, ni même prétendre savoir à quoi celle-ci se résumait au juste. Mais chacun était plus que jamais étroitement impliqué dans la besogne complexe qui consistait à fabriquer des produits de plus en plus élaborés.

La solution structurelle à ce dilemme se révéla être une compagnie à la fois plus centralisée et plus diversifiée. Une telle réorganisation renforçait le système nerveux central en même temps qu'elle multipliait le nombre des membres :

CLARE SOAP AND CHEMICAL COMPANY, 1909

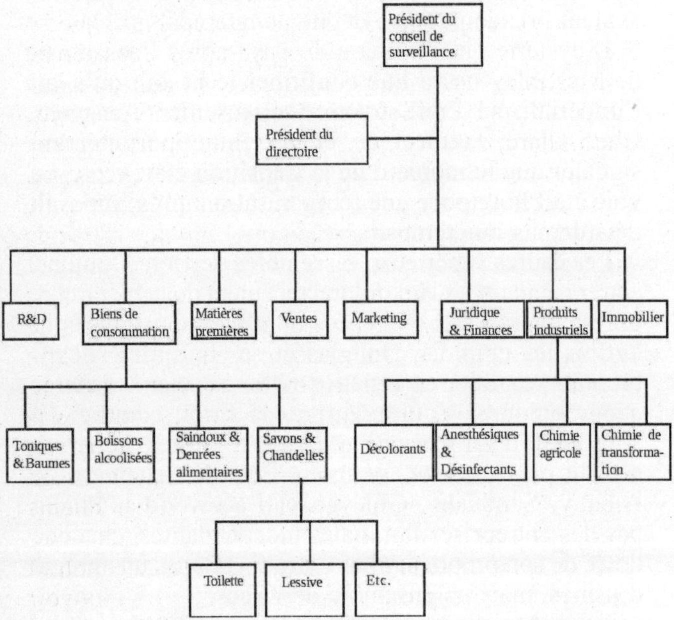

Dès le départ, la nouvelle structure faisait une distinction très nette entre les responsables des opérations quotidiennes et ceux qui étaient chargés de la mise en œuvre de projets plus vastes. À chaque échelon, désormais, il y avait un dirigeant et un exécutant. Chacun des nouveaux départements fonctionnels comportait un directeur et un gestionnaire. C'est collectivement que le comité des chefs de département définissait les objectifs et orientait la politique générale de l'entreprise.

L'autorité, partie du président, descendait vers chacun des directeurs de département, puis vers son gestionnaire et son personnel, pour continuer vers chaque directeur d'usine et finir avec les chefs d'équipe. Chaque département tenait des réunions à date fixe, rassemblant les directeurs et des représentants du personnel des différentes usines. Participaient à ces sessions de brainstorming des gens appartenant à tous les niveaux de la hiérarchie, qui échangeaient des idées sur la meilleure manière de réduire les coûts, d'éliminer l'inefficacité et d'augmenter la production.

Clare était devenue un énorme navire de guerre, sinon une petite armada à elle toute seule. La nouvelle distribution des cartes réclamait une nouvelle classe de dirigeants. Aux niveaux les moins visibles, on trouvait des responsables des transports, du personnel ou du crédit. La hiérarchie fournissait elle-même son propre renouvellement. Une consigne ne tarda pas à circuler : détecter la graine de chef parmi les ouvriers qualifiés. Douglas lui-même procédait souvent à des promotions sans avoir jamais vu son homme à l'ouvrage. Il n'avait besoin que d'une bonne description de seconde main pour savoir si un employé avait ou non des talents d'organisateur.

D'où qu'il ait tenu cette capacité, Douglas montrait une aptitude proprement stupéfiante à promouvoir les individus qui comprenaient le mieux le nouvel évangile de la centralisation. Il augmenta considérablement les pouvoirs de cette nouvelle catégorie de cadres moyens tout en obligeant ces derniers à rendre des comptes réguliers à leurs supérieurs hiérarchiques. Lui-même avait horreur d'intervenir dans un secteur quelconque de l'entreprise dont étaient responsables des gens qu'il avait pris la peine d'embaucher.

L'arc-en-ciel des niveaux restructurés se devait d'avoir un spectre à la fois contrasté et fondu et de donner l'impression d'un royaume paisible où toutes les classes de la population s'abreuvaient à la même source. Le système ne fonctionnerait que si une personne assumant une responsabilité à un échelon donné pouvait passer à l'échelon supérieur avec la même fluidité que celle qui présidait, dans les usines de transformation industrielle, à la promotion du sel à l'état de bicarbonate puis de carbonate de sodium.

Il fallait que les derniers des ouvriers – à en croire Douglas, fondement de l'édifice – croient que le capital humain dépensé était en fait investi. Il fallait arriver à les convaincre que Clare avait besoin d'eux, que l'entreprise transformait leurs efforts pour en augmenter la valeur, exactement comme les cuves transmuaient les graisses animales en produits d'hygiène ou comme le département des ventes convertissait le savon en bénéfices. Le travail, au même titre que le capital, devait se sentir capable d'améliorations infinies.

Douglas fit marcher ses cadres novices à coups de primes – des « crédits », comme les nommait le protocole. Des notes accordées pour l'ancienneté et les performances étaient converties, selon une formule indirecte qui ne fut jamais totalement accessible aux ouvriers notés, en promotions et en augmentations de salaire. On consignait par écrit les mérites et les défaillances de tous les employés. On répertoriait consciencieusement toutes les réalisations personnelles, exactement comme les bilans chiffrés au dollar près révélaient maintenant au grand jour le sort de chacun des produits Clare mis sur le marché. Un contrôle systématique garantissait qu'avec le temps la graine bien semée lèverait, tandis que mourrait de lui-même le grain tombé sur une terre stérile.

La compagnie restructurée cherchait maintenant un *modus operandi* digne de son nouveau profil. Ce qui impliquait une révision complète des vieux canaux de distribution. Après mûre délibération et en dépit des cris d'orfraie de son directoire, Douglas mit au point un plan susceptible de mettre un terme aux activités du vieux réseau d'intermédiaires véreux avec lesquels traitait la compagnie depuis l'époque où Samuel, Resolve et Ennis vendaient leur savon à la livre.

Il était normal pour le département des produits industriels de traiter directement avec les acheteurs qui constituaient l'essentiel de la clientèle de la firme en produits chimiques. L'argent perdu sur les petites commandes était plus que compensé par les économies réalisées. Le département des biens de consommation continuait, lui, à dépendre des grossistes. Aucune compagnie ne pouvait prétendre créer une force de vente interne suffisamment importante pour pouvoir remplacer ces intermédiaires. Vouloir vendre directement à chaque magasin de l'Ouest en plein développement, c'était s'exposer à la catastrophe.

Mais ce que pouvait faire Clare, en revanche, c'était consentir à ses gros détaillants, notamment dans les petites villes, des remises sur la quantité, à condition que les magasins s'engagent contractuellement à vendre aux prix catalogue. Et par le biais d'entrepôts éloignés et de petites succursales régionales, Clare arrivait à vendre encore moins cher, si peu que ce fût, que ses plus proches concurrents sur les marchés très lucratifs des grandes villes.

Clare consentit le même système de remises échelonnées à ses vieux représentants. Et par souci d'équité, elle pénalisa tous les magasins qui ne respectaient pas les contrats. Mais sa force de vente interne – d'abord, cinq, puis dix, puis douze hommes – dut se rendre sur le terrain pour colmater les brèches et mettre les distributeurs le dos au mur un peu partout dans le pays.

En fait, la compagnie ne faisait pas autre chose que rivaliser avec ses propres représentants pour mettre sur les rayons des magasins le Baume authentique, Perce-Neige, Gifford's Whiskey et toute la gamme de ses produits si populaires. Pareille politique ne manqua pas de susciter la grogne de certains de ses plus vieux clients, quelques-uns allant même jusqu'à crier à la trahison et à refuser tout net de continuer à vendre les produits Clare.

Mais Douglas se risqua à parier la totalité des quatre-vingts ans de l'aventure familiale que les plus gourmands n'iraient pas jusqu'à cautionner une guerre du dépit qui les verrait s'appauvrir. Tout le monde vivait des mets qui garnissaient la table du banquet. Plutôt que de tout perdre, les intermédiaires lésés finiraient par accepter de vendre des miettes encore lucratives. La fierté était un luxe qu'aucun homme d'affaires n'était en mesure de s'offrir.

Et son pari se révéla être le bon. Le public réclamait à grands cris les marques qui lui étaient désormais familières. Si un magasin n'offrait plus les produits Clare, certains de ses habitués allaient chercher ailleurs le nom qui avait désormais toute leur confiance. L'un après l'autre, les marchands apostats rentrèrent au bercail mercantile. La transformation de l'entreprise américaine était achevée.

La restructuration de la compagnie dépendait pour sa réussite de la personnalité des représentants engagés. L'infanterie domestique des ventes de Clare devait vendre le représentant lui-même au moins autant que ses échantillons. Douglas et Hiram apprirent à leurs directeurs des ventes à sélectionner ces nouveaux fantassins. Les instructions étaient on ne peut plus explicites, déferlant en rangs serrés sous forme de notes de service rédigées à la main :

> Si votre homme sent mauvais ou transpire, si sa chemise est tachée de graisse ou son col jauni, pas question de le mettre en contact avec le public au nom de la firme. Ce n'est pas le type d'individu qui convient au mode de vie que nous préconisons…
>
> Notre homme doit convaincre ses interlocuteurs qu'il est originaire du même endroit qu'eux, fréquente le même

lieu de culte, travaille dans le même bureau, mais qu'il est un rien plus propre et plus efficace… « Vous aussi, doit-on pouvoir lire sur son visage, vous voulez arriver là où j'en suis. Je représente ce que vous pourriez être, si votre vie était un tant soit peu mieux organisée… »

Si ces nouveaux commerciaux consentaient des réductions, ce n'était pas seulement sur leurs stocks de marchandises mais sur le contrat global garantissant une existence bien réglée.

L'honnêteté et la simplicité étaient les valeurs en hausse, car le monde était désormais avide d'acheter ce qui lui faisait le plus cruellement défaut. *Le Journal du savonnier* déplorait que ces mêmes valeurs n'aient plus cours dans la profession. Un label « N° 1 » ne voulait plus rien dire, ni quant à la méthode de fabrication, ni quant aux ingrédients. Les fabricants camouflaient les cuvées inférieures ou ratées sous des parfums ou des additifs trop forts. Le savon pouvait contenir n'importe quoi : farine, poussière de craie ou colle. La nouvelle science de la publicité engendrait une mêlée générale où tous les coups étaient permis. Des marques aussi véreuses que Kickapoo et Sapolio réussirent à bâtir de véritables petits empires grâce à de jolies formules et à quelques images frappantes. La surenchère dans l'hyperbole qui semblait être la marque du nouveau siècle contraignit même les fabricants honnêtes à suivre bon gré mal gré l'escalade. Quant à Hiram Nagel, il joua à fond la carte de l'autodéfense. Ses affiches et ses campagnes fleuraient bon le genre de populisme convivial et retors auquel ne se serait jamais abaissé un Clare de Boston :

Vous ne mangeriez pas la viande d'une bête malade, pas plus que vous ne feriez votre vaisselle avec la graisse de cette même malheureuse bête. Alors, protégez-vous. N'utilisez que des savons faits à partir des huiles végétales les plus pures. Perce-Neige est un concentré de plantes bienfaisantes…

Dans ce monde de plus en plus complexe et instable qui est le nôtre, une chose au moins reste sûre : vous n'en avez jamais, malheureusement, que pour votre argent. Si vous avez fait une affaire qui semble trop belle pour être vraie, c'est probablement qu'elle l'est. Pesez votre savon et assurez-vous que le poids est bien celui qui est indiqué sur l'emballage.

D'innombrables images, toutes plus kitsch et sentimentales les unes que les autres, jaillissaient de l'imagination intarissable de Nagel. C'est à lui que l'on doit le petit Noir qui roulait des yeux extatiques devant la blancheur étincelante conférée à ses dernières dents de lait par le dentifrice Pearl. C'est lui qui fit de la soirée mousse « le dernier cri du moment à New York ». Il montra la femme moderne en train de courir, sauter, nager, faire du vélo, lancer un ballon, sa peau aspirant par tous ses pores à la douceur d'un savon corporel.

Sans compter les bébés de Nagel. Il y eut des nuées, des wagons de bébés, en images, dans des poèmes aussi bien que dans des prières.

Le plus beau produit de l'imagination du Seigneur, c'est l'ovale du visage d'un nouveau-né. Pareil à la fleur la plus délicate. Vous ne laveriez pas les fleurs de votre jardin à l'aide de produits chimiques trop durs. La peau de votre bébé n'est-elle pas cent fois plus tendre ?

C'est lui qui composa les paroles et la musique de cette chanson qui demandait : « Qu'y a-t-il de plus cher au monde ? » À l'entendre, c'est lui qui créa l'expression « ultra-propre ». Lui qui enseigna au pays les trois règles du petit déjeuner équilibré et la manière de les appliquer. Lui encore qui imagina le bracelet Perce-Neige porte-bonheur, convoité par toutes les jeunes filles à marier du pays. Lui enfin qui donna en mariage à une nation reconnaissante Clara Clear, l'ambassadrice de charme de l'Amérique, prototype de l'amie de cœur jolie et bien en chair, dont Mary Pickford viola allègrement le copyright, avec la santé en moins.

Le nouveau système de remise sur grosses commandes que proposait Clare à ses plus gros détaillants inspira à Nagel l'idée d'étendre une offre semblable à la cliente elle-même. Un gratuit pour douze achetés, disait-il à la ménagère américaine. Stockez-les, à l'abri de la lumière, et ils se bonifieront avec le temps.

> Vous pensez peut-être que nous travaillons contre nos intérêts en vous conseillant de prolonger la vie de tous les pains de savon Clare que vous achetez. À dire le vrai, c'est servir nos intérêts au mieux que de servir d'abord les vôtres. Telle a été notre politique pendant quatre-vingts ans et nous entendons bien qu'elle le reste pour au moins aussi longtemps.

Entre ces déclarations prosaïques, Nagel insérait quelques feuilles à la mémoire de Peter Clare. L'amoureux de la poésie était mort, mais ses poétesses anonymes – dont les pieds agiles valaient bien ceux de Kilmer ou de Kipling – continuaient d'orner les pages de *The Atlantic*, *The Century* et du *Ladies' Home Journal* de leurs strophes pleines d'humour et de pathos.

Chaque poème était publié avec sa propre litho ou sa gravure sur bois. Nagel s'assurait les services des meilleurs artistes et écrivains du moment. Dans un premier temps, ces œuvres d'art ne furent pas signées. Mais, au fur et à mesure que grandit l'enthousiasme du public, les artistes et les écrivains furent tout heureux d'attacher leur nom à ce qui devenait souvent leurs créations les plus populaires et les plus durables.

Jackson Stimpke, le portraitiste, sortit une série d'encarts en couleur, dont le célèbre *Parée pour la conquête* avec son odalisque vêtue de ses plus beaux atours. Georgette Garner Roberts y alla elle aussi de sa contribution avec deux tableaux : *Les Ablutions de bébé* et *La Fin de la journée*. En échange de dix emballages, on pouvait se procurer n'importe laquelle de ces peintures en couleur, sur beau papier marouflé.

Le *Chicago Tribune* ne savait plus ce qu'il convenait d'admirer d'abord : la magnifique source d'inspiration et de plaisir que constituaient ces poèmes et ces gravures, ou la nouvelle usine révolutionnaire qui menaçait de sortir un demi-million de pains de savon par jour :

> Une telle usine est en soi une source d'inspiration que ne dédaigneraient ni un Poussin ni un Virgile dignes de ce nom, de quelque époque qu'ils soient… Quelque habitude personnelle qu'on puisse avoir, force nous est de reconnaître que cette firme est un extraordinaire agent de santé, de richesse et de bonheur, grâce aussi bien à sa puissance de fabrication qu'à l'image de bien-être et d'élévation morale qu'elle donne au monde.

Les poèmes et les illustrations atteignirent un tel degré de popularité que toute tentative visant à leur substituer autre chose déclencha la fureur du public. Les sacs de courrier que recevait Clare se mirent à déborder de propositions émanant d'amateurs, qui finirent par pratiquement imposer à Nagel sa nouvelle idée de génie.

Pourquoi aller payer très cher des célébrités pour ce que le public ne demandait qu'à faire pour rien ? Nagel se mit à publier les meilleurs des poèmes envoyés spontanément, en citant les auteurs et mentionnant leur occupation professionnelle. Ce qui ne fit qu'aiguiser l'envie de tous les rimeurs du pays de voir leur nom immortalisé sur papier. En manière d'apothéose, Nagel lança un concours à l'échelle nationale, celui du meilleur poème à la gloire des savons Clare. Il offrit un prix de deux mille dollars, en l'honneur du vingtième siècle qui venait tout juste de s'ouvrir.

La compagnie reçut très exactement 39 472 propositions. Les poètes en herbe non primés reçurent, eux, un sonnet composé par Hiram en personne, qui se terminait sur ce regret :

Fallait-il que nous souffrions une telle épreuve
D'avoir à dire « Non » à quarante mille chefs-d'œuvre ?

Le poème couronné était l'œuvre d'un certain Mr Herbert Kalksteen, assureur à Lincoln, dans le Nebraska. Il était intitulé « Les Bienfaits du temps ».

Louons ces êtres que la dureté des temps mit jadis
à l'épreuve :
Esprits pionniers dont le labeur et la fierté
Transformaient leurs restes de graisses et de potasse
En masses gélatineuses, saponifiées...

Suivaient deux strophes sur la difficulté extrême qu'il y avait à fabriquer du savon à partir de déchets en même temps qu'il fallait abattre des arbres, repousser les attaques des Indiens, cultiver la terre de façon artisanale et enterrer des dizaines d'enfants.

Nous qui pouvons nous faire entendre à des distances
impensables,
Qui roulons sur des rails de fer, nous envolons dans
les airs,
Nous qui, par galvanisation, repoussons les ténèbres
Avons du mal à imaginer vos tourments...

En ces temps obscurs, jamais vous ne sacrifiâtes
la propreté !
Tout encombré de ronces qu'ait pu être votre chemin,
Vous menâtes un combat pour l'hygiène et la santé
Qui fait honte aujourd'hui à tous vos descendants.

Et ainsi de suite pendant quatre strophes encore, tout aussi inspirées, qui décrivaient les incroyables progrès de l'hygiène et vantaient un bonheur qu'aucun des pionniers du passé n'aurait jamais pu imaginer. Le poème se terminait sur le refrain suivant :

Aviez-vous seulement imaginé ce que le Progrès
nous apporterait,
Cette victoire totale sur la souillure et la crasse !
Cette vie ample qui est la nôtre, cette maîtrise
du monde
Que nous ont procurée les Bienfaits du Temps !

Hiram choisit ce poème en partie parce que, sur les milliers d'envois dans lesquels on faisait rimer « savon » avec « espérons », c'était un des rares à ne pas mentionner le nom de Clare. Le moment semblait venu de tirer profit de toutes les publicités antérieures de Clare, d'unir la firme aux autres forces incontournables et anonymes, et de rendre toute mention du grand fabricant remarquable par son absence même.

Le deuxième prix fut décerné à un poème dans la veine de la pastorale tragi-comique qui se révéla bien plus populaire auprès du public :

C'est jour de lessive pour la pauvre Amaryllis,
Qui voue son Colin à tous les diables.
Peau abîmée, journée gâchée,
Linge à l'odeur exécrable.

La voilà qui se brûle et s'époumone,
En elle la colère bouillonne ;
Elle tance son soupirant dans son ire,
Car, en vérité, et sans mentir,
Elle préférerait cent fois se divertir.

À la ligne dix-huit, entre en scène le savon en poudre jaune de Clare pour machines à laver mécaniques, qui permet à notre héroïne d'aller folâtrer à la ville, peau et dos intacts, sans – ô miracle ! – altérer ni le mètre ni la rime.

Le directeur de la promotion fit publier les vingt-quatre meilleurs poèmes sous forme d'une plaquette que Clare s'empressa de distribuer à ses grossistes dans le cadre d'une nouvelle opération publicitaire. Ce sont des plaquettes de ce genre qui allaient permettre à la firme de traverser la Grande Dépression : gravures sur bois à colorier, poèmes pour rire, poèmes à savourer et à réciter, lithographies à collectionner ou à faire encadrer. Le tout, gratis.

La nouvelle ère ne pouvait se concevoir sans un nouveau look pour toute la ligne des produits Clare. La vieille tête d'Indien appartenait au siècle défunt. Le Brave ne pouvait plus servir d'emblème à toutes les marchandises dont la firme faisait désormais commerce. Nagel confia donc à l'un des membres de son équipe d'artistes le soin de capturer sur le papier la fraîcheur de cette brise, propre et tonique, qui transfigurait tout ce qu'elle touchait.

Le graveur anonyme s'inspira de l'image originale et stylisée du tubercule *Utilis* dont Clare s'était autrefois servie pour estampiller ses caisses afin de se protéger des imitations. Il en fit une sorte de couronne de tiges grimpantes entrelacées, dorées à profusion. Clare déposa la nouvelle marque en 1911, l'année où la Cour suprême démantela le trust de la Standard Oil.

Deux lavandières irlandaises, dont les lessiveuses débordent, se plaignent des poudres à laver qui emploient des détergents trop durs.

Un jeune héritier dans la lune raconte à sa délicieuse partenaire de croquet qu'il n'a pas pu se concentrer à cause de l'éclat du soleil.

Un troupeau de vaches couvertes de boue regardent un taureau qui vient de se décrasser avec un pain de savon estampillé et les ignore superbement.

Un bébé noir vire peu à peu au blanc du bébé qui partage la baignoire et la mousse avec lui.

Un sultan proclame que tout son harem doit se laver les cheveux avec la formule que vient de découvrir sa plus jeune et toute nouvelle épouse.

Des mécaniciens auto sont d'accord pour dire qu'il n'y a qu'un seul produit suffisamment efficace pour les nettoyer.

Deux courtiers à rouflaquettes, assis dans un compartiment de chemin de fer luxueusement aménagé, se plaignent de leurs mains gercées.

Deux jeunes mariés savourent le succès social et la promotion que leur a valus la blancheur immaculée de leur nappe.

Le Père Noël bourre de savons des chaussettes accrochées dans une cheminée.

L'Oncle Sam distribue des échantillons gratuits à des immigrants perplexes mais intéressés, à Ellis Island.

Un Indien et sa squaw se promènent avec un pain de savon blanc au bout d'une laisse, au-dessus d'un poème de deux strophes intitulé « Civilisés » :

Nous étions autrefois sauvages et violents,
Aux arts paisibles indifférents,
Nos couvertures maculées de graisse de bison
Et tachées par le sang des colons...

Mais le SAVON I – Y éclaira soudain
Les ténèbres de notre chemin.
Aujourd'hui, nous sommes, comme il se doit,
Justes et respectueux de la loi,
Nous portons linge, dentelles et châles
Tout comme les gens aux visages plus pâles.
Maintenant j'emporte partout avec moi
Ce morceau de SAVON I – Y qui, ma foi,
A fait de deux êtres retardés
Un couple civilisé et beau à regarder.

Elle reçoit une lettre portant la mention « Personnel et urgent ». Son adresse a été tapée directement sur la lourde enveloppe de luxe, objet qui ne figure plus guère dans son courrier depuis quelque temps. L'adresse de l'expéditeur est également tapée à la machine : Institut de la recherche sur le cancer. Elle s'affole et croit d'abord qu'on veut l'envoyer à Houston, New York ou Bethesda, pour suivre un traitement dans un de ces grands hôpitaux spécialisés.

Mais elle se dit que c'est impossible. Les médecins d'ici lui en auraient parlé. Et puis brusquement, elle comprend : ce doit être cette histoire de procès.

Probable que la nouvelle a commencé à se répandre. Pour une raison ou pour une autre, les grands groupes nationaux doivent essayer de monter l'affaire en épingle. C'est Don sans doute qui a communiqué son adresse. Ils doivent tenter d'obtenir la participation de tous les gens du coin atteints par la maladie. De les persuader d'apporter leur contribution à la cause de la santé collective.

Elle ouvre l'enveloppe, les doigts tremblants. Tout en rédigeant déjà mentalement sa lettre d'excuse : elle n'est pas la personne qu'il leur faut ; ce dont ils ont besoin, c'est de quelqu'un qui sache de quoi il retourne, qui soit vraiment au courant de ce qui se passe. Quelqu'un qui sache s'exprimer. Qui puisse traduire le sentiment des habitants de la ville.

Chère Mrs Bodey, lit-elle.

Elle entame le premier paragraphe. Mais aussitôt, elle revient sur les premières lignes. Envoyez-nous 25 $. Ou tout autre montant à votre convenance.

C'est absurde. Une demande de don pour la recherche sur le cancer… À elle ! Pourquoi choisir justement des malades ? Qu'est-ce que c'est que ce nouveau style de collecte de fonds dans lequel on s'adresse directement aux victimes ?

Il lui faut bien une minute pour comprendre. Une bonne minute, ce qui, par les temps qui courent, constitue une unité de temps non négligeable. Elle n'a pas été choisie. C'est toujours la même histoire : listings que l'on s'échange, données informatisées, envois en masse à tout le monde.

Elle revient à l'enveloppe, à l'adresse pour retour à l'envoyeur tapée à la machine. Un truc pour faire croire qu'il s'agit d'une véritable lettre. Pour en dissimuler l'origine. Pour obtenir au moins du destinataire qu'il ouvre l'enveloppe. Qu'il ne la mette pas à la corbeille avant d'avoir sorti le papier. Peut-être qu'une lettre qui a l'allure d'un courrier urgent et personnalisé augmente les chances de versement d'un pour cent. Et un pour cent, vu l'échelle à laquelle se pratiquent les choses aujourd'hui, ça doit représenter des millions.

Éviter la viande et les graisses. Ne pas fumer ni boire. Limiter les expositions au soleil. Ne pas s'exposer à des produits toxiques à la maison ou au travail. Ne pas multiplier les partenaires sexuels. Et envoyer vingt-cinq dollars.

Voyons. Des partenaires, elle n'en a eu que trois, et encore, l'un avait des problèmes côté pénétration. C'est vrai qu'elle a pas mal bu quand elle était à la fac, avec ses copines. Mais ces derniers temps, elle aurait bien pu boire une demi-douzaine de verres de vin rouge de plus par semaine sans pour autant dépasser la norme. Elle a fumé pendant trois ans environ, et encore, juste une cigarette de temps à autre après le dîner, histoire d'être sociable. Mais, même si ça peut paraître absurde, sans jamais avaler la fumée. Sa façon de s'alimenter est loin d'être parfaite, sans doute, mais, à cause des enfants, elle a toujours fait bien plus attention que la plupart des gens qu'elle connaît.

Ne pas s'exposer à des produits toxiques à la maison ou au travail. Là, c'est une autre affaire. Ils pourraient aussi bien dire : éviter le cancer. Pour autant qu'elle sache, elle ne s'est jamais « exposée », consciemment ou non. Elle n'a pas non plus été exposée. Pas de Love Canal sous la maison, pas de Three Mile Island de l'autre côté de la rivière. Elle n'a été exposée, que ce soit par hasard ou à cause d'un quelconque voisinage, ni plus ni moins que tout un chacun.

Elle relit la liste des conseils et des mises en garde, repassant dans sa tête tout ce qu'elle a pu faire de travers depuis le début. Tous les petits plaisirs cancérogènes, les dangers qu'elle connaissait mais qu'elle a accepté de courir, parce que les risques semblaient infimes ou difficiles à cerner. La laque pour les cheveux, les steaks grillés au barbecue, les peintures et les décapants, les teintures, tellement indispensables à son bien-être. Les cerises au marasquin qu'elle s'octroyait en guise de récompense quand elle avait été bien sage. Et toutes ces boissons basses calories qu'elle aimait tant parce qu'elle avait l'impression de pouvoir en boire autant qu'elle en voulait, puisque les simples gestes nécessaires à leur consommation brûlaient plus de calories qu'elle n'en absorbait en les buvant.

Elle envoie Ellen à la bibliothèque en lui disant de demander Marian. Ellen revient avec un livre intitulé *Vos courses et votre santé*. Laura le lit par petits morceaux, quand elle a la tête suffisamment claire et que sa vue ne se brouille pas. Autant qu'elle puisse en juger, aucun produit n'est vraiment sûr finalement. Nous sommes assaillis de toutes parts. Les concombres, les courges et les pommes de terre en papillotes. Le poisson, ce grand aliment naturel dont elle bourre les enfants depuis des années. Les bombes insecticides pour le jardin. Les huiles de cuisine. Les litières pour chat. Les shampoings antipelliculaires. Les gouaches. Les vernis. Les déodorants. Les crèmes hydratantes. Les perfecteurs de teint. L'eau. L'air. La planète tout entière est atteinte. Le seul fait de vivre, c'est s'exposer au cancer.

Tandis qu'elle reste éveillée la nuit, refusant de prendre ces quelques milligrammes pourtant universellement prescrits qui l'aideraient à trouver le sommeil, elle songe à une nouvelle hygiène de vie. Qu'elle adopterait comme ça, du jour au lendemain. Elle a tout ce qu'il faut dans ce livre. En s'aidant de cette liste, elle pourrait apprendre à acheter uniquement les produits au-dessus de tout soupçon. Est-ce que ce serait si difficile de changer quelques habitudes ? Plus de bœuf, plus de dentifrices chimiques, rien que les bonnes marques de vernis… Rien qu'elle regretterait vraiment. Et, en échange, elle retrouverait le chemin de la santé.

Ce rêve d'un nouveau départ se dissipe aussitôt comme une poudre magique. Il lui faudrait pour le réaliser autrement plus de résistance qu'elle n'en a en ce moment. Et toutes les bouteilles d'eau en plastique qu'elle achèterait ne feraient ensuite qu'aller répandre leur poison ailleurs.

Une autre lettre arrive, qui gomme les effets de la première. Celle-ci non plus ne lui est pas adressée personnellement. C'est une lettre ouverte, qui occupe un quart de page dans le *Post-Chronicle* du dimanche, rubrique des Avis publics dans les petites annonces. À l'attention de tous les résidents d'une zone délimitée par Base Line, Kickapoo, McKinley et Airport Road – autrement dit, pratiquement la totalité de Lacewood et de Kaskaskia Heights, et la plupart des gros bourgs et des communes qui ceinturent la ville pour échapper aux taxes exorbitantes.

Si vous souffrez de troubles dont vous-même ou votre médecin pensez qu'ils peuvent avoir une cause environnementale, si vous vous intéressez à l'action en justice introduite collectivement contre le plus grand industriel de la région, si vous désirez vous associer à cette action, envoyez votre réponse à la boîte postale suivante avant le 21 mars.

On dirait du publireportage dûment payé. Texte sérieux encadré de noir, le genre de chose que Laura confond parfois avec les avis des services publics. Préjudices massifs, dommages et intérêts qui se chiffrent par millions : le genre de produits que son exemplaire de *Vos courses et votre santé* omet de répertorier comme dangereux. C'est désormais le meilleur produit des cabinets d'avocats, pas étonnant qu'ils cherchent à le vendre. Une institution efficace et rentable contre une autre, rivalisant dans le cadre des règles d'un jeu qui les a enrichies toutes les deux.

Elle met une pince à la lettre ouverte et l'accroche à la porte du frigo, de façon à ne pas laisser passer la date. Au bout de deux jours, elle en a assez de la voir là. Elle la met dans la boîte à courrier en céramique sur le vaisselier, la coince à côté de ses quittances de versements trimestriels. Mais elle a peur de l'oublier si elle la laisse là. Alors, elle la pose sur la table de la salle à manger qui n'a pas servi depuis des mois. Mais la lettre s'envole à chaque passage des enfants et Laura finit par lui adjoindre comme presse-papier le cauri dont Ken lui a fait cadeau quand elle a réussi à intégrer le Million Dollar Movers Club.

Don vient ramoner le conduit de la cheminée, réparer la fenêtre coincée et faire deux ou trois autres bricoles qui dépassent les compétences des enfants.

« Comment ça va ?

— De quoi ai-je l'air ?

— Mieux que ce que j'aurais cru. Au fait, tu as vu l'avis dans le journal ? »

Elle a un geste en direction de la table où la coupure, à laquelle elle n'a toujours pas répondu, continue à la narguer.

« Tu vas le faire, non ?

— Faire quoi ?

— Voyons, Laura, te mettre sur les rangs pour réclamer une indemnité.

— Don, ça m'est difficile, tu sais, de penser à *ça*… dit-elle en joignant le geste à la parole et en passant ses mains le long de son torse ravagé, comme à une occasion d'indemnité.

— Excuse-moi. Le mot était mal choisi. »

Mais il est incapable de laisser tomber le sujet. Elle ne s'attend d'ailleurs pas vraiment à ce qu'il le fasse.

« Est-ce que ça ne présente aucun intérêt pour toi ? Il ne reste pas beaucoup de temps… Ce que je veux dire, c'est que nous serons en mars avant même d'avoir eu le temps de dire ouf. »

Il a toujours voulu bien faire, au point d'en être exaspérant.

« Qu'est-ce que tu ferais, Don ? Je veux dire, à Dieu ne plaise, si tu étais à ma place ?

— Je n'hésiterais pas une seconde. Et je ne me poserais même pas la question. »

Mais elle, elle s'en pose, des questions. « C'est simplement que… Je ne sais pas, mais ce cancer, c'est pas quelque chose dont j'ai envie de tirer profit. »

Elle le voit essayer de maîtriser son agitation. « Mais, Lo, ce n'est pas une question de profit. Tu es prête à ne rien faire et à les laisser, eux, s'en tirer, pendant que d'autres paient l'addition à leur place ? »

Elle a envie de demander : *Quelle addition ?* Qui a commandé le repas ? Qui a choisi cette vie ? Qui a inventé ces règles ? Elle se contente de dire :

« Je doute que le fait que je m'associe ou non à l'action change quoi que ce soit au résultat.

— Tu n'en sais rien. C'est peut-être le nombre qui fera la différence. Et il se peut que ton cas présente…

— Don, les toubibs eux-mêmes n'ont pas la moindre idée de la manière dont j'ai pu attraper ça.

— Tu es dans une zone où les taux sont élevés.

— Apparemment, le cancer des ovaires n'a rien à voir avec ce genre de chose.

— Il y a bel et bien une concentration de cas dans la région. Tu peux me croire. Tu n'as pas vu les statistiques que vient de publier le journal ? On est très au-dessus de la moyenne, pour toutes sortes de cancers. »

Elle a envie de dire : Le pays tout entier est très au-dessus de la moyenne. Mais elle s'abstient et essaie de plaisanter : « C'est le fameux tir groupé des Rowen. » Pendant des années, Don a comparé le comportement de la famille Rowen à celui d'un gamin qui crible de chevrotines le mur de la remise, puis dessine une cible pour entourer la plus grande concentration d'impacts.

Il lui adresse un sourire crispé. « Je pense simplement que tu mérites qu'on s'intéresse à toi. Que quelqu'un se porte responsable. Qu'il y ait une compensation, sous une forme ou une autre. »

Mais il ne peut y avoir aucune compensation. Ni personne qui puisse être tenu pour responsable d'une chose aussi répandue.

« Ils n'ont pas de quoi aller devant un tribunal, dit-elle. Pense à tout ce qu'ils seraient obligés de prouver. Qu'il y a des carcinogènes dans la nature…

— C'est le cas.

— … Avec un taux de concentration tel qu'ils sont susceptibles de causer des cancers. Que c'est Clare qui les a disséminés.

— Un jeu d'enfant.

— Que les victimes ont été en contact avec ces substances. Que leur cancer vient des trucs qu'elles ont tripotés et que les usines avaient mis là. Qu'elles n'auraient pas été atteintes par la maladie si…

— Je ne sais pas, Laura. Si tu crois que ce sera si difficile de gagner la partie, alors dis-moi pourquoi des cabinets d'avocats réputés engloutissent autant d'argent là-dedans ? À mon avis, ils en ont déjà eu pour au moins un demi-million, simplement pour instruire l'affaire.

— Je n'en sais rien. » Et c'est vrai, qu'elle n'en sait rien. « Pour la publicité ? Ils se disent peut-être que la compagnie préférera un accord à l'amiable au rôle d'accusé dans un procès en bonne et due forme.

— Si c'est le cas, tu n'as pas fini de te mordre les doigts de ne pas avoir réclamé ton dû. »

Mais rien ne lui est dû. Pas plus à elle qu'à quiconque. Qu'à quiconque susceptible de tomber malade un jour ou l'autre, ce qui revient à dire tout le monde. Dieu sait qu'elle est dans une mauvaise passe, mais pour des millions d'autres, ce sera encore pire. Et elle ne peut compter que sur elle. Comme toujours. Comme tous les gens qui vivent ici. Et ceux qui prétendent le contraire sont des charlatans.

Il bricole encore un peu, stabilise la machine à laver, qui depuis quelque temps danse dans le sous-sol. Il essaie de réparer le chargeur automatique de CD et n'y arrive pas. Il s'énerve, s'obstine, même quand elle lui dit que c'est sans importance. De toute façon, elle ne peut écouter qu'un disque à la fois.

Avant de partir, il revient s'asseoir à côté de son fauteuil roulant.

« Tu n'es pas seule en cause, lui dit-il sur le ton de la confidence. Tu dois penser aux enfants.

— Comment ça, aux enfants ?

— Eh oui, s'il y a un accord à l'amiable, sous une forme ou sous une autre. Quelque chose qui…

— Oh ! » Elle comprend ce qu'il veut dire. « Je vois. »

Pour la première fois depuis le début de leur conversation, elle hésite. Ses paroles ont éveillé ses pires craintes, ses espoirs les plus fous. Il a touché le point sensible, le nœud vital qui s'est formé en elle depuis qu'elle est adulte. La seule cause qui justifie toutes les agressions, toutes les compromissions, tous les combats. Pour eux, elle serait prête à voler, à pousser n'importe quel autre gamin hors du canot de sauvetage. Il n'y a rien qu'elle ne leur donnerait. Excepté ce qui lui a donné ce qu'elle a.

Elle remue les lèvres à plusieurs reprises avant d'arriver à articuler les mots.

« Je me demande parfois si ces deux-là n'ont pas déjà plus que ce qui est bon pour eux.

— Pour l'amour du ciel, Laura. Écoute-moi. Tu ne crois pas que tu devrais te sentir concernée ? Tu n'as pas ne serait-ce qu'envie de savoir la vérité sur cette affaire ? »

Elle le regarde, cet homme. Tellement obstiné et intempestif dans son désir de bien faire qu'on ne peut que tout lui pardonner. Elle n'arrive même plus à se rappeler ce qu'elle a bien pu avoir contre lui.

Ni pourquoi cela semblait sur le moment avoir tant d'importance, ni comment ils ont jamais pu croire qu'ils seraient capables d'élever une famille ensemble.

En revanche, elle se souvient bien de l'avoir épié pendant des mois, rassemblant des preuves alors même qu'il s'obstinait à tout nier. Elle se souvient d'avoir insisté pour obtenir le divorce, non pas parce qu'il avait une liaison avec une autre et mentait, mais parce qu'il emmenait la malheureuse dans des endroits tellement miteux. Parce qu'il vivait son aventure à l'économie, au rabais.

Elle le regarde et sourit. Du moins, c'est l'impression qu'elle a, à sentir se plisser les muscles atrophiés de son visage.

« Ce n'est pas un tribunal qui va me dire ce que j'ai besoin de savoir.

— C'est faux, se hâte-t-il de répondre. Le tribunal est le seul endroit qui pourrait effectivement... »

Elle tend son bras fatigué vers lui et le pose sur le sien. Contact de deux corps, quelques secondes de silence. « Don, Don. Quelle différence est-ce que ça peut bien faire maintenant ? »

Une boîte plate et étroite, de couleur rougeâtre, porte en sobres caractères Courier la mention Certifast. *Sur l'un des bords se découpe le profil un peu flou d'une femme qui tend une bande graduée vers la lumière. $ 19,95*

Le nom Engender *se déploie en italiques cursives en travers d'une boîte plus grande, de couleur corail. Sur un fond de lumières pastel, un couple émerveillé chatouille son nouveau-né. $ 29,95*

Sur l'une comme sur l'autre, on peut lire en toutes petites lettres :

Test de grossesse colorimétrique de premier trimestre. Cet examen peut donner jusqu'à douze pour cent de résultats positifs erronés et dix pour cent de résultats négatifs erronés. Consultez votre médecin pour avoir confirmation du résultat.

CLARE DRUG AND PHARMACEUTICAL

L'année qui suivit la réorganisation, les ventes atteignirent dix millions de dollars. Les membres de la nouvelle classe dirigeante durent s'attaquer au problème du capital inutilisé, le coût le plus pernicieux auquel ait à se confronter toute forme d'économie. Sur les marchés sauvages du vingtième siècle, l'inefficacité était synonyme de ruine. C'était là le grand danger et toutes les ressources de l'esprit humain, toutes les stratégies de gestion rationnelle se devaient d'être mobilisées dans la lutte.

L'esprit d'émulation qui animait les différentes équipes et les différents départements à l'intérieur de la firme commença à produire les mêmes bénéfices que ceux qu'avait rapportés le dégraissage entrepris sur le marché extérieur. Clare avait abandonné à temps les vieilles façons de faire et adopté les nouvelles avant l'heure. Tout ce qui n'était pas suffisamment rentable pour survivre disparut et les bonnes idées se répandirent comme un feu de forêt en plein mois d'août. Avec une société adéquatement structurée, les décisions se prenaient quasiment toutes seules.

La prospérité ne signifiait plus immanquablement des fermetures à plus ou moins long terme. Quand l'eau montait dans le port, tous les bateaux, sans exception, montaient aussi. Et pourtant, quand une avalanche dévalait le flanc de la montagne, ceux qui étaient au pied continuaient à se faire ensevelir.

Le vieillard chenu qu'était devenu Douglas exhorta ainsi ses troupes dans un discours prononcé lors d'un pique-nique de la participation :

Si nous pouvons continuer à produire des marchandises de qualité, le public continuera à acheter, encore et toujours. Et nous qui avons joint nos efforts dans ce but continuerons à jouir des fruits de notre labeur…

Mais, comme vous ne le savez que trop, nous ne pouvons pas dépenser les bénéfices avant de les avoir gagnés. Et chacun d'entre vous est suffisamment intelligent pour comprendre qu'il nous faut garder une partie des gains, pour pouvoir les réinjecter dans un équipement amélioré, une meilleure distribution et des créations d'emplois. C'est de cette manière que demain nous aurons encore plus de bénéfices à répartir.

En vérité, pas plus William Clare que les membres du département finances n'auraient su dire le rôle exact qu'avait joué son projet de partage des bénéfices dans l'accroissement constant du rendement et la chute des coûts de production. La mécanisation et les sources d'énergie modernes, jointes à une réorganisation qui réduisait les coûts au maximum, ne justifiaient pas nécessairement que l'on versât davantage aux travailleurs que ce qu'on leur versait à la fin du siècle précédent.

Sans compter que les ouvriers restaient en place plus longtemps, ce qui réduisait les coûts de formation et de reconversion dans des proportions considérables. Et quand les grèves éclatèrent à Fall River, quand les mineurs remontèrent à la surface dans tout l'ouest du pays, quand se formèrent les International Workers of the World et le Syndicat international des ouvriers de la confection, quand la Cour suprême retourna le Sherman Act contre les syndicats, les usines Clare restèrent incroyablement calmes. Même les revendications portant sur la journée de huit heures ne rencontrèrent qu'hostilité parmi ceux qui voulaient continuer à percevoir leurs primes.

Pour la première fois de son histoire, la compagnie trouva une réponse au problème chronique de la surproduction. Il était possible de faire face aux mouvements en dents de scie de la demande en relâchant l'accélérateur sur les ventes directes et en gonflant le budget consacré à la publicité. Douglas procéda à un réglage minutieux de tout l'appareil, à la manière d'un mécanicien du dimanche bricolant un antique moteur à combustion interne. Et pendant un temps, il permit à la société d'atteindre ce nirvana du business américain : emploi à plein temps garanti, sans licenciements ni heures supplémentaires ni autre mesure artificielle.

Le directoire vota deux nouvelles émissions d'actions, l'une pour financer la construction d'une usine de traitement des pépins de fruits en Géorgie, l'autre pour agrandir et moderniser une huilerie du Kansas, qui put ainsi commencer à exploiter un nouveau brevet d'hydrogénation. Les deux stocks d'actions se vendirent comme des petits pains et les titres continuèrent à s'échanger activement à la Bourse de New York, où la compagnie avait commencé à être cotée en 1902. Les dividendes grimpèrent, sans jamais donner de signes de faiblesse. Le public réserva aux actions Clare l'accueil qu'il avait toujours réservé au savon du même nom.

Un nom qui était désormais synonyme d'articles de qualité. Les gens avaient besoin des produits que Clare fabriquait. Les concurrents s'étaient rassemblés en nombre dans le but commun de répondre à ces besoins et n'avaient de cesse de chercher les moyens de fabriquer à leur tour ces mêmes produits. Ils n'auraient pas manqué de s'engouffrer dans la brèche si Clare, relâchant ses efforts, n'avait pu faire face à sa part de la demande publique.

Ce fut dans ces années-là que l'Office du contrôle pharmaceutique et alimentaire fut chargé d'appliquer une nouvelle loi destinée à assainir les pratiques. Pendant longtemps, le législateur avait eu des difficultés à départir entre l'intention de tromper du fabricant et le désir de l'acheteur de se laisser tromper. Ce qui ne l'avait pas empêché de faire la chasse aux produits qui prétendaient avoir des vertus curatives grâce à quelque ingrédient secret. En 1913, la loi amendée mit un terme à la dernière fournée de savons et de toniques au Baume authentique. Les experts du gouvernement découvrirent qu'il n'y avait rien d'indien dans l'extrait, rien non plus de médicinal. Douglas obtempéra, la mort dans l'âme, et le vieux nom magique disparut à jamais de la circulation.

Le gouvernement porta un autre coup à la compagnie avec les premières baisses significatives des tarifs douaniers depuis la mort de Resolve Clare. Les États-Unis, qui abritaient désormais les deux cinquièmes de l'industrie de transformation mondiale, se trouvèrent tout à coup exposés à un raz-de-marée d'importations bon marché. Le moment était venu de voir exactement dans quelles proportions la sélection naturelle était bonne pour les affaires.

Clare réussit finalement à conserver sa part du gâteau et à rester compétitive, en veillant à éviter tout gâchis. Ses chimistes apprirent à fabriquer toujours les mêmes produits, mais à l'aide de matériaux inattendus et moins chers. Ils tirèrent profit des expériences ingénieuses de Carver sur l'huile d'arachide et la bourre de coton. Ils se mirent à transformer les déchets, diminuant ainsi les frais nécessaires à leur élimination.

Clare connut une grande prospérité au cours de l'ère progressiste. Ses produits libéraient la femme des corvées quotidiennes et favorisaient les progrès de la santé et de l'hygiène même parmi les pauvres. Ses usines et ses entreprises de récupération fournissaient un modèle de bonne conduite en matière de pratiques commerciales. Quand Teddy Roosevelt disait qu'il voulait appliquer les principes des affaires bien menées à sa nouvelle politique de protection du citoyen, c'est le modèle incarné par Clare qu'il avait présent à l'esprit.

« PENSEZ », disait le nouvel en-tête de National Cash Register. Douglas voulut donner à Clare un slogan du même genre. « Gérez avec sagesse et la sagesse prévaudra. » Moins succinct sans doute, mais plein d'à-propos. Toujours ce besoin désespéré de solutions nouvelles, même à la dernière heure.

Partout, la société anonyme se révélait être la plus grande prouesse de l'esprit humain depuis l'invention de la lance et la plus flexible depuis celle du gant de base-ball. C'est d'elle que procédèrent des institutions toujours plus importantes, qui s'engendraient les unes les autres : le système de la banque centrale américaine, l'index des prix à la consommation, le premier impôt national sur le revenu.

Chaque nouvelle structure inventée par l'homme générait plus d'inventions que la viande crue ne génère d'asticots. Le nouveau siècle n'avait pas dix ans que des inventeurs donnaient au monde la radio, le cinéma, l'appareil photo, l'usine d'automobiles automatisée, la transmission télégraphique des images, le phonographe de grande diffusion, la cellophane. Edison promettait même une machine qui entrerait en communication avec les morts. Une industrie naissait pour satisfaire tous les désirs humains imaginables, tandis que d'autres anticipaient sur des désirs encore à venir. C'est à peine si Clare arrivait à suivre la cadence, tant étaient nombreuses les affaires en or dans lesquelles investir.

Jusqu'à l'humble magasin qui connut sa révolution. Après un premier essai avec Filene's dans Washington Street, à Boston, la mère patrie, Clare passa sans transition et, avec d'excellents résultats, aux gigantesques ruches hautes de dix étages et longues d'une centaine de mètres qui venaient d'apparaître dans les grandes villes. Peu de temps après, elle entra sur le marché de la vente par correspondance. Sur les quelque trois cents millions de paquets acheminés par les services des colis postaux au cours de leur première année d'existence, 12 396 partirent de chez Clare. Entre Sears, Spiegel et Montgomery Ward, la bourgade la plus reculée avait maintenant accès à tous les produits possibles et imaginables. Et puis, les catalogues enseignèrent au grand public quelque chose d'inappréciable pour le fabricant : comment acheter des articles sans les voir.

Des appareils plus lourds que l'air, fonctionnant à l'essence et construits en Amérique étaient capables de quitter le sol et d'y revenir. Les derniers véritables obstacles à la circulation universelle des marchandises disparaissaient un peu partout. Et maintenant que l'Amérique avait un embryon d'empire, Clare se mit à regarder plus loin que les vieilles frontières du commerce. Les graisses en provenance des abattoirs de Chicago se retrouvaient déjà dans la même cuve à mijoter avec l'huile de noix de coco des Philippines américaines et l'huile de palme du Congo belge. Pourquoi la compagnie ne suivrait-elle pas l'exemple des produits qu'elle fabriquait ?

La firme se tenait prête à entrer dans la phase suivante de son existence. Ses superbes usines à dollars, elle les exporterait, pièce par pièce, sous de nouveaux cieux. Tout recommencer, en partant de rien ou presque.

Le choix d'un ambassadeur qui se chargerait des démarches préliminaires à l'étranger se fit quasiment de lui-même. Le jeune Douglas Clare, deuxième du nom, avait fait des études à Cambridge et était sorti de Trinity College avec un brillant diplôme d'histoire. À son retour aux États-Unis, il avait travaillé dans trois des usines de la compagnie, d'abord comme ouvrier, ensuite comme contremaître, pour finir directeur. Même quand il eut pris la direction du département des matières premières, il ne perdit pas son goût des voyages, de l'art ou de l'architecture, ni son amour pour les pays d'outre-Atlantique.

Au bout de cinq minutes passées dans n'importe quelle cathédrale, entre Ulm et York, il était capable de vous donner, les yeux bandés, tous les détails concernant la projection géométrique verticale de la nef et des travées. De vous décrire avec une précision photographique les fenêtres à ogives ou à meneaux de la plus petite église paroissiale. Il achetait des Cézanne à une époque où le peintre n'était encore qu'un objet de risée. Prenait les eaux à Spa et Baden-Baden, s'adressant à pratiquement tous ceux qu'il rencontrait sur son chemin dans leur propre langue. On aurait dit que le *curriculum vitæ* de cet homme avait été modelé à l'avance dans le seul but de répondre à la présente attente de la compagnie. Et c'était bel et bien le cas.

Douglas père expédia son brillant rejeton en Europe avec pour mission d'entamer des recherches sur les droits, les privilèges et le potentiel de divers pays. Le jeune ambassadeur devait visiter la Grande-Bretagne, la France, l'Allemagne et les Pays-Bas, en se servant de Perce-Neige comme fer de lance pour amorcer la publicité. Les autres produits suivraient grâce au moyen de transport nouvellement inventé par l'Amérique.

Douglas II descendit du bateau au Havre au cours de la première semaine d'avril 1914. Quatre mois plus tard, les partenaires potentiels qu'il avait approchés commençaient à s'entretuer. En trois ans, l'impensable était devenu inévitable : les compatriotes de Doug Junior mouraient par dizaines de milliers pour sauver ce système international qui était censé avoir fait de la guerre un phénomène obsolète.

Au terme de quatre années de cette splendide boucherie, dix millions d'hommes étaient tombés, quatre empires s'étaient écroulés, un quart du monde commençait à renoncer au capitalisme et Clare avait dressé sa petite liste de sites où s'implanter tant sur le continent qu'en Grande-Bretagne.

Non sans avoir beaucoup hésité, elle prend une deuxième hypothèque sur la maison. Elle sait pertinemment que l'opération revient à financer le présent en grevant l'avenir. Mais au moins elle paie pour le présent : les priorités d'abord. Elle trouvera toujours un moyen de rembourser, une fois qu'elle saura ce qui l'attend effectivement au bout de la route.

Lindsey, au bureau, fait jouer pour elle les relations qu'il a dans la banque. Il semble plus qu'heureux de pouvoir lui rendre ce service. Comme si, après ce qu'il lui a fait, l'argent ne comptait pas. Et elle préfère encore l'accepter de lui que de Don, pour la bonne raison que ce salaud le lui doit bien.

Avec chaque jour qui passe, elle retrouve un petit peu de ses forces, maintenant que les effets des dégâts atomiques ont perdu de leur violence. Son corps, sans savoir pourquoi, se ressaisit. Elle se fait l'impression d'une minuscule graine expérimentale qu'on a plantée à l'envers et qui se retourne, se remet dans le bon sens grâce aux lois qui régissent toute croissance.

Un jour, elle se réveille avec une envie d'œufs brouillés. Le lendemain, pendant que les enfants sont à l'école et avant la visite de l'infirmière, elle s'attaque à l'escalier. Au tiers du parcours, elle s'effondre. Elle doit s'arrêter encore deux fois, mais finit par atteindre le sommet. Le premier étage de sa propre maison lui fait l'effet d'un autre monde. Elle a oublié jusqu'à la couleur des murs.

Elle a l'esprit plus clair. Et recommence à pouvoir penser un peu. Février a de faux airs de printemps et change la glace en flaques d'eau. *Tu n'as pas envie de savoir ?* Mieux elle se sent et plus les mots de Don résonnent dans sa tête. Elle finit par atteindre un moment où elle est assez lucide pour avoir effectivement envie. Envie de savoir, d'apprendre au moins quelque chose avant qu'il soit trop tard.

Elle essaie les bouquins que Marian lui fait passer. Les moins gros, en tout cas. Pour les plus difficiles, il faudrait sans doute qu'elle prenne des notes. Elle arrive bientôt à lire le mot « adénocarcinomateux » sans être obligée de s'arrêter pour la journée.

C'est pire que la poésie. Plus elle lit, plus ça se complique. Elle en lit assez pour commencer à soupçonner que les experts eux-mêmes voudraient bien avoir la réponse à la question qu'elle se pose. Les techniciens, comme aimait à le dire la télé quand elle était gamine, travaillent à la solution du problème. Plus elle avance, plus les choses deviennent délicates, car elles mettent en jeu des institutions toujours plus importantes et pleines de scientifiques et d'administrateurs. Chaque nouveau terme latin de dix syllabes exige un autre million de dons de vingt-cinq dollars avant d'être vaincu.

Au bout de plusieurs jours de ce genre de lecture, elle ne sait toujours pas ce que signifie « type cellulaire ». Et quand elle vérifie le sien, elle n'est pas plus avancée. Elle aurait dû commencer à se documenter au moins dix ans avant de tomber malade, uniquement pour comprendre ce qui lui arrive.

Pendant le week-end de Presidents' Day, elle dit aux enfants d'un ton enjoué : « Et si on allait jusqu'au musée de la Société historique ? » Ils la regardent, l'air ahuri.

« Vous savez, la résidence Riverton.

— Mais on y est allés y a pas longtemps », gémit Tim.

En effet, ça doit remonter à cinq ans ! Et ceci de la part d'un gamin pour qui treize millièmes de seconde sont une éternité.

« Pourquoi pas, dit Ellen. Je vais conduire.

— Allons-y à pied.

— Tu crois vraiment ?

— Affirmatif.

— On peut prendre le fauteuil, si tu veux. Si c'est ma façon de conduire qui te fait peur. »

Laura la supplie du regard. La résidence lui paraît moins loin qu'avant. Elle se rapproche même de jour en jour, au fur et à mesure que les traitements prennent l'allure de mauvais rêves. S'il te plaît. Elle a besoin de marcher de nouveau dehors. Maintenant. Aujourd'hui. Prête ou pas. Ses yeux se font plus suppliants et Ellen finit par céder.

Le seul fait d'être dehors lui redonne plus d'énergie qu'elle n'en espérait. Ellen marche à côté d'elle, se moquant de ses petits pas hésitants. « Allez, maman, fonce ! »

Cinq bons mètres devant elles, Tim est occupé à apaiser sa Game Boy, appuyant sur tous les boutons conformément à ses instructions. Il se laisse malgré tout glisser vers elles quand Laura commence à s'essouffler. Chacun des enfants la prend par un bras et elle reprend sa respiration.

Le musée s'est agrandi depuis leur dernière visite. À moins que ce soit Laura qui ait rétréci, plus qu'elle ne croyait. Ellen se dirige vers l'escalier et, sans réfléchir, monte trois marches avant de s'arrêter et de se retourner.

« Vas-y, mon cœur, la rassure Laura. Ça va très bien. » Sa fille disparaît en direction des combles pour aller voir les poupées et les robes, régression secrète dont ses camarades d'école ne sauront jamais rien.

Laura essaie d'intéresser Tim aux vieilles machines. « Regarde ça, mon chéri. C'est un ancien scarificateur mécanique. Dans le temps, on… »

Il essaie d'écouter. Elle voit bien qu'il fait des efforts. Mais il est incapable de rester tranquille plus de deux minutes. Il parcourt les salles au pas de charge, s'arrête un instant devant le vieux matériel de radio avant de retrouver le hall d'accueil, où il s'assied dans une causeuse des années vingt et s'acharne de plus belle sur sa Game Boy.

Laura se dirige vers la collection Clare, les salles qu'elle a toujours sautées lors de ses précédentes visites. Là, se trouve tout le bric-à-brac sans grand intérêt qu'a rassemblé Mr Riverton au cours de ses trente-six ans de collaboration avec l'usine de Lacewood.

Certains collectionnent les presse-papiers en verre ou les isolateurs de poteaux téléphoniques. D'autres, les livres, les brocarts ou les dettes. Mrs Riverton, elle, avait collectionné les poupées et les habits, pendant que son mari collectait des subventions la semaine et passait ses week-ends à rassembler tous les objets possibles et imaginables portant le nom de Clare.

Il y en a des salles entières : papier à lettres, cartons d'expédition, plateaux de service, citations du président. Traités d'hygiène complètement loufoques à l'usage des écoles. Pinces à agrafer. Cartes stéréoscopiques commémorant le baptême d'une usine. Bons de vente. Vieilles boîtes de poudre dentifrice arborant des logos embarrassants pleins de poupées nègres aux cheveux hérissés, dont on aurait pu croire qu'un loyal employé de la compagnie n'aurait songé qu'à se débarrasser au plus vite.

Les salles sont remplies de vitrines, chacune d'elles consacrée à un tas d'emballages et de réclames. Certains des slogans résonnent comme des comptines à ses oreilles : Avec nous, rien n'est impossible. Nous vous simplifions la vie. Ce qui revient plus ou moins au même. Elle se surprend aussi à fredonner les airs. À chaque formule, sa mélodie.

Chacune des vitrines vous entraîne un peu plus loin dans le passé. De la décennie du « moi je », on passe à l'été de l'amour, lequel se fond dans l'ère dorée. Comme des papillons dans une boîte. Au bout de trois ou quatre vitrines, elle s'aperçoit qu'elle a commencé à l'envers et remonte le temps. Mais elle est trop avancée maintenant pour tout reprendre depuis le début.

Le temps s'épluche, comme un oignon, pelure après pelure. C'est comme si la compagnie se déshabillait sous ses yeux, à la manière de quelqu'un sur le point de se coucher. Les usines rapetissent ; le matériel est de plus en plus branlant et primitif ; les portraits officiels des dirigeants se font plus flous. Les adresses d'Oakland sur les étiquettes disparaissent pour être remplacées par celles de Kansas City, puis de Lacewood, Chicago, Sandusky, Walpole, Roxbury : un « voyage du pèlerin » à l'envers, qui vous ramène jusqu'à Plymouth Rock.

« Il y a bel et bien du baume dans Galaad », lit-elle. Une bibliothèque vitrée proclame « Le Baume authentique et son extrait secret de racine médicinale soignent nombre de troubles cutanés et dermiques ». Et partout, le profil d'un Brave dont elle a vaguement entendu parler sans jamais pouvoir l'associer à quoi que ce soit de précis.

Bientôt, elle est tellement loin dans le passé qu'elle n'a plus aucune chance de trouver ce qu'elle est venue chercher. Mais les objets exposés agissent sur elle comme une ambulance fonçant sur une autoroute : malgré elle, elle ralentit et regarde. Elle parcourt la salle suivante, puis celle d'après. Le temps se dévide ; les bénéfices s'amenuisent. Elle revit la vente des deux premières livres de savon, livrées à domicile par l'ancêtre Samuel, moyennant une perte considérable de temps et d'argent.

Le fameux logo Clare remonte lui aussi le temps sous ses yeux. Le dessin se complique de plus en plus. Se ramifie et s'embellit jusqu'à ce que, après toutes ces années, elle le reconnaisse pour ce qu'il est réellement : le bouton d'une plante très ouvragée.

Elle a toujours vu ce truc, sans jamais se douter de rien. Une herbe luxuriante, le genre qui ne pousserait certainement pas dans son jardin. Pour tout dire, ça ne ressemble à rien de connu sur cette Terre. C'est exotique. Étranger. Martien.

La plante a droit à une vitrine pour elle toute seule. Laura apprend comment elle a été découverte par le frère des fondateurs de la compagnie, lors d'une expédition dans les mers du Sud. Les lettres couvertes des pattes de mouche du naturaliste sont disposées en éventail, les unes au-dessus des autres. En dessous, une légende précise la somme déboursée par Mr Riverton pour obtenir ces papiers lors d'une vente aux enchères.

Elle ne peut lire que quelques-unes des lignes qui ne sont pas recouvertes. Celles qui racontent comment le roi fidjien gardait le tubercule dans son sac à herbes médicinales, comment cet homme, Clare, avait été le seul à reconnaître l'odeur étrange de la plante, dont le nom originel signifiait aussi bien *force* qu'*utilité,* comment de puissants tabous empêchaient la plante de nuire à qui que ce soit, en liant l'âme du criminel à celle de sa victime.

Là, elle s'arrête net. C'est exactement ce qu'il lui faut. Elle voudrait en savoir plus, mais les lettres n'entrent pas dans les détails.

Quelles racines minuscules avait cette plante à l'époque ! Comment est-ce qu'on aurait pu deviner ? Elle continue, passe en revue les articles, les slogans, les uns après les autres. Bientôt, elle n'ignore plus rien du folklore de la compagnie, du manque à gagner occasionné par la vente de ces deux premières livres de savon, etc. Elle étudie la formule, s'émerveille de sa simplicité : une livre de graisse donne deux livres de savon, dont l'une sera consacrée à l'achat de la prochaine livre de graisse. Un principe aussi simple ne pouvait qu'être universellement adopté.

Elle reprend son audit pour arriver enfin sur les docks de Boston et s'échouer, épuisée, devant une carte de visite cartonnée où l'on peut lire : *« Celui qui a les mains pures en deviendra plus fort. »*

A-t-on jamais eu besoin d'autre chose ? Le voilà le mince fil de la vie, le fil de la valeur ajoutée qui lie la propreté à la sainteté. Elle s'assoit dans un coin, sur un fauteuil recapitonné. Ferme les yeux, complètement lessivée. Imagine la société aux prises avec un procès désastreux, qui ferait l'objet de la dernière vitrine de la série : des minutes mentionnant des dommages et intérêts d'une importance telle qu'ils avaient fini par couler toute l'entreprise.

Elle a encore un mois devant elle pour rejoindre les plaignants. Un mois pour se décider à signer. Mais il va lui falloir bien plus longtemps que ça, toute l'éternité d'un long après-midi pour rentrer chez elle à pied.

« Merci, les mecs », dit-elle aux enfants, à mi-chemin de la ligne d'arrivée.

Tim hausse les épaules.

« De quoi donc ? demande Ellen d'un ton plutôt sec.

— De ça. De m'avoir amenée.

— Arrête, m'man. Tu vas nous faire gerber. »

Laura appelle Marian dès qu'ils sont rentrés. Elle a encore un quart d'heure avant la fermeture de la bibliothèque.

« J'ai une phrase qui a l'air d'une citation et je voudrais savoir d'où elle sort. Vous pouvez m'aider ?

— Je peux toujours essayer, Mrs Bodey. Vous vous en souvenez ?

— Celui qui a les mains pures en deviendra plus fort. »

La bibliothécaire balaie d'un coup le texte électronique intégral de quatre mille ouvrages célèbres. « Je l'ai, dit-elle au bout de trente secondes. C'est tiré du Livre de Job, chapitre 17, verset 9. »

ET MAINTENANT QUE FAISONS-NOUS ?

Un panoramique grand angle sur un horizon décimé. Une voix de femme, aux intonations mesurées de présentatrice de télévision, se fait entendre :

La ville de Moynaq, dans l'ex-Union soviétique.

Il n'y a pas si longtemps, Moynaq était encore un port intérieur florissant sur la mer d'Aral. Aujourd'hui, la ville se trouve au milieu d'un vaste désert de sel.

Aralsk. Autre ville, même destin. Hier, ses habitants vivaient de la pêche. Aujourd'hui, ils ne savent plus comment ils vont pouvoir continuer à se nourrir.

Comment est-ce arrivé ? Et pourquoi ? Simplement parce que les résidents d'autres villes du Kazakhstan et de l'Ouzbékistan avaient un aussi grand besoin de nourriture que ceux de Moynaq et d'Aralsk. Pour faire pousser leurs récoltes, ils ont détourné le cours des deux grands fleuves, le Syr-Daria et l'Amou-Daria, qui alimentaient la mer d'Aral. Les rendements ont monté en flèche, l'eau, elle, a baissé. Aujourd'hui, c'est la région tout entière qui est au bord de la ruine.

Suit une séquence en noir et blanc de qualité plus ou moins discutable, avec du Berio en musique de fond.

Au Japon, on compte quarante-quatre réacteurs nucléaires installés sur les bords, très instables, de plaques tectoniques. En Europe du Nord, des pêcheries vitales pour l'économie sont en passe de s'épuiser. En raison de l'élévation rapide du niveau de vie en Chine, le monde va se retrouver bientôt inondé de gaz contribuant à l'effet de serre et de

CFC. Aux États-Unis, on a constaté que la concentration de PCB est de plus en plus dense à mesure que l'on remonte la chaîne alimentaire. En Inde, la pollution industrielle est déjà l'une des causes majeures des maladies soignées dans les hôpitaux. Dans toute l'Afrique, le sida, la famine et un taux de natalité galopant sont devenus une sorte de seconde nature.

On termine sur l'image d'une mère enveloppée d'une longue robe, portant son enfant dans les bras et assise calmement sur un seuil poussiéreux. La musique s'est assagie, Berio a laissé la place à Brahms : andante, piano et cordes.

Il y a un temps pour chaque chose sur cette Terre.

Aujourd'hui, l'heure a sonné pour l'espèce humaine de donner son maximum. L'heure est venue pour elle de réfléchir.

Laboratoire de recherches de pointe
CLARE MATERIAL SOLUTIONS

La guerre fut à l'origine de davantage de bouleversements à l'intérieur du pays que dans les tranchées d'Europe. Les nouvelles réalités de la guerre totale portèrent un coup fatal aux progressistes et prirent d'assaut les derniers bastions de l'opposition au grand capitalisme. On cessa de parler de mettre fin aux monopoles bien avant la signature de l'armistice et on n'en reparla plus jamais après.

La guerre en effet ne se contenta pas d'apporter la preuve que le démantèlement des grandes sociétés était impossible. Elle montra à quel point le bien-être public en dépendait. Le projet humain fondé sur l'électricité, l'aviation, la radio, le téléphone, la pharmacie, le plastique n'était pas envisageable un instant sans ces énormes consortiums et leurs gigantesques concentrations de capitaux.

Ce furent General Motors et Union Carbide qui sauvèrent l'avenir de la démocratie. Du Pont, lui, avait fourni un obus sur cinq, avant de blanchir sa manne de guerre en diversifiant ses activités dans les peintures et les polymères. L'État n'avait pas d'autre choix que de s'allier à l'industrie dans l'intérêt du pays. En 1919, au moment où quatre millions de grévistes menaçaient les fondements mêmes de la société, ce n'est que grâce aux restes du pouvoir qu'il s'était arrogé en temps de guerre que le gouvernement réussit à forcer le dernier mineur à reprendre le travail. Debs se retrouva en prison pour violation de l'Espionage Act. La grande affaire de l'Amérique ne serait plus jamais rien d'autre que les affaires.

Les trusts ne tardèrent pas à abandonner leurs prétentions au camouflage. Ils se défirent de leurs tactiques les plus grossières, que leur triomphe avait rendues caduques. Les grandes sociétés n'avaient plus rien à craindre du public. Car les nouveaux petits porteurs étaient carrément derrière elles, prêts à approuver n'importe quelle décision figurant sur leur bulletin de vote par procuration.

Les actions émises pendant la guerre atteignirent des sommets, puis continuèrent leur ascension. Elles entraînèrent avec elles à la hausse toute une série d'autres titres. Les chauffeurs de taxi new-yorkais s'improvisèrent agents de change. Les femmes de chambre et les majordomes se mirent à spéculer sur des marges de dix pour cent. On vit même des enfants pleurer à Noël parce qu'ils avaient reçu en cadeau des jouets au lieu d'actions type A.

Les employés de Clare, eux, avaient été nourris aux plaisirs de l'actionnariat bien avant que le grand public n'en fasse la découverte. Leur volonté constante de mettre de côté sur leurs salaires pour pouvoir acheter des actions à des prix préférentiels maintint la demande à un haut niveau et assura au titre Clare Common des performances remarquables.

C'est au moment précis où les actions Clare cotées en Bourse commençaient à s'envoler que Douglas Senior mourut, emporté par la grippe espagnole. Cette pandémie, qui se déclara à la fin de la guerre, fit deux fois plus de victimes dans le monde que n'en avait fait le conflit. Personne, chez Clare, ne voulait croire que le chef succomberait un jour, surtout pas à quelque chose d'aussi absurde qu'un microbe. Le vieux, toujours droit comme un *i*, continuait à se rendre tous les jours à son travail sans manteau, même en plein hiver. Mais Douglas finit bel et bien par mourir, en dépit des longues heures de veille, d'une constitution de fer et des médecins les plus chers qu'on ait pu trouver.

Sa mort non programmée laissa un vide au sommet de l'organisation. Douglas Junior ne semblait pas du tout intéressé par un travail susceptible d'interférer avec une vie faite d'arcs, de galeries et de triforiums. Aucun des autres fils de Douglas n'avait réussi à dépasser le poste de directeur adjoint d'usine. Peter, lui, n'avait pas laissé d'enfants. En tant qu'aîné des deux branches de la famille, William s'imagina que la direction de la compagnie lui revenait de droit.

Mais cela faisait maintenant bien des années que la firme avait cessé d'être une authentique entreprise familiale. Et Hiram Nagel, le prodige soigneusement sélectionné, dont le côté peuple avait tout à la fois horrifié et fasciné Peter Clare, se mit en travers des ambitions de William. Au fil des ans, Nagel avait appris à renoncer aux complets à carreaux et à faire la différence entre le vent que l'on vend à l'homme de la rue et l'image de soi que l'on vend à ses associés. Il avait tiré le maximum de presque rien. Maintenant, il avait envie d'un dernier succès.

En termes de parts, William pesait plus lourd que Nagel, le parvenu. Mais le trésorier, en dépit de son nom magique et de son gros paquet d'actions, ne faisait plus le poids face au génie de la publicité quand vint le moment de se vendre à la fois aux membres du directoire et aux actionnaires. Tous les hommes de William, pourtant triés sur le volet par ses soins, choisirent de lui préférer son rival, sous prétexte que lui-même était trop vieux, trop frugal, trop attaché au passé.

Si l'amertume avait été un facteur de rentabilité, William se serait sans doute laissé gagner par l'amertume. Mais il se contenta d'une présidence du directoire qui n'était qu'un lot de consolation. Ce qui ne l'empêcha pas de procéder à plusieurs modifications destinées à renforcer son système de participation aux bénéfices. De mettre en place un plan de garantie du travail. De trouver divers moyens pour financer la plus grande expansion que connaîtrait jamais la compagnie. Il s'engagea en outre dans une activité qu'il allait poursuivre régulièrement pendant toute une décennie : la revente de son propre portefeuille dans un marché de plus en plus euphorique.

Et c'est ainsi que le Jazz Age s'ouvrit sans que le vaisseau Clare ait un Clare à la barre. Le pain de savon élaboré par la famille avait connu un succès qui aurait dépassé les espérances les plus folles de n'importe lequel de ses membres. Le concept avait survécu à la somme des vies des concepteurs. Et c'était maintenant un colporteur qui avait la haute main sur la fabrication.

La structure qu'avaient conjointement forgée les générations disparues semblait n'avoir attendu les années vingt que pour prouver son bien-fondé. Le pays avait tout d'une *girl* de cinéma muet, enivrée par son assurance, avec une longueur d'avance sur la censure. Et pourtant, l'époque, nullement impressionnée par ses filles dansant le charleston sur les ailes des biplans, préféra faire de la gestion sa nouvelle idole. Comme devait le résumer Capone : « On dira ce qu'on voudra, mais ce système américain… donne à chacun d'entre nous une occasion unique, à condition de savoir la saisir… » Pour rendre justice à ce grand homme d'affaires, il faut dire que les tarifs qu'il demandait en échange de la « protection » des entrepôts Clare de Chicago étaient des plus compétitifs.

La radio rassemblait tout le monde dans une même communauté. La méthode Coué élevait les progrès personnels au rang de religion. Des millions de gens se mirent à entonner quotidiennement : « De jour en jour, d'heure en heure, je suis meilleur. » « Toutes les races, proclamait fièrement Clare, découvrent de jour en jour de meilleures façons de combattre les odeurs corporelles. »

La prohibition arrêta la fabrication du Double Eagle Whiskey. Deux ans plus tard, la filiale tenta l'aventure de la délocalisation sur un superbe site près de Windsor, au Canada. Le département des boissons alcoolisées, qui n'avait jamais été jusque-là qu'une petite entreprise sans grande envergure, se vit pousser des ailes, une fois à l'étranger. En l'espace de quelques mois, le volume de ses affaires dépassa de loin ce qu'il avait jamais atteint dans les années précédant la Prohibition. La publicité restant, pour l'essentiel, une affaire de bouche à oreille.

La consommation moyenne de savon par Américain continua d'augmenter aussi rapidement que la fortune et l'appétit de la nation. Ce qui n'empêcha pas le savon de devenir l'objet d'une concurrence sauvage. On voyait de la publicité partout. Même les paillettes avaient besoin du soutien constant de nouvelles promotions pour ne pas sombrer. La révolution de la prospérité engluait l'Amérique dans une marée de marchandises. La fabrication des besoins prenait désormais le pas sur la fabrication des produits.

La distribution s'essaya aux bons de réduction. « Contre ce bon, moyennant deux cents, votre détaillant... » « Je désire essayer New Dawn pendant deux semaines. Envoyez-moi mon échantillon gratuit à l'adresse suivante... Une seule offre par famille. »

Mais la guerre avait mûri le public. Il était plus difficile et surtout plus désabusé. L'époque où l'on pouvait compter sur les poètes du dimanche ou les peintures à l'eau de rose pour lui faire acheter quelque chose était révolue. Nagel, pris par d'autres projets d'expansion, accepta l'inévitable et professionnalisa tout le secteur publicitaire. Thompson, le vieux responsable des espaces publicitaires de Clare, en était venu à s'occuper également de la rédaction des textes. À compter de cette date, l'histoire de Clare serait l'affaire d'une poignée de romanciers new-yorkais frustrés qui n'avaient jamais mis les pieds dans une usine, étaient incapables de faire la différence entre un acide et une base et qui, même pour sauver leur tête, n'auraient pas su fabriquer une livre de savon noir. C'est ainsi que Perce-Neige fut habillé au goût du jour et alla rejoindre les poupées des années folles qui jouaient des genoux sur les ailes des biplans.

« Une beauté de reine pour dix petits cents », promettait l'agence Thompson :

> Ce mélange d'huiles fabuleuses et de riches onguents que l'on trouvait dans les palais d'Égypte, de Crète et de Babylone, retrouvez-le dans chaque savonnette cosmétique Cléopâtre. Tout l'art de cette reine de beauté légendaire y est concentré pour nettoyer, protéger et adoucir votre peau soumise aux agressions du monde moderne. La savonnette Cléopâtre est un mélange subtil des huiles de palme et d'olive les meilleures et les plus

chères et vous apporte ce luxe qu'en d'autres temps seules les reines pouvaient s'offrir. Grâce aux importations massives de ces huiles rares et à l'activité de ses usines qui travaillent jour et nuit, Clare est à même de vous offrir ce luxe coûteux pour seulement dix cents, soit le même prix qu'un savon ordinaire. Seule Clare était capable d'un tel tour de force : mettre à la portée de tous les secrets de la beauté exotique.

La réduction des marges bénéficiaires et la hausse des coûts due à une concurrence acharnée obligèrent la compagnie à se diversifier sur tous les fronts. Le département des produits industriels commença à perdre sa spécificité pour se doter de l'organisation rationnelle et des techniques d'aménagement de l'espace qu'avait perfectionnées le département des biens de consommation. Les sections décolorants et désinfectants furent regroupées au sein d'une nouvelle unité. L'entreprise de broyage de graines en Géorgie ainsi que les usines d'engrais et de pesticides de Lacewood entrèrent dans l'ère de l'acier galvanisé et de la gestion moderne. La firme abandonna la chimie de transformation là où elle n'était plus compétitive, pour privilégier le secteur des produits pharmaceutiques et des médicaments.

Le savon continuait certes à constituer l'essentiel des activités de l'entreprise, mais le département des produits de consommation commença à se développer dans d'autres directions à un rythme tel que même la poignée de jeunes cadres issus de la faculté qui orchestraient l'expansion en était sidérée. Le plan était des plus simples : une structure pyramidale ne pouvait que marcher puisque, théoriquement, la pyramide était infinie.

D'abord, un analyste, qui s'occupait uniquement de sonder le marché, était chargé de repérer un article de consommation prometteur ayant un rapport avec une gamme de produits Clare déjà existante. L'expérience de la compagnie dans le domaine de la graisse animale, par exemple, fournissait un excellent point de départ pour les matières grasses alimentaires. Alors notre homme s'efforçait de trouver, dans ce secteur, une petite affaire sérieuse, compétente, mais totalement dépassée en termes de parts de marché. Quant aux perspectives d'avenir de la cible, on n'en tenait pratiquement aucun compte.

Clare se portait ensuite acquéreur de ladite entreprise, en règle générale grâce à un échange d'actions, ce qui n'entamait en rien la trésorerie disponible. Puis, elle expédiait ses ingénieurs et ses gestionnaires sur les lieux, à l'autre bout du pays, s'il le fallait. Les hommes de Clare s'abattaient sur la petite usine comme les étudiants d'un programme d'échanges fondant sur la Sorbonne. Et se mettaient aussitôt en devoir de faire marcher leur nouveau jouet, motivés non point par l'appât du gain mais bien par le seul plaisir du défi technique.

Une fois qu'ils avaient assimilé toutes les techniques du nouveau procédé, il était temps de passer à la phase suivante. Ils sauvaient ce qu'ils pouvaient du matériel existant et vendaient le reste à la casse. Ils gardaient les meilleurs des ouvriers qualifiés et les transféraient vers une nouvelle usine, dernier cri, idéalement située, qui allait bénéficier de la renommée de Clare, de ses cadres expérimentés et de son potentiel de distribution.

La formation intensive et le travail préparatoire commençaient généralement à payer au bout de quelques années. La nouvelle usine rapportait alors assez pour défrayer ses propres coûts et même dégager des bénéfices permettant de répéter le processus ailleurs. C'est ainsi, par exemple, que les matières grasses conduisaient à la margarine et la margarine à la crème glacée émulsifiée. Et chaque nouvel enfant adopté héritait de l'argent et de la santé que symbolisait désormais le nom de Clare.

Les usines de Liverpool, Lille et Münster prirent racine comme des espèces locales dans le sol où on les avait transplantées. Douglas II, sa culture et son raffinement s'en allèrent s'installer outre-Atlantique. Muni du titre de directeur de la zone Europe, Junior partagea consciencieusement son temps entre les villes où s'était implantée Clare et sa villa de Vézelay. Sans doute les usines étaient-elles la propriété de Clare, mais elles n'avaient qu'une ressemblance très lointaine avec leurs cousines américaines. Elles fonctionnaient selon des principes locaux et employaient un personnel recruté sur place. Et, pour des raisons tant légales que culturelles, toutes les marques déposées portant le label Clare adoptèrent des identités européennes différentes.

L'embrouillamini polyglotte européen présentait de ce point de vue des problèmes quasiment insurmontables, jusqu'au jour où Douglas Junior finit par inventer certains noms syncrétiques dont les sonorités et les connotations étaient suffisamment neutres pour s'adapter à la plupart des grandes langues européennes. Sa trouvaille la plus heureuse, Clarea, franchit toutes les frontières avec succès. Rien ne le réjouissait davantage à cette époque que de fabriquer un savon en Allemagne dont les Allemands étaient convaincus qu'il était français et un autre en France qui passait auprès des habitants de ce pays pour italien.

L'expansion de la firme semblait ne pas devoir connaître de limites. En 1927, Nagel fit main basse sur Sparkle Soap d'Oakland, marque connue depuis longtemps mais alors en perte de vitesse. Avec cette acquisition, la firme achevait de couvrir la totalité du territoire national. En moins de temps qu'il n'en faut pour le dire, l'opération les propulsa au premier rang de l'industrie naissante de l'eau dentifrice, dernière mode en date chez les nouveaux riches des années vingt. La gamme antiseptique de Clare, mineure et languissante depuis la guerre de Sécession, explosa littéralement avec l'apparition d'un marché pour une haleine fraîche et stérilisée. Thompson vendit le gargarisme à grand renfort de réclames qui donnaient à penser qu'il s'agissait d'un produit pour hôpitaux.

Le rachat de Sparkle revint cher, mais l'effet d'annonce qui s'ensuivit eut pour conséquence une hausse spectaculaire des actions Clare cotées en Bourse. Avec un peu de patience, quelques restructurations et élagages ici et là, on pouvait espérer une progression constante des rendements qu'il suffirait ensuite d'engranger. Mais Hiram Nagel n'avait rien d'un homme patient. Peu lui importait que les parts individuelles grossissent à vue d'œil, ce qu'il voulait, lui, c'était la totalité du gâteau.

S'entourant du plus grand secret, Nagel manœuvra son directoire pour l'amener à conclure le marché du siècle. Le projet naquit à la National City, la banque rivale de J. P. Morgan, et mûrit chez le grand adversaire de Clare, Colgate-Palmolive-Peet. Même si la plupart des compagnies continuaient, pour la forme, à faire semblant de croire aux vertus de la concurrence, elles avaient commencé à faire leurs comptes et les trouvaient fort dispendieuses. Clare et Colgate avaient dépensé au fil des ans des centaines de milliers de dollars à essayer, en vain, de devenir le numéro un incontesté. Finalement, Colgate était venue trouver Clare avec une proposition fort simple : plutôt que de continuer à se battre, pourquoi ne pas signer une alliance ?

Le plan était on ne peut plus audacieux, magnifique point d'orgue à la décennie la plus tapageuse de l'histoire des États-Unis. Il visait tout bonnement à construire la plus grande et la plus puissante société du pays, voire du monde, en matière de produits alimentaires, pharmaceutiques et cosmétiques. Kraft-Phenix Cheese, qui pesait trente-huit millions de dollars, avait déjà sa place au panthéon, ainsi d'ailleurs que Hershey's Chocolate, avec ses vingt-cinq millions.

C'était, de quelque façon qu'on la regardât, une union bénie des dieux, même si elle devait se consommer dans une zone singulièrement dépourvue d'anges. Fabricants et détaillants travailleraient main dans la main pour faire passer les marchandises directement de l'usine au consommateur : intégration horizontale et verticale à une échelle qui laisserait pantoise même l'Amérique de la prospérité. Le projet semblait s'inscrire dans le droit-fil de l'évolution qui était celle de Clare depuis maintenant des décennies.

Les actions Clare avaient progressé de près de trente pour cent par an au cours des cinq dernières années. Mais même une pareille performance ne pouvait se comparer avec ce qui arriva la semaine où la nouvelle de la fusion se répandit à Wall Street. Le cours de l'action avait évolué ce printemps-là dans une fourchette comprise entre 38,25 et 43,50 dollars. Au début de l'automne, il atteignait les soixante-dix dollars.

Les futurs partenaires se réunirent pour signer l'accord de fusion le 20 octobre 1929. Ce même après-midi, les marchés commençaient à vaciller. Neuf jours plus tard, une cascade de ventes d'options à la marge avait balayé un dixième de la valeur du marché. La débâcle finit par faire s'envoler en fumée de quoi financer une autre guerre mondiale.

Au nombre des victimes relativement légères du krach se trouvaient les partenaires de la gigantesque fusion. Les actions Clare tombèrent de 69,75 à treize dollars, cours où elles stagnèrent pendant longtemps. De son côté, Colgate, partie de quatre-vingt-dix dollars, s'effondra pour finalement se stabiliser à sept. Chacun essayait désespérément de se soustraire d'une façon ou d'une autre aux implications du projet de fusion. Le contrat n'avait plus aucun sens, car vouloir en respecter les termes aurait engendré des rêves encore plus invraisemblables que ceux qui venaient de s'écrouler sous leurs yeux.

Le 1er novembre, jour de la Toussaint, Hiram Nagel, l'enfant du Kentucky, l'homme à la voix d'or et aux accents de paysan, celui qui répondait si bien aux lettres de réclamation et que Peter Clare avait tiré de l'obscurité parce qu'il transpirait aussi abondamment que l'homme du peuple, fut trouvé mort derrière son bureau de président. Aucun journal de l'époque, aucune révélation ultérieure ne fournirent d'explications satisfaisantes quant aux circonstances de ce décès.

Sur un promontoire rocheux, ressemblant à un cône volcanique, des gens se pressent pour former un tapis ininterrompu. On voit surtout leurs chapeaux, même si ici et là un corps tout entier arrive à émerger en se hissant sur une éminence. Des hauts-de-forme, des feutres, des bérets, des melons, des casquettes, des galettes, des chapeaux mous : tout l'éventail socio-économique est représenté et la foule déferle comme un seul homme en direction du sommet qui se profile à l'horizon et où l'on voit une minuscule silhouette en costume brandir à bout de bras une bouteille contre le halo d'un soleil dans la couronne duquel on peut lire « DÉSIR DU CŒUR ». *Tout en bas, à droite, dans un petit encart se dessine le dessus bien rangé d'une coiffeuse avec brosse, peigne, serviette et gant de toilette soigneusement pliés et une savonnette.*

Travail, courage, bon sens, autant de vertus qui faciliteront votre ascension dans le monde. Mais il en est une autre qu'il ne faut en aucun cas négliger et qui est indissociable des bonnes manières : la propreté.

Vous aurez beau dire et beau faire, des habitudes de propreté, un intérieur propre, du linge impeccable sont inappréciables tant d'un point de vue social que commercial. Ceux de vos amis qui ont réussi ne se préoccupent-ils pas tous chaque jour de leur apparence extérieure et de leur hygiène ?

Dans quelque secteur que ce soit, la route qui mène au sommet est longue et dure – alors facilitez-vous la tâche avec de l'eau et du savon.

*Pour être riche et en bonne santé utilisez l'*EAU *& le* SAVON

PUBLIÉ PAR L'ASSOCIATION AMÉRICAINE
DES FABRICANTS DE SAVON ET DE GLYCÉRINE
POUR SOUTENIR L'ACTION DE *L'INSTITUT*
POUR L'HYGIÈNE.

Ladies' Home Journal, août 1928

Elle ne se sent plus chez elle dans cet endroit qu'ils lui ont fabriqué. Elle ne peut pas passer du séjour à la cuisine sans avoir l'impression de visiter les stands d'une foire commerciale. Plancher par Germatak. Fenêtres par Vit'propre. Table par Surfnet'. La maison Bodey, transformée en musée du commerce une étoile. Mais comment aller vivre ailleurs ?

Elle se jure de procéder à une grève de la consommation, à un nettoyage de printemps intégral. Mais l'ennemi a littéralement investi la maison. C'est comme si le sol sur lequel elle marche se mettait soudain à fourmiller de termites. Qui couvrent l'intérieur de ses placards. Perchent sur son micro-ondes, campent sur sa cuisinière, se suspendent à la pomme de sa douche. Clare, Clare, Clare : qui se cache sous l'évier, envahit son placard à pharmacie, tapisse les rayonnages du sous-sol, s'infiltre dans le garage, s'entasse dans l'abri de jardin.

Son serment est sans objet : les produits sont bien trop nombreux pour qu'elle puisse procéder à une purge intégrale. Chaque heure de son existence dépend de plus de sociétés qu'elle n'est capable d'en compter. Et la bombe qu'elle pourrait utiliser pour exterminer les sales bestioles trouverait encore le moyen d'être un produit Clare.

Qui a bien pu leur dire de fabriquer tout ça ? se demande-t-elle. Mais la réponse, elle la connaît. Ils ont fait le compte de tous les reçus, bien plus soigneusement qu'elle ne l'a jamais fait elle-même. Et puis n'est-elle pas née avec des envies qu'ils sont nés, eux, avec l'envie de satisfaire ? Ils ont anticipé la moindre de ses pensées, le moindre de ses souhaits avec ces produits d'une simplicité confondante, dont le plus évident est pourtant à des années-lumière de ses propres compétences.

Les journaux, Don, les avocats : tout le monde est outré devant l'ampleur du délit. Comme si le cancer s'était contenté d'entrer par la fenêtre. Si c'est le cas, on l'a aidé de l'intérieur. Des complices ont veillé à ce que la fenêtre reste ouverte. Laura ne peut pas poursuivre la compagnie pour avoir envahi sa maison : c'est elle qui lui a ouvert la porte, délibérément, l'a rapportée dans son sac à provisions. Et elle s'empresserait de le refaire, si on lui donnait le choix. N'aurait en fait pas d'autre solution.

Et si une nouvelle compagnie sortait quelque chose pour ce qu'elle a, pour ce qui lui est arrivé, un aérosol parfumé aux fruits qui lui rendrait toute l'insouciance de ses anciennes croyances, eh bien, pas de problème, leur prix serait le sien. Le nouveau cancéricide. Elle serait prête à vendre n'importe quoi pour se le procurer, sauf les enfants. Même si le traitement devait durer, disons dix ans, au bout desquels le vendeur réclamerait l'article le plus dispendieux du marché, elle signerait sans aucune hésitation.

Elle ne peut plus regarder la télévision maintenant, même plus les vieux films. La radio lui fait l'effet d'une plaisanterie éculée. Les magazines et les journaux savent ce qui lui est arrivé et la narguent, page après page, avec les trucs les plus incongrus. Jusqu'à ses enfants qui ont tout de panneaux publicitaires ambulants et dont les vêtements proclament haut et fort : Embrasse-moi, Je suis d'actualité, Je suis au courant, Je comprends tout, Je suis perdu.

Elle ne s'était jamais vraiment rendu compte de ce à quoi ressemblait cet endroit quand elle y vivait. Maintenant qu'elle vit ailleurs, elle a du mal à en croire ses yeux. Quand on a appris un nouveau mot, on a l'impression de le rencontrer partout. Et tout est soumis à copyright dans ce monde.

En se dirigeant vers la baignoire – elle ne risque quand même pas de nuire à qui que ce soit en prenant un bain –, elle ouvre le placard à linge. Le dernier refuge de sa mère, l'antre sacré des boutons, du fil, des mouchoirs en papier, des bouillottes, de tout ce qui est innocent et obsolète, et qui regorge maintenant de marques déposées, comme un seau rempli de crabes. Tout ce qu'elle veut, c'est une serviette propre pour se sécher. Mais impossible d'en trouver une qui ne soit pas déjà attribuée, qui ne porte pas déjà le monogramme brodé de quelqu'un d'autre.

Elle écarte une pile de gants de toilette et tombe, par le plus grand des hasards archéologiques, sur un petit tas de savons jaunis. Trois gros savons semblables à des triplés siamois. Le prix original, $ 1,79, est barré, remplacé par un autre en rouge, 99 cents.

Elle regarde, ébahie, cette marque qui n'a plus cours depuis longtemps. Quand est-ce qu'elle a bien pu acheter ce savon ? Tout le monde sait de nos jours qu'il n'y a rien de pire pour la peau. Elle est passée aux exfoliants et aux gels il y a des années de cela. Quelqu'un a dû entrer chez elle et fourrer ça là à son insu.

Et puis, tout d'un coup, elle se souvient. Elle a fait cette emplette au cours d'une phase de retour à la nature, il y a environ six mois, quand elle a commencé à se demander si son cancer ne pouvait pas venir de certains produits. Quand elle pensait qu'il n'était peut-être pas encore trop tard pour essayer de vivre sainement.

Elle ouvre le papier démodé de l'emballage et fait glisser l'enveloppe blanche. Elle examine le savon de plus près. On dirait que toute la surface en est griffée, comme tailladée de coups de couteau. Si le travail a été fait par une machine, alors la machine était ivre. Le biseau se délite le long d'un bord comme le parapet d'un château de sable qui commence à prendre l'eau. La peau du savon est creusée de fossettes, égratignée par les ongles de l'usine. Un petit morceau s'est détaché sur un des coins et, en s'effritant comme du schiste, a laissé une poche irrégulière, argileuse sur la surface d'un blanc brillant.

Elle repose les savonnettes, revient à l'emballage pour plus de renseignements. Un mot lui saute aux yeux, qui lui rappelle le catéchisme du dimanche :

Lux

Le pur savon de beauté. 4,5 onces. 127,6 grammes. Un code-barres affiche ses traits tremblés, comme des cheveux crêpelés et mouillés maintenus serrés. Des questions, des commentaires ? Appel gratuit au 1-800-598-5005. *Made in USA*, brevet déposé sans doute l'année où elle est tombée malade sans le savoir. Distribué par Lever Brothers Co.

La vieille marque de son père. Celle qui leur a permis d'acheter la maison, les a nourris, vêtus, a payé leurs études, à elle et à son frère, ainsi que la retraite de ses parents. Elle n'a aucun souvenir d'avoir délibérément choisi cette marque plutôt qu'une autre.

Au diable les magnétoscopes, les télécommandes pour portes de garage et les micro-ondes : comment est-ce qu'on fabrique ça, ce petit bloc de graisse d'ange ? Elle l'a su, à une époque. Elle en est sûre, elle le savait, instinctivement, avant même de se poser la question…

Les jours passent, sans qu'elle y soit pour grand-chose. Mars arrive. Le mois où il faudrait qu'elle ressorte et se remette à jardiner. Elle a déjà six semaines de retard sur son programme de semis sous couche. Il faut absolument qu'elle fasse démarrer la valériane et le myosotis, qu'elle taille son buddleia, qu'elle divise les euphorbes et les phlox. Elle bricole dans le sous-sol, sous les infrarouges. Elle veut absolument se remettre. Elle est prête à passer ce contrat, n'importe quel contrat, pourvu qu'on la laisse faire pousser ces plantes. Elle est même prête à renoncer aux fleurs. Elle ne fera que des légumes cette année : rien que des choses utiles, à mettre en bocaux et en conserve.

Le docteur Archer veut rouvrir. L'opération de la dernière chance. On ne sait jamais. Parce que, en fait, ils n'ont plus rien d'autre. Qu'il faut faire tout ce qui peut aider, si peu que ce soit. Parce qu'on ne peut pas s'arrêter avant d'avoir épuisé tous les expédients à disposition.

Il arrive, nous le savons, que quand la piste de l'histoire traverse de sombres vallées, les signes de la propreté soient rares le long du chemin, mais ils sont légion quand cette même piste suit les crêtes des montagnes en pleine lumière…

Nous vivons aujourd'hui dans la lumière du grand soleil, comme en témoignent l'utilisation accrue que nous faisons de l'eau et du savon et notre connaissance de plus en plus approfondie des joies et des bénédictions de l'hygiène. On a déjà dit que les historiens de l'avenir qui se pencheront sur notre époque remarqueront qu'il s'agissait là d'une de nos contributions majeures aux progrès de la civilisation. Il n'est pas impensable qu'ils nomment l'époque que nous sommes en train de vivre « l'âge du bain ».

Les Contes de l'eau et du savon,
GRACE T. HALLOCK

Le seul moment où Lacewood douta de son héritage, ce fut au cours de l'été 1932. Les hommes se retrouvaient chez les coiffeurs et dans les bars, mais pas pour une coupe ou un Coca, car c'étaient là des extras qu'ils ne pouvaient plus se permettre. Les femmes, elles, encombraient les allées des magasins A & P ou se rassemblaient autour de la fontaine devant le tribunal, cherchant à calmer leurs inquiétudes auprès de leurs voisines et faisant taire les rares intrépides qui disaient tout haut ce que personne n'osait penser tout bas.

Mais quelques-uns osèrent exprimer les doutes qui assaillaient la majorité : Lacewood se serait mieux portée sans cette saloperie d'usine. Elle allait beaucoup mieux à l'époque où les gens n'avaient pas encore quitté la terre. Les habitants n'étaient guère plus que des lapins domestiques vantant la vie aux champs jusqu'au moment où la main qui allait les engraisser abattit sur eux son bâton. Voilà ce que voulait dire le mot « libre » dans l'expression « libre entreprise ». Libres d'être les larbins du premier filou venu à connaître le système.

D'autres s'employèrent à contredire les contradicteurs. La dépression n'était pas de la faute de Clare. Sinon, pourquoi tous ces bouseux du *dust bowl* de l'Oklahoma quitteraient-ils leurs terres pour débarquer ici ? On en comptait deux douzaines de plus tous les jours, qui venaient grossir la file d'attente devant les grilles de l'usine. Philo, Homer, Mantooga – les bourgs agricoles des environs étaient encore plus touchés que Lacewood. On ne comptait plus les exploitations qui mettaient la clé sous la porte. Au moins à Lacewood, l'usine amortissait un peu les coups, offrait un point d'ancrage au milieu de la tempête.

La controverse se poursuivit tout au long de l'été et de l'automne de cette année-là. La moitié des gens vouait la compagnie aux gémonies, tandis que les autres se taisaient, par crainte que les mots, une fois prononcés tout haut, ne leur portent vraiment la poisse. Ceux qui levaient les yeux pour tenter de regarder au-delà des limites de la ville constataient que la source de leurs malheurs leur épargnait en fait bon nombre des maux qui affectaient le reste du pays.

Quand vint Independence Day, les quatre cinquièmes des richesses qui s'échangeaient à la Bourse de New York s'étaient évanouis. Le Jazz Age dut promptement s'inscrire à un cours de recyclage sur la valeur imaginaire des actions. Les titres Clare suivirent la dégringolade générale avec toute la ténacité d'un chien de meute. À la fin de l'été trente-deux, l'immense empire industriel valait moins que ses seules usines de l'Illinois quatre ans plus tôt.

William Clare avait été le seul des cadres supérieurs de la société à flairer le vent. Le financier avisé qu'il était savait que la comptabilité est une science qui s'accommode mal du phénomène d'hypnose collective. Tout au long des années vingt, il avait vendu ses actions par paquets réguliers et bien disciplinés. Au moment où la Bourse atteignit des sommets, la part dont il avait hérité lui avait rapporté bien au-delà de ce qu'il aurait pu espérer d'un marché normal. Quand la panique éclata, il liquida le reste de ses titres désormais sans valeur, alla passer une année à ne rien faire sur l'île de Nantucket et revint aux affaires le temps d'une brève apparition au comité directeur de Gillette, avant de mourir, traître à sa famille, en 1931.

Douglas Junior fut moins affecté par le plongeon de la firme que par l'accueil réservé à sa monographie, *Le Rêve de l'art roman.* Les spécialistes se moquèrent d'un travail rédigé par un homme d'affaires. Quant aux hommes d'affaires, ils négligèrent de le lire pour la bonne raison qu'il ne parlait que de vieilles pierres. Douglas quitta la compagnie et se retira dans l'île grecque de Soundetos où, avec des moyens encore conséquents, quoique réduits, il put se livrer en toute quiétude à ses excursions d'amateur dans le champ de l'archéologie classique.

Tous les autres, tous ceux qui étaient liés d'une manière ou d'une autre à la compagnie, se firent lessiver. Et pour personne le lessivage ne fut plus long ni plus radical que pour les porteurs de chemises kaki. Tous les trieurs, tamiseurs, emballeurs et manutentionnaires que l'on avait persuadés d'acheter des actions de la compagnie à prix réduit regardaient maintenant, impuissants, leurs précieux œufs disparaître dans l'omelette nationale. Des travailleurs qui avaient mis quarante ans à se constituer une retraite se retrouvaient les mains vides, victimes de la vaste escroquerie du capital.

La garantie du plein emploi fonctionna chez Clare jusqu'au moment où elle cessa de garantir quoi que ce soit. La vente directe n'arrivait plus à absorber la surproduction, tout simplement parce qu'il ne restait plus d'acheteurs avec suffisamment de crédit pour pouvoir absorber les ventes directes. Par dizaines, puis par centaines, les ouvriers reçurent leur feuille de licenciement. Or, chaque salaire qui disparaissait amputait d'une fraction supplémentaire les revenus disponibles qui auraient pu sortir Clare du marasme.

La prospérité prit un goût amer, sans autre provocation qu'un retour de bâton et la psychologie de masse. Ceux qui avaient perdu leur emploi et qui perdaient maintenant leur maison, commençaient à se demander comment une telle catastrophe avait pu arriver sinon par la faute de la propriété elle-même. Sur le plan d'occupation des sols, toutes les parcelles étaient attribuées. Le monde était maintenant entièrement professionnalisé. Le résultat, c'était qu'un tiers de la population mâle adulte jouait les hommes-sandwichs avec des panneaux où l'on pouvait lire « Mon travail contre de la nourriture » et cela au milieu de la terre à blé la plus riche du monde.

À l'automne 1932, Lacewood s'était autant radicalisée qu'il ne serait jamais possible à une petite ville agricole conservatrice de le faire. Des gens qui ne se seraient jamais baissés pour glisser du pain et de l'eau sous la porte de la cellule de Debs se bousculaient maintenant pour donner leurs voix à Norman Thomas. Et la révolution aurait bel et bien eu lieu, la société aurait bel et bien fini par se transformer, si Roosevelt n'était pas arrivé à point nommé pour couper l'herbe sous le pied des socialistes militants et édulcorer leurs idées afin d'en faire un programme politique acceptable.

Le nouveau président commença par remettre en circulation ce remède tout-puissant qu'est l'alcool. Puis il partit derechef à la chasse aux requins. Deux décrets successifs concernant le marché des valeurs entravèrent considérablement les activités des spécialistes de l'agiotage. Il était temps, déclara Roosevelt, que le monde des affaires respecte les règles du jeu et ne perde pas de vue le véritable but des affaires. Ce qu'était ce but, pas plus Roosevelt que quiconque ne s'aventura à le rappeler.

Clare, qui avait toujours bien caché son jeu, commença par renâcler face à la demande accrue de transparence et d'enregistrement. Dans le chaos qui suivit la mort d'Hiram Nagel et le départ des derniers associés appartenant à la famille fondatrice, certains membres du directoire furent d'avis d'abandonner la partie plutôt que de continuer à la jouer selon les nouvelles règles imposées par Roosevelt.

Mais, même si les taux étaient très bas, la société, à court de liquidités, avait trop d'actions en circulation pour pouvoir les racheter et cesser d'être cotée en Bourse. La non-cotation était un luxe qu'elle n'avait pas les moyens de s'offrir. Le contrôle échappa, au moins temporairement, aux enfants discrédités de Nagel pour échoir de nouveau aux membres du département finances, dont la nouvelle génération était présentement employée à colmater les brèches. C'est finalement Kenneth L. Waxman, le plus capable des protégés de William, qui reprit les commandes et remit la firme sur les rails de la production.

« Notre produit, aimait à dire Waxman, c'est la confiance. » Comme Roosevelt, mais à sa manière, il mit en place un plan de créations d'emplois, réouvrant, par exemple, des sections entières des énormes usines qui ne tournaient plus grâce à des programmes de formation subventionnés par l'État. Il se débrouilla pour faire jouer l'interventionnisme de Roosevelt au profit de la compagnie. En peu de temps, Ken Waxman apprit à diriger Clare en serrant fortement la bride.

Pour leur part, les employés des usines de Lacewood continuaient à amasser les doses de confiance que leur dispensait officiellement la direction. La loi limita la durée de la semaine de travail à quarante-huit heures. Au grand désespoir des familles dans le besoin, les enfants furent balayés des usines. Le Wagner Act légitima le principe de la convention collective du travail. Si bien que l'usine pouvait désormais refuser à ses employés ce qu'ils réclamaient collectivement aussi bien qu'individuellement.

Pour la première fois de leur histoire, les classes laborieuses de Lacewood avaient un allié à la Maison Blanche. En trente-six, si le désespoir était toujours aussi grand, il se trouvait du moins combattu avec assez de vigueur par le gouvernement pour que Lacewood aide par un vote massif le pauvre petit garçon riche de New York à être réélu au terme de la victoire électorale la plus écrasante de l'histoire politique américaine. Son adversaire, Landon, qui critiquait les nouvelles atteintes aux libertés américaines, fut battu à plate couture. Et pourtant, le New Deal ne faisait rien d'autre qu'apporter les dernières corrections à un marché qui poursuivait une croissance normale.

Les épreuves font ressortir le showman dans chaque individu et la Grande Dépression fit de l'Amérique la plus grande usine à spectacles du monde. Le son transforma le cinéma en industrie lourde, en Baume authentique de la dépression. L'année où Lacewood renvoya Roosevelt à la Maison Blanche, le Ciné dans Lincoln Avenue et le Rialto dans Main Avenue arrivèrent à eux deux à faire plus en recettes brutes que toutes les autres entreprises commerciales de la ville réunies, si l'on excepte Clare. Tout l'Illinois au chômage fit la queue pour regarder Charlie Chan aller à l'opéra, Mr Deeds aller à Washington, Fred et Ginger suivre la flotte, Nick et Nora rejouer le mariage parfait, Weissmuller et O'Sullivan gambader à moitié nus dans la jungle, Kern et Hammerstein embarquer pour leur show, Errol, Nigel, Donald et cinq cent quatre-vingt-dix-sept autres braves s'enfoncer dans la vallée de la mort, et Duke Mantee, « le dernier grand apôtre de l'individualisme à tout crin », empoisonner la vie de tout le monde.

Les Temps modernes connut un grand succès auprès des ouvriers d'usine. Les cadences pâtirent beaucoup sur les chaînes de montage pendant les semaines qui suivirent la sortie du film, car les petits malins qui s'ingéniaient à imiter Charlot avec leur burette d'huile ne manquaient pas.

L'heureuse invention qui empêcha la ville de se regrouper derrière le drapeau rouge de Charlie Chaplin fut un autre coup de génie promotionnel de Clare. Le nouveau hit de la compagnie était au moins aussi amusant que le cinéma parlant et, chose incroyable, il arrivait gratis dans toutes les maisons qui pouvaient s'offrir la radio. Étant donné que la plupart des familles de Lacewood se seraient plus volontiers passées d'eau courante que de ce cadeau, l'audience ne tarda pas à inclure pratiquement tous les foyers de la ville.

Aucune archive n'a jamais précisé quel cadre sous-payé avait bien pu concevoir l'idée de *La Famille Happel*, même si nombreux furent ceux qui, par la suite, n'hésitèrent pas à s'en attribuer le mérite. L'émission semblait sortir tout droit du petit meuble en chêne qui abritait le poste de radio, sans avoir eu besoin ni d'être écrite, ni d'être mise en onde et, dès le début de la série, elle parut aussi riche et mouvementée que la vie des Lacewoodiens était vide et terne. Et pourtant, c'est précisément le vide de l'existence à Lacewood qui était à l'origine des aventures pleines de fantaisie de *La Famille Happel*.

À vingt heures, tous les jeudis, la ville devenait ville morte, sans même le léger bruit de fond qui accompagne d'ordinaire le sommeil d'une bourgade de province. Les lumières s'éteignaient dans les restaurants. Au bowling, le vol des mouches remplaçait le bruit des quilles renversées. Dans les maisons, on se rassemblait autour du poste comme on resserre un châle sur des épaules frileuses. Seule la seconde équipe à l'usine montrait encore quelques signes de vie, mais même là, on avait installé des récepteurs dans les ateliers et les hommes attendaient avec impatience le moment où la voix de baryton riche et cordiale du présentateur annoncerait : « *The Henry Happel Hour,* avec… *Henry Happel !* »

Ce furent peut-être les éclats de rire des New-Yorkais sophistiqués qui assistaient aux enregistrements publics en studio qui justifièrent l'existence prosaïque de Lacewood et en firent la matière de choix d'une brillante parodie. Car Henry Happel et son indécrottable famille vivaient précisément à Dunnville, dans l'Illinois, version à peine déguisée de Lacewood et reconnaissable entre toutes, même pour ceux qui n'avaient jamais entendu parler de l'originale. Grâce au miracle de la TSF, les Lacewoodiens se voyaient renvoyer une image d'eux-mêmes valorisante, qui les sortait de leur terne anonymat en les élevant à la grandeur du mythe.

Henry, prototype du héros malchanceux, était « contremaîrde » à l'usine d'engrais voisine, calembour qui ne manquait jamais de faire s'effondrer de rire les malabars de plus de cent kilos aux bras tatoués, aux jurons sonores et au jus de chique abondant. Bien que brave femme au fond, Marge, l'épouse d'Henry, était obsédée par la question du statut social et passait son temps à échafauder des plans pour avoir toujours une mode d'avance sur les femmes des autres rustres du coin. Betty, la fille, ne vivait que pour se faire draguer, tandis que ses deux frères à la voix de stentor, Biff et Hank Junior, qui étaient entrés à la grande université grâce à une bourse pour pratiquer le football, avaient toujours au moins une guerre de retard, ce qui donnait lieu à des quiproquos sans fin.

Dernier bastion d'une Amérique communautaire et provinciale en train de disparaître, dont les membres vivaient dans les jambes les uns des autres et regardaient par la fenêtre du voisin, Dunnville offrait une galerie complète de types humains. Pour la plupart des auditeurs, le microcosme Happel avait quelque chose de plus dense, de plus réel, que l'univers qu'il prétendait imiter. « Ce programme vous est offert par le savon Perce-Neige. Vierge de toute manutention tant que vous n'avez pas ouvert son emballage. » Marge adorait Perce-Neige, pour son côté bon marché et chic à la fois. Betty croyait fermement qu'il augmentait ses chances de se faire draguer, en la faisant sentir « franchais ». Quant à Biff et Hank Junior, ils se servaient des savonnettes mouillées pour s'entraîner sur la pelouse. Si on arrivait à bloquer un de ces petits trucs glissants, on pouvait se dire qu'on aurait aucun mal à attraper les ballons, même les plus difficiles, sur le terrain.

Certes, on n'avait jamais fabriqué Perce-Neige à Lacewood, mais la ville travaillait pour le même logo. Elle fabriquait l'engrais qui faisait pousser le maïs qui nourrissait la vache qui donnait sa graisse aux chaudrons qui cuisaient le savon qui avait mis cette drôle de petite ville de Dunnville sur la carte de la conscience américaine. Et de cela, les modèles en chair et en os d'Henry Happel étaient plus que fiers. C'étaient eux qui faisaient Clare, cependant que Clare faisait le savon, que le savon faisait la radio et que la radio faisait la célébrité de Lacewood. La ville était béate, heureuse dans son malheur, en butte aux moqueries bon enfant de toute une nation.

Programme offert par Perce-Neige, Gristo, Peau d'ange, Fruidor, Mentholfrais et Purhaleine : comme si ces trucs-là étaient capables en eux-mêmes d'offrir quoi que ce soit. Grâce à la radio, ces noms prenaient corps, devenaient aussi réels que l'Ombre, Jack Armstrong, Jack Benny, Ma Perkins ou Kate Smith.

Chaque marque était comme une marionnette en bois espérant un jour se transformer en petit garçon. Les meilleures finissaient par avoir une vie propre, jusqu'au jour où leurs fans les plus acharnés étaient incapables de dire qui les fabriquait. L'Amérique savait ce que Gristo avait à offrir, mais pas qui offrait Gristo.

Derrière cette façade trompeuse, l'économie mondiale était en ruine. Le capital que représentait Clare s'était réduit à un tiers de la valeur qu'il avait avant la dépression. Les jeunes cadres rivalisaient d'humour noir. Pariant sur celui d'entre eux qui serait le premier à passer à la trappe. Organisant des concours de pronostics sur le mois et le jour où la firme allait devoir mettre la clé sous la porte. Ils se mirent à réclamer un homme fort, quelqu'un d'assez robuste et courageux pour abattre la hache que réclamait leur salut à tous.

Au cours de cette période sombre, le savon apprit la stratégie de vente suprême, celle de la peur. Car la peur exacerbait le désir de cette protection qu'offrait le savon. Les Américains apprirent à le garder bien au sec sur son support et à en rassembler les derniers rogatons pour ne rien laisser perdre. Certains redécouvrirent même les vieilles techniques de la fabrication maison.

Le même esprit d'économie s'infiltra chez Clare jusqu'aux échelons supérieurs de la hiérarchie. On enjoignit aux gardiens d'éteindre toutes les lumières qui n'étaient pas indispensables et de débrancher tous les appareils superflus. Les employés aux écritures étaient tenus de rapporter leurs vieux bouts de crayon pour pouvoir prétendre à de nouvelles fournitures.

Ces années-là marquèrent de leur empreinte la génération suivante de directeurs, lui inculquant des pratiques frugales pour les trois décennies à venir. Les gestionnaires qui réussirent le mieux furent ceux qui arrivaient à faire durer le dernier sou le plus longtemps possible. Tous les départements furent obligés d'opérer des coupes sombres dans leur budget, ne laissant subsister que le strict nécessaire. Tous, sauf les départements marketing et recherche.

Car la survie dépendait désormais de la capacité à rassembler le capital nécessaire au lancement de l'invention de la onzième heure. Dos au mur, le département recherche engrangea plus de brevets entre 1932 et 1939 que la compagnie n'en avait déposé au cours des cent premières années de son existence. De nouvelles révolutions chimiques commencèrent à s'engendrer les unes les autres : hydrogénation, nitrification et, plus importants encore, les détergents synthétiques.

Comme d'habitude, les Allemands furent les premiers à occuper le terrain. Henkel avait sorti un prototype de détergent commercial dès 1907. Les chimistes de Clare trouvèrent on ne peut plus normal que la plus rationnelle des races ait été la première à songer à substituer un produit de synthèse au savon. Inventer un produit synthétique qui remplacerait les graisses et les huiles, c'était faire sauter le dernier goulot d'étranglement de la nature et faire accéder l'hygiène au royaume dont elle avait toujours rêvé. Quand des composés aromatiques étaient traités avec de l'acide sulfurique et additionnés d'un alcali, ils produisaient une pâte collante capable de mouiller n'importe quelle surface et de la débarrasser de la saleté dans l'eau la plus dure et la plus froide.

Les détergents représentaient une grande victoire que l'humanité devait à la chimie. Ils constituaient un surfactant miracle, la plus grosse avancée dans le domaine de la santé et de l'hygiène depuis des millénaires. Ils moussaient au-delà de toute attente et ce que « notre amie la ménagère » désirait par-dessus tout, c'était de la mousse, des bulles et encore de la mousse.

Le marasme économique s'estompant quelque peu, Clare ne tarda pas à devenir l'un des fabricants américains de détergents sous licence allemande. La compagnie construisit à New York et à Los Angeles des usines modernes et très performantes, capables de produire dix fois plus avec quatre fois moins d'ouvriers. Elle mit au point son ingénieux procédé de séchage par vaporisation et les minuscules boules ainsi obtenues devinrent dans ses textes publicitaires « des bulles nettoyantes qui explosent au contact de la saleté ».

Bientôt, le miracle Oxygon eut son programme radio, une série policière intitulée *L'Heure du mystère*. Lacewood, dont le dernier crime notable était celui de quatre adolescents de quatorze ans encagoulés qui avaient couvert de graffitis le monument dédié aux victimes du bois Belleau, écoutait toutes les semaines religieusement, rivée au poste.

Clare vanta les mérites de ses détergents « cent pour cent scientifiques » lors de l'Exposition du centenaire de la firme organisée en 1939 dans le cadre de l'Exposition universelle de Flushing Meadows. Amplement approvisionnée par tous les produits que fabriquait désormais Clare, ornée de guirlandes représentant des images stylisées de noyaux benzéniques, l'exposition montrait une humanité en plein travail « en train de fabriquer le monde de nos rêves ». NBC retransmit la cérémonie d'ouverture pour le bénéfice de quelques centaines de téléspectateurs privilégiés. Avant la fermeture officielle de l'exposition Clare au cours de l'automne, le pays qui avait accordé sa licence d'exploitation à Oxygon envahissait la Pologne.

Moins de trois ans plus tard, l'usine de Lacewood, qui jusque-là avait rempli des sacs d'engrais, bourrait des obus d'explosifs. La même année, un vieux botaniste anglais qui venait tout juste d'échapper au début des hostilités dans le Pacifique sud publiait sa petite bombe dans *Botanical Studies* : *Utilis Clarea* n'avait rien d'une espèce distincte et les Américains du siècle dernier avaient fait preuve d'un zèle hâtif en renommant ainsi un lis aux organes succulents, certes rare et peu connu, mais par ailleurs parfaitement répertorié.

Vos enfants vous fuient-ils ? Les sécrétions nidoriennes n'ont pas d'odeur pour ceux qui en sont les victimes. Vos collègues vous évitent-ils sur votre lieu de travail ? La science a montré que, dans la plupart des cas, la mauvaise haleine s'accompagne d'une « langue chargée ». Faites ce test simple et vous saurez si vous souffrez du syndrome de la « langue chargée ». Êtes-vous, à votre insu, la victime d'odeurs corporelles préjudiciables ? Il se peut que vous ne puissiez pas les détecter vous-même. Et vos amies les plus proches sont peut-être trop polies pour oser vous le dire. « Excuse-moi, Lil, ça me gêne terriblement d'avoir à te le dire, mais je crois qu'il faut absolument que je le fasse. » Les expériences ont montré que quatre-vingt-trois pour cent des cas d'OC se guérissent grâce à une simple hygiène préventive. Ne laissez pas votre corps vous trahir. Vos enfants refusent-ils d'amener leurs amis à la maison ? Votre sang a-t-il un besoin urgent de minéraux essentiels ? Faites-vous plus que votre âge ? Votre cuir chevelu a-t-il tendance à se desquamer ? Le stress vous rend-il malade ? Vous en avez assez de ces taches disgracieuses ?

Les chemises jaunies de votre mari retardent-elles sa carrière ? Prendriez-vous en toute connaissance de cause des risques avec la santé de vos enfants ? Vos amies parlent-elles de vous dans votre dos ? Êtes-vous toujours la dernière à être mise au courant ? Le monde se fissure-t-il autour de vous ? Se pourrait-il qu'il y ait de bonnes raisons à votre solitude ? La recherche scientifique a trouvé une solution. La science peut vous apprendre à vous relaxer. Quatre médecins sur cinq sont d'accord sur ce point. Il se peut que vous ne sachiez pas ce dont vous avez besoin.

Une intervention très simple. Une minuscule incision au niveau de l'estomac. Du travail de routine. Tout sera terminé à treize heures, treize heures quinze au plus tard. Sauf qu'il est maintenant quatorze heures trente et que personne n'est venu leur donner le premier mot d'une explication.

Bien entendu, les médecins étaient en retard. À midi et demi, elle n'était même pas encore sur le chariot. Et qui sait combien de temps il leur a fallu avant de commencer, une fois l'anesthésie terminée. C'est comme dans un grand aéroport là-dedans : une fois que votre départ est retardé, il n'est pas facile de reprendre sa place dans la file. La chaîne de montage continue sans vous : Jenkins, Archer, les chirurgiens courant dans tous les sens, tous censés être dans quatre endroits différents à la fois.

Don sent que les enfants commencent à s'énerver. Tim fait le siège du distributeur de Coca, appuyant sur les boutons selon des séquences mûrement réfléchies, comme s'il était devant sa console.

Pour la deuxième fois, Ellen feuillette d'une main fébrile une pile de vieux numéros de *Mademoiselle* et de *Vogue*. Elle a dû se frotter contre les échantillons de parfum placés dans les encarts et quelque peu éventés, si bien que maintenant elle dégage l'odeur d'une civette qui aurait attrapé les oreillons.

« Je vois pas pourquoi on devrait continuer à attendre là comme des idiots, répète-t-elle pour la troisième ou la quatrième fois. De toute façon, elle sait pas qu'on est là.

— Tu n'as pas envie d'être là quand ta mère se réveillera ?

— Bien sûr que si, p'pa. Pourquoi pas se donner rendez-vous mardi prochain à la même heure, à ce train-là ? »

Elle enfouit son visage dans la page de couverture, « Vos meilleurs atouts à des prix abordables ».

Don rend les choses encore plus pénibles pour tout le monde. Il le sait pertinemment, mais c'est plus fort que lui. Chaque fois que quelqu'un qui ressemble de près ou de loin à un médecin passe devant la salle d'attente, il bondit sur ses pieds et se dirige aussitôt vers le bureau d'accueil. Et si dix minutes se passent sans que personne ne se montre, il bondit tout de même pour se retrouver devant le même bureau. Ellen a cessé de sursauter chaque fois qu'elle le voit partir comme une flèche et se contente de claquements de langue réprobateurs pour marquer son écœurement.

Une incision minuscule, pas plus longue que le petit doigt. Ils introduisent un genre de fibre optique souple, qui fait penser à ces bras articulés qu'on voit dans le film de science-fiction préféré de Tim, mais en plus sidérant encore. Fixés au bout, une caméra télé et un scalpel mécanique. Le chirurgien opère en déplaçant tout ça sur son écran de contrôle. Peut-être que c'est là que ça coince. Une mauvaise réception. Une chaîne en panne.

« Assieds-toi, l'admoneste sa fille. Tu me rends complètement dingue. Les cinglés, c'est à quel étage ? J'vais aller voir s'ils prennent les urgences. »

Il s'assied. Et quand une femme échevelée en tenue de chirurgien entre dans la salle, Don ne réagit pas. Il ne la reconnaît même pas, dans un premier temps. Il s'attendait à quelqu'un de jeune, joli, plein de vie. Au docteur Jenkins. La super nana en jaune canari.

Et pourtant, c'est bien elle. Elle, elle les reconnaît et s'approche d'eux. Don lève les yeux, finit par faire le lien, honteux, à la revoir ainsi, de lui trouver un air aussi égaré.

« Salut, les Bodey », dit-elle d'un ton enjoué qui masque mal sa fatigue. Elle s'adresse à Ellen et à Tim. « Votre mère va très bien. Elle en a encore pour un petit moment avant de se réveiller. Nous n'avons eu aucun problème avec la laparotomie. Tenez, dit-elle en tendant une bande-vidéo à Ellen. C'est un film qui permet de voir les intérieurs de votre mère. Tout ce que nous avons vu au cours de notre petite inspection. »

Ellen retourne la chose entre ses mains, sans savoir quoi dire. Puis elle tend la boîte à Tim, dans l'espoir d'une explication.

« Et qu'est-ce que vous avez vu ? réussit à demander Don, d'un air détaché, curieux, responsable.

— Il nous faut attendre les résultats d'autres examens. On a encore quelques radios à faire.

— Comment ça ? Quel genre de radios ? Vous avez vu quelque chose ?

— Je suis désolée, Mr Bodey, mais pourrions-nous reparler de tout ça quand nous saurons effectivement de quoi nous parlons ? »

Ils vont voir Laura dans la salle de réveil. « Salut, dit-elle aux enfants, la langue encore lourde. Allez, du nerf. C'est pas la fin du monde. »

Le cancer est de nouveau là. Il s'est disséminé dans l'abdomen. Don le voit sur la vidéo, qu'il a confisquée à Tim. Il la regarde, tard dans la soirée, alors que les enfants dorment à l'étage et que Laura est encore à la Pitié dans sa chambre à deux lits, de l'autre côté de la ville, nourrie par un sac en plastique accroché à une potence en métal. Comme des petits grains de poivre, visibles à l'œil nu, même pour un amateur, une fois qu'on a compris ce qu'étaient ces masses roses qui palpitent tout autour. Il faut tout recommencer, repartir de zéro.

Le docteur Jenkins finit par l'appeler, munie des résultats des radios. Deux nouveaux nodules. Des colonies éloignées, des grosseurs secondaires qui se sont développées après l'ablation de la tumeur originale.

« Il y a une ombre sur le foie et une autre sous l'aisselle.

— Ça, c'est la faute de l'opération, non ? dit Don, attaquant de front.

— Mr Bodey, ce n'est pas l'opération qui a causé…

— C'est bien le scalpel qui est à l'origine des métastases. Sinon, comment les cellules auraient-elles pu… ?

— Mr Bodey, je comprends votre émotion.

— Mon émotion ? Et pourquoi donc serais-je ému ? Parce que ce que vous appelez votre traitement l'a pratiquement tuée ? Et pour quel résultat ? Vous voulez me dire à quoi ont servi toutes ces tortures sinon à hâter sa…

— Ça suffit, monsieur. Je refuse de poursuivre cette conversation. Quand vous vous serez calmé, nous pourrons discuter des choix qui s'offrent maintenant à Laura. »

Mais les choix sont toujours les mêmes. Le docteur Archer vient trouver Laura pour les lui exposer. « On peut enlever les greffes avec une autre opération. »

Laura, dans son lit, lui adresse un sourire d'excuse. Une ombre sur le foie. À quoi ça sert au juste, le foie ?

« On peut faire suivre l'opération d'une chimio intrapéritonéale d'appoint. En essayant une autre combinaison, que vous pourriez supporter plus facilement. Carboplatine, doxorubicine, cyclophosphamide… »

On peut aussi la transfuser. Penser à une transplantation de moelle épinière. Essayer de nouveau les rayons. Peut-être que c'est bien à cause de la première opération. Et tous ces trucs qu'ils lui ont donnés, qui lui entraient dans le corps par le poignet. Peut-être que ce n'est pas vraiment elle, que c'est toutes ces substances chimiques qui lui font se poser des questions, mais le fait est là, elle s'en pose : Pourquoi encore toutes ces décisions à prendre ? Les choses ne devraient-elles pas être beaucoup plus simples, maintenant qu'on y voit plus clair ? Elle doit en être à un stade évident. Mais, apparemment, ce n'est pas le cas. Médecins, avocats : tout le monde attend sa décision.

Elle repense à l'année qui vient de s'écouler, une année à vomir, dans tous les sens du terme. Il semblerait qu'on veuille lui dire : allez, encore une année comme ça. Encore un peu de temps, du temps à tout prix, même au prix du temps. Elle entend des camions gronder à travers le double vitrage et elle se dit qu'il ne serait peut-être pas plus mal de quitter cet endroit, où elle étouffe, où elle est confrontée à tant de choix.

Elle rentre à la maison sans avoir rien décidé. Don, les médecins, Tim, Ellen : chacun interprète son silence selon ses propres besoins. Les jours passent sans qu'elle choisisse un traitement dans le menu proposé. Et puis passe le jour où elle ne laisse plus planer de doute sur le genre de temps qu'elle a choisi. Pour autant, personne autour d'elle n'accepte de reconnaître ce choix à haute voix.

Le téléphone n'arrête pas de sonner. Chaque nouvelle sonnerie est comme un gros oiseau décrivant des cercles au-dessus du désert. La rumeur se répand. Inquiète, mais avec un rien d'excitation aussi. Tous les jours, vers quatorze heures, elle a un coup de fil d'une des filles de l'agence. Elles y passent toutes à tour de rôle et c'est chaque fois le même refrain : « Si tu n'as pas envie de me voir, tu me le dis. » Elle ne s'en prive pas.

Lindsey appelle. « On compte sur toi, ma belle. Dépêche-toi de te retaper. On a vraiment besoin de toi, ici. Ça va bientôt être une bourre pas possible. »

Son frère appelle toutes les semaines, maintenant.

« Qu'est-ce que tu dirais si Jen et moi, on venait à Pâques avec les gosses ?

— Ce serait super. Tant qu'à faire, juin serait encore mieux, vous pourriez rester plus longtemps. »

Stephanie et Hannah l'appellent en même temps pour une téléconférence à trois.

« Les trois inséparables, réussit à dire Steph. À nouveau réunies grâce à la high-tech.

— New York, Washington et… grommelle Hannah. Redis-nous un peu où t'habites ?

— Il en faut bien une pour nous rappeler nos racines à toutes, plaisante Laura, qui continue, plus calme : J'ai toujours dit que vous réussiriez magnifiquement, toutes les deux

— Écoute, ma petite péquenaude, dit Hannah, qui ne relève pas. On vient le 27. Steph et moi, on se retrouve à Indianapolis à quatre heures et on loue une voiture. On sera chez toi vers…

— S'il te plaît, supplie Laura. Je vous en prie, ne venez pas. J'ai besoin de vous, les filles, mais j'ai besoin de vous… telles que vous étiez. »

Elles protestent un peu, mais sans grande conviction. Hannah semble avoir compris ; Steph est au bord de l'hystérie. Elles finissent par raccrocher, sans qu'aucune d'entre elles ait dit au revoir.

Les voisines viennent la voir avec des tartes. Combien seront là le jour de l'enterrement ? Y aura-t-il même un office ? Si elle allait encore à l'église, si elle avait élevé les enfants dans la religion… Pas tant pour la foi que pour le décorum. Un croyant saurait quoi faire, à sa place. Janine, par exemple, cette démarcheuse du salut, qui doit aller à l'office comme d'autres vont à une réunion de parents d'élèves. Les athées ne sont pas damnés, ils sont perdus. Perdus dans un océan de possibles.

Marian lui fait passer un livre sur la nécessité de garder une attitude positive. *Le Moral : votre première ligne de défense*. En fait, c'est le système immunitaire qui est en première ligne. Et une attitude négative revient à introduire dans les tranchées des cellules une cinquième colonne qui travaille à la capitulation du système immunitaire.

Le cancer est une maladie de l'esprit. C'est parce qu'elle était malheureuse qu'elle s'est attiré cette saleté. Et qui plus est, malheureuse sans le savoir. Maintenant, il faut qu'elle lutte par l'esprit. Le livre lui rappelle ses anciennes tentatives pour se représenter concrètement ses lymphocytes en train de combattre la tumeur. Sauf que, maintenant, elle ne sait même plus quel type de cellule il lui faudrait activer.

Elle portera jusqu'au bout, elle et elle seule, toute la responsabilité de sa guérison. Et si elle meurt, ce sera entièrement sa faute. Parce qu'elle aura douté, aura détourné les yeux de la route à suivre et laissé des pensées négatives l'empoisonner.

Curieusement, tout le monde donne l'impression d'avoir lu ce bouquin, ou un autre qui lui ressemblerait étrangement. On lui répète au moins trois fois par jour : il faut sans arrêt tenir ton corps sous hypnose. Ellen ne lui laisse plus regarder les vieux films, sauf les comédies. Don refuse de l'aider à vendre la voiture. Le docteur Jenkins n'ose pas prononcer le mot « mort », de crainte de se faire accuser de faute professionnelle. Il n'y a personne à qui elle puisse parler de ce qui est en train de lui arriver.

Ce qu'il lui faut faire à tout prix, c'est prendre certaines dispositions. Mais elle doit se débrouiller toute seule, agir dans le secret, de manière à ce que personne ne la voie esquiver la responsabilité d'avoir à continuer de vivre. Elle sort le classeur en plastique à trois anneaux dans lequel elle notait dans le temps les dates et les heures des activités extrascolaires des enfants et l'étiquette bien proprement : « Enterrement ». Puis elle le remplit de numéros de cantiques, de poèmes qu'elle aime particulièrement, des noms de ses œuvres caritatives préférées.

Côté succession, elle s'arrange pour que les enfants aient tout ce qui reste, sauf les factures, qui iront à Don. Elle appelle Casey Brothers pour qu'ils viennent nettoyer les chéneaux et recimenter le conduit de la cheminée. Elle trouve un bon camp de vacances pour Tim et, pour Ellen, une psychothérapeute qui l'aidera à sortir de sa crise d'adolescence. Elle demande ce que coûterait un office religieux et choisit le forfait le meilleur marché au crématorium : une urne en polyéthylène rigide à double fermeture étanche.

Elle est capable de faire face à tout ce qui peut arriver. Que sont les choses après tout, pour qu'elle ne puisse vivre sans elles ? Mais elle bloque sur le chapitre des enfants : comment pourra-t-elle les laisser sans mère ?

Tout le reste, elle apprend à s'en défaire. C'est presque un poids qu'on lui enlève. Comme un grand nettoyage de printemps, ou un nettoyage par le vide. Il y a même des jours où elle se sent transportée, quand la douleur se tient tranquille et qu'elle-même arrive à se soustraire à cette impression d'être enterrée vive. Les choses se feront tout aussi bien sans elle.

Sauf une. Sa petite passion. À laquelle elle ne parvient pas davantage à renoncer qu'elle n'arrive à abandonner ses enfants. Si seulement elle pouvait préparer la terre du jardin encore une fois, rien qu'une, y enfoncer ses mains jusqu'aux poignets, elle irait mieux tout d'un coup, elle en est sûre. Elle est allongée dans son lit, à quelques mètres à peine du petit bout de terrain, obsédée à la pensée de ce sol parfait, le plus riche du monde, laissé à l'abandon.

À force de les examiner, elle voit les vaguelettes de son plafond se creuser en sillons plus profonds. Elle oublie de se concentrer sur ses lymphocytes T et se prend à imaginer des coquelicots. Elle décide de tout mettre en fleurs cette année, de laisser les légumes pour une autre vie. Les bons jours, quand un petit air frais s'infiltre par les châssis des fenêtres, elle croit s'entendre bêcher. Et puis, un jour de printemps, un jour qui sent l'innocence, qui a oublié l'odeur du péché, ce bruit si particulier, elle l'entend bel et bien. Elle s'entend creuser.

Il lui faut un moment pour se convaincre. Elle se lève, se dirige vers la fenêtre, regarde dehors. Sa fille, qui lui a emprunté ses bottes et ses gants, est maladroitement juchée sur le haut de sa bêche. Dieu sait où elle est allée se procurer des graines. Dieu sait qui lui a dit où les planter.

Elle retient son souffle et regarde : les ratés et les dérapages, l'énergie perdue, le peu de terre remué à chaque fois. Un enfant de quatre ans s'efforçant de préparer des boules de pâte ne ferait pas pire. Ce sera un vrai miracle si une seule de ces graines arrive à pousser. Laura reste là, parfaitement immobile, jusqu'au moment où elle est trahie par cette étrange télépathie qui échappe totalement aux mères comme aux filles.

Ellen relève la tête d'un geste rageur. « Tu n'es pas censée regarder. » Eh oui, regarder ne fait que rompre le charme, puisque charme il y a. Regarder, c'est compromettre le succès du rituel.

Laura quitte la fenêtre, se retire dans les profondeurs de sa chambre. Et la bêche se remet au travail, bruits de grattement et de succion. Une minute plus tard, elle s'arrête et une voix, qui ressemble à celle de sa fille, appelle : « M'man ? » Laura retourne à la fenêtre. Ellen la regarde fixement, rouge d'efforts et de perplexité.

« C'est comme ça qu'il faut faire ? »

Instinctivement, elle acquiesce d'un signe de tête. Oui. C'est parfait.

L'hôpital lui envoie une facture effarante pour la chimio, le traitement qu'elle n'a même pas terminé. Son assurance a décidé que la perfusion lente, celle qui prend une nuit complète – et qui fait la différence entre une nausée épouvantable et l'horreur totale –, ne relève pas des soins de base. Tout semblait avoir été réglé une fois pour toutes, mais voilà qu'on lui demande de payer la différence.

« Qu'est-ce que je vais faire ? demande-t-elle à Don. Je ne peux pas payer

— Conteste la facture, lui conseille son ex.

— Mais comment ? »

Elle ne sait même pas par où commencer. Elle n'a jamais rien compris aux choses les plus simples.

« Kogan et Lewis pourraient peut-être t'aider.

— Kogan ?...

— Le cabinet qui s'occupe de l'action en justice contre Clare. De toute façon, ils... ils veulent te voir.

— Me voir, moi ? Comment le sais-tu ?

— En fait, ils voudraient savoir si tu es prête à leur parler. Mais c'est toujours comme ça qu'ils procèdent, ces types. Ils passent leur temps à se couvrir.

— Qu'est-ce qu'ils veulent, au juste ?

— D'autres cas de cancers des ovaires. Pour ceux-là, ils ont allongé le délai. Ils se sont procuré ton dossier...

— Comment ça, mon dossier ?

— Apparemment, ils ont deux scientifiques avec eux. Des épidémiologistes. Experts devant les tribunaux. »

Elle attend, suspendue à ces mots qui lui semblent n'avoir ni queue ni tête. Attend qu'on veuille bien lui expliquer.

« Apparemment, il y aurait certaines molécules, en forme d'anneau, des molécules contenant du chlore, qui s'infiltrent dans les tissus féminins. Le corps les transforme en quelque chose qu'on appelle xénœstrogène. C'est un processus très lent. Et puis, mystérieusement, ces faux estrogènes mettent la pagaille dans la maison et déclenchent un processus massif de division cellulaire. Il y a une étude qui vient de sortir là-dessus. »

Elle secoue la tête – elle a déjà décroché.

« Le plus intéressant, c'est que ces espèces d'anneaux chlorés, on les trouve dans certains pesticides. »

Il attend qu'elle réagisse.

« Et alors ? demande-t-elle.

— Tu ne comprends donc pas ? Les pesticides, c'est ce qu'ils fabriquent à la tonne, en bas de ta rue. »

C'est aussi ce dans quoi baignent tous les jolis pâturages de l'hémisphère Nord. Tout cela a à peu près autant de sens que si on se mettait à demander : *Qui est-ce qui a pris une salade aux œufs ?* alors qu'il s'agissait d'un buffet libre.

« Leurs actions sont à la baisse, tu peux me croire », continue Don, pour l'amadouer. Contre sa volonté, elle se sent ramenée aux choses de ce monde.

« Pourquoi est-ce que la compagnie ne se contente pas de… ?

— D'un arrangement ? Parce qu'il y a des dizaines de personnes concernées et que chacune réclame un paquet de fric. Ça leur revient moins cher pour l'instant de continuer à se battre. Ils ont le bras long et des tas d'avocats qui peuvent faire traîner l'affaire jusqu'à perpète. Apparemment, Clare a besoin pour fabriquer son engrais de produits chimiques qu'elle achète à une autre compagnie et on ne sait pas trop à qui imputer les responsabilités.

— Et les scientifiques là-dedans ? Les faux œstrogènes ?

— Tu penses bien que la compagnie s'est dégoté ses propres experts. Des scientifiques qui disent que leurs collègues ont tort. Que les preuves sont inexistantes. Ils mettent en avant d'autres études, qui prouvent que les œstrogènes, même les vrais, ne peuvent pas être à l'origine de cancers du sein et encore moins de cancers des ovaires... »

Ses mots ressemblent à des lumières sur une montagne, aperçues à travers le hublot d'un avion au crépuscule.

« En fait, personne n'est sûr de rien, c'est ça ? »

Don relève le menton, prêt à la contredire, avant de le laisser retomber sur sa poitrine. Vaincu par l'évidence incontournable de notre totale ignorance.

« Don, dit-elle d'un ton apaisant. Comment est-ce que tu sais tout ça ? Je veux dire, les épidémiologistes et tout le reste. Les journaux n'en ont jamais parlé. Du moins à ma connaissance.

— Je me suis renseigné, dit-il en haussant les épaules. Il y a d'autres produits mis en cause... Un shampoing colorant, Régé-Nature, et puis le talc Babydoux qu'ils fabriquaient dans le temps. Apparemment, les femmes qui s'en servent pour...

— S'il y a une chose dont je suis bien sûre de ne m'être jamais servie, c'est...

— Et puis, un herbicide assez répandu appelé Atra... »

Son bout de terrain. Ses fleurs.

Qu'on les poursuive, se dit-elle. Qu'on leur fasse cracher jusqu'à leur dernier sou. Qu'on les liquide.

L'instant d'après, elle est prise d'un étrange rêve de paix. Quelle différence, si c'est ça qui lui a donné son cancer ? De toute façon, ils lui ont pris sa vie pour la modeler à leur guise, de toutes les manières imaginables et même au-delà. L'ont tellement transformée, sa vie, que pas même le cancer ne saurait effacer les effets du changement.

Il faut qu'elle s'en aille avant la fin du mois. Avant la nouvelle date butoir qu'ils ont fixée pour obtenir sa signature. Il faut qu'elle devienne aussi légère qu'elle a l'impression de l'être. Aussi légère que ces pensées qui la traversent. Qu'elle cesse de manger. Qu'elle fasse que sa chair redevienne air et vapeur. Qu'elle recycle son corps, le renvoie à ce souffle qui le fit germer.

« D'accord, dit-elle. D'accord. Tout ce que tu voudras. »

Ford et US Steel démolirent Daimler-Benz, Krupp et Mitsubishi. Dow détruisit les usines de produits chimiques d'IG Farben. Merck ne fit qu'une bouchée de Bayer, tandis que GE et Union Carbide anéantissaient Mitsui et Sumitomo. Le *zaibatsu* et le *Wirtschaftsverwaltungshauptamt* ne faisaient pas le poids devant l'ouvrier à la chaîne américain et sa centaine d'actions cotées en Bourse.

Clare, aidée de ses alliées, Lever, Colgate et Procter & Gamble, lessiva ces petites entreprises artisanales allemandes et japonaises qui avaient espéré convertir le monde à un savon fabriqué à partir de sources innommables. Clare Soap and Chemical Company gagna la guerre.

Ou plutôt, c'est Mme la Consommatrice qui le fit à sa place. Elle la gagna, cette guerre, dans son garde-manger, sur sa cuisinière et dans son placard à pharmacie. Elle livra une bataille sans merci, exactement comme sur ce poster pour la campagne de récupération et de recyclage des graisses et des huiles, où on la voyait écraser sur la tête d'un de ces grands Boches une poêle à frire aussi grasse qu'indispensable à son combat.

Dès le début de l'holocauste mondial, le savon devint en effet une priorité. L'industrie de guerre en avait un besoin plus qu'urgent pour nettoyer des millions d'uniformes, lubrifier les machines et aider les aides-cuisiniers des armées à abattre un travail de titan. Mieux, quand les Japonais se furent emparés de la Malaisie et de l'Indonésie, c'est le savon qui permit aux Alliés de continuer à avoir la matière première nécessaire pour les chapes des pneumatiques et les masques à gaz par exemple. Car le recyclage du vieux caoutchouc supposait une émulsification à l'aide de savon. Une livre de cette denrée permettait de récupérer vingt livres de matériel de guerre de première importance.

La glycérine, cet ancien sous-produit des ateliers Clare, se retrouva elle aussi propulsée au sommet de la liste des approvisionnements prioritaires. Peintures, dynamite, poudre colloïdale et nitroglycérine, sans parler du plasma et des sulfamides, réclamaient tous leur dose du produit. L'appétit de la guerre était insatiable et sans limites les exigences de la destruction.

Maintenir prospère l'industrie du savon devint une affaire de salut public. Tout le monde devait participer à l'effort. Roger Shacklehurst, le directeur général de la fabrication chez Clare, alla siéger au comité de la campagne pour la récupération des graisses. Disney sortit un film intitulé *De la poêle à frire au feu de l'action*. Les programmes de radio parrainés par Clare ne cessaient de parler de la campagne. Et on demanda à toutes les familles patriotes du pays d'apporter leur contribution en récupérant jusqu'à la moindre goutte de graisse de cuisine, afin de la rapporter à leurs bouchers, qui, à leur tour, la livraient aux « fondeurs » nationaux, parmi lesquels se trouvait Clare.

En rassemblant un milliard de livres de matières grasses qui permirent de couvrir jusqu'à treize pour cent des besoins, les ménagères du pays sauvèrent l'industrie du savon. *Mesdames !* taquinaient les radios, *dépêchez-vous de porter vos graisses à l'épicerie la plus proche !*

La production constante de matériaux récupérés évita au gouvernement d'avoir à rationner le savon de consommation domestique. L'impossibilité de se procurer des huiles de palme et de noix de coco fit baisser de façon sensible la qualité de l'ensemble des produits Clare. « Perce-Neige est parti à la GUERRE ! » disait un slogan. Se plaindre aurait confiné à la trahison.

Victime de la mobilisation, Perce-Neige fit de nécessité vertu et de la pénurie un business. La margarine aida à allonger un peu la viande, qui était chère, et à la rendre plus digeste. Le dentifrice Perle blanche changea son tube, « pour contribuer à l'effort commun ». Ce n'était pas le moment de gaspiller le tissu, aussi Oxygon s'employa-t-il à allonger la durée de vie des vêtements : « Un secret de temps de guerre que l'Oncle Sam veut vous voir révéler à tout le monde ! » Les couleurs aussi étaient très prisées en ces temps troublés et réclamaient en conséquence une plus grande protection. « Ne gaspillez pas le savon ! admonestait Marge Happel sur les ondes. N'utilisez que les marques super moussantes. Exigez le maximum de mousse pour le minimum de savon et vous économiserez ainsi les graisses si précieuses pour le front. Ce n'est pas autrement que vous sauverez les vies plus précieuses encore de nos garçons. »

L'industrie de guerre était une véritable aubaine pour Clare et la compagnie, arborant sa propre bannière, ne voulut pas être en reste. Elle organisa un concours national de sculpture sur savon sur des thèmes patriotiques. Les concurrents pouvaient s'inscrire dans quatre catégories : enfants, artistes, amateurs, anciens combattants blessés au front. Les gagnants se virent attribuer des titres d'emprunt de guerre. Quand, en 1942, le département de la Justice accusa les quatre grands fabricants de savon de s'entendre pour aligner les prix et contrôler les matières premières, Clare opta pour un règlement à l'amiable et proposa vingt mille dollars de plus en titres d'emprunt qui allèrent à des causes gouvernementales.

La compagnie fit également des dons massifs de marchandises à la Croix-Rouge et contribua à ravitailler les cantines sur le front domestique. Elle renonça de bon cœur à plus de trois mille de ses ouvriers les plus vaillants pour qu'ils puissent endosser l'uniforme. Lesdites recrues entraient dans la lutte à tous les niveaux, devenant aussi bien aides-cuisiniers que conseillers du gouvernement. Kenneth Waxman lui-même fut récompensé pour son remarquable travail à la tête de la firme durant la dépression par un poste de sous-secrétaire d'État au Commerce sous la direction de Jesse Jones. Quand les Allemands rasèrent l'usine de Lille au cours de leur grand mouvement offensif sur Paris en 1940, Waxman était toujours directeur général chez Clare. Trois ans plus tard, alors qu'il faisait partie des hautes sphères gouvernementales, il fit preuve d'une solidarité sans équivoque quand les avions alliés réduisirent en cendres l'usine de Münster. Celle de Liverpool survécut, mais dut fermer en raison de la pénurie de matières premières.

Et quand l'état-major du service du matériel de l'armée réclama de la firme, en grand secret, un sacrifice supplémentaire, le comité directeur par intérim n'hésita pas un seul instant : « Nous ferons tout ce dont le pays a besoin », déclarèrent ses membres dans une lettre commune. Ce dont le pays avait besoin, en l'occurrence, c'était d'une grosse usine de chargement d'obus de moyen calibre.

L'armée, en cette période d'expansion massive, se tourna vers Clare comme vers un partenaire tout désigné. Personne n'avait davantage d'expérience en matière de fabrication de masse et d'emballage de produits de faible volume. Clare avait non seulement l'expérience mais le savoir-faire. Sans compter un atout militaire plus précieux encore : une direction qualifiée. Comme le disait Waxman : « Celui qui est capable de jongler avec des pommes sait très exactement quoi faire avec une orange. »

L'armée réclamait une usine flambant neuve équipée des chaînes de montage les plus sophistiquées. L'équipe chargée chez Clare des programmes de défense étudia de près les arsenaux du New Jersey, de Géorgie et du Texas, rédigea des centaines de pages sur l'analyse des cadences et utilisa des kilomètres de pellicule. Au terme de quoi, elle décida que la compagnie serait en mesure de dépasser de quarante pour cent la production réclamée par les militaires en se contentant de réoutiller l'usine existante de Lacewood.

Pendant que l'on transformait l'usine, les ouvrières s'entraînèrent à bourrer des obus avec un mélange d'engrais, de graines de coton et de sucre roux, qui avait exactement la consistance de la poudre explosive. Un ingénieux système de montage intégré permit de réduire au maximum le nombre d'ouvrières nécessaires au fonctionnement de la chaîne. Les chimistes perfectionnèrent un procédé autorisant la récupération du TNT et un contrôle de la qualité des enveloppes par rayons X permit une réduction supplémentaire des coûts. Quand le premier obus de 60 millimètres pour mortier de tranchée sortit de la chaîne de montage des mois avant la date prévue, Clare, dans un nouvel accès de patriotisme, livra son produit pour la moitié du prix fixé par l'armée.

C'est la guerre qui imposa à Clare les nouvelles structures que réclamait une affaire en pleine expansion.

S'inspirant du commandement allié, la compagnie se lança à corps perdu dans la décentralisation. Elle se mit à créer des vice-présidents à une vitesse qui n'avait d'égale que celle de l'Italie à fabriquer des généraux. La pyramide s'élargit en son milieu : plus de cadres, plus d'adjoints et des sections en plus grand nombre (produits alimentaires, papier, médicaments, articles de toilette). Ses formations dégraissées partirent au combat avec une agressivité toute neuve tant dans le domaine de la fabrication que dans celui de la distribution.

L'efficacité forcée du temps de guerre laissa la firme allégée et en pleine santé pour affronter l'âge atomique. En partie parce qu'il y avait eu si peu d'occasions de les dépenser, les liquidités disponibles, quand arriva Nagasaki, étaient deux fois plus importantes qu'avant Pearl Harbour. Pendant quatre longues années, le pays avait été tenu en laisse, obligé de se rationner, enfoui comme une semence sous sa couche de neige. À peine éteint le bruit de la dernière explosion, il se lança dans une consommation effrénée, comme s'il voulait enterrer le passé dans une nouvelle ère de prospérité trop longtemps attendue.

Quand Waxman tenta un retour aux affaires après son passage au gouvernement, il découvrit une entreprise qui avait suivi son chemin toute seule. La vieille guerre de succession avait repris pendant son absence et une révolution de palais le déposa en faveur de Robert Kaufman, directeur du marketing. Les fils de Nagel étaient de nouveau au pouvoir et ils resteraient tout au long des glorieuses années à venir.

La pénurie chronique de graisses continua à paralyser la production de savon après la fin des hostilités. Mais les quotas et le rationnement avaient désormais appris à la ménagère les nombreuses vertus des substituts synthétiques. Le consommateur était prêt à se détourner de la nature et à se rallier à des produits spécifiquement adaptés à ses besoins. Quand on tomba par chance sur un sel de l'acide phosphorique au pouvoir d'action quasi inépuisable, les laboratoires Clare retournèrent la molécule dans tous les sens pour finalement la plier à leur volonté. Un quart de million d'heures de travail plus tard, ils étaient en mesure d'annoncer la sortie du premier véritable savon « sans savon », entièrement synthétique et adapté à tous les usages. Et c'est ainsi qu'ils transformèrent l'âge de la dissuasion en celui du détergent.

Ces molécules immaculées, au sortir de leurs étuves de séchage, venaient répondre à une aspiration très ancienne : la chimère de Resolve, le rêve de Benjamin, la vision de James Neeland d'un renouvellement chimique perpétuel. Une race capable de tout fabriquer à partir de rien ne saurait dépendre de personne. Elle ferait sauter tous les verrous et ne serait plus à la merci de quoi que ce soit.

Mais le prix à payer pour cette liberté était exorbitant. Le savon était fabriqué depuis quelque temps avec une étonnante efficacité par hydrolyse continue dans des usines en acier étincelant. La conversion aux nouveaux détergents phosphatés allait demander que l'on mette au rebut une bonne partie de ces installations pour repartir de zéro. Le conseil de surveillance discuta longuement pour savoir si Clare pouvait se permettre une telle mise de fonds. L'évidence s'imposa : c'eût été folie que de ne pas la consentir.

« Si nous ne nous engageons pas maintenant, déclara Robert Kaufman, d'autres le feront à notre place et nous ne tarderons pas à le regretter. Mieux vaut risquer le K-O que d'attendre d'être battu aux poings. » Le résultat, ce fut Défi, ce détergent multi-usage et multi-eau, qui devait être la plus grande réussite de Clare en ce vingtième siècle.

Les nouvelles usines sortirent de terre l'une après l'autre, chacune rapportant suffisamment pour financer aussitôt la suivante. Des tours de séchage rutilantes s'élevèrent à Albany, Greensboro, Detroit, Rapid City, Kansas City, Los Angeles, Turin, Vancouver, Caracas et Mexico. Quant à l'usine implantée à La Havane, Castro devait la confisquer peu de temps après la chute de Batista. Chacune de ces unités était capable d'égaler à elle seule la production totale de la compagnie trente ans plus tôt.

La structure à deux niveaux de la firme – biens de consommation et produits industriels – commença à payer royalement. N'ayant plus à s'approvisionner à l'extérieur, Clare était capable d'une intégration à la fois verticale et horizontale sans limites. Réoutillé une nouvelle fois, le département de l'agriculture prit un essor impressionnant, car il jouissait de tous les avantages du dernier arrivé et se trouvait profiter de l'emplacement de Lacewood, de plus en plus centrale et de mieux en mieux desservie. Quand l'exploitation familiale, n'ayant pas d'autre choix que le gigantisme, se vit absorber par les trusts de l'agro-industrie, Clare était prête à relever le défi avec une batterie de pesticides et d'engrais.

Chaque traitement des céréales assurait de nouvelles récoltes records tout en permettant d'économiser sur la main-d'œuvre. Une partie de ces moissons miracles était utilisée par Clare pour la fabrication de ses produits alimentaires, à des prix évidemment de plus en plus compétitifs. Et les dollars qui affluaient à Lacewood apportèrent avec eux l'hôpital, l'université et les entreprises du secteur secondaire.

L'avancée des nouvelles technologies fut suivie de progrès similaires en matière de gestion et de distribution. Le vieux projet de promotion interne de Douglas Senior répondait parfaitement à la demande impérative de nouveaux talents. Les meilleurs éléments, ceux qui d'instinct avaient compris vers quoi tendait l'économie moderne, grimpaient rapidement pour se retrouver aux postes qui n'attendaient qu'eux. On pouvait espérer passer de vendeur ou technicien à chef de produit, puis directeur de département et pourquoi pas vice-président en aussi peu de temps qu'il en fallait aux nouveaux alcools gras pour être sulfonés.

C'est une ascension météorique de ce type que Robert Kaufman, alors âgé de cinquante ans, avait réalisée. L'époque avait indiscutablement trouvé l'homme qu'il lui fallait. Kaufman serinait à ses troupes : « Il nous faut vendre nos promotions avec autant de vigueur que nos produits. » La vigueur se manifesta dans tout le pays sous forme d'opérations publicitaires les plus diverses, qui allèrent du ravalement de certains monuments publics jusqu'au parachutage d'échantillons gratuits sur certaines villes. « Notre spécialité, c'est le rêve, affirmait Kaufman, au moins autant que la fabrication. Le Défi, c'est notre pain quotidien. »

Au cours de l'âge d'or, les gammes de produits Clare se virent multipliées par dix. Il y eut Éclat, le dentifrice magique destiné à ceux qui ne pouvaient pas toujours se brosser les dents quand ils le voulaient ; Chloronet, la petite merveille verte au parfum piquant, grande exterminatrice de bactéries ; Soleil jaune pour nettoyer la vaisselle et le shampoing Mista dans sa bouteille incassable. Et puis d'innombrables formules de traitement des cheveux, adaptées à chaque race, chaque couleur, chaque croyance, chaque credo trichologique. Sans compter les kits de permanentes à faire chez soi, qui permettaient d'obtenir toutes les formes de boucles et d'ondulations : à peine marquées, serrées, lâches ou crêpelées. Les kits mère-fille, les kits avec neutralisants, les kits pour cheveux frisés ou crépus, les kits minute ou, au contraire, les kits élaborés réclamant rouleaux, épingles, fers et papier alu, et tous autant les uns que les autres en trois versions : mode d'hier, mode d'aujourd'hui, mode de demain.

Il y eut également les laits nettoyants, les crèmes, les masques et les lotions. Les lessives simples, les lessives dotées du miraculeux XR-50 et les lessives dont la vertu essentielle semblait résider dans une campagne de lancement de plusieurs millions de dollars. Un nettoyant pour les sols, un autre pour les vitres, un troisième pour le carrelage et un quatrième pour les plans de travail. Des détergents pour les lave-vaisselle. Des détergents avec des additifs fluorescents et des adoucissants, sans compter les torchons en cadeau inclus dans l'emballage. Des détergents à mousse et sans mousse, pour les tissus résistants et les tissus délicats. Des savons synthétiques pour chaque nouvelle fibre synthétique. Des poudres, des pastilles, des paillettes, bleues, blanches et jaunes, qui ne floculaient pas et dispensaient de tout rinçage. Des liquides qui se contentaient de proclamer : « Je suis là, la saleté s'en va ! » Et tout le monde était content.

Les techniques de fabrication et la qualité des produits n'étaient plus guère à l'ordre du jour. Ce qui comptait désormais, c'était d'amener le consommateur à se gratter où ça le démangeait, à mettre en bouteille l'eau salée qui allait entretenir sa soif. Le vieil impératif de l'efficacité matérielle était remplacé par la nécessité d'introduire des distinctions toujours plus fines et de les imposer au public. Clare était désormais en mesure de satisfaire n'importe quel besoin. Mais encore fallait-il pour ce faire être capable d'anticiper sur les goûts et les opinions des consommateurs.

Plusieurs jeunes cadres enthousiastes du service clientèle dans leurs secteurs respectifs se réunirent pour fonder le département de recherche marketing. La nouvelle science choisissait d'entrer par l'autre bout dans le circuit de la vente. Clare pouvait réduire les risques et les coûts afférents à la mise d'un nouveau produit sur le marché en sachant à l'avance ce qui se vendrait sans avoir même besoin de commencer à le vendre. Que le produit soit utile ou de bonne qualité n'avait rien à voir à l'affaire. Ce qui comptait, c'était ce dont le public s'imaginait avoir besoin.

À l'instar des meilleurs privés des années cinquante, les enquêteurs marketing ne voulaient que des faits et ne cherchaient qu'à observer, pas à influencer. Ils privilégiaient les données par rapport aux objectifs à atteindre, la méthode par rapport aux techniques de vente, les statistiques par rapport aux désirs. La meilleure manière de deviner ce qui allait être était encore d'étudier ce qui était déjà. C'est dans ce but que le département marketing monta des simulations de marchés très pointues, qui fonctionnaient comme de véritables étalons de mesure. Et peu lui importait que Calidoux ou Clarteint fassent un tabac ou un bide. Son travail, à lui, c'était de compter les bulles.

Le marketing pouvait donc accomplir des merveilles, quelles que soient les données de départ. Mais l'idée la plus géniale à être jamais sortie du département fut celle de la recherche marketing elle-même. À l'époque du premier *Spoutnik*, l'industrie de la création des besoins artificiels en était venue à considérer le test gustatif yeux bandés comme sa propre création. Ceux qui nous donnèrent la bombe et guérirent la polio étaient surqualifiés lorsqu'il s'agissait d'affronter les problèmes de l'existence quotidienne. Il fallait que la science vende la science, et ce, scientifiquement. La combinaison qui s'ensuivit fut en mesure de pourvoir aux besoins de secteurs entiers de l'économie psychique.

« La femme moderne, clamait haut et fort la publicité moderne, n'est plus l'esclave de la buanderie. La chimie l'a libérée, lui donnant du temps pour se consacrer à ce dont elle a vraiment envie – s'occuper de sa personne par exemple. Et dans cette robe de soirée renversante, notre souillon devenue star est on ne peut plus contente de tout ce qu'elle a accompli ce matin. »

Enrôlés dans la nouvelle guerre publicitaire, les spécialistes R & D faisaient beaucoup d'effet à la télévision. Et le département marketing était là pour aider Clare à sélectionner les morceaux du folklore télévisuel naissant qu'il fallait sponsoriser. Boulimique du feuilleton, Clare acheta d'énormes tranches de Jackie Gleason et Lucy, de *Crimebusters*, de *Quiz Me*. Des cohortes de bébés Perce-Neige prirent d'assaut le *Steve Allen Show*. Qui disait talent disait *Talent Hour* et qui disait *Talent Hour* ne pouvait pas ne pas remercier le dentifrice de l'homme moderne, Fluoréclat. « Parlez sans retenue. Riez et souriez. Avec Fluoréclat, vous ne le regretterez pas. »

Les spots de soixante secondes pour les produits Clare allaient des pots de crème animés et bavards aux victimes éplorées des engelures, du psoriasis ou d'affections plus graves encore. La saga de la graisse et des saletés s'écoulant dans les canalisations sous l'évier ou le voyage épique de l'indigestion à travers l'œsophage étaient autrement plus intéressants et élégamment produits que les vingt et quelques minutes de remplissage prosaïque qui les enrobaient. Les publicités réclamaient davantage de savoir-faire, de prises de vues, de technicité et d'ingéniosité que les programmes qu'elles rendaient possibles. Elles arrivaient, en moins d'une minute, à suggérer plus d'histoire et d'aventure que leurs émissions parasites, qui pourtant s'étiraient sur presque une demi-heure.

Toute la journée, ces petits extras venaient réjouir gratis les foyers de ceux qui pouvaient s'offrir un appareil. Les slogans rimés et les dessins animés de Clare n'étaient pas une redevance, ni une taxe sur un produit de luxe. Il s'agissait de cadeaux-réclames, de primes gracieuses, dont les gens riaient encore le lendemain au travail. Des dizaines de milliers d'idées, plantées comme autant de graines le soir pour être récoltées dès le matin suivant.

La science du marketing découvrit par ailleurs que les dépenses à des fins publicitaires devaient rester proportionnelles aux ventes, sinon le produit dépérissait dans le tapage ambiant destiné à attirer sur lui l'attention. Les marques prestigieuses réclamaient davantage de promotion en raison même de leur prestige. Et quand un produit prenait de l'âge, il fallait inventer une nouvelle histoire suffisamment attrayante pour stimuler de nouveau les ventes.

Se faire voir coûtait autrement plus cher que se faire entendre, vérité que Clare ne tarda pas à découvrir au moment où elle abandonnait celle qui à une époque avait été son sauveur, la radio. Il arrivait que les vice-présidents de Clare rencontrent leurs homologues de chez Procter & Gamble ou de chez Colgate pour négocier des armistices informels destinés à maintenir les prix au plus bas. Mais pareils cartels étaient instables et à la merci du premier membre convaincu qu'il pouvait dépasser les autres. Au moment où le jeune président toujours nu-tête prit ses fonctions, les droits versés par Clare aux chaînes de télévision dépassaient le montant de tous les autres budgets de publicité confondus.

Une abondance sans précédent et une panique latente de tous les instants s'unirent pour produire des hybrides féconds. Une vague d'affiches sur la guerre de Corée corsa les revenus de la compagnie. La constitution de stocks semblait motivée par le désir de ne pas être surpris sans savon à la suite d'un éventuel affrontement nucléaire. Quand les Soviétiques firent exploser leur premier engin thermonucléaire, les ventes de produits domestiques firent un bond de douze pour cent. Paisibles, prospères, mais se sentant inexplicablement menacés, les Américains se tournèrent vers la seule sécurité qui leur restât. Et les produits Clare étaient juste ce qu'il leur fallait pour approvisionner leur garde-manger souterrain.

La manne de ces temps de panique fournit à la compagnie l'argent nécessaire à son implantation sur le marché des nouveaux produits alimentaires. Son expérience en matière de broyage des graines en fit une concurrente sérieuse dans l'industrie des huiles pour la consommation courante. Des huiles alimentaires au beurre de cacahuètes, il n'y avait qu'un pas, lequel, une fois franchi, permit à Clare de s'attaquer au marché du snack alors sur le point d'exploser.

Les cadres supérieurs, toujours préoccupés par l'idée de laisser l'empreinte de leur passage dans la compagnie, se trouvaient indéfiniment confrontés au même dilemme : acheter ou inventer ? Grâce à son système de distribution et à des armes publicitaires redoutables, Clare pouvait s'accommoder de n'importe quel article pour lequel existait une demande suffisante. Toute la question était de savoir s'il fallait créer un nouveau produit de toutes pièces ou si l'on pouvait ressusciter une marque défraîchie qui végétait depuis longtemps et ne jouissait plus que d'un prestige local.

En d'autres termes, Clare devait-elle se concentrer sur ce qu'elle faisait le mieux, tout en continuant à améliorer son savoir-faire technologique ? Ou bien devait-elle se lancer de nouveaux défis, tout en apprenant au passage à créer des produits de meilleure qualité ?

La réponse de Kaufman devint la politique officielle de l'entreprise : « Une compagnie qui cesse de grandir ne peut que mourir. Clare a passé un contrat implicite avec les consommateurs : fabriquer ce qu'ils veulent et ce dont ils ont besoin. Plus qu'un contrat, c'est une obligation. Nous serons présents, avec nos méthodes éprouvées, dans tous les domaines où nous sommes crédibles. »

Comme le proclamait le slogan de son produit vedette, la compagnie relevait les défis. Les ventes grimpaient régulièrement d'un exercice trimestriel à l'autre. Les gains triplèrent au cours des quinze années qui suivirent Hiroshima. Pour ne parler que de Lacewood, le rendement était de cent fois supérieur à ce qu'il était à ses débuts. Quant au nombre des nouvelles usines, il doublait tous les huit ans.

La télévision créait une demande de masse, laquelle entraînait la mise en place d'usines plus grandes, donc de produits meilleur marché, donc d'une consommation élargie, qui elle-même permettait davantage d'émissions télévisées, donc un coût moins élevé par message. Les bénéfices explosèrent, mais avec des marges réduites à presque rien. Tout n'étant qu'une question de quantité.

Un siècle plus tôt, la consommation de savon d'une famille coûtait à celle-ci l'équivalent de vingt jours de travail par an. Désormais, deux jours suffisaient, ce qui laissait des masses d'argent pour acheter des détergents dont les époques antérieures auraient été bien en peine d'imaginer l'existence. La moitié des bénéfices de Clare, à la fin de la décennie, provenait de produits qui n'étaient même pas encore sur le marché à la veille de la Première Guerre mondiale.

Une action achetée à la fin du siècle précédent valait désormais deux cents fois son prix initial. L'assurance vie, les fonds de pension, la semaine de quarante heures amélioraient la qualité de la vie à tous les échelons de l'entreprise. La roue de l'activité humaine tournait sans arrêt, laissant à chaque révolution un petit surplus aussitôt consacré à quelque nouveau progrès. Née d'une poignée de graines semées au hasard, l'humanité s'était élevée au statut de satellites intersidéraux, et ce grâce à l'astuce toute simple du réinvestissement perpétuel. Elle avait presque partie gagnée.

NOUS PARTONS EN GUERRE CONTRE LA CLASSE OUVRIÈRE

Non pas que nous cherchions à léser qui que ce soit. Nous estimons au contraire que la plupart des gens travaillent bien trop dur depuis bien trop longtemps. Et c'est justement ce que nous voulons changer...

Est-ce que vous n'aimeriez pas vous reposer un moment ? Laisser une machine soulever cette benne, porter cette balle. Laisser un robot faire cette soudure, se débrouiller avec ces livres. C'est un boulot désagréable, mais qui a jamais décrété qu'il fallait un homme pour le faire ?

Grâce aux remarquables progrès de l'industrie humaine, nous entrons dans une nouvelle ère de loisirs et d'opportunités. Des salaires plus élevés, des fardeaux moins lourds, une automation plus grande, des usines mieux équipées signifient que nous abattons de plus en plus de travail en fournissant de moins en moins... eh oui, de travail. Et c'est là une excellente chose, quelle que soit la classe à laquelle vous appartenez...

Ces cent dernières années ont vu apparaître de fantastiques appareils qui aident l'homme à économiser son travail. Et plus le joug se fait léger, plus nous avons d'énergie à consacrer aux générations à venir, afin de leur rendre la vie plus facile et plus intéressante. L'industrie moderne a pour mission de libérer les gens pour leur permettre de faire ce qu'ils font le mieux : penser, créer, se reposer, profiter de la vie.

Lutte des classes ? Mais bien sûr ! Et nous ne cesserons le combat que quand tout le monde sera membre à part entière de la bourgeoisie.

FILM D'ANIMATION, 1963

L'hôpital lui envoie une infirmière à domicile tous les après-midi. Cela leur est venu après coup, comme s'ils s'excusaient à retardement. La première, une petite souris effrayée, s'appelait Maria ; la deuxième, très affairée et compétente, Catherine, a été suivie d'une troisième, Hope, pleine de condescendance.

Du jour au lendemain, une sciatique se déclare qui lui ôte toute possibilité de marcher. Le moindre poids sur la jambe lui envoie un flot de lave incandescente le long de la colonne jusqu'au cerveau. Ses médecins sont incapables d'en diagnostiquer la cause et ce n'est pas elle qui va insister pour savoir. Une semaine plus tard, son bras gauche n'a plus la force d'actionner la roue du fauteuil. Elle peut encore manœuvrer ce dernier, mais seulement en cercles laborieux et dans le sens inverse des aiguilles d'une montre.

On lui installe un lit d'hôpital dans la pièce télé. Électrique : la tête monte, la mettant en position semi-assise, si bien qu'elle peut regarder dehors et voir ce carré de terre fraîchement retourné où sa fille a semé un mélange de graines assez inattendu. Elle se redresse encore et aperçoit un écureuil qui déterre une noisette d'une toute petite ornière au milieu de la rue, une cachette si peu plausible que lui-même en avait sans doute oublié l'existence pendant tout l'hiver.

On l'équipe avec des W-C portables. Elle lit, écoute la radio ou somnole. Ellen s'assied à côté d'elle et la distrait en la plongeant dans les potins de sa vie de lycéenne : qui est populaire, qui ne l'est plus, qui a les faveurs de qui, qui s'est aliéné tout le monde, etc.

« Tu veux que je te cherche quelque chose sur l'ordinateur ? lui demande Tim. Ou que je t'imprime quelque chose ? »

La pièce se transforme sous ses yeux en une sorte de musée dont elle serait le conservateur. Elle passe toute la journée à nommer les quelque huit cents objets qu'elle a sous les yeux. Justifie leur présence à tous, retrouve leur origine en suivant le parcours de son existence : cadeau de mariage, d'anniversaire, remplacement d'urgence, commande par correspondance, échantillon gratuit, vide-greniers, objet rapporté par les enfants. Le monde est étalé devant elle, tour à tour plein de douceur, d'amertume, incongru, insistant, rafraîchissant, sans intérêt…

Elle étudie tout ce bric-à-brac. Le contemple au lever du jour, à midi, au crépuscule. La lumière verticale filtre à travers les lattes du store à quatre heures de l'après-midi, transformant ce fatras en une nature morte d'une beauté sans pareille. Chaque objet, symbole d'un besoin muet et vulnérable, attendant d'être anéanti, et elle s'obstinerait à vouloir continuer à respirer ?

Elle appuie sur le bouton du lit inclinable et se retrouve à l'horizontale. Elle ne voit plus rien alors que son propre enfermement et une mince bande de ciel dans l'angle de la fenêtre. Elle l'étudie, cette échappée minuscule, la fouille à la recherche d'indices, d'ajouts qui ne devraient pas s'y trouver : diffus, invisibles, escadrille furtive.

Tour à tour apathique, affolée, amusée, effrayée, boudeuse, fâchée. Curieuse, cette attente qui persiste, incroyables, ces explosions de joie ! Plus rien ne semble avoir de sens, ni pouvoir s'intégrer à un ensemble suffisamment vaste pour être à la mesure de ce qui est en train d'arriver. Les draps lui irritent la peau. Les ressorts métalliques du lit d'hôpital lui entrent dans le derrière. Son corps est comme un de ces objets achetés sur un coup de tête que l'on regrette deux jours après la date limite de renvoi.

Les gens téléphonent. Certains passent même la voir. S'ils appellent d'abord, elle leur dit que ce n'est pas un bon jour. Peut-être la semaine prochaine, quand elle ira un peu mieux. « Il faut garder le moral », lui dit-on. Elle n'y manquera pas.

Elle regarde les mélos de l'après-midi à la télévision, mais a du mal à suivre. Dans les intervalles ménagés pour la publicité, elle essaie de se reprendre. La nature humaine n'est pas seulement son propre tribunal et son propre bourreau. C'est elle aussi qui rédige le code criminel et entretient une réserve de juges dont elle truque les élections.

L'hôpital lui installe un système pour la descendre du lit et l'y remettre. Une sorte de palan individuel, combinaison ingénieuse de design et d'alliages nouveaux. Don vient apprendre les dix-sept opérations nécessaires pour lui faire quitter la position couchée. Il glisse sous elle la large ceinture en toile, accroche les anneaux, actionne le treuil pour la redresser, attache les sangles croisées, la soulève du lit, relève le bras du fauteuil roulant, lui fait lentement décrire un arc de cercle avant de la déposer dans le fauteuil, toute tremblante après une telle épreuve.

Il la roule jusqu'à la pièce de devant, qui paraît maintenant à des kilomètres. Après de multiples incidents de parcours, il la cale enfin dans un coin pour commencer à parler un peu. Mais parler est devenu une entreprise. Les mots n'arrivent plus à se former et sortent de sa bouche sur des petites bulles de glaire. Don essaie de ne rien lui faire répéter, mais elle voit bien qu'il ne la comprend pas toujours.

Ils essaient de dîner ensemble. Don s'active comme un fou pour préparer les plateaux-télé et les décorer avec quelques brins de persil ou un œillet. Bien malgré elle, elle se sent affamée. Elle se débat pour arriver à mettre son plateau en équilibre sur les bras de son fauteuil. Elle véhicule péniblement la nourriture jusqu'à sa bouche, mais mastiquer et avaler relèvent d'un travail de titan.

La cuiller lui tombe des mains sans crier gare. Elle observe le mouvement au ralenti, la regarde culbuter le long de la partie supérieure de son corps, puis rebondir sur sa jambe immobile et répandre son chargement de gaspacho sur le tapis ivoire. Don bondit sur ses pieds et s'active en quête de remèdes : eau froide, sel, détachant. Elle le regarde comme s'il s'agissait de la scène d'un vaudeville dont elle n'arrive plus à suivre l'intrigue.

« Don, Don. » Elle a l'impression de sentir de l'intérieur à quoi ressemble son visage : humide, dévasté, décomposé. Oublie le tapis. C'est de ma main qu'il faudrait que tu t'occupes.

La sortie est terminée. Don nettoie derrière elle de son mieux. Puis la roule de nouveau jusqu'à son abri. Une fois dans la pièce, il regarde le palan sans enthousiasme, songeant à toutes les opérations à effectuer pour la remettre dans son lit.

« Et merde, dit-il. On n'a pas besoin de cette saloperie. » Il lui passe les bras sous le corps et la soulève jusqu'au bord du lit, comme il le faisait autrefois. Ils sont pressés l'un contre l'autre, comme deux étrangers dans un bus bondé contraints à un contact forcé. Il l'a déjà soulevée son compte, à l'époque où son corps ressemblait encore à quelque chose. Mais il sous-estime la difficulté qu'il y a à répéter l'opération avec un poids mort, une poupée de chiffon, incapable de s'aider, encore moins d'aider celui qui prétend la porter. C'est encore plus difficile qu'avec un sac de grain qu'il faut ramasser par terre, car elle a les jambes tournées en dehors. Ils s'affaissent tous les deux. Pour la retenir, il la cloue contre le bord du lit, le dos complètement déchiré, se débat pour la hisser, à la manière d'un sauveteur, et la mettre en sûreté.

Exaspérée et honteuse, elle reste là sans plus bouger. Mais qu'est-ce qu'ils attendent, tous ? Elle en a assez de ces leçons qui n'en finissent plus. Elle connaît toutes les réponses ; elle est prête pour l'examen. Elle le regarde, essayant de le fixer sur sa rétine. Ses yeux sont immenses, à l'inverse de ce qu'ils ont le pouvoir désormais de voir.

« Pourquoi faut-il que ce soit si dur ? »

Elle a déjà eu mal, mais jamais à ce point. Elle a l'impression qu'on lui enfonce une gouge jusqu'à la moelle. Chaque respiration lui déchire littéralement la poitrine et à chaque instant elle a l'impression qu'elle va manquer d'air. À certaines heures, la douleur l'aveugle, l'irradie, se répand partout, dans sa jambe, dans son ventre, ses poumons, sa gorge, son cerveau. Bientôt, des après-midi entiers disparaissent, engloutis, ne laissant derrière eux que de grands pans d'obscurité. La douleur l'avale tout entière, refoule les mots qu'elle est prête à former et la laisse avec des pensées à peine ébauchées. Elle appelle dans son sommeil et mord son oreiller quand elle reprend conscience pour éviter de réveiller les autres.

Un beau matin, un petit sac d'origan en cubes se matérialise sur sa table de nuit. Elle le renifle. Des odeurs de fac lui reviennent. Il n'est pas là sans raison, ce *post-scriptum* d'une conversation très ancienne qu'elle ne peut retrouver. Il doit venir d'Ellen. Tous les cauchemars qu'elle a toujours entretenus à propos de sa fille refont surface, tous les scénarios catastrophe qu'elle a imaginés. Le pire serait que sa fille devienne la bonne citoyenne naïve qu'a été sa mère. Elle range le petit sac dans le tiroir de la table de nuit, pour un usage ultérieur.

Pour l'instant, sur l'avis du docteur Archer, elle passe directement à la morphine. D'abord à la demande ; 5 mg le matin, par voie orale, si elle ne se sent vraiment pas bien. Puis de nouveau le soir, si elle en a besoin pour dormir. D'une certaine manière, en dépit de tout, elle veut encore pouvoir rester consciente et maîtresse de ses pensées. Mais la douleur non traitée maltraite encore davantage la conscience que n'importe quelle drogue.

Elle essaie de joindre le docteur Archer, mais en vain. Elle laisse un message à l'infirmière. Des siècles plus tard, l'infirmière la rappelle : elle peut aller jusqu'à 10 mg toutes les quatre heures, s'il le faut.

Elle économise son médicament. Se lance dans toutes sortes de calculs. Le temps qui s'est écoulé depuis qu'elle a pris le dernier cachet. Depuis ses dernières selles. Compte les minutes jusqu'à l'arrivée de l'infirmière ou de Don. Les secondes jusqu'au retour des enfants. Calcule le nombre de kilomètres, de mètres qui la séparent de la tombe de sa mère, de celle de son père. Elle se concentre sur cette tâche, simplement pour se prouver qu'elle est encore lucide. Elle réclame une calculette et un crayon à papier numéro deux qu'elle garde sur la tablette à côté d'elle, à proximité des W-C chimiques que Don lui a installés.

Elle regarde la télé, mais elle a du mal à suivre. Les nouvelles n'ont aucun sens. Ces gens qui font sauter des immeubles pour éviter qu'ils tombent aux mains du gouvernement. Ce shampoing traitant qui sait exactement quelle dose de traitement il faut à vos cheveux. Même les vieux films qu'elle aimait tant se mélangent dans sa tête : Bob Hope et Bing Crosby sur le chemin de Damas.

Don semble être souvent dans les parages.

« Tu couches ici ?

— Ça m'arrive, dit-il en haussant les épaules.

— Où ça ? demande-t-elle, stupéfaite.

— Quelle question ! En haut. »

Évidemment, puisqu'elle-même n'y dort plus.

« Ne t'inquiète pas, la rassure-t-il. Je change les draps. »

Où croyions-nous être ? Que pensions-nous faire ? Elle prépare toutes les pièces nécessaires à un rire, mais sa gorge se refuse à les assembler.

Elle apprend à économiser sa voix pour le strict nécessaire. « C'est l'heure de mon cachet ? » murmure-t-elle un soir à Don. Elle sait qu'il n'en est rien tout en espérant qu'il fera comme si.

« Qu'est-ce que tu as dit ?

— Est-ce que c'est l'heure de mon cachet ?

— Tu viens juste de le prendre.

— C'est pas possible. Tu es sûr ?

— Il n'y a pas plus d'une heure en tout cas. »

Le mot « heure » la jette dans des abîmes de perplexité. Bientôt, c'est le fil des jours qu'elle perd, si elle tient encore le compte des mois. Puis vient le moment où elle n'est plus sûre de rien.

« Laura ? » lui dit Don un autre soir. D'un ton si prévenant qu'elle n'a pas envie de faire face. Mais ce n'est pas ce à quoi elle s'attendait.

« Lo ? Clare… vient de proposer un arrangement. Sans passer devant les tribunaux. Ce n'est pas… pas exactement ce que l'on attendait. Et ils refusent toute responsabilité. Mais ils ont mentionné une somme conséquente.

— Un arrangement ? Ça veut dire quoi au juste ?

— Qu'ils veulent empêcher l'affaire de prendre de l'ampleur, parce qu'ils ne croient pas pouvoir gagner devant les tribunaux. »

Ça ne veut rien dire de tel. Ça veut dire, en fait, que les actions cotées en Bourse ont atteint un plancher parfaitement inacceptable. Qu'une offre de ce genre constitue la solution la moins préjudiciable à leurs intérêts.

Elle regarde cet homme, pense à sa diligence, à toutes ses démarches. Il veut qu'elle soit heureuse, c'est clair. Il a travaillé pour ça. A intrigué. Elle a envie d'être heureuse pour lui. Les survivants n'ont jamais la part la plus belle.

« Merci, essaye-t-elle de dire. Pour tout. »

Dehors, la nuit est déchaînée. Une nuit qui vous fait bénir l'invention des maisons.

« Tu n'as pas envie de connaître le montant qu'ils proposent ? »

À quoi bon ? À quoi bon savoir ? Même pour lui. Même pour les enfants. Elle en a fini avec l'argent. Sa tête roule d'un côté et de l'autre sur l'oreiller, comme au son d'une berceuse. Elle a des élancements dans la gorge quand elle bouge, ne serait-ce qu'un tout petit peu.

« Je ne te comprends pas, qu'est-ce que tu veux ? murmure-t-il. De quoi est-ce que tu as besoin, Lo ? » ajoute-t-il d'une voix encore plus douce.

Elle pense à la manière dont elle répondrait, si elle en avait encore la force.

« Je veux que le président… Je veux que le… chef vienne s'asseoir ici. Dans ma maison. Et me dise pourquoi c'est arrivé. » Ce qu'elle veut, c'est voir réalisée la promesse contenue dans le journal de bord de ce naturaliste, c'est voir ceux qui ont indûment exploité cette racine magique lui rendre des comptes.

Au cours des années soixante, Clare dut faire face à un problème permanent de cash flow, si l'on peut dire, puisque la compagnie ne savait pas quoi faire de tout l'argent qui coulait « à flots » dans les caisses. Et tout au long de ces années, personne ne trouva de meilleure solution que de le dépenser.

Mais là encore, ce n'était pas évident. La direction augmenta les salaires et le montant des dividendes. Les départements marketing et ventes occupèrent tous les créneaux publicitaires disponibles. Mais pas plus le matériel que le parc de machines n'étaient désormais susceptibles d'améliorations. Pour la première fois dans l'histoire de la compagnie, les progrès techniques visant à toujours plus de simplification firent diminuer le nombre des usines existantes. Entraînant du même coup des économies conséquentes.

Le département R & D consommait tout le grain qu'on voulait bien lui donner et continuait à pondre des œufs d'or. Mais le montant de chaque couvée tendait à diminuer avec chaque nouveau dollar investi et la surproduction menaçait. L'Amérique était tout simplement dans l'incapacité d'acheter des produits nettoyants plus vite qu'elle ne le faisait déjà, quels qu'aient pu être la baisse des prix, l'amélioration de la qualité et le perfectionnement de l'emballage.

Rien n'était plus capable d'absorber tous ces revenus en dehors d'une nouvelle expansion. Et c'est la raison pour laquelle Clare, fraîchement équipée pour l'âge de l'espace, se tourna vers les acquisitions. Le jeune cadre dynamique à émerger maintenant au sein de l'entreprise n'était pas de la race des commerciaux ni de celle des comptables à l'ancienne. C'était un éclaireur, un surfeur de la cotation et un champion du rapport annuel, qui arpentait les vastes contreforts de l'industrie légère américaine à la recherche de géodes rares susceptibles d'enrichir une collection déjà importante.

Synergie, tel était le nouveau mot d'ordre. L'acquisition parfaite était celle qui renforçait la valeur des lignes existantes de Clare, tout en bénéficiant des apports de la compagnie. Une firme consacrée au savon et aux lotions se devait d'avoir une ligne de produits de beauté. Clare en acheta une, à la tête de laquelle se trouvait un ancien mannequin chilien recyclé, qui se faisait passer pour une émigrée appartenant à la noblesse espagnole. Le mariage remplit pendant un temps les pages mode autant que les pages affaires des journaux. Le label Clare transforma également une ligne de déodorants des plus quelconques en un bastion de sécurité et de haute protection. Puis, la compagnie s'introduisit sur le marché pourtant déjà passablement congestionné de la crème à raser et du gel pour les cheveux en rachetant une marque bien connue de l'Europe de l'Ouest qu'elle importa aux États-Unis.

La chaîne de motels Travelot se convertit aux articles de toilette Clare, après avoir été rachetée. Lucy Day Kitchens déposa dans la corbeille son café soluble, ses desserts tout prêts et ses jus de fruits en poudre. CaliMills, choisi au départ pour renforcer le secteur papier un peu défaillant, se révéla être une véritable mine d'or au moment où commençait à se développer l'industrie de la couche jetable. Des parts majoritaires chez Grizell, une petite société pharmaceutique, apportèrent à la compagnie ses premiers nouveaux produits dans ce domaine depuis le dix-neuvième siècle.

Les pièces du conglomérat ne s'assemblaient pas toujours avec bonheur. La diversification du portefeuille donnait parfois lieu à des alliances tout à fait gratuites. Dans un premier temps, Clare se limita à des rachats amicaux. Mais, bientôt, le stock des entreprises disponibles s'amenuisant, les dirigeants donnèrent le feu vert à des tentatives agressives, aussi chères qu'excitantes.

Quelque part au cours des dernières années de la décennie, les choses commencèrent à se gâter pour Clare. L'Amérique se réveilla un beau matin pour découvrir que ses plus grands lacs étaient moribonds, quand ils n'étaient pas déjà morts. La coupable, c'était l'eutrophisation, le vieillissement des eaux dû à une surabondance de matières organiques. Ce processus naturel très lent avait en quelque sorte commencé à s'accélérer, concentrant sur dix années une évolution qui aurait dû prendre dix siècles. Une substance particulièrement nourrissante causait une prolifération excessive d'algues et autres plantes aquatiques, qui finissait par asphyxier le lac. Cette substance, en conclut le public, c'était Défi et tous les détergents phosphatés de son espèce.

Clare contesta le verdict avec la plus grande véhémence. Les scientifiques de la compagnie démontrèrent, grâce à une série d'expériences, que les phosphates étaient absolument sans danger. Qu'il s'agissait d'ingrédients que l'on trouvait partout, à l'état naturel, même dans les aliments. Les vrais coupables, selon eux, c'étaient les eaux usées non traitées qui se retrouvaient dans les lacs avec un taux de concentration sans précédent.

Le public rejeta les preuves de la compagnie. Suivant la législation et son propre penchant, il se tourna vers les formules sans phosphate que proposaient les concurrents de Clare. Ces substituts étaient loin de nettoyer aussi bien ; qui plus est, ils étaient potentiellement plus dangereux que les phosphates. Mais rien n'y fit, la bataille pour l'opinion publique était perdue. Au début des années soixante-dix, Défi avait vécu.

Et comme un malheur n'arrive jamais seul, celui-ci fut bientôt suivi d'un autre, bien plus dévastateur encore. C'est un conseil de surveillance en état de choc et totalement désemparé qui vit la compagnie commencer à se faire attaquer sur les campus en raison d'une contribution presque négligeable que son département des produits agricoles avait apportée à un défoliant utilisé par l'armée en Asie du Sud-Est. Les efforts des *public relations* pour réparer les dommages causés à l'image de marque semblaient inopérants.

La contestation étudiante divisa Lacewood. Quand l'université de Sawgak alla faire le siège de l'usine, les ouvriers sortirent faire le coup de poing avec les assiégeants. On vit fleurir des autocollants sur les pare-chocs, des tee-shirts imprimés et des posters avec des slogans imitant ceux des spots publicitaires. Une photo d'enfants nus fuyant, terrorisés, un raid aérien était ainsi sous-titrée : « Clare vous simplifie la vie. » Une caricature montrant un hippie en train de fumer de l'herbe, le cou enguirlandé de champignons, sous les traits d'un employé de banque modèle déclarait sans ambages : « Un peu de défoliation n'a jamais fait de mal à personne. » La ville semblait ne jamais devoir se remettre d'une pareille blessure.

Peu de temps après l'affaire du défoliant, les tribunaux donnèrent l'ordre à la compagnie d'embaucher davantage de représentants des minorités. Les agents recruteurs avaient déjà un plan d'urgence en place. Ces mêmes équipes qui, pendant si longtemps, avaient écumé les écoles de commerce de haut niveau pour récupérer leurs plus brillants éléments tournèrent leur attention vers les femmes et les Noirs. Même s'ils en dénichèrent quelques-uns et donnèrent le maximum de publicité à leur embauche, il se trouva que les nouvelles recrues ne montaient jamais aussi haut ni ne restaient jamais aussi longtemps que leurs homologues. Une fois de plus, Sawgak se joignit au concert national de protestations, faisant circuler de fausses savonnettes Perce Neige rebaptisées pour la circonstance « Blanc comme neige ».

L'état-major de Clare se montra incapable de combattre cette chute de popularité, faute de pouvoir en comprendre les raisons. Le public s'était retourné non pas seulement contre Clare, mais contre l'ensemble de l'industrie, laquelle l'avait pourtant délivré d'un sort peu enviable. À la manière des écervelés qui voient leurs vœux exaucés dans les contes de fées, les gens oubliaient un peu vite le pouvoir qui, à l'origine, avait rompu le charme et leur avait permis de se faire entendre.

Pourtant, quand le cartel de l'OPEP décida de fermer les robinets de l'inépuisable fontaine qui alimentait le monde, Clare n'abandonna pas Lacewood. Quand les forces expéditionnaires japonaises débarquèrent, capables de produire moins cher une version plus performante de pratiquement tout ce qui existait en ce bas monde, Clare protégea la ville des pires fléaux qui se répandirent dans le pays, depuis Pittsburgh jusqu'à Denver.

Le marché s'effondra. Au cours du majestueux déclin des années soixante-dix, la meilleure tactique de Clare consista à faire basculer certaines affaires peu profitables sur des compagnies moins importantes susceptibles de mieux les gérer. Mais la société continua à s'accrocher à ce qui avait fait sa réputation pendant un siècle et demi.

La reprise fut si lente que personne n'était capable de dire si la récession était terminée ou si elle allait au contraire repartir de plus belle. Trois présidents-directeurs généraux aux fonctions éphémères tentèrent de redorer le blason de la firme. Ils battirent la campagne en quête de quelque chose de vraiment neuf, susceptible de marquer les années quatre-vingt. Ils lancèrent de nouveaux savons et toute une ligne de bain aux couleurs criardes, mélangeant le gris tourterelle au rouge grenadine. Ils louèrent les services de rockers androgynes pour tourner des vidéos de trente secondes vantant les mérites de leur eau caféinée. Ils firent de même avec quatre stars du basket qui se livrèrent à quelques démonstrations de dunks devant les caméras, payant cette *« dream team »* publicitaire l'équivalent de la moitié des salaires de toute l'usine de Lacewood.

Mais rien ne semblait devoir vraiment marcher. Le découragement s'abattit sur le quartier général de Boston et la grisaille contamina tous les secteurs. En privé, à l'écart du distributeur d'eau, les cadres commencèrent à se demander si l'industrie, au point où elle en était arrivée, pouvait encore continuer à être rentable ou s'il s'agissait simplement d'un processus pyramidal qui ne pouvait fonctionner que tant que le monde avait encore un peu de capital à liquider.

Le désespoir remonta très haut le long de la chaîne alimentaire. Le jeune et brillant directeur chargé des holdings, dont beaucoup supposaient qu'il était destiné au plus bel avenir, quitta la firme, complètement démoralisé, en 1983, pour accepter un poste à la Business School de Harvard. Où il se fit un nom grâce à un ouvrage dans lequel il développait une théorie selon laquelle le business à l'américaine n'avait de chance de réussir que quand il s'exerçait sur un continent vierge ; or, il y avait beau temps que le continent avait perdu sa virginité.

Franklin Kennibar, Senior, qui fut longtemps vice-président en exercice chez Coca-Cola sans jamais connaître la promotion suprême, devint le premier P-DG extérieur à l'entreprise depuis la fondation de celle-ci. Pour une rémunération annuelle de départ de deux millions et demi de dollars, sans compter les primes diverses et variées, il sauva la compagnie du désespoir grâce à deux mots : « global » et « vert ».

Kennibar fit tomber les derniers remparts du « provincialisme » de Clare. Il balaya les derniers restes de mentalité VRP pour la remplacer par un sang neuf et cette agressivité caractéristique des années quatre-vingt. Il fit accéder ses cadres supérieurs à l'élite du business international qui émergeait alors, sorte de fraternité dont les membres s'offraient mutuellement des sièges aux conseils de leurs compagnies respectives. Il introduisit un nouveau slogan au vingtième étage de l'immeuble Clare à Boston, une maxime attribuée à Locke : « Vice au-dedans devient vertu au-dehors. »

Avec Kennibar, Clare connut son président le plus médiatique depuis Kenneth Waxman. C'était un homme de terrain, qui fit pour la compagnie ce que Nagel et son écurie d'artistes et de poètes avaient fait jadis pour ses produits. Il parcourut le pays comme le plus infatigable des candidats à la présidence. En toute occasion, que ce fût pour une cérémonie de remise de diplômes ou un banquet au profit d'une institution charitable, il se livrait à une variation sur ce qu'il appelait son discours sur la société :

La société commerciale a fait l'objet de tant de controverses et de critiques que nous avons perdu de vue ce qu'elle nous a apporté… Je dirais, moi, que c'est sans contestation possible l'invention la plus remarquable et la plus bénéfique de l'histoire des pays démocratiques…

Les grandes sociétés financent un quart des entreprises d'intérêt public, fournissent la moitié de tous les emplois, assurent les deux tiers de tous les salaires versés et une proportion encore plus grande de la richesse nationale. Au cours du seul vingtième siècle, ces sociétés ont généré le capital, inventé les outils et rassemblé la main-d'œuvre qui, à eux tous, ont permis de gagner deux guerres mondiales, de faire reculer la maladie, d'allonger la durée de vie, de maîtriser l'atome et d'envoyer des hommes sur la Lune…

Le marché ne peut être « corrigé ». Il ne peut être « dans l'erreur ». Le marché, ce n'est qu'une marque à la craie sur un mur, qui indique la mesure de ce que nous voulons accomplir et des efforts que nous sommes prêts à consentir pour y arriver…

La pratique qui consiste à donner la parole aux consommateurs procède d'une bonne intention, mais elle est erronée, dans la mesure où la demande dans ce domaine est aussi diverse que les intéressés eux-mêmes. C'est en laissant les intérêts du consommateur aux soins du marché que nous avons réussi à transformer la vie d'une façon aussi stupéfiante par rapport à ce qu'elle était à l'époque où nos ancêtres faisaient bouillir des déchets d'animaux morts pour fabriquer un peu de savon liquide.

Le meilleur moyen d'expression des consommatrices, ce sont encore leurs dollars, ce droit de vote qui leur est accordé pour gérer tous les aspects de leur existence. En s'efforçant de gagner leurs voix et d'éviter leur censure, le monde de l'industrie devient le meilleur instrument dont nous disposions pour construire le monde désiré par la majorité des gens.

Soyez persuadés que le « big business » n'est pas une énorme machine autonome qui nous forcerait à tout prix à faire ses quatre volontés. Non, ce n'est pas autre chose qu'un groupe de personnes qui mettent en commun leurs compétences pour satisfaire les besoins d'autres personnes, besoins que ne saurait satisfaire l'effort individuel…

Oui, je vous le dis, le but des sociétés commerciales est de faire que le genre humain en veuille toujours plus, de porter ses attentes à des niveaux inouïs, quasi inatteignables. À elles ensuite de répondre à ces attentes. Quoi que nous puissions accomplir en tant qu'individus, la grande société sera là pour garantir nos réalisations…

Le message de Kennibar à ses administrés était une variation un peu plus appuyée sur le même thème. Le monde abondait encore en grands espaces à conquérir. Il suffisait de porter ses regards plus loin. Les Philippines regorgeaient de gens qui réclamaient le tonique Clarity. En Indonésie, les habitantes des villages isolés assaillaient la Mme Clare qui venait dans son canot à moteur vendre ses échantillons de shampoing. Au Brésil, les ventes de Partifest augmentaient deux fois plus vite qu'en Amérique du Nord. En Europe de l'Est, cent millions de jeunes étaient prêts à échanger leur consommation annuelle de Trabis contre une quantité équivalente de Compleet et de Viva-cleanse. En Inde, la classe moyenne serait bientôt plus importante que dans n'importe quel autre pays du monde. Rien qu'en Chine un milliard de gens n'avait jamais goûté une barre aux fruits sans sucre faite avec de vrais fruits. Et quand Clare aurait conquis tous ces territoires, il y aurait encore l'Afrique pour lui fournir de nouveaux débouchés.

Lors du krach d'octobre 1987, Kennibar décida un rachat massif d'actions à des prix planchers, renforçant ainsi la liberté de mouvement de la direction. Et après la chute du mur de Berlin en 1989, le « prophète de l'entreprise » n'arrivait même plus à remplir ses engagements verbaux. C'est une Clare ragaillardie qui créa une antenne provisoire à Moscou au cours du deuxième trimestre 1991. Un an plus tard, la compagnie se mettait sur les rangs pour obtenir des concessions de terrains et s'établir au Vietnam, histoire de replanter le pays à la défoliation duquel elle avait un jour participé, si peu que ce fût.

Parallèlement, les campagnes menées outre-mer conduisirent à de nouvelles économies à l'intérieur des frontières nationales. L'Équateur attirait les investisseurs avec des taxes à des taux particulièrement attrayants. Les Samoa américaines, sur les marges de l'Union, présentaient une législation tout à fait intéressante. Un ouvrier malais revenait moins cher qu'une machine américaine. Autant d'éléments qui faisaient que les produits étaient meilleur marché à la maison. Autre conséquence de la délocalisation : « la maison », c'était maintenant partout et nulle part. Une compagnie ne pouvait plus se permettre de conserver des attaches sentimentales avec un endroit précis, où qu'il fût.

Mais le continent américain lui-même, tout occupé et surexploité qu'il pouvait être, offrait encore des possibilités à l'esprit d'entreprise. L'astuce était de continuer à accoucher du futur style de vie à la mode qui n'était encore qu'en gestation. En des temps reculés, c'était de la chimie qu'avait dépendu la bonne marche des affaires. Puis, il avait fallu suivre l'évolution des goûts du public et se livrer à des enquêtes sociologiques. On en était maintenant à une époque où le domaine à maîtriser en priorité était celui de l'écologie.

Clare vira au vert, au-dedans comme au-dehors. Plusieurs usines inclurent dans leurs processus de fabrication des cycles de récupération du papier, du verre, du bois et du plastique, permettant ainsi de réaliser des économies de plusieurs millions. Sur l'ensemble des installations, la consommation d'énergie au cours des cinq années qui suivirent la crise du pétrole diminua de trente pour cent, deux fois plus que les objectifs assignés au département de l'énergie. L'exploit fit l'objet d'une série de spots publicitaires.

Au-dehors, Clare vendit l'écologie sous diverses formes. Des chefs de produit conçurent une ligne baptisée « Écolomique » qui devint très populaire. Leurs chimistes créèrent le premier polyuréthane respectueux de l'environnement, dont on confia la promotion à un irrésistible perroquet qui volait au milieu des bidons vierges de toute émanation en répétant : « Poly pour être net. » La laque Clarity fut une des toutes premières à éliminer les CFC. Tous les pneus Maxiadhérence, fabriqués avec quinze pour cent de matériaux recyclés, étaient vendus avec un autocollant « Sauvons la Terre ».

Ce fut l'intuition de génie de Kennibar de voir que tout, absolument tout, pouvait être mis à profit. Il suffisait d'abandonner ses produits, ses procédés et ses objectifs en faveur d'autres plus rentables. Le respect de l'environnement procédait d'un besoin semblable à tous ceux qui avaient agité l'espèce jusqu'ici. Et rien n'était à même de mieux satisfaire les besoins humains que l'effort humain concerté.

En même temps qu'elle se restructurait pour s'adapter à l'époque et apprenait à faire des bénéfices simplement en prenant les risques qu'il fallait au bon moment, la compagnie chercha à renforcer sa présence sur la scène politique. La stratégie qui s'avérait payante désormais ne consistait plus à financer la campagne d'un parti ou d'un autre dans l'espoir d'acheter sa victoire, mais à répartir les subventions entre tous les candidats sous la forme d'une sorte de manne philanthropique. De cette façon, on n'était jamais perdant.

Tout en alimentant les coffres des partis politiques et en pratiquant les tactiques agressives du business post-moderne, la société trouvait le temps de fabriquer de nouveaux produits, ou du moins de nouveaux emballages. Elle sortit Solva, une poudre à laver conçue pour les vêtements ayant souffert des pluies acides. Elle créa la filiale Le Bon Terroir, spécialisée dans la fabrication et la vente d'aliments naturels à l'intention des consommateurs responsables, dévoreurs d'étiquettes, qui n'auraient jamais acheté un produit distribué par un conglomérat multinational. Elle connut un grand succès avec son eau purifiée vendue dans une bouteille en PVC.

Et pendant tout ce temps, l'équipe de chimistes continuait de se mesurer à un problème essentiel concernant la vie de tous les jours. Ces graisses et ces huiles qui avaient fait la compagnie avaient déjà été éliminées des détergents et de la plupart des produits nettoyants, et voilà que la firme jouait son avenir sur la disparition totale des vilains esters qui les avaient remplacées. Le Graal du jour était la chose la plus simple du monde : quelque chose qui se comporterait comme la graisse, se ferait cuire comme la graisse, aurait le même goût et la même odeur que la graisse, sans en avoir les mauvais côtés. Cette nouvelle substance (dont l'existence éventuelle ne faisait aucun doute pour les chimistes) rejoindrait les édulcorants, les poudres d'œufs sans cholestérol et les succédanés de lait et, comme eux, permettrait à tous de goûter aux plaisirs de la chère sans avoir à en redouter les conséquences.

Ainsi naquit Clarene, qui fut approuvé en un temps record par l'Office du contrôle pharmaceutique et alimentaire, au cours d'une période d'incertitude économique. Parmi les personnes sur lesquelles on testa le produit, quelques-unes souffrirent de crampes abdominales et de diarrhée. Des chercheurs rivaux mirent en garde contre certains effets secondaires à long terme, susceptibles d'affecter le système immunitaire. Confiante dans la capacité de ses chimistes à redresser d'éventuelles anomalies, Clare se contenta de l'avertissement « Consommer avec modération » sur tous les aliments dans la composition desquels entrait Clarene et s'empressa d'exploiter à fond sa plus grosse trouvaille alimentaire de la fin du millénaire.

Vers le milieu des années quatre-vingt-dix, avant qu'une avalanche de procès s'abatte sur elle, la compagnie était redevenue un symbole marquant de la réussite commerciale. Témoin un sondage du *Wall Street Journal,* qui faisait d'elle une des sociétés les plus admirées aux États-Unis. Elle avait réussi à allier avec une rare efficacité produits industriels et produits de consommation courante. Ses bilans étaient souvent cités en exemple par les divers gestionnaires institutionnels de l'argent des autres.

Le label Clare avait gardé ses fidèles et se vendait toujours bien. Les publicités, dont étaient chargées trois des dix plus grosses agences du pays, fournissaient l'essentiel de la nouvelle culture de masse, alimentant aussi bien les conversations des cours de récréation que celles des repas du soir à la maison. Le magazine *Adweek* classa la campagne de Clare pour une nourriture plus saine parmi les plus réussies de la décennie. Les vieilles gravures représentant l'Indien du Baume authentique atteignaient maintenant des milliers de dollars dans les ventes aux enchères. Une version romancée d'une série de spots publicitaires pour l'analgésique en vente libre commercialisé par Clare se maintint pendant douze semaines sur la liste des best-sellers de la *New York Times Book Review* et trouva même le moyen de rapporter de l'argent une fois mise sur pellicule.

Sur une plaque de cuivre, ternie par l'air, apposée à hauteur d'épaule, juste à droite de l'entrée principale :

La rénovation de cet hôpital et la modernisation de ses installations ont été réalisées grâce à un don de la Fondation Benjamin Clare, créée par Clare International.

Cette générosité aura pour longtemps des retentissements incalculables sur notre communauté.

George Garmon, administrateur de l'hôpital de la Pitié
Gerald S. Rawlings, maire de Lacewood

Août 1978

Tim rentre de l'école pour la trouver en train de suffoquer. Impression atroce d'être enterrée vivante, d'être incapable d'aspirer l'air. La panique l'envahit et c'est le noir total.

Tim lui ouvre la bouche, à la recherche d'éventuels obstacles, comme le recommandent les vidéos. Mais il n'y a rien. Il appelle son père au travail, lequel appelle aussitôt une ambulance. En un clin d'œil, Laura se retrouve de nouveau à l'hôpital.

Don, Ellen et Tim sont debout autour de son lit, formant un cordon de leurs corps. Le garçon accuse le coup, maintenant que le danger immédiat est passé.

« Elle allait bien quand on est partis ce matin. Et cette conne d'infirmière qui devait venir à…

— Allons, allons, dit Laura d'une voix rauque, à peine audible. Tu as fait exactement ce qu'il fallait.

— Et puis, c'est aussi bien comme ça, ajoute le docteur Archer. Nous allons pouvoir la surveiller de plus près pendant quelques jours. »

Et la voilà encore une fois prisonnière de cet endroit dans lequel elle s'était juré de ne plus revenir. Elle partage sa chambre avec une femme plus âgée qui ne peut plus parler et qui, de toute façon, ne l'entend pas. Elles partagent aussi, en silence, leurs visions de ce qui les attend.

Quand Don et les enfants viennent la voir, ils tirent le mince rideau en faisant coulisser les anneaux sur la tringle. Histoire d'avoir un peu d'intimité. Mais c'est épuisant d'essayer de comprendre les quelques paroles qu'elle se force à prononcer. Le plus souvent, ils restent assis sans rien dire, ou alors, les enfants lui lisent à haute voix leur travail de classe.

Lire est hors de question et elle est incapable de tenir un stylo. Elle a l'impression d'être opaque, comme aplatie par la morphine. Elle en est à des doses de 50 mg, maintenant. Ce qui devrait l'inquiéter. Elle n'arrive plus à s'alimenter. N'en a pas envie, la drogue l'a constipée.

Les infirmières sont gentilles. Elles viennent à toutes les heures du jour et de la nuit, pour lui donner un comprimé, prendre sa température, bricoler sa perfusion. Elles lui demandent comment elle se sent. Elle émet quelques borborygmes rassurants.

Elle peut encore regarder les nouvelles à la télé. Ça l'intéresse toujours et même davantage qu'avant, quand elle pouvait suivre. Elle demande à sa compagne de chambre si la télé la dérange. Mais ne reçoit pas de réponse.

Elle regarde tout, la chaîne infos, les nouvelles locales, régionales, nationales, internationales. À l'affût du moindre événement. Comme si, quelque part, il y avait quelque chose qu'elle ne devait pas manquer. Mais les images se désintègrent sous ses yeux, aussi dénuées de sens que sa propre histoire. Le procès contre Clare traîne en longueur. Les avocats des plaignants ne se satisfont pas des propositions des avocats de la compagnie. Les deux camps se disputent les temps de passage sur les chaînes locales comme de vulgaires marchands de tapis.

Dans l'état second où l'a mise la morphine, Laura rêve que sa propre fille apparaît sur l'écran, filmée par les caméras de la chaîne locale. Étrange hallucination, dans laquelle des lycéennes descendent dans la rue. Puis, sans transition, Ellen est à son chevet, tout excitée, lui disant que c'est effectivement ce qui s'est passé.

« Alors, on a mis le feu à notre tas de saletés Clarity. Y avait de tout là-dedans. Gel pour les cheveux, baume adoucissant pour les lèvres, rouge à lèvres… »

Laura refait surface, se prépare à dire *Bien joué*, mais la douleur lui interdit même ces quelques syllabes.

Tim est là, lui aussi. Elle ne l'a pas vu tout de suite, il est si petit. Ça ne l'a jamais frappée autant qu'aujourd'hui. C'est pour ça qu'il vit sur le Net. Là, personne ne sait si vous êtes grand ou petit.

« C'est moi qui les ai tirées d'affaire, m'man. Elles étaient une quinzaine, mais, sans moi, ça n'aurait pas marché. Jamais elles auraient pu faire prendre le feu et le faire durer un moment. Il a fallu qu'on utilise un peu d'essence, c'est vrai, mais une fois le feu parti, t'aurais vu ces nuages de fumée noire… Génial, pour les caméras. »

Elle voudrait demander : *Tu vas avoir des ennuis ? Tu risques d'être punie pour ça ?* Puis, elle se souvient : il n'y a pas pire punition que de continuer à vivre.

« Tu sais, m'man, ces trucs, c'est vraiment bizarre. Et dire que je m'en servais tous les jours. J'aurais voulu que tu voies la couleur que ça a pris quand ça a commencé à brûler. Ça n'a même pas le goût d'abricot. Et puis, de toute façon, faut vraiment être débile pour vouloir des lèvres abricot. »

Une boule éclate dans la gorge de Laura. Ses mots montent en bulles de sang de ses cordes vocales. La déchirure s'agrandit et les sons naissants s'y engloutissent. Ses lèvres remuent, mais Ellen n'entend rien. Juste un léger sifflement.

Ellen colle son oreille contre la bouche de Laura. Là, tout près, un bruissement de mots. Laura fait un nouvel effort. « Les gens, il leur faut tout. C'est leur gros problème. » Parler la vide complètement. Elle ferme les yeux et somnole. Quand elle les rouvre, ils sont tous partis.

Elle somnole sans arrêt. Jamais très longtemps. Sans même s'en rendre compte. Bizarrerie du corps, qui semble croire que ces petites tranches de repos peuvent encore servir à quelque chose. De son perchoir qui domine la ville, elle aperçoit le centre commercial de Northlake, l'université, les bâtiments Clare, le complexe de bureaux de Mercer Park et les locaux de l'agence Millennium. À l'intérieur, dans sa chambre corail, tout est chrome et pastel, les couleurs de l'équipement de survie. C'est tout ce qui lui reste en guise de paysage.

Dans ses moments de somnolence, elle se revoit parfois petite fille. Elle aide sa mère à préparer le gâteau d'anniversaire de son père. Ou bien, avec son frère, elle descend les boîtes de conserves dans le réduit sous l'escalier de la cave. Ou c'est son père qui lui explique gravement les détails du plan d'épargne exonéré d'impôts qui, un jour, dans longtemps, permettra de l'envoyer à l'université.

Toute la journée, elle reste dans son lit à revivre des épisodes de ce genre. Ils lui reviennent avec une étrange netteté, comme si elle les avait mis de côté dans la resserre, pour être utilisés en cas d'urgence. L'urgence est là, mais elle ne sait pas comment se servir de ses provisions.

Un après-midi, elle se réveille pour trouver une brochure qu'on a laissée pour elle sur la table roulante. *Je prie pour vous.*

« Dites-lui merci, essaie-t-elle de dire. À Janine Grady. Merci.

— Je comprends pas, crie Ellen. Tu peux parler plus fort ? »

La douleur s'intensifie. Elle vient rôder près du mur qu'érigent les comprimés autour d'elle. Elle éprouve la résistance de chaque brique et appuie sur celles qui paraissent mal scellées. Elle découvre bientôt comment contourner l'obstacle. L'hôpital contre-attaque. On lui place une nouvelle perfusion avec des doses massives d'analgésique.

Grâce au goutte-à-goutte de morphine, elle se sent légère comme une plume, intouchable, géante et, surtout, nettoyée. Paul Loftus, le directeur du secteur agronomie, lui rend visite. Il s'assied sur le bord de son lit et lui présente des excuses. Franklin Kennibar, le P-DG, débarque de l'avion de Boston : personne ne soupçonnait quoi que ce soit ; ils vont remédier à tout cela, bien sûr, ils ne peuvent pas faire autrement ; une compagnie qui met la santé des consommateurs en danger ne saurait subsister. Le marché ne le permettrait pas.

Clare vient la chercher pour l'emmener dîner et danser. Ils envoient un homme à la quarantaine avenante, bien de sa personne, charmant, prévenant.

Il arrive avec une brassée de fleurs, des cadeaux et même un poème. Il revient à plusieurs reprises et la trouve toujours à la maison. Mais, chaque fois, la soirée romantique tourne au cauchemar : caresses de plus en plus insistantes, attaque brutale, viol programmé.

Certains jours, il lui arrive de sentir une petite brise, même à travers le double vitrage. La vie est si vaste, si parfaite, si pleine de surprises. L'existence est, au sens propre du terme, inappréciable et à l'abri de la pénurie. Elle échappe à la loi de l'offre et de la demande. Tout ce qui ne fonctionne pas est condamné à disparaître, seule restera la vie. Les lichens continueront à fabriquer leur terre sur les terrasses bétonnées du World Trade Center.

Elle va y arriver, ce n'est pas si difficile. Au crépuscule, elle entend les cris des bernaches qui passent au-dessus de sa tête, grincements de grille rouillée. Elle suit des yeux leurs formes qui dansent comme des bouées dans le ciel, jusqu'à l'infini. Leur vol s'étire, s'étire, toujours plus haut, vers ces régions où plus rien n'a de prix. À tour de rôle, elles prennent la position critique, à la pointe extrême du V.

Au bout de douze jours, les services comptables de la Pitié contactent la famille. Laura arrive au terme de la période d'hospitalisation d'urgence. Il va leur falloir trouver une autre solution. Elle peut aller dans une maison médicalisée, où les frais seront remboursés à cinquante pour cent. Ou bien rentrer chez elle, auquel cas elle sera couverte à quatre-vingts pour cent.

La question est débattue au premier étage, à des lieues de la chambre où se trouve Laura. Mais, ce jour-là, cette dernière se détourne soudain d'eux tous et quitte la scène où se décide son sort. Ses lèvres remuent encore, mais l'air n'arrive plus. Ses yeux se déplacent pour suivre ceux qu'elle aime, mais les muscles tout autour ne réagissent plus.

Son corps se tasse sous le simple effet d'un regard porté sur lui. Il se ratatine quand Ellen vient s'asseoir sur le lit et se rapproche aussi près qu'elle peut. Elle agite une lettre à bout de bras, mais comme l'objet paraît petit, lointain. « Ça y est, m'man, je suis prise à l'université ! » La bouche de Laura se contracte légèrement sur les bords en un rictus vaguement étonné. Un sourire, peut-être. Ellen retiendra ce sourire toute sa vie : *Maman, si contente pour moi.*

Assis en silence à côté du lit, Tim tripote le rideau à fleurs. Depuis des jours, il n'a pas dit un mot en dehors de oui et de non. Ses yeux se réfugient derrière la double protection de sa frange et de ses verres de lunettes. Tout à coup, il se lève et s'approche de sa mère, pose la main sur son épaule squelettique.

« Ça va aller, m'man. T'as plus besoin de continuer comme ça. »

Elle le regarde, surprisc, soulagée. Ses yeux disent, Plus besoin ? Vraiment ? Il secoue la tête. Non. On va le faire à ta place.

Les enfants se glissent dans le couloir, laissant Don un instant seul avec elle. Les quelques secondes d'intimité, tout illusoires, auxquelles chacun a droit.

« Lo, dit-il. Là, je t'aime… »

Qui dira jamais ce qu'alors elle a entendu.

Tout commence au grand soleil. L'emballage en carton, le conditionnement révolutionnaire, c'est d'abord un bouquet de pins aroles sur un plateau ensoleillé. Quelque chose qui au départ ne vit que pour la lumière.

Quelque part sur la côte de la Colombie-Britannique, ces arbres sont livrés aux machines. Sciage, pilonnage, blanchissage et récupération se succèdent en un ballet parfaitement synchronisé, jonglant avec tout un arsenal allant de l'hypochlorite de calcium à l'anhydride azoteux, des argiles de Géorgie au guano du Pacifique sud.

Rondins, déchets de scierie et paille sont malaxés dans les mâchoires d'énormes cuviers. Eaux noires et eaux blanches – anciennes et nouvelles infusions de soude caustique et de sulfure de sodium – entraînent les particules non traitées vers les autoclaves en marche continue. Débarrassées de leurs éléments sodés, les suspensions fibreuses passent ensuite à la trituration, où elles sont défibrées par des lames microajustables. Dans la pâte qui en résulte sont introduits les calibreurs, les charges et les teintures. Carbonate de calcium, sulfate d'aluminium, silicate d'aluminium, bioxyde de titane, silice hydratée, alumine hydratée, talc, sulfate de baryum, sulfate de calcium, sulfure de zinc, oxyde de zinc, amidon cationique, résines polyacryliques, gomme de caroubier et amiante se combinent à l'infini pour fabriquer les mille et une sortes de papier dont le monde peut avoir besoin.

Quand la pâte commence à se solidifier au cours de l'épuration, des filaments ont tendance à se former sous l'effet des forces de Van der Waals à l'œuvre sur les molécules. Une machine Fourdrinier à fabriquer le papier procède à la formation de la pâte humide, la bande est portée sur un feutre coucheur dans la section des presses humides, avant son passage dans la série d'étuves de la sécherie. Une livre de papier demande soixante livres d'air chaud pour être complètement asséchée. Dans le cas du carton, les multiples couches fibreuses sont assemblées par pression et réduites à une épaisseur ne dépassant pas un millimètre.

La couche externe est recouverte de papier bulle et imprégnée par extrusion thermoplastique d'une enveloppe invisible de polyéthylène. Pour ce faire, la résine fondue est poussée sous haute pression à travers le cylindre de l'extrudeuse. La filière amène la résine à la température et au degré de viscosité voulus et donne à sa sortie un film dont on peut contrôler l'épaisseur au dixième de millimètre. Le film encore chaud vient adhérer si parfaitement au papier qui défile sur l'enrouleuse que papier et plastique se soudent l'un à l'autre pour donner un troisième matériau, bizarre création de la technique, qui est pourtant devenu au cours de ces dernières années un objet des plus communs.

Et tout ce travail uniquement pour un emballage destiné à être jeté. La tente individuelle qui abrite le produit vaut à elle seule d'être exposée sur un rayon. Une série de machines découpent, plient et collent le moulage autour de l'appareil photo terminé. De la colle en poudre destinée à fermer hermétiquement la boîte arrive par wagons entiers à une usine d'assemblage de Guangzhou. Le carton porte encore le trait de la scie qui a chantourné ce contour complexe et continu. Les marques du moule à papier dessinent sur la surface interne des stries visibles seulement sous une lumière rasante. On pourrait passer sa vie entière sans savoir que cette matière qui paraît si lisse est en fait striée.

Ce que le Canada expédie à Guangzhou pour être collé est déjà un produit fini. Le carton doit être en effet d'une qualité parfaite, pour être à la hauteur des rayures chatoyantes et des bouquets de superlatifs qui promettent une vie qui ne faiblira pas avant la date limite d'utilisation. Le produit a emprunté son nom à une ville dynamique de la côte ouest. Le nom de la marque s'étire sur l'emballage en un arc-en-ciel de dessin d'enfant aux couleurs criardes. Diverses promesses de bonheur bourgeois dansent çà et là sur un fond blanc. Les encres et les résines ont une odeur de moisi et d'antiseptique, qui rappelle la salle d'attente d'un obstétricien.

Des taches colorées reproduisent à la surface une image photographique de l'appareil qui est à l'intérieur, lequel est à son tour enveloppé dans un arc-en-ciel qui duplique le motif du conditionnement extérieur. Sur un des côtés, chacun des éléments de l'appareil est identifié à l'aide de flèches. Une étoile dorée a éclaté dans un coin, éparpillant son message : « Nouveau : Atténuateur d'yeux rouges. Profil extra-plat. Tient dans la poche. »

Collé sur le fond, un avis au consommateur :

> En cas de défaut de fabrication, d'emballage ou d'avarie au cours du transport, notre responsabilité ne saurait aller au-delà du remplacement de l'article défectueux. Par suite de l'altération possible de certains colorants, ce film n'a pas de garantie de précision ni de fidélité. Nous déclinons toute responsabilité quant aux dommages pouvant résulter de l'utilisation, bonne ou mauvaise, de ce produit, de sa non-utilisation ou de toute incapacité à l'utiliser.

À côté de cet avertissement, on voit le peigne aux dents inégales d'un code-barres suffisamment pointu pour être lu par tous les crayons du monde. Plus loin apparaissent les mots « Développer avant 12-99 » et le triangle « Produit recyclé ». Plus loin encore, un autre code est dissimulé sous un rabat : GB72-020-001. Ce qui doit signifier quelque chose pour quelqu'un quelque part. Tout au fond, imprimée en caractères qu'on n'aurait pas pu imprimer plus petits sans les rendre illisibles, l'adresse du fabricant : une ville dans un État où l'on assemble des pièces venues d'ailleurs.

Ce conditionnement très high-tech protège un appareil photo emballé sous vide. Une pochette hermétique en papier alu prolonge la durée de vie du produit, comme s'il s'agissait d'un fruit à maturation lente. L'enveloppe est faite d'un mélange d'alliage d'aluminium, de plastique et de matériau pour combinaisons d'astronautes. À l'intérieur de la pochette, l'appareil lui-même : « Plus plat que plat. » Sur le gadget lui-même, toutes les indications nécessaires à son utilisation : pas de manuel indépendant qu'on risque d'égarer. Des icônes facilitent le travail de lecture. Des flèches le parcourent en tous sens, identifiant les fonctions essentielles : flash intégré, indicateur de mise au point, fenêtre du film, molette crantée de sélection de modes, lentilles ultra-performantes de l'objectif.

Le plastique noir et lisse sur le côté droit de l'appareil présente une petite dépression dont la taille et la profondeur correspondent aux dimensions moyennes d'un pouce humain : une longue recherche et plusieurs milliers de mains ont été nécessaires pour déterminer les mesures permettant la meilleure prise. Une autre équipe de chercheurs s'est occupée de l'oculaire, une troisième du flash. Une armée d'ingénieurs chimistes a sélectionné les ingrédients pour le boîtier en plastique. Il se peut que la direction ait une compréhension globale du mécanisme, une idée grossière des matériaux indispensables à la fabrication d'un film couleur. Mais, quand les chaînes des infrastructures se briseront, comme elles ne manqueront pas de le faire, par suite d'une tension trop forte, l'événement marquera le retour à cette longue période d'obscurantisme durant laquelle un paysan qui laissait tomber sa faux dans un puits pouvait dire adieu au fer pour toujours.

Le plastique est partout et il est là pour durer. Nous allons tout droit vers un monde où l'on n'aura pas besoin de comprendre les objets pour pouvoir les utiliser. Sur une pression du déclencheur, un condensateur envoie une décharge dans un tube à quartz rempli d'halogènes. Les électrons stimulés dégringolent l'échelle des états quantiques disponibles et lancent de brefs éclairs, histoire de dissiper l'énergie qui les a disposés selon une orbitale inhabituelle. Ce surplus d'énergie va rebondir sur les traits d'un visage à l'agonie avant de rentrer par le trou du diaphragme, momentanément ouvert. À l'intérieur, la lumière réfléchie impressionne l'émulsion prête à la recevoir, comme une main d'enfant laissant sa marque sur un gâteau d'anniversaire. Dans des années, le métal du condensateur se dissoudra et ira engraisser les poissons.

Sur l'enveloppe de l'appareil est écrit : Fabriqué en Chine, avec un film provenant d'Italie ou d'Allemagne. Le film est lui-même une concrétion d'apports divers venant de différents endroits. Halogénures d'argent, sels métalliques, copulants, fixateurs de décolorants, autant d'ingrédients qu'on va chercher en Russie, en Arizona, au Brésil et dans les fonds sous-marins avant de les faire décanter dans l'ex-Allemagne de l'Est. Laissez-nous vous présenter l'appareil en pochette, le seul, le vrai produit multinational : arbres de la côte nord-ouest du Pacifique et des plaines côtières du sud-est ; paille et déchets de scierie du Canada ; adhésif synthétique de Corée ; bauxite d'Australie, de la Jamaïque, de Guinée ; pétrole du golfe du Mexique ou de la mer du Nord, transformé en plastique en république de Chine avant d'être expédié chez ses ennemis mortels sur le continent pour être moulé ; cinabre d'Espagne ; nickel et titane d'Afrique du Sud. Les éléments du flash viennent de Malaisie, les composants électroniques de Singapour, le design est new-yorkais. Assemblé dans cette ville de Californie et expédié aux quatre coins du monde par une flotte marchande défiant toute description, point d'orgue parfait d'une chorégraphie savamment orchestrée.

Sur l'étiquette, un avertissement : Danger, ne pas ouvrir, ne pas démonter. Ce qui ne les empêchera pas d'être poursuivis en justice, par quelqu'un, un jour, quelque part. L'avertissement cache sous le couvercle une prouesse technique trop complexe pour être comprise par l'utilisateur. Ce qui assure la vente, c'est la complète transparence. Prêt à fonctionner sitôt sorti de l'emballage et prêt à disparaître sitôt utilisé. Besoin de rien d'autre qu'un doigt pour appuyer.

L'appareil est oublié dans un tiroir à côté d'un lit d'hôpital. Les images qu'il renferme ont, elles aussi, commencé au grand soleil : cadre premier de la lumière du jour, où tout a son origine. Une fille qui plante des graines dans un jardin. Les représentants du Million Dollar Movers Club qui passent avec des chocolats et des fleurs. Une femme qui souffle les bougies d'un gâteau d'anniversaire, l'aiguille dans son bras à peine visible sous la manche de sa robe de chambre.

Une femme de service le met à la poubelle : le prochain occupant ne saurait tarder à arriver. Et c'est dans l'ordre des choses, puisque cette débauche d'efforts et de technique de pointe avait pour seule ambition un produit jetable. Main-d'œuvre, matériaux, assemblage, transport, marges bénéficiaires et frais généraux, assurances, droits de douane… tout cela pour un article qui, à la sortie, coûte moins de dix dollars. Le monde vendra à perte, tant que nous n'apprendrons pas à mériter ce qu'il nous vend.

Une telle merveille doit être suffisamment bon marché pour qu'on puisse la jeter sans arrière-pensée. Son prix doit être tel que vous n'hésiterez pas à la remplacer à la fin de votre pellicule. Achetez ; mitraillez ; jetez. Aussi banale que toutes les inventions à avoir en leur temps révolutionné le monde. Un petit miracle jetable, tout comme chacun d'entre nous.

Du haut de son aire directoriale aux parois de verre, Franklin Kennibar, Senior, est absorbé dans la contemplation, vingt-cinq étages plus bas, de Fort Point Channel et de la réplique du bateau de la Boston

Tea Party. Et ce qu'il voit est un monde sans Clare. Il parvient à distinguer le microscopique India Wharf, où la *Paillasse d'épines* de Jephthah accosta jadis avec sa cargaison de vaisselle. Depuis l'autre bout de sa suite somptueuse, il aperçoit le quai où l'Irlandais démuni posa un jour le pied et celui où mourut sa femme, à peine débarquée.

Cet instant de nostalgie rêveuse coûte à la firme vingt-sept dollars. Sans parler du fait que l'homme est en train de perdre un temps précieux. Cet après-midi, il doit être interviewé par Public Television dans le cadre d'une enquête sur l'activité économique aux États-Unis aujourd'hui. Et dans deux jours, lors de la réunion mensuelle du comité de surveillance, il doit exposer un plan de rachat et de restructuration qui va mettre en jeu l'avenir de toute la compagnie.

Il n'a rien choisi de tout cela. Ni l'interview, ni la réunion du comité, ni le plan qui risque de compromettre les acquis de deux siècles d'activité industrielle et commerciale. Le paradoxe existant entre la munificence de ses émoluments et la marge de manœuvre relativement étroite dont il dispose l'a toujours amusé. Un directeur général n'est guère qu'un gardien de troupeau, un exécutant passif d'instructions émanant d'une collectivité.

On parle de profits et de pertes. De coûts et de revenus. De débits et de crédits, de restriction et d'expansion, de licenciements, de restructuration. En réalité, il ne s'agit là que d'une série de petites opérations Clare, chacune dotée d'un objectif spécifique et toutes s'étalant à l'infini sur les trimestres d'exercice.

Cette interview, par exemple. Elle ne pouvait pas tomber plus mal. Mais Clare n'est pas le genre de compagnie à se soustraire à ses obligations, à ne pas honorer ses rendez-vous, à laisser passer une chance de figurer à son avantage dans un débat public.

« La première partie, lui a écrit le producteur de l'émission, sera consacrée à l'activité économique à son niveau le plus fondamental. Quel en est le but ? Que voulons-nous la voir accomplir ? » Avec un petit sourire condescendant devant ces questions qui ne tiendraient pas cinq minutes dans le monde de la réalité, Kennibar s'empare de son stylo à encre à trois cents dollars et commence à griffonner sur son bloc jaune canari :

> Rapporter. Rapporter de façon constante. Rapporter à long terme. Fabriquer. Fabriquer au moindre coût. Fabriquer le plus possible. Les meilleurs produits. Ceux qui durent le plus longtemps. Fabriquer ce dont les gens ont besoin. Fabriquer ce qu'ils désirent. Leur faire désirer du nouveau. Créer des emplois intéressants. Des emplois sûrs. Fournir aux travailleurs un revenu régulier. Donner aux gens quelque chose à faire. Donner le meilleur au plus grand nombre. Promouvoir le bien-être général. Augmenter la valeur des actions. Verser des dividendes réguliers. Tirer le meilleur parti du potentiel de la firme. Améliorer la situation de tous les partenaires. S'agrandir. Progresser. Développer le savoir-faire. Faire grimper les revenus et baisser les coûts. Et ce, à moindres frais. Affronter efficacement la concurrence. Acheter à bas prix et vendre cher.
>
> Améliorer le sort de l'humanité. Être le moteur des futures innovations technologiques. Rationaliser la nature. Respecter l'environnement. « Pulvériser l'espace et arrêter le temps. » Tester les limites du genre humain. Amasser les pensions de retraite de tout le pays. Rassembler les capitaux nécessaires à la satisfaction de tous nos désirs. Découvrir quels sont ces désirs. Quitter les lieux avant que le soleil disparaisse. Rendre la vie un peu plus facile. Rendre les gens un peu plus riches. Un peu plus heureux. Assurer un avenir meilleur. Réinjecter un peu d'argent frais de temps en temps. Faciliter la

circulation du capital. Préserver le principe de la société anonyme. Faire des affaires. Éviter la faillite. Définir le but de l'activité économique.

Kennibar songe un instant à ajouter : « Vaincre la mort », mais craint de ne plus savoir ce qu'il a voulu dire quand il sera devant les caméras cet après-midi. Il n'arrive pas à se concentrer : il n'a pas le cœur à l'ouvrage. Les choses lui échappent déjà, il le sent. Il y a deux semaines de cela, les huiles de Tobacco, qui l'avaient invité à dîner à l'Huître gourmande sur Union Square, ont lâché l'air de rien, sans avoir l'air d'y toucher, que leurs deux compagnies ne trouveraient que des avantages à fusionner.

Tobacco, en fait, n'a pas envie de « fusionner ». Ce que veut la firme, c'est déguster Clare sur un plateau, assaisonnée d'une giclette de citron. C'est là le scénario catastrophe que redoute la compagnie depuis des mois. Avec une action Clare cotée au plus bas, autour de quarante dollars, sans raison apparente, en dehors de cette inquiétude sans fondement générée par quelques procès mineurs intentés à la société dans un trou perdu, celle-ci est devenue la proie toute désignée d'une OPA. Mais ni Kennibar ni aucun de ses maréchaux n'ont la moindre intention de se laisser racheter. C'est pourquoi ils vont engager la procédure d'urgence qu'ils ont prévue au cas où la menace se préciserait.

L'équipe de direction offrira à la vente la majorité des opérations secondaires de la société, tout en retirant son industrie de base de la cotation. Découper la firme en morceaux de cette façon ne manquera pas d'horrifier les membres du directoire, lesquels risquent de préférer n'importe quel autre destin à celui-là. Il est vrai que disperser ainsi les morceaux ensanglantés sur les flots a des chances d'aiguiser encore davantage l'appétit des requins. Mais, d'un autre côté, l'opération peut bénéficier de l'effet étoile de mer, chacun des membres arrachés recréant à lui seul un corps entier.

Quelle que soit l'issue, il y aura d'énormes changements, qui vont coûter des sommes énormes. C'est le marché qui veut ça : dans cette vaste braderie, le vaincu gaspille un argent fou, les enchères montent jusqu'à ce que celui qui hérite des restes de la compagnie se retrouve avec des dettes et des ennuis à n'en plus finir. Des dettes endossées par les quelque cinquante mille personnes qui, sous une forme ou sous une autre, travaillent pour lui. Des dettes finalement refilées aux consommateurs, *Notre grande famille*, comme les appelait le vieux feuilleton à la gloire des produits Clare.

Cinq étages plus bas, les directeurs de tout poil essaient, chacun de son côté, de s'y retrouver dans les chiffres parcellaires dont ils disposent. L'ordre arrive d'en haut : il va falloir installer des micros dans les bureaux de Tobacco, là-bas dans le Sud. Ils utiliseront les services de ceux qui, l'an dernier, avaient mis sur écoute les téléphones des dirigeants syndicaux de l'entreprise.

Dans l'Oregon, sur un nouveau site d'implantation, des spécialistes de l'environnement assomment les poissons de la rivière voisine pour se livrer à un comptage exact. Le département des achats a payé pour que la rivière soit classée catégorie cinq : aucune précaution à prendre, protection zéro. On découvre que le sol d'une ancienne exploitation agricole des environs contient des doses massives de métaux lourds concentrés par les vaches lors du processus de la rumination. Ces poisons devront être éliminés par la compagnie acheteuse.

Un groupe d'une vingtaine d'analystes étudie les propositions de rachat et les montages financiers de l'équipe de direction. Il y a quatre jours et quatre nuits qu'ils sont à l'œuvre. Ils en sont arrivés au point où, toutes les deux heures, ils mettent au panier le travail des deux heures écoulées pour tout recommencer.

Dans une usine de Rapid City, une femme atteinte de diabète aigu est occupée à retirer les emballages défectueux d'un tapis roulant. Elle essaie de dominer le vacarme ambiant pour se faire entendre de sa voisine, avec laquelle elle a engagé une conversation et qui, comme elle, garde les yeux rivés sur son travail. « Il était censé payer les frais d'entretien sur le lot hypothéqué, tu me suis ? Mais, pour qu'ils puissent transférer le titre de propriété, tu me suis ? Il fallait qu'il… »

Dans une rue de Karachi, aux premières lueurs de l'aube, un chauffeur de camion est bloqué avec son chargement de savons Perce-Neige dans un embouteillage monstre. Tous les jours, c'est la même chose et la pagaille commence même de plus en plus tôt. Mais, dans trois ans à compter de ce mois, l'homme sera libre. À moins que le ciel lui tombe sur la tête, il aura d'ici là mis suffisamment de côté pour s'acheter un vieux camion et se mettre à son compte.

C'est l'époque des rapports semestriels à Dallas. Une jeune ingénieur chimiste, diplômée depuis trois ans à peine, prend connaissance de sa fiche d'évaluation et ne peut contenir sa colère. « Ils peuvent pas me faire ça, dit-elle à celui qui travaille avec elle sur les arômes artificiels et qui compatit d'un signe de tête. C'est une véritable insulte. S'ils croient que j'ai besoin d'eux. Je peux trouver un autre job quand je veux. Là, dans ma serviette, j'ai trois des meilleurs parfums agrumes qui aient jamais vu le jour. »

Les Joyeux Boueux de Clare Agricultural examinent leur nouvelle tenue : flanelle grise à bandes rouges et pelle bleue en guise d'écusson. Ce soir, ils commencent à défendre leur titre de champion local de softball. Leur seul adversaire valable dans la compétition est un groupe de jeunes arrivistes présomptueux issus de l'université du coin.

Une responsable des *public relations* s'interroge sur la dernière affaire en date : une ex-employée de Greensboro affirme avoir été battue et violée à la suite de révélations à la presse locale selon lesquelles des produits auraient été trafiqués avec l'approbation de la direction. Dans les entrepôts frigorifiques, les conducteurs de chariots élévateurs se battent les flancs pour se réchauffer. Trois analystes en R & D, l'un à Detroit, le deuxième à Los Angeles et le troisième à Kansas City, organisent une téléconférence. Ils en arrivent à la conclusion que l'arsenal moléculaire de la compagnie devrait permettre de fabriquer un nouveau produit tous les quarante-sept jours.

À l'usine de conditionnement de Caracas, les chefs d'équipe s'en prennent au jeune de dix-neuf ans nouvellement embauché. À son arrivée il y a un mois, ils lui ont dit que s'il réussissait à traiter cent unités à l'heure, ce serait parfait. À force de discipline, de pratique et d'application, le garçon en est à cent vingt. « Tu n'as pas compris, lui dit gentiment le contremaître. Cent paquets à l'heure, on t'en demande pas plus. »

À Lebanon, dans l'Ohio, un docteur en musicologie de l'université de Columbia n'arrête pas d'enfoncer la touche *Repeat* de la télécommande de sa platine laser, pour se repasser les mêmes mesures d'un hymne particulièrement populaire chez les Shakers. Il n'a pas eu d'emploi régulier depuis qu'à l'âge de quatorze ans il jouait de l'accordéon lors des bar-mitsva de ses amis. Il a été successivement serveur, programmateur de radio, livreur, avant d'être parachuté comme professeur auxiliaire à la faculté-prison qui se trouve à une dizaine de kilomètres de l'endroit où la communauté utopique de Mother Ann Lee connut une existence éphémère et où il dispense des cours sur la culture occidentale à des condamnés à perpétuité.

Presque par accident, un directeur assez imaginatif de chez Clare a entendu dans un loft de Chelsea, il y a un an, une interprétation des variations pour alto de ce musicien sur l'ancienne mélodie *Idumea*. Résultat : le compositeur vient de se voir proposer le contrat de sa vie, la chance de gagner davantage avec un extrait de trente secondes qu'avec toute la musique qu'il a pu composer jusque-là.

Il doit mettre en musique une séquence publicitaire en stéréo numérique censée transporter le spectateur au premier jour de la Création. Il ne peut se défendre d'un sourire euphorique en visionnant les essais. Dans les prises de vues qu'on lui envoie, toutes les potentialités humaines sont libérées, tandis que les ténèbres originelles se transforment en dahlias, que des champs croulant sous les récoltes s'écoulent comme des rivières d'argent et que le ciel fait pleuvoir la joie.

Telles sont les images qui réclament ses trente secondes de composition géniale. Ils veulent « quelque chose d'américain, quelque chose qui soit dans la veine de Copland ». À la fois primitif, révérencieux et vaste comme l'horizon. Il écoute et réécoute les mêmes vers de l'hymne shaker : *C'est la manne qui va descendre / Là où nous devrions être.*

Pendant ce temps, au dernier étage de l'immeuble qui domine Clare Plaza, le directeur général en exercice se prépare à affronter le journaliste de la télévision. « Soyez prêt à parler un peu de l'histoire de votre firme », l'a averti le producteur. C'est pourquoi Kennibar est en train de bachoter, absorbé dans la lecture des biographies succinctes des cinq premiers Clare et occupé à mémoriser leurs principales réalisations. Il pourra ainsi évoquer la ruine de cette famille de marchands, le sauvetage du malheureux Irlandais, les cinq cents perdus sur la première vente de savon et les deux siècles, ou presque, consacrés à l'amélioration de la production.

Il s'interrompt un instant et regarde de nouveau par la fenêtre, songeant à l'histoire de ce Clare qui, un jour, est parti à la découverte d'un trou dans le Pôle. Eux, se prend-il à penser, n'ont fait que le chercher. Nous, nous l'avons creusé.

Des années plus tard, le souvenir le plus vif que lui laissait l'enterrement, c'était l'affluence lors de la cérémonie. Il avait toujours cru que sa mère n'avait pas beaucoup d'amis ni de relations. Il fut saisi en entrant dans l'église de constater que l'endroit était plein.

Il n'arrivait pas à imaginer d'où pouvaient bien sortir tous ces gens. Pourtant, il les reconnaissait pour la plupart. Des amis de ses parents avant la séparation. Des collègues de travail de sa mère à l'agence. Des voisins. Des gens avec qui elle avait collaboré pour des collectes de fonds et des œuvres de charité. Ses meilleures amies de faculté, ses amies d'enfance. Des tantes, des oncles et des cousins que Tim n'avait pas vus depuis quatre ou cinq ans. Les amis de son père. Ceux de sa sœur. Ses amis à lui. Leurs mères : toutes ces femmes qui avaient souffert avec elle, sur les gradins du gymnase. Du personnel de l'hôpital. Les infirmières de chimio.

La seule personne dans cette église à ne connaître sa mère ni d'Ève ni d'Adam était le pasteur, qui trouva cependant le moyen de parler pendant une vingtaine de minutes d'une parfaite inconnue. Son père et sa sœur étaient figés sur leur banc, se levant de temps en temps pour les hymnes, mais sans chanter, sans même ouvrir la bouche pour les prières. C'est seulement quand le pasteur lut le passage de la Bible où il est dit que Dieu créa l'homme à Son image, lui enjoignant de croître et de multiplier, de remplir la terre et de l'assujettir, que son père s'était exclamé, suffisamment fort pour être entendu des cinq rangs derrière lui : « Assujettie, elle l'est depuis longtemps. »

Voilà ce dont Tim se souvenait clairement. Après la cérémonie, il y avait eu une réception chez son père. Tim avait passé son après-midi à manger des saucisses cocktail sur des petites piques et à écouter les conversations des adultes. Pas une personne qui n'ait été atteinte d'un cancer ou qui n'en ait connu trois autres dans ce cas. C'est cet après-midi-là que son père avait fait la connaissance d'Hannah, la meilleure amie de fac de sa mère. Hannah, qui allait devenir la belle-mère de Tim pendant sept ans, une période qui représentait plus de la moitié de celle durant laquelle il avait connu sa mère. Sept années de lutte d'influence plutôt éprouvantes en faveur d'une femme que chacun s'efforçait d'aimer plus que son voisin.

Une semaine après l'enterrement, Tim s'était rendu avec son père et sa sœur dans la maison de sa mère. Il fallait faire place nette. Le patron de l'agence Millennium offrait de s'occuper de la vente de la maison en réduisant sensiblement la commission et se montrait optimiste quant aux acheteurs potentiels. C'était Ellen qui avait trouvé le premier mot. Elle s'apprêtait à débarrasser le coffre en cèdre au premier étage quand elle avait vu, au-dessus de la pile des pulls d'hiver, un Post-it jaune : « À laver à l'eau froide, programme doux. Faire sécher à plat sur une serviette. »

Ils avaient d'abord cru au hasard. Jusqu'à ce que Tim découvre bientôt un autre mot, sur une mangeoire dans la cave. « Si vous avez l'intention de lui faire passer l'hiver dehors, veillez à ce qu'elle soit toujours pleine. » Un moment plus tard, était venu le tour de Don, avec un Post-it vert sur un sac congélation dans le réfrigérateur : « Fév. Ratatouille préférée d'Ellen. À faire décongeler la veille. Four à 350°, env. 20 minutes. Très bonne fournée. »

Il y avait peut-être une centaine de mots du même genre dispersés dans toute la maison. Des conseils sur tout ce qu'aucun d'entre eux n'avait jamais su faire. Finalement, ils avaient vendu l'autre maison, celle de son père, pour revenir habiter celle où tout était expliqué.

Ils venaient tout juste de réemménager lorsque Clare avait annoncé une restructuration massive de l'entreprise, qui comportait, entre autres, le rachat de la division des produits agricoles par Monsanto. L'acheteur n'avait pas vraiment envie de reprendre l'affaire, mais ce qu'il ne voulait surtout pas, c'était la voir tomber aux mains d'American Cyanamid. Deux ans plus tard, les nouveaux propriétaires délocalisaient l'usine pour l'implanter dans une *maquiladora*, à plusieurs centaines de kilomètres du champ de céréales le plus proche.

Après quoi, la ville s'était repliée sur elle-même pour un long sommeil d'hiver.

Ellen ne toucha pas à un centime de l'argent qui lui avait été alloué en dommages et intérêts. Elle ne voulait pas donner cette satisfaction à la compagnie. Mais elle ne le rendit pas non plus. Elle étudia un peu la botanique à la faculté, répondit au téléphone pendant deux ans pour le compte d'une firme de design, partit pour Chicago où elle obtint son diplôme d'infirmière auxiliaire, revint à Lacewood pour trouver une ville moribonde et un emploi à la Pitié, tomba amoureuse d'un homme qu'elle épousa : le fringant Tom, celui des articles de sport Tom and Al, qui ne désirait rien tant que lui donner tout ce qu'elle désirait.

Or, ce qu'Ellen voulait le plus au monde, c'étaient des enfants. Elle et Tom essayèrent pendant des années : concentrations, implantation, fécondation *in vitro*. Rien n'y fit. En revanche, à force d'examens répétés, les médecins furent en mesure de diagnostiquer les troubles ovariens dont souffrait Ellen suffisamment tôt pour lui épargner une fin prématurée.

Pendant un certain temps, Tim ne fit rien, lui non plus, de cet argent qui avait acheté le silence d'une ville. Alors qu'il était encore au lycée, il se paya un matériel assez performant et tout le software qui allait avec. D'après lui, c'est grâce à cette bécane qu'il entra au MIT.

Il était en troisième année d'informatique quand il tomba éperdument amoureux. La femme se joua de lui pendant deux mois, avant d'aller voir ailleurs. À la suite de quoi, il s'en tint à des amours plus conventionnelles. Il travaillait tard le soir, dans les antres souterrains, sur des programmes d'apprentissage et la décentralisation des moyens de traitement.

Une fois licencié et usé par ses quatre années d'études, il alla trimer dans le département informatique d'une firme de Lewis Wharf. Il tomba de nouveau amoureux, d'abord timidement, puis franchement, d'une femme mariée cette fois, qui se servit de lui pour se venger de son mari, avec lequel elle finit quand même par retourner vivre.

Il campait dans un minuscule deux pièces près du North End, qu'il refusait de meubler. Ne portait que des vêtements d'occasion et se nourrissait uniquement de légumes frais achetés sur les éventaires de Haymarket. Les rares fois où il avait recours à des aliments produits en usine, il ne manquait jamais de vérifier les étiquettes indiquant la composition, mais rien ne lui faisait plus plaisir que de pouvoir s'en passer. Trois années de suite, il commémora la date anniversaire de la mort de sa mère par une grève de la faim devant l'immeuble Clare sur Clare Plaza.

Au bout de quelque temps, il retourna à Cambridge poursuivre ses études d'informatique. La curiosité finit par l'emporter sur l'amertume. Il se joignit à un groupe de recherche interdisciplinaire qui travaillait à une solution informatique du problème du repliement des protéines. L'objectif était d'écrire un programme – en fait, toute une série de programmes – qui permettrait, pour toute séquence d'acides aminés, de prédire exactement la façon dont elle se replie sur elle-même pour former une protéine. Car, s'ils parvenaient à élucider le repliement donnant sa conformation à l'enzyme, ils sauraient comment se comporte la molécule. Et cette connaissance était la clé du destin d'une cellule.

Le problème paraissait devoir résister éternellement. Les lignes de programmation de Tim atteignirent bientôt le million. Le monstre devenait énorme, de plus en plus lourd à gérer et à manipuler. Infesté de bugs, il menaçait de s'écrouler sous son propre poids.

Et puis, une année, à force de persévérance, les huit chercheurs du groupe réussirent à résoudre le problème. La solution passait par un fragment de code dont la structure avait deux faces lui permettant de s'adapter à la fois au donné brut et au produit fini. Le résultat fut un algorithme fonctionnant dans deux directions. Le programme permettait de prévoir les modalités de repliement et de comportement d'une séquence protéique donnée. Mais il pouvait aussi fournir, pour tout type d'activité enzymatique, une séquence d'acides aminés susceptible de produire l'enzyme en question.

Avec de telles données, on pourrait créer des molécules capables de tout faire. Le groupe commença à rêver d'un atelier de montage chimique universel au niveau de la cellule humaine. Avec l'assistance d'une vingtaine d'autres machines qui voyaient le jour à ce moment-là, leur programme laissait entrevoir la possibilité de fabriquer tout ce qui était nécessaire à la cellule endommagée.

Et personne n'avait besoin de préciser quel serait le premier champ d'application de leur découverte.

C'est alors que Timothy Bodey mentionna un pécule qu'il avait laissé fructifier depuis son enfance sans l'entamer. Cela représentait maintenant une somme considérable, qui n'attendait qu'une occasion pour venger la façon dont elle avait été gagnée. Et timidement, Tim suggéra que le moment était peut-être venu pour leur petit groupe de se constituer en société.

MIXTE
Papier issu de sources responsables
FSC® C003309
FSC
www.fsc.org

10/18, une marque d'Univers Poche,
est un éditeur qui s'engage pour
la préservation de son environnement
et qui utilise du papier fabriqué à partir
de bois provenant de forêts gérées
de manière responsable.

Impression réalisée par

CPi
BRODARD & TAUPIN

La Flèche (Sarthe), 3002737
Dépôt légal : septembre 2013
Suite du premier tirage : octobre 2013
X05848/02

Imprimé en France